《中国西部民族文化通志》编委会

总策划　李　维　尹　杰

主　编　瞿明安　何　明
编　委　方　铁　尹　杰　尹绍亭　刘大伟　何　明
　　　　李　维　李志农　夏代忠　瞿明安

项目主持　刘大伟　尹　杰
整体设计　王曦云
特约编辑　博　林　余　祁
编　　务　马跃武　李　萍

中国西部民族文化通志（24卷）

哲学卷	政治卷	历史卷	古籍卷
法律卷	婚姻家庭卷	农耕卷	贸易卷
科技卷	生态卷	教育卷	饮食卷
服饰卷	体育卷	娱乐卷	旅游卷
节日卷	礼仪卷	禁忌卷	文学卷
艺术卷	影视卷	工艺美术卷	傩文化卷

云南大学民族学
一流学科建设经费资助

教育部人文社会科学
重点研究基地重大项目成果

中国西部民族文化通志

瞿明安　何明　主编

农耕卷

尹绍亭　主编

云南出版集团
云南人民出版社

云南大学民族学一流学科建设经费资助

教育部人文社会科学重点研究基地重大项目

教育部人文社会科学重点研究基地云南大学西南边疆少数民族研究中心项目

总　序

21世纪之初，中国政府启动了西部大开发的战略部署，将西部各民族的繁荣发展推到了中国现代化建设的前沿阵地，使其成为中国西部发展史上最值得大书特书的一页。国发〔2000〕33号《国务院关于实施西部大开发若干政策措施的通知》中规定，中国西部开发的政策适用范围，包括重庆、四川、贵州、云南、西藏、陕西、甘肃、宁夏、青海、新疆、内蒙古、广西等12个省区市（统称为西部地区）。根据以上区域划分的原则，在中国西部地区主要分布着49个少数民族，即维吾尔族、哈萨克族、乌孜别克族、塔塔尔族、塔吉克族、柯尔克孜族、俄罗斯族、回族、土族、裕固族、东乡族、保安族、撒拉族、锡伯族、蒙古族、达斡尔族、鄂温克族、鄂伦春族、藏族、门巴族、珞巴族、羌族、傣族、哈尼族、基诺族、佤族、景颇族、德昂族、布朗族、拉祜族、阿昌族、傈僳族、独龙族、怒族、白族、纳西族、普米族、彝族、苗族、瑶族、布依族、水族、侗族、土家族、壮族、仫佬族、仡佬族、毛南族、京族等。在西部大开发的过程中，西部少数民族的现实状况和未来发展趋势将直接影响中国西部经济社会发展的总体进程。2001年国务院西部开发办《关于西部大开发若干政策措施的实施意见》中规定，其他地区的民族自治州（湖南湘西土家族苗族自治州、湖北恩施土家族苗族自治州、吉林延边朝鲜族自治州），在实际工作中比照有关政策措施予以照顾。

西部大开发分别包括对西部地区自然资源的开发利用与可持续发展，以及对人文资源的开发利用与保护传承两个方面的内容。而在人文资源的开发利用与保护传承方面，如何充分有效地认识和发掘西部少数民族文化资源的价值和功能，使其在西部大开发中发挥积极的作用就是其中一项十分重要的内容。从应用民族学的角度来看，西部少数民族文化资源的开发利用与保护传承包括多种不同的表现形式，既有从经济发展和提高人民物质生活水平的

中国西部民族文化通志

需要出发对民族饮食、民族服饰、民族建筑、民族生产方式、民族贸易、民族旅游等文化资源的开发利用与保护传承，也有从构建和谐社会的需要出发对民族政治、民族法律、民族道德、民族宗教、民族心理等社会结构及文化要素的调适、引导和传承，还有从提高全民族文化素质和满足人们精神生活需要出发对民族教育、民族科技、民族文学、民族艺术、民族古籍等传统知识及文化要素进行的传承、改造和创新。在对西部少数民族文化资源进行开发利用与保护传承的过程中，应正确处理好突出经济效益的开发利用与关注社会效益的保护传承两者之间的关系，做到开发利用与保护传承两者并重，或在开发利用的过程中高度关注民族文化资源的保护传承。可以说，西部少数民族文化资源的开发利用与保护传承是一项巨大的社会系统工程，它与西部地区自然资源的开发利用及可持续发展具有同等重要的价值。

面对西部大开发这一前所未有的宏伟规划，作为以民族群体及其文化为研究对象的中国民族学研究者，如何在西部少数民族文化资源开发利用与保护传承的过程中发挥独特的作用，就成了当代中国学术界高度关注的现实问题。其实，早在西部大开发之前的20世纪80年代中期，中国的部分民族学研究者就参与了由国务院委托中国科学院牵头组织的有关西部大开发的前期研究准备工作，为20世纪末和21世纪初西部少数民族经济社会的发展献计献策。随着21世纪初西部大开发的正式启动，中国民族学研究者再一次站在了西部少数民族文化资源开发利用与保护传承的前沿阵地，除了直接参与西部各省区市政府部门有关当地少数民族经济社会发展的应用对策研究以外，为了正确认识把握西部少数民族的历史和现状，继承和弘扬西部少数民族的优良文化传统，还有不少学者撰写了一些与西部少数民族文化有关的著作，在研究西部少数民族文化方面取得了初步的成果。然而，在肯定以上事实的同时也应该承认，目前有关中国西部少数民族文化研究的成果仍处于零散、单一、粗浅的初期阶段，在学术界尚未形成大的气候和雄厚的优势，远远适应不了西部大开发对精神文化产品的客观现实需要。为了改变这种被动的状态，我们策划并组织全国的有关学者撰写了这套《中国西部民族文化通志》，以便为西部大开发提供精神文化方面的优秀产品，同时也为西部少数民族文化资源的保护传承献上一份厚礼。与国内其他同类的书籍相比，本通志在研究对象、学术取向和书写范式等方面具有以下几个鲜明的特点：

第一，坚持民族学的文化概念，系统深入地研究中国西部少数民族文化的各种构成要素。有关文化概念的界定问题，在不同学科的认知体系中往往存在着较大的差异。在一般人们的视野中，文化主要是指文学、艺术、教育、新闻、传播、伦理道德、思想观念等反映经济基础的意识形态。而从民族学的角度来看，文化则是指整个人类及其各个民族生活方式的总和，包括物质文化、行为文化、制度文化和精神文化等不同的构成要素，是人与自然、人与人、人与社会互动的产物。这两种不同的看法其实就与文化概念的狭义和广义之分相关。本通志坚持民族学的广义文化概念，将中国西部少数民族的各种文化构成要素划分为24个方面，相应形成了哲学卷、政治卷、历史卷、古籍卷、法律卷、婚姻家庭卷、农耕卷、贸易卷、科技卷、生态卷、教育卷、饮食卷、服饰卷、体育卷、娱乐卷、旅游卷、节日卷、礼仪卷、禁忌卷、文学卷、艺术卷、影视卷、工艺美术卷、傩文化卷等24个分卷，几乎涵盖了中国西部少数民族文化的方方面面，由此形成一个宏大而多元的文化体系。除了从总体上将西部少数民族的各种文化现象划分为以上不同的构成要素以外，各个分卷的专题民族文化志则更进一步地将某一种特定的文化现象进行细致入微的分解。通过这种层层深入的描述和解析，使中国西部少数民族文化的各种鲜明特点得以充分地显现出来，为人们正确地认识了解中国西部少数民族文化的本质特征和表现形式提供系统翔实的文本资料。

第二，对中国西部少数民族文化进行整体的研究，为中国民族学西部学派的形成奠定坚实的基础。中国民族学以往的研究曾显现出一个鲜明的倾向，就是绝大多数学者的精力和时间都投入了对某些单一民族及其文化的研究，对田野调查报告或民族志的关注超越了对文化整体的认识。在对中国少数民族的历史和现状缺乏了解的背景条件下，对各个单一民族及其文化开展的调查研究不仅是非常迫切需要的，而且也符合现代民族学的学科发展规律。而在对各个单一民族及其文化所进行的田野调查和民族志资料积累发展到一定程度的时候，对中国少数民族文化进行宏观和微观相结合的整体研究，就自然而然地成了当代中国民族学学科发展的必然趋势。本通志的研究对象和学术取向就是这一学科发展趋势的具体体现。与国内已出版的各个单一民族的文化志有所不同的是，本通志各个分卷的民族文化志都不是只单独涉及西南、西北和内蒙古等地区各个单一民族，而是打破原有的地区和民族界限，将西南、西北和内蒙古等西部地区所有少数民族的特定文化现象作为一个有机的整体来看待。通过对各种文化现象的描述和概括来认识中国西部少数民族文化的总体特点，在此基础上建立中国民族学西部学派。所谓中国民族学西部学派，就是在中国民族学研究者中以西部少数民族文化为整体研究对象的学术群体和学术取向。它既从学科发展的角度关注整个中国西部少数民族文化的构成要素和总体特点，同时又从应用实践的角度重视中国西部少数民族文化资源的开发利用与保护传承，以便在基础研究和应用研究方面构建当代中国民族学的学科体系。可以说，本通志的出版就是中国民族学西部学派正式形成的标志，同时也为今后中国民族学的学科建设和发展打下了坚实的基础。

第三，把描述性与解释性有机地结合起来，使中国西部少数民族的各种文化现象得以较完整地呈现出来。以往志书的一个鲜明特征就是完整地记录和描述某一特定的事项，即古人所谓的"述而不作"。而本通志的设计和写作则突破了这一窠臼，即注重描述性与解释性两者之间的有机结合。本通志各个分卷主要包括导论和正文两个部分，其中各个分卷的导论是具体专题民族文化志的核心和灵魂。每一种具体的民族文化均有其基本特点、形成因素、表现形式、特定内涵、价值取向、应用功能等方面的重要内容。本通志各个专题民族文化志的导论部分，需要作者具有扎实的理论功底和素养，熟练地运用民族学有关民族文化的相关理论方法来进行高度的概括和分析，使人们对纷繁复杂的中国西部民族文化现象有一个较高层次的感悟和较全面的理解，为进一步认识中国西部民族文化的具体构成要素提供总体的思维模式和分析框架。而本通志各分卷的正文部分则是具体专题民族文化志的主体内容。它们分别对每一种涉及的具体民族文化要素进行层层深入的描述和解释，充分展现中国西部民族文化各种构成要素所具有的特色鲜明的表现形式、内在含义，以及与其他文化要素之间的互动关系。其显著效果就是使被描述、解释的内容显现得细致入微和丰富多样，以便加深人们对这些特定民族文化现象的认识程度。

第四，把横向的民族志资料与纵向的历史文献相结合，充分显现出中国西部少数民族传统文化形成和发展的特点。通常情况下，民族文化志书写的特点都是侧重于横向的研究，即对某一特定时期的民族文化现象进行全面客观的描述，很少涉及历史上这种特定民族文化现象形成、发展、变化的过程和特点。本通志则在这一方面有所突破，即分别从横向和纵向两个方面入手，既描述某一种民族文化现象的具体表现形式和鲜明特征，同时又对这种民族文化现象在历史上的演变乃至在现代社会中发生的变化进行简要的概括和分

总　序

析，使得各个专题民族文化志能够融贯古今，使其显现出本身应有的资料价值和学术价值。而在横向与纵向相结合的书写过程中，则以横向的民族志描述为主，以纵向的历史演变为辅。通过阅读本通志，既可以从文化体系的角度认识和了解中国西部少数民族传统文化的基本特征、表现形式、形成因素、价值取向、象征意义、社会功能等，也可以从历史发展的角度洞察中国西部少数民族传统文化在历史上的演变以及在现实生活中的状态和未来发展的趋势，让读者从各种不同的民族文化构成要素中充分体悟中国西部少数民族文化的多样性和复杂性。

本通志由云南大学西南边疆少数民族研究中心的瞿明安教授和何明教授担任主编，组织了以云南大学为主、其他院校和科研单位为辅的研究团队。分别由云南大学、中山大学、北京师范大学、四川大学、中央民族大学、中南民族大学、广西民族大学、云南民族大学、贵州民族大学、云南师范大学、云南农业大学、云南省社会科学院、云南行政学院、武汉工商学院、中国妇女儿童博物馆、云南人民出版社等国内十五所大学、科研机构和出版社长期从事民族文化研究的三十余位知名专家学者领衔撰写，参与人员近百人。全套通志约一千六百万字，可以说是目前国内规模最大、体系最完整的一套专题民族文化志，在中国民族学界尚属首次出版，堪称传世之作。这也是一项重大的基础建设工程，对于继承和发扬中国西部少数民族的优良文化传统，增强各民族的自豪感和自信心，提高中国民族学的整体研究水平具有重要的学术价值。

本通志的编辑和出版得到了有关方面的大力支持和帮助。其中云南人民出版社人文读物编辑部尹杰主任最早提出了编写这套通志的构想，并在具体策划和编辑过程中付出了辛勤的劳动，云南人民出版社刘大伟社长对本通志的出版给予了全力的支持，责任编辑李萍女士为通志的编辑出版敢担其责、倾心尽力。云南大学西南边疆少数民族研究中心将本通志申报立项为瞿明安主持的 2010 年教育部人文社会科学重点研究基地重大项目（批准号：10JJD850007）。本通志还得到了云南出版集团和云南大学的大力支持，在此表示衷心的感谢！

《中国西部民族文化通志》编委会

初拟于 2013 年 10 月 31 日

修订于 2018 年 3 月 31 日

目 录

导 论 …………………………………………………………………… (1)
  一、中国农耕文化研究刍议 ………………………………………… (1)
    （一）中国农耕文化研究状况 …………………………………… (1)
    （二）中国农耕文化研究存在的问题 …………………………… (4)
  二、西部在粟稻起源研究中的地位 ………………………………… (9)
    （一）西部与栽培粟的起源 ……………………………………… (10)
    （二）西部与栽培稻的起源 ……………………………………… (13)
  三、西部在栽培作物传播研究中的地位 …………………………… (20)
    （一）粟的传播 …………………………………………………… (21)
    （二）麦的传播 …………………………………………………… (22)
    （三）玉米的传播 ………………………………………………… (26)
    （四）高粱、棉花等的传播 ……………………………………… (30)
  四、西部在中国水利灌溉研究中的地位 …………………………… (32)
    （一）古代西部的重要水利工程 ………………………………… (32)
    （二）西部传统水利灌溉 ………………………………………… (34)
    （三）西部少数民族的"森林绿色水库" ……………………… (39)
  五、西部在木犁研究中的地位 ……………………………………… (42)
    （一）国内外木犁研究概况 ……………………………………… (43)
    （二）犁耕起源的两种假说 ……………………………………… (44)
    （三）关于牛耕起源的不同看法 ………………………………… (47)
    （四）木犁的起源和演变 ………………………………………… (52)

第一章　西部的刀耕火种农耕文化 ………………………………… (57)
  第一节　西部的刀耕火种民族 ……………………………………… (58)

一、苗瑶 …………………………………………………………（58）
　　二、百越 …………………………………………………………（59）
　　三、百濮 …………………………………………………………（60）
　　四、氐羌 …………………………………………………………（62）
　第二节　刀耕火种农业的分布和分类 ………………………………（71）
　　一、按轮作形态分类 ……………………………………………（73）
　　二、按休闲方式分类 ……………………………………………（77）
　　三、按栽培作物分类 ……………………………………………（78）
　　四、按迁徙方式分类 ……………………………………………（78）
　第三节　刀耕火种的生产技术 ………………………………………（80）
　　一、刀耕火种的耕作技术 ………………………………………（80）
　　二、刀耕火种的间作和套作 ……………………………………（84）
　　三、刀耕火种的轮作技术 ………………………………………（87）
　第四节　生产节令与农耕礼仪 ………………………………………（94）
　　一、历法与生产过程 ……………………………………………（95）
　　二、刀耕火种的农耕仪式 ………………………………………（105）
　第五节　刀耕火种民族的采集渔猎 …………………………………（110）
　　一、刀耕火种民族的采集 ………………………………………（110）
　　二、刀耕火种民族的狩猎 ………………………………………（119）

第二章　西部山地的梯田农耕文化 ……………………………………（123）

　第一节　自然与人文 …………………………………………………（124）
　　一、季风区山地农耕体系的区域构成和耕作类型之梯田农耕 ……（124）
　　二、哈尼族梯田稻作农耕系统形成的地理人文因素 …………（126）
　第二节　古代梯田农耕 ………………………………………………（130）
　　一、考古遗存与汉文献中的梯田农耕 …………………………（130）
　　二、梯田农耕源起及相关研究 …………………………………（131）
　第三节　栽培作物 ……………………………………………………（132）
　　一、梯田农耕栽培作物的起源 …………………………………（132）
　　二、梯田农耕主培作物与特性 …………………………………（134）
　第四节　生产技术 ……………………………………………………（136）

一、梯田稻作农耕程序 …………………………………………（136）
　　二、梯田稻作农耕程序之生产工具 ……………………………（138）
　　三、梯田水资源利用管理 ………………………………………（140）
第五节　生产关系 …………………………………………………（145）
　　一、生境与土地制度 ……………………………………………（145）
　　二、梯田水资源管理中的社会组织与村规民约 ………………（147）
第六节　信仰崇拜 …………………………………………………（151）
　　一、森林观与水文化 ……………………………………………（151）
　　二、生命之水——从树木崇拜到水崇拜 ………………………（154）
　　三、梯田农耕与物候自然历法 …………………………………（156）
　　四、梯田农耕礼仪和节庆再现梯田农耕文化核心 ……………（157）
第七节　文学艺术 …………………………………………………（161）
　　一、史诗和古歌中的梯田稻作农耕 ……………………………（161）
　　二、民歌中的梯田农耕 …………………………………………（164）
　　三、民谚俗语中的梯田 …………………………………………（165）
第八节　社会生活 …………………………………………………（166）
　　一、饮食与梯田农耕 ……………………………………………（166）
　　二、村寨民居构筑与梯田农耕环境 ……………………………（170）
　　三、应运而生的梯田农耕民俗事象 ……………………………（173）

第三章　西部低地的水田灌溉农耕文化 …………………………（177）

第一节　生态背景与文化转型 ……………………………………（178）
　　一、生态背景 ……………………………………………………（178）
　　二、文化转型 ……………………………………………………（179）
第二节　认知与利用 ………………………………………………（205）
　　一、对稻的认知与利用 …………………………………………（205）
　　二、对鱼的认知与利用 …………………………………………（213）
　　三、对鸭的认知与利用 …………………………………………（220）
第三节　农事技术 …………………………………………………（224）
　　一、让"河网泽国"上山 ………………………………………（224）
　　二、让糯稻投入山地丛林怀抱 …………………………………（226）

三、让稻鱼鸭相生而不相克 ……………………………………（228）
　第四节　生态效益 ……………………………………………………（230）
　　　一、对当地气候环境的适应 …………………………………（231）
　　　二、对水资源的维护与管理 …………………………………（233）
　　　三、对生境的优化与再利用 …………………………………（241）
　第五节　制度保障 ……………………………………………………（247）
　　　一、命名制度对稻作文化的调控 ……………………………（247）
　　　二、"款约"对稻作文化的调控 ………………………………（255）
　　　三、"多标"对稻作文化的调控 ………………………………（258）
　　　四、糯稻品种引种、培育、保种的社会机制 ………………（261）
　第六节　回顾与展望 …………………………………………………（264）
　　　一、侗族传统农艺的合理性 …………………………………（264）
　　　二、"综合产出"与"单位面积产量" …………………………（266）
　　　三、"分散"与"三规" …………………………………………（268）
　　　四、对生态安全的反省 ………………………………………（270）

第四章　天山南路的绿洲农耕文化 ……………………………（275）

　第一节　天山南路绿洲的自然生态与人文生态 ……………………（276）
　　　一、天山南路绿洲的自然生态 ………………………………（276）
　　　二、天山南路的人文生态 ……………………………………（281）
　第二节　天山南路绿洲的古代农业 …………………………………（282）
　　　一、绿洲农业的历史脉络 ……………………………………（282）
　　　二、作物的演进 ………………………………………………（285）
　　　三、生产技术的进步 …………………………………………（287）
　　　四、水利系统的进化与创新 …………………………………（288）
　第三节　天山南路绿洲的栽培作物 …………………………………（291）
　　　一、南疆绿洲的耕地与产量 …………………………………（291）
　　　二、南疆绿洲的农作物 ………………………………………（294）
　　　三、南疆农作物分布的地域性差异 …………………………（303）
　第四节　天山南路绿洲的耕作制度与技术 …………………………（307）
　　　一、轮作制度 …………………………………………………（307）

二、复播 …………………………………………………（310）
　　三、栽培技术 ………………………………………………（312）
　　四、土壤的耕作 ……………………………………………（315）
　　五、灌溉与水利制度 ………………………………………（317）
　　六、施肥制度 ………………………………………………（320）
　　七、传统农具 ………………………………………………（321）
　第五节　天山南路绿洲的生产关系 ……………………………（324）
　　一、南疆绿洲农村的一般情况 ……………………………（325）
　　二、南疆绿洲的农奴制 ……………………………………（328）
　　三、南疆绿洲的瓦哈甫地 …………………………………（331）
　第六节　天山南路绿洲的社会文化生活 ………………………（335）
　　一、民居、村落与集市 ……………………………………（335）
　　二、绿洲乡村的社会结构 …………………………………（338）
　　三、服饰与饮食习俗 ………………………………………（338）
　　四、农业禁忌 ………………………………………………（340）
　　五、自然禁忌及习俗 ………………………………………（341）

第五章　西部高原藏族的混牧农耕文化 ……………………………（344）
　第一节　云南藏族聚居地区土地利用多样性及其管理 ………（345）
　　一、云南藏族聚居地区农地利用及多样性管理 …………（345）
　　二、牧场利用及多样性管理 ………………………………（352）
　　三、林地利用及多样性管理 ………………………………（357）
　第二节　云南藏族的混牧农耕文化——以德钦县果念村为例 …（364）
　　一、云南藏族混牧农耕的概况 ……………………………（365）
　　二、果念村混牧农耕文化的基础 …………………………（367）
　　三、果念村混牧农耕文化的内容 …………………………（369）

第六章　西部现代特色农业 …………………………………………（396）
　第一节　生态农业 ………………………………………………（396）
　　一、生态农业的概念 ………………………………………（397）
　　二、西部生态农业举例 ……………………………………（398）

第二节　集约农业 …………………………………………………（406）
　　一、集约农业的概念 ……………………………………………（406）
　　二、西部集约农业举例 …………………………………………（407）
第三节　观光农业 …………………………………………………（414）
　　一、观光农业的概念 ……………………………………………（414）
　　二、西部观光农业举例 …………………………………………（415）
第四节　重要农业文化遗产及其在中国的发展概况 ………………（422）
第五节　西部的重要农业文化遗产类型 ……………………………（425）
　　一、西部的"全球重要农业文化遗产" …………………………（425）
　　二、西部的"中国重要农业文化遗产" …………………………（432）

参考文献 ………………………………………………………………（453）

后　记 …………………………………………………………………（464）

导　论

一、中国农耕文化研究刍议

农耕文化是人类文化的一个重要的组成部分，是人类生计文化体系中的一种，是围绕以农作物栽培为中心而不断发明创造的知识技术体系、社会运行体系以及习俗信仰体系的复合体。我国历史悠久，幅员广阔，农耕文化资源积累深厚。近年来，我国农耕文化研究在传统优势的基础上，视野不断扩展，成果显著增加，然而也存在缺憾。本文的旨趣，在于现状评述，同时指出问题，并借此展望未来努力的方向。

（一）中国农耕文化研究状况

迄今为止，我国农耕文化的研究，主要有以下三个方面。

第一，农业历史研究。从学界通行的学科分类看，农业历史属于历史学的范畴，为历史学的一个分支；而从文化宏观的视角来看，农业历史也往往被视为农耕文化。综观以往农耕文化的研究，很少有不涉及农业考古和农业历史的，这就很能说明问题。我国是世界四大文明古国之一，具有五千年文明史，而农业的历史却可追溯到万年以前。上万年的中国农业历史研究，包括史前考古资料的研究和有史以来文献资料的研究，尤其是中华人民共和国成立以来60多年间的农业历史研究，深度和广度都达到了相当的程度。研究者既有我国的博学鸿儒，还有不少日本和西方学者，他们的研究亦深入广博、难能可贵。国内外学者的研究成果，诸如考古发掘报告、田野调查报告、论文、专著以及各种专业杂志等，数不胜数。这里不妨参考布瑞（Francesca Bray）所著《中国农业史》（*Science and Civilisation in China：Agriculture*）之"参考文献"，其中所列"中日文书籍期刊文献"多达74页，粗略统计约有

700种；所列"西文书籍及期刊文献目录"多达54页，约1000种[①]，中国农业史古今中外相关文献之丰富于此可见一斑。作为代表性的成果，国内近50年来陆续出版了中国农业科学院南京农学院中国农业遗产研究室编《中国农学史稿》（科学出版社1959年版）、梁家勉主编《中国农业科技史稿》（农业出版社1986年版）、曹贯一著《中国农业经济史》（中国社会科学出版社1989年版）、阎万英著《中国农业思想史》（中国农业出版社1997年版）、杜青林与孙政才总主编的《中国农业通史》（中国农业出版社2007年版）等，学术价值极高，在国内外享有盛誉。此外，日本学者田野元之助的著作《中国农业史研究》、英国学者布瑞所著的《中国农业史》（上下册）等，亦是传世之作。我国农业史研究的优势，为农耕文化的研究奠定了深厚的基础、搭建了广阔的平台。农耕文化可以充分借鉴农业史的研究成果，并依据自身的研究对象和理论方法进一步探索开拓。

第二，文化角度的研究。农业历史研究方面的成果相比较，我国冠以农耕文化以及属于农耕文化范畴的研究成果还不算多，这样的情况与农耕文明大国是很不相称的，一方面说明社会和学界对其重视不够，另一方面也说明它还是一个比较年轻的有待开拓的领域。限于作者视野，目前所能看到的农耕文化的概论性的著作有游修龄著《中华农耕文化漫谈》（浙江大学出版社2014年版）、沈镇昭、隋斌主编《中华农耕文化》（中国农业出版社2012年版）等；以重要农作物为研究对象的农耕文化著作有游修龄、曾雄生著《中国稻作文化史》（上海人民出版社2010年版），刘芝凤所著《中国稻作文化概论》（人民出版社2014年版），张云、王慧军所著《中国粟文化研究》（中国农业科学技术出版社2014年版）等；以地域农耕文化为研究对象的著作有尹绍亭著《云南物质文化·农耕卷》（上下册）（云南教育出版社1996年版），裴安平、熊建华著《长江流域的稻作文化》（湖北教育出版社2004年版），胡泽学著《三晋农耕文化》（中国农业出版社2008年版），李学良著《滇南少数民族农耕文化研究》（民族出版社2006年版）等；以农耕文化类型为研究对象的著作有尹绍亭著《人与森林——生态人类学视野中的刀耕火种》（云南教育出版社2000年版）等；以单一民族农耕文化为研究对象的著作有王清华

[①] ［英］布瑞著，李学勇译，熊先举校阅《中国农业史》，台湾"商务印书馆"1994年版。

著《梯田文化论》（云南大学出版社 2011 年版），郭家骥著《西双版纳傣族的稻作文化研究》（云南大学出版社 1998 年版），崔海洋著《侗族农耕文化与水资源安全》（知识产权出版社 2014 年版），付广华著《龙脊壮族梯田文化的生态人类学考察》（广西师范大学出版社 2007 年版）等。农耕文化研究的论文数量比专著数量多，主要见于《农业考古》《农史研究》《古今农业》《文物》《考古与文物》《考古学报》等杂志和文集之中。

第三，农业文化遗产研究。农业文化遗产是近年新兴的遗产保护门类，亦是农耕文化研究的一个新领域。农业文化遗产源于全球重要农业文化遗产（Globally Important Agricultural Heritage Systems, GIAHS）大型项目，该项目是联合国粮食及农业组织（FAO，以下简称"粮农组织"）在全球环境基金（GEF）支持下，联合有关国际组织和国家于 2002 年发起的，旨在建立全球重要农业文化遗产及其有关的景观、生物多样性、知识和文化保护体系，并在世界范围内得到认可与保护，使之成为可持续管理的基础。该项目希望努力促进地区和全球范围内对当地农民及少数民族关于自然与环境的传统知识和管理经验的更好认识，并运用这些知识和经验来应对当代发展所面临的挑战，特别是促进可持续农业的振兴和农村发展目标的实现。中国是最早响应并积极参加全球重要农业文化遗产项目的国家之一，并在项目执行中发挥了重要作用。2005 年，粮农组织在世界各地选择了不同类型的传统农业系统作为首批保护试点，它们分别是秘鲁的安第斯高原农业系统，智利的智鲁岛屿农业系统，菲律宾的伊富高稻作梯田系统，阿尔及利亚、突尼斯、摩洛哥的绿洲农业系统，坦桑尼亚的草原游牧系统和农林复合系统，肯尼亚的草原游牧系统，日本的能登半岛乡村景观和佐渡岛稻田—朱鹮共生系统，印度的藏红花种植系统和科拉普特传统农业系统，中国的浙江青田稻鱼共生系统[①]。浙江青田稻鱼共生系统成为首批保护试点之后，农业部国际合作司和中国科学院地理科学与资源研究所合作，在李文华院士和闵庆文研究员的有效组织推动下，中国农业文化遗产保护工作获得了长足的发展，编制完成了《全球重要农业文化遗产保护国家行动框架》和试点保护与发展规划，通过举办学术研讨会和论坛、培训等多种形式，指导试点地区进行项目实施发展，产生了

---

① 参见闵庆文主编《农业文化遗产及其动态保护探索》，中国环境科学出版社 2008 年版；闵庆文主编《农业遗产及其动态保护前沿话题》，中国环境科学出版社 2012 年版。

良好的社会效益、生态效益和经济效益，得到了粮农组织的高度赞赏，也为其他试点国家提供了经验。特别是在试点示范与推广方面，我国通过开展培训、生产标准化、市场开拓、种养殖技术与产品加工服务、示范户带动、基础条件改善、科学研究、媒体宣传等多种途径，提高了干部和群众对于农业文化遗产及其保护重要性的认识，保护了农业生物多样性与传统稻鱼文化，提高了农民收入，扩大了国内外的知名度，带动了休闲农业和乡村旅游的发展。与此同时，许多地区积极参与农业文化遗产保护行动，积极开展申报工作①。截至2018年4月，我国已有15个传统农业项目被正式列入全球重要农业文化遗产名录。它们分别是浙江青田稻鱼共生系统、江西万年稻作文化系统、云南哈尼稻作梯田系统、贵州从江侗乡稻鱼鸭系统、云南普洱古茶园与茶文化、内蒙古敖汉旱作农业系统、浙江绍兴会稽山古香榧群、河北宣化城市传统葡萄园、福州茉莉花种植与茶文化系统、江苏兴化垛田传统农业系统、陕西佳县古枣园、甘肃迭部扎尕那农林牧复合系统、浙江湖州桑基鱼塘系统、山东夏津黄河故道古桑树群、中国南方山地稻作梯田系统（由江西崇义客家梯田、福建尤溪联合梯田、湖南新化紫鹊界梯田、广西龙胜龙脊梯田组成）。农业文化遗产保护项目的实施和推广，对于农业传统知识的保护传承和发展，对于人们正确认识农业多样性、生物多样性以及文化的多样性，对于促进人与环境共荣共存和可持续发展，均具有十分重要的意义。正因为如此，农业文化遗产在我国被人们所认识至今不过短短十余年的时间，而相关的研究文章已多达4000余篇②，农业文化遗产的异军突起，无疑促进了人们对于传统农耕文化的重视，开阔了农耕文化研究的视野，提升了农耕文化研究的现实意义。

（二）中国农耕文化研究存在的问题

回顾中国农耕文化研究的状况，成果丰硕，不过也有不足，以下几个问题就值得反思。

一是厚古薄今，即历史研究多、依据考古资料和历史文献研究的多，而现实研究少、田野调查研究少。为何如此？原因不难明白。上文说过，我国幅员广阔，历史悠久，新石器时代延续了数千年，文明史时代经历了五千多

---

① 参见闵庆文主编《农业文化遗产及其动态保护探索》，中国环境科学出版社2008年版；闵庆文主编《农业遗产及其动态保护前沿话题》，中国环境科学出版社2012年版。

② 参见百度"全球重要农业文化遗产"词条。

导 论

年，两个时代一万多年的农耕文化积淀，形成了十分丰富的文化宝库。具有如此丰厚的遗产资源，考古、释古之学兴盛，重古、迷古之风盛行，也就不足为奇了。考古、历史一旦形成显学，必然趋之若鹜，久之成为传统，于是代代沿袭，即便全球化的今日，也无重大转变，这当然是我们的优势和特点，唯其如此，也存在局限和缺憾。中国农耕文化研究的"厚古薄今"，如果能够加以改观，使之变为"厚古重今"，那就是十分理想的状态了。重视现实的研究，道理和意义不难明白。

首先，我们今天之所以能够研究历史，能够享受那么多的历史文献的恩惠，完全是得益于古代学者对他们那个时代现实的重视、调查和研究。试想，如果没有历史上两千余年各个朝代留下来的反映当时农业的多达600种以上的各类农书，没有著名的五大农书——西汉《氾胜之书》、北魏《齐民要术》、宋代《陈旉农书》、元代《王祯农书》、明代《农政全书》，那就是无米之炊，哪里会有农业史今日之辉煌？既然如此，我们也应该向古人学习，不仅要学习和传承前人的成果，而且要重视当下，要给后人留下我们时代的实态、进步和创造，这才对得起历史、对得起子孙。

其次，任何朝代，学者的研究都有局限性。历代农书，没有一部是观照统括全国全民族的；即使当代，所有农耕文化的研究包括农业史的著作，也没有一本是可以覆盖全国、全民族的。目前所见当代农耕文化的著作，几乎都是地域性的作品，即使冠以"中华"或"中国"的农耕文化著作，其实也都名不副实。应该看到，目前的研究，对于广大民间极其丰富的农耕文化资源的发掘还十分有限。有的注意到了，成果较多，如稻作文化的研究。有的最近才受到关注，如上述农业文化遗产的产生。有的最近成了研究亮点，如贵州西南地区侗族传统的森林糯稻文化以及稻鱼鸭复合农耕系统，同区侗族、苗族等的粮林（杉木）混农林系统，通过吉首大学、贵州大学和凯里大学等学者们常年深入的调查研究，其文化和科学价值得以昭显于世，受到瞩目；又如云南学者和广西学者对元江流域哈尼族等的梯田文化与广西龙胜龙脊壮族等的梯田文化的研究，不仅让深藏于大山中壮丽的梯田景观广为人知，而且通过深入发掘它的文化生态内涵，促成了世界文化遗产申报的成功；再如云南西南地区的普洱茶，经过社会科学领域的学者、自然科学领域的学者以及其他文化学者的共同努力，在短短的10余年间，普洱茶文化业已走出国门，享誉世界。相比之下，一些非常独特的农耕文化，尚未引起人们足够的

中国西部民族文化通志　农耕卷

重视，例如西北新疆维吾尔族等的绿洲农耕文化、青藏高原藏族等的农牧复合农耕文化、内蒙古东南部边沿地带蒙古族等的农牧混合农耕文化、武陵山地区土家族等的农耕文化等。此外，还有诸多偏远地区的特色农耕，不被世人所知。例如云南基诺族以陆稻为中心的多作物配置的轮作、间作和混作等技艺；云南独龙族、景颇族、白族勒墨人等的可视为有机农业典范的粮林混作、间作等技艺；海南岛传统"砍山栏"农耕的文化生态体系；青藏高原藏族和云南、四川摩梭人等适应生境及农牧生产的婚姻家庭习俗；等等。这些农耕文化千百年延续下来，内含的经验、智慧、知识非同一般，遗憾的是，长期以来，它们并未被主流文化认同，所以一直处于自生自灭的状态。最近30年，在全球化浪潮的冲击下，它们正面临急速蜕化和消亡的危机。文化变迁是不可阻止的，不过每当我们面对这样的情况——曾经亲历目睹的文化现象已成过眼云烟，曾经为我们提供过大量文化信息的老农们快死光了，年轻人则一问三不知，再想对未知的农耕文化进行调查、获取资料已无希望，不禁深感悲哀！现实给我们敲响了警钟，如果只知"厚古"而不知"重今"，不去积极抢救各地迅速变化消亡的农业文化遗产，那么就会给历史和文明留下缺憾，我们就将愧对历史和子孙。

　　二是重东轻西，即东部的中原、江南研究多，西部及其他地域研究少。中国文明及农耕文化的研究，向来聚焦于"两河流域"——黄河流域和长江流域。黄河、长江是中国的母亲河。黄河流域是华夏民族的摇篮，是世界粟作文化的起源地；长江流域是华夏民族的重要组成部分越人等族群的故乡，是世界稻作文化的重要起源地。中国文明源远流长蜚声世界，黄河流域和长江流域即为中国古老悠久文明的渊薮。唐代以前以黄河流域为中心，唐代以后重心转到长江流域。不过，作为华夏文明和农耕文明渊薮的黄河和长江流域，以往学界关注的重点，其实并不是整个流域，而大都不过是两河的中下游特别是下游流域，即东部地区。东部的研究兴盛而充分，西部的研究冷寂而薄弱，这是千百年形成的因循相袭的传统，对此人们已经习以为常，视为定式。因为如此，所以但凡讲到中国农业史，往往讲的只是中原、江南的历史，而远不是中国广袤疆域的农业史；同样，只要说到农耕文化，也往往只讲东部的、汉族的农耕文化，至于西部，抑或55个少数民族的农耕文化，那多半是会被忽略不计的。这就是我们所说的典型的地域和文化中心主义。何以如此？因为东部自然条件优越，文明和农耕文化发源时间早，在历史上率

导 论

先进入集约农业阶段,率先发明精耕细作等复杂农耕技术,而且文字发达、学者荟萃,留下了大量史书典籍,这就给学者的研究创造了平台和空间;而西部主要是少数民族分布的地区,与东部交流不畅,东部学者的科学技术文化研究到不了西部,汉文献典籍的记载自然少之又少。

能够反映这种状况的典型事例,可举上述五大农书。五大农书虽为中国农业史书的代表之作,然而作者全为东部学者,表现的内容也全是东部地区的情况,其局限性显而易见。请看:《氾胜之书》的作者氾胜之写的是黄河中下游流域汉族的农业生产经验和耕作技术;《齐民要术》作者贾思勰写的也只是黄河下游流域汉族农牧业生产技术知识,然而却被誉为"中国古代农业百科全书";《陈旉农书》被称为"我国南方第一部水田农事专著",那是作者陈旉隐居江苏时写成的,其眼界最多可覆盖江南,而远非"中国南方";《王祯农书》作者王祯,该书写的是"北方汉族的农业技术和南方汉族的农业技术",不过其"北方"实际上是指黄河流域下游地区,"南方"则是指长江流域下游地区,都是我们现在说的东部;《农政全书》作者徐光启,其出生的松江府是个农业发达之区,该书所言农政措施和农业技术,应该与其家乡具有密切的联系,而不可能涉及太大的地域范围。

中华人民共和国成立以来,文明和文化研究"重东轻西"的状况有所改变,但是作为数千年来的学术传统仍然根深蒂固,"东部中心主义"的影响在学界依然占有主导地位。

三是见树不见林,即只关注某种农耕文化类型,而忽视其他农耕文化类型,缺乏文化多样性的视野。这种情况显而易见。例如迄今为止所见诸多农史及农耕文化著作,均将中原的"旱地精耕细作技术"和江南的"水田精耕细作技术"作为我国传统农耕文化的精华而置于重要的地位,进行深入的研究,给予积极的评价;而其他农耕文化类型和耕作技术,尤其是不见于历史经传的农耕文化和耕作技术则不同程度地被忽视、轻视,甚至歧视。诚然,"精耕细作"乃是我国东部古代农民适应生态环境的创造和智慧的结晶,是我国对世界农耕文明的一项杰出贡献,值得大书特书,传承发扬。不过,就全国而言,无论是旱地精耕细作还是水田精耕细作,不管其多么重要、先进,都只是一种农耕文化类型、一种耕作技术,除此之外,全国还有许多同样值得总结、继承、发扬的农耕文化类型和耕作技术。所以,如果要说"中国"或"中华"的农耕文化,那就必须把握全局、整体观照,而不能重此轻彼、以偏概全、挂一漏万。

如果研究中国传统农耕文化只囿于精耕细作技术，抑或认为我国传统农耕文化只有精耕细作技术才能登大雅之堂，其他均不值一提，那就错了，那就是一叶障目、见木不见林。须知世界之大、生态环境之复杂、人类农耕文化之丰富，并不是一个精耕细作可以概括的。我们知道，精耕细作技术的形成有多种原因，其中最为重要的原因乃是人类为了解决人多地少的矛盾、缓解生存压力、调适人地关系而采取的应对策略。不过，由于社会历史文化的差异，不同的族群处理人地关系危机的策略并不完全相同。而且祖国各地人地关系极为复杂：有的地方人多地少，人口压力大、生存困难；有的地方人口不多，人地关系平衡、生存无忧；有的地方人少地多、资源富足，人地关系和谐、足以持续生存和发展。生态环境不同，社会文化不同，会形成不同的生存策略、不同的生计形态、不同的农耕文化类型，各种农耕文化类型均有其特殊的功能和价值，它们之间并无高下优劣之分。

理解、认同这个道理，可以避免许多偏见和误导。就说精耕细作，其实它并不是放之四海而皆准的耕作技术法宝，譬如对于热带森林烧垦农业而言，精耕细作不仅不是好技术、不是先进技术，反而是破坏、是祸害。根据我们的研究，一个正常运行的烧垦农耕系统，越是不使用锄耕犁耕，越是粗放轮歇耕作，则其生态效益和经济效益越佳，越可持续发展；而如果精耕细作，劳力等各种投入将大大增加不说，短时期内还会导致杂草丛生、林木凋敝、土壤贫瘠、作物减产，不出十年，原来实行的有序循环的轮歇耕作系统就将崩溃，原先保持平衡的自然和农业生态系统就将遭受破坏，人们的生存就会陷于困难的境地甚至危机。再如我国传统木犁的研究，迄今为止我国研究传统木犁的许多著作，均奉唐代陆龟蒙的《耒耜经》和元代王祯的《王祯农书》为经典，以两书所述所绘之犁——长江下游流域使用的"江东犁"为圭臬，而忽视其他地域之木犁。给人的印象，似乎中国的木犁就只有江南的江东犁一种犁型，或者似乎中国所有木犁最终进化的结果就是江东犁，这无疑又是偏见和狭隘造成的谬误。根据笔者的调查，仅云南一个省份，犁型就有4个系谱23种类型[①]，遑论其他地区。中国犁具之丰富，岂是一个江东犁可以概括得了的？一叶障目、见木不见林之弊端，由此可见一斑。

---

① 尹绍亭著《云南物质文化·农耕卷》，云南教育出版社1996年版。

导 论

综上所述，迄今为止我国农耕文化研究成果斐然，已具备相当的水平。但也存在问题，明显表现为"厚古薄今""重东轻西""见木不见林"三个方面，值得反思。今后的研究，除了弥补薄弱环节之外，还需借鉴国外研究成果，促进国际学术交流，加强理论和方法的探索，重视传承与创新，以开创古今并重、中西交融、百花齐放、繁荣兴旺的局面。

二、西部在粟稻起源研究中的地位

中国历史悠久，农业发端早，是世界重要的农业起源地之一，也是许多农作物的起源中心。瑞士植物学家康德尔（A. de Candolle，1806—1893）是世界上最早研究栽培植物起源的学者，他根据作物的野生种存在、历史文献、语言和考古资料等进行研究，于1882年出版其著作《栽培植物的起源》，涉及247种栽培植物，认为世界农业最早起源于三个地区：中国、亚洲西南部（包括埃及）及美洲热带地区①。苏联植物育种学家瓦维洛夫（Vavilov，1887—1943）依据"遗传变异最多的地区即为栽培植物起源中心"的认识，于19世纪二三十年代对世界各地植物进行广泛调查，写出《作物的起源、变异、抗病性及育种》一书，提出世界重要栽培作物起源于八个独立的中心：中国、印度、中亚、近东、地中海地区、埃塞俄比亚、墨西哥南部及中美洲、南美洲。瓦维洛夫认为世界上农业发展最早及最大的作物起源中心，包括中国中部与西部山区及邻近的低地。瓦维洛夫在其另一本著作《主要栽培植物的世界起源中心》中进一步说道，中国是"第一个最大的独立的世界农业发生发源地和栽培植物起源地"②。关于栽培植物的起源，中国学者也做了大量研究，获得许多成果，他们统计了世界上的667种主要栽培植物，其中起源于中国的有粟、黍、稻、大豆、萝卜、白菜、葱、杏、梅、山楂、银杏、茶等136种，约占20.4%，居世界第二位，这是中华民族为人类的生存与文明所做出的重大贡献③。起源于中国的136种作物，有的起源地在北方，有的起源于南方，如我国起源作物中最为重要的两种作物粟和稻，就有"北粟南稻"的说法。粟在古代是五谷之首，稻后来居上，成为大江南北居于首位的粮食作物。游修龄先生在其所著《中华农耕文化漫谈》一书中说，中华民族5000

---

① 彭世奖著《中国作物栽培简史》，中国农业出版社2012年版。
② ［英］布瑞著，李学勇译，熊先举校阅《中国农业史》（上册），台湾"商务印书馆"1994年版。
③ 中国农业博物馆农史研究室编《中国农业科技史图说》，农业出版社1989年版。

年的文明史，秦汉以前3000年主要是在黄河流域，长江流域是从唐朝起，才接过黄河流域的班，继续大发展，后来居上，"两河"流域先后共同发展，形成整体的中华文明大国[①]。游先生所言中华文明在"两河"流域的先后大发展，说的就是以粟作农耕文化和稻作农耕文化为根基的中华文明的先后发展与繁荣。中国的"两河"流域不仅哺育了中华民族5000年的文明史，还是史前东亚两类农耕文化的摇篮。黄河流域是粟作农耕文化的发源地；与其并驾齐驱，长江流域则是稻作文化的重要起源中心。南北之分自古为我国栽培作物和农业类型考察的一个习惯视角，不过，即如笔者在《我国农耕文化研究刍议》一文中指出的那样，虽然说的是南北，然而视野往往只是南北的东部，西部常处于被忽视的地位，即存在"重东轻西"的倾向，这是需要注意和解决的问题[②]。为此，本文将详细检视前人关于粟和稻起源的考察与研究，特别是西部的考察与研究，以强调西部在粟稻起源研究中的地位。

（一）西部与栽培粟的起源

粟在中国古代的农作物中，占有极其重要的地位。如果说黄河流域是中华民族诞生的摇篮，那么粟就是哺育中华民族的乳汁。粟在中华文明的产生和形成过程中，曾经发挥过其他作物无可替代的重要作用。粟在植物分类上属禾本科的"狗尾草属"（*Setaria*），栽培粟的学名为 *Setaria italica*。粟又称谷或谷子，去皮称作小米，植株称禾。粟喜湿暖，耐旱，对土壤要求不高，适应性强，春播夏播皆宜，因此特别适合在黄河流域种植。粟是中国北方原始农业中最早驯化的谷类作物之一，栽培历史至少已有8000年。关于栽培粟的起源，国内外学界曾有不同的观点，有埃及起源说、印度起源说、中美洲起源说等，主张埃及或印度起源说的学者认为，粟是自埃及或印度起源之后传入中国的。不过上述说法由于缺乏明确充足的证据而受到质疑。目前国内外学者大多认为粟是我国黄河流域于新石器时代早期独立驯化的主要农作物，中国作为粟的起源中心已无异议。能够说明粟起源于中国，最有力的证据是黄河流域乃至中国西部、北部地区的诸多史前遗址发掘出土的粟的遗存。迄今为止，我国考古学者已经在河南、河北、山东、山西、辽宁、黑龙江、内蒙古、陕西、甘肃、青海、新疆、西藏、云南等省区的新石器时代遗址中，

[①] 游修龄著《中华农耕文化漫谈》，浙江大学出版社2014年版。
[②] 尹绍亭《我国农耕文化研究刍议》，《云南文史》2016年第3期。

导 论

先后发现炭化粟粒、粟壳或粟的谷灰40多处,其中发现于西部内蒙古赤峰敖汉旗兴隆沟遗址的炭化粟,年代距今8000—7500年,是目前所知最早的粟作遗存①。考古资料说明,早在远古时代,粟就已成为黄河流域乃至中国西部和北部广大地区的主要粮食作物。

黄河流域遗存有粟作的新石器时代遗址,属于东部的黄河下游流域具有代表性的重要遗址是山东省胶县三里河遗址、河北省武安县磁山遗址和河南裴李岗文化遗址。三里河遗址属大汶口文化晚期,距今4800—4200年。河北省武安县磁山遗址共发现476个灰坑,其中有88个存有粮食。磁山遗址经碳-14测定,年代为公元前5405±100和公元前5285±105年。树轮校正后为公元前6005—公元前5948年,比半坡遗址早1000多年。与磁山遗址同等重要的河南裴李岗文化遗址中也发现粟的遗存。裴李岗文化是以河南省新郑县(今新郑市)裴李岗遗址为代表的早于仰韶文化而与磁山文化相当的一种文化遗存,主要分布在河南省境内。属于裴李岗文化的新郑县小乔乡(今新郑市龙湖镇)的沙窝李遗址所发现的粟的炭化颗粒,年代经碳-14测定为公元前5220±105年(未经树轮校正)。

属于西部的黄河中游流域粟作遗存的新石器时代遗址,重要的有山西万荣县荆村瓦渣斜遗址、陕西西安半坡遗址等。山西万荣县荆村瓦渣斜遗址发现于20世纪30年代,是黄河流域最早出土粟的重要遗址,其时代为仰韶至龙山文化时期。继荆村瓦渣斜遗址之后,陕西省西安市郊半坡村仰韶文化遗址也发现了大量粟的遗存。半坡遗址F37出土的陶缸中有腐朽的粟粒壳;F2门道口有一个双耳大瓮,内有腐朽灰白色谷物粉末;T8出土的储藏罐(编号为P4716),罐口用一皿状器作盖,其中装盛保存完好的粟粒;M152压在女性儿童左脚上的5号和6号钵也装有粟粒,两钵内壁也黏附许多粟壳;F88房内东北角有一个小窖穴,深不到一米,底径约一米,内有粟粒朽灰堆积,显系一储藏粟米的粮窖;H115窖穴亦堆积厚达18厘米谷物朽灰,呈灰白色的半透明状。粟粒不但发现于窖穴,还发现于墓葬中,成为随葬品,可见粟在半坡人的生活中占有重要地位。半坡遗址经碳-14测定其年代为公元前4800—公元前4300年②。

---

① 中国农业博物馆农史研究室编《中国农业科技史图说》,农业出版社1989年版。
② 陈文华《漫谈出土文物中的古代农作物》,《农业考古》1990年第2期。

位于更西部的黄河上游流域粟作遗存的新石器时代遗址，重要的有甘肃秦安县大地湾遗址、青海及甘肃马家窑文化和齐家文化遗址等。甘肃先秦农业考古资料说明，粟是该区新石器时代最主要的农作物。该省秦安县大地湾遗址为新石器时代早期农业遗址，遗址下层发现了早于仰韶文化的另一种遗存，年代经碳－14测定，最早者为公元前5200±90年，树轮校正为公元前5850年，与中原地区早期磁山、裴李岗文化年代相近。重要遗址有房址、墓葬、窖穴三大类，出土遗物有生产工具、生活用具、粮食以及装饰品等，此外在墓葬中还发现了以家畜随葬的事例。这些情况真实反映出当时居民已过着比较稳定的以农业、畜牧业为主要经济结构的生活。在第四发掘区T303号探方中发现的F374号房子内有一窖穴，圆形直壁，底部存有已炭化的粮食颗粒，经鉴定是稷和油菜籽。在H219的底部发现有一层厚约0.2厘米的炭化粟粒。此外，一些陶器上的彩绘图案也间接地反映了当时的农作物状况。马家窑文化是甘肃另一重要的新石器时代的文化，初步统计发现遗址四百多处，分布地域很广。根据底层叠压和年代测定又可分为若干不同类型，有石岭下、马家窑、半山、马厂四个类型，主要遗存有房子、墓葬、窖穴、制陶遗址等。出土遗物六万余件，直接与农业相关者有生产工具、粮食作物、窖穴以及反映农业生产的彩陶绘画。粮食作物主要是粟，均以陶罐或窖穴储存，储存规模最大的是齐家文化遗址。齐家文化遗址储粮窖穴有长方、圆形直壁、圆形尖底、椭圆、袋状等种类。建筑工艺细致规整，有的内壁涂抹草拌泥或红胶泥，上部用圆木搭盖屋顶，向北开门修筑斜坡门道，门口两侧对立圆木构成门框，形成半地穴式的仓房。室内置放若干陶罐，罐内装粟。广河齐家坪第一号窖穴，70多个陶罐重叠放置，每罐装粟大约15斤，一次可储粟1000斤左右。大河庄遗址共发现12座房子，15个窖穴，储粮约15000斤，说明当地粟作农业生产已处于较为稳定的阶段[①]。

此外，在西部的青海等地，一些新石器时代遗址也有与中原地区近似的农业遗存，目前已被大量发现的马家窑文化（包括马家窑、半山、马厂三个时期）和齐家文化遗址，都确认存在农耕遗迹。在青海东部地区，尚有时代稍早于马家窑文化的仰韶文化晚期的农耕文化。在青海诸多新石器时代文化中，以马家窑文化半山类型至齐家文化阶段的资料最为丰富。在这些资料中

---

① 何双全《甘肃先秦农业考古概述》，《农业考古》1987年第1期。

导 论

又以柳湾墓地的资料最完整,该墓地先后发掘了半山、马厂、齐家、辛店文化的墓葬1730座,由青海省文物管理处考古队和中国社会科学院考古研究所撰写的《青海柳湾》整理发表了其中1至1500号墓葬资料。柳湾墓地位于青海东部的湟水流域,那里自然条件较好,至今仍然是重要的农业生产区。柳湾墓地有粮食随葬习俗,粮食被置放于粗陶瓮或陶罐内,柳湾墓地墓葬原始登记表中记录了17座墓葬粮食随葬的资料,依据实物鉴定得知,当时的粮食作物主要是粟[①]。上述考古资料说明,西部的黄河中上游流域及其周边,遗存有粟的新石器时代遗址远多于东部的黄河下游流域,而且年代相当久远,说明西部在我国粟作文明起源过程中具有十分重要的地位,应给予足够的重视。

(二) 西部与栽培稻的起源

稻(*Oryza satiua L.*)是世界第一大粮食作物。今天,稻米已成为全球30多个国家居民的主食,世界上有一半以上的人口以稻米为主食。在亚洲,有20亿人从大米及大米产品中摄取60%—70%的热量和20%的蛋白质。中国是世界上最大的稻米生产国,产量占世界的35%[②]。稻自古就是我国最重要的粮食作物之一,其驯化和栽培的历史,已达万年。迄今为止,我国考古学者发掘的新石器时代稻作遗存已近200处,分布于江苏、浙江、安徽、江西、湖北、湖南、福建、广东、广西、云南、河南、陕西等省区。其中最早的是湖南道县玉蟾岩遗址、江西万年县仙人洞遗址、广东英德牛栏洞遗址,年代距今都在一万年以上。

稍晚的湖南澧县彭头山遗址发掘的水稻遗存,年代距今9200—8300年。湖南岳阳钱粮湖农场坟山堡、汨罗市附山园、华容县车轱山遗址以及河南贾湖遗址的稻作遗存,年代距今8000年。浙江罗家角的稻作遗存,距今7100多年。浙江余姚河姆渡遗址出土的大量炭化稻谷和农作工具,尤为引人注目,距今也有7000年[③]。以上遗址,均为世界上最早的稻谷遗存。从其分布地点来看,有的是在东部的长江下游流域,有的是在西部的长江中游流域和珠江流域。根据考古遗存、野生稻分布和稻谷遗传资源等因素,国内外学者对稻作起源做过不少研究,结果出现了几种不同的栽培稻起源论,它们都涉及我

---

① 尚民杰《青海原始农业考古概述》,《农业考古》1987年第1期。
② 曾雄生、陈沐、杜新豪著《中国农业与世界的对话》,贵州民族出版社2013年版。
③ 中国农业博物馆农史研究室编《中国农业科技史图说》,农业出版社1989年版。

国西部或东部，兹简要叙述于下。

第一是国外学者瓦维洛夫、盛永俊太郎、张德慈的喜马拉雅山东部稻作起源说。

此说的稻起源中心包括我国西南地区。较早提倡此说的学者是瓦维洛夫，他主张亚洲栽培稻起源于喜马拉雅山山麓，而他同时也把奥里萨和马德拉斯作为亚洲栽培稻的起源中心地。

日本盛永俊太郎依据他对锡金和大吉岭两地原有的稻谷品种与亚洲各地的各种生态类型进行杂交试验的结果，也提出亚洲栽培稻的起源中心地是喜马拉雅山东部的结论。盛永俊太郎的论据如下：喜马拉雅山的稻种群（锡金和大吉岭的品种群），与日本、奥斯、波罗、阿曼、且惹、布鲁六种生态型品种不同，杂交的实验结果表明，喜马拉雅山稻种与它们既不太近缘也不太疏缘，稔性常在百分之六十左右。从这个结果来看，他认为喜马拉雅山的稻谷至今还继续保存着稻种的未分化遗传因子复合（isoreagents）的状态。他因此认为上述六种生态型稻谷是喜马拉雅山的遗传性复合离开了原中心地喜马拉雅山东部各自传到不同的地区栽培，后来因受这些地区的气温、土壤或者生物因素的作用，失去了各自的遗传因子，而保存了某些新产生的突变遗传因子，形成了各不相同的生态型。在起源中心地，生态因子是极其复杂的，容易发生各种突然变异。并且，起源中心地是适于保存它们的遗传因子的地域①。

同样主张栽培稻起源于喜马拉雅山东麓的学者还有张德慈博士。张德慈是位于菲律宾马尼拉郊外的国际稻作研究所（IRRI）的创建者之一，长期致力于稻谷遗传资源的搜集和保存。1976年，他在荷兰的 *Euphytica* 杂志发表论文，提出亚洲栽培稻起源于喜马拉雅山南麓的论断，后来他又发表《作物的历史和遗传资源保存——稻谷的事例》论文，系统论述其观点。张氏的分析，先是根据经济学的重要性看起源，其次谈分布。同为属内相互近缘的稻种，今日为何会分布于相距很远的亚洲、非洲和澳洲等地？张德慈对世界稻谷分布之谜做了解释，认为那是因为远古超大陆的扩展导致其四散分离，起源于喜马拉雅南麓的栽培稻随着几块大陆漂移，便形成了今日的分布局面。张德

---

① 转引自［日］渡部忠世著，尹绍亭等译《稻米之路》，云南人民出版社1981年版。

慈认为，在距今一万至一万五千年前，在喜马拉雅山南部地带，在干期和雨期的交替过程中，出现了一年性栽培稻的先祖。先产生了"印度型"品种，后来在布拉马普特拉河（中国境内称雅鲁藏布江）流域和中国接境地带形成了"日本型"品种，在其东部则产生了"爪哇型"品种。随着稻谷栽培从湿润热带向亚热带和温带扩展，促进了稻种生理或形态学的变化，加之不同族群对口味的选择，作为稻种新系谱的深水稻和陆稻出现了。而且对应于不同的栽培期、水利和土壤，稻谷品种也随之发生相应的变化。张氏起源地划定的范围较大，包括喜马拉雅山山麓的恒河沿岸、缅甸、泰国北部、老挝、越南北部、中国西南部这一辽阔的地带[①]。

第二是印度起源说。

此说为日本京都大学原教授中尾佐助的主张。中尾佐助最早讨论稻谷起源的书见于其著作《热带干旱草原的农耕文化》，该书对印度和非洲的热带干旱草原的农耕文化进行了比较，认为非洲撒哈拉沙漠南部的热带干旱草原是杂谷农耕的第一次起源地，印度的杂谷农耕文化是从非洲传播而来的。当人们能够从大量野生的可食用的稻科植物中驯化出一年生的稻谷，就出现了农业。1966年中尾佐助出版《栽培植物和农耕的起源》，该书的"稻谷的发端"一章如此叙述：懂得采集野生稻科的草粒食用的人们，从热带干旱草原地带迁移到雨量多的地区生存，新的居住地和他们原来居住的地区不同，让他们接触到许多可食用的湿生的稻科植物群落，这些植物中人们选择的、品性优良的、能够在所谓水田那样的新的栽培地栽培的杂谷，就是稻谷。因此，分布于热带干草原两端的西非和印度东部显然是稻谷栽培历史最早的地区。印度起源的栽培稻，后来向湿热的缅甸方向传播进入阿萨姆山地。阿萨姆山地原是利用掘土棒耕作的薯类栽培的根栽农耕文化地带，那里的人们一旦知道了稻谷这一新的作物，便在原本栽种薯类的山坡烧垦地栽种稻谷，形成了使用掘棒点播栽培陆稻和薯类等作物的烧垦复合农耕文化。中尾佐助继而认为，东南亚的稻作农业先有山地陆稻的栽培，在根栽农耕文化的基础上，从烧垦农业向梯田和平地水田农业发展，后来平地出现大规模水田农业，显示出国家的力量，形成了第二阶段的稻作农业。中尾佐助的上述稻作起源的论断，

---

① 转引自〔日〕池桥宏著《稻作的起源——从稻学到考古学的挑战》（日文版），讲谈社2005年版。

在其1976年的著作《续·照叶树林文化》中有所变更，基本上放弃了稻作印度起源的观点，而把稻谷的起源地定位在中国西南和印度之间的照叶树林地带①。

第三是阿萨姆—云南起源说。

此为京都大学东南亚研究中心作物学家渡部忠世教授的主张。渡部忠世早先曾在泰国北部清迈近郊的稻作试验场工作，研究从泰国北部至老挝一带的糯稻。后来多年奔波于亚洲各地的古代遗址，根据各地出土的稻谷谷粒遗存，分析粒型的变迁，鉴定品种的系谱，考证时代的先后，同时结合野生稻的考察，并参考其他学科的研究成果，得出栽培稻起源于印度阿萨姆至中国云南一带的论断。渡部忠世于1972年出版《稻米之路》一书，从植物学、遗传学、农学、考古学、民族学等角度全面考证、探索、论述了亚洲栽培稻阿萨姆—云南起源及其传播的途径，结果认为："探索出稻谷在亚洲大陆上的传播途径，就能够判断亚洲栽培稻的起源地。在亚洲大陆，稻谷从热带诸国传向南方、东方和西方的复杂途径，追根寻源，无不起源于阿萨姆和云南，这是很清楚的。""如果追寻亚洲大陆稻米传播的道路，那么所有道路的源头都将回归到阿萨姆和云南山地，由此可以导出不同于以往常识的结论，即印度型稻米和日本型稻米以及其他种类的稻米都是起源于这一带。"②渡部忠世的阿萨姆—云南起源说，得到一些日本学者的支持，如佐佐木高明先生认为："把阿萨姆和云南山地作为中心地带，它不仅是联系东亚和南亚的交通要道，而且也是各方民族迁徙和文化交流的重要十字路口。所以我认为，在这样一个多民族的历史中心的地区，对于研究稻种的形成，对于研究稻种形成以后的亚洲的文化史，无疑是具有非常重要的意义的。""东南亚的大河流，都以云南的山地为中心，呈放射状流向四方。这些大河流的河谷以及夹于河谷之间的隘道，自古以来就是民族迁徙的通道。"③渡部忠世根据稻谷品种流变推断稻谷传播的路线，认为于阿萨姆起源的稻谷，向西和向南传播到印度大陆和孟加拉一带，形成了"孟加拉系列"水稻群。云南起源的稻谷，有三条重

---

① 转引自［日］中尾佐助著《栽培植物和农耕的起源》（日文版），岩波新书1971年版。

② ［日］渡部忠世著，尹绍亭等译《稻米之路》，云南人民出版社1981年版。

③ ［日］佐佐木高明编著《日本农耕文化的源流》（日文版），日本放送出版协会1983年版。

要的"稻米之路":一是沿金沙江等河流传向长江中下游流域乃至日本等地,形成"扬子江系列"水稻群;二是沿珠江等河流传播到华南等地;三是沿着湄公河(中国境内称澜沧江)等河流由北向南传播到老挝、泰国等地,形成了"湄公河系列"水稻群。渡部忠世在提出阿萨姆—云南起源说的基础上,又提出"原农耕圈"和"糯稻栽培圈"的概念。渡部忠世指出,在美国、中美洲、南美洲、澳大利亚和欧洲各国等稻作历史比较短的地区,几乎没有糯稻的栽培,非洲也没有糯稻分布。在亚洲的大部分地区,糯稻也只是属于少量栽培的品种。而在老挝、泰国的北部和东北部,缅甸掸邦和克钦邦的一部分,中国的云南和广西的一部分,印度阿萨姆邦的东部等地区,则主要栽培糯稻并以糯稻为主食。渡部忠世认为,全世界仅有这个地带存在"糯稻栽培圈",不仅农学,就是从各种角度来进一步研究,都是很有意义的。以糯米为主食的族群,又伴有嗜茶的习俗,而茶树的起源地与"糯稻栽培圈"的范围大部分相重合,这是偶然的现象还是别有原因,也值得研究。

第四是云贵高原起源说。

和渡部忠世的观点相近,柳子明认为栽培稻起源于中国的云贵高原。1975 年,柳子明在其名为《中国栽培稻的起源及传播》的论文中,在国内首次提出了亚洲栽培稻大约于公元前 6000 年起源于云贵高原的大胆论断。他认为在"第四纪地质学年代,中国各民族的祖先住在黄土高原和云贵高原,当时黄河、长江、西江等流域平原地区,曾经为浅海所淹没,因此不能设想稻种和其他任何栽培植物起源于这些河流的中下游平原地区,它们只能起源于云贵高原或黄土高原"。在根据野生稻的分布和历史文献记载等的论证之后,柳子明进而指出栽培稻的传播,"起源于云贵高原的稻种沿着西江、长江及其他发源于云贵高原的河流顺流而下,分布于其流域平原地区各处"。他最后强调,"稻种起源于云贵高原,对华中、华南,以及中南半岛和东南亚各地的农业发展起了决定性的作用"[①]。

第五是中越老泰缅相邻地区起源说。

游汝杰从语言地理学和历史语言学的角度比较研究以壮侗语系为主的 14 种语言的"稻""田""那"三个词汇的语音。壮侗语族属于中国南方古老的百越族群,百越族群最显著的文化特征就是种植稻米。游汝杰的上述语言对

---

① 转引自尹绍亭《云南农耕低湿地水稻起源考》,《中国农史》1987 年第 2 期。

比研究发现，14种语言中上述三个词汇同音的地域都是在普通野生稻的分布圈内，于是他将三词同音地域相互重合的地区确定为亚洲栽培稻的起源地，其范围包括中国广西中西部、中国云南西南部、越南北部、老挝北部、泰国北部和缅甸东北部①。

第六是从野生稻和古老稻谷品种研究稻作起源。

著名农学家丁颖先生和程侃声先生从对稻谷品种生态型的研究探索稻谷起源。丁颖和程侃声都重视籼稻和粳稻的区别与分布。程侃声的研究说明，"云南的稻谷，既有籼稻，也有粳稻。在大多数情况下可以把籼稻和粳稻明确地区分开来，而在有的品种上则难以明确区分。籼稻分布于海拔低的地区，粳稻分布于海拔高的地区，这是可以明确区分的，但是在海拔1750米至2000米之间的地区，两者互相交错，情况较为复杂，从形态上看，在这一地区存在着典型的籼稻、粳稻以及若干中间型"。据云南省农业科学研究院情报所资料统计，云南收集到的栽培稻品种多达5000余份，程侃声先生等的研究表明，籼稻、粳稻未分化的中间型的部分品种在性状、同工酶谱和染色体核型方面表现出较多的原始性，与野生稻的亲缘关系十分明显。如昆明的"李子黄"品种便与疣粒野生稻（$O.\ meyeriana$）相似。云南除了存在水陆未分化的原始稻谷品种之外，还是野生稻比较密集的分布地。经原中国农业科学院等单位科研人员的多次考察，获得了云南野生稻分布范围、分布规律、生态环境和生态特性等大量珍贵资料。其分布范围主要在元江以西与缅甸、泰国、老挝、越南接壤的滇西南弧形地带。根据从不同地区101个采集点所获样本的初步鉴定结果，云南的野生稻可分为普通野生稻（$O.\ sativa\ f.\ spontanea$）、药用野生稻（$O.\ officinalis$）和疣粒野生稻（$O.\ meyeriana$）三个种七个类型。云南存在原始的水陆未分化稻谷品种，又有大量野生稻的分布，所以程侃声认为云南很可能是栽培稻的起源地之一②。

第七是我国东部长江中下游起源说。

此说是目前我国学界的主流意见。主张此说的代表学者是考古学家严文明先生。严文明的观点系统表述于1982年发表的《中国稻作农业的起源》一文中。严文明同意栽培稻是由野生稻培育成功的，同时认为野生稻不止一种，

---

① 转引自尹绍亭《云南农耕低湿地水稻起源考》，《中国农史》1987年第2期。
② 转引自尹绍亭《云南农耕低湿地水稻起源考》，《中国农史》1987年第2期。

导 论

栽培稻品系更为复杂,所以要探索栽培稻的起源,特别是某一地区是不是起源中心,除了在那里必须发现有较早的栽培稻遗存以外,还必须有(或历史上曾经有过)野生稻的分布,而那种野生稻同当地最早的栽培稻又必须在遗传学上具有最密切的亲缘关系。为此,他系统考察了我国野生稻历史分布的资料,对于我国目前所知野生稻分布地与迄今所发现的最早栽培稻遗存分布地不相符合的情况,做出如下解释:根据古气候的研究和最早栽培稻遗存遗址的孢粉分析,距今四五千年前,长江下游的气候要比现在温热和潮湿,与适于野生稻生存地区的气候相似,所以古代野生稻不可能只限于现在的分布地,长江下游地区也应该有野生稻的分布。据此,他提出以下论点:(1)中国史前有丰富的栽培稻遗存,集中的产地是长江中下游,年代最早的则在杭州湾和长江三角洲近海一侧;(2)长江下游等地在公元前四五千年及其这以前的一个时期,气候比现在温热潮湿,最适宜野生稻的生长繁殖。进入历史时期以后,那里仍有许多关于野生稻的记载,现在也还存在着野生的"浮稻",由此可以推断,那里在史前时代应是野生稻繁殖的重要地区之一;(3)长江下游等地在史前时代主要是低湿的湖泊沼泽带,正是普通野生稻所要求的水生开阳的生态环境,故那里应以自生的普通野生稻为主,当然也还会有其他类型的品种,"浮稻"就是其中之一;(4)把迄今获得的考古资料按照时间先后来进行排比,最早的水稻仅限于杭州湾和长江三角洲近海一侧,然后像波浪一样,逐级地扩展到长江中游、江淮平原、珠江流域、长江上游和黄河中下游,最后完成了今天水稻分布的格局,这就清楚地说明了长江下游及其附近乃是我国栽培稻起源的一个重要的中心。严文明同时指出,正如怀特等人所说的那样,既然适于栽培的野生稻在中国、印度和东南亚等许多地方都有分布,那么栽培稻也就可能在许多地方较早地独立发生。中国的水稻固然不必到外国去找根源,而中国本身也不必只有一个栽培稻起源的中心[①]。

1989年,严文明通过《再论中国稻作农业的起源》一文,再次补充论述了自己的观点。该文强调了以下几点:直到目前,在中国境内所发现的大约70处史前栽培稻遗存中,除个别有待进一步研究之外,仍以浙江余姚河姆渡第四层的年代最早(大约公元前5000—公元前4000年)。可见长江下游及其附近应是中国稻作农业的一个最重要的传播中心。河姆渡稻作遗存不但年代

---

① 严文明《中国稻作农业的起源(续)》,《农业考古》1982年第2期。

较早,而且数量巨大,形态成熟,并已分化为籼型和粳型两个亚种,同出的水田农具也很发达。而近年在长江中下游发现普通野生稻的事实,恰好为当地起源说提供了十分有力的支持。人们在探索稻作农业起源时所十分关注的云南地区缺乏上述地区的条件。云南不是普通野生稻分布的中心而只是中南半岛分布区的北部边界。云南史前栽培稻的年代较晚,而当地史前文化也没有发展到对周围文化发生重大影响的程度,不可能把稻作农业传播到广大地区。云南水稻品系复杂可能是不同起源的水稻相互交汇的结果,不同生态环境的影响也是一个重要原因。中国栽培稻产生以后不但在国内传播,而且直接影响到邻近各国和各地区。丁颖认为菲律宾的稻种和修梯田的方法是从中国传入的。俞履圻指出东南亚各国及尼泊尔和印度阿萨姆地区的粳稻都是从中国南部和云南传入的。渡部忠世认为水稻起源于印度阿萨姆和云南地区,然后向印度、中南半岛和中国南部传播。张德慈则认为中国栽培稻是从印度通过不同途径传入的。这些说法现在还都难以确证①。

  以上七种有影响的栽培稻起源论,均有各自不同的依据和论证,值得重视和参考。七种起源论,一种定位于我国东部长江中下游流域,六种涉及我国西部的西南地区,由此可见西部在稻作起源研究中的重要地位。当然,如果仅依赖考古发现的稻谷遗存进行考察,那么虽然国外考古学者在靠近中国云南的泰国北部也曾发现过距今7000多年的稻作遗存,然而其遗址数量和年代均不可与长江中下游同日而语,长江中下游流域起源论无疑是最为可靠的。

  以上通过对栽培粟史前遗址的考察和多种稻作起源论的介绍,基本上勾勒出我国两种最为重要最为古老的栽培作物的起源地带。两种作物的起源地,既包括黄河和长江的中下游流域,也包括两河的中上游流域,即既包括我国的东部,也包括西部。所以,研究粟稻的起源,不仅需要有南北的视野,还必须兼顾东西。此外,除粟稻之外,起源于我国的栽培作物尚有134种,关于它们的起源地的研究,同样需要采取科学、整体、不带偏见的态度。只有这样,才能避免以往农史及农耕文化研究的缺陷和不足。

三、西部在栽培作物传播研究中的地位

  我国西部地区,不仅在重要栽培作物起源研究中不可忽视,而且在古代世界农作物的传播交汇过程中,作为通道和平台也发挥了不可替代的极为重

---

① 转引自严文明《再论中国稻作农业的起源》,《农业考古》1989年第2期。

要的作用。笔者将以粟、麦、玉米等栽培作物为例，利用考古资料和历史文献资料，考察其传播途径，以此说明西部在古代栽培作物传播过程中所处的重要地位。

(一) 粟的传播

起源于黄河流域的粟，经过几千年的漫长岁月，传播到了亚洲、欧洲广大地域。从黄河流域向西的传播，是经过我国西北新疆等地至中亚、西亚继而进入欧洲，这条传播路线可以称为"粟之路"，比"丝绸之路"早了几千年。

新疆考古资料说明，粟曾经是新疆地区古代栽种比较多的一种粮食作物。据王炳华报告，新疆最早的粟类标本，见于距今3000年左右的哈密五堡古墓地。此外，新疆发现过粟的遗址还有民丰县尼雅遗址、楼兰遗址。吐鲁番县晋唐时期古墓内发现多量瓶装、小五谷袋装的小米、陶碗内盛着的小米饭以及"付麦、粟账"文书残纸。焉耆县内，萨尔墩旧城遗址中有许多圆形坑穴，直径大小不一，小者一米左右，坑内均为粮食，可以清楚看出是小米。唐王城内也发现过小米①。另据张玉忠报告，粟的遗迹在天山南北都有发现，以天山以南为多。在天山以北的东部地区，1977年考古工作者在木垒哈萨克自治县东城公社四道沟发掘了一处原始社会晚期的村落遗址，出土文物中有似为粟的谷物。此外，在哈密县五堡公社水库附近的一处原始社会晚期的古墓区发掘的墓葬随葬品中，常有一种用小米做的厚3—5厘米的饼子。在天山以南发现粟的遗迹有：和硕县新塔拉含有彩陶的新石器时代遗址出土的已经炭化的粟，轮台卓果特沁古城、轮台县拉依苏烽燧戍堡遗址属于南北朝时期的文化层出土的朽粟壳，若羌县米兰古堡出土的粟穗等②。被视为栽培粟起源中心的黄河中下游流域，迄今为止发现的最早的粟作遗址年代为距今8000余年。上述新疆地区发现的诸多粟作遗存新石器时代遗址的年代则较晚，大都在距今4000年以内，说明栽培粟向西传播是一个缓慢的过程。

粟向南的传播，很可能是经过西部青藏和云贵高原进入东南亚的。澜沧江上游的西藏昌都卡若遗址，距今5555—4750年，曾发现大量粟类谷物。关于卡若文化的渊源，童恩正先生曾指出"卡若文化与黄河上游的原始文化，

---

① 王炳华《新疆农业考古概述》，《农业考古》1983年第1期。
② 张玉忠《新疆出土的古代农作物简介》，《农业考古》1983年第1期。

特别是与其时代相近的马家窑、半山、马厂系统的文化""有较密切的关系","卡若文化的粟米很可能就是从马家窑系统文化传播而来"。晚于卡若文化遗址的西藏贡嘎县昌果乡新石器时代晚期的昌果沟遗址,也发现过粟、青稞、小麦、燕麦等炭化粒,年代距今约3500年[①]。此外,在岷江上游秦汉时代石棺葬中,也有粟的发现[②]。往南,云南省剑川海门口遗址,曾出土了成把的粟穗,其年代为公元前1150年。粟的南传甚至到达了海峡彼岸的台湾,台湾粟遗迹发现于台南市牛稠子贝丘遗址,台中县清水镇牛骂头遗址也发现有粟秆的压痕,其年代可能比海门口略晚些,距今不超过3000年,相当于中原的商周时期[③]。

古代栽培粟向世界各地传播,主要是三个方向的途径:一条东传之路,是从我国东部传播到朝鲜半岛和日本列岛;另外两条就是上面所说的从西部向西和向南的传播之路。

(二)麦的传播

我国"麦"字的产生,源头在甲骨文。甲骨文中有"来""麦"两字,是麦字的初文。《诗经》中"来""麦"并用,且有"来""牟"之分。大麦称"牟",后又写作"䴬",以示属于麦类。"来"指小麦,随着大麦、燕麦等麦类作物的推广种植,为了便于区别,才产生了"小麦"这一专称。麦为中国古老和重要的粮食作物,亦是我国西部最早栽培的农作物之一。国际学界认为,大麦和小麦均非中国原产的作物,但随着历史的发展,麦类的重要性日益显现,其种植在许多地区大大超过了我国原产之作物粟、黍等。现在小麦已成为中国仅次于稻米的第二项最重要的谷物。

关于我国麦类作物的起源,有诸多意见。李约瑟主编《中国之科学与文明》之《中国农业史》作者布瑞对此有较为详细的论述。布瑞说道:"中国将大麦及小麦合称为'麦',此两种麦均非中国原产之作物,但二者重要性之增加在许多地区却已超过中国原产之作物(小米及黍)……小麦及大麦均源自近东。中东各地均能找到小麦及大麦之野生祖先;更多集中于拉凡特地区(Levant,译注:中东沿地中海一带)及托鲁斯山脉(Tauros,译注:土耳其南部山地)与扎格洛斯山脉(Zagros,译注:今伊朗中部山地),麦类驯化之

---

① 王建林、陈崇凯著《西藏农牧史》,社会科学文献出版社2014年版。
② 曾雄生《中国农业与世界对话》,贵州民族出版社2013年版。
③ 陈文华《漫谈出土文物中的古代农作物》,《农业考古》1990年第2期。

导 论

事，或已于公元前八千年即在此一地区开始进行。最先驯化之大麦及小麦为（大约九千年前）吉里柯新石器时代以前遗址中发现之二粒大麦（*Hordeum vulgare*）及安康（Einkorn）小麦（为一粒小麦，*Triticum monococcum*）；其次为自伊朗南部阿里库什（Ali Kosh）所发现之安康小麦、爱默（Emmer）小麦（为二粒小麦，*Triticum dicoccum*）及大麦（大约九千五百年前至八千七百五十年前）；土耳其南部凯约奴（Cayonu）约九千五百年前至八千五百年前遗址中之安康小麦及爱默小麦。此两种麦类之栽培大约在五千年前即迅速扩展至中东各地，再至埃及与北非，克里地及巴尔干半岛，又经阿富汗向南而达到巴基斯坦。印度早期之摩罕吉达罗文明及哈拉帕文明也均以小麦及大麦为其基础。有关中国大麦及小麦之起源，已有数种不同之学说。至今尚无有关此两种作物可信之史前遗迹。但依据商代甲骨文之资料，认为麦类约在公元前一千五百年左右传入中国，但此一假说却因安徽龙山文化遗址中发现有一公斤炭化谷粒而开始动摇。杨建芳曾在一九六三年认为此等谷粒可能为新石器时代后期之物。因盛装谷粒之容器具有标准之周代形式。此说已经其后所作之碳素定时技术相关实验所证实。故可认为麦类之传入当在战国时代。日人天野认为大麦较小麦传入中国时期更早。实则大麦或为单独在中国驯化者。而小麦也仅于汉代始日渐重要。吾人应认为栽培小麦与大麦乃共同自西方传入中国者，其时或在新石器时代之末期。故载有秋植谷物（小麦，或大麦，甚或二者）之甲骨遗物曾发现于中国商代数处不同之地区，此亦意谓当时二麦已非新近传入之作物。此类疏植、小穗、夏季收割作物之传入中国，或正与收割工具镰刀之出现恰相结合。故可将传入之时期推算至龙山文化时期，即公元前三千年。此一时期若与两种中东麦类传入埃及欧洲之时期相较，已相当落后。而此落后之时间恰与中国小麦尽皆六元体之事实极为符合。六元体小麦也即演进最迟出现之面包小麦（*T. arstivum*）。"①

如上所言，布瑞认为，大麦和小麦乃共同自西方传入中国，时代或在新石器时代之末期。对此我国学者有不同看法。迄今为止，考古资料说明我国小麦栽培的历史已有5000多年。1985—1986年，甘肃民乐县六坝乡东灰山新石器时代遗址发现了大麦、小麦、高粱、粟、稷五种炭化籽粒。其中小麦籽

---

① ［英］布瑞著，李学勇译，熊先举校阅《中国农业史》（下册），台湾"商务印书馆"1994年版。

粒有数百粒，可分为大粒型、普通型和小粒型三种。大粒型平均粒长 5.70 毫米、宽 3.75 毫米，厚与宽接近。形状为椭圆形或卵圆形，胚部与腹沟都清晰可辨，籽粒尾端圆。普通型平均粒长 4.90 毫米、宽 2.95 毫米，厚与宽接近，籽粒形状为短圆形或卵圆形，胚部与腹沟都清晰可辨。这些麦粒均与普通栽培小麦粒型十分相似，属于普通小麦种（*Triticum aestivum*）出土的大麦粒呈纺锤形，两头尖，胚部与腹沟很清楚，绝大多数为裸粒，平均粒长 5.21 毫米、宽 3 毫米，厚与宽接近。它们与现代西北种植的青稞大麦形状十分相似，属于栽培型的青稞麦（*Hordeum vulgare var. nudum*）。此外还可能有少数的皮大麦和黑麦籽粒。东灰山遗址的年代经碳－14 测定为距今 5000±159 年。

新石器时代，还有不少麦类遗存见于我国西北遗址。前述西藏贡嘎县昌果乡新石器时代晚期的昌果沟遗址发现的粟、青稞、小麦、燕麦等炭化粒，年代距今约 3500 年。20 世纪 60 年代发现的新疆巴里坤县石人子乡新石器时代遗址出土颗粒完好的炭化小麦，绝对年代距今 2800 年左右。1979 年在新疆塔里木盆地东端的罗布泊西北约 70 公里的孔雀河下游北岸的古墓中出土了一批小麦粒，经四川农学院农学系鉴定为普通小麦和圆锥小麦，年代距今 4000 年左右。1968 年在新疆哈密市五堡乡克孜尔确卡古墓中发现墓口盖板上填覆植物茎秆里有大麦植株和穗子，经碳－14 测定年代为距今 3200 年左右[①]。甘肃民乐县六坝乡西灰山遗址出土的炭化小麦，距今也近 4000 年。此外，在云南剑川海门口和安徽亳县也发现了 3000 多年前的炭化小麦。

大麦分有稃大麦和裸大麦两大类，通常所称的大麦，主要指有稃大麦。裸大麦因地区不同名称各异，如北方称米麦，长江流域称元麦，淮北称淮麦，青藏高原称青稞等。我国发现的最早的大麦遗存距今约 5000 年。

自 20 世纪 70 年代以来，我国学者多次对西藏、青海和四川西部的野生大麦进行联合考察，发现青藏高原几乎存在包括野生二棱大麦在内的世界上已发现的各种近缘野生大麦及其一些变种，我国学者据此认为青藏高原应是世界大麦的起源中心之一。特别是裸大麦，青藏高原可能是主要发源地。

我国学者关于大麦本土起源的新见解，有一定根据，值得进一步研究。至于小麦的起源，由于中近东地区所发现的麦类的历史遗存，其年代大大早于我国的同类发现，所以传来说仍然为学界所坚持。而麦的传来，不言而喻，

---

① 陈文华《漫谈出土文物中的古代作物》，《农业考古》1990 年第 2 期。

导 论

最早进入的地区就是西部。从考古发掘资料看，新石器时代中晚期小麦的栽培主要分布于西北、黄河中上游流域以及西南地区。从《诗经》所反映的情况看，公元前6世纪以前，小麦栽培地域扩大至黄淮流域。春秋战国时期，栽培地区继续扩大，据《周礼·职方氏》记载，除黄淮流域外，已扩展到内蒙古南部。另据《越绝书》记载，春秋时的吴越也已种麦。战国时发明的石转磨在汉代得到推广，使小麦可以加工成面粉，改善了小麦的食用方法，从而促进了小麦栽培的发展。据《晋书·五行志》记载，晋大兴二年（319年），吴郡、悟性、东阳等地禾麦无收，造成饥荒，说明当时江浙一带已有较大规模的小麦栽培。其后由于中原地区累遭战乱，北方人民大量南迁，江南麦的需要量大增，更刺激了小麦生产的发展。据《蛮书》记载，唐代云南各地也种小麦。宋代，南方的小麦生产发展更快，岭南地区也推广种麦。到明代小麦栽培几乎遍及全国，在粮食生产中的地位仅次于水稻而跃居全国第二，但其主要产地是北方，正如《天工开物》所说：在北方"燕、秦、豫、齐、鲁诸道，丞民粒食，小麦居半"，而在南方种小麦者仅有"二十分而一"①。布瑞亦言："汉代以前，小麦甚且为贵族食品中之精美者。至十七世纪中叶（约当明末），宋应星曾估计华北中国人之主食中，小麦已占百分之五十；但华南之农民却仅有百分之五种植小麦。如今，小麦为仅次于稻米之第二项最重要谷类。在华北平原上，小麦占各种谷类生产量三分之二，在华中约占三分之一。"②

自古至今，研究农业的学者，都沿袭"华北""华南"的分区概念，宋应星的《天工开物》如此，当代布瑞的《中国农业史》也是这样，而且习惯上所言的"华北""华南"重心都放在两"华"的东部，西北和西南似乎可有可无，这显然是长期形成的偏颇思维定式。麦类作物或者说小麦的传来与发展，不是华北、华南的概念，而是外来之麦首先为西部所接受，在西部被驯化、培育、进化、发展，形成选种育种、耕作整地、播种移栽、轮作间作、套种复种、施肥灌溉、中耕除草、收获储藏、加工制作等一整套丰富多样的技术体系和相应的习俗、信仰等文化体系，进而逐渐推广到东方、南方和北

---

① 《中国农业百科全书》编辑委员会编《中国农业百科全书·农业历史卷》，农业出版社1995年版。
② 转引自曹隆恭《小麦栽培史》，载《中国农业百科全书》编辑委员会编《中国农业百科全书·农业历史卷》，农业出版社1995年版。

方，从而成为与稻作并驾齐驱的麦作农耕文化。

（三）玉米的传播

玉米是我国仅次于稻、麦的第三大粮食作物。说玉米的传播，首先得谈其起源。国外关于玉米起源的较为系统的梳理，可看布瑞的著述。布瑞曾引述堪德尔氏于公元1855年提出的观点："玉米原产美洲，在新大陆发现之后始传入旧大陆。虽仍有若干学者反对此议。我认为此一主张应受支持。"布瑞就此说道，此问题自16世纪以来即为争论之焦点，且此争议延至今日仍未解决。争论之基本问题当为玉米之地理起源。栽培之玉米（*Zea mays*）为高度发展之作物，与美洲任何其他黍草科（旧称禾本科）植物均不相近。反之却与一种旧大陆远古即已驯化栽培之薏米（*Coix lacryma - jobi*）具有许多相似之特征。故若干植物学家依据此一事实而推论玉米必也源自旧大陆。自美洲发现玉米近缘植物类蜀黍（*Zea mexicana*）及指状黍（*Tripsacum*）之后，若干植物学家均认为类蜀黍为栽培玉米之祖先[①]。而另有植物学家（尤以孟格斯多夫为代表）则相信栽培玉米之祖先为一种现已灭绝之野生玉米。然无论何种假说，玉米原产美洲之说法，似已无可怀疑。

其次则为玉米究于何时传至旧大陆之问题。曾有学者提出玉米在哥伦布发现新大陆之前传至旧大陆之可能性。斯徒纳及安德森于公元1949年曾记述印度阿萨姆山地原住民所种植之"原始玉米"，并宣称必为哥伦布之前所传来者。塔帕也曾根据《本草纲目》早期版本之图片及喜马拉雅山东部各地于收获前将玉米穗轴在祭祀中呈献给神祇之习俗，认为玉米确在哥伦布之前为亚洲所获悉。更有一些仍甚可疑之考古证据，指出玉米早在亚洲即已存在。

导致玉米起源混乱或传入旧大陆时代混乱之最早原因实乃由于名称讹误之影响。中国人对玉米也有各种名称，如"御麦""玉麦"，最常用者有"玉米""苞谷""玉蜀黍"。但诸种名称均指玉米。公元16世纪（明代）之文献如《本草纲目》，或《留青日札》均指出玉米初至中国时，称之为"番麦"。中国人以为玉米来自西方诸国也。此即劳夫尔（Laufer）以玉米自印度及缅甸经陆路传入中国之假说所根据者。何炳棣曾指出劳夫尔对记述玉米之明代云南地方志并不熟悉。如《大理府志》及《云南通志》均记述玉米曾种植于云

---

① ［英］布瑞著，李学勇译，熊先举校阅《中国农业史》（下册），台湾"商务印书馆"1994年版。

导 论

南北部及西部六县二镇，该属已达长江、澜沧江及怒江矣。此外，在华东各省（如安徽、河南、江苏、浙江、福建等省）之地方志中均有关于玉米的更早的记录。最早之记录为明正德六年（1511年）之《颍州志》。颍州位于安徽北部。万国鼎相信玉米乃自沿海一带传入安徽。日人天野也赞成此说。但王毓湖却根据另一安徽地方志乾隆《霍山县志》而反对此说。

第一次简述玉米栽培技术者乃四川人张宗法之著作《三农记》。书中称："玉蜀黍应植于山坡地。每年三月下种，穴距约三尺，每穴播种子二三粒。俟苗高六七寸时，即应除草并将弱苗除去，每穴留健壮者一株。三月植者，八月九月可收。收后将玉米穗携归，铺于木架上使其干燥。以置室内为佳，且须将门窗紧闭；直至拍打时无水分渗出。于入仓前再于日光下曝干。"

华格纳曾指出，20世纪30年代，虽在四川西部、云南及广西各处山地已将玉米作为主食，但在所有少数民族较多之地区及以玉米磨粉为用途之地区均未见以玉米粉制作食物者。各处之玉米多仅当蔬菜，或将半熟之玉米整穗烤食。玉米之种植主要只限于边疆少数民族。李时珍也称玉米之栽培颇为"罕见"。多数早年地方志书所记述者，可能仅限边疆少数民族。玉米此后在中国农民间之传播似乎颇为缓慢，正与劳夫尔之假说相反。玉米在中国最早大量栽培之事例，始自十八世纪。当时长江流域之过多人口纷纷向四川、云南及汉江上游（包括陕西南部、湖北西部及河南西南部）山区逃荒移居。玉米及甘薯似为此一地区最易种植之农作物[①]。

我国学者对玉米起源也做过不少研究。先说章楷、李根蟠对玉米的起源及传入中国的时间和途径所做的研究：玉米的原产地在中美或南美，这是世界所公认的。1492年，哥伦布发现新大陆，1496年以后，玉米便由新大陆被带到欧洲，然后又由欧洲传遍全世界。玉米传入我国的路线有三种说法：其一，从西班牙传到麦加，再由麦加经中亚、西亚引种到我国西北地区；其二，先由欧洲传到印度、缅甸等地，再由印度、缅甸引种到我国的西南地区；其三，先从欧洲传到菲律宾，后由葡萄牙人或在菲律宾等地经商的中国商人经海路传到中国。在上述三条路线中，很可能都曾有玉米被带到中国来，不过时代有先后而已……

---

① 转引自［英］布瑞著，李学勇译，熊先举校阅《中国农业史》（下册），台湾"商务印书馆"1994年版。

玉米较广泛的栽培，成为人们的主要粮食，首先是从山区开始的。大约在17世纪前期，贵阳绥阳县知县毋扬祖在他写的《利民条例》中说："县中平地居民只知种稻，山间民只种秋禾、玉米、粱稗、菽豆、大麦等物。"据此可知，那时候贵州绥阳已有较多的山田种玉米，它和秋禾、粱稗、菽豆、大麦等同为山民用以果腹的杂粮。玉米有些地方也称作"玉麦"。1563年纂修的《大理府志》上就有"玉麦"这一名词。1574年纂修的《云南通志》中谈到全省有七府二州产"玉麦"。这些志书中对"玉麦"未有性状的描述，但估计说的就是玉米。（据笔者所知，云南很多地方就是称玉米为"玉麦"。）《云南通志》中说的产玉米的州县，有几个是离缅甸很近的。看来云南种玉米不会比福建晚。云南邻接缅甸，云南种的玉米很可能最初是从缅甸传入的。贵州绥阳县种的玉米，大概又是直接或间接从云南传去的。

玉米是适应性相当强的作物，只要天气不太干旱，山区种玉米都能有一定的收成。玉米成熟期早于其他粮食作物，而且玉米在没有完全成熟之前也能采收煮食，这是其他粮食作物所不及的。夏秋之交，正值粮食青黄不接，玉米能在其他粮食作物之前首先登场，解了山区贫苦人民口粮上的燃眉之急。吃玉米比吃大米或面粉耐饥。玉米的播种和苗期田间管理都比其他粮食作物简单、省力。玉米成熟后不像其他谷类作物谷粒容易脱落，迟些采收，亦不至造成损失。采收后脱粒加工比其他粮食作物方便些，也容易储藏。正因为玉米有上述诸多突出优点，所以一旦传入我国，不长时期即迅速种植，成为缓解我国粮食短缺、人地矛盾的一大法宝[1]。

咸金山所撰《玉米栽培史》除了肯定玉米自南美传来，同时也注意到我国本土的古老玉米种质资源，值得参考。他认为玉米原产南美洲，约于16世纪中叶传入中国，发展成为重要的粮食和饲料作物。我国西部是最早引入玉米栽培的地区。西部地貌复杂，许多交通不便、土地贫瘠、缺少灌溉设施的山地、丘陵、河谷，非常适宜栽种玉米。所以16世纪中叶，玉米一旦引入，便迅速扩展，成为西部的重要栽培作物。到了20世纪，玉米进而成为我国仅次于稻、麦的第三大粮食作物。玉米又名番麦、御麦、玉麦、苞米、苞谷、珍珠米、棒子等，名目繁多。1476年以前写成的《滇南本草》已有记载，嘉

---

[1] 章楷、李根蟠《玉米在我国粮食作物中地位的变化》，《农业考古》1983年第2期。

导 论

靖三十四年（1555年）《巩县志》中也有"玉麦"之名，但对玉米的详细描述却首见于甘肃《平凉府志》（1560年）："番麦，一曰西天麦，苗叶如蜀秫而肥短，末有穗如稻而非实，实如塔，如桐子大，生节间；花垂红绒在塔末，长五六寸。三月种，八月收。"此后，明代田艺蘅《留青日札》、李时珍《本草纲目》及16世纪中叶部分地区的方志中均有记载。玉米自美洲传来，已是定说，不过还应注意本土资源。在中国西南山区和高寒地带，分布着一种植株低矮、实穗很小的土产小玉米，这种小玉米包括糯粒型、爆粒型和有稃型三大类。它们的地方种名称有"巴地黄""雪玉米""七皮叶""四行糯"等等，其中还有多穗的类型。此外还发现与玉米亲缘密切的类玉蜀黍和野生薏苡等。西南僻远山区的少数民族栽培食用玉米应该有悠久的历史。

在1492年哥伦布发现新大陆之前成书的《滇南本草》已有关于"玉麦须"即玉米雌蕊花丝可以入药的记载。所以，中国玉米的起源除了从国外引入以外，似乎还可能有自己的演化过程。例如著名的糯质玉米（亦称蜡质种，俗称糯玉米），就被国外学者公认为中国起源，素有"中国蜡质种"之称。中国原始玉米和中国南美洲原始玉米二者的关系如何，有待进一步研究。

1492年哥伦布发现新大陆之后，玉米在世界各地迅速传播。美洲玉米传入中国的时间，据已掌握的资料，不迟于16世纪中叶。玉米传入中国的途径大致有三条：一是西北路，经中亚西亚的丝绸之路传入中国西北地区；二是西南路，由欧洲传入印度、缅甸，再传入中国西南地区；三是东南沿海，经中国商人或葡萄牙人由海路传入中国东南沿海地区。

玉米在中国内地的传播大致是先西部后东部，先边疆后内地；先山地丘陵后盆地平原。其传播大致可分为三个时期：第一个时期是明代，仅甘肃、云南、陕西、贵州、河南、山东、河北、浙江、江苏、福建、安徽等省的方志中有零星记载，玉米在粮食生产中尚无地位，属引种时期。第二个时期是清初至乾隆时期，湖北、湖南、江西、四川、山西、广东、辽宁、台湾、广西九省区相继引进，全国绝大多数省份已有栽培，尤其在四川、贵州、云南、湖南、湖北、陕西、安徽、浙江、江西等省的山区种植规模较大，北方各地也逐步推广，属发展时期。第三个时期是嘉庆以后至民国期间，玉米已传遍全国，在北方平川地区逐步取代了原有的地产作物，南方不宜种植水稻的山地丘陵地带也广泛种植，在一些地区跃居粮食作物之首，成为当地人民的主粮。如前所述，20世纪以后，玉米在全国粮食作物中仅次于稻麦而跃居第三位,为普及时期。玉米引进的初期,往往被视为消遣作物,多在田头屋角或菜园中"偶种一二,以娱孩稚"。后来发现玉米高产、耐饥,适应性强,适合山区人民的要求,所以首先在山区广泛种植,成为山民的主粮[①]。

以上引用国内外学者的研究,意在彰显三点:一是玉米最早传入中国、并最早成为玉米主要产地的地区是西部。上述学者考证玉米传入中国有三条途径,其中有两条在西部。西部多山少平地,玉米最适于山地种植和满足山民们的需求,所以玉米一经传入,便在广大西部山区迅速种植,可以说西部山地乃是我国玉米农耕的发祥地和促使其兴盛发达之地。二是玉米传入我国西部并迅速发展,对中国历史产生了重大影响。明清两朝,中国东部的汉族以及苗族、瑶族等不断移民西部,移民包括军队、商贾、流民等,数量极多。大量东部移民到达西部,对于开拓西部疆土、巩固疆域、民族融合、文化交流、促进西部社会经济的发展、缓解东部社会和人地矛盾等,意义重大。而作为促进和支撑大量移民的一个重要条件,便是玉米种植。西部能够接纳东部大量移民,主要靠山地开发,山地得以大规模开发利用,仰赖的主要就是玉米的种植。三是玉米传入中国极大地丰富了中国农耕文化的内涵。众所周知,目前学界研究农耕文化,所注意的几乎都是本土起源的稻作和粟作。诚然,稻作文化和粟作文化乃是我国最为古老悠久、最为深厚丰富的根基文化,可是几百年来,我国各民族,尤其是西部各民族在玉米农作方面也创造并积累了不少物质和精神的财富,不过遗憾的是目前还很少有人去关注这方面的内容,这应该说是一个很大的偏见和疏忽。玉米作为我国栽培作物中"外来的晚辈",目前在我国已成为稻、麦之后的第三大粮食作物,仅此一点,它就有资格跻身于"农耕文化"的大雅之堂,这无疑是今后有待开拓的一个重要领域。

(四)高粱、棉花等的传播

和中国一样,美洲、非洲以及西亚等地也是世界栽培作物的重要起源中心,从这些地区经中国西部传入中国其他地区的作物,除了上文所说的麦和玉米之外,还有高粱、棉花、葡萄、辣椒、茄子、大蒜、杧果、西瓜、丝瓜、南瓜、烟草等。

[①] 咸金山《玉米栽培史》,载《中国农业百科全书》编辑委员会编《中国农业百科全书·农业历史卷》,农业出版社1995年版。

导 论

高粱也是我国古代主要粮食作物之一。其起源大致有两种说法：一种认为起源于中国；另一种认为起源于非洲，经印度传入中国。目前认为从非洲经印度引入的可能性较大，巴蜀被认为是最早引种的地区，时间可能早至魏晋时期。

棉花栽培种包括草棉、亚洲棉、陆地棉和海岛棉。其中栽培最广泛的是陆地棉。草棉起源于非洲。亚洲棉起源于亚洲的阿拉伯地区及印度的班格尔和阿萨姆高地。陆地棉和海岛棉则起源于中南美洲及邻近岛屿。历史资料说明，新疆早在1500多年前已种植非洲棉。非洲棉又称草棉或小棉，由中东经"丝绸之路"传入新疆，后发展至河西走廊。南宋中叶以后，亚洲棉从印度传入云南、广东、广西、福建和海南岛，后逐步发展到长江流域和黄河流域。

葡萄是世界上重要的水果之一，其栽培面积和产量长期位居水果生产的首位。葡萄原产地中海东岸以及西亚、中亚地区。我国中原地区种植葡萄始于西汉时期。《史记·大宛列传》载张骞出使西域，说"汉使取其实来，于是天子始种苜蓿、蒲陶肥饶地。"说明葡萄是西汉时由张骞经西域引进中原栽种的。但也有人认为新疆地区栽种葡萄的历史更早，只是《史记》没有说明罢了。

一般认为中亚（包括中国新疆的天山东部地区）是大蒜的第一起源地，地中海盆地为第二起源地。《太平御览》引《正部》说："张骞使还，始得大蒜、苜宿。"说明大蒜也是汉武帝时张骞出使西域带回来的。

辣椒起源于中美洲、南美洲热带地区的墨西哥、秘鲁、玻利维亚等地，明代传入我国。传入的途径有两条：一是经丝绸之路传入甘肃、陕西等地栽培；二是经由东南亚海路传入广东、广西、云南等地栽培。

多数学者认为西瓜起源于非洲南部的卡拉哈里沙漠，早在五六千年前古埃及便已有了西瓜栽培。公元前5世纪希腊和意大利等国也开始种植西瓜，从海路由欧洲传到印度，再到东南亚、西亚，然后再从陆路传到西域（今新疆）。《新五代史·四夷附录》云：胡峤入契丹，"遂入平川，多草木，始食西瓜，云契丹破回纥得此种，以牛粪覆棚而种，大如中国冬瓜而味甘"。可见西瓜传入中国的时间大约是在五代（907—960年）时期。

此外，诸如起源于中美洲、南美洲、非洲、印度和东南亚热带地区等地的丝瓜、南瓜、茄子、扁豆、芝麻、杧果、烟草等作物，亦被认为是经过我

中国西部民族文化通志　农耕卷

国西北或西南而引入中国各地的①。笔者以粟、麦、玉米等多种作物的传播为例，说明我国西部在古代栽培作物传播过程中所处的重要地位。诚然，古代栽培作物的传播，不唯西部，东部的重要性亦不言而喻。有意彰显西部，并非是狭隘的"西部本位"主义的表现，而是意在强调对于我国农耕文化的研究，必须树立东西观照、统筹全局的"整体观"。

四、西部在中国水利灌溉研究中的地位

水利和灌溉是农业的命脉。世界上有多种农业类型，水资源的差异，是形成不同农业类型的根本原因。因此，水资源的认知、收纳、利用、管理便成为农耕文化的重要内涵和突出特色，成为农业史研究历来最受重视的内容之一。那么，西部在中国乃至世界上的水利灌溉研究中具有什么样的地位呢？下面将以西部古代重要水利工程和西部民族传统水利灌溉方式为例进行说明。

（一）古代西部的重要水利工程

春秋战国时期，铁器生产工具得到推广，为挖渠筑坝、兴修水利创造了条件，因而一些大型农田水利工程，便在各诸侯国先后兴建起来。自春秋战国至秦汉，东部著名的大型水利工程主要有以下几项：

芍陂。位于今安徽省寿县，兴建于楚庄王（前613—前591年）时，由孙叔敖主持兴建。

漳水十二渠。位于魏国邺地，今河北磁县和临漳县一带。为邺令西门豹于魏文侯二十五年（前422年）率领民众开凿，它是我国战国初年第一个兴建的大型多首制引水工程。

南阳水利工程。汉元帝时，南阳太守召信臣于建昭五年（前34年）主持兴建，又称六门陂，灌区面积5000余顷。

浙江鉴湖。鉴湖又称镜湖，位于今绍兴境内，为东汉永和五年（140年）会稽太守马臻主持兴建。可灌溉9000余顷农田。

华北戾陵堰工程。戾陵堰位于北京地区梁山（今石景山）附近，为嘉平二年（250年）刘靖所建，可灌溉农田1万余亩。

淮河流域的水利建设。魏晋时期兴建的鸿隙陂、茹陂、吴塘、白水塘等。

相对于东部，古代西部的大型水利建设更为著名，重要工程如下：

---

① 本节高粱等作物的起源与传播，主要参考彭世奖著《中国作物栽培简史》，中国农业出版社2012年版。

导 论

都江堰。都江堰位于四川省成都市都江堰市城西,坐落在成都平原西北部岷江上游边沿,始建于秦昭襄王五十一年(前256年),是蜀郡太守李冰父子组织修建的一座大型水利工程。工程主要由"鱼嘴"分水堤、"飞沙堰"溢洪道、"宝瓶口"进水口三大部分和百丈堤、人字堤等附属工程构成。都江堰的建设,保证了大约300万亩良田的灌溉,使成都平原成为旱涝保收、水旱从人、沃野千里的天府之国。都江堰历经2200多年而不衰,一直发挥着防洪灌溉的作用。中华人民共和国成立后,都江堰灌区范围已从古代的12个县扩大到30余个县市,灌溉面积也由过去的300多万亩增加到近千万亩。都江堰是全世界迄今为止,年代最久,以无坝引水为特征的宏大水利工程。它开创了中国古代水利史上的新纪元,在世界水利史上写下了光辉篇章,成为世界水资源利用的典范。2000年,在联合国世界遗产委员会第24届大会上,都江堰被正式确定为世界文化遗产[①]。

郑国渠、白公渠。郑国渠建于秦王政元年(前246年)。郑国渠包括拦水坝、引水坝、总干渠等工程。干渠西引渭水支流泾水,向东注入洛水,长达300余里,灌溉今泾阳、三原、高陵等县农田,灌溉面积达280万亩,成为中国水利史上跨流域输水的先例,对促进关中平原农业生产的发展和秦国统一中国发挥了重要作用。秦以后,历代继续完善该区水利设施,汉代的白公渠、唐代的三白渠、宋代的丰利渠、元代的王御史渠、明代的广惠渠和通济渠、清代的龙洞渠等都是在它的基础上修建的。汉代有民谣:"田于何所?池阳、谷口。郑国在前,白渠起后。举锸为云,决渠为雨。泾水一石,其泥数斗,且溉且粪,长我禾黍。衣食京师,亿万之口。"称颂的就是郑国渠和白公渠这两项伟大的引泾工程[②]。

灵渠。灵渠位于广西壮族自治区兴安县境内,约开凿于秦始皇二十六年(前221年)至三十三年(前214年)之间,古称秦凿渠、零渠、陡河、兴安运河、湘桂运河,是秦朝时期修建的三大水利工程之一。秦始皇三十三年,灵渠凿成,秦始皇迅速统一岭南。灵渠是世界上最古老的运河之一,有着

[①] 中国农业博物馆农史研究室编《中国古代农业科技史图说》,农业出版社1989年版。

[②] 中国农业博物馆农史研究室编《中国古代农业科技史图说》,农业出版社1989年版;《泾阳县志》编纂委员会编纂《泾阳县志·水利志》(第二章"引泾灌溉"第一节"古渠"),陕西人民出版社2001年版。

"世界古代水利建筑明珠"的美誉。灵渠主体工程由铧嘴、大天平、小天平、南渠、北渠、泄水天平、水涵、陡门、堰坝、秦堤、桥梁等部分组成。灵渠的凿通,沟通了湘江、漓江,打通了南北水上通道,为秦王朝统一岭南提供了重要的保证,大批粮草经水路运往岭南,有了充足的物资供应。公元前214年,即灵渠凿成通航的当年,秦兵就攻克岭南,随即设立桂林、象郡、南海三郡,将岭南正式纳入秦王朝的版图。灵渠对巩固国家的统一,加强南北政治、经济、文化的交流,密切各族人民的往来以及田畴灌溉都起到了积极作用①。

坎儿井。坎儿井是荒漠地区特殊的地下水渠灌溉系统,分布地区为亚欧大陆、北非、阿拉伯半岛、伊朗、阿富汗、巴基斯坦等地区或国家的干旱地带,在我国主要分布于新疆等地。我国坎儿井创始于西汉,《史记》有其记载,时称"井渠"。坎儿井为地下暗渠输水,不受季节、风沙影响,蒸发量小,流量稳定,可以常年自流灌溉。据1962年统计,新疆共有坎儿井1700多条,总流量约为26立方米/秒,灌溉面积50多万亩。20世纪50年代吐鲁番盆地共有坎儿井1100多条,全长约5000公里,总流量达18立方米/秒,灌溉面积47万亩,约占该盆地总耕地面积70万亩的67%。坎儿井结构巧妙,由竖井、暗渠、明渠和涝坝四部分组成,其构造原理是在高山雪水潜流处,寻其水源,在一定间隔打一深浅不等的竖井,然后再依地势高下在井底修通暗渠,沟通各井,引水下流,出水口与地面渠道相连接。坎儿井被誉为"新疆沙漠戈壁之中的生命之泉",正是因为有了坎儿井,才能使沙漠变成绿洲,人民才得以生存。坎儿井与万里长城、京杭大运河并称为中国古代三大工程②。

(二)西部传统水利灌溉

西部的水利灌溉,除了以上介绍的大型水利工程之外,更多的是根据各地农业类型和水资源的条件因地制宜所创造的诸多水利灌溉方式。概括而言,西部基本的水利灌溉设施和工具与东部是大致相同的,例如挖堰塘、筑陂池、建大坝以蓄水,借地势修水渠、架渡槽引泉水,利用筒车、龙骨车等工具提水

---

① 李都安、赵炳清《历史时期灵渠水利工程功能变迁考》,《三峡论坛》2012年第2期;《广西拟立法保护世界上最古老运河之一灵渠》,新华网2013年10月8日。
② 《干旱地区坎儿井灌溉国际学术讨论会文集》,新疆人民出版社、香港文化教育出版社1993年版;钟兴麒、储怀贞合著《吐鲁番坎儿井》,新疆大学出版社1991年版。

等，都是常见的灌溉方式。不过，由于自然条件的不同，即使灌溉原理相同，也会产生形式、技术等方面的很大差异。现选择西部几个独特的水利灌溉案例简述于下。

1. 陂池灌溉

陂池是最早也是最方便建筑的蓄水灌溉设施，东西部均无例外。陂池的历史可以追溯到新石器时代。在我国新石器时代最早的农业遗址良渚文化和河姆渡文化遗址里，就有陂池存在。前述兴建于楚庄王时的芍陂和兴建于魏晋时期的鸿隙陂、茹陂、吴塘、白水塘等，均说明东部古代陂池灌溉的盛行。西部古代陂池遗址也不少，例如在云南大理苍山之麓，考古学者发现过陂池遗址。苍山高耸入云，层峦叠嶂，冬季冰封雪裹，夏季冰雪消融，溪水涓涓。陂池遗址在山麓缓坡，筑有堤坝，可截留雨水和自高山流下之雪水，用以浇灌田园①。唐代《南诏德化碑》载：苍洱地区"厄塞流潦，高原为稻黍之田；疏决陂池，下隰树园林之业。"《南诏野史》亦载："祐遣军将晟君……又潴点苍山玉局峰顶之南为池，谓之高河，更导山泉泄流为川，灌田数万顷，民得耕种之利。"

广东、云南、四川等地有关灌溉较早的陂池考古资料，见于东汉时期的陶质水田模型。滇池东岸呈贡小松山东汉早期墓出土的陶质水田模型，呈长方形，长320毫米、宽200毫米。一端是大方格，表示蓄水池；另一端为大小不等的12个小方格，代表水田。池田之间有沟相连②。另一个发现于呈贡七步场东汉墓中的水田模型，水池中增加莲蓬、水鸭、青蛙、螺蛳、团鱼等水生植物和动物。在连接水池和田的渠道上还架设着一座小桥③。大理大展屯二号汉墓出土的水田模型呈圆盘形。圆盘中间由一道高约40毫米、厚10毫米的堤埂将其分隔成两半：一半代表水池，池中有莲花、田螺、蚌、贝、泥鳅、青蛙、水鸭等12种水生植物和动物；另一半代表水田。堤埂中央有一宽20毫米、高15毫米的出水孔④。此外，在通海县亦发现过东汉水田池塘

---

① 吴金鼎等《云南苍洱境考古报告》（甲编），重庆李庄，1942年。
② 呈文《东汉水田模型》，《云南文物》1977年第7期。
③ 张增祺《古代云南边疆和祖国内地政治、经济、文化上的密切关系》，《云南文物》1979年第8期。
④ 大理文物管理所《云南大理大展屯二号汉墓》，《考古》1988年第5期。

模型①。

　　从上面几件水田模型可知，东汉时代滇中等地已经普遍修造陂池用于灌溉，这从历史文献的记载也可以得到印证。《华阳国志·南中志》载："朱提郡（今滇东北地区）……先有梓潼文齐，初为属国，穿龙池，溉稻田，为民兴利……"《后汉书·西南夷列传》也记载道："（西汉末年）以广汉文齐为（益州郡）太守，造起陂池，开通灌溉，垦田二千余顷。"文齐兴修陂池，可以说是开了云南大规模修筑水利设施的先河。

　　陂池的功能虽然主要在于农业灌溉，然而就像上述出土的水田模型所示，陂池还有多种用途：养鱼、养鸭、养鹅、种植水芋、茭瓜、莲藕等；民间还广泛利用陂池处理建筑木材，即将建房木材浸泡于陂池数年，以防止虫蛀；水源清洁的陂池，夏天还是孩子们游泳、戏水的场所。

　　陂池不仅为低海拔湿润地区广泛采用，亦是高原地区尤其是喀斯特地貌区最常见的水利设施。在西藏高原，吐蕃时期就有诸多关于陂池的记载。据《拉达克王系》载，赤聂松赞时，"串联湖泊向上引水；将沟头之水蓄入池中，昼夜引水灌溉"。又据《汉藏史记》记载，达日聂司时期，"牧区与农田相连，沟通湖泊，以凹地池塘蓄水，将山中暗泉导流出山，灌溉土地"②。

　　目前，在广西、贵州、湖南、云南的许多山区，陂池仍然发挥着重要作用。这一地带广为分布的喀斯特地貌，石头遍野，土壤贫瘠，植被稀少，地表蓄水率极低。雨水落地，很快便渗漏于石隙之中。所以虽然并非干旱气候地带，年降雨量也不算少，然而却严重缺水。生活于该区山地中的汉族、苗族、彝族、瑶族等民族，常常因水少、断水而苦不堪言。一旦遭遇旱魃，便不得不远距离寻水运水，近者四五公里，远者十余公里，人背马驮，翻山越岭，其困苦之状令人难以想象。那里的人们能够生存下来，很大程度上是依赖了陂池。在村中、寨边、地头、洼地选择石层厚、断裂少的地方，凿石砌壁，造就大小陂池，贮积雨水，以供人畜饮用和农业灌溉。20年前我们曾两次调查过滇东南的一个名叫峰岩洞的村庄，当时全村56户人家全部拥挤居住在一个大山洞之中。该村取水有两个来源：一是雨水，二是地下水。雨水靠陂池贮积，洞口、洞外和较远的山坳中有五六个陂池，大者如篮球场，小者

---

　　① 王国辉、白子麒、吴建伟《通海镇海东汉水田池塘模型》，《云南文物》1992年总第31期。
　　② 王建林、陈崇凯著《西藏农牧史》，社会科学文献出版社2014年版。

直径仅两三米。地下水为所居山洞的钟乳石滴水，洞底深暗之处采水仍然采用陂池；洞中明亮之处则靠漏斗和渡槽采水：山洞中众多高悬的钟乳石下有许多由数米乃至十余米长的竹竿支撑的蒙着塑料布的竹编漏斗，钟乳石滴水落入漏斗之中，然后顺着空心竹竿直接从房顶进入各家厨房，或先流入高架渡槽再转接入家中。如此别出心裁的采水之法，也只有在那样严酷的环境中才会被创造出来①。

2. 水渠灌溉

水渠和陂池一样，都是灌溉农业、农田基本建设不可或缺的重要设施。水渠的筑造原理说来简单，即利用地势高低挖掘水路或架设槽渠，使水定向流动入田。梯田是水渠灌溉农业的一大类型。所谓梯田即梯山为田之意，其名最早见于宋代范成大的《骖鸾录》："袁州（在今江西省）岭阪上皆禾田，层层而上至顶，名曰梯田。"② 梯田之名虽然出自宋代，然而它作为历史悠久的一类农田当无疑问，唐代樊绰所著《蛮书》即有"蛮治山田殊为精好"之语，山田即为梯田。西部山地、丘陵面积广大，适于开发梯田，湖南、四川、贵州、广西、云南均为梯田灌溉农业发达之区。时至今日，贵州的南部地区、广西龙脊一带、云南的红河等地区，都有沟渠灌溉十分发达的壮观梯田农业。元江流域属亚热带季风气候，东南迎风坡降雨量充沛，用当地人的话说是"山有多高水有多高"。生活于此地区的哈尼族、彝族等，利用这一特殊的自然条件，积千百年之开拓，营造出规模巨大、极为壮观的梯田景观。清代嘉庆《临安府志》有此地梯田的记载："依山麓平旷处，开作田园，层层相间，远望如画，至山势峻急，躐坎而登，有石梯蹬。水源高者，通以略彴，数里不绝。"哈尼族的梯田灌溉大致有两种方式：一是垂直的"跑马水"灌溉。让高山之水直接进入高地之田，水顺梯田层层下流，形成数十层乃至数百层垂直灌溉。远远望去，梯田水口犹如数十数百小瀑布悬挂山间。二是横向的沟渠灌溉。逢山挖土，遇石爆破，修筑数公里乃至数十公里的沟渠，将水引至缺水的山坡。有统计数字说，在1949年，元江流域的红河、元阳、绿春、金平四县修筑的沟渠多达12 350条，灌溉梯田面积30余万亩；而到了1985年，

---

① 尹绍亭《喀斯特山地的人类生态——一个洞穴村庄的考察》，载《文化生态与物质文化·杂文篇》，云南大学出版社2007年版。

② 中国农业博物馆农史研究室编《中国农业科技史图说》，农业出版社1989年版。

上述四县的沟渠已增至 24 745 条，灌溉面积近 60 万亩①。

西部古代沟渠灌溉的遗迹和文献很多，云南西部的"地龙"亦值得一提。"地龙"与新疆的坎儿井有异曲同工之妙。"地龙"分布在祥云县的米甸、弥勒县的西河灌和下海子以及大理地区，目前有几条修筑于明代的"地龙"仍然被使用着。所谓"地龙"，又叫"闷沟"或"龙沟"，即埋于地下的暗渠。"地龙"或为石砌水道，或为无数相连的陶管。短者数百米，长者达 10 余公里。水道的高端（也叫"龙头"）选择在高地水源丰富之处，依靠高水位的势能，使水流向灌区②。"地龙"深埋于土中，不易遭受破坏，所以经久耐用。偶尔源头有泥沙进入，水流不畅，可放大水冲灌疏通。弥渡农民还使用一种特殊的方法，把鳝鱼放入"地龙"之中，靠其爬行蠕动疏浚泥沙。

云南西双版纳是一个典型的沟渠灌溉水田稻作区。以景洪坝子为例，20 世纪 50 年代以前，该坝子内有一个由 13 条长达数十公里的水沟组成的水利灌溉网络，可浇灌 81 个村寨约 4 万亩稻田。当时的宣慰司署在各级行政机构里都设有管理水利的官员和职员，每年四五月雨季到来之前，宣慰司署便下令修整沟渠。水沟修整后，由管理官员检查验收。检查方法是将一个载有石头的小竹筏放入水沟中，系上绳子顺沟而行，能够顺利通过便算合格，不能顺畅通过不仅要返工重修，而且要罚酒一斤，罚鸡一对。有时为了简便，就由管理官员扯一把野草或抓一把米糠撒进水沟之中，如果流动不畅，则不合格③。使用分水器在水沟各条支流的水口处测量分配水量，也是傣族的一项发明。分水器是一个木制塔形器物，分段刻着"半、斤、两、钱"的标志，由水利管理官员检测各分水沟的水量。20 世纪 50 年代后，随着土司制度的瓦解，傣族传统的水利管理制度已不复存在，然而其发达的沟渠灌溉至今仍随处可见。

3. 水车灌溉

我国内地，尤其是江南地区，水车种类最多，制造技术也最为先进，而且历史悠久，早在东汉时期便有关于水车的文献记载。西部的水车灌溉，多是内地移民传来的技术。清代《滇系·物产》载："水车、水碾、水磨、水

---

① 黄绍文《论哈尼族梯田的可持续发展》，载《哈尼族梯田文化论集》，云南民族出版社 2002 年版。
② 何超群《祥云明代的水利工程——地龙》，《云南文物》1983 年第 14 期。
③ 郭家骥著《西双版纳傣族的稻作文化研究》，云南大学出版社 1998 年版。

碓,皆巧于用水者也,惟之为利尤薄,滇亦多此。"西部的灌溉水车,主要有两类:一是龙骨车,亦名翻车;二是筒车,也叫水轮或竹车。

龙骨车,车身由长槽和连轴链状刮板构成,因刮板状如龙骨而得名。按动力分类,龙骨车有人力手摇式、人力脚踏式、风力式、牛力式四类。其中人力手摇式又分单边手摇和双边手摇两种;人力脚踏式亦分为两人、三人、四人脚踏三种;风力式和牛力式需以齿轮转向传输动力,结构复杂。云南有手摇式龙骨车而没有脚踏式、风力式、牛力式龙骨车,且体量一般都较小。据笔者调查,云南龙骨车的分布范围,是在北起昆明、陆良,南至石屏、丘北这一区域之内。使用龙骨车,可将较低水位的湖泊、陂池、沟渠之水提升到较高位置的田园中进行灌溉。

筒车在云南俗称水车,是依靠水力或畜力转动的提水工具。我国西南地区多水力筒车而少畜力筒车。筒车多半用竹子制造,因取材方便,且靠水力转动而非人力驱动,因此使用地域范围比龙骨车广,贵州、广西、云南、四川等地各族人民均喜用筒车提水灌溉。

(三) 西部少数民族的"森林绿色水库"

水是农业的命脉,也可能是农业的祸害。为了保障农业用水同时也为了防范洪涝,常见的应对策略,是兴修水利。不过,除此之外还有另辟蹊径的方法,例如大面积培育维护森林,利用森林所具有的强大的涵养水源的功能,拦截、蓄积和再分配降水,达到防范洪涝、削弱对土壤的侵蚀和冲刷、滋养农田的目的。

森林涵养水源,主要依靠三个方面:一是森林林冠。林冠截留水量的多少,与植物本身的特征有关,包括树种、树龄、冠层的稠密程度和排列状况等。一般而言,叶面积指数和茂密度越大,林冠截留量也就越大,林冠截留量还与林分郁闭度成正比。二是枯枝落叶层。枯枝落叶层具有保护土壤和涵养水分的作用。凋落物覆盖土壤可减少雨水冲刷,增加土壤的腐殖质、有机质和孔隙度,参与土壤团粒结构的形成,增加土壤层蓄水和减少土地水分蒸发。凋落物的持水能力受多方面的影响,包括树种、凋落物的厚度、湿度以及分解程度和成分等。枯枝落叶层持水能力极高,甚至高于林冠层和土壤层。一般情况下,其最大持水量是凋落物自身重量的2—4倍,最大持水率的均值为309.54%,折合0.7—0.8毫米水层厚度。三是森林土壤层。森林土壤层是森林涵养水分的主要载体,具有较高的入渗和持水功能。透过林冠层的降水量中，有70%—80%进入土壤。森林土壤层的储水能力受多方面影响，包括森林的类型、土壤结构和土壤孔隙度等。在热带、亚热带地区，阔叶林生态系统的土壤孔隙度较高，为59.6%—78.7%，林地土壤的蓄水能力也较强[①]。树冠、枯枝落叶凋落物和林下土壤的综合作用，形成强大的蓄水功能。西部各民族深谙此道，所以往往把保护和营造森林作为生境的重要构成部分，并以不同的保护和营造方式形成多种森林植被，下面是西部常见的几种独特的森林类型。

1. 水源林

西部地区，尤其是亚热带地区，人居聚落的一大特点，是配置有水源林。水源林或规划于高地，或设立于山泉溪流的源头，或营造于农田周边，或分布于聚落附近，一个村寨往往有多片水源林，水源林又具有美化环境的作用，所以也被称为风景林。水源林是村寨空间结构的重要组成部分。典型的例子，如上文所述云南省元江流域，该区海拔大约1800米以上的高山地带多为原始森林，那就是哈尼族、彝族等为了梯田可持续利用而精心保护的水源林。贵州省西南地区的侗族、苗族等村寨营造水源林的方法与云南元江流域有所不同。黔西南地区山高坡陡、雨量充沛，为了满足灌溉的需要，同时为了防止洪水侵蚀、保持水土、维护农田，侗族等因地制宜，根据地势合理营造森林与农田共存系统，山坡和低地开发农田，围绕农田的山脊和高地则保留森林，使之成为农田的绿色屏障。红河地区的水源林多为原始森林，黔西南的水源林除了天然林之外，还有大量人工种植林。人工林既要保护又要利用，主要树种为杉树，砍伐时留下百年古树作为"母树"，伐期限定在寒露过后立春之前这一段时间，砍树不能从根部砍，要留下50厘米以上的树桩，并以米浆糊覆盖砍伐面，以防干裂枯死。一年之后，树桩上会长出五六枝树芽，选留一枝长得最好的树芽，其余割掉，留下的树芽3年后能长到四五米高，蔚然成林了。有此技术，加之有计划的砍伐，就能保持森林面积长期不变[②]。云南西北部怒江峡谷的独龙族、怒族、墨勒人（白族支系）和云南西部的景颇族以及云南西南部的佤族等，使用桤木（俗称水冬瓜树）或漆树与粮食作物间作

[①] 参见崔海洋、李峰著《侗族传统农耕文化与珠江流域水资源安全》，知识产权出版社2015年版。

[②] 参见崔海洋、李峰著《侗族传统农耕文化与珠江流域水资源安全》，知识产权出版社2015年版。

或轮作。水冬瓜树生长极快，且可增加土壤肥力，漆树具有经济和药用价值。此类"粮林间作、轮作"，既可涵养降水滋润农作物，起到灌溉的作用，又能满足人们的多种需要，即使以现代农业科学技术的角度观之，也具有很高的科学性，可谓传统农业中的一项宝贵遗产。

2. 神林、神山

神林、神山和水源林一样，都是西部地区常见的村寨空间布局的重要组成部分。农耕社会敬畏自然，信奉万物有灵，为了祈求风调雨顺，于是对自然神灵顶礼膜拜，而自然崇拜中的重要对象，就是神林、神山。神林、神山通常位于村寨周围的高地、水源地或屏护村寨之地，由于被人们视为山神、树神等神灵栖居的地方，所以保护、禁忌法规十分严明，且有诸多祭祀活动。千百年的保护传承，使得神林、神山成为聚落生态环境最好的地方，客观上也具有非常突出的涵养水源等生态功能。例如藏族聚居地区许多湖泊、河流终年水源充沛，就是因为有周围众多神山、神林的庇护。云南滇中彝族支系撒尼人、阿细人等，村村寨寨有叫作"密枝林""密枝山"的大面积的神林、神山，数量多达数万亩。村民们严格遵守祖先的规制，每年按时祭祀朝拜，此传统至今不衰。该区喀斯特地貌渗漏严重，这些神林、神山对于涵养河流、地下水和湖泊水资源发挥着重要作用。又如云南西双版纳，1958 年以前森林密布，傣族村寨的垄林（神林）多达 1000 多处，总面积约 10 万公顷，约占全州总面积的 5%。那时的傣族村寨只有引水沟渠，没有蓄水工程，只有鱼塘，没有水库，全州 45 万亩水田多半靠包括垄林在内的大面积森林涵养水源、灌溉农田。例如位于景洪和勐海之间的"垄南"神山，是西双版纳各民族共同崇拜的神山，面积约 8 万亩（约 0.53 万公顷），景洪和勐海四个坝子（河谷盆地）约 5 万亩（约 0.33 万公顷）水田灌溉水源即来自此片神山[①]。又如景洪坝子戛董乡曼迈寨，该寨有傣族 200 多户 1000 多人，人畜饮水及 2000 多亩水田的灌溉，全靠后山神林流出的箐水解决。据有关部门研究，垄林具有突出的保土保水功能：垄林下的土壤年径流量为 6.57 毫米，若毁林开荒，土壤的径流量会陡增为 226.31 毫米；每亩垄林能蓄水 20 立方米，西双版纳全州其时有垄林 150 万亩，能蓄水 3000 万立方米，相当于当地修筑的曼

---

① 裴盛基《自然圣境与生物多样性保护》，载《自然圣境与生物多样性保护》论文选集，中国科学院昆明植物研究所，2014 年。

飞龙大型水库的3倍，曼岭、曼么耐中型水库蓄水量的5倍①。

3. 轮歇休闲林

我国西部的青藏高原河谷、横断山脉纵谷、云贵高原以及海南岛等地，古代盛行刀耕火种农业。迄至20世纪80年代以前，此种农业仍有相当的规模。刀耕火种是典型的旱作农业，作为此种农业的支撑条件，一是要有耐旱农作物，二是必须利用好雨水。西部传统刀耕火种耐旱作物主要有陆稻、荞、稷、稗、棉花、麻以及诸多蔬菜，16世纪以后引进了玉米等作物。西部有农田被称为"雷响田"，顾名思义，即靠老天打雷下雨灌溉的农田。刀耕火种也可以看作是"雷响田"的一种。在受太平洋东南季风和印度洋西南季风控制的区域，一年分干湿两季：5月至10月为雨季，11月至来年4月为干季。顺应这一自然规律，刀耕火种通常在雨季到来之前的4月份播种，种子播下之后迎来降雨，作物便可茁壮成长。然而雨水无常，时多时少，多时为涝、少时为旱，如何平衡雨水，做到旱涝保收，那就要靠森林的调节了。刀耕火种为轮歇农业，农地按规划垦种，一般每年耕种的土地仅为全部土地的十分之一或十几分之一，余下的大量土地即抛荒休闲，休耕期短则七八年，长者十余年。热带、亚热带地区森林植被恢复极快，加之垦种地的树木砍伐都要保留树桩，所以土地经过七八年休闲之后树木大部分又枝叶茂盛、蔚然成林了。上面说过，有的民族为了加快森林恢复，还在休闲地中栽种桤木等速生树种和漆树等经济林木。刀耕火种农业大量储备休闲林地，维持稳定的森林覆盖率，既有利于恢复地力，满足住民对采集狩猎资源的需求，又能涵养水源，调节雨水，防涝防旱，保障农作物的生长。刀耕火种的这种智慧一般人并不了解，所以有必要昭之于众。

据上可知，对于我国乃至世界的水利灌溉研究来说，我国西部占有重要的地位，这不仅体现于都江堰、郑国渠、灵渠等伟大的水利工程，还表现在西部各民族传统的水利灌溉方式以及利用森林涵养水源以发挥"绿色水库"的功能之上，它们作为独特而宝贵的农业文化遗产，值得重视、传承和发展。

五、西部在木犁研究中的地位

木犁是传统农具中的重器。何以称之为重器？一来，木犁是传统土地耕作的主要工具，就农业而言，栽培作物是第一位，其次就是翻耕土壤的犁具

---

① 高立士著《傣族竜林文化研究》，云南民族出版社2010年版。

了。木犁体量大、形制和结构多样、制作技术复杂,代表了传统农具发展的最高水平。二来,木犁可以人力牵引,但主要使用畜力牵引,牲畜的驯化与利用,使犁耕增加了更多的文化技术内涵。由于如此,所以国内外研究木犁者不少,而且历史悠久。当代中外学者对木犁的研究,旨趣主要集中于三个问题:一是犁耕的起源,二是牛耕的起源,三是犁具的进化演变。下面回顾学界围绕这三个问题所进行的讨论,并论述西部在木犁研究中的地位。

(一) 国内外木犁研究概况

我国早在春秋战国时期,便有了木犁耕作的记载。汉代是我国犁耕技术得到很大改良和推广的重要时期,史书对此多有记述。我国农业历史十分悠久,关于木犁的记载和研究,可谓源远流长。唐代陆龟蒙作的《耒耜经》,是我国现存最早的农具著作,也是第一篇关于犁的专论,该书图示了江南一带的江东犁的结构,并详细介绍了江东犁各个部件的名称、尺寸和功能。此后历代的农书,例如宋代楼寿璹所著《耕织图》、元代王祯所著《王祯农书》等,均有犁的记述和图谱。今人对犁的研究,更为深入广泛,只要翻阅《农业考古》杂志,即可窥见一斑。重要者如宋兆麟、陈文华、王星光、曹毓英等的研究。

国外木犁的研究,成果亦十分丰硕。布瑞所著《中国农业史》中的"农耕机具及技术"一章,对西方学者的木犁研究多有征引,可资参考。就东亚而言,传统木犁研究用力最多、最勤者应首推日本学者。其老一辈学者如天野元之助先生等,开创了农业和农具田野调查的先河,他们对中国东北和华北等地包括木犁在内的农业调查研究报告,是民国时期不可多得的珍贵资料[1]。20世纪60年代以后致力于犁的研究的学者有日本学者家永泰光,其所著《犁和农耕文化》一书,着眼于整个亚洲,较翔实地介绍论述了西亚诸国、印度、中国、东南亚以及日本的木犁的主要类型和农耕形态。与之相似,另一位日本学者应地利民也专注亚洲犁的研究,著有《亚洲犁的比较形态学》,应地在广泛收集资料的基础上,进行犁的形态分析比较,将亚洲犁区分为两个基本类型和五个系列[2]。日本东海大学渡部武教授长期致力于中国农史研

---

[1] [日] 参见日本农机具协会、华北产业科学研究所、华北农事试验场编辑,渡部武解说《华北的外来农具》,庆友社1955年版。

[2] [日] 应地利民《亚洲犁的比较形态学》,载《稻的亚洲史》,小学馆昭和六十二年版。

究，木犁是其关注的重点之一。20世纪90年代，他曾多次组织研究团队与笔者所在单位和四川大学合作，对云南大部分地区和四川西部山地进行实地考察，研究对象为传统农具、农业、畜牧业、食文化、居住空间、民族植物及考古遗迹。其以犁为中心的传统农具的调查成果详见于其专著《云南少数民族传统生产工具图录》《西南中国传统生产工具图录》，其与唐立主编的《云南的生活和技术》，以及其与霍巍、唐立主编的《四川的传统文化和生活技术》第七章《西南中国的犁和犁耕文化》等。另一位应该提到的犁耕文化的研究专家是日本神奈川大学的河野通明教授，河野通明教授长年研究日本木犁，足迹遍及日本列岛，并对中国广西和云南进行过实地考察，视野兼及中国、韩国，对东亚木犁的起源和传播有许多独到的见解，《日本农耕具史的基础的研究》是其代表，《遣唐使引入唐代犁的复原和时期考订》等论文令人耳目一新。与渡部武和河野通明教授一样，韩国亦有具备东亚视野的木犁研究专家，老一辈学者有金光彦先生等，年轻学者如郑然鹤博士。郑氏以博士论文为基础完成的《韩中农机具比较研究》一书，虽统称农具，其实主要着力于木犁研究，其书收集中韩木犁研究资料之全面、比较研究之深入，令人赞赏。

(二) 犁耕起源的两种假说

关于中国犁耕的起源，至今仍然是一个具有不同观点、存在争论的问题。意见主要有两种：本土起源说和域外起源传来说。

先看本土起源说。我国何时发明犁耕，这不仅是农业史和科技史的重要课题，也是我国古代史研究所要回答的问题之一。但是长期以来对于犁耕起源问题诸说纷起，莫衷一是，归纳而言大致有以下几种看法：一是犁耕当始于神农；二是起源于商代；三是起源于春秋战国之际；四是汉代"赵过始为牛耕"。从大量史料来看，上述有的说法已经不能成立。如说犁耕始于神农，显然为时过早，神农是传说时代的人物。迄今并没有证据说明他所处的时代和具体发明情况，把犁耕说成是神农的发明，显然是不足为信的。至于赵过发明牛耕一说，似又为时过晚。现代大量考古资料的发现，尤其是战国、秦汉时期铁犁铧的出土，不仅否定了赵过发明犁耕之说，同时也否定了战国始用耕犁的说法。

本土起源说主要有两方面的依据：一是依据上古文献资料和金石骨镌刻的古文字等的研究，二是利用考古学资料进行的考证。据考古发掘报告可知，

导 论

在我国长江下游的太湖流域、黄河流域的中下游地区以及东北、内蒙古等地三十余处新石器时代中晚时期遗址中，均发现了石制的犁铧，总数量多达百件以上，时代距今5000年左右。对于这些石犁铧，有人认为是"石铲"而非"石犁"，但多数考古学者则认为是石犁。认定为石犁的代表性的研究如牟永抗和宋兆麟的研究报告。牟、宋通过对各地出土的石犁标本的考察，将其分为三种类型，并结合民族学资料试图复原各式石犁的结构和使用方法。关于时代，一种类型的石犁介于马家浜文化和良渚文化时期，即大约距今5000年前；另一种类型的石犁可早到良渚文化，距今约4000年；还有一种类型的石犁时代不详①。迄今为止，虽然中国的考古资料尚缺乏有关犁耕的沟、垄等痕迹，然而大量石制犁铧的相继发现，似乎已经能够说明问题。多数中国学者据此认为，我国犁耕在新石器时代的仰韶文化时期已经发轫，经过几千年的发展演变，到了龙山文化时期已具有鲜明的特征。商周时期，延续前代石犁形制的铜犁也已出现，牛耕可能在新石器时代已经出现。商周金甲文真实地记录了牛耕（马耕）的农作方法，从中可见我国原始耕犁产生和发展的大致脉络。和世界上其他民族一样，我国耕犁也走过了由石犁、铜犁到铁犁的演变过程，这个过程具有有机的、不可分割的联系。从而证明，我国的犁耕及牛耕是源于本土的，是中华民族的远古祖先辛勤创造的结果②。对于中国犁耕由西方传来的说法，持本土起源说的学者们认为，那是基于中外犁耕起源资料的参照和比较，具体传播的动因、途径等均无法具体考证。

再说域外起源传来说。影响大者如西方学者怀特（E. Werth）的起源论。怀特将东亚的犁分为三种类型：一是框架犁，二是印度犁，三是马来犁（印度犁的演变形态）。怀特认为，犁耕的起源地或者说犁耕的第一次起源中心是印度的西北部，犁耕在该区起源产生之后，随即向东、西、南各方传播，此后又形成了三个第二次起源中心：一是中国犁耕中心，二是地中海犁耕中心，三是东北非洲犁耕中心③。另一位外国学者谢拉特（A. Sherratt）则认为，西亚犁耕早于中国，中国犁耕是由西亚传入的，他断言犁耕"到达中国，甚至

---

① 牟永抗、宋兆麟《江浙的石犁和破土器——试论我国犁耕的起源》，《农业考古》1981年第2期。

② 王星光《中国传统耕犁的发生、发展及演变》，《农业考古》1989年第1期；王星光《试论中国耕犁的本土起源》，《郑州大学学报》（哲学社会科学版）1987年第1期。

③ 转引自［日］家永泰光《犁和农耕的文化》，古今书院1980年版。

比车轮更晚，仅在公元前第一千年才出现"①。持相同的观点的还有戈德瑞（Goodrich），他也认为中国畜力牵引的木犁来自近东②。李约瑟主编《中国的科学与文明》第16卷《中国农业史》的作者布瑞在其著作中讨论了世界及中国犁耕的起源问题，布瑞的著述虽然没有犁耕起源于何地的确切论述，但他倾向于世界犁耕的起源为单一中心的观点，认为旧大陆的犁耕系由"起源中心"随栽培作物传布而来："轻犁或耙犁最早出现于新石器时代中期。轻犁比锄头及铲子均更为复杂，且必由动物拖曳。轻犁之出现似与牛只之饲养密切相关。由轻犁构造之复杂，显示可能起源于单一中心，再与畜力之利用共同于新石器时代之剩余时间内传布至旧大陆各地。轻犁发展之确实起源地仍无法获悉。但在新石器时代及铜器时代早期似已迅速传遍西亚、南亚及欧洲各地。由于犁具之传布随谷类之栽培，迅速扩及整个旧大陆……"③ 中国也有学者同意犁耕外来之说，认为"大约牛耕之法开始于埃及，再由埃及而传至巴比伦，而后复由巴比伦而至中国"④。

除了上述明确主张中国犁耕是从南亚和中近东传来的说法之外，有的学者还有这样的观点，认为中国犁耕的产生应该在金属时代，而不可能上溯到新石器时代中晚期。理由一是认为犁耕农业系由锄耕农业发展演变而来，而锄耕农业向犁耕农业过渡应发生于金属时代由母权制氏族向父权制氏族过渡阶段⑤。二是认为"按照冶金、铸造技术发展史程序，应该是先有'铜铧'，后有'铁铧'"，也就是说，只有到金属时代才能出现犁耕⑥。持此观点的学者对于我国考古界在内蒙古、东北、华北、中原、江浙、海南岛、广西等地所发现的大量的石犁铧持怀疑态度，认为不是"石犁"，而是类似石铲之类的掘土工具⑦。对于"石犁"，还有学者从力学的角度进行质疑："石犁"作为

---

① 转引自孔令平《犁耕起源问题的再研究》，《农业考古》1989年第2期。
② 转引自王星光《中国传统耕犁的发生、发展及演变》，《农业考古》1989年第1期。
③ ［英］布瑞著，李学勇译，熊先举校阅《中国农业史》（上册），台湾"商务印书馆"1994年版。
④ 陆懋德《中国发现之上古铜犁考》，《燕京社会科学》（第二卷）1949年10月刊。
⑤ 夏之乾《由母权制氏族向父权制氏族过渡是否是由锄耕农业向犁耕农业过渡》，《史学月刊》1980年第1期。
⑥ 卫斯《关于牛耕起源的探讨》，《农业考古》1982年第2期。
⑦ 夏之乾《由母权制氏族向父权制氏族过渡是否是由锄耕农业向犁耕农业过渡》，《史学月刊》1980年第1期。

犁耕农具，在假设是靠人拉的前提下，以最大的石犁（长60厘米）计算，牵引力至少得150公斤以上，而据科学测定，一匹马正常与持久的牵引力为30至40公斤，所以人拉石犁绝非3至5人所能胜任；最小的"石犁"（长5厘米以下），实际上不具备耕作上的意义。因此，"对那些无法起犁耕作用的三角形器的真正用途，除了需要从考古学方面进行研究之外，同样也需要进行更加深入广泛的探讨，其中当然也包括运用自然科学中的一些手段……总之，对我国犁耕起源问题的研究，应注意克服目前唯器形、出土年代为划分手段的方法论"①。否定新石器时代的"石犁"，认为中国犁耕至金属时代才产生，持此论者虽然没有明确涉及中国犁耕是本土起源还是传来的争论，然而相对于欧亚许多地区犁耕起源于新石器时代中、晚时期的研究，中国犁耕产生如此之晚，即如布瑞所说，确实令人感到惊异或不解。

尽管如此，中国犁耕、牛耕产生于春秋时期的观点，目前仍然是大多数中国学者的看法。果真如此，犁耕本土起源说便难以成立，而域外起源传来说便有了更多想象的余地。而如果认同域外传来说，那么无论是埃及和西亚起源还是印度起源，传播之路均必首先进入我国西部，然后再由西部传往东部等广大地区。当然，这一假说还有待于今后能有新的资料的发现和考证。

（三）关于牛耕起源的不同看法

关于犁耕的起源，不仅存在本土起源抑或域外传入的争论，还涉及其他问题，例如早期的犁耕是人耕还是畜耕就是争论的问题之一。早期犁耕是人耕还是畜耕？我国多数学者的看法是前者，即认为新石器时代乃至后来相当长的时期，犁耕是使用人力而非畜力。王星光曾说："犁耕和牛耕是两个不同的概念，在畜力拉犁出现以前，必然经历过一定时期的人拉石（或木）犁的阶段。只有在人拉犁耕不断发展的基础上，在人们驯服牲畜技术达到熟练程度时，牛耕才能产生和发展起来。"② 牟永抗、宋兆麟的看法也是如此，他们考察新石器时代的石犁，均认定为人力牵引。主张早期犁耕由人力拖拉，主要基于两个理由：一是在所有出土石犁的遗址中还没有发现过可以证实牛耕的遗存和痕迹；二是古代文献和当代民族学资料中均不乏人力拉犁的记载和图像，目前这种状况在我国西部的一些少数民族中还偶尔可以看到，可视为

---

① 季曙行《"石犁"辨析》，《农业考古》1987年第2期。
② 王星光《中国传统耕犁的发生、发展及演变》，《农业考古》1989年第1期。

早期人拉犁耕的"活化石"①。如果早期的犁耕是人耕而非畜耕，那么中国的牛耕起源于何时呢？对此我国学界有过"神农说""夏商说""西周说""西汉说""春秋说"等看法，目前一般主张为"春秋说"。这是根据《国语·晋语》"将耕于齐，宗庙之牺，为畎亩之勤"，意思是将宗庙里作为牺牲祭品的牛，用于田间耕作上。又，1923年考古工作者在山西省浑源县李峪村发掘的战国墓葬出土的青铜器中有一件"牛尊"，牛鼻有牛环，春秋后期晋国的牛已装有鼻环，学者们由此认为，这表明我国至迟在春秋时期牛已被用来从事耕作了②。

  犁耕曾经过由人力拖曳到畜力牵引的进化发展，这不仅是中国学者的意见，也是国际上一些学者的看法。不过，对此持不同意见者也大有人在，例如布瑞在其著作《中国农业史》中便对此提出了异议。布瑞不同意人力拉犁比兽力拉犁早，而认为最早的犁耕即为畜耕，理由如下：第一，大家知道人力拉犁是非常吃力的，并不比锄耕省力；第二，国外已有证据说明，牛的驯化与犁耕产生的时间是非常接近的；第三，最早的犁耕图片是畜耕而非人耕；第四，人力拉犁是由种种原因造成牲畜短缺而产生的现象，而非最早犁耕阶段的原始牵引方式。布瑞对中国学者所坚持的中国牛耕直到公元前5世纪时才产生的看法很不以为然，他争辩说："最初之犁为由人力拖曳或兽力拖曳仍为争论之话题。中国之历史学家一般均相信人力拖拉者较早；大致说来，此一说法也为许多学者所支持，如拉乌（Rau）、莱塞耳（Leser）、比夏（C. W. Bishop）及斯提恩保（Steensberg）等。与此相反者，如赫椎柯（Haudricourt）、德拉玛（Delamarre）则相信兽力拖曳者较人力者更早。由于以人力拖曳时非常吃力，显示并不比使用锄头省力，所以吾人赞同兽力拖曳之看法。尤其是在亚洲西部及欧洲，牛只之驯养与犁之出现在时间上非常接近。实际上最早之犁耕图片都显示由牛拖拉，而由人力拖拉耕犁之图片却甚迟。人力拖拉耕犁之事例也确曾出现，且古今均有。然所有证据均指出人力拖拉乃因牲畜由于流行病或战争而造成暂时短缺，或由于人口增加及耕地扩充（草原开发）等原因而造成相当长期畜力短缺现象之结果。此种牛只缺少

---

  ① 牟永抗、宋兆麟《江浙的石犁和破土器——试论我国犁耕的起源》，《农业考古》1981年第2期。
  ② 中国农业博物馆农史研究室编《中国古代农业科技史图说》，农业出版社1989年版。

导 论

之现象，似曾于埃及第二王朝时经常发生。在中国于公元前一世纪之汉代也曾发生。《前汉书》卷二十四有云：'民或苦少牛，亡以趋泽，故平都令光教过以人挽犁。过奏光以为丞，教民相与庸挽犁……'虽然亚洲其他地区早在四千年前至三千年前，牛力拖曳之犁已有极普遍之事实，但大部分中国历史学家均相信直到公元前五世纪时，中国始知有牛力拉犁。""中国于新石器时代末期对标准之西亚作物（如小麦及大麦）也已熟知。因此，在获知多数汉学家认为中国直至公元前五百年对牛力拖曳之犁尚无所知之意见时，莫不感到惊异。"①

从上可知，关于牛耕产生的时代，尤其是对于我国牛耕产生的时代，国内学者与国外一些学者的看法确实存在较大差别。问题出在哪里？研究方法的不同也许是重要原因之一。在我国，一些学科划分过细，学科界限井然，学科间缺乏必要的交流和借鉴，学术视野难免受到影响。犁耕、牛耕起源等古代农耕文化的研究，在我国历来属于历史学科——确切说是历史学科中的农业史的专门研究对象。民国时期考古学由西方引入，古代农业的研究始增加了考古学的视野。历史学加考古学，形成了我国古代农业研究的特色，即主要依赖文献记载并结合考古资料考证的研究方法。近30年来，也有学者提倡并实践以民族学田野资料印证历史文献和考古资料进行研究，然而由于我国历史学和考古学向来存在着轻视民族学的倾向，绝大多数历史学者不熟悉或不愿意从事田野调查；愿意从事田野调查者，又往往习惯于根据先入为主的理论或观点去取舍民族学等资料的应用。在这样的情况之下，结合民族学等的跨学科研究自然成效有限。立足于历史文献和考古学遗存的研究视野和方法，当然应当继承，不过也应该看到，数千年上万年的事物，文献所记十分有限当是不争的事实；而且，今日所能看到的考古学遗存几乎都是金属、陶瓷等耐腐、抗朽性很强的器物，大多数有机物质器物难以保留至今乃是普通的常识。所以，仅仅依靠历史文献和考古遗物从事研究显然是不够的。

对此，布瑞认为，假若采取更广泛及比较之方法对中国古代农业加以研究，实可根据商代已有之科技和社会组织水准与当时不靠灌溉及高产作物之农业，推测商代中国之农民对牛拖之犁已经相当熟悉。布瑞不同意我国学者

---

① ［英］布瑞著，李学勇译，熊先举校阅《中国农业史》（上册），台湾"商务印书馆"1994年版。

中国西部民族文化通志　农耕卷

关于牛耕产生时代太晚的研究结论，他批评道："古代中国学者由于缺少农业上之实物以为研究之佐证，故转而求诸文字之记录。更由于中国学者对于载于书中之记录怀有深切尊敬，对古书更较其他证物具有信心。惜者，中国早期之文献中多为有关政治、社会、宗教等资料，像较低阶层之农耕则不但记录稀少，且多语焉不详。此外，对中国古代零星农业记录之研究也常流为枝节，甚少整体之探讨。虽然古代中国社会概况，甚至新石器时代之政治组织及一般技术早已为学者所熟知，但中国之农业历史学者却很少利用考古学家、历史学家、经济学家以及人种学家之研究报告，以便将技术及经济之发展与社会状况相联系；且也未将中国古代之农业和欧亚大陆上其他各地之古代农业做过详尽之比较。"①

布瑞之批评，应该说不无道理，值得我们重视反思。对于布瑞所言应"采取更广泛及比较之方法对中国古代农业加以研究"的观点，笔者较为赞同。学术研究如果一味固守传统，拘泥于古书的只言片语，或唯单一物证是尊，而罔顾其他，那么很可能一叶障目，所获结论也就难免偏颇甚至谬误。

在牛耕起源的研究中，从西部的角度看，有两个问题值得注意。第一是西部牛耕的出现是否一定比东部晚？按照我国学界中部分学者所固守的"西部比东部落后"的思维定式，西部牛耕肯定要比东部晚，这种先入为主的思想必然会对西部的研究产生影响。例如云南古代滇国牛耕的研究就存在这样的问题。其牛耕产生的讨论，和中原一样，也存在"战国起源说"和"东汉起源说"两种不同看法。据报告，在越南东京地区的青铜时代的遗址中，考古学者曾发现青铜犁铧，时代为公元前16世纪②。有考古学者认为，滇国文化与越南北部的东山文化有类似之处，例如铜鼓即存在可比性。邻近云南的越南北部的牛犁耕作如此之早，而云南的牛犁耕作却晚至公元1世纪之后的东汉才出现，这是没有道理的。此外，所谓牛耕还不只牛力耕作一种，在东南亚、南亚和中国西南一带，还存在过被叫作"蹄耕"或"踏耕"的牛耕方法，笔者20世纪80年代在滇南乡间调查，曾见过傣族人驱赶牛群踩踏水田使土壤细化的"耕作"方式，同样的情景在广西历史博物馆也曾有照片陈列。

---

① [英]布瑞著，李学勇译，熊先举校阅《中国农业史》（上册），台湾"商务印书馆"1994年版。
② [英]布瑞著，李学勇译，熊先举校阅《中国农业史》（上册），台湾"商务印书馆"1994年版。

导 论

不仅如此，云南等地还有"羊耕""猪耕"和古代的"象耕"等①。所谓"踏耕"，亦称"蹄耕"，即驱赶牛群入田往复踩泥，从而使土壤细碎熟化的"耕作"方法。"蹄耕"是分布于南亚、东南亚和中国西南地区的一种古老的耕作方式。有的学者认为，牛力之耕便是从"蹄耕"演化而来的。就我国范围而言，"蹄耕"曾经存在于华南和西南的一些地方。如今"蹄耕"在云南虽已少见，但一些地方的农民还记得这种耕法，说明其消失的时间还不太长。而且，云南古代不仅有牛之"蹄耕"，甚至可能还有象的"蹄耕"。《唐书·南蛮传》说滇西南是"乘象之国"，《蛮书》卷四载滇西南的"茫蛮部落""象大如水牛"，"土俗养象以耕田"。很多人对"养象耕田"十分不解，怀疑是"养牛耕田"之误，其实不然。如前所述，云南既有"养羊耕作"之俗，又何以不能"养象耕田"呢？何况此类"象耕"不一定就是象拉犁耕，也可能是象蹄之耕。笔者在西双版纳就曾听说傣族过去有使象踏田之农法，可见象耕是不假的。滇国牛耕以及云南等地古代"蹄耕""象耕"等事例说明，西部农耕文化的许多问题，还有必要重新认识、重新定论。

从西部看牛耕起源，第二个问题是人耕与牛耕的关系。我国学界多数学者认为，在牛耕出现之前曾有过人耕阶段，即人耕先于牛耕，上文对此已有论述。为了证明此说的正确，宋兆麟先生等曾以其在西部调查的民族学资料加以佐证，从而确立了犁耕最早是人力拉犁的人耕，进而发展到畜力牵引的牛耕这样的结论。

此种论证是否正确？答案是还需慎重。直到最近，西部一些地方确实存在人力拉犁的情况，然而那并不是不会使用畜力，而是因为其他原因。例如贵州一些山区耕作梯田，因梯田面积太小，使用牛耕转不过身，难以操作，所以采用人力替代。又如云南大理洱海周边，20年前笔者前往调查，水田几乎都使用锄耕而不见牛耕，如果据此认为当地尚不知牛耕技术，尚处于犁耕前的锄耕阶段，那就大错特错了。众所周知，洱海周边很早就是农耕发达地区，更早的不说，南诏时期那里的"二牛三夫"耕作方式就十分有名，著名的《南诏图传》绘有"牛耕图"，其二牛抬杠犁比之同时代的西北的敦煌犁和江南的江东犁毫不逊色。而在现实生活中，那里几乎家家饲养奶牛，一些

---

① "羊耕"为洱海地区老人的记忆，"猪耕"是云南怒江山地20世纪50年代存在的做法：在耕地中残留一些块茎作物，让猪拱食，达到把土壤拱松散的效果。"象耕"参见尹绍亭著《云南物质文化·农耕卷》（上），云南教育出版社1996年版。

人家中还摆放着犁具,说明当地人对牛对犁都是十分熟悉的。当问到他们为何不使用犁耕时,答曰已经很长一段时间不使用犁耕了,原因很简单,饲养耕牛太麻烦,成本太高,还不如用锄头耕作。

类似的情况还见于西北地区。隆滟、韩建民所著《陇东农耕文化研究》一书也有关于人耕的调查:"过去,在陇东一些经济落后的地区,有些人家无力置办耕牛等畜力,春秋播种时,就出现了人拉犁或者二人抬杠这种古老的以人代畜的耕作方式。此外,还有些地区人均可耕地少,为了生存,农民不得不想方设法开垦荒地,但开出来的耕地面积小而零散,又多在陡坡上,不适宜畜力耕种,也采用二人抬杠的耕作方式。二人前后抬一木杠,杠上拴耕犁,后面的一人手持犁柄,前面的一个做牵引,牵引绳拴于安装在犁柄下部向前弯曲展出的犁拐端;为了保持前后两人用力的平衡,又用一根长约九尺的木杠架在两人的肩头,起到固定力的方向的作用,形成两人相抬之状,这种以人代畜耕种的形式,统称'二人抬杠'。"当地农民称其为"抬耕"(方言读"耕"为"gai")。由于此种耕作方式适宜在小面积的地块上操作,故这种落后的、艰苦的劳役在贫困地区被广泛采取,且至今在一些地方的抢种季节还能看到①。

列举上述西部的人耕资料,至少能够说明两个问题:其一,西部现存的人耕资料并不能完全作为人耕早于畜耕的进化论的佐证;其二,现实人耕是出于特殊耕地的需要和经济等的原因,并非是人类早期智力和进化的原始状况。由此看来,学者们推断的进化论是不能乱用乱套的。不仅如此,更重要的是,事实说明在研究犁耕等农耕文化时,只着眼于东部是远远不够的,还必须在西部做深入的观察、参照和研究。

(四)木犁的起源和演变

在传统农具中,相对而言,木犁的结构是比较复杂的。由此又引出了一个问题,木犁是由某种简单的工具演变而来,还是一开始便具备了现有的基本的形制?国内专家在这个问题上意见比较统一,认为木犁是由掘土棒发展演变而来的。前辈专家王静如先生写的《论中国古代耕犁和田亩的发展》一文,代表了这种观点:"在原始农业时期,先民不过折断树枝用作刺土下种的工具。以后,因利用的方面不同,便有了习于使用枝杈或习于使用树干的分

---

① 隆滟、韩建民著《陇东农耕文化研究》,中国农业出版社2015年版。

歧。后来，树杈变成了鹤头锄，枝干变成了掘土杖。更后，鹤头锄的制造变成两木相接，而掘土杖的尖端则曲度加大变成了钝角。它们的功用，不仅可以刺土，而且可以划沟。这是耕犁发展的第一阶段。"王静如先生的文章继而以世界一些地区的古犁演进的事例总结古犁的两种来源：第一种是由先民用的掘土杖发展演变而来，它的用处不过是刺地下种。现在农业社会落后的人民，如印第安人及布施曼（Bushman）人还有用它来做农具的。以后有了下端渐渐弯曲成钝角，如古爱尔兰人所用的角掘土杖出现，不仅可以松土且可以划沟。这个如由人力或畜拽，就变成古代的耕犁了。在瑞典铜器时代岩石刻像中，曾有双牛拽掘土杖之初步古犁。类似这种由掘土杖演进成的牛拽古犁，在丹麦铁器时代的得斯特鲁波（Dostrup）也有发现。第二种乃由鹤头锄演进而来。事例如埃及、苏末尔、希腊等古犁的演进情况[1]。

　　根据对古籍文献的研究，我国木犁的源头名为"耒耜"。耒耜最早见于《易经》，该书说："神农氏作，斫木为耜，揉木为耒，耒耨之利，以教天下盖取诸益。"《说文》释耒字为："耒，手耕曲木也，从木推丯。"耒耜的遗存，年代较早的见于河姆渡遗址，为骨耜；内蒙古林西遗址曾发现不少大石耜，木耒耜则发现于二里头遗址[2]。关于耒耜的形制和用途，历代农书不乏记述，唐代陆龟蒙曾作专书《耒耜经》，元代王祯所著《王祯农书》之"农器图谱"中有"耒耜门"一节。当代学者也多有考证，如徐中舒先生的《耒耜考》等。唐代陆龟蒙所著《耒耜经》，所言已不是原始的耒耜，而是当时使用的曲辕犁，由于此类犁形成于江南一带，所以被称为江东犁。《王祯农书》中有江东犁的图谱，日本学者渡部武所著《唐陆龟蒙的〈耒耜经〉和曲辕犁的形成》对江东犁进行了仔细考证，并绘制了复原图。江东犁由11个部件组成，具有以下几个优点：第一，犁辕短曲，操作灵巧省力；第二，具有使犁箭升降、借以调节深浅的犁评；第三，犁梢与犁底分开，可以根据犁梢摆动的幅度，调节耕垡的宽窄；第四，犁辕前面有能转动犁槃，便于耕畜牵引时犁身自由摆动或改变方向；第五，犁壁竖于犁铧之上，两者不成连续曲面，既便于碎土，又便于形成窜垡[3]。江东犁形制复杂，结构基本定型，此后再无发展

---

[1] 王静如《论中国古代耕犁和田亩的发展》，《农业考古》1983年第1期。
[2] 曹毓英《中国牛耕的起源和发展》，《农业考古》1982年第2期。
[3] 中国农业历史博物馆农史研究室《中国古代农业科技史图说》，农业出版社1989年版。

变化，因此被认为是我国木犁发展的最后阶段。先有耒，耒发展为耜，耜再发展为犁；最早的犁为直辕犁，直辕犁继而进化为曲辕犁，曲辕犁最后定型为江东犁。这一"耒—耜—直辕犁—曲辕犁—江东犁"的排序，即为我国学界很多学者认定的木犁结构和形态历史进化的模式。

　　迄今为止，我国研究传统木犁的许多著作，均奉唐代陆龟蒙的《耒耜经》和王祯的《王祯农书》为经典，以两书所述所绘之犁为圭臬。学者们由《耒耜经》得出结论：中国木犁经过了由耒耜到直辕犁再到曲辕犁的进化，发展到唐代江南地区使用的江东犁，形制已趋完善，江东犁于是被历代学者视为中国传统木犁的代表符号。王祯的《王祯农书》"农具图谱耒耜门"在沿袭陆龟蒙《耒耜经》记述的基础上，有所补充，并绘制了以江东犁为基本形制的两种犁型图，此犁型图更是后人热衷引用的资料。木犁研究者言必称陆龟蒙、王祯，只看重江东犁而无视其他，原因何在？请看布瑞的看法："后世各种农书中均将陆氏之记述辗转引录，而不事增减及论述。此也可能由于此后各农书之著述者亦出自长江流域，认为陆氏之记述已足以表现犁具之结构；但也可能由于这些后世学者深知对数以百计之变体犁具难于一一详述。各农书中唯一对《耒耜经》有所补充之记述，乃成书于一三一三年（元仁宗皇庆二年）之《王祯农书》。书中曾于不同章节对犁镵及犁镴有所论述。"① 布瑞的看法可谓一言中的，其实不只"后世各种农书"，包括当代绝大多数学者的相关著作，几乎都热衷于陆龟蒙和王祯记述的辗转引录，原因基本如布瑞所言。中国木犁的形制演变其实并不止于历史文献的记载，也并非完全遵循东部或者江南的进化模式，而是呈现出多种形制多线并行的演变，是在悠久历史时空中多样化共存的状态。为何如此，道理极为简单。木犁的功能是翻耕土壤，某种形制的木犁，只适用于耕作某种环境的土地类型，也就是说木犁的形制主要是由自然环境及其风土以及耕地形态决定的。我国国土广袤，自然环境十分复杂，土地类型千差万别，作物种植技术因地而异，加之各民族历史文化不尽相同，这样的状况，怎么可能只会产生一种犁型、只会按照一种进化模式演变！小地域的差异不说，大地域如西部的黄土高原、青藏高原、新疆绿洲、西南高原山地等的犁型就差别很大。如果再深入进行微观考察，

---

① ［英］布瑞著，李学勇译，熊先举校阅《中国农业史》（上册），台湾"商务印书馆"1994年版。

情况更是复杂。为了说明问题，下面仅举笔者对云南木犁的调查以资参考。

根据笔者长期对云南木犁调查所获资料，可以把云南犁型分为 5 个系谱 23 种类型。5 个系谱为：一是与长江下游流域的江东犁类似的四角框架曲辕犁；二是与华南和相邻东南亚半岛类似的三角框架曲辕犁；三是与黄河中上游流域和相邻南亚诸国相似的无框架长直辕犁；四是与《南诏图传》中"牛耕图"的二牛抬杠犁完全相同的四角框架长直辕犁；五是小三角框架直辕犁。每个系谱之下又可分为多种类型，粗略划分计 23 种。

上述云南犁型的 5 个系谱，4 个分别与东西南北相邻地域的犁型类似，那既是相似风土的作用，亦是文化交流的结果。一个系谱未见其他地域有类似犁型，说明是本土的创造。云南的犁型，总的来看，南方和北方不同，东部和西部也不一样，地域和民族的差异十分显著。然而也有一些反常有趣的现象：例如滇西北香格里拉山区彝族制作的小三角框架宽犁身短辕犁，与紧邻藏族和纳西族的四角框架长直辕二牛抬杠犁差别很大，然而在千里之外的滇东南地区，却有与之完全相同的犁型；又如滇西北藏族和纳西族的犁，与滇中滇南的犁型相去甚远，然而却与黄河中上游汉晋时代画像砖和莫高窟壁画的"牛耕图"所绘犁型如出一辙；同样令人惊奇的是，泸沽湖畔摩梭人使用的大四角框架二牛牵引曲辕犁，与相邻香格里拉和丽江的纳西族的犁型又不一样，然而却与滇池地区的汉族犁相类似，这种犁型不是普通的犁，非常类似唐代形成于长江下游的著名的江东犁。以上现象乍看起来是不可思议的，如果以单线进化论的眼光去看，肯定会感到莫名其妙。而如果能够打破仅就犁型进行研究的局限，将眼光放大到使用各种犁的人群之上，结合他们的历史文化进行综合考察，便能理解上述种种情况并不神秘。譬如滇西北的很多民族，本来就与古代甘青高原的氐羌族群有着渊源关系，他们就是古代从北方迁徙来到云南的；又如云南存在数千里之外的江东犁，那更是不足为奇，因为从汉朝开始，汉族便陆续移民至滇中，明代汉族移民更众，且以来自长江下游的汉民居多；再如香格里拉彝族犁的南北分布，原因也不难明白，彝族最早生活在滇西北及川藏交界一带，后来扩散到了滇中和滇东南等地，他们迁移到哪里，他们发明的犁型自然也会尾随而去。可见，生态环境和民族文化的多样性是木犁犁型和演变多样性的成因，而民族迁移以及随之产生的文化传播，则是解释犁型南北东西异同之谜的一把钥匙[1]。

　　以上简要介绍了云南犁的系谱，目的在于说明西部犁文化的丰富多彩，同时欲强调我国犁的研究应该特别注意的两个问题：一是不能总是沿袭陈旧的单线进化论，而应提倡实事求是的态度，以文化多样性的理念和视角去进行整理研究；二是不能图省事怕麻烦，一说到犁，便翻古籍抄文献，而不管前人研究的局限性，不懂得偌大一个中国是不可以仅凭几本古书便概括得了的。须知960万平方千米的辽阔大地上的木犁形形色色，需要我们走向田野，去发现新资料、新问题，以丰富和发展犁文化的研究。

---

[1] 曹毓英《中国牛耕的起源和发展》，《农业考古》1982年第2期。

第一章　西部的刀耕火种农耕文化

　　刀耕火种，中国古代文献称之为"畲田"，明清之后又多叫作刀耕火种。不少历史学者认为，刀耕火种是原始农业，水田农业是从刀耕火种进化来的。刀耕火种农业起源于新石器时代，那时人们利用石斧、石刀等生产工具，砍伐树木，晒干焚烧，清理土地，播种作物，收获粮食，同时进行采集狩猎，以维持生存。新石器时代延续了数千年，以石木生产工具为标志的原始的刀耕火种农业也盛行了数千年。在中国，中原地区虽然早在夏商时期便进入文明时代，然而由于那时候人烟稀少，森林广袤，所以刀耕火种农业依然得以延续。春秋时代，黄河中下游流域出现了精耕细作农业，刀耕火种农业逐渐退出历史舞台。而在长江中下游流域，这种状况要晚得多。唐代长江中下游流域取代黄河中下游流域成为经济发展中心，依赖的是水田灌溉农业的发达。虽然如此，所谓"火耕水耨"的农耕方式依然存在于江南一些地区，尤其是山地，直到宋代也还不乏"畲田"的记载。至于西部，情况就更加不同，刀耕火种农业不仅大规模延续至明清时期，而且至今依然不绝。原因何在？情况并不是像许多学者想象的那样，是因为西部落后，许多少数民族"尚未跨出原始社会的门槛"，不知道使用锄、犁耕作。其实，进入铁器时代之后，刀耕火种已非石器时代的刀耕火种，已成为与水田并行的传统农业了。刀耕火种农业能够延续盛行的原因主要靠三个条件：一是人口稀少且具备足够多的森林土地；二是在森林、土地数量充足的情况下，其轮歇制度得以正常运行；三是尚处于外来文化的影响、干扰和冲击之外，能够主导和行使自身的权利和依照自身的方式经营。正是由于具备这三个条件，所以西部许多山区的刀耕火种农业才能长期延续，成为现当代西部农耕文化的一大特色。

第一节　西部的刀耕火种民族

西部从事或部分从事刀耕火种农业的民族，按族系分，计有下述四类。

一、苗瑶

苗族和瑶族是历史悠久的民族，先秦古籍《尚书·吕刑》和《史记·五帝本纪》中便有"苗民"和"三苗"的记载。秦汉时期，苗瑶先民被称为"五溪蛮""长沙蛮"。今黔、湘、鄂连接地带，是苗族和瑶族繁衍的摇篮。由于苗瑶民族形成于中南地区，很早便与汉族等发生频繁的接触交往，故而其农业的产生是比较早的。然而由于苗瑶"好入山壑，不乐平旷"，居处"深山重阻，人迹罕至"，因此长期从事刀耕火种农业，并辅之以狩猎采集。东汉时，包括苗瑶先民在内的武陵蛮强盛起来，于是"据其险隘，大寇郡县"，与朝廷发生冲突。在朝廷的征伐之下，为避战祸，武陵蛮不得不离开故土。自隋唐迄明清，苗族先民先是大批西走贵州，此后又不断向川、桂、滇迁移，以至远达东南亚半岛诸国。瑶族南北朝时期称为"莫徭"，分布在湘西黔东地区。其迁徙路线，大致是向东入广东，向西南达广西、贵州南部、云南南部，最后到达老挝、泰国、越南北部。经过一千多年的分化流动，苗瑶民族成为中国西南分布最广的民族，亦是最著名的刀耕火种民族。

苗族　据《后汉书·南蛮传》记载，苗族早在西汉初年便向汉朝统治者交纳租赋。南北朝之前，由于苗族"所在多深险"，从事刀耕火种农业者不在少数。后来在向西南流动的过程中，有不同的生计形态。如清代贵州的"花苗""白苗""青苗""红苗""黑苗""九段苗""东苗""西苗""克孟牯羊苗""夭苗""谷蔺苗""平阀苗""紫姜苗""阳洞罗汉苗"等，有的是"勤耕樵"，"日出则作，夜则纺绩"，主要从事水田灌溉农业；有的是"转徙不恒，为人雇役垦田"，做农业雇工；也有"居依山箐，迁徙无常，不善治田，惟种荞麦稗粱"，即从事刀耕火种农业的。迁往云南的苗族，也分为不同的支系。如雍正《东川府志》卷八载："苗人，有苗氏之遗，禹奉帝命，往征者也。至今其性尤善治田。"《昭通府志稿》卷十载："苗子，有花苗、白苗二种，每附岩结庐，依水凿田。"但多数苗族则迁徙不定，刀耕火种。道光《大姚县志》卷七说苗族："居高山陡壁，其上下如飞。男女皆衣麻布长衣，以麻布裹腿，带刀辟山地种粮。"光绪《丽江府志稿》卷一说苗族："开种山田，

第一章 西部的刀耕火种农耕文化

随地纳贡,食足则居,一岁稍歉则他往,其所居迁徙无常处焉。"《民国邱北县志》第二册《种人》亦载:"苗人,有青、黑、花三种……喜居箐林,烧火山种植,林败则徙,无定所,好猎善用强弩。"苗族中不乏善种水田者,不过就整体而言,还是从事流动性很大的刀耕火种农业者居多,而且这种状况一直持续到20世纪中叶。

瑶族　《南史·张缵传》说瑶族是"依险而居"的民族。范成大《桂海虞衡志》说瑶族"各自以远近为伍,以木叶覆屋,种禾黍粟豆山芋杂以为粮……暇则猎食山兽以续食"。田汝成《行边纪闻·蛮夷》说瑶族"山田瘠蛳,十岁五饥……飘浮往来,不可踪迹"。清代云南方志对瑶族也有类似记载。道光《他郎厅志》言:"瑶人,自粤迁来,居无定处,每至深山开垦耕种,俟田稍熟,又迁别所开垦如前,不惮劳瘁。"乾隆《开化府志》卷九载:"瑶人,性犷悍,自谓盘瓠之后。自耕而食……多处深山,喜猎,善搏虎豹……所居之处不四五年即迁。"《马关县志》卷二亦载瑶族"不轻入城市。刀耕火种,故足迹所至,林箐难存,筹伐尽则他徙。"瑶族一直是比较典型的刀耕火种民族。

二、百越

越人系我国南方一大古老族群。《后汉书·地理志》载:"自交趾至会稽七八千里,百越杂处,各有种姓。"所谓百越,所知者有"于越""大越""扬越""南越""闽越""东瓯""西瓯""骆越""山越""夔越""夷越""滇越""僄越"等。据《汉书·严助传》载,越人"地处卑湿",居"溪谷之间,篁竹之中,习于水斗,便于用舟,地深昧而多水险"。越人在这样的环境中,很早便创造了灌溉稻作农业文明。然而由于古代地广人稀,森林丰富,越人也有从事烧垦农业的。《史记·货殖列传》即载:"楚越之地,地广人稀,饭稻羹鱼,或火耕而水耨。"在越系民族中,代表性的刀耕火种民族是海南岛的黎族。黎族的刀耕火种称为"砍山栏"。其法在明人顾岕的《海槎余录》中有所记载:"黎族四五月晴霁时,必集众斫山木,大小相错。更需五七日皓冽,则纵火,自上而下,大小烧尽成灰,不但根干无遗,土下尺余亦且熟透矣。徐徐锄转,种棉花,又曰具花。又种旱稻,曰山禾,米粒大而香,可连收三四熟。地瘦弃置之,另择他所,用前法别治。"除黎族外,侗族、仡佬族、水族、壮族、傣族也曾过有烧垦农业。《新唐书·南蛮传下》说:"东谢蛮……地方千里,宜五谷,为畲田,岁一易之。"唐代"东谢"为今黔东南的台江、剑河到黔南的三都一带,"东谢蛮"包括今仡佬族、侗族、水族等先民在内。乾隆《开化府志》卷九载:"喇奚,居深山,火耨刀耕。""喇奚"为壮族先民中的一支。《云龙纪往》记云龙州:"夷有三种,摆夷十之七,阿昌十之二,蒲蛮十之一,刀耕火种,迁徙无常。""摆夷"即傣族。自然,从整体来看,越系民族主要还是水田灌溉稻作民族。

三、百濮

濮人为我国西南远古一大原始族群,金沙江、澜沧江、怒江三江流域为其主要分布地域。由于受复杂的地理环境及民族关系等的影响,濮人内部文化差异较大。与越人交错杂居于交通便利的河谷坝子中的部分濮人,大概远在新石器时代便会栽培水稻了;而居于交通梗阻的深山幽箐中的部分濮人,进入农业社会的时间却比较晚,至秦汉时,这些濮人还"散在溪谷,绝域荒外,山川阻隔,生人以来,未尝交通中国"①。南北朝后,濮人的情况比较复杂。其中有被迫迁入内地的,如"李恢迁濮民数千落于云南,以实二郡"②;有"咸慕汉俗,而凶吉之礼,多变其旧"③ 的;亦有早已发达于坝区的濮人支系,由于不堪民族压迫剥削或为了逃避官府的镇压,而走入山箐,改操刀耕火种农业的。隋唐时期,山地濮人分化为"望蛮"和"朴子蛮"等支系,他们是今佤族、布朗族、德昂族等的先民。

佤族 《蛮书》卷四所载"望蛮"和"望苴子蛮",史家认为系佤族先民。明代佤族名称有古刺、哈瓦等,其农业也于此时见诸文献。《百夷传》说:"哈刺、哈杜、怒人皆居山巅,种苦荞为食。"又,景泰《云南图经志书》卷六《腾冲司》说:"哈刺蛮者……巢居山中,刀耕火种,多旱谷。"《百夷传》又载哈杜"巢居山林,无衣服,不识农业,惟食草木禽兽,善骑射"。

明代之后,文献中再也没有佤族部落"不识农业"的记载了。他们有的行刀耕火种,如雍正《云南通志》卷四四所载:"戞喇,永昌、腾越内外境俱有之,耕种类阿昌……居山巅,户不正出,屋迎山开门。迁徙无常,不留余粟。"有的于耕种之外,多辅以狩猎,如道光《云南通志》卷八七引《他郎厅志》载:"卡瓦……男穿青蓝布短衣裤,女穿青蓝布短衣裙,均以红藤缠腰。耕种杂粮之外,佩刀持枪捕猎为食。"佤族昔日有"熟佧瓦"和"生佧

---

① 《后汉书·哀牢传》。
② 《太平御览》卷七九一引《永昌郡传》。
③ 万历《云南通志》卷二《永昌府风俗》。

第一章　西部的刀耕火种农耕文化

瓦"之分。所谓"熟"与"生",即其生计以农业为主与以采集狩猎为主之别也。

布朗族　从秦汉时期分化出来的"朴子蛮",南北朝之后继称"蒲蛮""蒲人""朴子"等,当代改称为布朗族。《蛮书》卷四载:"朴子蛮,勇悍矫捷。以青娑罗段为通身袴。善用泊箕竹弓,深林间射飞鼠,发无不中,部落首领谓酋为上。"景泰《云南图经志书》卷六载:"蒲蛮,一名朴子蛮,其服食好尚与顺宁府者相同,居澜沧江者性勇健……髻插弩箭,兵不离身,以采猎为务。"明代以前,山地布朗族都以采集狩猎为生。

山地布朗族的刀耕火种农业从明代起逐渐盛行。景泰《云南图经志书》卷三载:"境内有蒲蛮之别种曰车苏者,即蒲剌也。居高山之上,垦山为田,种荞稗,不资水利,然山地硗薄,一岁田一移,其居以就地利,暇则猎兽而食之。"康熙《楚雄府志》卷一载:"蒲蛮,山居火种,妇人织火麻布为生。"道光《普洱府志》卷一八载:"蒲蛮,又名蒲人。宁洱、思茅、威远有之……散处山林,居有定址,若易置他处,即不能居。常耕种为业,剥蕉心煮食,以当菜蔬。"光绪《腾越厅志稿》卷一〇载:"蒲人,即古百濮,散居山谷,永昌以南所在多有……皆勤力耐劳,苦事耕锄,所种苦荞、棉花、黑豆。知汉语,通贸易。"

上述"蒲人"("朴人"),只是布朗族先民中居处山野的部落。其先民中当有一部分具有悠久的坝居历史并很早便从事灌溉稻作农业,只是由于民族间的纷争、侵夺以及封建朝廷的剥削和压迫,才使这些人逃亡山林,从而发生文化的变异现象。例如,至今仍以盛行刀耕火种农业闻名的西双版纳布朗山的布朗族,便有若干村落是在一两百年前由景洪等坝区被迫迁往山区的。据调查,当地坝区民族曾流传着这样的说法,认为布朗族是该地区最早的农耕民之一①。

德昂族　德昂族先民系"蒲蛮"的一个分支,他们是云南德宏地区的世居民族,古代居住于坝区种植水稻并栽培茶叶等经济作物。元朝中期,"白夷"(傣族先民)迅速强盛,德昂族人民在傣族领主势力的侵夺压迫之下,或逃亡于山区,或避难于他乡。迁往云南镇康军弄一带的德昂族,就是在长途

---

① 《布朗族社会历史调查》(一、二),云南人民出版社1986年版。

中国西部民族文化通志　农耕卷

辗转流徙之后于二百五十多年前定居下来的①。德昂族迁往山区，不得不放弃灌溉稻作农业，变成了垦山而植的烧垦民。光绪《永昌府志》卷五七言："崩龙，类似摆夷，惟语言不同。男女背负，女以尖布套头，以藤篾圈缠腰。漆齿文身，多居山巅，土司地皆有。"德昂族元代中期逐渐居处山地，从事刀耕火种农业。

四、氐羌

氐羌是古代分布于我国西部黄河中上游流域甘青高原一带的古老族群，由于该区自然环境不利于大规模人群生存以及战乱等原因，秦汉以降，该族群的一些支系便不断沿着青藏高原东缘河谷南迁，逐渐深入川西南和滇西南以至东南亚山地，形成了具有不同称谓的众多的山地刀耕火种民族。

彝族　彝族先民魏晋至唐宋期间称为"乌蛮"等，元代继称"乌蛮"等，亦称"罗罗"等，明清称"罗罗"等，近代始称彝族。彝族支系众多，分布很广。其农业在发展的过程中分化为山地烧垦农业和坝区灌溉农业两种类型。彝族的灌溉稻作农业，最早可能产生于魏晋时期迁移到坝区居住的部落之中。杨慎《滇载记》说诸葛亮征服南中之后，"诸夷慕武侯之德，渐去山林，徙居平地，建城邑，务农桑"，这里的"诸夷"，也许包括彝族先民在内。此后至清代，陆续有由山入坝向灌溉稻作民转变的彝族。唐朝初年，云南西部有"耕于巍山之麓"，"孳牧繁衍，部众日盛"的"乌蛮"②。元朝，由于滇中官吏重视发展农业，于是"罗罗诸山蛮慕之，相率来降"③。明代，出现了"近滇池"，"濒池捕鱼"的"罗罗"④。入清以后，坝居彝族更众，文献称他们为"海罗罗""坝罗罗""水田罗罗"。如雍正《云南通志》说："海倮倮，亦称坝罗罗，以其居平川种水田而各名也。土人以平原可垦为田者呼为海，或称为坝，故名。"又，《清职贡图》和倪蜕《滇小记·滇云夷种》均有类似的记载。

综观西南地区的彝族，自魏晋至明清虽不断有部落分化下到低地坝区，而大部分依然居处山地。山地彝族各部落的发展是很不平衡的，刀耕火种农

---

① 《崩龙族社会历史调查》，云南民族出版社 1980 年版。（注："崩龙族"1985 年 9 月改称"德昂族"。）
② 蒋彬《南诏源流纪要》。
③ 《元史·张立道传》。
④ 景泰《云南图经志书》卷一《云南府昆阳州》。

第一章　西部的刀耕火种农耕文化

业在各部落中产生的时间和发展程度也有显著不同。《新唐书·南蛮传》说云南："爨蛮西有昆明蛮,一曰昆弥,以西洱河为境,即叶榆河也……随水草畜牧,夏处高山,冬入深谷。"又说广布于川滇交界的"乌蛮"："其种分七部落。土多牛马,无布帛,男子髽髻,女子披发,皆衣牛羊皮。"据此分析,唐代大多数山地彝族似乎还过着以畜牧为主的生活。此后的宋、元、明三代,这种状况好像也没有太大的变化。例如《宋史·叙州三路蛮》说："叙州三路蛮……俗椎髻披毡佩刀,居必栏栅,不喜耕稼,多畜牧。"元代李京的《云南志略·诸夷风俗》说："罗罗即乌蛮也……祭祀时,亲戚毕至,宰杀牛羊,动以千数,少者不下数百……自顺元、曲靖、乌蒙、乌撒、越嶲皆此类也。"自明以后,在一些部落中刀耕火种农业有所发展。如"罗婺"部落,明时还"以牧养为业",入清以后,虽仍然"喜山居""暇则射猎",但已是"耕者助力"①,农业已有进步。又如"母鸡"部落,天启《滇志》卷三〇言其"迁徙无常",万历《云南通志》卷二《临安府》引《旧志》说其"藏匿山林",而雍正《临安府志》卷七《风俗附种人》则说"母鸡"部落"刀耕火种为食",雍正《阿迷州志》卷一一亦言该州"母鸡"部落"耕山食荞,暇则射猎",母鸡部落明清之际的发展变化是显而易见的。

除上述"罗婺""母鸡"部落之外,明清两朝从事刀耕火种农业的彝族支系还有不少,兹辑录部分于下。

《云南图经志书》之《马龙他郎甸》："境内有车苏者,居高山之上,垦山为田,艺荞稗,不资水利。然山地硗薄,一岁一易其居,以就地利。暇则猎兽而食之。"

《滇略·夷略》："曲靖之夷曰黑白爨,椎髻皮服,居深山,虽高岗硗垄,亦力垦之,种甜苦二荞自赡,善畜马,牧养蕃息。"

檀萃《滇海虞衡志》卷一三《志蛮》："黑罗罗……男子耕牧,高岗硗垄必火种之,顾(故)不善治水,所收荞稗,无佳种。""撒弥罗罗者……山居耕瘠贩薪。""阿者罗罗……耕山捕猎,性好迁徙。"

雍正《云南通志》卷二四："小列密,云州有之,刀耕火种,精于射猎……"

雍正《富民县志》卷一："邑治原无土司,四山僻有黑白倮倮……无稻田,种山地,编茅为屋,刀耕火耨……"

---

① 刘慰三《滇南志略·大理府》。

乾隆《东川府志》:"干罗罗,最勤苦,近皆畏威怀德,一洗从前旧习……刀耕火种,农隙则樵牧渔猎。"乾隆《开化府志》卷九:"有号卢鹿蛮者……依山谷险阻者皆是……大略寡者则刀耕火种。""刺溪,性愚,居深山,火耨刀耕。"

《云南通志》卷一八五:"利米蛮……妇女青布裹头,短衣跣足,时出樵采,负薪而归,刀耕火种,土宜荞稗。"

道光《普洱府志》卷一八:"白倮倮……思茅、威远、他郎有之……刀耕火种,并好游猎。"

刘慰三《滇南志略·广南府》:"扑喇……居高山峻岭……刀耕火种,数易其土,以养地力。"

光绪《丽江府志稿》卷一:"倮㑩散处荒山,刀耕火种,皆鹤庆海西子种。"

上述记载说明,绝大多数山地彝族的烧垦农业在明清两朝特别是清朝十分兴盛,而其分布则远比文献记载广泛。彝族实为古代我国西南最大的刀耕火种农业民族。

哈尼族 唐朝初年,原称"乌蛮"中的一部分以"和蛮"之名见于文献(《敕安南首领爨仁哲书》),这是有关哈尼族先民的明确记载。据哈尼族口碑传说,其先民原来住在北方的"努美阿玛",约当秦汉之际,分两路南下迁徙:另一路自川西到昆明一带,再往南至滇东南;一路自川西经滇西北进入洱海地区,进而又陆续南下到达云南哀牢山、无量山区,最远的迁徙到东南亚北部山地。据哈尼族迁徙史诗记述,其先民在北方发源地之时已有栽培作物。现居云南西双版纳勐腊县麻木树乡的哈尼族,系自红河地区迁去的。1985年笔者到该乡调查,坝落寨老人达努能背诵近五十代家谱,并说他们过去世代保持着这一个传统:由于打猎、战争等原因,居无定所,经常迁徙,所以男子总是随身携带三穗小米(粟),每到一个新的地方,就把小米种下,来年便可收获。以此观之,哈尼族从事农业的历史是比较悠久的。

哈尼族中发展较快的支系,有的是比较早的水田稻作民,并以善于开垦梯田而闻名。嘉庆《临安府志·土司志》描述云南哀牢山区哈尼族的梯田十分壮观:"依山麓平旷处,开凿田园,层层相间,远望如画,至山势峻极,蹑坎而登,有石梯蹬。水源高者,通以略杓,数里不绝。"《蛮书》卷七也有类似的记载:"蛮治山田,殊为精好……浇田皆用源泉,水旱无损。"哈尼族开

第一章　西部的刀耕火种农耕文化

垦梯田的技术,也许在唐代就达到较高的水平了。

与彝族"海罗罗""干罗罗"的分化一样,整个哈尼族的发展也极不平衡,其中有耕种梯田者,亦有不少从事烧垦农业的。乾隆《开化府志》说哈尼族支系"窝泥""多处山麓种地";乾隆《景东直隶厅志》卷三说哈尼族支系"喇乌""山居,亦务种植";道光《普洱府志》卷十七说"黑窝泥,宁洱、思茅、威远、他郎皆有之……在宁洱者,刀耕火种";《滇南志略·临安府》说哈尼族支系"糯比""居处无常,山荒则徙,耕种之外,男多烧炭,女多织草为排"。另有一些发展滞后的哈尼族支系,长期"巢居"或"藏匿"于"极险山林",所从事的刀耕火种农业只占次要地位,采集狩猎则为主要生计。

古代哈尼族先民的南下大迁徙,至今史诗般地流传于世。在这一迁徙过程中,或因外族的影响,或因地理环境的制约,有的很早便成为灌溉稻作民,有的则从事刀耕火种农业和狩猎采集,这种状况一直延续至20世纪末期。

傈僳族　傈僳族族名最早见于《蛮书》。《蛮书》卷四载:"栗粟两姓蛮,雷蛮、梦蛮皆在茫部台登城东西散居,皆乌蛮白蛮之种族。"《蛮书》没有谈到这一民族的生活方式,宋元两代亦少有傈僳族的记载。从明清史料看,远不说元代以前,就是明代该族也未必有多少农业可言。如景泰《云南图经志书》卷四载:"有名栗粟者,亦罗罗之别种也,居山林,无室居,不事产业。常带药箭弓弩,猎取禽兽,其妇人则掘取草林之根以给日食。岁输官者,惟皮张耳。"天启《滇志》卷三〇载:"力些(栗粟),惟云龙州有之。男囚首跣足,衣麻布直撒衣,披以毡衫……善用弩,发无虚矢。"又乾隆《丽江府志略》上卷亦言傈僳"崖居穴处,或架木为巢;身着麻布,披毡衫;猎取禽兽为食;居无定所,食尽即迁"。据此可知,直到明末清初,傈僳族还是比较典型的狩猎采集民族。

16世纪中叶以后,傈僳族曾多次大规模往西和往南迁入澜沧江及怒江周边地区。不断地迁徙,扩大了和其他民族的接触交往,有利于傈僳族向农业社会发展。到了清代,有关该族农业的记载已见诸文献。余庆远《维西见闻纪》言傈僳:"喜居悬崖绝顶,垦山而种,地瘠则去之,迁徙不常。"康熙《大理府志》卷一〇《云龙州风俗》载:"栗粟,于诸夷中最悍,依山负谷,射猎为生,长刀毒弩,日不离身。祭赛则张松棚燃炬,剥獐鹿诸兽而已。亦事耕种,饶黍稷荞稗。"康熙《元谋县志》说该县傈僳:"板片为屋,种荞稗为食。"《续永昌厅志》载傈僳:"居住高山,刀耕火种,无农具,每届秋末,砍伐树木，以火焚之，插以杂粮，谓之刀耕火种。春冬即以游猎为生。"

嘉庆七年（1802年）云贵总督爱新觉罗·琅玕在给清廷的奏折中说："傈僳有家野之分，家傈僳住澜沧江内，耕田住屋，各有村寨头人，能通汉语，服官管束，惟种青稞、苦荞，并无粮钞，每遇冬季江水浅涸之时，即过江在山后一带打牲为食。"清朝后期出现的"耕田住屋"的"家傈僳"，是分布于靠近丽江、大理、保山等经济文化发达的地区，受汉族、白族、纳西族影响较多的部分；而大多数居住于怒江峡谷的傈僳族则较长时期地继续着刀耕火种兼行采集狩猎的生活方式。

拉祜族　在拉祜族语言中，"拉祜"是烤吃虎肉的意思，以"拉祜"命名，是"猎虎民族"之意。拉祜族传说，他们的祖先原住在洱海以北的地区，公元10世纪以后，才陆续南迁至滇南澜沧江两岸。关于迁徙的情况，拉祜族是这样叙述的：在不断追捕马鹿等动物的过程中，其祖先一面南迁，一面试种小红米，希望找到土地肥美、资源丰富的地方。

从传说来看，拉祜族在公元10世纪后已有农业，然而文献缺乏这方面的佐证。清朝初年，拉祜族才以"倮黑""黑濮"等名见于文献。各地"倮黑"的生计有所不同，大抵从事刀耕火种，亦有多仰赖采集狩猎为生者。如雍正《云南通志》卷二四载："黑濮，所居多在威远、普洱、江界之间……耕山力穑，颇知纺织，多作竹器，入市贸易。""倮黑，顺宁有之，亦蒲蛮之异派，其俗与蛮人不甚相远。蜂、蛇、鼠、蛤无所不啖。然勤于耕作，妇人任力，男子出猎，多居山间。"道光《普洱府志》卷一八载："野倮，即倮黑……随身常带枪刀弩弓，不事耕作，以捕猎为生。"

清朝末年，各地拉祜族农业发展呈现较大差异。在人口约占该族总数一半以上的澜沧江东北部及双江、临沧、景谷、镇沅、墨江、元江等地，由于开发较早，人口密度大，灌溉稻作农业已占主要地位；而分布于澜沧西南部、孟连、沧源、耿马以及西双版纳等地的拉祜族，则从事刀耕火种农业。

《新唐书》中记载的"锅锉蛮"可能是苦聪人的先民，隋唐时期他们分布于云南楚雄至大理一带，明清时被称为"果聪""苦聪""苦宗""小苦宗"，居地已迁至滇南[1]。关于苦聪人的生计，清代始有较多记载。康熙《元江府志》卷二《夷人种类》说："苦聪，居无定所，缘箐而居，衣食粗淡，

---

[1] 尤中著《中国西南民族史》，云南人民出版社1985年版。

第一章　西部的刀耕火种农耕文化

故以苦名。刀耕火种，常食荞麦。"康熙《新平县志·新化州风俗》载："苦葱，性俭，居山崖，种荞稗度日。"雍正《景东府志》载："小古宗，男如小罗罗，衣短衣，以带缠腰，下着麻布密褶裙。织麻布，以叶构棚，无定居，略种杂粮，取山芋野菜为食，性喜猎。"道光《云南通志》引《清职贡图》载："苦聪，爨蛮之别种，今临安、元江、镇源、普洱四府有此种。居旁山崖，男子椎髻，以蓝布裹头，着麻布短衣，跣足，挟刀弩猎兽为食。妇女短衣长裙，常负竹笼入山采药。土宜禾稻，岁输粮赋。"从上面的记载可知，清代的苦聪人完全是典型的刀耕火种、采集狩猎民。

纳西族　史家认为汉代文献所记"牦牛种"和"牦牛夷"为纳西族先民。汉代以降，纳西族又有"摩沙""磨些""么些""摩梭"等称谓，其实是同义异写。纳西族的古代称谓，皆为古纳西语的"牧羊人"之意，以此观之，纳西族先民应是一个畜牧民族。然而根据文献记载，古代纳西族并非单纯从事畜牧业，而是一个亦牧亦农的民族。如李京《云南志略》载"末些蛮"："在大理北，与吐蕃接界，临金沙江，地凉，多羊、马及麝香、名铁……俗甚俭约，饮食疏薄，一岁之粮，圆根已半实粮也。"余庆远《维西见闻纪》"夷人"引《丽江府志》载："夷民不习纺织，男女皆刀耕火种，力作最苦。耕用二牛，前挽中压后驱。平地种豆麦，山地种荞稗，弃地种蔓菁。"纳西族古老的象形文字更能说明问题。在纳西族的象形文字中，固然有牛、水牛、牦牛、犏牛、绵羊、山羊、卷角羊、马等牲畜，但也有葫芦、小麦、大麦、青稞、燕麦、稻、稗子、黍、高粱、苦荞、甜荞、黄豆、蚕豆、瓜、蔓菁等栽培作物；既有表示畜牧的牧牛、牧羊、牧犬、牧人等，亦有表示农耕的锄地、修沟、耕地、砍树、烧树、点种、撒种等。下面是据一组象形文字翻译的对刀耕火种的描述：

在以往的日子里，

我呀，能干地砍了九片森林，

砍完又烧山，

烧完又播种，

播完又收拣[①]。

[①]　所举纳西族象形文字及翻译参见方国瑜编撰、和志武参订的《纳西象形文字谱》，云南人民出版社1985年版。

由此可知，纳西族是农牧并举民族的典型。而其生计的发展史，则大致是从以畜牧为主兼行农业向以农业为主兼行畜牧演变这样一个历史过程。

景颇族　景颇族先民隋唐时期称为"寻传蛮""裸形蛮""野蛮"。《蛮书》卷四载："寻传蛮，阁罗凤所讨定也。俗无丝绵布帛，披波罗衣（虎皮），跣足可以践履榛棘。持弓挟矢，射豪猪，生食其肉。""裸形蛮，在寻传城西三百里，为巢穴，谓之野蛮……其男女遍满山野，亦无君长。作葛栏舍屋，多女少男。无农田，无衣服，惟取木皮以蔽形。"《蛮书》卷二又载："从腾冲过宝山城，又过金宝城以北大赕，周回百余里，悉皆野蛮，无君长也。……其山土肥沃，种瓜瓠长丈余，冬瓜亦然，皆三尺围。又多薏苡，无农桑，收此充粮。"《新唐书·南诏传》亦有类似的记述。

元明时期，景颇族有一部分名为"阿昌"，其余则被称为"野人""野蛮""结些""遮些""羯些子"。文献记载其生计与唐代区别不大，狩猎采集仍然是谋生的主要手段。明代情况有所变化，开始出现烧垦农业的记载。如钱古训、李思聪《百夷传》所载："阿昌，好居高山，刀耕火种。"比较具体地描述景颇族刀耕火种的文献，是李学诗的《滇边野人风土记》。其文载清末民初的景颇族以"耕种为唯一职业，凡稻谷、玉蜀黍皆种山地，每年冬季砍伐森林，春暮干燥，则焚烧之，俟冷熄后，以竹签戳洞播种。"近人尹明德在《滇缅北段界务调查报告》中的记述更为详细："其人多山居，迁徙无常……种植多杂粮、旱谷、稗子、小米、芝麻、芋薯、苞谷、荞豆之属。无犁锄，惟以刀砍伐树，晒干，纵火焚之，播种于地，听其自生自灭，名曰刀耕火种。其法，今年种此，明年种彼，依次轮植，否则地力尽而不丰收矣。"

阿昌族　阿昌族历史上有"峨（娥、莪、萼）昌"之名，唐代称"寻传蛮"。据《蛮书》记载，"寻传蛮"多行采集狩猎。南诏西开寻传（今澜沧江上游以西至独龙江以东地带），影响了寻传地区社会的发展，至大理时，部分阿昌族先民已转而从事灌溉农业。《云龙纪往·阿昌传》载："时诸山未知开田，树木丛杂，多产芦子，行商采之获利，客商益众。又四五世至早疆，僰王段氏遣人抚之疆降，受其诰命，岁有常贡。商贾有不归者，教夷人开田，有喇鲁习其法，于是始有田亩，积岁屡丰。"

处于边缘闭塞之地，宋元时期越过澜沧江、怒江到达今德宏西北一带的阿昌族先民，情况又有所不同。《滇略》卷九言北胜州（今永胜县）的阿昌族先民："巢处山林，挟兵带弩，以采猎为生而已。"这是较多依赖采集狩猎

第一章 西部的刀耕火种农耕文化

的部分阿昌族先民。而在明代,刀耕火种在一些阿昌族先民中是非常盛行的。如《百夷传》所载:"蒲人、阿昌、哈刺、哈杜、怒人,皆居山巅,种苦荞为食。"又《滇略》卷九载:"阿昌,一名峨昌,耐寒畏暑,喜燥恶湿,好居高山,刀耕火种。"朱孟震《西南夷风土记》亦载:"阿昌枕山栖谷,以便刀耕火种也。"

明朝中期以后,大量汉族进入德宏一带,受汉族及傣族的影响,不少阿昌族下到坝子边缘居住,逐渐放弃了刀耕火种,转而耕种水田了。

普米族 普米族史称"西蕃""西番"。《云南通志》卷一八四引《清职贡图》载:"西蕃,本滇西北徼外夷,又名巴苴,流入永北、丽江二府,居深山,聚族而处。"元朝以前自川藏不断流入滇西北的普米族,至明朝中期一直过着游牧生活。景泰《云南图经志书》卷四载:"永宁府所辖四长官司多西蕃民,性最暴悍,佩刀披毡,无室屋,夏则山巅,冬则平野以居,而畜多牛马,有草则往,无草则移,初无定室所。"天启《滇志》卷三〇载:"西番,永宁、北胜、蒗蕖凡在金沙江北者皆是……住山腰,以板覆屋、俗尚勇力,尚射……性暴悍,随畜迁徙。"

及至清代,才有关于"西番"农业的记载。道光《云南通志》引《丽江府志》说:"西番,一名巴苴,喜居高山,善用弩箭。种荞稗牧羊为生,织葛为衣。"又引《清职贡图》说:"西番……地种荞稗,纳粮。"又引《伯麟图说》:"野西番……不常厥居,种麦以食,养牛多生牦,其习俗不同于西番,永北厅有之。"《永北府志》亦载:"西番一种,原无姓氏,随口取名,刀耕火种,荞稗资生";"西番一种,居寒山冷谷之中,集众而处,身长跣足……刀耕火种,荞稗资生。"

15世纪以后,有部分普米族徙居河谷、平坝,成为定居的灌溉稻作民。

怒族 怒族居怒江峡谷两岸陡峭山地。据说怒江因怒族而得名。《大元混一方舆胜览》载:"潞江,俗称怒江,出潞蛮。"乾隆《丽江府志略》上卷载:"怒人,居怒江边……采黄连为生,茹毛饮血,好吃虫鼠。"光绪《丽江府志稿》卷一载:"怒人,所居皆在澜沧江外,其江深险……以射猎为生涯,或采黄连为业。"怒族农业记载最早见于明代文献。《百夷传》载:"怒人,颇类阿昌。蒲人、阿昌、哈刺、哈杜、怒人皆居山巅,种苦荞为食。"清代怒族农业有所发展。余庆远《维西见闻纪》载:"怒子,居怒江内,界连康普、叶枝、阿墩子之间……覆竹为屋,编竹为坦,谷产黍麦,蔬产薯蓣及芋。猎禽兽以佐食。"

  独龙族 独龙族的烧垦农业清代始有文献可查，而其族称则见于《元一统志》。该志《丽江路风俗》说："丽江路，蛮有八种，曰么些、曰白、曰罗落、曰冬闷、曰峨昌、曰撬、曰吐蕃、曰卢，参错而居。""撬"与"俅"音近，史家认为"撬"即"俅"，亦即独龙族先民。在西南山地民族中，独龙族是农业产生较晚的民族之一，根据文献记载和民族学资料分析，该族进入农耕时代不会早于清朝。雍正《云南通志》卷二四载："俅人丽江界内有之，披树叶为衣，茹毛饮血，无屋宇，居山岩中。"由此可见清朝前期俅人生活还极为原始。至清朝中期，情况才有了较大的变化。道光《云南通志》卷一八五引《清职贡图》载："俅人居澜沧江大雪山外，系鹤庆、丽江西域外野夷。其居处结草为庐，或以树皮覆之。男子披发，着麻布短衣袴，跣足。妇女缀大铜环，衣亦麻布，种黍稷，剐黄连为生。"又引《伯麟图说》："近知务耕植……"

  民族学资料与文献记载是一致的。根据独龙族口头传说，约当清初时期，他们的祖先还以树叶为衣、岩洞为家，从岩洞迁出之后又巢居树上，后来有了刀耕火种，才从树上下到河边台地居住。而独龙族告别岩洞穴居的年代又有先后之别，有的家族长说，他们搬出岩洞之后竹子已经开过四次花，董棕成熟了八次（竹子60年开花结实，董棕30年熟透成粉）；有的家族老人则说，其先祖是在150年前才从岩洞搬出来的①。

  1908年滇督锡良委派丽江府阿墩子弹压委员兼管怒、俅两江事宜的夏瑚巡视独龙江流域，夏瑚在《怒俅边隘详情》一书中记述了独龙族的刀耕火种情况："忙苦渡以上，惟产荞麦、高粱、小米、苞谷、稗、芋之类，以下则产旱谷。江尾虽有独牛，并不以之耕田，只供口腹。农具亦无犁锄。所种之地，惟以刀伐木，纵火焚烧，用竹锥地成眼，点种苞谷；若种麦稗黍等类，则撒种于地，用竹帚扫匀，听其自生自实，名为刀耕火种，无不成熟。今年种此，明年种彼，将住房之左右前后地土，分年种完，则将房屋弃而他之，另结庐居，另砍地种。其已种之地，须荒十年八年，必俟其草木畅茂，方行复砍复种。"夏瑚之文，记述了独龙族近代刀耕火种农业的大致状况。

---

  ① 王均《独龙族的穴居和巢居时代》，云南民族研究所《民族调查研究》1983年第1期。

第一章 西部的刀耕火种农耕文化

基诺族 基诺族与其农业的记载，同时见于清朝中期。道光《普洱府志》卷一八《人种志》说："三撮毛，即倮黑派，其俗与摆夷、僰人不甚相远。思茅有之。男穿麻布短裤，女穿麻短衣筒裙……以捕猎取野物为食。男耕作，妇女任力。""三撮毛"即今基诺族先民。

基诺族的刀耕火种农业起源于何时，无从考证。基诺族长者认为，该族是先会种茶之后才会种庄稼的。这种说法也许有它的道理。经济作物的栽培利用先于农业的民族不只基诺族，前述阿昌族学会开田，怒族、独龙族以"剐黄连为生"进而从事农业，都是外来民族特别是汉族向边远地区进行商业贸易的结果。基诺族集聚的基诺山，具有适于茶树生长的得天独厚的自然条件，那里现在还有数百年前的老茶树，足见基诺族种茶历史之早。檀萃《滇海虞衡志》曾载："普茶名重于天下，出普洱。所谓六大茶山，一曰攸乐，二曰革登，三曰倚邦，四曰莽枝，五曰曼尚，六曰曼撒。周八百里，入山作茶者数十万人。茶客收买，运于各地。"基诺山（攸乐）于清朝初年便是闻名遐迩的"六大茶山"之首。在茶叶贸易中，基诺族获得了商人带来的铁刀等生产工具。基诺山现保存着一块磨刀石，据说那是该族古代首领的遗物，传承至今已有三百多年。基诺山巴亚寨的长者还记得，他们是第四代时从汉族那里学会打铁的，到他们这一代是第八代，计二百余年。口碑传说表明，基诺族最早使用铁刀从事刀耕火种农业应在清初茶叶盛行之际。

第二节 刀耕火种农业的分布和分类

如前所述，古代刀耕火种农业曾经是我国广大地区的农业形态之一，随着生态环境的变化、人口的增长和集约农业的发展等原因，刀耕火种农业的规模逐渐减少，其分布逐渐向森林广袤、人口稀少的西部和南部退缩。及至近代，其分布地域主要是西藏南缘的横断山脉峡谷、云贵高原山地、广西山地、海南岛以及中南地区的偏僻山区。据 20 世纪 50 年代的调查，还盛行刀耕火种农业的地区，只有海南岛、云南以及贵州、广西等地的部分地区了。

这些地区为什么盛行刀耕火种农业并且延续到当代？究其原因，大概有以下几个方面。第一，这些地区属于亚热带和热带，气候温暖或炎热，而且受东南和西南季风控制，雨水充沛，森林生物资源十分丰富。这样的地理环境，为人们从事以刀耕火种为主兼行狩猎采集的生计提供了良好的条件。第二,这些地区在古代远离汉文化中心,且由于山川阻隔,交通不便,尤其是曾经被称为"瘴疠之区"①,行人视为畏途,汉民族等移民困难,世居民族的人口也一直处于较低的水平,所以生态环境没有过早地遭受大规模的开发和破坏。例如西双版纳和海南岛等地,20世纪50年代其森林覆盖率尚保持在65%左右。第三,该区山地多,山地面积大多占到总面积的百分之八九十,坝子、河谷面积很小。山地地形复杂,难以营造灌溉设施,而且高地气温较低,山高水寒,地势陡峭,开发耕种水田十分困难。第四,这些地区民族种类众多,20世纪50年代以前,民族关系错综复杂,而且存在着严重的民族歧视和民族压迫,山区社会表现出显著的不稳定性、松散性和相互分割独立的状态,不利于发展大规模的集约农业。相对而言,规模小,便于流动,并且不需要复杂的生产设施的烧垦农业,自然适应山地民族社会的需要。第五,由于长期从事刀耕火种农业,各个民族不仅形成了完整的生产技术体系,而且还形成了与之密切相关的社会组织体系和观念形态体系。来自外部的力量要改变这些民族的生计以及社会组织和观念形态,是比较困难的,是不可能在短期内实现的。

然而事物总是发展的,我国西南地区的刀耕火种农业也一样,也在不断变化。从最近半个世纪的情况来看,其变化大致可以分为三个阶段。20世纪50年代以前可以作为一个阶段。那一阶段刀耕火种农业虽然经历了很长的历史时期,但是仍然十分盛行,而且分布广、规模大、密度大、保存着传统的技术和文化特征。20世纪50—70年代可视为衰落期。这一时期刀耕火种农业的分布及规模逐渐缩减、密度逐渐降低了,而且丧失了不少传统的技术和文化特征。其原因不难明白,主要是实行了社会主义改造,移民大量进入以及瘴疠被有效控制导致人口增长的缘故。20世纪80年代以后为急剧衰落期。这一时期因现代化和市场经济的影响,刀耕火种农业以及与之相关的传统文化的变迁比以往任何时候都更为迅速,其分布大为改观,从连续的带状变为间断的块状,从密集状态变为稀疏状态,目前在很多地方已近销声匿迹了。

刀耕火种农业,并不像一般人想象的那么简单原始,认为刀耕火种农业就是"砍倒烧光",那是无知的误解;无论从哪方面看,都可以发现它是一种复杂的形态。由于如此,大凡进行研究,首先都必须根据调查资料对其进行

---

① 尹绍亭《说瘴》,《云南方志通讯》1986年第4期。

第一章　西部的刀耕火种农耕文化

分类，进而分析比较，以求全面把握其实态。分类有不同的角度和方法，例如研究东南亚刀耕火种农业的学者们曾做过以下几种分类[①]：

根据耕种期和休闲期的分类。一般可分为短期耕种短期休闲、短期耕种长期休闲、长期耕种长期休闲三类。

根据耕种者的历史背景分类。可分为流动开垦者、固定轮歇耕种者、新的轮歇耕种者三类。

根据对烧垦农业的依赖程度的分类。可分为完全依赖、主要依赖、暂时依赖、次要依赖四类。

根据耕地的耕种状态进行分类。可分为简单游耕、周期性游耕、周期性游耕与小面积固定耕地共存、固定耕地耕种四类。

日本学者佐佐木高明将亚洲和非洲的刀耕火种农业分为两大地域类型：第一类是"根栽型烧垦农业"，其起源和盛行的自然环境是东南亚的热带雨林地域；第二类是"杂谷栽培型烧垦农业"，其起源和盛行的自然环境是非洲、印度热带干草原地域[②]。日本在20世纪50年代初期，烧垦农业还相当盛行，其分布遍于从冲绳到东北除北海道之外的所有日本列岛。佐佐木高明曾从对刀耕火种农业的依赖程度、刀耕火种农业村庄的类型、轮作形态、经营方式以及地域类型等方面，对日本的刀耕火种农业进行过深入细致的研究[③]。参照上述国外的分类方法，结合调查研究，根据不同的视角，兹将我国西部的刀耕火种农业分类如下。

一、按轮作形态分类

按轮作形态分类，我国西部的刀耕火种农业可分为无轮作刀耕火种农业、短期轮作刀耕火种农业和长期轮作刀耕火种农业三种类型[④]。

（一）无轮作刀耕火种农业类型

无轮作刀耕火种农业，一些山地民族称其为"耕种懒活地"。其轮歇特点是一块土地只种一年（不复种）便抛荒，休闲期短则七八年，长则十余年。

[①] UNESCD/UNED, "Swidden Culitvation in Asia," Volume Two, the UNESCO Regional Office for Education in Asia and Pacific, 1983, i-xix.

[②] ［日］佐佐木高明著《热带的烧畑》，古今书院1970年版。

[③] ［日］佐佐木高明著《日本的烧畑》，古今书院1972年版。

[④] 尹绍亭《基诺族的刀耕火种——兼与云南其他刀耕火种民族的比较》，日本《国立民族学博物馆调查报告》，1992年17卷2号。

一片森林地，辛辛苦苦开辟成耕地，为什么只种一年便抛荒呢？通常认为是地力下降的缘故，这未免过于简单了。这样做有几方面的道理：第一，只种一年抛荒后树木容易再生。从事无轮作烧垦农业的民族，在伐木、烧地、播种之时，都很注意保护地里的树桩。只种一年，树桩一般不会枯死，及时抛荒休闲，有利于树桩迅速长出树枝，所以这是一种能够快速恢复森林和地力的轮歇方式。第二，只种一年的土地杂草少。由于新开辟的林地树木多，烧地火势猛烈，绝大部分杂草和草籽被烧死，所以作物生长过程中杂草很少，不用花太多时间去除草，甚至完全不必除草，所以叫种"懒活地"，顾名思义，即耕种省力的意思①。第三，虫害少。和杂草、草籽一样，存在于表层土壤中的害虫，在烧地时多被烧死，故而虫灾少。第四，水土流失少。由于耕作期极短，植被恢复快，可以大大减少水土流失。第五，只种一年作物产量高。开辟森林处女地或者经过长期休闲的土地，树木多，有机物堆积层厚，焚烧后灰分多。灰分可以改善热带、亚热带山地偏于酸性的红壤、砖红壤的成分，提高土壤肥力。如果连年耕种，又无肥料投入，而且杂草丛生，那么作物产量肯定一年不如一年了。无轮作刀耕火种农业，是典型的刀耕火种农业，一般不使用锄犁耕地，即采用免耕之法，具有保土、保水、保肥、抑制杂草、快速恢复森林植被、省工省力的功能。

无轮作刀耕火种农业，是一种土地转换频繁的刀耕火种农业，有无充足的土地资源和严明的土地制度，是这类刀耕火种农业生态系统能否良性循环的关键。从事这种刀耕火种农业的民族，大都保持着对本社区的土地实行合理规划和严格管理的优良传统。20世纪50年代以前，村社土地的规划和管理，是由村社中德高望重、生产经验丰富的氏族长老或村社头人负责进行的。20世纪50年代社会发生了变革，长老头人的地位被新产生的村社行政干部取代。虽然如此，但是传统的轮歇方式依然如旧。其规划管理方法为：村社或村社中的各个生产群体，将属于自己可利用的土地（包括公有地和私有地）划分为若干个区域，每年集体开发一个大的区域或几个小区域，其余的土地则抛荒休闲，每年如此，轮流垦殖，形成有序循环的轮垦制度。实行有序循环轮垦制的村社，每个家庭每年获取土地大致有两种方式：在土地公有的村

---

① 关于烧垦农业的草害问题，尹绍亭《基诺族的刀耕火种——兼与云南其他刀耕火种民族的比较》一文中有比较详细的论述，一些国外学者对东南亚烧垦农业的调查也有与笔者相同的结论。

第一章 西部的刀耕火种农耕文化

社中,人们采取"号地"的形式获取土地,其法是当头人或干部做出备耕决定之后,各家就可以到当年指定开垦的区域内圈占土地,并在圈定的土地四周做出标志以示他人。而在土地私有制的村社,各家可到当年指定开垦的地域中去砍种属于自己的土地。如果有的家庭号占的土地或私有土地不够耕种,那么按习惯可以向本村社或外村社的同姓氏族或亲戚朋友讨地、借地或租地,而决不允许擅自去开垦按规定抛荒休闲的林地。土地的规划,主要依据地力更新的周期。不同地区地力更新所需时间,取决于当地森林的生长速度。规划的土地必须满足正常的轮垦周期,才能保证有良好的收成,才能保证烧垦农业系统的持续循环和自然生态系统的平衡。村社实行土地规划并按规划每年集体耕种同一地片,还利于大大降低火灾风险,利于防范野兽对庄稼的侵害,利于集体举行农耕祭祀等活动。

(二)短期轮作刀耕火种农业类型

短期轮作,是指连续耕种两年的刀耕火种方式。为适应地力和减少杂草,一般不连续栽种同一品种的作物,而是轮作不同的作物和品种。例如第一年种棉花,第二年种陆稻,或者以能够改善土地肥力的黄豆、苏子等作物与陆稻、玉米、芋头等作物轮作。

短期轮作的耕作方法,第一年一般实行免耕,播种为点播,第二年用锄耕或犁耕,播种多为撒播。实行短期轮作,如果第一年栽种棉花、苏子、黄豆、小豆,而且采取免耕的方式,那么第二年杂草亦不会太多,土地依然肥沃,而且抛荒地树木的再生也较快。而如果第一年便挖地犁地,不注意保护树桩,而且两年都栽种同一品种作物的话,那么第二年作物的产量必然下降,而且不利于地中树木的再生。

(三)长期轮作刀耕火种农业类型

长期轮作,即轮作三至五年,休闲十余年甚至更长,也有少数轮作长达七八年甚至十年的情况。实行长期轮作,会使地中的树桩死亡,抛荒后要恢复森林便需要很长的时间,如果休闲时间不足,便会成为稀树草地或草地。轮作年限长,地力将逐年下降,而且杂草的生长会逐年加快、增多,所需除草的劳动量和劳动时间也就越多。大多从事长期轮作的民族,往往是因为人多地少,无法实行无轮作或短期轮作烧垦农业,所以才不得不采取这种方式。长期轮作,虽然劳动量投入多,对生态环境不利,而且作物产量较低,但是可以在一定程度上缓解人多地少的矛盾。

中国西部民族文化通志　农耕卷

　　实行长期轮作，在栽培作物的利用和耕作技术方面，都比无轮作和短期轮作复杂，长期轮作不能只栽培单一品种作物，也不能盲目更换栽培作物，而是要根据作物的生态特性，科学地组合轮作作物系列，使之与各类土地的地力相适应，以达到尽地力和尽可能长地进行轮作的目的。在我国西南地区，常见的长期轮作方式大致可归纳为三类。其一是按禾本科的不同种类作物对地力的要求，组合轮作系列。其例子如轮流栽培陆稻、玉米、稗、粟等作物的轮作。其二是以禾本科同种作物的不同品种对地力要求的差异，组合轮作系列。这种情况多见于陆稻的轮作。该区的陆稻品种十分丰富，据20世纪80年代的调查，云南省西盟县佤族栽培的陆稻品种有65个，景洪县基诺族的陆稻品种有74个，勐海县格朗河地区哈尼族的陆稻品种有100余个，而整个云南西南部的陆稻品种则多达1000多个。其三是以锦葵科作物棉花、豆科作物黄豆及唇形科作物苏子、芝麻等可以改善地力的作物与禾本科粮食作物组合轮作。棉花、苏子每年有大量枯枝败叶落到地面，对提高土壤的有机质效果显著；黄豆等豆科作物的根部有根瘤菌，可以固定游离于空气中的氮，可以提高土壤肥力。人们常在轮作的第一年或地力衰退的年份栽种这几种作物，以改善地力，从而延续轮作年限。

　　长期轮作刀耕火种农业的耕作技术，常见的有三种方式。一种是森林地长期轮作的耕作方式。此类耕作方式又有两种做法。第一种是在冬末春初砍伐森林，在阳历3、4月间焚烧树木，然后便挖地或犁地，4、5月份播种。此后每年冬末春初芟烧头年耕种的土地，挖地犁地次数逐年增多，挖犁深度亦逐年增加，直至抛荒休闲。按此法耕种的民族，主要有云南省勐海县布朗山的哈尼族、拉祜族以及勐腊县的瑶族等。第二种做法为第一年林地只砍烧不耕作，第二年使用锄头浅挖土地，第三年以后深挖或牛犁。即由免耕到浅耕再到深耕，逐年加深熟土。而如果第一年栽种棉花、苏子、黄豆，则第二年仍可免耕点播陆稻，第三年以后才使用锄头和犁进行耕作。按此法耕作的民族，主要有基诺族等。森林地经过多年轮作，抛荒后至少需休闲15年以上，森林和地力才能恢复。另一种是稀疏草地长期轮作的耕作方式。稀疏草地是经过多年轮作抛荒后没有达到足够的休闲期限的土地。一些民族针对这种既有树又有草的植被，采取下述与之相应的耕作方法。云南省镇康县的德昂族，备耕时间在阳历8、9月间，第一道工序芟草，不砍伐树木，一个星期后草干了进行焚烧，接着犁地一遍，让土地闲置到冬末春初，才砍伐树木，来年3

第一章 西部的刀耕火种农耕文化

月烧树,然后犁地播种。云南省澜沧县糯福乡拉祜族,6、7月芟草焚烧,犁地一次,8至10月砍树,翌年2、3月烧树,然后犁地、敲土堡、播种。云南省勐海县格朗河地区的哈尼族也有类似的耕作方法,但过去仅用锄头挖地而不使用牛犁,芟草烧草在9月,然后挖地、敲土堡、捡出草根,12月至翌年1月砍树,2、3月烧树,播种前还要再挖地捡草根一两次。还有一种是灌木草地长期轮作的耕作方式。灌木草地于8、9月砍芟焚烧,然后挖地或犁地。冬末春初再锄耕或犁耕,接着将土快敲碎,捡出草根。有条件的再以牛细耙一遍,然后播种。实行长期轮作烧垦农业的民族,有独龙族、德昂族、部分景颇族、佤族、拉祜族、哈尼族、瑶族、苗族、基诺族、侗族和黎族等。

二、按休闲方式分类

按休闲方式分类,西南地区的烧垦农业可以分为两种类型:自然休闲类型和造林类型。

(一) 自然休闲类型

自然休闲类型即土地抛荒之后,即任其休闲,不采取任何人为措施促使植被再生。在我国西南地区的亚热带和北热带地区,由于气候温暖、炎热,雨水充沛,树木生长很快,从小树苗长成直径10余厘米的树木,一般只要10年左右。尤其是一些速生树木和竹子,三四年便可长大成林。所以很多烧垦民族并不担心抛荒土地的树木再生,不过却十分重视保护被砍伐的树木的树根。比如在砍树时只砍小树,大树不砍只是修其树枝;大部分树木砍伐时要留下一定高度的树桩,以利于它们萌发再生;挖地犁地时要尽可能避免伤着树根;气候特别干热的时候,还要用茅草等遮盖,以防晒死。

(二) 造林类型

这是在休闲地里植树造林,以期获得良好的植被和经济林木、并能缩短休闲期的方法。传统种植的树木有水冬瓜树、漆树、杉树、松树等。

水冬瓜树(*ALnus nepalensis*)系落叶乔木,这种树不仅生长快,而且能够提高土壤肥力。在雨量充沛的地方,只需5年左右,水冬瓜树就可以从幼苗长成直径10厘米左右的树木。由于其根部的根瘤菌具有很强的固氮作用,而且落叶多,因而肥地效果十分显著,哪怕是十分贫瘠的土地,只要种上水冬瓜树,都会变得肥沃起来。传统习惯种植水冬瓜树的民族有佤族、景颇族、独龙族、怒族等,但他们的种植方法不尽相同。云南省西盟县的佤族,过去是在农作物收获之后撒播水冬瓜树籽;盈江县卡场一带的景颇族,过去是将水冬瓜树籽和陆稻籽种混合起来同时撒播；近似景颇族方法的还有腾冲南部团田等地的汉族；独龙江和怒江峡谷中的独龙族和怒族等，在冬天采集水冬瓜树苗，春播时把树苗和作物籽种同时栽种于地中，作物收获三四茬后，水冬瓜树也可砍伐了。怒族和勒墨人（白族支系）除了栽种水冬瓜树之外还种植漆树，8年后漆树便可以割浆。

三、按栽培作物分类

按栽培作物分类，西南的烧垦农业可分为杂谷栽培和陆稻栽培两种类型。

（一）杂谷栽培类型

杂谷栽培型分布在约北纬23度以北，海拔比较高、气候比较寒冷的地带。分布于那一带的门巴族、珞巴族、独龙族、怒族、傈僳族等，明清时期的主要栽培作物是荞、稗、粟、黍、稷、麦、高粱以及薯、芋等。大约17世纪以后，玉米的栽培逐渐增多，后来成为重要的粮食作物。该地区陆稻栽培的时间很晚，目前的种植量也很少。水稻基本上是在20世纪50年代初期才开始种植的。该区传统栽培的纺织原料是麻，经济作物有黄连、漆、贝母和核桃等。文献记载怒族、独龙族等都曾以"剐黄连为生"，可见黄连曾在他们的生计中占有重要地位。

（二）陆稻栽培类型

陆稻栽培型大约分布在北纬23度以南的地带。该区是发达的陆稻栽培地区，过去这一地区的每个烧垦民族、包括低地水稻民族都熟悉数十种甚至上百种的陆稻品种。最近50年，由于山地不断开发水田，加之玉米栽培面积日益扩大，致使陆稻品种逐渐减少。但是根据农科部门的普查，仅云南一省，尚存陆稻品种1000个。作为粮食作物，该区除了陆稻之外，尚有玉米、粟、高粱、薏苡、荞等。陆稻栽培地带又是发达的棉花栽培区。棉花既是衣服和其他纺织用品的制作原料，又是山地民族和低地民族交换日常生活用品的经济作物。20世纪50年代以后，由于内地廉价纺织品的输入，该区的棉花种植大大减少了。茶是该区的又一重要的经济作物，云南南部的普洱茶名重天下，那里有著名的六大茶山。贵州许多山区凉爽多雾，产茶的历史亦很悠久。陆稻与茶树混作，曾是该区的一道独特的景观。

四、按迁徙方式分类

按迁徙方式分类，西南地区的烧垦民族可以分为三种类型：任意迁徙类型、固定地域内的迁徙类型和定居类型。

第一章 西部的刀耕火种农耕文化

（一）任意迁徙类型

任意迁徙，即没有地域限制，想到哪里就到哪里的移动形式。习惯于任意迁徙的烧垦民族，有逃避战乱、压迫、灾害以及鬼魂观念等原因，但很大程度上是源于生态环境恶化。如果居住地森林退化，土地草多贫瘠，作物产量降低，狩猎采集资源减少，他们就会寻找森林茂密的深山搬迁而去。任意迁徙也可以将其视为是一种大范围的轮歇方式，但是与定居烧垦民族有秩序的轮歇制度相比，那却是无序的、随意和盲目的。任意迁徙，有时是一家两家单独搬迁，有时是村寨某个家族搬迁，有时则是整个村寨搬迁。迁徙距离，近者数百米，远者几十公里甚至几百公里。历史上西南地区的苗族、瑶族、傈僳族、拉祜族、部分哈尼族和彝族等，都是迁徙频繁的民族，一些民族的任意迁徙习惯，一直延续到20世纪80年代。20世纪80年代以后，各地政府颁布了新的森林法、土地管理法，严格了管理，任意迁徙的烧垦民族不可能再随意搬迁占据林地砍伐烧垦，不得不纷纷定居下来。

（二）固定地域内的迁徙类型

固定地域内的迁徙，是指烧垦民族在属于自己的土地范围内进行迁徙的形式。采取这种迁徙方式的民族，往往随着季节和农事的变化而移动住所；或者在一个地方居住两三年，土地需要抛荒休闲了，便搬迁到准备耕种的土地旁另建新居，就近居住耕作。这种移居方式，常见于村寨土地分布较远，交通困难不便往返的地区。苗族、傈僳族、独龙族、怒族等，过去都习惯于此。随着水田农业的发展和交通的改善，这种人随地走的迁移方式越来越少了。

（三）定居类型

长期在一个固定的地点居住从事刀耕火种轮歇，此为定居刀耕火种类型。实行定居刀耕火种的民族，有比较完整的土地制度，有严守祖先故土的观念，并有比较稳定的村落形态和比较完善的家屋。在云南的刀耕火种民族中，定居者多于迁徙者。对于刀耕火种，许多研究者概念混淆，常把轮歇说成是"游耕"，这是错误的。上述迁徙刀耕火种农业可以称为"游耕"，但它只是刀耕火种农业的一种类型，而且是占少数的类型，而非全部。遗憾的是，学界人云亦云、走马观花风气严重，所以"游耕"一直谬误流传。当然，定居刀耕火种民族也非铁板一块，也有变动。例如当人口增加、聚落膨胀、资源匮乏、生活困难的时候，他们也会出现分化和移动，作为经常采取的策略，就是搬出部分人家，到属于本村但土地相距较远的地方另建新寨。但是这样的情况并不经常发生，它与上述两种频繁迁徙类型具有不同的性质。

第三节 刀耕火种的生产技术

长期以来，刀耕火种一直被认为是"原始农业"，一直被描绘为"一把刀、一把火"，只需"砍倒烧光"即可收获的农业，这种看法，可以说是无知或者偏见。刀耕火种，其实是不能一概而论的，它有新石器时代的原始刀耕火种和当代作为传统农业之一种的刀耕火种之分。原始刀耕火种使用石斧、石刀砍砸树木晒干火焚，以竹木棍棒戳土为穴播入谷种，待秋天谷物成熟，收获入户，加以采集狩猎维持生存。当代的刀耕火种，使用铁刀、铁斧、铁锄、铁犁、牛耕进行生产，是一个具备土地土壤分类、耕作、轮歇、作物利用、间作混作、物候节令、生产管理等十分丰富的知识技术体系，是我国农耕文化宝库中的重要遗产。

一、刀耕火种的耕作技术

前文说过，刀耕火种有多种轮歇类型，不同的轮歇类型又有与之相应的不同的耕作技术：无轮作轮歇类型的耕作技术、轮作轮歇类型的耕作技术和草地轮歇类型的耕作技术。

（一）无轮作轮歇类型的耕作技术

几乎所有的刀耕火种民族，都曾经经营过无轮作轮歇刀耕火种方式。这种耕作技术的特色，主要体现于"刀耕"、"烧地"（火耨）、"点播播种"这三点之上。

先说刀耕。所谓"刀耕"，乃是中国农史学界的习惯用语，是相对于"锄耕"和"犁耕"的说法。"刀耕"其实并不存在"耕"，指的乃是砍伐树木。刀耕火种砍伐树木的季节，因民族、因自然条件而有所差别，通常在12月至3月（公历）之间，而以2月为主。一般而言，北部比南部砍得早，高地比低地砍得早。在农事活动少的情况下，早一点砍比较好，那样可以多一些时间让树木干燥，有利于焚烧。然而也并非越早越好，如果砍得太早，荒置时间过长，那就容易滋生杂草。

砍树通常要砍两遍。第一遍大都从下往上砍，树向下方倒，便于操作；也有从上往下砍的，那是想利用上方倒下的树木把下面的小树压倒。小树一

第一章　西部的刀耕火种农耕文化

般是挨着地皮砍，稍大的树木留下40厘米左右的树桩，以利其再次生长。大树一般不砍伐，只是修去树枝。第一遍砍伐之时，由于地面有杂草和树枝覆盖，有些小树桩留得比较长，第二遍再将它们砍去。树木砍完之后接着断树，即把树木砍短，越短越容易晒干和焚烧。断树要从上往下断，这样操作方便。砍伐树木的工具，有铁斧和铁刀。砍大树用铁斧，铁斧有长柄斧和十字柄斧两类。铁刀种类较多，有的民族男性、女性、成人、少年所用刀具的形状、大小都不一样。

次说烧地。烧地在3月至5月之间进行，以3月底4月初最为适宜。烧地和砍树一样，时间不宜过早也不宜过迟：过早烧成的灰烬容易流失掉，而且杂草会乘势生长；过迟则会耽误整地和播种。

为了防止烧地时酿成火灾，烧地之前需要清理防火道。所谓防火道，就是把沿林地周边数米宽的地带中的杂草、树枝全部清除干净，使火不容易蔓延到林地外的森林中。烧地之前要再次认真检查防火道，不能有丝毫的疏忽。点火通常从高处点起，然后沿四周点燃，使火从地的外围往里烧。烧地时村民一起出动，人们被分派到烧地的四周监视火情，以防发生火灾。

第一次烧地，不可能把树木全部烧尽，烧后还要把残余树木收捡到一起再烧，如此反复进行。但是要变换位置，以免某个地方烧土过度，破坏土质。在反复烧地的同时，还有整地的活。容易受山洪冲刷的地方，要挖掘排水沟；在坡陡的地方，要打桩用树木横栏，以阻挡土壤冲刷，防范滑坡。最后，要把因不够干燥而无法烧尽的树木捡到地外；如果土地距离村寨较近，则将其运回村寨作为柴薪使用。

再说"点播"播种。林地焚烧和清理完毕便可进行播种，播种时间因地区而异。在云南南部山地，3月栽棉花，4月种豆，农民的话叫作"3月棉花4月豆"。陆稻是南部亚热带、热带地区的主要农作物，一般在4至5月播种。先播高地、冷地，后种低地、热地。在云南西北部的独龙江、怒江峡谷，主要的农作物是玉米，那里雨水多，4月底5月初才能烧地，烧地之后即马上播种。

无轮作轮歇刀耕火种采用叫作"点播"的播种方式。所谓"点播"，就是在地面戳穴放入籽种再覆盖土壤的方法。戳穴的工具有小木锄、小铁锄、铁刀、竹棍、木棍、铁锥点播棒、铁铲点播棒等。滇西北独龙江、怒江峡谷的独龙族、怒族、傈僳族以及滇西德宏州的景颇族、德昂族，习惯使用小木锄、小铁锄、竹棍、木棍、铁刀进行播种。戳穴、放置籽种、盖土可由一个人连续操作，也可以由两个人配合操作。滇南的佤族、拉祜族、布朗族、基诺族、僾尼人（哈尼族支系）、克木人（布朗族支系）等，使用的播种工具是铁锥和铁铲式的点播棒。播种由男女二人配合操作，男人在前面戳穴，女人在后面放置种子和盖土。村民播种多采取互助合作的方式，一家播种，亲戚朋友都来帮忙，这样可以避免因播种时间过长而造成禾苗生长参差不齐的状况。

（二）轮作轮歇类型的耕作技术

轮作轮歇类型（包括人工造林轮作类型）是无轮作轮歇的演变形态。轮歇方式改变了，耕作技术也要随之改变，其最大的变化，就是引入了锄和犁的耕作以及撒播播种技术。锄、犁耕作技术，大致有四种方式。

一是独龙族的耕作方式。独龙族是在20世纪50年代有了水田之后才开始有犁耕的，而在传统的刀耕火种中，只有刀耕和锄耕。独龙族对于实行轮作的土地，休闲期满后第一年耕作仅使用刀耕而不行锄耕，第二年轮作开始，才使用锄头耕作，是一种刀耕与锄耕相结合的方式。

二是基诺族的耕作方式。基诺族的轮作耕作技术，根据土地类型的不同而有所差别，概括而言有以下三种方法：第一类土地休闲期满后第一年使用刀耕，第二年锄耕，第三年也行锄耕，然后抛荒休闲；第二类土地休闲期满后第一年使用刀耕，第二年锄耕，第三年犁耕，第四年犁耕或抛荒休闲；第三类土地休闲期满后第一年使用刀耕之后再锄耕或犁耕，第二年锄耕或犁耕，如此再连续进行两年，然后抛荒休闲。基诺族的轮作耕作技术，采用了刀耕、锄耕和犁耕相结合的方式。

三是僾尼人的耕作方式。勐海县布朗山、格朗河等地的僾尼人，过去通常实行两年短期轮作方式。第一年砍树、烧地之后，便使用锄头很浅地把土地挖一遍。5月播种之前，又浅挖一遍，边挖边把杂草除去。播种之后紧接着再挖一遍，这次挖地既是松土除草又是为了把撒播于地面的籽种埋于土中，一举两得。第二年连续耕种，仍然只用锄头耕作而不使用犁耕，但是挖土的深度要超过第一年。僾尼人的上述耕作方式，与周围的布朗族、基诺族等大不相同。

四是瑶族的耕作方式。勐腊县瑶区的瑶族，是善于犁耕的民族。过去他们每迁移到一个新的地方便放火烧山，把树烧死，然后砍树，再烧地，并用刀清除树根，接着便犁地。大树、石头犁不到的地方，则用锄头挖。播种之后，再犁地一次，以便覆盖籽种，同时除去杂草。整个过程要犁地两次，挖地一次，耙地两次。此后轮作三四年或四五年，犁挖耙的次数逐年增加。瑶

第一章 西部的刀耕火种农耕文化

族的耕作方式与周围基诺族等大相径庭,基诺族等为了使耕种过的土地很快恢复植被,一般尽量避免轮作,而且尽可能避免使用锄耕和犁耕。而瑶族每迁移到一个新的地方,就希望尽快把一部分森林变成草地,以利于他们放牧耕牛和进行犁耕,同时还可以解决建盖房屋所需茅草的来源。当然,当生态环境恶化之后,他们又会迁移到别的地方。

(三) 草地轮歇类型的耕作技术

草地轮歇包括稀疏草地轮歇类型,是森林轮作轮歇类型的演变形态。如果轮作时间过长,抛荒之后又没有足够的休闲时期的话,那么森林地就会蜕变为稀疏草地或草地。目前在云南西南部山地,孳生最快最多、分布最广的杂草是飞机草(*Eupatorium odoratum Linn*)和紫茎泽兰(*Eupatorium coelesticum Linn*)。这两种草都是于20世纪50年代从云南南部的邻国传来的。飞机草因为其茎枝形如飞机而得名。飞机草和紫茎泽兰生长迅速,生命力极强,土地一旦轮作抛荒,很快便会被它们侵占;如果土地不能长期休闲,就将成为两种杂草的世界。现在在滇西南的许多地方,都不难看到两种杂草蔓延的情景。两种草虽然都是杂草,但却有很大区别。飞机草可以说是良性杂草,具有绿肥的功效,焚烧后的草灰有较高的肥力,所以农民并不讨厌这种杂草。而紫茎泽兰就不同了,这种草大量消耗土壤肥力,长得快、烧不死、除不尽,没有一点用处,牲畜吃了还会中毒。对于这种恶性害草,除了实行无轮作轮歇方式之外,目前尚无有效的消灭方法。稀疏草地和草地的耕作方法与森林轮作地不同,常见的有以下几种:

云南思茅地区镇康县德昂族等的耕作方式。该区德昂族稀疏草地的耕作始于八九月间,第一道工序是芟草,芟后大约晒一个星期可烧草,接着犁地一遍,然后荒置。待到冬末春初,才砍伐树木。翌年三月焚烧树木,再犁地、播种。

云南思茅地区澜沧县拉祜族等的耕作方式。该地拉祜族于六七月份备耕,先芟草、烧草,然后犁地一次。八月至十月砍树。翌年二三月间将已经干燥的树木砍短,堆成若干小堆焚烧,烧后整地、犁地,再用锄头挖土、碎土一遍,然后播种。

云南西双版纳勐海县拉祜族等的耕作方式。该区拉祜族的耕作方式与前者又有所不同。砍树是在八九月间。十一二月烧地后马上犁地,以免荒置时间过长土质变硬。春节过后以锄头敲碎土块,过一个月待杂草长出后撒播籽种，然后挖地覆盖籽种，同时除草。

云南西双版纳勐海县僾尼人的耕作方法。该区僾尼人九月芟草、烧草，接着挖地、敲土块、捡草根。十二月至翌年一月砍树，并将树砍成小段铺于地面晒干。二月底割去土地周围的杂草，铺于地面使之干燥。三月烧地，四五月播种。

云南西双版纳景洪市基诺族等的耕作方式。基诺族等的稀疏草地，八月砍树、芟草、烧地，翌年一月至三月挖地、犁地、敲土块、除草，四五月播种。

草地轮歇类型的生产工具，除了砍刀、锄、犁之外，芟刀是不可缺少的。芟刀木柄较长，便于站立操作。目前杂草越来越多，芟刀便成为重要农具，一般农家都有四五把甚至七八把。至于芟草的方法，从上往下芟和从下往上芟都不方便，而要沿等高线横向来回芟。

笔者比较了与三种轮歇类型相适应的耕作技术。第一种是与无轮作轮歇类型相配合的刀耕，刀耕不使用锄犁耕作，是一种有意识的免耕之法。为什么要免耕？因为无轮作轮歇地休闲时间长，树木多，焚烧效果好，火灰多，土壤表面烧得透、烧得疏松，草、虫大部分被烧死；这样良好的土壤状况应该立即播种，直接加以利用，而不必再进行耕作。如果不懂得这个道理，硬要使用锄犁去翻土的话，就会破坏土壤表层的火灰和熟土，把它们弄到土壤下层，而把下层含有虫卵并缺少肥力的板结生土弄到表层；这对于作物生长是十分不利的，可以说是弄巧成拙。锄耕和犁耕是与森林地轮作和草地轮作相适应的耕作技术。为什么轮作需要锄耕和犁耕？因为轮作地从第二年开始便无树可烧，不烧地，土壤就会板结，杂草就会大量生长，因此要通过耕作翻土使土壤疏松并翻埋杂草。

据上可知，刀耕火种并非只是"刀耕"，而是既有纯粹的刀耕，也有刀、锄相结合的刀、锄耕，还有刀、锄、犁相结合的刀、锄、犁耕。由此可见，把刀耕火种说成是"砍倒烧光"，是非常无知的。而学界长期流行的农业发展的三阶段——刀耕、锄耕、犁耕的进化，也不是绝对的。

二、刀耕火种的间作和套作

刀耕火种农业与水田灌溉农业是两个完全不同的农业类型，在诸多的差别中，就有作物栽培技术的明显不同。水田灌溉农业通常只种植单一的水稻，而刀耕火种地除了栽种主要作物陆稻、玉米之外，还间种、套种多种作物，

第一章 西部的刀耕火种农耕文化

具有突出的农作物多样性。通常认为，原始农业产生时期，由于缺乏作物栽培的知识和经验，会把许多作物混栽到一起，所以混作被认为是原始农业的一大特征。当代的刀耕火种农业也盛行包括间作和套作的混作，因为如此，刀耕火种"原始论"又有了新的"证据"。不过，认为混作原始是学者们的事，刀耕火种民族可不这样认为。在他们的观念里，间、套作是非做不可的事，因为它有诸多优点，所以他们不仅不排斥间、套作，反而把实行间、套作的刀耕火种地叫作"百宝地"。原因何在？下面仅以景颇族的间、套作为例来说明它的多种功能。

云南省德宏傣族景颇族自治州是景颇族集聚之地。景颇族传统的刀耕火种主要实行一年耕种长期休闲的无轮作刀耕火种方式。他们通常把村寨的轮歇林地划分为十几个片区，片区称为"营旺"，一年砍烧一个大"营旺"或几个小"营旺"，其余的"营旺"使之休闲。为了加快休闲地植被的恢复，并增加土壤的肥力，有的景颇族还有在休闲地里栽种树木的传统。人们于秋季到山中采集水冬瓜树籽种，春夏之际播种时将水冬瓜树籽种掺拌于陆稻籽种之内，混播于地里，树苗与禾苗同时生长；待农作物收获之后，地中已是一片青翠的水冬瓜树幼林了。水冬瓜树不仅是速生树种，而且它的根瘤菌可以固氮，具有非常显著的增肥土壤的效果。只种一年便抛荒休闲的"营旺"轮歇制和人工造林优良传统，可保证地力常新，避免土地资源遭受破坏。景颇族的刀耕火种农业生态系统，就是依赖这样的技术才得以长时期地循环延续。

景颇族村寨，除了划分"营旺"进行有序轮歇的制度之外，还有依据海拔高程分类土地以配置作物的经验。例如盈江县的乌帕寨，其耕地大部分分布在海拔1300—1500米的地带，根据海拔高度和土壤状况，轮歇地被分为三类：一类地叫"格田嘎"，意为"坝子边比较肥沃的土地"；二类地叫"格西格田"，意为温暖的土地，其分布的海拔高于一类地；三类地叫"侬松嘎"，意为"冷地"，其分布的海拔最高。其中，三类地适于种植玉米、荞、蛇山谷（陆稻品种），二类地可栽种玉米、蛙录（陆稻品种）和荞，一类地适于栽种田谷（陆稻品种）、薏苡以及二、三类地的作物。

具有发达的作物间种套种，是刀耕火种民族作物种植技术的一大特色。基诺族、景颇族等的间、套种作物从六七种到二十余种不等，其中有禾本科的龙爪稷、薏苡、粟、高粱，豆科的黄豆、饭豆、四季豆，茄科的茄子、辣椒、苦子，葫芦科的南瓜、黄瓜、葫芦、辣椒瓜、苦瓜，十字花科的青菜、萝卜、白菜，天南星科的芋头，菊科的向日葵，姜科的姜，百合科的葱、韭菜、藠头，唇形科的苏子、薄荷，芸香科的打棒香，等等。例如景颇族在陆稻地里进行间、套种，要在陆稻播种前十余日将豆类和黄瓜等种于地边，并搭木架，木架之间的空隙种薏苡。地中有石堆、土包或凹处则种瓜类；火灰多和土层厚的地方可种辣椒、茄子、芋头、萝卜和山药。播种陆稻时，先撒播龙爪稷，之后才点播混合着苏子和水冬瓜树籽的陆稻籽种。玉米地的间、套种的方法大致相同，只是龙爪稷除了可以在玉米种下之后撒播之外，还可以先育苗后移植。前法省工但产量较低，后法费工然产量较高，而且便于中耕。间套种黄豆、龙爪稷、粟、高粱、向日葵、苏子、南瓜以及香料作物等的比例，根据经验，在每箩陆稻籽种的播种面积内可撒播龙爪稷籽种6两（300克），玉米种约0.5公斤，饭豆种200—300塘（穴），其余作物则种于地边。玉米地株行距较稀，间套籽种可适当增加。例如在玉米地中间种矮脚饭豆，每箩玉米种的面积可种两碗半豆种（0.7—1公斤）。（资料来源：盈江县档案馆）

　　景颇族认为，实行多种作物间种套种具有以下几个好处：

　　第一，可以充分利用地里的空间和阳光。景颇族把多种作物间种套种的土地叫作"百宝地"，说"百宝地里既有高处生长的陆稻、黄瓜、豆、粟、高粱、玉米等，又有地面爬的了南瓜等"。即高秆、矮茎作物相间，直立、蔓生作物互依，上层、中层以及地上地下应有尽有，形成多种作物组成的群体结构，空间得到了最大限度的利用，同时大大提高了光能的利用率。

　　第二，可以提高土地肥力并充分利用地力。景颇族说："我们每一块地都要间种一些黄豆，黄豆长得好，谷子（陆稻）也就长得好。"又说："栽种水冬瓜树最能肥地，哪怕是一块瘦地，只要种上水冬瓜树，都会有好收成。"人们常说刀耕火种农业不懂得施肥，然而这种稻、豆、树混作的农业，不仅可以提高土地肥力，而且还有其他方面的效益。另外，由于一块地中的作物，有的根深有的根浅（如玉米与豆类），有的是须根有的是直根（如陆稻与山药），因而各层土壤中的养分和水分也能得到充分的吸收。

　　第三，有利于抗灾保收。山地一般坡度大，作物栽种种类多，覆盖率高，既有利于减少暴雨、山洪对土壤的冲刷，在干旱炎热的季节还能够荫蔽土地，利于水土保持。在地边栽种玉米、高粱、薏苡等高秆作物以及饭豆和黄瓜等上架作物，能起到"屏障"的作用，减少风灾的危害。传统农业靠天吃饭，

第一章 西部的刀耕火种农耕文化

年成有旱涝之变,栽种单一作物,遇上灾年,很可能严重减产甚至全无收成。多种作物混作,由于它们的抗逆性不同,成熟期不一,即使灾年也仍然可望"这边损失那边补,不收这种收那种",多少起到抗灾保收的作用。此外,间作和混作还要考虑早、中、晚品种的配置比例,利用作物不同的成熟期以避免青黄不接、发生饥荒。

第四,可以满足人们生活的多种需求。在"百宝地"中栽种的20多种作物,陆稻、玉米、荞麦是粮食作物。高粱、粟、龙爪稷、玉米、苦荞既是粮食又是酿酒原料。景颇族喜欢喝酒,男人可以一天不吃饭,但是不喝酒不行。红薯舂细做粑粑,黄豆做豆豉。在景颇族的食品中,豆豉是不可缺少的,没有豆豉就吃不下饭。苏子、芝麻是油料作物。景颇族过去没有菜园,蔬菜主要靠"百宝地"生产和采集。黄瓜、南瓜、芋头、四季豆等,还作为小商品常常到市集出售,所得收入用于购买盐巴等生活用品。

第五,可以节省劳力。陆稻地里间种龙爪稷、玉米地里间种瓜豆等,因其枝叶繁茂,地面荫蔽,可以抑制杂草滋生。据统计,间种多种作物与只种单一作物两相比较,前者可以减少中耕次数,每箩只作物播种面积可省工20余个(一个成年人劳动一天叫作一个工)。而且,多种作物集中栽种,也要比分散栽种便于管理。

第六,单位面积的作物产量比较高。以盈江县卡场地区为例,该区单一陆稻种植的亩产量普遍为100余公斤,水稻亩产低于陆稻亩产(没有推广杂交稻之前)为100公斤左右,玉米亩产又低于水稻,只有50余公斤。而"百宝地"亩产之和,却远远高于此数。据该区20世纪60年代的调查,"百宝地"20余种作物的产量,大多在400公斤左右,有的甚至更高。

当然,西南刀耕火种民族的"百宝地"的间套种技术也并非尽善尽美,由于是按经验和传统行事,所以不可避免地会存在一定的盲目性和某些不科学的成分。然而它毕竟包含着刀耕火种民族长期生产实践形成的宝贵知识,是在特定的自然和社会环境中形成的人类适应利用方式。这种貌似粗放的栽培技术,就是与当代的化学农业相比,也具有显著的优越性。

三、刀耕火种的轮作技术

刀耕火种农业是典型的轮歇农业。前文说过,轮歇有多种方式,而其中最基本、最高产省力、最有利于森林资源的保护利用、最可持续的轮歇方式乃是无轮作刀耕火种,即只种一年便长期抛荒休闲的被称为"懒活地"的耕种方式。相较而言，轮作却是草害严重、生态负面影响大、劳力投入多而产量低的耕作方式。既然如此，那么一些山地民族为什么要从事连续耕种数年才抛荒休闲的轮作轮歇方式呢？这是因为从事无轮作轮歇方式是有条件的，那就是耕种者必须具有足够多的林地资源。

具体而言，在南方亚热带山地，以目前的亩产量水平计算，要生产一个人一年所需粮食，大约需要3亩林地，如果以13年为一个轮歇周期的话，那么一个人就需要39亩林地。在人烟稀少、森林广袤的时代，具有这样宽松的人地比例的地方很多，而随着本地人口繁衍和外来移民增多、国家和地区森林管理越来越收紧等情况的变化，许多地区人地比例关系亦随之发生变化，再继续实行传统的无轮作轮歇刀耕火种已不可能。作为解决的办法，只有延长耕种年限并缩短抛荒休闲年限，即采取轮作轮歇的耕作方式。实行轮作，以3年轮作、15年一个轮歇周期计算，那么一人只需要15亩林地；如果以5年轮作、15年一个轮歇周期计算，那么一人就只需要9亩林地，比较无轮作轮歇，一人可节约30亩林地。轮作的最大优点，就是可以大大节约林地，缓解人地的紧张关系。

表1-1 基诺族无轮作刀耕火种和轮作刀耕火种投入劳动日的比较表

无轮作刀耕火种(20亩)		轮作刀耕火种(20亩)	
生产过程	劳动日(个)	生产过程	劳动日(个)
伐木	20	伐木、芟草	20
清理防火道	3	焚烧、反复捡烧	8
焚烧	1	耕作 {犁耕 / 锄耕}	16 / 40
多次捡、烧	10	整地	50
播种	20	播种 {犁播 / 锄播}	7 / 40
除草	40	除草	180
收割、脱粒、搬运	120	收割、脱粒、搬运	120
总计	214	总计划性	8—475

下面以基诺族为例具体介绍刀耕火种民族的轮作技术。轮作需要匹配相应的耕作技术。基诺族的轮作刀耕火种的耕作方式有表1-2所示三种。

第一章 西部的刀耕火种农耕文化

表1-2 基诺族的轮作刀耕火种的耕作方式表

类别	第一年	第二年	第三年	第四年	第五年
1	以刀、斧砍伐，焚烧，免耕	锄耕	锄耕		
2	同上	锄耕	犁耕	犁耕	犁耕
3	砍、烧之后锄耕或犁耕	锄耕或犁耕	锄耕或犁耕	锄耕或犁耕	

三种耕作方式，分别适用于不同状况的土地：第一种适于坡度较陡、树根和石头较多的土地；第二种适于坡度平缓、土壤深厚的土地；第三种适于休闲期短、树木较少的土地。

基诺族常用的轮作作物，是禾本科的陆稻、玉米，锦葵科的棉花，豆科作物的黄豆（大豆），唇形科作物苏子等。刀耕火种民族均为善于利用作物多样性的民族。例如基诺族，仅陆稻的利用，便超乎人们的想象。20世纪50年代以前基诺族利用的陆稻品种多达100多种，20世纪80年代还保留有73种。

表1-3 基诺山区陆稻品种统计表（基诺山农技站1985年统计）

品种名称	饭糯	米色	生育特征 早	生育特征 中	生育特征 晚	品种名称	饭糯	米色	生育特征 早	生育特征 中	生育特征 晚
细红谷	饭	红		中		白糯谷	糯	白	早		
切高	饭	白		中		腰卯	糯	白			晚
靠席	饭	红	早			大沙	饭	白		中	
考纲	糯	白	早			靠节	饭	白			
细花谷	饭	红			晚	些毛	饭	红		中	
长毛谷	饭	白			晚	布且哈咪	饭	红	早		
烂地谷	饭	红白	早			哈婆牛勒	糯	红	早		
老里旱谷	饭	红	早			哈河哈咪	糯	红		中	
黑节巴	饭	红	早	中		紫糯	糯	紫黑			晚
大白谷	饭	白		中		养谷	饭	白			晚
线南	饭	红		中晚		干谷	饭	白		中	
看	饭	红		中		牛尼	饭	红		中	
大白糯	糯	白				布且	饭	红			晚
曼杯谷	饭	红	早			毫妹	糯	白	早		

续表 1-3

品种名称	饭糯	米色	生育特征 早	生育特征 中	生育特征 晚	品种名称	饭糯	米色	生育特征 早	生育特征 中	生育特征 晚
看大	饭	白			晚	红小谷	饭	红		中	
小红谷	饭	红		中		黄瓜糯	糯	白			晚
勐谷	饭	白		中		红镰刀谷	饭	红		中	
小红糯	糯	红			晚	阿婆	糯	白			晚
镰刀谷	饭	红	早			亳老	糯	白	早		
花谷	饭	红		中		二白谷	饭	白		中	
红糯谷	糯	红			晚	白谷	饭	白			
标卯	饭	白		中晚		细花谷	饭	红			
三勒	饭	红	极早			细白谷	饭	白	早		
糯谷	糯	白			晚	黄皮糯	糯	白			
切哥	饭	红		中		细毛谷	饭	红			
考钢	糯	白	早			长谷	饭	白			
布且谷谷娘	糯	白			晚	乌嘴糯	糯	白			
曼飘谷	糯	白			晚	些音鲁	饭	白			
西盟谷	饭	红		中		红长谷	饭	红			晚
地帮谷	饭	白		中		军谷	饭	白		中	
点寸	饭	白	早			细红毛谷	饭	红			
先谷	糯	白		中		茶叶糯	糯	红			晚
亳玉囡	糯	白		中		早谷	饭	白	早		
细门	糯	白		中		细花糯	糯	红			晚
南连谷	饭	白			晚	大香糯	糯	白			晚
白长谷	饭	白			晚						

73个陆稻品种中，有早熟品种19个，中熟品种34个，晚熟品种20个；糯稻品种26个，饭稻品种47个；红米品种31个，白米品种41个，紫黑米品种1个。表1-4、表1-5、表1-6、表1-7、表1-8记录的是基诺族利用陆稻及其他作物进行轮作的常见的方式。

第一章 西部的刀耕火种农耕文化

表1-4 基诺族陆稻品种与地类的配置表

轮作年份	一类(折肖)		二类(折肖)				三类(迭它)			
			阳坡		阴坡		阳坡		阴坡	
	肥地	瘠地	肥地	瘠地	肥地	瘠地	肥地	瘠地	肥地	瘠地
一年	各种糯谷 紫糯谷	勐旺谷	黄糯谷 紫糯谷	勐旺谷 烂地谷	黄糯谷 紫糯谷	大红谷 小红谷	细白谷 黑结巴	细白谷 烂地谷	黑壳谷 黑红巴谷	小红谷 烂地谷
二年	大白谷 小白谷	烂地谷	长毛谷		长千谷 长谷		细白谷 小红谷		长毛谷 长谷	
三年	勐旺谷		勐旺谷		黑壳谷 烂地谷		烂地谷		烂地谷	
三年	黑节巴谷		烂地谷							
五年	烂地谷									

表1-5 基诺族多种作物的轮作实例之一表

地名	各年耕种土地数量及栽培作物品种			
	1983年	1984年	1985年	1986年
苏普勒	种5亩,种陆稻"细红"品种,余2.5亩休闲	继种原5亩,种玉米	继种原5亩,改种陆稻"叠翠"品种	原5亩,2.5亩继种"叠翠",2.5亩改种玉米
曲得	6.5亩全种陆稻"黑节巴"品种	休闲	休闲	休闲
周木它	休闲	休闲	休闲	休闲
普腊者	3亩全种陆稻"勐旺"品种	3亩改种陆稻"黑节巴",又向银厂寨借5亩地种陆稻"勐旺"	3亩改种玉米,所借5亩改种"叠翠",再次借2亩多种"勐旺"	3亩休闲,所借7亩多地全改种陆稻"黑节巴"
力比拉拖	休闲	休闲	休闲	休闲
亚鸠窝格勒	休闲	休闲	休闲	休闲

表1-6 基诺族多种作物的轮作实例之二表

村名	轮作类型	轮作作物						休闲年限
		一年	二年	三年	四年	五年	六年	
巴亚	一	棉花	陆稻	棉花	玉米或陆稻	黄豆或芝麻、苏子	陆稻	15—20年
	二	棉花	陆稻	陆稻（改换品种）	陆稻（改换品种）	黄豆或芝麻、苏子	陆稻	15—20年
	三	陆稻	陆稻	陆稻或黄豆、玉米	玉米或黄豆、芝麻	陆稻	陆稻（改换品种）	15—20年
巴卡	一	荞麦	陆稻	苏子、芝麻或花生、黄豆	陆稻	玉米	陆稻	15—20年
	二	陆稻	黄豆	陆稻	黄豆或玉米、花生、芝麻	陆稻（改换品种）		15—20年
	三	陆稻（糯）	陆稻	陆稻（改换品种）	黄豆或苏子、玉米	陆稻	玉米或黄豆、芝麻、玉米	15—20年
	四	陆稻	玉米	陆稻	玉米	陆稻	玉米	15—20年

表1-7 基诺族多种作物的轮作实例之三表

地名	各年耕种土地数量及栽培作物			
	1983年	1984年	1985年	1986年
巴漂它下	4.08亩全部种棉花	改种陆稻	种陆稻，改换品种	种陆稻，改换品种
巴漂它中	休闲	休闲	休闲	休闲
勒牛比	休闲	休闲	9亩全种陆稻	种陆稻，改换品种
六结	一半种陆稻，另一半休闲	一半继续种陆稻，改换品种，另一半休闲	耕作地休闲，休闲地种陆稻	休闲
勒得	休闲	6亩全种陆稻	种陆稻，改换品种	继续种陆稻，改换品种，借地3亩种陆稻
白腊得	3.6亩全种陆稻	种陆稻，改换品种	休闲	休闲
查普约	4.8亩全种陆稻	种陆稻，改换品种	休闲	休闲
涉都考	休闲	休闲	休闲	休闲
木托涉	休闲	休闲	休闲	7.2亩全种陆稻
巴漂它	休闲	休闲	休闲	休闲

第一章 西部的刀耕火种农耕文化

表1-8 基诺族的长期轮作方式实例表（景洪县农林水利科1961年统计）

地号	1952年	1953年	1954年	1955年	1956年	1957年	1958年	1959年	1960年	1961年	1962年（计划）
一号地	苏子	陆稻	黄豆	陆稻	黄豆	陆稻	黄豆	陆稻	黄豆	陆稻	黄豆
二号地	黄豆	陆稻	陆稻	黄豆	陆稻	陆稻	陆稻	冬荞	陆稻	黄豆	陆稻

在西南地区，具有发达的轮作技术的山地民族还有瑶族、哈尼族、拉祜族、佤族等。表1-9、表1-10是几个民族常见的轮作方式。

表1-9 独龙族的杂谷轮作方式表

第一年	第二年	第三年	休闲期
玉米	粟	荞	5—6年
燕麦	荞	青稞	5—6年
稗子	荞	粟	5—6年
荞	粟	稗子	5—6年
荞	稗子	燕麦	5—6年
黄豆	芋头		3—6年

表1-10 云南几个民族的轮作轮歇方式表

族名	地点	第一年	第二年	第三年	第四年	第五年	休闲期
景颇族	潞西县三台山	豆	陆稻	玉米	陆稻		10—20年
		豆、苏子或芝麻	陆稻	陆稻	荞或豆	陆稻	10—20年
	瑞丽县户育山区	陆稻或玉米	陆稻				8—10年
		苏子或棉花或豆	陆稻				7—10年
	陇川县帮瓦地区	棉花或豆	陆稻	陆稻或休闲			7—10年
		棉花	陆稻	黄豆			7—10年
德昂族	潞西县三台山	黄豆	陆稻	陆稻			3—8年
		苏子或荞	陆稻				3—8年
	镇康县大寨乡	苏子	陆稻	陆稻或荞			40—50年

续表 1-10

族名	地点	第一年	第二年	第三年	第四年	第五年	休闲期
拉祜族	澜沧江糯福乡	陆稻	陆稻				3—5 年
		陆稻	陆稻	陆稻	陆稻	陆稻	5 年
	勐海县布朗山等地	陆稻	陆稻	玉米或休闲			7—8 年
瑶族	金平县屏边县	棉花	陆稻	棉花	陆稻或玉米或休闲		10 余年
		陆稻	玉米	棉花	陆稻	玉米	10 余年
	勐腊县瑶区	玉米	玉米	玉米	玉米	玉米	10 余年
		陆稻	陆稻	陆稻			10 余年
哈尼族	勐海县布朗山区	陆稻	陆稻				10 余年
		棉花	陆稻				7—10 年
	勐海县格朗河地区	陆稻	陆稻	陆稻			10 余年
		陆稻	陆稻	陆稻	陆稻	陆稻	10 余年
		棉花	陆稻				7—10 余年

第四节　生产节令与农耕礼仪

农业与气象关系极为密切。我国现存最早的具有丰富物候知识的著作是距今三千多年的《夏小正》，该书记载了许多物候、天文和与之相对应的农事活动[①]。战国时的《吕氏春秋》有"四立"即"立春、立夏、立秋、立冬"的记载。而在《逸周书·时训解第五十二》及《周髀算经》中已有完整的二十四节气的记载。我国西南众多的刀耕火种民族，大都为无文字民族，少有历法和物候的文字记载，但是在民间一直口头传承着丰富的历法物候的知识和经验。历法物候，规定了刀耕火种一年周期性的农时节律，与之相应的还有一系列农耕礼仪。一年之中从耕作到收获的环环相扣的生产过程和与之紧密结合的农耕仪式，构成了山民们的主要生活内容。

---

① 杜石然、范楚玉等编著《中国科学技术史稿》（上册），科学出版社 1982 年版。

第一章　西部的刀耕火种农耕文化

一、历法与生产过程

生产过程由节令决定。我国西南的刀耕火种民族，历史上均有自身创造利用的历法，其中大部分是物候历。下面是基诺族的一首名为《朴折子》的古老民歌，从其开唱的一小段歌词来看，就能感受到物候历的奥妙：

一年有十一个月，

一个月有三十天，

旧的一年就要结束了。

风从澜沧江吹来，

把竹叶笋壳带进寨子。

卓巴（头人）从晒台上眺望远山，

喔，山中的桦皮树已经发芽了，

山中的杜果树已经长出嫩叶了，

山中的豆楂树已经开花了。

向澜沧江下游望去，

江面已经闪现出光纹；

朝小黑江看去，

江中已经长出青苔；

知了也从土中爬出，

蜕掉身上的旧壳，

上到树上鸣叫。

季节变化了①。

在刀耕火种农事节令中，最重要的是对播种节令的把握。由于砍伐树木和烧地是直接影响播种的两个重要环节，因此也是不能忽视的。云南德宏景颇族农谚说："腊月砍地干又干，三月烧地肥又肥，二月砍地不成器，三月砍地饿肚皮。"又说"十年早九年好"，"庄稼不哄人，节令赶早不赶迟"。砍树还要根据对象，腊月砍伐大树林，正月砍伐小树林。至于播种，则根据作物而定，玉米、荞必须在清明前播种完毕，陆稻则要在清明后小满前播种，所以农谚说"三月清明荞盖地，四月小满秧插田"。过去山地民

---

① 尹绍亭著《一个充满争议的文化生态体系——云南刀耕火种研究》，云南人民出版社 1991 年版。

族的节令往往是靠动植物的标志来掌握,这也被叫作物候历。例如卡场地区景颇族的物候经验:当山林间传来"古墩墩"的鸟鸣声,那就该备耕砍树了;三月初,山坡河畔绽出无数粉红和雪白的杜鹃花,这是烧地时节的标志;烧地之后是不能松懈的,必须赶在水冬瓜树落叶之前把地整好;桃花和梨花盛开之时,最适于种荞,听到布谷鸟的高鸣,那是在催促人们播种陆稻,而陆稻播种,是不能延迟到杨梅成熟之后的①。表1-11是卡场景颇族的历法调查表②。

表1-11 卡场景颇族的历法及各月生产活动表

"大山历"月份名称	对应的公历	名称含意、自然特征	生产活动
苦达	12月—翌年1月间	在家织布月。"古墩墩"鸟叫,"天角星"当顶	修整农具,砍伐林地,织布
让达	1—2月间	准备工具月	砍伐林地,犁秧田,种春荞
文达	2—3月间	砍地月。杜鹃花、桃花、梨花、酸木瓜花开	种春荞,耙田撒秧,种早玉米,修整防火道,开始烧地
石腊达	3—4月间	播种月。布谷鸟叫,"三底星"发亮,水冬瓜树落叶	捡烧,整地,栽种陆稻、玉米、龙爪稷、豆、瓜等,盖窝棚,栽早水稻
知通达	4—5月间	冬天结束月	继续种陆稻、玉米、盖窝棚,栽水稻,收早荞,围棚栏
森安达	5—6月间	节约用粮月	收早荞,旱地薅草
施木日达	6—7月间	猴子无果子吃月	薅草,修整栅栏,做守地准备,搞副业
各木舍达	7—8月间	鱼下子月	薅草,守地,收早稻、早玉米
各冬达	8—9月间	干旱月	守地,收打早稻、早玉米
格腊达	9—10月间	陆稻成熟月	同上
木鸡达	10—11月间	收谷月	收、堆、打稻谷、玉米,搬运回寨
木戛达	11—12月间	收割结束,下霜月	修理房屋,盖新房,做翌年生产准备,砍春荞地

① 尹绍亭著《森林孕育的农耕文化——云南刀耕火种志》,云南人民出版社1994年版。
② 尹绍亭著《一个充满争议的文化生态体系——云南刀耕火种研究》,云南人民出版社1991年版。

第一章　西部的刀耕火种农耕文化

卡场景颇族属"大山"支系，其"大山历"月份名称意义与现实生产活动不完全符合，疑此历年代已经久远，而且可能是该支系未迁入云南之前在北方某地产生的。如"知达通"（4—5月间）为冬天结束月，显然是北方寒带的特征。下面再举一例其他地区的景颇族历法。

表 1-12　景颇族的历法和农事活动表

月份名称	景颇语称谓	名称含义	活动内容
正月	约炳恰	砍地月	除进行砍地外，还砍柴，盖新房，结婚，串亲戚，妇女织筒裙
二月	约额恰	烧地月	继续正月的活动，开始挖老地，结婚的最多
三月	谷得恰	撒谷月	挖老地，种植玉米等
四月	得育恰	祭鬼月	进行大规格的祭祀活动——春播及繁多的祭祀，紧接着大规模的播种开始
五月	峨落恰	鱼向下游游去之月	旱谷薅一道，铲一道玉米
六月	聪落恰	天亮月之意，喻庄稼快成熟	继续薅谷，铲玉米
七月	约苗恰	薅地月	继续薅地，开始收早庄稼如玉米等
八月	着六恰	意为守雀月，不让雀鸟来吃快成熟的庄稼	守雀，收割早谷，收早玉米
九月	谷作恰	意为吃谷月	收割谷子，堆谷子，打谷子
十月	说播恰	意为樱桃花开之月	收打谷子，驮谷子归仓
十一月	知着恰	意为过年月	生产活动进入尾声
十二月	攒冈恰	意为一年完了又进入第二年	进地生产基本结束。妇女开始织筒裙，男人准备盖新房的材料

基诺族有自己的历法，由于与低地傣族交往较多，所以也借用傣族历法。而对于备耕、播种等重要生产节令的把握，则多半依据物候特征。其无轮作刀耕火种砍树备耕时间在农历一月以前，砍得早，干燥时间长，才能烧得透彻。轮作地芟草必须在农历八月以前。基诺族农谚说："七八月芟地一碗油，

九十月芟地半碗油。"地芟迟了，就难以获得丰收。犁地亦是如此，农谚说："十犁金，冬犁银，腊月犁地收成少，年后犁地无收成，要想吃饱饭，趁早把地犁。"播种节令的把握，不用说也是十分重要的。基诺族谚语说："三月棉花四月豆，五六月下种喂斑鸠。"具体操作，还要根据地势高低、土质肥瘦、气候冷热、雨水早迟等因素决定。从地类来讲，播种的原则是先阴山后阳山，先凉山后热山，先远山后近山，先山顶后山脚，先水田后旱地。以品种来看，则先要播种早熟品种，再播中熟品种，后播晚熟品种；先播饭稻，后播糯稻。具体而言，陆稻于农历三月底至四月底播阴山和冷地，四月下旬至五月下旬播种阳山和热地。玉米夏作于四月底至五月中旬播种，冬作于十月上旬以前播种。棉花三月底至四月底栽种。苏子、芝麻四月中下旬播种，五月中旬可移植。花生夏作五月栽种，秋作十月中旬以前栽种。黄豆夏作五月栽种，冬作九月栽种①。表1-13为基诺族的历法和农事活动。

表1-13 基诺族的物候历和农事活动表

月份（公历）	物候特征	生产内容
1月	桦皮树、大杧果树绽出新芽,豆楂树开花,小黑江长出青苔,澜沧江水发光	森林地砍树、修枝;轮作地犁地、耙地或敲土地
2月	"即即索"知了开始鸣叫	森林地修防火道;开始烧地,轮作地继续耕作
3月	"即即索"知了叫声达到高潮	森林地继续修防火道;烧地、捡地,筑台地,盖窝棚;轮作地继续耕作;栽种棉花、玉米等
4月	"列列"知了鸣叫	栽种黄豆;在棉花地里间、套种高粱、粟、薏苡、蔬菜等;月底是陆稻播种的紧张阶段
5月	"列列"知了鸣叫	继续播种陆稻;在地周围栅栏,棉花地除草
6月		除草;棉花间苗、打尖
7月		除草;修栅栏

---

① 尹绍亭著《一个充满争议的文化生态体系——云南刀耕火种研究》，云南人民出版社1991年版。

第一章 西部的刀耕火种农耕文化

续表 1-13

月份（公历）	物候特征	生产内容
8月	"古幽"知了鸣叫	除草；守地护秋；收割早稻、早玉米；轮作地开始砍芟灌木杂草，烧地
9月		收获陆稻、玉米；守地护秋
10月		收获陆稻，穗选良种，堆谷堆；收获玉米、黄豆、棉花等
11月		打谷子；背运粮食
12月		打谷子；背运粮食；轮作地犁地

独龙族对于节令和农事的把握完全根据长期积累总结的物候知识。他们也有年和月的概念，一年称为"极友"，一月称为"苏浪"；两次月圆为一月，两度大雪封山算一年；不少月份都有不同鸟鸣花开等自然特征作为标志。下面是洪俊、杨毓才等20世纪50—60年代调查的独龙族的历法和各月生产内容[①]。

独龙族12个月的名称及生产活动调查：

(1) 得则卡龙月（意为人无农活可做）——山上有雪，男子打猎女织布。

(2) 阿蒙龙月（意为草开始发芽）——山上有雪，开始栽小麦、小米、青稞。

(3) 阿暴龙月（意为地上长草）——砍火山地，种土豆。

(4) 奢九龙月（意为有些鸟开始叫）——砍火山地，种南瓜等。

(5) 昌木蒋龙月（意为什么鸟都叫）——栽秧，种苞谷、鸡脚稗等。

(6) 阿累龙月（意为出竹笋）——栽秧、薅草、挖贝母、捕鱼等。

(7) 布安龙月（意为麦子可吃，竹笋光了）——挖贝母结束，薅草，捕鱼结束。

(8) 阿送龙月（意为山上松叶开始黄了）——种荞子，吃青苞谷、瓜类，收小米。

(9) 阿长母龙月（意为山上下霜，树叶黄了）——收苞谷，砍草。

---

① 《中国少数民族社会历史调查丛刊》云南省编辑组编《独龙族社会历史调查》（二），云南民族出版社1985年版。

（10）曹罗龙月（意为稗子、苞谷收了）——山上有雪，收苞谷、搭苞谷架。

（11）总木加龙月（意为各种粮食收完）——山上有雪，收鸡脚稗等。

（12）力哥龙月（意为江水清且小）——江边有雪，找柴，狩猎。

表 1-14　独龙族 12 个月的名称及生产活动调查表①

月份	独龙语称谓	意义	生产活动
1月	阿猛	过雪月	大家休闲，个别户种早洋芋
2月	阿薄	出草月	山草开始生长，大量种洋芋
3月	奢久	播种月	开始播种小米、芋头、棉籽作物
4月	昌木蒋	花开月	桃花开，鹤集中鸣叫，播种完毕
5月	阿石	烧火山月	大量烧火山，停止下种
6月	布昂	饥饿月	存粮吃光，荒月，大量采集野粮
7月	阿茸	山草开花月	薅草，采野粮
8月	阿长木	霜降月	山草被冻死，开始收庄稼
9月	单罗	收获月	收获小米、苞谷、稗子、荞子
10月	总木甲	降雪月	收获完毕，储粮，山巅降雪
11月	勒梗	水落月	河水降落，找冬柴，砍苦荞，准备过冬
12月	得则砍	过年月	又叫"罗奢什腊"，妇女砍活麻、织麻布、跳牛舞

① 洪俊等著《独龙族简史》，云南人民出版社 1985 年版。

第一章 西部的刀耕火种农耕文化

以下是几个刀耕火种民族的历法及农事活动调查资料。

表1-15 西盟佤族的历法及农事活动表①

佤历月份名称	对应的公历	生产活动
固入安	1月	懒活地砍地,收获荞、小豆,轮作地挖地、犁地
耐	2月	懒活地砍地结束,轮作地继续挖、犁、犁水田,继续收小豆,栽种马铃薯等
气艾	3月	懒活地烧、捡地,轮作地整地,犁耙秧田,收割小麦,栽种棉花
阿木	4月	播种陆稻、小红米、玉米、黄豆等,水田撒秧
倍	5月	陆稻、小红米等播种结束,水田栽秧,收获马铃薯
戛扫	6月	薅草,继续收马铃薯,水田栽秧结束
格拉	7月	开始芟、烧棉花、冬荞、小豆地,收获早玉米、南瓜等,继续薅草,准备守地护秋
阿配	8月	继续芟、烧棉花、冬荞、小豆地,犁冬荞地,收获陆稻早稻、早玉米,继续薅草、守地
阿代依	9月	栽种冬荞、小麦、小豆,芟、烧、犁、挖小麦地,收、打陆稻、玉米、小红米等,守地
高哈其	10月	冬荞、小麦栽种结束,秋收进入高潮
高哈闹	11月	收、打陆稻,搬运粮食
各端	12月	麦地薅草,开始收冬荞、小豆,懒活地开始砍地

西盟班洪佤族的历法及农事活动②

伦景（一月,公历10—11月）

伦戛木（二月,公历11—12月）,种豆、荞。

伦斜木（三月,公历12—1月）,祭神林。

---

① 尹绍亭著《森林孕育的农耕文化——云南刀耕火种志》,云南人民出版社1994年版。
② 《中国少数民族社会历史调查丛刊》云南省编辑组编《佤族社会历史调查》（三）,云南民族出版社1985年版。

伦西（四月，公历1—2月），砍旱谷地。

伦寒（五月，公历2—3月），晒旱地。

伦呼（六月，公历3—4月），烧旱谷地，种玉米。过堆沙节。

伦杰特（七月，公历4月20日—5月20日），种旱谷、薅玉米。祭神林。

伦别特（八月，公历5—6月），薅旱谷，撒秧。

伦膏（九月，公历6—7月），薅旱谷，栽秧。关门节，祭神林。

伦洗普（十月，公历7—8月），收玉米。

伦洗普也特（十一月，公历8—9月），收旱谷。

伦洗普宋（十二月，公历9—10月），收晚谷。

怒江傈僳族的历法和农事活动[①]

桃花月（公历3月）：桃花盛开，万物苏醒，充满希望。

鸟叫月（公历4月）：候鸟回归。

放火烧山月（公历5月）：放火烧山，刀耕火种。

饥饿月（公历6月）：青黄不接。

采集月（公历7—8月）：雨水足，山菜、野果多，采集好时节。

秋收月（公历9—10月）：金秋收获时节。

煮酒月（公历11月）：农闲，煮酒会友。

狩猎月（公历12月）：叶黄树枯，猎人最喜欢的狩猎季节。

过年月（公历1月）：粮足畜肥，过年。

盖房月（公历2月）：农闲盖房。

潞西县德昂族的历法和农事活动（月名为傣语）[②]

一月（冷金，公历11月）：种小春，打谷，砍柴，割草，盖房，犁板田。

二月（冷冷干木，公历12月）：盖房，纺织，砍柴。

三月（冷三，公历1月）：烧白柴，驮架，纺织。

四月（冷细，公历2月）：过年，修水沟，整秧田。

五月（冷哈，公历3月）：整秧田，翻地，泡水田，撒秧。

六月（冷令，公历4月）：泼水节，撒种，犁地，敲土垡，耙田。

[①] 怒江州民族事务委员会怒江州州志编纂委员会编纂《怒江傈僳族自治州民族志》，云南民族出版社1993年版。

[②] 《中国少数民族社会历史调查丛刊》云南省编辑组编《德昂族社会历史调查》，云南民族出版社1985年版。

第一章 西部的刀耕火种农耕文化

七月（冷结，公历5月）：撒旱谷，栽秧。

八月（冷别，公历6月）：插秧，栽苏子，薅旱谷。

九月（冷高，公历7月）：薅秧，进洼，薅旱谷，铲玉米地。

十月（冷西木，公历8月）：铲苏子，铲二道玉米地。

十一月（冷西木埃，公历9月）：收旱谷、玉米，挖地，撒豌豆，出洼。

十二月（冷西木双，公历10月）：收水稻，拾稗子，秋种。

表1-16 福贡县怒族历法和农事活动表①

月份（公历）	自然特征	生产活动
1月	山顶积雪,河谷温暖	砍地、积肥、薅青稞地,犁第一遍秧田
2月	山顶积雪,河谷温暖	砍地、积肥、薅青稞地,犁第二遍秧田,种马铃薯
3月	山顶积雪,河谷温暖	继续积肥、薅青稞、种马铃薯,开始撒秧、犁板田、砍田埂、种瓜豆,在抛荒的刀耕火种地上栽种水冬瓜树
4月	山顶积雪融化	收获青稞、小麦、豌豆、蚕豆,开始烧地、种玉米,水田栽秧,麻地撒播麻籽、牛犁地施肥、犁地、种玉米
5月	山顶积雪融化	继续烧地、犁地、背肥施肥、种玉米,栽秧,收小麦,牲畜迁往高山牧场放牧
6月	雨季来临	水田、玉米地薅第一遍草,挖采黄连、贝母
7月	雨季	水田、玉米地薅第二遍草,播种燕麦、小麦、荞
8月	雨季	割麻,收获早玉米
9月	雨季	割麻,收玉米,割、打稻谷
10月	气候转冷	继续割麻,收玉米,收稻谷,犁麦地、青稞地,牲畜从高山牧场转入深谷
11月	山顶下雪	播种小麦、燕麦、青稞、豌豆、蚕豆等,开始砍地
12月	山顶下雪	砍地,采集水冬瓜树苗,砍柴,积肥

节气决定农业生产环节，这在上述几个民族的调查资料中已有清晰表现。

---

① 尹绍亭著《一个充满争议的文化生态体系——云南刀耕火种研究》，云南人民出版社1991年版。

总结我国西南山地民族传统的刀耕火种的生产过程，一年之中主要有十四道生产工序，具体情况如下。

1. 备耕。备耕于岁末开始，打造修整铁制农具是备耕的主要工作，此外还要编制各种必要的竹木工具。

2. 选地。按轮歇顺序选择确定当年耕种的地块。过去选地由村寨头人负责，现在则由村寨干部聚议决定。

3. 号地。当年耕种的地块一经确定，各家各户就可以去号占土地。

4. 砍地。砍地时间大都在冬季十二月至翌年开春二月之间。一般而言，北部山地比南部山地砍得早，高海拔山地比低海拔山地砍得早。在不妨碍其他农事的情况下，早砍有利，砍倒的树木晒的时间越长越利于燃烧；然而也并非越早越好，因为砍伐后荒置时间过长杂草便滋生繁殖。

5. 烧地。烧地在三四月间进行。烧地与砍地一样，时间不宜过早也不宜过迟：过早肥料流失，杂草孳生；过迟会耽误整地和播种。

6. 捡地。树木经过一次焚烧不可能烧尽，还得把残余树干树枝捡拢成无数小堆再烧。捡地至少进行一次，多则三四次，火堆要不断变换位置，尽量使火灰均匀分布于地中。

7. 整地。将烧后留下的一部分大树挪到地边作为区别各家土地的地界，将另一部分大树以树桩为支点横列于地中较陡之处以拦截土壤滑坡。把露出地面的小树桩统统砍掉，同时挑拣部分树木作为柴薪，每天收工背运回家。此外，为了防止洪水冲刷，一些民族会在坡地两边挖防洪沟渠。

8. 盖窝棚。窝棚是山民劳动休息的场所和守护庄稼的栖身之所。在农忙季节，有的民族往往搬到远离村寨的耕地窝棚中食宿，以免每日长途往返跋涉之苦。盖窝棚的木材、篾笆、茅草等准备于烧地之前的空闲时间，捡地完毕即建造窝棚，也有播种之后再盖的。窝棚选址，要尽量选择平坦和便于照看整块耕地的地方，还要考虑靠近水源。

9. 播种。播种在四至五月间。高坡地、阴凉地播种时间早，低坡地、向阳地播种时间晚，前后可相差一个月。种子于头年准备，一些民族具有在收割时穗选籽种的经验。

10. 围栅栏。为保护庄稼不遭受牲畜及野兽的糟蹋，播种结束后要马上组织围栅栏。栅栏有两种围法：一种是圈围耕地，另一种是圈围牲畜。栅栏以碗口粗细、约2米长的原木排列，以竹篾藤子捆扎加固，围栏下深挖壕沟。

第一章 西部的刀耕火种农耕文化

第一次围栅栏在五月,到七至八月再维修一次。

11. 除草。六至八月除草。除草使用镰刀、小铁锄,或以手拔。杂草挖坑掩埋,或抛到地外。

12. 护秋。护秋从七月开始。其方法或芟除地周杂草以驱逐鼠、雀,或在地中设置假人和拉响器,或在野兽出没之处设置陷阱、压木、弯弓等猎具,或烧牛角、大蒜、破布等物以气味驱逐兽、鸟,夜晚则燃烧篝火,既可防野兽又可增加地温。

13. 收获。早稻、早玉米八至九月收割,晚熟品种可到十二月。收割后堆存于地中,就地脱粒。

14. 运粮。粮食多由妇女背运,路况好也用牛马驮运。

二、刀耕火种的农耕仪式

农耕仪式,是山地民族万物有灵观念的表现,是他们的世界观、自然观在生产活动中的反映。在传统刀耕火种生产过程中,农耕仪式十分频繁。王箐等在 20 世纪 50 年代完成的《莲山县乌帕乡乌帕寨社会历史调查》中说道:"景颇族信鬼,认为凡生产、生活的一切现象都由鬼主宰。乌帕寨全寨无人不信教。""据我们初步统计,属于公共祭献的鬼即有 97 种之多。其中有的是管自然现象的,这多半又与生产有关;有的是管五谷牲畜的;有的是管各种病的;有的是管金银财宝的。""景颇族祭鬼活动非常频繁。每年在生产上必须祭官庙二次,祭旱地鬼四五次;谷子进仓还得祭一次谷鬼;吃新谷也要祭一次鬼,感谢谷种鬼,并祈祷明年再丰收。"[①] 以上所说的鬼,实际上包括神灵在内,一般农耕仪式祭祀的对象,大部分就是神灵。

农耕仪式属于宗教范畴,它具有宗教的一般的祈愿、虚幻的性质。然而由于农耕仪式是紧紧依附于农业生产的宗教活动,是围绕物质生产活动的精神活动,因而从农耕仪式纷繁复杂的种种古拙、质朴、奇异的表象中,又不难发现一些有意义的因素。下表是基诺族三个村寨的农耕仪式表,据表可知,刀耕火种农耕仪式贯穿于一年之中的各个重要的生产环节,它是由备耕、砍地、烧地、播种、催苗、求雨、驱虫、护秋、吃新米、叫谷魂、入仓等一系列仪式组成的刀耕火种文化体系的一个重要组成部分。

---

① 《中国少数民族社会历史调查丛刊》云南省编辑组编《景颇族社会历史调查》(三),云南人民出版社 1986 年版。

表1-17 基诺山巴亚、巴卡、亚诺三个村寨的农耕仪式表

月份（农历）	巴亚寨	巴卡寨	亚诺寨
正月	(1)特懋克(打铁仪式) (2)砍地仪式 (3)科比达若(祭鼓仪式) (4)苗姐若(砍地结束仪式)	(1)特懋克	(1)特懋克 (2)蹉跎(祭天神)
二月	(5)烧地仪式		(3)格巴布勒(烧地仪式)
三月	(6)冬布若(盖窝棚仪式)		
四月	(7)恰思若(播种仪式)	(2)肖柏(播种仪式)	(4)肖柏(播种仪式)
五月		(3)蹉跎(祭天神)	(5)蹉跎(祭天神)
六月		(4)布朱灵(灭虫仪式)	(6)雀色不勒(祭天神、山神、地神)
七月	(8)贺西左(吃新米)	(5)洛毛洛(祭龙刀) (6)贺西左(吃新米)	(7)洛毛洛(祭龙刀) (8)格巴达(祭天神) (9)贺西左(吃新米)
八月			(10)麦考不勒(收割仪式)
九月	(9)谷萨苦罗苦(叫谷魂)	(7)谷萨苦罗苦	(11)谷萨苦罗苦

刀耕火种的农耕仪式，具有如下几方面的功能：

其一，刀耕火种的农耕仪式是树立和维护村寨头人的权威，使其有效地组织生产和加强村民劳动统一性的手段。山地民族的农耕仪式大多是统一的、集体的活动，而这些活动毫无例外都是在村寨头人的组织下举行的。

例如盈江县卡场景颇族，其主要的农耕仪式有选地、砍地、盖窝棚和收获仪式，这几个主要仪式都是在寨口的"农常"（"鬼房"，也叫官庙）[①] 举行。组织者是山官、寨头，"魔头"（或称"董萨"）是打卦、祷告、祭献的重要角色。西双版纳勐海县布朗族年初的农事活动，是从头人"达曼"（亦称"捉蛮"）或佛爷举行占卜仪式选择耕地开始的。砍地和烧地之前都必须先由

---

① 尹绍亭《基诺族的刀耕火种——兼与云南其他刀耕火种民族的比较》，《日本国立民族学博物馆研究报告》1992年17卷2号。

第一章 西部的刀耕火种农耕文化

头人和佛爷到地边杀鸡祭祀并做祷告,有的村寨要在"捉蛮"家里举行播种仪式之后才正式播种。勐腊县倮尼人的备耕仪式于二月举行,日子由陇巴头决定,砍地的日子也由陇巴头选择。播种时陇巴头先到地里搭一座小神台,并在神台下点种几塘陆稻和薏苡,以此象征播种开始。五月份到神林中杀牲祭献,七月份到地中杀牲祈求丰收,皆由陇巴头主持。谷子黄了,陇巴头祭献了地神和供奉于家中的菩萨之后,村民才开始收割。基诺族的农耕仪式从过年"特懋克"开始,"特懋克"意为"打铁的节日"。在巴亚寨,过年的第一天由头人任命铁匠,第三天全部头人到铁匠房举行打铁仪式。"特懋克"过后的第一天,头人卓巴和卓色清晨便去村外的林地中象征性地砍树。此为砍地仪式,头人以此告示村民可以砍地了。在巴卡寨,"特懋克"的第一天同样由头人任命铁匠;第三天傍晚卓巴在晒台上先行祭祀,祭毕吹牛角号,于是全村男子背上砍刀、点燃火把、吹响牛角和竹筒,蜂拥到寨子东西两头,挥舞砍刀做砍树状,此为号地仪式。在亚诺寨,"特懋克"的第一天卓巴请铁匠到家旁举行打铁仪式;第四天早晨,各长房大家长卓勒去到寨子边栽种少量姜块,象征驱邪和农事的开端;第五天全寨杀猪、鸡祭神,祈求风调雨顺;第六天号地,同时卓勒把先前栽种于寨边的姜块挖出移栽到地中。

上述事实表明,无论哪个山地民族,村寨头人都在刀耕火种农耕仪式中扮演着重要角色。而以头人为中心的各个农耕仪式,除了宗教意义之外,显而易见都是各个生产环节的序曲,是生产过程各阶段的动员和组织。事实上,头人确定举行农耕仪式的日子并不是随意的,由于头人一般都是村寨中德高望重的长者和具有丰富经验的生产能手,因而举行各种农耕仪式的日子其实就是依据最佳的生产节令而确定的。

其二,刀耕火种的农耕仪式既是自然力量在人们意识中虚幻反映所形成的万物有灵观念的表现,同时又是人们借以充分表达祈求与祝愿的美好情感和对于善恶凶吉心理感受的一种独特的方式。

比如卡场景颇族选地忌蛇日而要选择虎日,这大概是由于蛇有阴冷晦霉之感而虎则生气勃勃,其色彩斑斓的毛皮象征着会有一个金色的丰收的秋天。该区有的村寨过去专门要在兴和乡贺猛赶集的日子选地,那是因为贺猛赶集卖米的特别多,人们希望这一天所选之地产米也如赶集日一样丰富。有的村寨举行砍地仪式要把作为牺牲的牛头、猪头、鱼头埋于地中,那是供奉地神,祈求其保佑再砍地时不要使人受伤的做法。烧地则禁虎、蛇、马日,牛日为佳，何故？虎、蛇、马跑得太快，牛性最慢，火势如牛且行之缓慢树木才能充分燃烧。哈尼族行播种仪式时，陇巴头在地中神台前点种九塘陆稻、三塘薏苡，九和三是奇数，据说奇数吉利，可以消灾免祸。基诺族不少村寨在举行砍地和播种仪式时，头人先栽种芋头和姜，芋头敬奉山神，姜可以驱鬼。打铁仪式中要涂鸡血和鸡毛于火炉和风箱之上，亦是驱邪之意。烧地仪式则洒鸡血、狗血、鸡毛于防火道上，希望以此阻止火焰向地外蔓延。巴卡寨过新年"特懋克"，当头人们打过太阳鼓之后，村民们便穿上最烂的衣服、挑上最破的家具出现在寨中，那是着意表现辞旧迎新的意义。勐海县曼散布朗族在棉花、陆稻即将成熟之时，选出两个已婚男子脱光衣服从左到右围着庄稼跑一圈，意思是驱邪保秋。勐海县勐满乡星火村拉祜族过春节时摆放一两箩谷种于寨子中央，谷种上再放置鲜花、猪头，然后大家围着谷种唱歌跳舞，时间长达三天三夜，最后又跳唱着将谷种送入仓库，强烈地表达了人们祈愿丰收的愿望。当陆稻开始成熟时，象征性地采回几穗献给祖先，也可收获一两箩新谷请头人和亲友尝新，叫作"吃新米"仪式。"吃新米"仪式因民族因地区而异，意义都是庆贺丰收。

　　陆稻收获入仓后有"叫谷魂"仪式，形式也有所不同。基诺族大都背上鸡、银镯、红线、烟盒、金芥花到地里喊叫谷魂回家，返回的路上凡有岔道皆以红线挡拦，以防谷魂走错归路，回到仓库又复杀鸡祭献。勐海县那赛寨拉祜族收割陆稻之后去地里喊叫谷魂回家，归途中不断抛撒谷粒，以指引谷魂回家。勐腊县麻木树村僾尼人在收割、堆谷堆、打谷子、运粮入仓的整个过程中都要不断地喊叫"折——"，据说"折——"的意思是希望谷粒一粒变十粒，十粒变百粒。布朗族一些村寨在把陆稻运回村寨装满谷仓之后，要将一包代表谷魂的谷子置于其上，认为"谷子有了魂才吃不完"。同时还要去地里献蜡条、饭菜等，把氏族神和水神请回仓库居住。刀耕火种民族以丰富的想象力和各种颇具浪漫意味的方式祛灾辟邪、祈求吉祥、祝愿丰收，诸多仪式已经升华为富有情趣和美感的精神文化活动了。

　　其三，农耕仪式中的杀牲，既是为神也是为人。杀牲可以说是山民们调剂肉食营养的一种方式。农耕仪式贯穿于各个生产环节，杀牲祭祀表示了对于神林的虔诚，同时也是人们摄取营养的需要。在播种等重要农事活动期间，绝大多数民族不准花时间打猎，宰杀牛、猪作为牺牲，可以获得肉食，这对于度过体力消耗较大的农忙季节是十分必要的。

第一章 西部的刀耕火种农耕文化

这里引用20世纪60年代初期卡场景颇族的两份关于杀牲祭祀的报告，看一看作为典型杀牲地区人们消费肉食的情况。1961年《卡场文化站三个民族乡粮食生产情况调查报告》（盈江县档案馆资料）说："1961年卡场乡从元月到四月祭鬼共杀耕牛（指水牛）28头，占（全部耕牛的）16%；黄牛7头，占7%；生猪41头。乌帕乡二至四月共杀耕牛38头，占18%；黄牛16头，占17%；生猪41头。吾排社29户，二至四月杀耕牛6头，占24%，另有三头已许愿给鬼；此外还有黄牛1头，生猪17头，鸡48只。"又据1961年《卡场文化站三个民族乡民族上层情况》（盈江县档案馆资料）说："仅今年5月中旬为止的统计，便有较大的宗教活动35起，杀水牛73头，占总数的13.5%，黄牛24头，占11.8%；鸡、猪则难于数算，起码一次杀2至3头猪、10多只鸡。宗教活动频繁的时候，正值春耕播种最紧张的季节，常常误工。"

从上述统计数字来看，用于祭祀的牺牲数量是十分惊人的，然而如果以1961年卡场文化站总人口2250人的消费需求来衡量的话，那么从元月到四月3个月间共杀72头水牛、24头黄牛、99头猪就不算多了。充其量每人每月不过1000多克肉。至于说杀的是耕牛，其实山地民族并没有耕牛和肉牛之分。牛老了不能再耕地便杀掉，长期饲养老牛无疑是浪费。此外，祭祀所用牺牲大都采取各家轮流负担的办法，一家杀牛杀猪大家分食，此后又可从别的人家获取大致相等分量的肉，即一次性支出分期取回。这在炎热的热带、亚热带山地，也不失为一种防腐保鲜的肉食调解的方式。

其四，刀耕火种民族举行农耕仪式的主要目的，是为了祈求丰收。祈求每年的农作物都有一个好收成，是农民永恒的愿望，刀耕火种民族年复一年举行的选地、砍地、烧地、播种、中耕、求雨、吃新米、打谷、叫谷魂、入仓等一系列仪式，就强烈地表达着这一良好的愿望。

其五，农耕仪式又是各民族传统文化的载体。每一个重要的农耕仪式便是一个隆重的节日，各族优秀的传统文化就是在不断举行的农耕仪式和其他节日中得到传承和发扬的。如基诺族的新年"特懋克"，节日不仅有传统的大鼓舞、打铁仪式、号地仪式等，而且长老、歌手们还要聚在一起尽情歌唱。唱基诺族的历史、传说、生产、生活、爱情、习俗、习惯法等。一个重要的农耕仪式，就是一次淋漓尽致的文化展演。

刀耕火种的农耕仪式丰富而多彩。它是刀耕火种文化的重要组成部分，亦是刀耕火种民族精神文化的重要内容。它具有维护长老及头人的权威、维护社会正常运转、协调社会关系、组织生产活动、丰富山民生活内容、传承传统文化等功能。而仪式的各种形态和诸多象征意义，则充分表达了山地民族对自然和神灵的崇拜和祈愿。唯其如此，山林中的人们才生活得踏实，并总是感觉到有希望。

第五节 刀耕火种民族的采集渔猎

刀耕火种是森林轮歇农业，这一农业系统包含着两个子系统：一是栽培作物子系统，另一个是林产品子系统。栽培作物子系统的产出作物，前文所述刀耕火种栽培作物的"百宝地"已有详细介绍，此处不赘述。其产出不仅有陆稻、玉米、荞、稗等粮食作物，有棉花、麻等纺织作物，还有烟叶、油料、茶叶等经济作物以及各种蔬菜，其栽培作物的多样性十分突出。林产品子系统，产出亦十分丰富。建筑房屋所需的木材和茅草，柴薪，各类野菜，作为狩猎对象的各种野兽和渔捞对象的各种鱼类，均为不可或缺的生活资料。从大的方面区分，林产品子系统又可以分为两类：一是采集，二是渔猎。下面将分别进行介绍。

一、刀耕火种民族的采集

食物采集，是刀耕火种民日常生活中最重要的劳作之一。耕地中栽培的菜蔬，当然是不可或缺的，但是由于耕地栽培的菜蔬有限，有季节的限制，耕地往往比较远获取也不太方便，而且农业难免遭受旱涝虫兽之灾，所以野菜采集便成为山地民族重要的菜蔬甚至食粮来源。例如云南怒江地区的独龙族、怒族、傈僳族等，每年3—8月，每当粮食青黄不接，便需依靠采集为生。独龙族的采集渔捞食物非常丰富，重要的有董棕、野山药、葛根、野芋、大百合、板栗、野蒜、竹笋、蘑菇、蜂蜜和蜂蛹、江鱼等。山药、薯蓣等块根类个体大、数量多，又富含淀粉，饥荒年月是很重要的充饥之物。董棕树高达10余米，其树皮可做纤维等有用材料使用，树心多淀粉，味道甜美，一棵大树能产淀粉数百公斤，所以独龙族十分珍视董棕，一棵大的董棕树，价值不在一头壮牛之下。蜂蜜和蜂蛹的采集也占有重要地位，采集数量也非常之大，一巢野蜂，多者可获蜂蜜数十公斤，蜂蛹约五十公斤。独龙江鱼类资源丰富，过去每家独龙人每年捕鱼多者可达百公斤以上。

第一章 西部的刀耕火种农耕文化

采集的食物，有的味道鲜美，营养丰富，可以直接食用；有的味道苦涩，甚至含有毒素，所以必须经过加工处理之后才能食用。山地民族经常使用的去除苦、涩、麻、毒的方法，是用水泡或在水中加灰煮。例如对一些难以直接食用的野芋，要切成片状长时间地在水中浸泡，并不断更换新水。有的经过水泡之后，还要用掺有灶灰或石灰的水煮，然后再次用冷水浸泡，方能去除怪味和毒素。对于竹笋，则可晒制干笋，或腌于竹筒土罐之中，以供较长期地食用。下面具体介绍两个山地民族采集食物的调查资料。

表 1-18 基诺族的采集食物表[①]

1. 块根			
当地名	拉丁语名称	采集季节	加工方法
四棱	*Dioscorea alata L.*	5月—6月	切片泡水数小时去涩味，然后蒸或煮吃
青山药	不详	4月—5月	切片晒至半干，煮吃最佳
绿山药	不详	4月—5月	切片晒至半干，煮吃最佳
硬壳山药	不详	4月—5月	削皮后蒸或煮吃
黄山药	*D. arachida*	4月—5月	同四棱
蓑衣包	*D. pentaphyllo L.*	4月—5月	切片泡水除涩味，然后煮或蒸食
山堆堆	*D. cirrhosa Lour.*	1月—12月	切片泡水一天，其间换水两三次，泡后切细煮，煮后再泡冷水，之后再煮或蒸，以去除涩味和毒素
山羊头	不详	1月—12月	同山堆堆
黄金	*D. bulbifera L.*	1月—12月	同上；亦可加石灰水或火灰水煮，以去除涩味、毒素
芭蕉根	*Musa acuminata Colla*	1月—12月	切片泡水，然后蒸或煮
魔芋	*Amorphophallus yuloensis H. Li*	10月—12月	同芭蕉根；亦可切片晒干舂成粉做魔芋豆腐
藤萝卜	不详	6月—8月	切片泡水后或煮或炒食

---

① 尹绍亭《基诺族刀耕火种的民族生态学研究》，《农业考古》1988年第2期。（注：表格中拉丁语名称系昆明植物研究所龙春林研究员鉴定。）

续表 1-18

2. 野菜(常吃种类)			
当地名	拉丁语名称	可吃部分	采集季节
象耳朵菜	*Ficus auriculata*	嫩叶、果	绝大部分一年四季可采集,但以一、二季度采集最多;三、四季度因有部分人工栽培蔬菜,故采集量减少
青树	*F. altissima*	叶、果	
犁板菜	*Parabaena sagtata*	叶、茎	
野荞菜	*Polygcnum cuspidatum*	叶	
刺菜	*Acanthopanax trifoliatus*	叶、茎	
细苦菜	*Brassica integrifolia*	叶、茎	
水芹菜	*Oenanthe javanica*	叶、茎	
薄荷	*Mentha hyplocalyx*	叶	
苦凉菜	*Solanum nigrum*	叶、茎	
火草叶	不详	叶、茎、根	
谷叉草	不详	叶、茎、根	
奶浆草	*Campanula mekongensis*	叶、茎、根	
干结结菜	*Callipteris esculenta*	叶、茎、根	
马蹄根	*Cantella asiatice*	叶、根	
树头菜	*Crataeva unilocularis*	叶	
火筒叶	*Leea indica*	叶	
白花	*Bauhinia variegata*	花	
炮仗花	*Mayodendron igenum*	花叶	
野芭蕉	*Musa aunminata*	花、果	
满子盐细	*Eryngium foetidum*	叶	
烂潭菜	不详	叶	
鱼腥草	*Houttuynia cordata*	根	
野豌豆	*Pisum sativum*	叶	
野细豌豆	不详	叶	
臭菜	*Acasia mengaladeba*	嫩枝尖	
麻芋秆	*Colocasia gigantea*	叶、茎	
野猫花	*Markhamia stipulata*		
香椿	*Toona sinensis*	嫩枝尖	
鸡屎绿叶菜	不详	叶	

第一章 西部的刀耕火种农耕文化

续表 1-18

当地名	拉丁语名称	可吃部分	采集季节
甜草	不详	叶、茎	绝大部分一年四季可采集,但以一、二季度采集最多,三、四季度因有部分人工栽培蔬菜,故采集量减少
藤篾	*Calamus spp.*	嫩尖、蕊	
大苦藤叶	*Erythropalum scandens*	叶	
细苦藤叶	不详	叶	
刺五加	*Acanthopaanax gracilistylus*	叶	
苦列留	不详	叶	
大刀豆	不详	豆、叶	
车皮藤	不详	嫩尖	
麻根	*Piper. sp.*	根	
橄榄皮	*Phyllanthus emblica*	皮	

3. 竹笋

当地名	拉丁语名称	采集季节	加工方法
甜竹笋	*Dendrocalamus giganteus*	大部分笋类的采集时间在6月—10月,苦竹可早至4月	1. 新鲜吃法:去壳,洗净,切成片或丝,煮或炒食,或煮后凉拌食;苦笋等可直接烧食 2. 制作酸笋:去壳,洗净,切成片或丝,放入罐中,加盐水并加少量米饭,使其发酵变酸,半年后可食用,可贮存二三年 3. 压笋:切成片后,塞入竹筒压紧,三四个月后可食 4. 泡笋:将笋尖切细,泡后煮食;或将笋子剖为数瓣,泡三夜,冲洗,用篾片串挂起来,四五天后炒或煮食 5. 浪笋:切成片,放入垫有芭蕉叶的竹篮内,冲水,以芭蕉叶覆盖,四五天后可食 6. 笋花:切成细丝,在沸水中稍微烫一下,晒成干丝贮存,吃时以水泡软后或炒或煮 7. 竹半笋:把笋尖剖成两半,煮后晒干贮存
黄竹笋	*D. Membranaceus*		
毛竹笋	*Gigantochloa Levis* (Blanco) Merr.		
白竹笋	*Dendrocalamus sericeus*		
苦竹笋	*pleioblastus amarus*		
斑竹笋	*B. multiplex*(lour.) Racusch. cv. silveretripe		
金竹笋	*phyllostachys nigra*		
掉竹笋	不详		
大泡竹笋	*Sehizostachyum funghonii*		
细泡竹笋	*Pseudostachyum polymorphum*		
过江竹笋	不详		
娥篾竹笋	不详		
麻金竹笋	*Sinocalamus latiforus*		

续表 1-18

4. 蘑菇

当地名	拉丁语名称	采集季节
蚂蚁骨堆菌	Termitomyces heimi	采集季节多在6月—8月
鸡㙡	T. eurrhizus	
奶浆菌	Lactorius volemus	
大红菌	Rossula sp.	
小火炭菌	R. nigricams	
大火炭菌	R. nigricams	
辣菌	R. piperata	
马皮包	Scleroderma sp.	
牛舌头菌	Fistulina hepalica	
木耳	Ayrucykarua dekucata	
半个菌	pleyritys sp.	
筛子菌	不详	
白参	Schizophyllum commune	
酸菌	不详	
八大柴	Lentinus squamulosus	
脆脚菌	不详	

5. 果子

当地名	拉丁语名称	采集季节
杧果	Mangifera sylvitica M. indca	6月—8月
毛荔枝	Nephelium ramiflora	6月—7月
三瓣果	Baccaurea ramiflora	7月—8月
歪屁股果	Garcinia xanthochymus	1月—12月
酸布灵	Amalocalyx yunnanensis	6月—8月
阿利阿思	不详	6月—8月
涩布拉	不详	11月—12月
哈旦	不详	6月—8月

续表 1-18

当地名	拉丁语名称	采集季节
禾怒	不详	6月—8月
大酸苔	不详	9月—11月
黄桑果	不详	4月—5月
羊屎果	*Canthium parvifolium*	5月—6月
鸡嗉果	*Ficus semicordata*	6月—8月
公鸡卵果	*Eleagnus conferta*	7月—9月
象耳朵果	*Ficus auriculata*	4月—8月
白叶黑	不详	8月—10月
青果	*Cabaruyn albyn*	8月—10月
山多依	*Docynia indica*	7月—9月
涩梨	不详	9月—11月
乌鸦果	不详	8月—10月
篾不榴果	不详	6月—9月
金凉果	不详	5月—6月
细酸苔	不详	7月—9月
狼仓果	*Pouterua grandifolia*	3月—5月
除以上之外，还有芭蕉、黄果、橘子、泡果（柚子）、香瓜、黄瓜、林瓜、橄榄、油瓜等。		

6. 虫类

采集虫类有油虫、蜘蛛、蚂蚱、飞蚂蚁、油肚子蚂蚁、螳螂、蟋蟀、竹虫、酸蜂等。

表 1-19 景颇族的采集食物表[①]

1. 野菜			
当地名	拉丁语名称	汉语名称	采集季节
阿耐木	*Elsholtzia cypriani*	香菜	1月—12月
王兰	*Oenanthe sinensei Sanicula Lameligera*	水芹菜	1月—12月
蒲棍	不详	不详	4月—5月
蒲满	不详	不详	3月—4月
格抓由	不详	圭令菜	4月—5月
拿久	不详	不详	1月—2月
采板	不详	不详	1月—2月
育合	不详	不详	6月—7月
崩补锐	*Sechium edulis*	丝瓜尖	5月—6月
蒲材	不详	不详	5月—6月
扑吐	*Ipomoea aquatica*	空筒菜	5月—6月
三格采	不详	不详	4月—5月
吾落米	不详	刺竹笋	2月—8月
蒲腊哈	*Eryngium foetidum*	缅芫荽	2月—8月
哀古	不详	丝瓜果	5月—6月
亢正	*Phyllostachys nigra*	竹笋	5月—7月
难旦	*Pleioblastus amarus*	苦笋	4月—6月
张年	不详	红酸椿	1月—12月
轻考	不详	不详	1月—12月
崩恰	*Zingiber zerumbet*	山姜	1月—12月
石笔	不详	不详	1月—12月
兰标好	不详	不详	1月—12月

① 罗钰著《云南物质文化·采集渔猎卷》，云南教育出版社1996年版。（注：以上拉丁语名称系昆明植物所龙春林研究员鉴定。）

第一章 西部的刀耕火种农耕文化

续表 1-19

当地名	拉丁语名称	汉语名称	采集季节
作哄	*Buddlega officinalis*	染饭花	2月—3月
格纯	*Pleocnemia winitii*	水蕨菜	3月—6月
得浪姆	*Pteridum aquilinum*	蕨菜	3月—5月
哦芒	不详	乔木酸	9月—11月
崩漏石笔	不详	不详	7月—8月
恩诺科贝	不详	不详	4月—5月
哦作堵苦虐	*Melothria maderaspatana*	老鼠金瓜	5月—6月
丁耐	不详	不详	1月—3月
木云	不详	不详	3月—4月
科厅理	不详	不详	3月—4月
熊彪	不详	桦菜	1月—12月
娃皮	不详	不详	1月—12月
纳巴	不详	不详	7月—10月
店张	不详	不详	1月—12月
难莫	不详	不详	10月—次年4月
可鸾	不详	不详	3月—4月
丁决	*Houttuynia Cordata*	鱼腥草	4月—5月
连胡哈	不详	毛叶子	1月—12月
邦喷满	不详	不详	2月—4月
石丙号	不详	炮仗叶	1月—12月
木宽纳	不详	不详	7月—8月

2. 菌类

当地名	拉丁语名称	汉语名称	采集季节
图山	*Auricularia auricula*	木耳	4月—8月
嫫菌	*Auricularia polytricha*	毛耳朵	4月—8月

续表 1-19

当地名	拉丁语名称	汉语名称	采集季节
马剪	*Boletus edulis*	不详	4月—8月
墨则	*Pleurotus palmonarius*	熟窝菌	4月—8月
乌迟	*Schizophyllum commune*	八带菜	4月—8月
酥勒马	*Collybia albuminosa*	鸡㙡	4月—8月
马均	*Pleurotus Sapldus*	金钟菌	4月—8月
笔毛	*Laccaria laccata*	不详	4月—8月
禾炭毛	*Rassula densifolia*	黑菌	4月—8月

3. 野果

当地名	拉丁语名称	汉语名称	采集季节
松乃石	不详	山梨	2月—3月
木毛石	*Chaenomeles sinensis*	野木瓜	3月—4月
石苍木石	不详	不详	4月
施挫石	不详	不详	7月—8月
施洞石	不详	不详	7月—8月
聘石	不详	不详	7月—8月
施罗石	不详	不详	7月—8月
施作石	*Myrica esculenta*	杨梅	5月—7月
汤虐石	不详	不详	2月—3月
普占石	不详	不详	7月—8月
漫仲石	不详	烟泡果	2月—3月
木棍石	*Actinidia kolomikta*	钮子果	2月
施谬石	*Rubus foliolosus*	酸泡	2月—3月
施来果	*R. obcordatus*	黄泡果	4月—5月
杨梅石	*Myrica esculenta*	小杨梅	3月—5月
彪磨石	*M. nana*	酸杨梅	3月—4月

第一章 西部的刀耕火种农耕文化

续表 1-19

当地名	拉丁语名称	汉语名称	采集季节
石蓬	*Pyrus Pashia*	梨	8月—9月
施可	*Rrunus salicina*	李	7月—9月
施胡	*Prunus Persica*	桃	7月—9月
施争	*Citrus Sinensis*	黄果	9月—10月
补石	*Jugkabs regua*	核桃	3月—5月
山坡石	不详	山坡金	2月—4月
洋娃石	不详	不详	7月—8月
门车石	*Artocarpus heterophylla*	牛肚子果	5月—6月
木矮石	不详	不详	7月—8月
毛着石	不详	不详	7月—8月
门甘石	不详	不详	7月—8月
木果石	不详	不详	7月—8月
王石	不详	不详	3月—4月
提苍石	不详	不详	3月—4月
格拉石	不详	酸木瓜	3月—5月
施乌石	不详	不详	6月—7月
必吹石	不详	不详	5月—6月
木扎	*Eriobotrya japonica*	酸杷果	7月—8月
难木普占石	不详	藤子果	1月—3月
格润果	*Vitis quing-nangularis*	藤子果	1月—3月
争石	不详	尖梨	1月—3月
冷年石	不详	不详	1月—2月
施苍石	不详	不详	2月—4月

二、刀耕火种民族的狩猎

狩猎是刀耕火种民族获取食物的重要途径，是刀耕火种民族肉食的主要来源。狩猎在某种意义上甚至比采集更为重要。采集主要获取植物类食物，狩猎则获取动物类食物，采集属于一般劳动，而狩猎则带有危险性、刺激性和娱乐性。善于狩猎者会受到人们特别的尊敬，被视为英雄人物，所以狩猎是男人们重要的生活和娱乐内容以及智慧与能干的象征。

山地民族的狩猎可以分为两类：一类是以捕食鸟兽为目的的狩猎，另一类是为了保护农作物的狩猎。历史上，其狩猎的对象曾有野牛、野猪、山驴、岩羊、羚羊、鹿、麂、熊、虎、豹、獐、猴、野兔、松鼠、竹鼠、野鸡等。狩猎的工具种类很多，有火药枪、弓、弩、扣子、夹子、地弩、弯弓、压木等。

以捕捉鸟兽为目的的狩猎，通常有集体上山围追野兽的围猎，有埋伏于野兽经常出没的野果树下、水塘旁边（咸水塘边动物最多）、树木砍后和烧后的刀耕火种地边（动物喜吃青草和火灰）捕杀野兽的狩猎，有尾随野兽脚印进行追捕的方式，还有设置扣子、夹子、地弩、陷阱捕捉动物的方式，等等。

表1-20 基诺族的部分狩猎工具表[①]

名称	备注
压木	直径可达40—50厘米、长度为400—500厘米
弯弓	一般选直径5—10厘米、长250—300厘米的小树做成
铁枪	一般长120厘米
地弩	长约70厘米
弩	长约80厘米
扣子	摔杆长约150厘米
竹夹	有大有小，大者长约200厘米，小者长仅20—30厘米
竹弓	长约70厘米

滇西北峡谷和滇西南山地自然环境差异较大，两地刀耕火种民族的狩猎方式也有所不同。例如独龙江的独龙族的狩猎，主要在冬春两季进行。冬季农作物收获完毕，生产活动少，而且气候逐渐寒冷，高山上开始降雪，毒蛇纷纷下到江边过冬，大部分野兽也移到雪线以下，此时上山打猎，被毒蛇咬

---

① 尹绍亭《基诺族刀耕火种的民族生态学研究》，《农业考古》1988年第2期。

第一章　西部的刀耕火种农耕文化

伤的可能性小，捕获率也比较高。独龙族的狩猎活动，有一些特殊的规矩。在滇南山地，大凡山林都是狩猎的场合，各民族并没有明确的"猎场"这一概念，而且村寨对于狩猎的范围也没有严格的限制；而在独龙江地区就不同了，其猎场的范围是比较明确的。所谓村寨的猎场，就是指本村寨地区界内海拔大约1800米以上的地带；由于气温低，这一地带不适于作物生长，人迹罕至，森林茂密，所以各种动物比较多。一般情况下，村寨成员只能在本村猎场而不能到他村猎场打猎，除非在捕猎时动物逃到他村地界，那就可以一直追击，但捕获之后要向猎场所有者奉送部分兽肉。个人可以像号占林地一样号占打猎场所，亦是独龙族狩猎活动的特殊规矩。这种号占，当然只限于本村寨的猎场之内，号占的地方，是野兽经常出没之处。其方法一般有两种：以刀剥去大树树皮，在木头上刻出锯齿形花纹，或在路口以两棵木桩架成交叉形状作为标志。一经号定，其他人就不能再到此打猎。狩猎有集体组织围猎的方式，个体家庭和个人也常常单独进行。狩猎的工具有弩、刀、矛、扣子、竹签等，历史上，其狩猎对象曾有野牛、野猪、岩羊、山驴、鹿、麂、熊、虎、豹、獐、猴、兔、松鼠等。20世纪50年代以前，独龙族的狩猎捕获量是相当可观的。据王均等的调查，一个名叫茂斗的老人与其父茂爪捧昔日一年捕获的野牛、岩羊、麂子、山驴等大动物数目都在70只以上，足够13口人吃5个月，有时父子两个人半天便能打到3只麂子；页明滴的父亲页明及，一年可猎获野兽肉60—70背，可供他家12口人吃6个月；一次他们集体狩猎时遇到野牛群去喝咸水，击毙数目竟多达40余头①。除了冬春两季的狩猎外，夏秋两季配合守护庄稼，在庄稼地周围亦能捕获相当数量的熊、猴子及鼠、雀等动物。

　　独龙族沿独龙江居住，又有渔捞之利。独龙族将易于捕鱼的地方叫作"鱼口"，"鱼口"也可以实行号占。捕鱼工具有渔网、渔笼、渔钩、渔叉、渔箩、溜洞等，并有筑坝捕鱼和以植物毒汁闹鱼等捕鱼方法。捕鱼旺季在夏天，7月江水上涨，鱼抢上水，成群溯江而上，8月鱼群复又转抢下水，一上一下是捕鱼的大好时机。9月之后，水枯江浅，鱼沉河底，渐难捕捞。20世纪50年代前，独龙族深受独龙江之惠。王均等的调查报告说，在夏天河水上

---

① 《中国少数民族社会历史调查丛刊》云南省编辑委员会编《独龙族社会历史调查》（一），云南民族出版社1981年版。

涨时节，一人一天能捕鱼10多公斤，被调查者滴朗当、独所两人一年捕鱼12背，约合60公斤，够一人吃一年[①]。杨毓才等调查孔当、丙当、学哇当几个村的报告也说，那里每户每年最大的捕鱼量为200公斤，一般也不少于50公斤[②]。1951年独龙江地区发生强烈地震，震后河鱼骤减，捕鱼量大不如前了。

滇南基诺族的狩猎，捕获量也相当可观。以巴卡小寨切资父子为例，切资老人1987年70多岁，过去每年平均猎获野猪等大野兽10余头，下扣子有时一天捕捉野鸡10多只；仅麂子一项，其猎获量累计已达100余头，一般小动物则不计其数。由于杀生太多，以致他内心恐惧，生了病亦怀疑是野兽的魂灵报复，所以20世纪60年代中期之后便不敢再打猎了。其子资切1987年40岁，他30岁以前所猎麂子数量亦达到60余头。大多数基诺族人，过去除了播种时节不能打猎之外，其他月份几乎每个星期都能吃到野兽肉。

以保护农作物为目的的狩猎，有撵山（村民集体出动追杀糟蹋庄稼的动物）和在刀耕火种地周围挖陷阱，置地弩、弯弓、压木、扣子、夹子等。临近秋收的时候，则要守护于地里，不分白天黑夜巡逻防范，使用弓弩、猎枪射杀偷吃农作物的鸟兽。野兽危害严重，必须投入全部力量进行保护。例如1958年基诺区（当时的建制是区，后来才改为乡）政府做过一个统计，当年秋季，各生产小队都组织了打猎队，全区共设置弯弓18 080个，陷阱681 900个，猎获野猪、麂子等964头，捕杀山鼠14 558只。可见每年秋收季节的狩猎活动投入的人力、物力是很大的。

[①] 《中国少数民族社会历史调查丛刊》云南省编辑委员会编《独龙族社会历史调查》（一），云南民族出版社1981年版。

[②] 《中国少数民族社会历史调查丛刊》云南省编辑委员会编《独龙族社会历史调查》（一），云南民族出版社1981年版。

第二章　西部山地的梯田农耕文化

季风区农业指的是在季风区内发展的农业生产样式。由于农作物对雨量和温度要求较高，而季风区的气候特征正好集中在高温多雨的夏季，这为人们在这个季节集中从事稻作农业的生产提供了内在规律。它的天然优势是农业生产可以充分利用季风气候带来的高温多雨的气候优势，使得作物的生长特性得到充分的体现，从而为人类提供大量丰富的物产。季风区的农业根据种植作物种类及适应性可分为季风区水田农业和季风区旱田农业。它们在灌溉方式、耕作方式、熟制规律、分布地域方面都有很大的差异。

水稻是季风区水田农业生产当中最为典型的作物之一。水稻是一种喜温、喜湿、好水、好肥的高产作物。水稻各个生长发育期对温、光、水、肥、气的要求不尽相同。只有满足水稻各生育阶段所要求的条件，创造良好的外界环境，克服和排除水稻生长中一些障碍因素，方能促使水稻向高产方向发展，获得丰收。水稻主要在水热充足地区种植最多，人们为了充分利用季风区的天然气候优势，提高产量，发明了施肥、轮作、双季、间作，甚至三季作业的水稻耕作文化[1]。也因为如此，水稻种植业是一种劳动密集型农业，其生产过程需要大量的劳动力。水稻耕作生产过程中的翻土、插秧、灌水、施肥、收获、运输、积存等每一个环节，都需要很多劳动力，劳动强度大，需要投入大量劳动来精耕细作。特别是在机械化还不能推广的西部广大少数民族山区，基本上靠的是人力。

季风区农业的生产特色是在人们长期的生产实践当中不断摸索出来的。在长期的生产实践活动过程和生产经验摸索中，人们发现稻作农业产量高，可以养活更多的人。这样，导致稻作农业谷物种植普遍的地区，也相应的是

---

[1] 云南省农牧渔业厅编《云南省种植业区划》，云南科技出版社1992年版。

人口兴旺密集的地方。而且，在耕地面积少但气候适宜的山区，人们往往团结起来，集中人力合作，甚至借助于畜力，完成高强度的稻作农业劳作。这种方式直到今天，还在一些受季风影响的山区存在。

第一节 自然与人文

一、季风区山地农耕体系的区域构成和耕作类型之梯田农耕

按照习惯的说法，中国西南有广义与狭义之分。狭义的"中国西南"，主要指云南、贵州、四川、重庆四省市；而广义的"中国西南"则还包含西藏和广西两个民族自治区。在传统的西南民族研究中，多以川、渝、滇、黔为主。由于四川、云南与西藏相邻，云南、贵州与广西相邻，故在具体的研究中对西藏、广西也有涉及。

我国是一个多山的国家，山地面积约占全国面积的1/3。从世界版图来看，中国的西南地区位于亚洲大陆的南部，地处我国的四川盆地、云贵高原和青藏高原之间。云南高原和西藏喜马拉雅山南翼受西南季风的影响，可称为西部季风区。西南地区河流纵横、峡谷广布，地貌以高原和山地为主。因纬度，特别是海拔高低的差异悬殊，复杂多样的地形地貌、气候水热条件及特殊的地质特点等，导致西南地区蕴含丰富的生物物种资源，动植物的垂直分布差异很大，品种繁多，物产丰饶。各地降水、气温、土壤、动植物资源等方面差异明显而多变，既有终年高温多雨的宜种植水稻、热带经济作物的区域；也有四季如春、降水适中、利于种植温带作物的区域；还有高山草甸，适于发展畜牧业的区域。客观上自然地理条件的差异，为不同地域单元内的人们因地制宜，发展农、林、牧、副、渔等不同类型的经济以及狩猎、采集、种植等不同的生产活动奠定了基础。

农耕文化体现了人的生计方式与环境之间的互动特征，而农地利用类型是这种互动的一个客观可视载体。由于自然地理条件的差异性，农地利用类型具有明显的地域差异性。西南少数民族山区另外一种典范式的农耕类型便是梯田稻作农耕。梯田在我国东部丘陵、黄土高原、云贵高原地区广泛分布，我国的陕西、浙江、四川、贵州、广西、云南、湖南等地都有梯田，其中位于云南省红河哈尼族彝族自治州境内的哈尼族梯田稻作农耕堪称世界梯田农业奇观，哈尼族梯田稻作农耕当之无愧成为云南省亚热带山区农耕生产的

第二章　西部山地的梯田农耕文化

典范。

哈尼族是我国人口逾百万的少数民族，属跨境民族，也是典型的山地民族。在中国境内主要居住在云南省南部哀牢山和无量山区。按照哈尼族世代口传的迁徙史诗传说和汉文献记载，哈尼族历史上出自西北氐羌支系，因部落吞并、瘟疫等原因从藏羌文化走廊不断向南迁徙，经过今四川大渡河与雅砻江的中间地带，到达今云南大理，途经昆明、建水、石屏一带，最后跨过元江，定居在山高坡陡、云雾缭绕、水源丰沛的元江南岸深山密林中，在开垦山地农业过程中利用民族的生存智慧适应并开创了大苦大美的梯田农耕文化。

哈尼族农业生产以梯田农耕稻作为核心内容，从农耕生产技术管理到本民族饮食、建筑、民居等形成了独特的传统民俗体系。由于长期从事梯田农耕活动，围绕梯田农耕形成了许多梯田农耕民俗事象，没有哪一个山地民族像哈尼族一样形成了与梯田稻作活动直接相关而且完整的民俗体系：每每哈尼山乡翠绿的山林传来第一声布谷鸟的叫声，一年一度的梯田农耕稻作民俗活动便由此拉开了繁忙、艰辛、有序、丰富多彩又热闹纷呈的序幕，染红蛋、蒸黄饭、祭祖、奉神、为秧苗叫魂、求丰收的系列民俗活动逐一在哈尼山寨和梯田中展开。三月份"开秧门"之后，献田神、祭田坝神、六月的"库扎扎"等活动相继进行，到了七月"策实扎"尝新米，修田间路，引谷魂回家，求得丰产丰收。进入九月，举行拴饭仪式，开镰收割，新谷入仓，祭谷仓，开仓撮新谷。十月"扎勒特"就是年末岁首，新旧交替之月，新的一年又从此周而复始。

从中不难看出，哈尼族全年重大的民俗事象，无不紧紧围绕着梯田农耕的每一生产环节过程而展开。农业是哈尼族社会的基础经济，哈尼族的农耕活动往往与祭祀活动紧密地联系在一起，所以农事活动与这些村寨及家庭的祭祀活动紧密相关，而且哈尼族最重要的节日和祭祀总是在农事和季节转折点上。

联合国教科文组织世界遗产中心在给红河哈尼梯田文化景观申报世界文化遗产的景观评语中写道："红河哈尼梯田文化景观所体现的森林、水系、梯田和村寨四素同构系统符合世界文化遗产标准，其完美反映的精密复杂的农业、林业和水分配系统，通过长期以来形成的独特的社会经济宗教体系得到了加强，彰显了人与环境互动的重要模式。"从这个角度来说，中国西南少数民族地区哈尼梯田文化景观就是人类生存的一个样本。

二、哈尼族梯田稻作农耕系统形成的地理人文因素

根据海拔高度和地面起伏的特点，全世界陆地地形被分为平原、山地、丘陵、高原等几种不同的类型。哈尼族的生境即为典型的山地，因此哈尼族亦被称为"山地民族"。由于山地的绝对高度和相对高度都比较大，切割深，切割密度大，山地所代表的自然地理环境条件具有多样性的特征，农业垂直地带分异相当显著。

云南的总土地面积中，山地和高原占94%—96%，盆地和宽谷占4%—6%，平均海拔2000米以上，全省倾斜度在15度以下的平坝、缓坡地只占总土地面积的22%，15—25度的坡地占38%，超过25度的陡坡占40%。仅就地形特征来看，云南山区地理环境在很大程度上限制了云南山地少数民族的生计方式的选择。

云南山地少数民族居住格局也基本是按照海拔高低分层而居：海拔144—600米为河坝地区，为傣族居住；海拔600—1000米称为峡谷区，为壮族居住；海拔1000—1400米称为下半山区，多为彝族居住；海拔1400—2000米为上半山区，为哈尼族居住；由此以上为高山区，多为苗族、瑶族居住。哈尼族的梯田主要分布在海拔800—1800米的山腰半山区。

这样的分布格局其实也是受云南的自然地理条件影响和各民族生态适应、文化选择而形成的。多山未必产生梯田。历史上，苗族、瑶族、拉祜族等民族在传统上很少栽种水稻，以经营旱地作物为主，中华人民共和国成立后特别是土地改革分到水田之后，才陆续耕种稻田，但所耕作的水田为数不多。红河州彝族多数人口居于内地山区，绝大部分并未经营梯田。

梯田不仅承载着哈尼族祖祖辈辈的生命，也积淀了哈尼族历史文化的重要内核。同时，农业是一个地域性非常强的产业。梯田作为哈尼族农业的主要形式，其本身的开垦就是哈尼族适应自然的结果，而梯田的耕作经营更是与当地自然环境紧密相关。

哈尼族大多数聚居于元江流域哀牢山区，属亚热带高原季风气候，每年平均气温在15℃—22℃之间，无霜期300天左右，每年降水量多在800—1600毫米之间，立体气候特征较为明显。

哀牢山与元江由于地处云南两大地貌类型的中间地带，因而较多地体现出云南山高谷深的立体地貌特点。整个哀牢山区内最低海拔约100米，最高

第二章　西部山地的梯田农耕文化

海拔近 3200 米，海拔高差大，具有典型的气候、土壤、植被、动物垂直分布的特征。加上元江干流的深度切割，使哀牢山南段哈尼族居住区峰峦重叠起伏、沟壑交错、山岩陡峭，呈现出典型的"地无三尺平"地形，地面坡度多在 30 度以上，流域内地质构造复杂、地势起伏。

哀牢山地势高低悬殊、地形地貌地理环境复杂等特点形成了这一地区"一山分四季，十里不同天"的立体气候特点，一天之内山区云雾缠绕，山涧沟壑云光霞影，河谷坝区烈日炎炎如火，"东边日出西边雨"的隔山雨也是多见，形成了这一地区山高雾大的云雾气象景观，在哈尼族山乡观云、观雾都是相当独特的人间奇景和人生体验。哀牢山上的哈尼族村寨，因有云雾和日照的烘托，在初秋时节至冬日里，都呈现出一种灵气飞动、扑朔迷离、宛如仙境的自然景观。冬天的早晨，从山脚河谷升腾而起的云雾，飘满了哈尼山区的山山岭岭和沟壑之间，初升的朝阳照在云海雾霭之上，更显出一派云蒸霞蔚、云端之上的奇妙景象。

哈尼族梯田既有别于国外，如日本、韩国、印度尼西亚、秘鲁、菲律宾的梯田，也不同于国内其他地区的梯田，其突出的特点为：

一是面积大，海拔高。哈尼族梯田分布于整个云南南部的哀牢山地区，除红河哈尼族彝族自治州的红河县、绿春县、元阳县、金平县之外，玉溪的元江、普洱的墨江等哈尼族聚居地区也有大量梯田分布，总面积上万亩。仅元阳县境内就有 17 万亩梯田，是红河哈尼梯田的核心区。2013 年 6 月 22 日，在联合国教科文组织第 37 届世界遗产委员会上，红河哈尼梯田文化景观被成功列入世界遗产名录，成为我国第 45 处世界遗产。

多山是哀牢山区地理环境的一大特点。梯田产生于哀牢山，还与这里"山有多高、水有多高"的自然生态紧密相连。这里是亚热带季风气候区，但因高差较大，气候垂直变化明显，河坝峡谷因酷热干旱素称"干热河谷区"，高山区因低温、降水量大称为"阴湿高寒区"，哈尼族居住的海拔 1400—2000 米为上半山区（2000 米以上水稻很难生长），气候温和，雨量充沛（年均降水量 1600—3000 毫米），年均温在 15℃左右，年日照 1670 小时，植被介于落叶阔叶林和常绿阔叶林之间，非常适合水稻生产，因而在元江南岸哈尼族地区形成全省、全国最集中、最发达的稻作梯田。

二是地形坡度大，梯级多。哀牢山位于北纬 20°—26°，东经 98°—104°之间，地处中国云贵高原、横断山和青藏高原三大自然地理区域接合部的哀牢

中国西部民族文化通志　农耕卷

山地貌总体特征是山高谷深、沟壑纵横，多为深切割中山地类型，为V字形或U字形深槽，地形呈V字形发育，不易耕作。为了生产粮食，必须对当地地形进行改造，这是哈尼梯田形成的重要基础。一般而言，坡度大于18°就不利于发展种植业，而哈尼梯田坡度在15°—75°之间。以元阳梯田为例，坡度15°—25°的有约441.2公顷，25°—75°的有约137.6公顷；马街乡登云、鸠妈、丫多梯田，15°—25°的也有约75.9公顷，25°—75°的有约226.6公顷。这些数字说明了元阳哈尼梯田壮观与险峻的程度。以一坡而论，少则上百级，最高级数达3000—5000级，而闻名于世的印加梯田不过800多级。

三是种植作物以水稻为主，兼有旱稻耕作和其他山地作物种植。哈尼族梯田稻作农耕自有其精耕细作的农事制度，虽然摆脱不了农业"靠天吃饭"的特点，但作为哈尼族谋生的主要手段，梯田耕作又是最稳定、最有保障的方式，梯田也是最可靠、最丰厚的物质资源宝库。

与其他农业耕地相比，梯田本身的开垦营造就是一个充满艰辛的生产过程，"先开荒地，后改梯田"这一垦作过程包含了垦荒开地、开沟引水、打埂垒筑等系列劳动强度极大的生产环节。哈尼梯田多分布于海拔800米至1800米之间的山坡上，其耕作类型为水田、田间小块地和旱田（民间所谓的"雷响田"）。通过长期的梯田农耕实践，哈尼族使梯田耕作不再是单一作物农业，而是开发形成一个以稻谷种植业为主，辅以其他种植和养殖的综合型生态农田系统。

哈尼族稻田按地势高低分坝田和山田两种，以山田为主。哈尼族从事梯田稻作的丰富经验，其要点可概括为精耕细作和轮作复种。精耕细作不仅指土壤耕作，还包括培育优良品种、适时种植、灌排控制、加强中耕管理、合理施肥、改良土壤以及因地制宜施行的综合管理体系。

亚热带高原季风气候带来的雨水储存在高山森林植被中，使得山中的小溪和泉水经年常流，从不枯竭，为梯田的灌溉提供了得天独厚的条件。哈尼族利用哀牢山山区"山高水长"的优势，开挖兴修水沟水渠，营造梯田水网，通过大小不一的水沟、水渠将水资源进行分配、引流、灌溉到梯田，保证了梯田的适时灌溉。梯田用水上满下流，流到低海拔河谷的水一经受热，又变成水蒸气蒸腾到高空，继而为冷空气截流，变成雨水又降落到高山森林里，哈尼人很巧妙地利用如此循环反复的自然生态循环系统，将其变为农业生态循环系统。

第二章　西部山地的梯田农耕文化

前些年云南大部分地区受旱情困扰，但元阳梯田却未受影响，这与梯田水源区土壤水分运移特征息息相关。为探究该区土壤水分运移特征，选取乔木林地、灌木地和坡耕地三个标准径流小区，测定并分析不同坡位（上部、中部、下部）及不同深度（10厘米、20厘米、30厘米、40厘米、60厘米、100厘米）的土壤容积含水率。结果表明：土壤水分变异系数随土层深度的增加而减小；乔木林地、灌木地、坡耕地三种土地利用类型对土壤水分的影响表现为：雨季差异不显著而旱季差异显著；乔木林地和坡耕地的储水量以60厘米为界分为两层，而灌木地则明显分为10厘米、20—60厘米、100厘米三层，且土壤储水量与土壤深度的相关度最高；土地利用类型与土层深度的交互作用对土壤含水率的影响较大；越往深层，林地的保水效果越好。因此，元阳梯田水源区的森林不仅能为梯田提供长流水，而且在提高土壤水分利用率、维持梯田可持续发展上具有十分显著的作用[①]。

四是历史悠久，梯田耕作制度独特，形成了"山林—村寨—梯田—河流"四点一线的空间模式和生态景观。在这种和谐同构的自然生态系统和人文景观格局中，不同的构成部分有着不同的功能，不同的单元景观发挥着各自的效用却又高度统一、自然和谐。

哈尼族梯田作为人工湿地的一种类型，有着巨大的经济效益、社会效益和生态效益，自身具有农田生态系统多样性、物种多样性（植物、昆虫、真菌、土壤生物等）的特点。哈尼梯田和森林以及村寨、河流构成的山地生态系统产生的直接价值（消费使用价值和生产使用价值）、间接价值（非消耗性使用价值：生态系统生产力、保护水土、调节气候等潜在价值、生存价值）和生态伦理价值多年来发挥了极为有力的生态和经济、文化作用，特别是在2009—2010年云南全省罕见的旱情危机中，哈尼梯田生态系统的自身生态平衡和调节功用弥足珍贵。作为有机农业，哈尼梯田生态系统提倡的是"天人合一，物土不二"和"与自然秩序相和谐"的生态理念，它尊崇自然，尊重植物、动物、微生物以及梯田景观本身的自然能力，强调因地制宜的原则。

---

①　马菁、宋维峰《元阳梯田水源区土壤水分动态变化规律研究》，《生态科学》2016年第2期。

第二节　古代梯田农耕

一、考古遗存与汉文献中的梯田农耕

"梯田"是山地农业的一种农耕类型。由于哈尼族历史上没有本民族文字，对梯田的文字记载便只见于几部古汉文典籍。早在春秋战国时中国的梯田即已出现，据《尚书·禹贡》载，"浣水"（大渡河）畔，"厥土青黎，厥田下上"。"厥田下上"说的就是梯田，这是中国汉文史籍对梯田最早的文字记载，有学者认为这同时也是对哈尼族梯田最早的文字记载，理由是哈尼族迁徙史诗中提到的地名之一大渡河畔，据语言学考证，正是哈尼族早期的居住地。

另外，《后汉书·西南夷列传》云：西南夷"造起陂池，开通灌溉，垦田二千余顷"。高坡蓄水，引水下灌，是典型的也是唯一的梯田灌溉方式。当时的西南夷也包含了哈尼族的大部分。

唐代樊绰所著《蛮书·云南管内物产》记载："蛮治山田，殊为精好。"西南高原，群峰竞雄，山高谷深，梯山为田，难如登天，治山田已达"殊为精好"的地步，可见当时梯田农耕技术已有相当高的水准。

宋代，梯田有了正式的名称，范成大（1126—1193年）《骖鸾录》载："仰山岭阪之间皆田，层层而上，至顶，名梯田。"

至明代，曾任礼部尚书、东阁大学士的徐光启在其农学名著《农政全书》中把梯田列为中国七种田制之一，并详尽地描述过梯田的垦作。如《农政全书》卷五《田制·农桑诀田制篇》中引《王祯农书》"梯田"载："梯田谓梯山为田也。夫山多地少处，除磊石及峭壁，例同不毛。其余所在土山，下至横麓，上至危巅，一体之间，栽作重蹬，即可种艺。如土石相半，则必磊石相次，包土成田。又有山石峻极，不可展足。播殖之际，人则伛偻，蚁沿而上，耨土而种，蹑坎而耘。此山田为等，自下登陟，俱若梯蹬，故总曰梯田。上有水源，则可种粳秫；如止陆种，亦宜粟麦。盖田尽而地，地尽而山。山乡佃民，必求垦佃，犹胜禾稼。其人力所致，雨露所养，不无少获。然力田至此，未免艰食，又复租税随之，良可悯也。诗云：'世间田制多等夷，有田世外谁名题；非水非陆何所宜，危巅峻麓无田蹊。层蹬横削高为梯，举手扪之足始跻；伛偻前向防巅蹄，佃作有具仍兼携……'"

第二章 西部山地的梯田农耕文化

这种"世外"梯田,至清代已蔚为壮观,风景如画。清嘉庆《临安府志·土司志》也曾描绘过哀牢山区哈尼族的梯田耕作情景:"依山麓平旷处,开凿田园,层层相间,远望如画。至山势峻极,躐坎而登,有石梯蹬,名曰梯田。水源高者,通以略杓(涧槽),数里不绝。"

至今,元江岸边傣族聚居区六蓬古渡口还保留有民族迁徙的古寨遗址、古墓葬,这也从考古的角度证实了哈尼族的先祖在迁徙中不断分化、不断融合,最终依靠稳定的梯田农耕定居下来的史实。借用云南社科院王清华研究员的说法:"一个流浪了千年的民族,历经千辛万苦,终于找到了自己理想的家园。"

二、梯田农耕源起及相关研究

哈尼族先民何时开始在梯田种植水稻,由于缺乏足够的史料至今还难以确定。

我国学术界一般认为,哈尼族先民属原来游牧于青、甘、藏高原的氐羌系原始族群,与彝族、纳西族、拉祜族等彝语支各民族有亲缘关系。据有关汉文古籍记载及学者的考证,大约于春秋战国时期(公元前3世纪前后),氐羌系的一部迁徙至四川大渡河流域(《尚书·禹贡》称其为"和夷")。秦汉之际(公元1世纪),哈尼族先民继续南迁,大部进入云南。尔后继续南迁的过程中,大部分迁入元江流域的哀牢山区。隋唐(公元6世纪)以来,哈尼族先民与当地世居民族经过渐进融合,开始形成了被称为"和蛮"的单一民族,并已营造梯田,逐步由种植旱稻旱地杂粮转变为在梯田中种植水稻。居住在山岳地带继承自古以来就因主食大米而将水稻转换为在火烧地里种植旱稻的少数民族,也许只是为数不多的少数民族,而不可能是所有的云南少数民族。例如,居住于滇西北的藏族、纳西族、彝族、傈僳族、普米族、怒族、独龙族等属氐羌系民族,历史上并无种植旱稻、水稻的传统,而一直从事杂粮栽培。截至20世纪50年代,在山地种植旱稻的少数民族,仅有拉祜族、佤族、景颇族、布朗族、德昂族、基诺族、苗、瑶族等民族,亦并非云南少数民族的全部。上述种植旱稻的民族,大多既兼种水稻又兼种杂粮,而且全部居住于云南南部海拔1000—2000米的山区或半山区。自古以来,云南少数民族文化就是多元的,云南各民族的农作物栽培史,亦当是多元发展而并非一种模式。由此看来,元江流域哈尼族自从迁徙到此地定居后,开始以刀耕火种方式种植旱稻及杂粮,尔后逐步吸收百越系河谷地区傣族的水田稻作文化，并因地制宜加以改造，创造了蔚为奇观的山地梯田稻作文化，当是可信的[①]。

中央民族大学李泽然先生将哈尼族梯田农耕词语分为土地用语、农活用语、农具用语、农作物用语、肥料用语等5类进行调查研究，根据其对哈尼族聚居的绿春县大兴镇一带的研究，哈尼族土地用语55种，其中稻田类34种，地类21种，出现汉语借词1种。农作物用语共148种，其中水稻25种，出现汉语借词2种；苞谷和荞子15种，出现汉语借词1种；麦子、高粱、薯类等其他杂粮22种，出现汉语借词2种；豆类20种，出现汉语借词3种；竹子9种，瓜类11种，出现汉语借词1种；蔬菜和作料类38种，出现汉语借词6种；另有烟、茶、甘蔗等8种。

在这148种农作物中，除出现借词现象的15种是从内地汉族地区引进之外，这一地区的哈尼族已种植农作物133种。以水稻种植为主，苞谷、荞麦、豆类、蔬菜等种植为辅，广泛种植各类农作物，形成较为完善的山地农作物体系。农作物品种多，种植面广，进行立体式经营是哈尼族农耕的一大特征。而在肥料用语中，出现汉语借词的4种农业化肥都是中华人民共和国成立后才开始使用的，另外的17种都是根据当地的自然资源就地开发和利用的农家肥和绿肥。

第三节　栽培作物

一、梯田农耕栽培作物的起源

关于农作物的起源，哈尼族民间流传有许多的口述史诗和传说故事，但由于流传时间久远，加之采用的是口头传承的方式，各地流传的农作物起源神传故事在具体情节上有所出入，并不同程度地发生了变异，呈现出各地哈尼族神传故事的融合及地方化的特点。如此来看，哈尼族民间也就有了不同"版本"的农作物起源神传故事。

譬如按照哈尼族"杀鱼取种"的传说，一场滔天洪水淹没了大地后，树木草种、五谷种子都被冲走，大地一片荒芜。后来人们靠天神的指点，获知树木种子、草籽、五谷种子全被江河里的大黄花鱼吞吃掉了，便设法诱捕了

[①] 李子贤《红河流域哈尼族神话与梯田稻作文化》，《思想战线》1996年第3期。

第二章　西部山地的梯田农耕文化

大黄花鱼，并从大黄花鱼的千层鱼肚里逐一取出了谷子、荞子、高粱、棉花、苞谷、黄豆、南瓜、麻子等谷物庄稼的种子以及各种各样的树种和草种。从此，山山岭岭到处长满了稻谷庄稼和花草树木，一片生机盎然。

而据《哈尼族古歌》的记忆，是神仙烟蝶蝶玛用大金鱼的鱼鳞壳种出的大慈姑果生成了人类、动物、庄稼和草木。关于农作物的起源，同样在《哈尼族古歌》中又有传说：天神优姒保管的金箱银箱里放着庄稼种和树种，哈尼先祖亲生的三兄弟顺着象骨天梯爬上了天神优姒的家，求得了三把庄稼种和七把树种，在春风神俄虽玛的帮助下撒向了人世，从此人间有了赖以生存的三百三十种庄稼和七千七百种树木。

哈尼族的史诗和大量传说故事都在说：天神派了三个使者为人间修造了梯田，其中负责开沟引水的使者叫作依沙，他的嘴像鸭嘴一样，但又长又硬，是他用嘴开出水沟，引来山水灌溉梯田。梯田的起源离不开水和水神。元阳县胜村黄草岭以及绿春县平河一带的哈尼族则传说：螃蟹是水神，是它从泉眼里挖出泉水，是它的足迹在泥地上抓出梯田的形状，教会了哈尼族修造梯田。所以，《哈尼族古歌》中唱道："二月祭寨的时候／还要祭献水神／是水神螃蟹／为哈尼日夜挖掘泉眼／是水神螃蟹／帮哈尼日夜守护水源／哈尼不忘螃蟹开挖水源的好处／哈尼不忘螃蟹守护水源的恩情。"哈尼族对水的崇拜，还表现在实际的祭祀活动中，如"昂玛突"祭祀中的"罗号请"等祭祀水神的仪式以及祭祀水沟、祭祀梯田水口等。

虽然哈尼族民间的神传故事把农作物的起源归于神授，但神话的实质和现实科学实践告诉我们，农作物的起源靠的是自然界的生长条件和规律，农作物是自然生成而非人神所造。哈尼族之所以把农作物的起源归于神授，很大程度上是为了授予农作物一定的神圣性，即农作物起源神话是哈尼族文化对农作物品质的一种圣化行为，农作物因此才会获得从一般事物中突出出来的显圣性。和所有人类社会在早期对农作物的生存依赖一样，农作物一度是关乎哈尼族人口生存和发展的重要资源，所以哈尼族有必要确立一种文化范式来规定植物的起源，而神话正好满足了这种需求。

总体来看，栽培作物的起源，是目前农学、园艺学和植物学等领域内的重大难题，要完全搞清楚每种农作物的起源，也并非依靠某一单一学科的知识和技能就能完成。而且我们可以发现，哈尼族的传说故事讲述农作物起源于神授，但农作物和家禽家畜与人类的联系也终归要通过神性人祖这一中介，不然就不符合神话故事的逻辑。所以，不管是农业，还是畜牧饲养业，在哈尼族民间也必然经历过从野生到人工培植、从野生到家养驯化的过程，只不过在神话故事里人们把驯化野生物种的责任和功绩交给了具有神性的祖先，传说中的遮姒、遮努两位女祖代表的其实就是哈尼族原始农牧业的创始代表。

在哈尼族民间流传的迁徙史诗《哈尼阿培聪坡坡》中就有相关记载，说明哈尼族先民在漫长的采集渔猎经济活动中观察并掌握了野生动植物的特性，并尝试过对动物的人工驯化圈养和植物的培植：

"先祖逮回十七种野物，十七种野物闹闹嚷嚷。遮姒做成木栏，树桩围在四方。木栏里野猪野马一处吃草，木栏里野牛野羊一处游逛。野鸡野鸭也关进来，野狗野猫成了同乡。一年两年过去了，动物分出野生家养，野生的有一百二十种：龙、蛇、虎、豹、麂、鹿、狼……家养的有十二种：鸡、猪、鸭、鹅、马、牛、羊……哈尼还有一位能人，遮努的名声飞遍八方。她摘来了饱满的草籽，种进最黑最松的土壤，姑娘又去背来湖水，像雨神把水泼在籽上。草籽发出了粗壮的芽，草籽长出了高高的秆。当树叶落地的时候，黄生生的草籽结满草秆，先祖们吃着喷香的草籽，起名叫玉麦、谷子和高粱。"①

通过分析哈尼族民间的神传故事和有关动植物的语言材料，我们依然认为哈尼族关于动植物起源的神话，其实也就是哈尼族先民对于动植物来源和特征的解释性故事。任何民族的文化都有一个显著的特点，即为了说明周围事物的存在性，人们往往要找到一个理由来说明事物存在的合理性，而神话恰恰是人们最喜欢的一种解释。

二、梯田农耕主培作物与特性

哈尼族目前栽种的农作物，按其栽种来源主要可以分为以下三种类型：

一类是哈尼族从野生作物驯化为人工栽培作物并已世代栽种多年的传统栽培作物。这一类主要包含：高山水稻、旱稻、荞子、席子草、苤菜、蓝靛、香醅、魔芋、芋头、蜘蛛抱蛋、刺芫荽、刺天茄、薄荷等。这类作物最大特点是在哈尼族传统农耕生产生活中具有历史承袭的特征。此类作物在哈尼族生产生活和社会仪式中占有重要的地位。譬如哈尼族自己培植的传统水稻品种就很多，一般根据稻米味道分为普通稻和糯稻，也有按稻米香味或谷粒形

---

① 云南省少数民族古籍整理出版办公室编《哈尼阿培聪坡坡》，云南民族出版社1986年版。

第二章 西部山地的梯田农耕文化

状、大小、颜色等特征来区分的。在哀牢山区,作为梯田农耕的首要产品和主食,哈尼族培育使用的传统稻谷品种达数百种,仅元阳县便有黏性籼稻171种、粳稻25种,其中糯稻30余种。这些品种均具备一个共同的特征——高棵,稻秆高达1—2米。传统品种中有不少米质优良,而且产量不低,如籼稻"红脚谷"亩产350—600千克、海拔1800米左右耐寒的"冷水谷"亩产300—350千克。

另一类是哈尼族从与之相邻的其他民族那里引种来的作物,如水芋、茭白、包白菜、芭蕉、丰收瓜等。此类农作物以蔬菜瓜果为多,主要因为不同民族间的来往交流而自行引种而来。如水芋就是居住在山区的哈尼族从坝区的傣族那里学习引种来的。笔者1999年曾在红河县宝华乡一个哈尼村寨见一个农户在自家房屋门前的秧田里种绿秆水芋,而在红河当地原来只有生活在坝区的傣族种植绿秆水芋。据农户说,他在前一年试着种了一次,发现在山区也长得很不错,所以又去找来继续栽种,而且他在山区种出来的绿秆水芋明显比坝区的要水嫩和肥壮。

还有一类则是中华人民共和国成立以来通过当地政府有关部门陆续引进推广种植的作物,以经济作物为多,主要见于一些外来作物品种,如杂交水稻、杂交苞谷、小麦、红薯、木薯、甘蔗、油菜、香蕉、芭蕉芋、烤烟、香茅草、咖啡等。如今,在元江南岸哀牢山区,几乎所有的村寨都在种植杂交稻。

正如我们知道的那样,杂交稻的推广种植对哈尼梯田的稻谷品种多样性有极大的影响和破坏,造成生物链的断绝,破坏了生物基因多样化的就地保存和发展,使克制病虫害的功能丧失,使传统的科技和传统知识丧失[①]。

"一把锄头千桶汗,千锤万击塑深山。"由于山高岭峻,梯田农耕的劳动强度和难度比平坝地区要大许多倍。红河哈尼族彝族自治州梯田管理局局长张红臻对哈尼梯田稻作农耕的艰辛和不易深有体会:"有的人说,哈尼梯田是上帝的杰作。我说哈尼梯田怎么会是上帝的杰作,这是农民老百姓用血汗一锄头一锄头挖出来的,如果非要说是上帝的杰作,那我们的农民就是上帝。"

云南大学尹绍亭教授在《我看哈尼梯田》一文中是这样审视哈尼梯田的:"在某些人特别是外来旅游者眼里,哈尼梯田固然是'大美'的图景,但哈尼

---

① 王清华著《梯田文化论——哈尼族生态农业》,云南大学出版社1999年版。

族本身和民族学者都很清楚一个事实：哈尼族开垦满山遍野的梯田其实与'世界奇迹、人间仙境'和'发展旅游搞文化产业'没有一丁点关系。……哈尼人每天风吹日晒、往返劳作于上百层的梯田，山高谷深，送肥运粮，其艰难困苦的生活状况恐怕是游山玩水的旅游者们做梦也难以想象的；蕴含着多少艰辛、无奈、智慧、知识、灾难和危机！对于哈尼梯田的观赏者和开发者而言，如果能够对此多一些了解和认识，那么无疑会有更多的感动和更深的感悟，对于保护、'申遗'、开发和利用等的认识，也将会上升到一个更为人性、理智和科学的高度。因此，哈尼梯田更加凸显了哈尼人的勤劳、智慧。它是哈尼族人民与哀牢山大自然相和谐、互促互补的、天人合一的人类大创造，是文化与自然巧妙结合的产物。"

梯田作为哈尼族农业的主要形式，不仅承载着哈尼族祖祖辈辈的生命，同时，农业是一个地域性非常强的产业，梯田的耕作经营自然与当地地理环境条件紧密相关；其本身的开垦也是哈尼族适应和改造自然环境的结果，也积淀了哈尼族历史文化的重要内核。

第四节　生产技术

一、梯田稻作农耕程序

哈尼族的梯田营造，讲求季节时机。开梯田的最佳时节是每年的冬季至阳春三月，这段时间气候温和、凉爽、宜于劳作，且土质干燥，开挖时，哪里渗水看得清楚，可及时补漏加固。哈尼族新开梯田一般在数年前已将荒坡辟为台地，在台地上播种数季旱地作物，待水沟挖通，就在台地上开挖梯田；有的荒山因水源情况好，可直接开挖梯田。田埂是用开挖时挖下的大土饼层层垒起，每放一层，用脚踩牢夯实。哈尼族居住的半山区，大多属砖红壤性土、紫色土地带，这些土质多为细腻、有黏性的土壤，用来垒砌田埂，不容易出现埂壁漏水、田埂垮塌的现象。

三犁三耙是哈尼族梯田耕作的基本技术和田间管理程序。哈尼族梯田所处海拔较高，气温比坝区河谷低，土壤肥力相对差，必须精耕细作方能保证丰收。从上年秋收结束到次年春耕之前，梯田处于歇耕修养期，哈尼族在此段时间对梯田进行三次翻犁、三次牛耙，以提高梯田肥力。三犁三耙包括砍埂草、铲埂壁、括埂脚、垒埂、栽秧、薅秧除草、收割、脱粒、搬运等技术

第二章 西部山地的梯田农耕文化

环节和工序。

精耕细作是哈尼族梯田稻作的最主要的耕作管理制度。充分利用每一寸土地是哈尼族的生存原则。在不同土质、不同气候环境中种植与之相适应的作物，是哈尼族对自然、对农业以及对生产生活等深刻认识的结果。以哀牢山区没有一块平地的元阳县为例：元阳县总耕地面积为 27 万亩，其中梯田约占 20 万亩，靠着境内 4653 条水沟的灌溉和一整套梯田生产的特殊技能，使元阳这样一个 80% 以上的土地坡度在 25 度以上的典型山区县，在云南竟成为一个主产粮县。1980 年前，每年都向外地调出粮食 3000 万斤左右。粮食统购派购政策取消后，还继续向外地调出粮食，这不能不说是个奇迹。

哈尼族的梯田管理主要可以分成本田管理和秧田管理两种：

本田管理。秧苗栽下之后，梯田要灌一定量的水，直至谷子收割前夕。因此，田间水管理成为梯田管理的重要环节，三天两头必须查看梯田：一方面看田水是否干了，另一方面看是否有由于水量过多而秧苗被淹或田埂塌方的现象。秧苗栽下十日左右就开始出苗放青，一个月后必须进行头一遍除草，秧苗打苞时进行第二次除杂草。两个多月之后稻秧开始抽穗、扬花，必须砍除田埂杂草并拔掉田间野草。中秋时节，护秋便成为梯田管理的首要任务。每日都要有人到田间查看是否有倒伏的谷秆，谷秆倒了就扶起来，将数丛相邻的谷秆捆绑在一起，形成三角鼎力就不易再倒伏。有的撞击竹板或吹奏牛角号，有的则在田边设置一架竹筒制作的水具，利用自然流水冲力，使其突然发出刺耳的声音，又戛然而止，以此吓走野生动物，避免其糟蹋谷物。其中，哈尼族对本田的管理很大程度上跟梯田水资源的管理联系较为紧密，毕竟哈尼族梯田耕作依赖于水。此处略去对水资源的管理，本章另有介绍。

秧田管理。哈尼族秧田管理包括砍埂草、铲埂壁、犁田、泡田、刮埂子脚、铲埂子壁、刮埂子脚、耙田、割绿肥、踩肥、围秧田、选种、泡种、撒种、拔秧等劳动工序。秧田一般选为自家梯田的头几丘或中间几丘，较为固定。有的哈尼族人家则将距离村寨很近的田地留作秧田。这部分哈尼族秧田里秧苗移栽后不再栽稻子，认为影响次年的秧苗成长，一般就近放养鸭鹅等水禽。但有的哈尼族人家秧田照样栽稻子，认为收割稻子后及时施下绿肥，不会影响次年秧苗的成长。哈尼族选种有两种方法：一是块选，即通过观察稻谷的长势、颗粒多少、饱满程度等状况，将稻棵成长整齐、无病虫害、谷粒饱满的田块选作稻种田。二是穗选，即将谷穗长、结实多、颗粒饱满、无病虫害的谷穗选作稻种。无论块选或穗选，均在稻谷长到九成熟时采选，过熟的种子成活率不高，过生的则不易保存，过熟、过生均导致出苗率低，成活率不高，产量会受影响。

　　由于哀牢山区地貌地形气候的立体性，哈尼族梯田从河谷坝区到半山区、山区就处于不同的气候带中，故而哈尼族选留稻种时也要考虑到适应不同气候的稻谷品种。据云南省社科院王清华研究员的调查，元阳县哈尼族就拥有本土稻谷品种180个。这些品种分别适应不同海拔高度和气候带。在海拔1601—1900米的温凉山区，多选用小花谷、小白谷、月亮谷、早谷、冷水谷、冷水播、皮挑谷、雾露谷、皮挑香等耐寒稻谷品种；在海拔1200—1650米的温和山区，则选用大老梗谷、细老梗谷、红脚老梗、老梗白谷、大白谷、麻车、蚂蚱谷等温性高棵稻谷品种；在海拔800—1200米的温热山区，一般选用老皮谷、老糙谷、大蚂蚱谷、木勒谷、猛拉糯、七月谷等耐热稻谷品种；在海拔150—800米的炎热河谷，普遍选用麻糯等耐高热稻谷品种。在哀牢山区，由于地形、气候复杂到"隔里不同天，一山分四季"的地步，因而绝大多数稻谷品种的适应面积往往不超过万亩，有的品种仅在几百亩甚至几十亩中适用。由此可见哈尼族梯田农耕的极端复杂性，可见育种选种之不易。谷种的好坏关系到来年的粮食收成，非经验丰富的老年男女不能胜任①。

　　另外，为适应山区的生活，哈尼族所选稻谷品种还必须具备两个特点：一是易脱粒。由于哀牢山气候复杂，哈尼族居住山上，田在山下，谷熟时，需要在田里尽快脱粒，以便将谷子背上山去归仓，保证丰产丰收。二是所选稻谷中，无论高山、中山、低山河谷的品种，必须"高棵"，即稻棵长得高、稻草必须长②。

二、梯田稻作农耕程序之生产工具

　　自从哈尼族进入农业定植阶段，开始经营梯田农耕以来，哈尼族的财产观念也由原来的"禽畜"扩大到"土地"，但在出现哈尼族土司以前，土地并没有对哈尼族财产观念形成重要影响。相反的，要在固定的土地上获得一定数量的农业丰收，就要求他们注重耕作方式，改良土壤和改进生产技术。这时，家庭中饲养的大牲畜不再是单纯地用作肉食和作为交换手段，而是成

---

① 王清华著《梯田文化论——哈尼族生态农业》，云南大学出版社1999年版。
② 王清华著《梯田文化论——哈尼族生态农业》，云南大学出版社1999年版。

第二章 西部山地的梯田农耕文化

为哈尼族梯田农耕生产中重要的一项生产力,牲畜作为家庭私有财产的观念不但没有被削弱,反而被赋予了更新的意义。梯田农耕使哈尼族与牲畜的关系更加密切,因为大牲畜中的牛、马已经成为梯田农耕生产活动中必不可少的生产资料和工具①。

根据李泽然先生对绿春县大兴镇哈尼族农耕语言的研究,农具用语共102种,其中出现汉语借词7种。农活用语65种,在此类用语中没有出现借词现象,说明内地的半机械、机械化生产在哈尼族地区还处于空白阶段。而这些农活名称中以种田名称为主。在肥料用语中,出现汉语借词的4种农业化肥都是中华人民共和国成立后才开始使用的,另外的17种都是根据当地的自然资源就地开发与利用的农家肥和绿肥。可以看出哈尼族的梯田农耕特征②。

语言在一定程度上可以反映出社会的发展状况,透过李泽然先生的研究,可以看到哈尼族农耕用语是随着哈尼族农业的发展而发展的,农耕用语客观地反映了哈尼族农业的发展状况。哈尼族农具大部分靠自己制作,在当地就地取材、就地加工,利用木、铁、竹、草、绳等材料制作成人力或畜力农用工具。金属类工具部分由当地铁匠制作,部分靠购买获得。这些农用工具从其功能和效应上看,大部分靠人工操作,利用这些农具可以达到精耕细作的目的,不过在加快速度、节省人力等方面仍然很落后。传统上,这一地区的耕作动力主要是水牛和黄牛。

哈尼族梯田耕作诸如筑田埂、铲埂壁、翻土均需要锄头来操作,因此,锄头在梯田农耕活动中发挥着重大作用。哈尼人家每个劳动力都有一把锄。在梯田耕作中使用普遍的有板锄和条锄。板锄有四角形和三角形,锄刃有月牙形和齐口形。月牙形锄刃的板锄主要用作铲埂壁、埂脚和挖新田。条锄也是作垦挖新田用。而哈尼族整个梯田耕作生产中使用的工具就更多,哈尼族的梯田生产劳动工具,以短小轻便为特点,按照各类生产工具的用途来分,主要有:耕耘垦作工具(钐刀、砍刀、弯刀、铁铲、铁锤、斧、锄头、十字镐、犁铧、耙等);收割工具(镰刀、谷船、掼斗等);水利工具(分水木刻、分水竹刻、引水竹槽、引水木槽、水沟水渠、水车等);守护庄稼工具

---

① 邹辉著《植物的记忆与象征:一种理解哈尼族文化的视角》,知识产权出版社2013年版。

② 李泽然、白居舟《从梯田农耕词汇看哈尼族农业生产状况》,载李期博主编《哈尼族梯田文化论集》,云南民族出版社2000年版。

（水响竹筒、竹响、绳扣、篱笆、槲寄生黏胶等）；背运工具（尖底背箩、花眼背箩、棕背绳、蓑衣、背板、背架等）；加工工具（石磨、石碓、水磨、水碓、竹扇、风车等）；存储工具（篾仓、篾斗、篾囤箩等）。

据李期博先生对红河县哈尼族的调查①，哈尼族梯田农业的主要生产工具有如下几种：

板锄。这是哈尼族翻挖梯田的主要农具。其脑部较厚，刃口比较薄，厚度约 0.6 厘米，长 30 厘米，宽 16 厘米。上窄下宽。锄把仅有 90 厘米长。这种锄头有大中小之分，以适用于男女劳力和不同农活的需要。最大的板锄重约 3.5 公斤。

犁。木质部分一般是农民自己制作，犁铧有的由哈尼族师傅（铁匠）浇铸，有的到市场上购买。哈尼族犁的式样与其他民族的无区别，但其体积小巧得多，便于在面积较小的梯田中转身和搬动。

耙。整体均为木质结构，选用质地坚硬的麻栗树为材料制作。木耙由扶手、立柱、横木、耙齿、拴藤索的斜齿、藤索、弯担、鼻索等部件构成。木耙的齿必须是单数，认为这样才吉利。耙的宽度 1 米左右，高约 80 厘米。

"巴理"。普通镰刀。

"艳仰"。一般称为锯镰。木柄、刃口弯成半圆形，长 25 厘米，宽 2 厘米。哈尼族使用的镰刀一般都比建水、石屏汉族使用的镰刀细长，而且刀刃上有锯齿，使用轻便而锋利。

"地罗"，即打谷船。这是哈尼族在梯田中脱粒用的。打谷船用长 2.5 米，直径 60 厘米左右的泡桐树挖凿而成，其形状如渡船。两头的两侧边各留一道 20 厘米左右的槽，安放拦谷用的篾笆。梯田中收割谷子时，边割边脱粒，稻谷割到哪里，打谷船就拖到哪里。一条打谷船能装 50 公斤—75 公斤稻谷。满了就撮入麻袋背回去。运粮的工具主要是麻袋和背箩。

三、梯田水资源利用管理

水是湿地的灵魂，也是梯田农业的命脉，作为哈尼族梯田农耕的重要生产部门，水利灌溉在哈尼族农业生产活动中起着举足轻重的作用，梯田水资源的利用管理也就成为哈尼族生产、生活中的一项重要的民俗事象。

哈尼族集中居住的哀牢山区泉水主要分为孔隙水、岩溶水和裂隙水三种，

---

① 李期博《简论哈尼族梯田稻作民俗》，《云南民俗》1996 年第 7 期。

第二章 西部山地的梯田农耕文化

其中裂隙水分布普遍，主要存在于变质岩、碎屑岩、岩浆岩及火成岩地层中，其水源受自然降雨控制，地表植被良好，透水性低，属浅层水，出水点在高山随处可见，故有"山高水长""山有多高，水有多长"的美誉。由于哈尼族习惯于在半山区建寨定居，梯田的开垦也通常围绕村寨自上而下、由近及远地顺山坡修筑而成，便往往构成了"山林—村寨—梯田—河流"自上而下的四点一线式分布格局。"高山绝壑，耒耜亦满"（元结《问进士》），由于哈尼族梯田多依山傍水而造，故而哈尼族梯田灌溉一般不需任何灌溉工具，多采取开沟引水、以田为渠的高山流水自流灌溉系统。开渠引水是哈尼族梯田农耕生产的首要实践活动，哈尼族梯田虽分布在不同海拔高度的山坡（多分布在海拔 800—1800 米的陂泽地带），但哀牢山区"山高水长"的自然地理特征为哈尼族梯田水利灌溉采取自流灌溉模式提供了优越而便利的自然条件。哈尼族居住的山区，崇山峻岭，流水淙淙，哈尼族因势利导，把山间流水引下高山，灌溉层层梯田。

哈尼族梯田水资源管理主要包括山林和水沟的日常管理与用水期管理，此外也涉及水库、龙潭、水井的管理。元江南岸土司区的哈尼族在语言上都不同程度地吸收、借用过一些汉语词汇，但有关梯田农耕生产活动方面的词汇却和这一地区完整的梯田农耕制度一样，系统、全面地保留了哈尼族语词特点。"咪东阿波"和"赶腊阿波"即是哈尼族语言的历史遗留，至今仍旧被用来称呼护林员和水沟管理员。历史上，哈尼族地区的山林和水沟都主要由所有者组织专人看管。土司的山林有人帮管帮看，村寨的山林也照样有人看护；土司派人修建的水沟有人管理，各村寨百姓自己开挖的水沟也有专人管护。1958 年人民公社设立至"文革"时期，各生产队都有自己的护林员和水沟管理者，但管理上较为混乱。1981 年推行落实家庭联产承包责任制以后，山林和水沟的管理才又恢复正常，虽管理制度有别于土司制度时期，但基本恢复了哈尼族民间传统的管理模式。

刻木分水是哈尼族在长期的梯田农耕实践活动中对如何分配使用水渠、水沟的水，形成的一种不成文的民约水规（哈尼语称为"欧头头"）。分水器木刻凹口的宽窄根据梯田灌溉的面积而定，分水器没有固定制作模式，各地大小不一，但都很注重木刻凹口的宽窄。刻木分水根据一条水沟所能灌溉的梯田面积，通过用水户之间的集体协商和约定，用木头（也有用棕榈树茎的）砍出分水口（每个口子深度保持在同一水平，宽度则根据规定水量的多少有大有小），然后将这个木刻平行卡埋在主干渠的分水处，让水流从木刻的各个开口自然流淌到不同区域的梯田里，水流又通过处于上方的梯田出水口逐层下流到下方的梯田，所以实际上梯田自身也起到沟渠的作用，也就是山区所谓的"自流灌溉"。在漫长的历史进程和长期的梯田农业实践中，哈尼族民间形成的这种约定俗成水规，为维持梯田农耕系统起到了良好的作用。

哈尼族利用山区山高水长的自然条件和特点，或架接渡槽，或开挖沟渠，或修筑水坝，把自然之水引入层层梯田。哈尼族地区，人们常在山高坡陡或悬崖峭壁上架接的渡槽主要有木槽和竹槽两种。木槽输水量大，但并不经济，多用于短距离输水。由于哈尼山乡多生长有竹，哈尼族一般都是把竹从中间剖开后削去竹节隔膜，即制作成竹槽。如果用以渡水饮用，则多采用竹筒，直接去除竹节隔膜置于水口使用。竹槽轻便耐用，用竹索将竹棵绑成支架从下面支撑架设上面的竹槽，竹槽的一端置于水口，水便通过一个个相对接的竹槽引入沟渠。竹槽渡水曾经是哈尼族山区的一大景观和哈尼族引水的常见方式，现已绝迹不见，为水沟水渠代替。

但凡到过哈尼族山区的人，都不会忘记哈尼族地区密密如织的沟渠水网，山涧、溪水、泉流通过条条水沟渠道，通过分水木刻流入上层梯田，再由上层梯田的出水口自上而下一层一层地流入下层梯田。哈尼族开挖了许多水渠、水沟，将山岭、森林深处流出的泉水、溪流等山水引入梯田用于灌溉。密密麻麻、大小不一的水沟，构成了哈尼族地区庞大的水网。据统计，截至2001年底，红河哈尼族彝族自治州的红河县甲寅乡挖掘修建的水渠水沟共762条，其中水流量在0.1立方米/秒以上的有6条，而这6条水沟中有5条是1950年当地解放前就已经开挖使用的。另据《元阳县志》载，1949年前，全县有水沟2600条，灌溉农田90 000亩。1985年有水沟6246条，灌溉农田17.12万亩。元阳县嘎娘乡的梯田水利灌溉系统相当发达，民众独立或合力开凿沟渠的事例很多，如清代时由群众合力开挖糯咱大沟的龙克、糯咱、绞缅等三个村寨，曾刻立石碑制定水规。这在《元阳县志》中如此记载：

清乾隆五十二年（1787年），龙克、糯咱、绞缅三寨合议，决定在壁甫河源头开挖水沟，灌溉良田。三寨出银160两、米48石、盐160斤，投工近千个，结果沟未修通。嘉庆十一年（1806年），三寨再议修渠，并决定每'口'水（'口'即当地放水计量单位）出稻谷150斤、银180两、米20石、盐100斤重修。经两年多的努力，终于将沟修通，此为境内由群众集资投劳

第二章 西部山地的梯田农耕文化

开挖的第一条水沟。但是，清嘉庆二十二年（1817年），由于社会动乱，水沟年久失修，未显效益。清道光九年（1829年），三寨又出银52两，重新修水沟，并定下规约，立下石碑，凡不按规定参与修整、违约放水者一律处以重罚，使人民长期受益于沟渠①。

哈尼族山区的水渠除田间小水沟一般由受益者自己开挖之外，主干水沟和大水沟的开挖，多数情况下皆为集体行为。中华人民共和国成立前，土司曾派百姓集体开挖过水沟，也有的水沟是当地百姓集资投劳开挖的。百姓开沟多以目测沟线，边开沟边放水，即所谓的流水开沟法。历史上哈尼族所开水沟均为土沟，易坍塌的地段则以石为基修砌而成。水泥水沟是20世纪90年代中后期才由政府出资修建的，一般只限于主干大水沟。哈尼族梯田主干大水沟的沟水多引自山箐、龙潭、泉眼或溪流源头。一般说来，主干大水沟的水流按各支流水沟所灌田地面积的大小被分成多少不等的支流（刻木分水），"水源高者，通以略杓（涧槽），数里不绝"，再由不同的支流水沟分流到不同坡向的梯田，水流从最高层梯田的进水口流入，灌满后又从出水口流入下一丘田，上满下流、逐层灌溉。雨水季节，降雨会增大水沟水流量，这一季节也是哈尼族的防洪期。"俄者吗拉赶脚若"（指在洪水之前清理修整水沟，畅通水道），哈尼族在洪水期到来之前就清理水沟中的石头等堵塞物，确保水道畅通，并在整个洪水期经常观察和疏通水沟②。

在灌溉农田的过程中，哈尼族人还利用水流经村寨的有利条件，在村寨下方建一些水碾、水磨、水碓等生活设施，使水资源得到充分的利用。

从功用来说，水碾是哈尼族重要的稻谷和农作物加工工具，主要包括哈尼族的石碓、石碾、木碓等，因为利用山区水能加工稻谷和高粱、荞子等农作物而统称水碾。据《元阳县志》记载，哈尼族的水碾是由龙军队伍里的官兵从两广一带习得传入的。尤其是，龙军队伍里的李学通过加工设计和改进，将两广一带水碾的平列式水车改建成直列式水车，进行加工改造后，利用山区水流的高低差和水能冲动水车而带动水碾，因功率远超山区传统脚碓而传播开来，成为颇具山区特点的稻谷加工工具。20世纪50年代至80年代，在大多数哈尼族村寨中都有利用山区水能水力碾米的水碾房。水碾房或由村寨

---

① 《元阳县志》，贵州民族出版社1991年版。
② 邹辉《红河南岸嘎他村公所哈尼族梯田水资源传统管理制度定点研究》，载《中国西南生物资源管理的社会文化研究》，云南科技出版社2001年版。

人家轮流负责管理，或由专人管理。水碾、水碓日夜不停地运转，满足了哈尼族村民的生活需求。

哈尼山寨的沟渠除山间梯田密密如织的各式大小水沟外，几乎每个村寨都有引自山林的水沟从村寨中央流经或环村寨而流。水沟过寨的这种设计除开梯田灌溉用水和冲肥用之外，村寨失火时还可以派上用场。因为哈尼族的传统住房不管是"封火房"还是"蘑菇房"，房顶都是用茅草或稻草修建的，易燃，一旦发生火灾，迫切需要从附近取水灭火。

对稻作民族来说，水之外最重要的就是肥料。哈尼族通过各种渠道给梯田进行肥力保养和肥料补给，以保持并增加梯田土壤肥力。

一方面，由于梯田的田埂和埂壁又高又厚实，可以用作绿肥的各种植物杂草丰沛，每年秋收过后，首先就是将田埂上的杂草砍下泡在田里，整个冬天沤在田里，春耕之前犁田就一起翻入田泥，便是最好的绿肥。梯田土壤肥力能够保持的另一个原因就是哈尼族梯田大部分集中在半山区以上，一般都只耕种一季，而不是像河谷坝区田一样耕作两季或三季，所以整个冬天梯田都静静地泡在水里任由太阳照晒、雨雾滋润，处于"休眠保养期"，哈尼族称之为"晒田"。这其实是哈尼族利用山区气候特点对梯田进行休养生息式的保养。这是一个非常好的传统。

另一方面，哈尼族利用哀牢山"山高水高"的特点，发挥山高坡陡、水资源丰富的优势，充分利用流水冲灌的方式把农家肥输送到水田中。这就是哈尼族对水资源别具一格的利用方式，即利用高山流水冲肥。冲肥之前，先梳理通往田间的水沟，将田水放干，再把农家肥和绿肥集中于村寨边的粪塘中或堆放在水沟边，然后边引水搅拌，边放水冲肥。同时，安排人从下到上，将农家肥、绿肥水灌进田里，灌满一丘便堵死其水口，依次将整片田灌满。这种流水冲灌农家肥、绿肥的方式，其最大优点在于节省大量人力，速度快，肥力易于融入田泥中。

哈尼族流水冲肥有两种方式：一是冲村寨肥塘。在哈尼族各村寨中都有一个大水塘，平时家禽牲畜粪便、垃圾灶灰等积集于此。春耕时节挖开塘口，从大沟中放水将其冲入田中。村民用锄头、钉耙搅动糊状发黑的肥水，使其顺畅下淌，沿沟一路均有专人照料疏导，使肥水入田。如果某户要单独冲畜肥入田，只要通知别的农户关闭梯田水口，就可单独冲肥入田。二是冲山水肥。每年雨季到来，村寨的男女老少一起出动，称为"赶沟"。六七月大雨瓢

第二章 西部山地的梯田农耕文化

泼而至,在高山森林积蓄并沤了一年的枯枝败叶、牛马粪便顺山而下。满山畜粪和腐殖土冲刷而下,漫山随雨而来的肥水,在人们的大力疏导下顺水流入山腰水田。此时梯田里稻谷恰值扬花孕穗,正须追肥。这一方法省去了大量运肥劳力,是梯田水资源管理和利用的特技,是哈尼族山区农耕生产经验的集中体现。

第五节 生产关系

一、生境与土地制度

"哈尼是粗粗的大树,树根就是大田。"自隋唐时期进入稳定的农业定植阶段以来,元江南岸的哈尼族梯田农耕活动便一直延续至今。虽曾历经了不同历史时期的土地制度变更:元明清以来的封建领主土地所有制;民国时期,土司、地主占有大量土地;20世纪50年代中后期,通过和平协商土地改革,废除了封建土地所有制与土司世袭制度,组织农业互助合作;1966年恢复"人民公社"体制;中央十一届三中全会后,实行家庭联产承包责任制。不同时期的土地制度变更自然会影响到哈尼族梯田农耕生产力的发展,但梯田农耕至今依然作为这一地区哈尼族的主要生存技术而得以传承发展。而不管土地制度如何变更,梯田都是哈尼族的生命线,是哈尼族最主要的土地利用方式。

包括红河、元阳、绿春、金平在内的元江南岸是哈尼族人口分布最集中、最多的地区,也是梯田分布最集中、最具典型性的区域。同时,作为湿地类型之一的水田是哈尼族农耕实践的主要形式。据1997年《红河州年鉴》统计,红河州所辖13个县市中水田面积超过耕地面积一半的仅有红河、元阳、绿春,而红河州内各县市总人口中哈尼族人口过半的也是红河、元阳、绿春。这种对应并非巧合,它恰恰展示了哈尼族长期以来以水田经营为农业生产主要特点的梯田农耕活动的核心内容和本质所在。

另据《红河县志》统计,1952年红河县耕地总面积为171 850亩,其中水田面积86 469亩,约占耕地总面积的50.3%。而据笔者1999年的调查,红河县嘎他村公所水田面积占耕地总面积的77.1%,嘎他村的水田面积占耕地总面积的78%,虾昆村的水田面积则占耕地总面积的82.6%。哈尼族民间还流传有"干田不算田"的民谚。可以看出,水田是哈尼族土地利用最主要的形式，水田在哈尼族各种土地利用类型中占大头，是哈尼族最主要的梯田农耕类型。

哈尼族居住的山区环境为哈尼族提供了利用采集、渔猎等直接生存技术解决生存问题的天然资源，但山区环境的复杂多样性也决定了这个民族生存的艰难。梯田，是哈尼族的生命线，同时也是构成哈尼族文化的重要元素。

在利用采集、渔猎等方式谋生的同时，哈尼族积极地发挥了人类的主观能动性去认识自然、适应自然和利用开发自然，力求创造更稳定、更可靠、更长期的生存技术。梯田便是哈尼族充分认识和利用哀牢山区"山有多高，水有多高"的自然特征而开创出的高山灌溉农耕体制。哈尼梯田自有其精耕细作的农事管理制度，虽然摆脱不了传统农业"靠天吃饭"的特点，但作为哈尼族谋生的主要手段，梯田耕作却也是最稳定、最有保障的方式，梯田也是最可靠、最丰厚的物质资料宝库。

与其他农业耕地相比，梯田本身的开垦营造就是一个充满艰辛的生产过程，"先开荒地，后改梯田"这一垦作过程包含了垦荒开地、开沟引水、打埂垒筑等一系列劳动强度极大的生产环节。哈尼梯田多分布于海拔800—1800米之间的山坡上，按耕作类型可分为水田、田间小块地和旱田即民间所谓"雷响田"。

人类文化之所以呈现出多元化的特点，与各民族在不同的自然环境中创造的不同生存技术有着千丝万缕的联系。哈尼族围绕梯田农耕进行的生产活动也发展了有别于其他民族文化的高山梯田稻作文化，而哈尼族对梯田生物多样性的开发利用体现了哈尼族文化蕴藏的生态意识，也显示了梯田可持续发展的必要性和可行性。

"有山有水才有林，有田有粮才有命。"哈尼族民间流传的这一民谚体现出这个民族对自然生态系统与人类关系的充分认知。哈尼族山区的自然环境，以气候的立体垂直分布和与之相适应的立体植被、水系、生物分布为特征。哈尼族就是利用哀牢山特殊的地质、地貌、气候、土壤、植被、生物资源的立体性分布特点，构建了与之相适应的高山稻作农业生态循环系统。

"要烧柴上高山，要种田在山下，要生娃娃住山腰。"作为哈尼族梯田农耕的重要生产部门，水利灌溉在哈尼族农业生产活动中起着举足轻重的作用，梯田水资源的利用管理也就成为哈尼族生产、生活中的一项重要的民俗事象。据各县文字资料统计，20世纪50年代初期，元江流域哈尼族聚居的元阳、红

第二章　西部山地的梯田农耕文化

河、绿春、金平、墨江、普洱等地的森林覆盖率占各地土地面积的60%以上，元江流域的崇山峻岭上呈现茫茫森林、植被茂盛的景象。由于大山阻隔，苍莽的原始森林绵延不绝，古木参天、山野翠绿，如此良好的植被条件不仅涵养了丰富的水土，也为哈尼族开发高山梯田创造了优良的天然保障。

自古以来，人们在选择一个地点建村立寨的时候都必须要考虑到有森林、有水源，同时在村寨的下方有平缓的坡地可以修建梯田，这样就构成了森林、村寨、梯田、河流四位一体的哈尼山寨独特的自然人文和生态景观。在这种和谐同构的自然生态系统和人文景观格局中，不同的构成部分有着不同的功能，不同的单元景观发挥着各自的效用却又高度统一、自然和谐。由于哈尼族习惯于半山区建寨定居，梯田的开垦也通常围绕村寨自上而下、由近及远地顺山坡修筑而成，于是就构成了"山林—村寨—梯田—河流"自上而下的四点一线式分布格局。哈尼族梯田虽分布在不同海拔高度的山坡（一般多分布在海拔800—1800米的陂泽地带），但哀牢山区"山高水长"的自然地理特征为哈尼族梯田水利灌溉采取自流灌溉模式提供了优越而便利的自然条件。导渠引流不仅是哈尼族以流水浇田的主要方法，还为哈尼族用以冲灌绿肥、畜肥入田，创造了独特的高山流水冲肥方法。

二、梯田水资源管理中的社会组织与村规民约

水是湿地的灵魂，也是梯田农业的命脉，而梯田又是哈尼族的生命线，梯田不仅承载了哈尼族的生命，也积淀了哈尼族的历史和文化。作为哈尼族梯田农耕的重要生产部门，水利灌溉在哈尼族农业生产活动中起着举足轻重的作用，梯田水资源的管理也就成为哈尼族生产、生活中的一项重要的民俗事象。

同时，哈尼族对水资源的管理也是有效的，这首先反映在哈尼族对水的重要性的认识层面上。在哈尼族民间，人人都有"水是梯田的命根子，梯田是人的命根子"的认识，这从哈尼族社会流传的众多有关水，有关水与森林，有关水与梯田、有关梯田与人等相互关系的谚语和俗语中可见一斑。其次是哈尼族社会对水资源的管理和对森林的管理相互联系又相互分工，形成了全民管理有序，落实到专人管理的管理机制，取得了维护水资源、利用好水资源的良好生态效应和现实效用。

森林密布的山谷在红河州哈尼族地区称为"箐"，土司时代，土司将境内森林以箐为单位划分成若干片，设专人看管，称管理者为箐长。箐长的职责是：传达土司指令，定期开山、封山，制定护林规约，上报违规毁林情况，呈请土司处置。1950年后，箐长废除，由护林员代替。土司辖区内公用水沟的管理者称为沟长，其职责是：以木刻放水，督促用水户按分水木刻交纳赶沟谷，投工投劳修整水沟，每年召开一次群众会议，祭沟会餐，商讨管沟事宜，改选沟长，修订水沟管理制度。

而在民间，哈尼族把负责山林守护和管理工作的人称为"咪东阿波"，其意直译为"守山林的老大爷、守山林的师傅"，其职责相当于汉语的"护林员"；水沟管理者则被称作"赶腊阿波"（有的村寨又叫"洛泔来然"），相当于汉语的"沟头、赶沟人"。在当地哈尼语里，"阿波"是个多语义的词，既可指称"树木"；也可用来称呼老年男子，以示尊敬，相当于汉语的"老大爷"；还可用来称呼有一技之长或在某一方面有特殊本事的人，相当于汉语的"师傅、能人"。

1999年，嘎他共有咪东阿波19人，其中属村委会任命的有6人，主要管理村委会集体林；虾昆村和其自然村各有1个咪东阿波，负责管理各村的集体林。不论村委会护林员还是自然村护林员，咪东阿波皆由男子担任。由村委会任命的咪东阿波一般是由家里劳力较强、有时间、有精力和有责任心的男子担任，可在全村委会范围内挑选任命。因为村委会集体林一般远离村寨，咪东阿波需要驻扎巡山，村委会在山林间建盖有称为"虾曲"的窝棚或简易房供咪东阿波使用，咪东阿波吃住在虾曲。村委会任命的咪东阿波的职责主要是守山护林、防止百姓毁林开荒、放火烧林、烧山、入林放牧、偷砍柴木和用材等。

另外，咪东阿波还在村委会山林周围的荒山荒坡上栽树，这既是尽职，也是出于一种文化自觉。据嘎他村委会咪东阿波吴书娘（嘎他村人，已任嘎他村委会咪东阿波4年）介绍，1999年他共栽了1000多棵树。村委会任命的咪东阿波只要尽职尽责，可以经年连任，如不称职也会被撤换。其报酬由村公所付给，多数情况下以谷物兑现，每人每年可得500公斤谷子（半干半湿）。各自然村的咪东阿波则由各村村民推荐任用，职责与村委会咪东阿波基本相同，一般来说都不要求栽树。这主要是因为各村咪东阿波基本不脱离农事生产活动，采取不定时走动巡山的办法，农闲季节和月亮当空的夜晚为咪东阿波巡山次数最多、时间最长的任务期。自然村咪东阿波多数由家里劳力强或家庭人多田少并有一定责任心的男子担任，其报酬也多以谷物兑现，由

第二章 西部山地的梯田农耕文化

各村村民定量并按户出谷作为其一年的酬劳。1999年，虾昆村咪东阿波每年的酬劳为8背谷子（约250公斤）。

1950年以前，凡几村共同受益的水沟或以某个村寨农户为主开挖的水沟，均有专人管理，哈尼族民间称管理者为"赶腊阿波"。赶腊阿波主要负责水沟的日常维护，在水沟发生堵塞、坍塌等情形时，一般皆由赶腊阿波负责疏通和维修，如工程较大，则由赶腊阿波组织水沟用户共同维修。但是，赶腊阿波不负责水利纠纷事务的处理，只负责把有关事件汇报给村寨头人"咀马"并由他出面调停解决。

此外，赶腊阿波也不负责分配水流量。哈尼族地区分水多采取刻木分水方式，民间称此法为"欧头头"，意即"刻木为度的分水法"。欧头头是由同一条水沟的所有用水户集体商定具体的分水标准，通常都是按水沟水流所灌溉田亩面积的多少来确定分水标准，所用木刻以棕树茎或竹筒为多。赶腊阿波的报酬也是按用水田亩面积的多少向水沟用户收取水利谷，也有的是分给赶腊阿波一份公田耕种，以作报酬。1950年至"文革"期间，沿用以往管理方法，但管理上相对较为混乱。在人民公社时期，赶腊阿波的酬劳由生产队评给工分，参加社员分配。1981年以来，基本恢复传统管理方式，赶腊阿波的酬劳仍以谷物兑现为主。

事实上，虽有赶腊阿波专职负责水沟的管理使用和维护，但所有用水户都会自觉管理维护水沟，只要看到水沟堵塞或坍塌，谁都会出手疏通一下水道或挖土修补水沟。这是出于哈尼族在长期梯田农耕实践过程中对水利与农田休戚相关关系认知的一种潜意识和文化习惯。

哈尼族民间水资源管理的惩罚制度主要针对山林偷伐行为和偷水行为，其目的是防范、约束、制止偷盗行为，以保护重要山林不受破坏和保证梯田用水的合理公平。一般说来，水资源管理的惩罚制度也被纳入哈尼族村寨的习惯法，众人皆知，但具体的惩罚措施并不一定都由各个村寨订立，如对偷水行为的惩处就是由每条水沟的用水户在最初商定分水标准时确定的，也是由用水户执行惩罚[1]。

哈尼族关于月相的信仰在水资源管理中也有所反映。

---

[1] 邹辉《红河南岸嘎他村公所哈尼族梯田水资源传统管理制度定点研究》，载《中国西南生物资源管理的社会文化研究》，云南科技出版社2001年版。

哈尼族相信月相变化可以照应人世兴衰，认为每月十五以前属吉利日子，这期间月亮由亏转盈，照应人运势顺畅，过了十五就像月亮由圆转缺一样，人间运势就会转坏。所以哈尼族对违反水资源管理制度的人员的罚款时限一般也定于每月十五以后，以示受罚人得到了严厉的惩罚，借此表示加重惩罚，让人们明白违规的后果有多严重。

由于哈尼族在选址建寨时注重"昂玛"神林的选择并有在村边寨旁种植各种竹子、棕树、果树等绿色植物的习惯，传统的哈尼族村寨都被绿树环绕，掩映在树林之中。据笔者在红河县的调查，哈尼族民间对山林偷伐行为的惩罚有两种形式：一种是针对村寨的"昂玛"神林和神山、神树，另一种则是针对村寨的公山。

哈尼族民间约定俗成："昂玛"神林、重要的水源林及村寨周围的防护林，应加以保护，严禁砍伐毁坏。哈尼族过去没有文字，但约定俗成的习惯法人皆知之。前者少有人敢违规，因为一旦违犯，受到的惩罚不仅是必须承担祭祀"昂玛"神林所需款项，更严厉的惩罚还来自宗教和信仰心理，认为从此会遭受报应。后者多采取罚款方式，而且罚款数额一定是双数。清朝末年，红河县境内主币为龙元半开，此时至1950年间，偷伐山林者除被没收所伐木材外，重者被罚36个半开或26个半开，最少罚以16个半开。此后相应改为36元、26元和16元人民币。咪东阿波无论何时皆不负责对偷盗者进行罚款，1958年以前基本上是由咀马出面罚款，1958年直到家庭联产承包责任制之前都是由生产队长出面罚款，1981年至今也是由村委会或自然村负责人出面罚款。

哈尼族民间本来少有偷水、争水现象，但因水沟分水原则多沿袭古规不变，开挖引水时定下的分水原则经年不变，新开梯田所需灌溉用水只能另找水源，而不得从旧有水沟重新定量分水，故而必须防止新开梯田的农户在需水季节破坏水规，私自把水引到自家新开的田里灌溉用。一旦有偷水现象发生，只要被水沟的任何一个水主发现，其他水主就会被告知偷水事件，水主们就会对偷水者进行惩罚。对偷水、破坏分水规则行为的处罚以罚款为主，罚款数额也一定得是双数，拿不出罚款的被罚者可用等价的猪、鸡等替代。据嘎他老人吴某某介绍，清朝末年至1958年以前，对偷水者的罚款数额也多定为36个龙元半开。现今的罚款数额则一般都定在150元上下。

任何时期，哈尼族民间对偷水事件的处理只限于水主们和偷水者之间，

第二章　西部山地的梯田农耕文化

土司、咀马和村委会人员并不参与。对偷水者实行罚款后，水主们用罚款买来羊、猪、鸡等物品，约齐了所有水主和偷水者到水沟边平坦之处或村寨外称为"虐扎扎"的地方杀猪宰羊、搞伙食吃，边吃边教育偷水者，并就水沟的管理问题进行商议。食物吃完为止，不能把剩余的食物带进村寨和家里。

哈尼族梯田需水期集中在载秧前的 2—4 月，这一时期也正好是枯水和缺水时节，水沟用户们多在此时碰头商定轮流放水方案，同时定下违规的惩处办法和具体的罚款数额。

哈尼族梯田水资源管理本身属于哈尼族农事生产的民俗事象，但它又与许多民俗活动和文化信仰有着千丝万缕的联系，如"昂玛"神林崇拜、水崇拜、双数禁忌等在哈尼族梯田水资源管理中的出现，甚至于偷水罚款、聚餐选择在"虐扎扎"等都说明哈尼族梯田水资源的管理是其传统社会文化对当地环境做出的一种积极、自觉的适应[①]。

哈尼族对梯田水资源的传统管理能够以民族习惯法的形式保留下来，一方面是因为它遵循了因地制宜、因势利导的原则，它是哈尼族对山区特定的自然环境的文化适应，是哈尼族经历了长期的梯田农耕实践得出的经验总结；另一方面是因为长期以来它都处于一个相对较为封闭的哈尼族社会文化系统中，虽然"大跃进"和"文革"时期当地的民族传统习俗受过一些冲击，但并没有改变它的主流文化，所以它能够传承本民族文化的主脉。

第六节　信仰崇拜

一、森林观与水文化

森林是人类的发祥地，是早期人类活动和栖息的主要场所。回溯人类的发展历程，我们甚至可以毫不动摇地说，人类是从森林里走出来的。《礼记·礼运》曰："昔者先王未有宫室，冬则居营窟，夏则居橧巢。"《博物志》载："南越巢居，北朔穴居，避寒暑也。"在文明的初期，森林在人们生活中占重要地位，森林是人类成长的摇篮，更是养育人类的母亲。

同样的，森林不仅是哈尼族先祖的避难所和庇护所，也是哈尼族成长的

---

① 邹辉《红河南岸嘎他村公所哈尼族梯田水资源传统管理制度定点研究》，载《中国西南生物资源管理的社会文化研究》，云南科技出版社 2001 年版。

摇篮。《哈尼族古歌》第六章"雪紫查勒"（采集狩猎）为我们生动而亲切地描述了哈尼族先祖与森林的这种亲密关系："远古的先祖住在老林/远古的哈尼族歇在岩洞/老林是亲亲的阿妈/日日送给先祖吃食/岩洞是亲亲的阿匹/把哈尼护在洞中……先祖住在老林/把三种野物认作师傅/山洞不够在，就去问鸟雀/阿尼，你有七个小娃，住处只有一个，在不下的孙儿孙女，哪里去躲雨躲风/鸟雀说：不怕，阿尼，再有七十七个子孙，我也会搭七十七个在处/先祖尾着（跟着）雀鸟，在树枝上盖成'虾雀'……先祖睡觉没有被盖，白日上山也不穿衣裳/望见过路的穿山甲，先祖赶紧去问/亲亲的阿尼，你一身甲壳老是亮，冷天不怕冷，热天不怕热，借给阿哥来用用/穿山甲说：借嘛不会借，我来教你缝/先祖尾着穿山甲，撇回尖尖的硬刺，串起大片的树叶，大串大串挂在身上/这件衣裳真是好，热天抖开会凉快，冷天缩起遮冷风……/两个祖先饿不得，日日走在大山上，逗着（遇着）蚂蚁在打猎，撵山堵口老是忙/大大的飞鼠走不动，身子头脚被咬伤，细沙一样的蚂蚁，又咬又撕不肯放/咬下脚，咬下手，背的背，扛的扛/小猪样的飞鼠，一下就被抬光/阿虎腊尼说给先祖：草籽大的蚂蚁，咬得翻大大的飞鼠，石头样多的哈尼，敲得死老虎大象！"

在古歌中，哈尼族先祖用"阿妈""阿匹""阿尼"这样的字眼称呼森林、岩洞和动物，这本身就说明了哈尼族的祖先与森林、岩洞和动物的亲密关系。直接称呼森林为"阿妈"（哈尼语，意为母亲、妈妈）本身就透露出哈尼族的祖先多么依赖于森林，不但以森林为家，森林还是其衣食之源，称森林为"阿妈"也是顺理成章的事。而"阿匹"和"阿尼"在哈尼语里分别是"阿奶、奶奶、婆婆"和"小弟、小妹"的意思，"阿匹"常用来称呼老年女性，而"阿尼"也是一个昵称，用来称呼年幼或年龄比自己小的人，哈尼语"阿妈""阿匹"都是阴性词，用来称呼女性，而"阿尼"是中性词，可称呼男子，也可称呼女子。哈尼族用这样的称呼来讲述和森林、动物的关系，本身也就极具感情色彩，表达出哈尼族祖先和森林、动物的关系非同一般，而是"一家亲"的亲密关系。也正是这种"人和动植物亲如一家"的颇具感情色彩的认知心理导致哈尼族民间产生了"人、植物和动物起源于同一始祖"的神传故事和应该亲爱"同类"的很多民间谚语和习俗事象。

"假如人类有四百万年的历史，那么百分之九十以上的时间是靠狩猎和采集为生的。"我们还可以了解到，哈尼族的衣食住行和采集狩猎不仅取自于森

第二章 西部山地的梯田农耕文化

林，还受到了森林里动物们行为的启发和带动。根据《哈尼族古歌》的描述，哈尼族先人先后拜了鸟雀、穿山甲、飞虎、天鹅等动物为师友：是鸟雀教会了哈尼人用树枝搭窝铺；哈尼先祖还向穿山甲学会了用树叶缝制树叶衣；又跟长着绿眼睛的飞虎学会了辨别能吃和不能吃的树果；而天鹅教会了哈尼祖先辨认哪些水菜能吃，哪些水菜不能吃；尖嘴尖牙的老鼠则带动了哈尼族先祖去吃草籽，从此哈尼族先祖知道吃了草籽会饱肚子；受蚂蚁的启发，哈尼先人又学会了打猎。不难想象，哈尼族祖先在以森林为家，以树叶为衣，以动物为伴的早期生活过程中，森林扮演的角色和所起的作用就只能用一句话来概括，那就是：森林是母亲，是"生于斯、长于斯和逝于斯"的亲亲家园①。

森林母亲以她的富饶和博大，养育着世世代代的哈尼族："再看山头和山箐/野物老实多啦/细脚的马鹿啃吃嫩草/大嘴的老虎追逐岩羊/狐狸在剑茅丛里出没/老熊在大树干上擦痒/岩脚深深的草棵里/野猪龇着獠牙喘气/坡头密密的竹林里/竹鼠眯细眼睛把嫩笋尝/大群鹦鹉在小树上嬉戏/成对鹧鸪在刺蓬里鸣唱/披着黄衣的龙子雀/在树枝上跳上跳下/扇着黑翅的老鸹/在树顶上哈哈笑响。"② 如此丰富多样的特产，不仅使森林为哈尼族提供了肉食，各种各样的山珍野菜和非林产品，促使哈尼族把森林视为衣食之源，在经历了采集和狩猎为生的时代后，还割舍不了对森林的依恋。直到今天，在梯田农耕为哈尼族提供了稳定而有保障的粮食的同时，采集也仍然在哈尼族饮食构成中占有重要的地位，来自森林的木耳、竹笋、蕨菜、水芹菜、白花、羊奶菜、臭菜（香刺蒙）、鸡脚菜、玉荷花、甜菜、滑菜、香椿、金雀花、棠梨花、苦刺花、百合、葛根、野魔芋、多依果、核桃、油茶果、香野果、杨梅、羊血果、五眼果、无花果、木姜子、枇杷、板栗、藤子果、樱桃、锥栗籽、鸡嗉果、橄榄、香菌、鸡脚菜、树头菜、炮仗花、金银花、野山药等各种山珍菜蔬和坚果及一系列非林产品依然和人工种植的苤菜、青菜、魔芋、南瓜、冬瓜、辣椒、萝卜、黄瓜、豌豆等一样为哈尼族提供给养和补充。

而狩猎活动一直到 20 世纪 50 年代都是哈尼族村寨成年男子的一项重要

---

① 邹辉《植物的记忆与象征：一种理解哈尼族文化的视角》，知识产权出版社 2013 年版。

② 云南省少数民族古籍整理出版办公室编《哈尼阿培聪坡坡》，云南民族出版社 1986 年版。

生产方式。历史上，哈尼族曾经常捕食的有野兔、竹鸡、野鸡、斑鸠、箐鸡、马鹿、麂子、野猪、岩羊、刺猪、熊、獐子、水獭、虎、豹、猴子、野猫、鹌鹑、松雀、原鸡、豪猪、山驴、山雀、松鸡、鹧鸪、铜鸡等。

哈尼族村寨选择背靠森林，不光是受哈尼族风水思想的影响，更重要的，是哈尼族长期以来对自然适应的结果，更是其环境选择的要求。

哈尼族民间有一句俗语是这样说的："然育阿梯，然迷阿帕。""阿梯"在哈尼语里是树根的意思，"阿帕"则指树叶，这是把男孩子比作树根，把女孩子比作树叶。这一谚语在一定层面上虽然反映了哈尼族重男轻女的思想，但显然是哈尼族认知事物的一种方法，通过对植物的认知来比拟人类社会的方方面面，从而构成一种具有特质性的知识体系。

在哈尼族看来，人类只不过是大自然中一个小小成员，人类与其他自然界成员的关系是平等合作的，都要遵守大自然的法则，共同维护自然界的秩序，共同分享大自然的恩赐，从不把自己放在一个高于自然的不利的位置。正是这种朴素的自然哲学思想和生态观，使哈尼族能够长期与其周围的大自然和谐相处，协同演化。这一方面体现了哈尼族对大自然的依赖程度很高，但另一方面也体现了哈尼族热爱自然、热爱森林的民族心理特征。这使得整个哈尼族的村社管理体制和生产生活方式都有利于自然保护，并将对大自然的保护与神圣的宗教活动（包括祭祀和禁忌）联系起来。其结果是：通过恪守约定俗成的民族习惯法和宗教信仰，人类与大自然和睦相处，使保护大自然成了每个哈尼族人的基本素养和自觉行动。这在长期以来哈尼族保护环境和森林的实践中起到了积极的作用。

二、生命之水——从树木崇拜到水崇拜

哈尼族梯田农业的最大特色是利用哀牢山区的立体气候、立体地貌及"山有多高，水有多高"的自然环境特点对水资源进行充分而有效的使用。可以说，没有对高山水资源的利用，就没有哈尼族的梯田。水资源的利用是哈尼族梯田赖以生存的根本，水是梯田的命根子；而梯田则是哈尼族所创造又赖以生存和发展的根本，梯田又是哈尼族的命根子。

哈尼族居住的哀牢山区素有"山高水长"的美誉，"山高"自然不难理解，"水长"则很形象地说明了水资源的丰富，"水长"就是由于山上植被茂盛、林木参天、树木繁茂。哈尼族民间流传的"有田有粮才有命，有山有林才有水"以及"水是田的命根，田是人的命根"等等俗语民谚无一不是哈尼

第二章 西部山地的梯田农耕文化

族对森林的重要性的总结和认识。对哈尼族而言，森林不仅是建材林、薪炭林和风景林，还是天然的绿色水库，哈尼族的人畜饮水和梯田灌溉用水都在很大程度上依赖于高山森林。

对森林，哈尼族有着深刻的认识和理解，这不仅反映在各种各样有关树木和森林的历史传说、神话故事及民间俗语、谚语当中，还直接表现在哈尼族的现实物质生活之中。哈尼族认为：村边的古树巨大，村寨才会相应壮大；有了古老的大树，村寨也才会长久；有了标直粗壮的树木，村子里才会长成健壮漂亮的伙子和俊美的姑娘。所以，村边的古树死掉或遭雷击，哈尼族村寨要实行全寨性的忌日，表示哀悼，死去的树木也不拿回家当柴烧，任其腐烂。哈尼族的以上传统习俗，有意无意地保护了哈尼族村寨周边的自然生态，山上和村边寨旁的树木，调节了气候，涵养了水分，使哈尼族村寨边的箐沟中终年流水不断，保护着哈尼族山区的水资源常流常贮。

树木崇拜是人类早期共同的信仰，这一信仰伴随人类度过了漫长的远古时代。通过哈尼族关于遮天大树的传说，还有"阿倮欧滨"祭礼，以及哈尼族的"罗号请"等一系列民间祭祀活动与谚语、俗语，可以透视出哈尼族的森林观和树木崇拜主要围绕这样的理念：水发源于森林，人依赖于森林。"田坝再好，没有水栽不出谷子；儿子再好，没有姑娘生不出后代……有田有粮才有命，有山有林才有水……"哈尼族民间的许多俗语都言简意赅地指明一个事实：没有山没有树就没有水，没有水就没有梯田，没有梯田就没有生命。哈尼族以树木联系生命，说明哈尼族对树木与森林的生态意义的认识直接而深刻，用哈尼族的话来说，是牵涉"命根子"的问题。

基于这样的生态观，哈尼族对森林这个自然生态系统的核心和"命根子"进行了生态意义上的划分和保护。按照哈尼族村寨通行的村规民约，一般把高山森林划分为水源林，把村寨后山森林划分为神树林，把村寨周围森林划分为村寨林或风景林。这些森林一律严禁砍伐。哈尼族森林的保护在很大程度上是通过注入了生态观念的文化模式和行为来实现的。

在哈尼族的文化传承过程中，森林始终是一个重要的文化主题，在远古的传说和历史中，森林是哈尼族的避难所和庇护所，也是食物和其他生存必需品的提供者，可以说，森林就是哈尼族的家。因此，哈尼族称呼"昂玛"神树林为"普麻倭波"，就有丛林即村寨的意思。当梯田稻作农业在哀牢山区发展起来以后，哈尼族文化更是将森林与山川、万物、农时节令、气候变化、梯田用水联系起来，以传说、故事、诗歌、民谣、谚语、儿歌等形式广泛地向社会传播，向广大的人民群众和年轻一代进行教育。这种世代不渝的文化传承与生态伦理教育，在每一个哈尼族的心灵深处都形成"森林情结"，以至哈尼族都对森林怀有深深敬意和深厚的感情。

三、梯田农耕与物候自然历法

历法是人类积累观测天象的经验用以记录年、月、日以及季节的方法。其最大的功用在于掌握时序变化的规律，由此建立起人类牢固的时空观念。哈尼族传统沿用的历法为自然历（亦称物候历），它根据自然物候现象如树木开花、树木挂果、种子发芽等做出时序排列，再将生产与生活安排也排成与此对应的序列，就形成了自然历。与其他实行自然历的民族一样，由于观察到动植物的活动或生长与气候和季节有着紧密的联系，所以哈尼族按照自然物候的不同变化来安排各种农事祭祀和家庭生活生产活动：

"冬日哪样虫虫叫/草棵里的蛐蛐叫/河坝的雾气/像长翅膀一样飞来了/冷风刮进寨子/翻动房头上的茅草/小鸟缩在墙角不动/树上的落叶满地跑……旧的一月过去了/新的一月来到/高山铺冰雪……旧的一月过去了/新的一月来到/过了一日变一日/翻过一月是一样……小虫从洞里伸出头/树木冒起芽苞/四周听见小虫的叫声/树林里有鸟叫的声音/河坝里先发芽的是什么树/河坝里先发芽的是杨柳树/高山上先冒头的是什么草/高山上先冒头的是蕨蕨草/寨边樱桃开花/沟边索可玛依飘香/山顶妥底玛依怒放/河坝攀枝花染红树梢/正月来了/鸟儿飞出来找食/最先飞来的是燕子/布谷鸟也跟着飞来了……"[①]

至今，哈尼族农事活动的安排大多都是靠观察鸟类的迁徙、植物的生长变化、月亮圆缺等自然景象来进行休耕、备耕、播种、收割。"布谷是报春的第三对春鸟，在属兔的二月，哈尼听见红眼睛的布谷鸟叫了，认得（知道）下种的时候来到。……寨边的树林里，知了一声一声地催人下田，知了告诉哈尼，田坝里的谷子已经睡醒一觉，金谷娘已经想家了，是谷子回家的时候了。"[②] 很明显，哈尼族懂得什么鸟类鸣叫、活跃该播种什么庄稼，什么树开花、发叶、结果该如何安排农事生产与节庆，等等，从而保证了一年四季耕作生产的顺利进行和年节活动的周期轮回。

---

① 赵官禄等搜集整理《十二奴局》，云南人民出版社1989年版。
② 西双版纳傣族自治州民族事务委员会编《哈尼族古歌》，云南民族出版社1992年版。

第二章 西部山地的梯田农耕文化

在元江南岸的哈尼族山区，人们恪守的自然历把一年划分为几个自然季节："*caolganl*"①（冷季）、"*ovduq*"（暖季）、"*sselov*"（热季）。每个季节为四个月，冷季相当于十月、冬月、腊月、正月；暖季相当于二月、三月、四月、五月；热季相当于六月、七月、八月、九月。这样划分冷、暖、热三季的方法明显与哀牢山哈尼族地区的自然生态环境整体气候特点相吻合。

根据流传于红河地区的《哈尼族四季生产调》和《翻年歌》以及哈尼族民间现行的农事历法来看，哈尼族主要按自然天象和哈尼族山区物候变化轮回周期纪年，每年十二个月，按月亮圆缺轮回周期纪月，每个月三十天，以十二生肖命名年、月、日。其基本推算法是以十月为岁首，一年为十二个月，每月三十日，一年三百六十日，剩下的五日为年节期，闰年加六天。哈尼族将十月命名为虎月，故其月序是虎、兔、龙、蛇、马、羊、猴、鸡、狗、猪、鼠、牛；日序又是以鼠为首，即鼠、牛、虎、兔、龙、蛇、马、羊、猴、鸡、狗、猪。哈尼族把十二生肖的两头连起来称为"*qiqyanvq*"意为"一轮"，一轮计为十三天。

红河地区哈尼族的这种农时季节划分，是在其充分认识哀牢山自然环境气候、物象等整体全貌的基础上划分的，符合当地的客观实际和具体的环境条件。因此，哈尼族"昂玛突"、"库扎扎"和"扎勒特"三大节日，实为哈尼族农事历法的组成部分。同时，又是在一年周期内梯田农耕的重要标志。如"昂玛突"祭祀礼仪过程中，播种仪式是春耕栽插的告示；"库扎扎"中关秧门是水稻孕苞抽穗的开始；"扎勒特"则是哈尼族山区农作物收获的告终，表示旧年的终结和新年的来临。

哈尼族始终认为他们实行的自然历跟植物有着紧密的联系。反过来说，这其实也是哈尼族对本民族自然历的一种解释，而在这种依托于动植物神话传说的解释中，体现的其实也是哈尼族对植物的历史记忆和社会文化传承。

四、梯田农耕礼仪和节庆再现梯田农耕文化核心

哈尼族民间各种各样的包括"昂玛突"、"库扎扎"、祭山神、祭日月星、献水潭鬼、祭祖、祭水井、请财富之神等在内的祭祀活动都离不开一个共同的主题：为人、庄稼和牲畜求福免灾，其目的不外乎都是围绕人口安康、人

---

① 考虑汉哈音译存在普通话与各地汉语方言的差别，容易误读的哈尼语采用了哈尼文标记的形式，文中所标拼音文字为哈尼文。

丁兴盛、风调雨顺、农业丰收、五畜兴旺、添财添富、村寨平安清吉等的愿望和诉求，祭祀的主体都无一例外是围绕着"人、粮、畜"。而且异曲同工，在所有的仪式过程中，仪式的中心主旨所代表的始终是人、粮、畜这一主题。

作为稻作民族，梯田养育了一代又一代哈尼族，哈尼族的节庆内容无不与梯田密切相关。哈尼族传统历法把一年分为冷季、暖季和雨季三个季节，每季为四个月。在一年之中有过两个主要年节的习惯，即"扎勒特"（又称"十月年"）、"库扎扎"（又称"六月年"），此外还有"苗昂纳"（又称"黄饭节"）、"策实扎"等诸多意义各异的仪式活动。

"里玛主"（"豪施实"）。"里玛主"是哈尼语的音译，意思是春天的盛况。"里玛主"的实质其实就是"开秧门"，象征着春耕插秧的开始。每年哈尼族听到"合波阿玛"（布谷鸟）的叫声以后，各家各户就按传统习惯，用黄饭花水浸泡糯米，蒸出香喷喷、金灿灿的糯米饭；用高粱水染红鸭蛋并煮熟，用棕树叶编织成各式各样的挂兜，装上红蛋挂在孩子胸前。各户家长则用芭蕉叶包黄色糯米饭和红鸭蛋，在秧田一角祭祀，感谢上天派来布谷鸟报春。哈尼族把开秧门这一天当作"秧姑娘"出嫁的日子。栽秧时，每户主妇拔下第一把秧苗，请村寨里既有生产经验又德高望重的长者栽下第一丛秧苗，然后来帮忙的亲朋和自家人才开始下田插秧。

"罗号请"（"活罗索""厄黑索"）。意为清洗水井。祭祀地点为村寨水井或泉水边，目的是祈求水神庇佑人畜平安、五谷丰登。有的村寨是在"昂玛突"的当天进行，有的村寨则单独选日子举行。除了用红公鸡和麻花母鸡作为牺牲外，还要准备一束松枝、一枝锥栗叶、三棵苤菜、三棵韭菜、三棵黄豆棵和一棵带叶的刺竹插在水井边。

"卡拉枯"。每年栽种稻谷秧苗结束后，各户选属狗或属牛日在家中举行"卡拉枯"——为庄稼叫魂的祭祀活动。除了公鸡等动物牺牲外，还要有植物祭品柳树枝、水冬瓜树枝和蒿枝秆各一根，而且必须都是新鲜的。再从稻田中拔回三株秧苗，与上述三种树枝放在一起。念诵"叫魂经"后再把那三株秧苗栽回田里，同时把三种树枝和一些鸡毛插于秧苗旁边。第二天清晨去看那三株秧苗，如果秧苗叶面上挂满露珠，意味着当年稻谷丰收。

"德龙侯"。意即祭田坝。从"里玛主"开秧门那天算起，到第三轮属龙日就是祭田坝的日子。秧苗栽下三十多天后，哈尼族就要对田坝进行公祭。早上家家户户舂糯米粑粑，中午选寨脚田边一个固定的祭祀地点杀猪祭献，

第二章　西部山地的梯田农耕文化

每户派出一名男子参加祭献。祭品煮熟后，对田坝虔诚地祭献，来者人人朝着田坝磕头，然后各自从家中抬来饭菜，就地野餐。

"苗昂纳"。"苗昂纳"意为"生产工具养精蓄力的日子""栽完秧后的休息日"，其实也象征着"关秧门"，时间一般在五月上旬属马日，是哈尼族栽秧结束后的第一个节日。是日，全村不事农耕生产活动。节日当天，全寨子杀猪、羊，各户均分。各户杀鸡鸭祭献，这次除了向"侯勾"祭献外，还要给牛马等牲口、锄头犁耙等农具和劳动时穿的旧衣服祭献。在节日当天的早饭前，要把一碗茶水和一碗酒泼在割来的青草上，然后把一碗肉和一碗饭同青草包在一起喂耕牛。另外，还要把栽秧期间用的犁耙、锄头洗干净摆在固定的地方。

过了"苗昂纳"节，就可以吹牛角号。据说，吹牛角号是对耕牛宣布休息命令。这里还有个民间故事：从前过"苗昂纳"节时，一个牧童想把家里的两头耕牛吆到山上去放，劳动成性的耕牛怎么也不愿上山，总往田里跑。牧童没办法，就吹起牛角号向耕牛说："可爱的老牛，前些日子你们辛苦了，现在秧已栽完，请你们休息吧。"耕牛听懂了，撒着欢上山了。哈尼族认为，只有进行这次祭献活动，才能使人力、畜力恢复元气、增强体力。有的哈尼族地区，过此节日时，青年男女着盛装，到山上吹拉弹唱，赛歌赛舞，寻觅知音，表达爱慕。所以，有的地方称其为"姑娘节"。

"库扎扎"。又称为"耶枯扎""惹枯扎""忆枯扎""苦扎扎"等，它是哈尼族最重要的节庆活动之一；在汉语里一般被称为"六月年"，有人因此而望文生义，理解为是哈尼族在六月份举行的年节活动，也有人因为哈尼族在"库扎扎"期间骑磨秋而称之为"磨秋节"。综观各地哈尼族过"库扎扎"的情况，可以发现"库扎扎"的时间虽然不一样，有的过得早，有的过得晚，有的过三天，有的过四天或六天甚至一轮（哈尼族的一轮为十三天）；但有一点却是相通的，那就是过"库扎扎"的时间都是在当地哈尼族栽秧完毕之后。各地哈尼族村寨的海拔高低不一，梯田位置的气候也存在差别，所以栽秧插秧的时间也就有先有后。海拔低的村寨撒秧早，栽秧也早，过"库扎扎"的时间就早；海拔高的村寨撒秧晚，栽秧也晚，过"库扎扎"的时间也就跟着晚。故而各地哈尼族举行"库扎扎"的时间也就没有统一的日子。尽管时间早晚、形式各异，但"库扎扎"的中心主题都是祈求风调雨顺、五谷丰登。

关于哈尼族为什么要举行"库扎扎"祭祀活动以及为什么要荡秋千和骑

磨秋，红河地区的哈尼族民间流传有这样的故事：远古时候，哈尼人由于开挖田地得罪了藏在泥土里的泥鳅、黄鳝、蚯蚓、蛆虫、蚂蚁等小动物，这些动物邀约着集体上天找天神"莫咪"告状，说哈尼人只顾着开挖田地，把生活在泥土里面的小动物都挖得不是缺胳膊缺腿，就是缺头缺尾巴，要求天神降罪于哈尼人，惩治哈尼人。天神看见动物们的惨状，就答应了动物们的请求，规定哈尼族人每年"库扎扎"时杀牛拿牛头来祭献动物的亡灵……但为了保护哈尼人，就告诉动物们不要糟蹋哈尼人的庄稼，天神会用杆子把哈尼人翘到天上，同时也用绳子把哈尼人吊起来作为惩罚。动物们就高高兴兴地离开了天宫，等着看天神惩罚哈尼人。随即，天神派出"威嘴"和"石批"两个小神来到人间传达旨意：要哈尼人每年杀牛，每年栽秧完毕，哈尼人要在村边支上秋千、立起磨秋，停止农活，尽情玩乐；骑磨秋和荡秋千时要叫喊出声音，以便让动物们听见。

"策实筹扎"（"策实扎"）。新米节。哈尼族在农历七月的第一个属龙日（有的选择属牛日或属猪日），象征性地举办"吃新谷"家宴，以欢庆五谷丰登、人畜平安。"策实筹扎"当天凌晨天不亮，各户就派出一人去自家稻田里连根拔回一蓬稻谷，这一蓬稻谷必须是三棵五棵七棵不等的单数稻谷棵，不能是双数（偶数）。背新谷回家的人，在往返途中，一律不许与碰到的人说话，以免在交谈中口出不吉之言。到家后将稻谷棵倒挂在堂屋右后方山墙上部的一块小篾笆沿边，意求家神保护庄稼。

"策实筹扎"最重要的活动即是当天的晚餐，各户除了杀一只阉鸡外，还要准备各种时鲜的蔬菜瓜豆以及一碗嫩竹笋，以示希望粮食收成似新竹笋一样节节高，祈盼一个丰收年。晚餐之前，要举行象征性的吃新谷仪式，即把当天背回的稻谷棵新谷粒搓下百十粒，放进锅里，连同当年收获的黄豆烘焙成谷花，所有参加晚餐的人都要在正式开席前象征性地抓几颗谷花吃，以示品尝了当年的新谷。用手抓谷花时，要抓起来看看数目是否为单数，若为单数就可以吃；若抓到双数的谷花，就得放回重抓，一直到抓到单数谷花为止。

墨江哈尼族卡多人的吃新米活动多在农历六月二十四日举行。当天，卡多人要把收获的新谷舂成新米做成饭。如果新谷还不成熟，也要把谷穗或刚孕穗的谷苞采回一些来，烤干磨成面粉，拌在其他食物里吃，以表示在新米节尝新了。他们认为，吃了新米饭新的一年里就能身强体健、干劲无穷。

捉蚂蚱。哈尼族称之为"阿包尼"，在"库扎扎"后的第一个属猴日或属鸡日举行。为确保水稻丰收，哈尼族采取"阿包尼"方式来驱除和避免虫灾。

捉蚂蚱节这天，全寨子男女老少都到田里捉蚂蚱，以一家为单位，分头捕捉。每家捉够一竹筒（约二斤）后，就把蚂蚱一只一只撕成五份，放作五堆：头一堆、腿一堆、身一堆、屁股一堆、翅膀一堆。依次用划开的竹片夹起来插在田埂和排水沟旁，以对尚未捉到的蚂蚱及其他昆虫进行恫吓。半小时后，又要把这些蚂蚱收进竹筒，带回家当菜或拌粑粑吃。离开田野时，人们都要不停地大声叫："蚂蚱，三天内不捉你了，三个月内你不要吃稻谷！"

"扎勒特"。又称"嘎通通""策腊豪实"，即现在通行的"十月年"。哈尼族把农历十月定为岁首，所以农历十月要过新年，是为哈尼族庆贺丰收、辞旧迎新的大年。时间多选在农历十月第一个属龙的日子，历时五六天，有的地方过足十三天才算过完年。主祭天神和祖先，祈求先祖保佑亲人和睦安乐、五谷丰登、六畜兴旺。

红河一带哈尼族在过年前要象征性地挖一挖自家最大的水田，意为给回家过年的祖先通通路，让他们歇歇脚。次日清晨，每户要在家门外行"哈常丕"仪式，支篾桌烧火，杀一只大红公鸡，就地煮食，不得拿入室内。因为这个仪式主要是祭献非正常死亡的先人，不让他们的亡灵进家作祟，以保证家人平安欢度佳节。节日里，老人们围坐在酒桌边，轮流唱着优美动人的"哈巴"。节日中最为热闹的要算"长街宴"。这是最为欢快热烈的场面，是哈尼族最具特色的饮食习俗。各户做一些自己认为最拿手的好菜，端到指定的地方一字摆开，远远望去像一条长龙，热闹壮观。

第七节 文学艺术

一、史诗和古歌中的梯田稻作农耕

在西南地区很多少数民族的文学作品中都能看到许多有关农耕的描述。如德昂族"史诗"里是这样说的："水里引来鸡鹅鸭，山中牵回猪牛羊，百草结籽来报恩，人类从此有粮食。"羌族的《粮食的来历和丢失》歌颂的是先民获得谷种的艰辛，其叙事长诗《木姐珠与斗安珠》中也描述了羌人祖先学会种庄稼，牛羊成群放满山的景象。

哈尼族历史上没有本民族文字，但口传文化丰富多彩、底蕴深厚，既有世代相传的父子连名家谱，也有系统的迁徙史诗，还有丰富的百科全书式的古歌古语……上述口传文化的传承方式有言传身教或口传心授，有智者作为专职的传承人，也有家庭里的普通长者进行传承教育。其中包括了史诗、民谣、民歌、谚语、俗语等在内的哈尼族口传文化，涉及哈尼族历史、社会、古代生产、历法、生活、宗教、哲理、伦理、风俗、礼仪、庆典、节日等各个层面的内容。这些口传文化来源于民间，流传于民间，具有广泛的群众基础，并有很强的指导意义和实用价值；同时，哈尼族口传文化多采用生动活泼、直白朴素、幽默风趣的语言表述，内容贴近生产、生活，让人倍觉亲切、感人，聆听哈尼族民间的口传文化，总能让人沉浸在艺术享受和审美体验中，使人回味良久。

《哈尼族四季生产调》。哈尼族农事叙事诗。"四季生产调"在哈尼语里称为"哈巴"，意为"沿着祖先开辟的路子走"。哈尼族先民在长期的梯田农耕实践活动中总结了一套与自然相融相谐的生产规律，谓之"四季生产调"，或"十二月风俗歌"。它既是哈尼族农事节令曲调，又是以梯田农耕生产为中心集中展现哈尼族节日、农祭、集市贸易等场景活动的习俗歌，被称为"无字的梯田四季生产生活教科书"。"四季生产调"遵循自然发展规律和自然界物种的更替变化，并以此为参照来指导生产活动。这些经验提炼为通俗易懂的歌谣，在师徒、母女和父子中以口传心授、言传身教的方式在火塘边、酒桌上、晒台上、林间路边、田边地头世代传承。"四季生产调"传承历史悠久，在哈尼族民间具有广泛的群众基础。

"四季生产调"体系严整，通俗易懂，可诵可唱，内容非常详细具体，音调则极为古朴、庄严，且平缓、稳健，语言生动活泼、直白朴素，尤其贴近哈尼族生产、生活，它不仅是梯田生产技术的全面总结，也是哈尼族社会伦理道德规范的集大成者，具有极高的艺术欣赏价值。

通过"四季生产调"，哈尼族先祖将积累的大量对自然、动植物的认识，以及生产生活的丰富技能与经验形成一套完整的农业生产生活和民间文化知识体系，经过总结提炼，以通俗易懂的歌谣"四季生产调"一代代传承。"四季生产调"流传于红河哈尼族彝族自治州建水、红河、元阳、绿春、金平等哈尼族聚居区，各地传唱的"四季生产调"虽有不同版本，但主要内容大致相同。

目前出版发行的《哈尼族四季生产调》主要是流行于绿春县的版本，此

第二章　西部山地的梯田农耕文化

版本即云南民族出版社 1985 年第 1 版、1998 年第 2 版的由白祖额先辈收集整理、段贶乐女士翻译为汉文的哈汉文对照版本。"四季生产调"包括引子、冬季、春季、夏季和秋季五大单元的内容。其内容一是祖先规矩即传统知识传承的重要性。二是系统的梯田农业知识和风俗知识。在冬、春、夏、秋四季轮回的季节更替中，详细地叙述了每个季节梯田农耕的程序，从泡田、打埂到选种、培育稻种、撒秧、插秧、拔秧、薅秧、割谷子、打谷子、背谷子、入仓。三是节日庆典活动知识。用通俗、具体、生动的语言为我们描述了哈尼族的三大节日："昂玛突""库扎扎""扎勒特"（"干通通"）。四是物候历法知识。哈尼族在长期的生产过程中，对大自然的四季轮回规律有了一定的科学认识，并根据花开花落、气候变暖与农业生产的关系发明了物候历法。五是伦理道德知识。"祖先的古话像石头油般珍贵，祖先的古话如筋脉一样要紧"，"长兄在世得教祖先古话，老人活着要传祖先规矩"等许多具体生动的谚语说出了要尊重长辈、尊重传统知识的朴素道理。"四季生产调"完整再现了哈尼族的劳动生产程序和生活风俗画面，传授系统的哈尼族梯田农耕生产技术和独特的生活习俗。

"四季生产调"主要由"摩匹"[①]通过收徒弟的方式、家庭传承及在节庆或公众场合演唱等方式进行传承。目前，能系统传唱"四季生产调"的"摩匹"为数不多。

2005 年，经过地方政府部门和有关文化专家的积极努力，《哈尼族四季生产调》与哈尼族多声部音乐成功地申报成为第一批国家级非物质文化遗产代表作。这是珍贵的哈尼族口传文化遗产第一次被列入国家级保护项目。

《哈尼族古歌》。朱小和演唱，史军超、杨笛采集，卢朝贵翻译，1992 年由云南民族出版社出版。

《哈尼族古歌》是叙述哈尼族祖先在漫长历史进程中的生产和生活斗争与追求的民间长诗。内容涉及人类始祖起源、迁徙、社会、古代生产、生活、宗教、哲理、伦理、风俗、礼仪、庆典、节日等各个层面的民俗。《哈尼族古歌》其中有一章"湘窝本"专门用来教导后人哈尼先祖是如何开挖梯田的，而第四章"毕蝶、凯蝶、则蝶（人、庄稼、牲畜的来源）"专门讲述人类和

---

① "摩匹"在哈尼族传统社会被称为"三大能人"之一，"摩匹"实际是哈尼族民间文化主要传承人，平时主要主持宗教仪式。

包括五谷杂粮、树木杂草在内的植物，以及包括家禽家畜在内的动物是如何起源的神话故事；认为人类和庄稼、牲畜都起源于同一个始祖梅烟恰，而管人的人神是梅烟，管牲畜的神是遮奴，管庄稼的是扎纳阿玛。《哈尼族古歌》被誉为"一部丰富系统的哈尼族百科全书"。

二、民歌中的梯田农耕

哈尼族梯田稻作农耕在民歌中有具体的反映，譬如《栽秧歌》《栽秧号》《招谷魂歌》《三月的歌》。儿歌中也有唱词："流了一身汗，勤劳得丰收，稻谷收上场。我们来簸谷，瘪谷簸出去，饱谷堆入仓。"短短几句，勾勒出人们辛勤生产稻谷的简要过程。

哈尼族收割稻谷的前一天，各户家庭主妇手拿锯镰、口袋、煮熟的鸡鸭蛋各一个和一碗米饭，来到自家的田里呼唤谷魂，边往回走边悠悠地吟唱《招谷魂歌》。这是一曲祈祷词，也是祭祀词，反映了哈尼族对谷魂的崇敬和虔诚。除此而外，插秧时也要祈求五谷丰登，保人、粮、畜平安。《三月的歌》中唱道："先插第一把秧，算是人的面份；再插第二把秧，算是庄稼的面份；后插第三把秧，算是牲口的面份。"据说，种稻时不预先分配谷魂，田里稻谷到了秋天不会丰收。

哈尼族多声部民歌历史悠久，主要流传于云南省红河哈尼族彝族自治州红河县阿扎河乡以普春村为主的数个哈尼族村落中。普春哈尼族多声部音乐《栽秧山歌》是哈尼族传承至今的传统民歌，千百年来哈尼族随着每年生产劳作的季节变化，在劳动中自然吟唱并传承。栽秧时节，梯田上下四方山歌此起彼伏，遥相呼应。曲目以《吾处阿茨》（《栽秧山歌》）和《情歌》最具代表性。演唱方式分为有乐器伴奏和无乐器伴奏、人声帮腔两种。

哈尼族多声部民歌的演唱场合多样化，梯田、山林都可以作为演唱场景。伴奏乐器均由民间歌手自己制作，三弦、小二胡只限于普春村使用。哈尼族多声部民歌的唱词结构以开腔用词、主题唱词、帮腔用词三部分构成一个小的基本段落，其音乐形态在歌节结构、调式音列、调式色彩、调式组合与多声部组成等方面都显示出鲜明的民族和地域特征。

1986年，红河州开展民族音乐集成调查活动时，在红河县文工团音乐集成办公室工作的吴志明下乡调研时偶然听到《栽秧山歌》，他坚信这是多声部音乐。1988年，云南艺术学院教授张兴荣夫妇到红河县调查民族音乐，吴志明把他们带到阿扎河乡普春村。张兴荣确认当地哈尼族有8个声部音乐存在，

第二章 西部山地的梯田农耕文化

引起国内外音乐界的广泛关注。20世纪90年代,红河县文体局与云南艺术学院联合向全国高等音乐院校民族音乐研讨会着力推介,《栽秧山歌》的独特调式和多声部演唱法,在音乐界引起热烈反响。2003年由红河县文化馆组织普春哈尼族多声部音乐《栽秧山歌》代表云南省去台湾进行民族文化交流演出,备受台湾音乐人士的欢迎和关注。2004年1月,《栽秧山歌》在中央电视台"西部民歌电视大赛"中成功亮相展演,更加引起全国音乐界的专家的关注,从而提高了知名度。2005年,《栽秧山歌》被列为中国首批"国家级非物质文化遗产"。

三、民谚俗语中的梯田

哈尼族民间流传着大量的口头文学和"朵阿玛"("doq aqma",直译为"话语的母亲、话语的根源",指哈尼族民间口头流传的定型语句,包括寓言、谚语、格言、俗语等),这些口头传承方式有歌谣、神话传说、故事、叙事诗、谚语、谜语、歇后语等,内容涉及宇宙、生死、人类起源、民族历史、自然风物、生产知识、生活经验、社会习俗、民族审美意识、民族心理等。哈尼族民间流传的关于梯田农耕生产的谚语,也从一个侧面说明了稻作农耕在哈尼族民间的文化渗透及哈尼族久远的种植历史。

总观哈尼族民间涉及梯田农耕的所有谚语内容,能够发现具有这样的特点:

一是强调梯田农耕是哈尼族的生命线。"人靠饭菜养,庄稼靠水长,山上林木光,山下无米粮;有山有林才有水,有田有粮才有命。""哈尼是粗粗的大树,树根就是大田。""水是田的命根,田是人的命根。""有好树就有好水,有好水就有好田,有好田就养得出好儿孙。""树是水的命根,水是田的命根,田是人的命根。"这些谚语或古话都从不同的方面指明梯田农耕的重要性,教导人们正确认识梯田与哈尼族的联系,认识梯田、山林、水资源与村寨和人类共为一体的自然格局。

二是总结哈尼族梯田稻作经验。"谷种捂三天就冒出新芽。""翻犁冬田不过年,来年谷子堆成山。""三犁三耙才下种,田平泥化才插秧。""三年一换种,不栽白水秧。""男人犁田若过十月末、向下犁不死野慈姑、向上犁不死野荸荠。""哈尼人像牛一样有使不完的力气,像土狗一样不怕烂泥。""田坝再好,没有水栽不出谷子。"通过经验总结的方式,教导后人要勤奋,并传递生产经验。

三是传承生存生产生活经验。"要烧柴上高山，要种田在山下，要生娃娃在山腰。""说过三遍成旧语，见过三面是熟人；谷种捂三夜就露出白点。"

四是反映农耕社会的传统民俗。"女子不犁田、男子不栽秧。"透过谚语，传递出哈尼族稻作农耕社会的民俗心理和事象。

通过哈尼族民间流传的关于水、森林、梯田、粮食与人紧密联系的谚语，可以看出哈尼族已经形成了这样的信念：有山就有水，有水就聚人；水来自山，山靠林养，田靠水养，人靠田养。很显然，这是哈尼族对水资源、森林资源、梯田和人类自身之间组成的生态链的总体认知，说穿了也就是这个民族对自然生态环境与人类生命存在最浅显而又最本质的理解和认知。"哈尼的命根子是梯田，梯田的命根子是水，水的命根子是森林。"这种生态认知逻辑的出发点其实就是哈尼族怎样看待人与山区自然环境关系的实质所在。哈尼族民间的许多俗语都言简意赅地指明一个事实：没有山没有树就没有水，没有水就没有梯田，没有梯田就没有哈尼的生存繁衍。哈尼族用朴素的语言显明而深刻地道明山区人地关系的实质其实就是山区生态系统的核心所在。用哈尼族的话来说，森林是梯田的命根子，而梯田是哈尼族的命根子。用一句话来说，即人与自然共为一体。

第八节 社会生活

一、饮食与梯田农耕

饮食是人类生存的第一需要，人类总是利用各种手段从自然界获取更多、更丰富的食物资源，而就在创造食物的活动中，人类不断完善生存技术并创造、发展了人类社会文化。饮食是人类生存和维持生命的根本方式，梯田耕作又是哈尼族从自然界获取基本食物的主要方式，哈尼族饮食与梯田耕作有着相应一致的关系。对梯田农耕的综合利用和开发，使哈尼梯田具有了生物多样性的特点，而这一特点也就使哈尼族的食物资源更加丰富多样。

一个民族饮食习俗的形成，跟这个民族的生产状况、居住环境密切相关。如热带河谷平坝地区，气候炎热，所居民族喜食酸、生、冷食物；高寒山区居民则喜食脂肪类食物。种植水稻的民族主食为大米，山居民族则以旱谷、玉米、荞麦为主食。

稻谷种植是哈尼族梯田农耕活动的核心内容，这一生存技术为哈尼族解

第二章 西部山地的梯田农耕文化

决了生存的根本问题，提供了水稻和旱谷作为主要食物来源。哈尼族形成了以大米为主食，以玉米、荞子、麦子、小米等为辅助性杂粮的饮食特点，除配以直接采集或狩猎得到的树头菜、臭菜、香椿、土锅菜、鸡脚菜、炮仗花、柴花、蕨菜、玉荷花、芭蕉花、无花果叶、木耳、白参、竹笋、松雀、麂子、野猪等山珍野味外，哈尼族还食用驯化培植产出的青菜、豌豆、芹菜、萝卜、南瓜、韭菜、黄豆、芋菜、洋芋、刺天茄、魔芋等蔬菜，鸡、鸭、鹅、猪、狗、鱼、泥鳅、黄鳝、田螺、田鸡、螃蟹、蚂蚱及鸡蛋、鸭蛋、鹅蛋等。通过田野农业而获取无穷的食物，哈尼族的饮食构成再次展示了农耕民族食物来源较丰富的特点。

就传统饮食资源来看，哈尼族饮食构成主要是梯田稻谷主粮和玉米、荞子等杂粮以及一系列梯田副产品。哈尼山区气候温和湿润，梯田网布，山多林密，河流纵横，为哈尼族提供了丰富的食物资源：

第一是梯田稻谷。哈尼族梯田稻谷品种极多，哈尼族日常的饮食及节日、祭礼中的饮食、礼品、祭品都主要来源于水稻产品，如有名的生蒸饭、麻脆、干粑粑条、圆糯米粑粑、染黄糯米饭、紫米稀饭、焖锅酒等。哈尼族的主食是大米，其中最有名的是梯田红米、紫米还有糯米。红米为哈尼族日常主食，紫米和白糯米则多在节庆活动中食用。

第二是梯田副产品。包括哈尼族梯田里出产的鱼、泥鳅、黄鳝、田野水獭、田鸡、螺蛳、谷雀、鸭子、鹅、鸭蛋、鹅蛋、鱼腥草、细芽菜、田蕨菜、水芹菜、土锅菜等丰富的梯田副产品。哈尼族梯田分布在不同海拔高度的山坡上，从高山流出的溪水涧流由上而下贯穿流淌于山沟田间，使得梯田既可受阳光照射，又有流水润泽。这就为各种野生植物的生长提供了优良的环境。无论是田间地头，还是水沟边、田埂上都自然生长着多种多样的野生植物，而且很多植物具有清热解毒、消炎、舒筋活络等药效，于是直接从梯田采集可食野菜成为哈尼族补充食物的来源和增加营养的又一方式。产自梯田的细芽菜、水芹菜、土锅菜、鱼腥草、马蹄叶、车前草、鸡蛋花、荠菜、飞花草等，一经凉拌生食或炒食、氽汤都是可口的野味。螺蛳、黄鳝、谷花鱼、泥鳅、田鸡、秧鸡、蚂蚱、虾巴虫等，作为梯田的天然副产品，也常为哈尼族捕捞以补充作特殊风味食物。

第三是山林副产品。如松雀、野兔、竹笋、木耳、蘑菇、鸡脚菜、臭菜、柴花、山蕨菜、芭蕉花、白参、水蕨菜、蕨菜、刺头苞等林副产品。直接从自然界采集、渔猎曾经是人类最古老的生存技术，也是哈尼族先人曾经采用过的主要取食方法；但这种方法至今还或多或少地留存于世界各民族的生活中，说明人类注定要依赖于自然，离开了自然，人类无以生存。在哀牢山，各种野菜四季不衰，可食用的野生植物块根、茎、叶、花、果丰富，品种有上百种之多，它们是哈尼族佐餐蔬菜的大宗，极大地补充了人工种植蔬菜的不足。

哈尼族传统上日食两餐，日常饮食以梯田产红米为主，苞谷、荞子等为杂粮。哈尼族吃饭时家家户户桌子上都不能少了盐碟，里面装有火烧豆豉面、盐巴、花椒粉和辣椒粉。据说哈尼族男子吃饭不能少了这个盐碟，否则就是对哈尼族男性的不恭敬。

哈尼族山区物产丰富，烹饪方法主要有煮、蒸、烧、烤、煎、舂、凉拌、渍、腌等几种，口味以鲜、香、酸、辣为主。蔬菜多水煮，不加任何调料，煮熟后打豆豉蘸水吃；也有蒸熟加入豆豉、辣椒面凉拌或直接凉拌生吃，这主要针对野菜类和一些水煮蔬菜。鸡、鸭、鹅等都是燂毛洗净后直接整只入锅煮熟再砍成小块打哈尼蘸水吃。哈尼族普遍认为肉类再鲜再嫩，若少了一碗哈尼蘸水，吃起来既不香也没有滋味。

哈尼族的宗教节日饮食与日常饮食有所不同，平时素菜较多，节庆则以荤菜为主、山珍野菜为辅。由于糯谷产量不高，哈尼族认为糯米要金贵一些，往往用糯米或糯米加工的食物赠送亲友或作为摩批主持仪式的报酬，也多用于节日仪式等重要活动，比如祭祖时就必须用芭蕉叶裹着糯米汤圆和粑粑。

每逢节庆或仪式类活动，哈尼族都有一些特定的饮食习俗。譬如节庆活动时哈尼族喜欢用野生植物黄饭花的汁水把糯米染至金黄色蒸熟，黄糯米饭不仅看上去金灿灿，还带有植物的清香，吃起来别有风味。鱼腥草多生长在梯田田埂和埂壁上，具有消炎解毒的功效，可治扁桃腺炎、气管炎、肺炎等多种病症。鱼腥草拌生（哈尼语称 "*saqjyuqjyuq*"，主要是鱼腥草佐以余瘦肉末、苤菜根、猪"白旺"、盐、辣椒等凉拌而成）尤为哈尼族喜好，被视为各种隆重宴席，特别是婚宴上最有传统特色的一道体面菜。

哈尼族还有一道所谓的"男人菜"，即"白旺"，也是很多节庆餐桌上不可缺少的名菜。"白旺"主要取用生的猪血、牛血等动物血液经放盐凝结成块状，再加以切碎炒熟的瘦肉、肝、腰等，撒入辣椒粉、八角面、野花椒面等佐料而成，有的地方配以鱼腥草食用。此菜看着生猛，令人畏惧，故而被戏

第二章 西部山地的梯田农耕文化

称为"男人菜"。据说实际的口味是吃着挺香,味道醇浓,回甜可口。

在哈尼族婚宴上,必不可少的菜是泥鳅、魔芋、埂豆芽。其中,泥鳅象征男子生殖能力且认为有补气壮阳之效,魔芋是女性生殖能力的象征,埂豆豆芽意寓多子多孙。哈尼族多利用梯田田埂种植埂豆(又叫"老鼠豆",哈尼族称为"deebaol neevsiq",意为"种在埂子上的豆"),埂豆芽常为哈尼族传统婚宴上必不可少的一道菜。

哈尼族独具民族风味特点的特色食品还有很多,如生蒸饭、紫米粑粑、紫米稀饭、生炸竹虫、生炸蜂蛹、生炸土蝉、雀肉松、腌酸鱼、苤菜根春螃蟹、苤菜根春猪干巴、薄荷春牛干巴、蘸水鸡、煮谷花鱼、酸菜煮花豆皮、芋菜煮牛肉、酸笋煮牛肉、火烧干黄鳝、豆豉煮黄鳝、豆豉拌魔芋、豆豉拌柴花、豆豉拌苤菜、豆豉芋菜煮田鸡、豆豉煮水芹菜。哈尼族善于用发酵的黄豆制作具有特殊风味的豆豉,红河一带的哈尼族钟爱豆豉,"没有豆豉,不成蘸水","宁可三日不吃油,豆豉顿顿不能少";几乎每餐都用以佐餐,哈尼豆豉被称为"哈尼味精"。

哈尼蘸水也是哈尼族最有民族特色的调味品,哈尼族民间甚至认可这种蘸水可以成为一道菜,原因是此蘸水跟日常哈尼人家桌上摆的盐巴辣子豆豉干蘸水不一样,它一般是用来蘸食肉类,且多由盐巴、辣子、苤菜根、刺芫荽、薄荷、花椒、小米辣、香醋、姜、葱、蒜、豆豉等本地佐料配制而成。特别是红河一带吃鸡肉的蘸水,通常用鸡汤浇上苤菜根、香醋、辣椒、刺芫荽、花椒、姜、蒜等调料后再加入切碎的鸡血及鸡胗、鸡肠等内脏和鸡蛋。哈尼族煮鸡时还放一小把糯米进汤里同煮,所以此道蘸水蘸食鸡肉不仅味道鲜美可口,还奇香无比、有滋有味。

哈尼族尊老爱幼之风在饮食习惯上有个规矩是要把鸡肝等最鲜嫩的部位敬奉给老者享用,鸡腿等多肉部位则给小孩和晚辈吃。

西双版纳的哈尼族喜欢吃鸡稀饭,即将鸡肉砍成小块后与大米、姜末、八角、草果一起熬成粥。墨江一带哈尼族则爱吃紫米饭、紫米粑、紫米粥等。紫米营养丰富,具有补血益气、暖脾止虚、健脑补肾、收宫强身的功效。

哈尼族还喜欢吃梯田出产的谷花鱼。谷花鱼头小体肥、肉厚刺软、肉质鲜嫩,因生长在山区稻田中,吃稻田中抖落的谷花而得名。每年的谷秧栽插后,将鱼苗放入田中,让其自然生长,秋收时放水捕捞。这种鱼大的有半斤多,小的也有二三两,用生姜、苤菜、花椒等佐料煮来吃,甚至鱼鳞都软糯无比，味道鲜香甘美。除了鲜食，哈尼族还喜欢将谷花鱼腌成酸鱼食用。

哈尼族也把吃剩余的猪肉、牛肉制成别具风味的烟熏腊肉、干巴，常年储备以招待家里来客。制作时，将肉切成条状，撒上盐、草果面等香料稍加搓揉便悬挂于火塘之上，任烟火熏烤，半月或一月后，腊肉和干巴均呈紫红色，喷香异常而略含鲜味，取下装进一只特制的大篾笼中，悬挂于屋梁上，则一年四季都可备吃了。烟熏腊肉和干巴是哈尼族的名贵佳肴。

饮茶和喝酒是哈尼族的嗜好。哈尼族常喝的白酒包括哈尼焖锅酒和各种药材泡酒。焖锅酒酒精度一般都在50度上下，为哈尼族自酿的各种粮食酒。红河的焖锅酒、绿春的芭拉酒都是哈尼族酒品中的好酒。

哈尼族种茶历史悠久，有学者认为哈尼族是最先种茶的民族之一。茶的种类较多，常见的有普洱茶、云针茶、南糯白毫、玛玉银毫、绿玉银毫、云雾茶、松林茶、香条茶等。从地域上来划分的话，西双版纳境内聚居的哈尼族饮用的多是享誉世界的各种系列的普洱茶，而红河地区聚居的哈尼人饮用的则多是各种各样的绿茶和鲜茶（鲜茶有一种苦涩味，但能消暑解渴），如野生绿茶绞股蓝、开水叶、桫椤茶、鸡肝散等以及云雾茶（哈尼族居住的山区气候温凉，茶叶经山间云雾雨雾滋灌，味道清凉、苦中带甜）。其中，哈尼族煨酽茶（土锅茶）极具特色，将茶叶放入土质陶罐于火上烘烤，闻见清香之时舀入山泉水，在火塘边持续煨煮，根据个人口味浓淡来决定煨煮时间长短，以煨煮至陶罐中水位将近一半时为最佳，煨酽茶水呈深黄色，味苦涩并有轻微火烟味。这是哈尼族最古老的一种饮茶方式，一些地方的哈尼族生活中有"不可一日没有酽茶"之说。

二、村寨民居构筑与梯田农耕环境

从哈尼族史诗《哈尼族古歌》中看得出来，虽然哈尼族认为是人、鬼、神三要素同构了宇宙世界，但在哈尼族的心灵深处，显然是把人类自身作为宇宙世界的中心。村寨作为人类的定居点，无疑又形成了一个小宇宙。这个小宇宙的中心依然是人。而围绕这个宇宙世界的中心，人、庄稼和牲畜又构成了村寨这个世界的中心主题。

哈尼族建寨习俗故事《为什么哈尼族居住在半山腰》中说，在选择三个位置时，中间一块地方显得最重要。这个故事讲述了哈尼族选择半山腰为第一个村寨地址的重要性——既便于妇女就近砍柴、采集猪草，又便于男人下梯田去劳作。哈尼族居于山坡上，其住房大多数顺坡而建，高低错落有致，

第二章 西部山地的梯田农耕文化

形成独有的山寨民居特点。

传统的哈尼族村寨，总体上看去，都有一个最基本的模式，即村头树林密布，村边箐沟常年流水不断，村脚层层梯田延伸至山脚河边，山林、村寨和梯田在山梁上自成一体。从哈尼族村寨分布的形态看，构成了"一座山梁养一村人"的整体特点和"山林—村寨—梯田—河流"四点一线的空间模式。在哈尼族山区，相邻的村寨就分布在相邻的山梁上。有的山梁延伸较长，周围地势较为平缓。目前，也有一个山梁上分布着几个小村寨的情况。这一般都是从大村寨分化出来的，因而在哈尼族村名中出现了众多的"塔普"（上寨）、"俄普"（下寨）、"普施"或"弄施"（新寨）等村名。

哈尼族祖祖辈辈在山地环境中繁衍生息，山区特定的自然地理环境在为哈尼族解决生存问题的同时，哈尼族也在认识和利用自然的历史实践过程中改造着自然、发展着自我。对定居点的选择意味着新世界的创立，哈尼族的村寨选址也就不仅仅是"适宜人居"的问题，哈尼族发挥自身的生存智慧将集山、林、村、水、田为一体的多向度空间与人类生产生活进行理性安排，既体现了对环境模式的选择，又展现了人地关系中的人文关怀。

哈尼族梯田被视为这个农耕民族的生命线，而哈尼族以高山梯田农耕为主的自给自足的小农经济实际上是一种较为封闭的经济形式，这就要求哈尼族在选择村寨地址时，要尽可能选择一个既便于居住，又便于生存的独立环境。懂得了这一点，就明白了哈尼族所拥有的相对封闭的地理环境中，为何要集山、林、村、水、田为一体的道理。村寨地点的选择其实暗示了一个对整个村寨集团的生存、发展具有重要意义的决定。毕竟，一个村寨地域总是肩负着该村寨人口的生、养、死、葬的任务。选择一个定居点，就是开辟一个新世界，一个由创造和适应组织起来的充满发展意味的崭新世界。

从哈尼族村落分布的空间形态看，总体构成"一座山梁养一村人"的生境和"山林—村寨—梯田—河流"四点一线的空间模式和生态景观。哈尼族"一座山梁养一村人"的生境和"山林—村寨—梯田—河流"四点一线的空间模式构成明显地带有"环境选择"倾向。这种"环境选择"来源于哈尼族对自然环境的文化认知和生态适应。哈尼族选择1500米左右的半山地带作为理想之居所，无不与哈尼族对自然环境的考察和选择有关：

哈尼族对海拔800米以下的河谷地带怀有恐惧，因为这一地区气候炎热，好发瘴疠，人类自身的生存和发展都受到自然环境条件的极大威胁；而海拔

2000米以上的高山地带则气候寒冷阴潮，多为原始森林覆盖，猛兽经常出没其间，人畜和庄稼均难以适应存活。而半山地带冬暖夏凉，气候适中又有利于人类的生产生活，既方便上山打猎和采集，又易于下山种田收粮。故而，哈尼族选择村寨环境和宅基地址时，十分看重半山区环境模式的选择。

"要烧柴上高山，要种田在山下，要生娃娃在山腰"，十分形象生动地说明了哈尼族先祖当初选择村落环境时就考虑到了人口自身的再生产和物质生产两大要素，即居住环境不仅要利于人口自身的再生产，还要利于为人口再生产提供有利的物质生产条件和物质保障。哈尼族村寨选址是对自然环境做出的文化选择，也是一种文化对环境生态适应的过程，而这种文化选择和生态适应的背后，其实是哈尼族对自然环境的优化，他们追求一种美好的生活环境，要求人与周围的环境能彼此协调，使人获得最佳的生理和心理状态，从而达到世代昌盛的目的。

哈尼族培植稻作高棵品种与其生产生活之间有直接的关系。哈尼族昔日的传统住房都是土木结构的稻草房、茅草房，草房冬暖夏凉，因其状如蘑菇而被称为"蘑菇房"。草房建材以长秆稻草为佳，故而哈尼族对长秆或高棵稻草需求量大。此外，耕牛是梯田农业得力的生产助手、冬季青草饲料枯竭，耕牛入厩全靠稻草过冬，也需要大量的稻草。收割后的稻草在田里晒干，然后运回家里储藏。

掩映在棕榈树和青青翠竹间的哈尼族草房远远望去，犹如森林之下、梯田之上的一窝窝蘑菇，故得名"蘑菇房"。哈尼族传统的"蘑菇房"建筑一般为土木结构的三层楼房，以土坯为墙，木材为主梁和立柱。下层为厨房和堂屋（有的地方下层为牛圈），设有火塘，是哈尼族灶炊、饮食、待客及日常活动之地，也为家庭教育、文化传承传播之处；中层为卧室；上层为粮食堆放之处。房顶为两面或四面流水的草顶。这是主楼。在主楼旁有耳房，为平顶，与主楼相接，主楼第三层有门通耳房平顶，统称"长吕"意即晒台。哈尼族晾晒谷物、豆类、棉花、衣物等均在此层晒台。哈尼族的传统民居建筑，具有非常厚重的民族文化气息和鲜明浓烈的民族审美特色。

哈尼族不但选择在向阳的山坡上建盖房屋，20世纪七八十年代以前哈尼族同时还在房前屋后开垦出大小不等的庭园，在庭园里种上苤菜、韭菜、薄荷、姜、蒜、四叶菜等常用蔬菜以及蓝靛、蜘蛛抱蛋等绿色植物，有的也在自家房屋四周种植竹子、棕树、桃树、李子树、梨树、柿子树、樱桃树、刺

第二章 西部山地的梯田农耕文化

桐树、锥栗树等具有吉祥、驱邪等象征意义的文化植物和树木。修造庭园和植树本身造就了一种天然的绿色屏障，这样就营造出哈尼族村寨总是绿树掩映的景观和"风水好气场"。哈尼族先民坚信不疑，村寨周围有了这些由植物构成的天然防护和文化象征，才能成为"哈尼族中意的地方"和家居的"好地"。

如果说哈尼族对村寨地形和空间模式的选择反映的是其对理想人居环境的文化选择，那么在村寨四周有选择地种植棕榈、竹子、刺桐树、梨树等植物，则体现了哈尼族对理想人居环境的设计，通过人为改造和主观补救，有意识地把主观意志中的理想模式添加到环境选择的标准中去，以此追求一个更加完美、更加符合自身需求的理想环境。

选择一片区域作为定居点是关乎整个居住群体自身生存、发展的重要决定，意味着着手创立一个新世界，而这个新世界必须是适合生存发展的福地。哈尼族集山、林、村、水、田为一体的多向度地域空间已经超出了地理学的空间意义，它是哈尼族生态适应的结果，也体现了哈尼族文化对环境进行选择和设计的生存性智慧，反映出的实际就是哈尼族的环境观。

三、应运而生的梯田农耕民俗事象

哈尼族生活在大山深处，尊崇自然、敬畏自然，认为万物有灵，只有与自然搞好关系，才能获得安定富足的生活。只要留意哈尼族的民俗事象，就可发现这个民族有许多繁琐的宗教活动和各种仪式、节庆活动，这些仪式、节庆活动各有各的诉求和意义。围绕梯田农耕活动，哈尼族民间有着各种各样、各种形式、各种规模的礼仪民俗事项，在一年中不同的季节、不同的场合、不同的人群中，年复一年地表达和追忆着对梯田农耕的文化记忆及仪式展演：

哈尼族栽种的传统水稻植株一般为高棵，每年七八月份，雨多风大，水稻抽穗结实后遇风雨易倒伏，所以形成了"*ceillol ziiq*"（"绑谷子"）这一特定的生产活动礼仪，主要是将就近或相邻的数蓬稻谷拉拢扶正并用本身的稻叶捆绑起来，多棵稻谷蓬相互支撑不再倒伏，通风透光更有利于稻谷成熟。

哈尼族撒秧时，撒秧人头上要插一枝鲜嫩的蒿枝尖，以表示希望秧苗很快成长。撒秧结束之后，将蒿枝带回放于自家门头上。拔秧之前，用树叶裹一包饭，再用捆秧苗的藤子把这包饭挂在秧田边的几棵秧苗上。这几棵秧苗在拔秧时并不能拔出，而是要任其生长，这是希望秧苗越长越好。收割时，以同样方式，将饭挂在几株稻谷上。这几株稻谷不能收割，留在田间任其枯死，也是希望能起到节省粮食、农作物丰收的作用。收割稻谷时如发现某种喜欢藏在稻穗下的虫，便要捉回献于自家谷仓，据说可以保佑粮食丰收。

　　哈尼族的婴儿出生后抱出屋外当天，要在家门口立一柄三尖叉，上面挂一顶平时下田用的篾帽和一个挎包。若是男孩，挎包里要放一把砍田埂草的砍刀；若是女孩，挎包里就放一把割谷子的锯镰。婴儿出生后3—11天之间，要为婴儿举行隆重的命名礼仪。模拟劳动是命名礼仪的核心内容。若是男婴，便请来村中一个男童，让他肩扛锄头、身穿劳动服、手提糯米饭，在房外母子面前挖地三锄，象征男婴长大后会栽田种地、勤劳勇敢。若是女婴，则请一个女童，左手提糯米饭、右手持小砍刀、肩挎蓑衣背架，在屋外母女面前砍柴三刀，表示女婴长大后会砍柴割草、勤劳贤惠。红河一代男丁较少的人家甚至会给男婴取名"辖请"，意为"挖田"。这与哈尼族梯田农耕生产主要由男子承担的社会分工习俗有关。

　　哈尼族村寨，儿童常玩"开梯田"的游戏。每人一把小锄头，在地上模仿大人开梯田。先开出水沟，还真的把水引进沟里，然后用泥巴筑起一层一层的迷你梯田，再把水引进梯田里去。"梯田"开好后，大人会奖赏小孩，给每人一个红鸡蛋。这是男孩子的游戏。女孩子则各有一个小笆箩，她们会用小锄头在地上划出一些条条框框代表梯田，然后在"梯田"里玩拿黄鳝、撮泥鳅的游戏。哈尼族的生命与梯田为伴——小时在梯田边游玩，长大后在田棚里谈情，结婚时娘家送给新娘的嫁妆里就有用于田间劳动的基本装备蓑衣、背箩和篾帽，当然糯米粑粑也不可少。

　　哈尼族从事梯田农耕的过程中，水牛具有十分重要的意义，是耕种梯田的得力助手。哈尼族对水牛产生了一种深厚的感情，从而逐渐形成了一种敬重、爱护水牛的传统风俗。

　　红河县的哈尼族与居住在当地河谷地带的傣族之间，有一种共用耕牛结成的亲戚关系，叫"牛亲家"。这种亲戚关系主要是由双方共同购买一头母牛，两家共有并共同管理使用，生了小牛属双方共有，宰杀出卖时互相分成，这种关系定下后不再变更。早春时节，热坝河谷地区青草茂盛、气候温和，是傣族耕种早稻的农忙季节，耕牛由傣族"牛亲家"喂养使用。夏秋两季，坝区气候炎热，山区则风和气爽、草木青青，是哈尼族栽种水稻或迎接收割的好时光，耕牛便由哈尼族喂养使用。入冬又把耕牛赶下坝区避寒。双方世

第二章 西部山地的梯田农耕文化

代交往,同舟共济,彼此亲密地互称"牛亲家"。

与农业耕种相关的习俗贯穿在整个农业生产中。哈尼族在人际交往中,也十分讲究待客的礼节。他们认为客人到家来是"格隆"(福气)来临的象征。哈尼族是一个以村寨构成共同体的民族,非常注重互帮互助,所以春耕、秋收、盖房、婚嫁、丧葬等重大生产生活中的活动都是互帮互助,一家有事大家帮,一户有难众人担,形成风俗习惯传统。

"巴纠纠",是轮流借钱用于办喜事或丧事的一种有效办法。"阿纠纠"("昂交交"),哈尼语意为调节轮换劳动力,是哈尼族民间一种换工的互助形式,即在生产的紧要关头,不管哪家因缺乏劳动力而一时忙不过来,只要招呼一声,整个村子的人都会来帮忙。它可以具体分为:"才梯纠纠",轮换帮忙栽秧;"才底纠纠",轮换帮忙打谷子;"阿扎黑纠纠",轮换帮忙砍柴;"阿罢木"是一家盖房,大家帮忙的传统互助习俗;"其纠纠",轮换帮忙挖田地等一切具体生产活动的轮换。如此循环互助、调节互帮,以免延误生产时节。这是哈尼族社会生产活动中必不可少的一种传统风尚,它有力地调节了劳动力,促成了劳动力的有效整合并合理利用。

在哈尼山区,栽秧前的三四月份是捉泥鳅、抓黄鳝和拿螺蛳的最佳季节,在此季节里,梯田早经牛犁翻过、耙平,田中干净无杂草,田水清澈见底,田泥中的泥鳅、鳝鱼、江鳅、黑鱼等都钻出泥洞,仰着肚皮睡在泥土上面。哈尼族通常选择晴天风平水静的夜晚或雷鸣下雨前的夜晚,点着火把,带上小竹篓、竹夹到田间,便可捕捉到钻出田泥来透气的悠闲自得的黄鳝、泥鳅和螺蛳。这一季节可以捕捉到很多的黄鳝和泥鳅,人们举着火把行走于田间也给远望的人一种虚无缥缈、如梦如诗的感觉,许许多多忽隐忽现于远山的火光人影容易让远望的人以为那是热闹非凡、人潮涌动的天上街市。哈尼族也喜欢在雾露满天的清晨去田间谷茬上抓蚂蚱,因为蚂蚱受潮后跳不动,极易抓获。炒蚂蚱是极好的下酒菜,而干焙后捣成细末的蚂蚱粉用来蘸食糯米粑粑则有滋有味。

在哈尼人家吃饭,如果只吃一碗就放下碗筷说吃好了,主人会劝说,说哈尼族不兴只吃一碗饭,就像人走路不能只用一只脚,同时要热情地再给盛上一些,表示吃了这样的饭后,来年梯田稻作就会获得更大的丰收。此外,哈尼族家中有了来客,饭菜会比较丰盛,往往要杀鸡宰鸭招待,一般不用独鸭招待,认为是不礼貌的表现,实在没有也要配以一个鸡蛋。吃饭的时候要把鸡头鸡尾献给客人，斟酒也要从客人开始，斟满一圈后再给第一个客人加上一点，以示尊敬并有从头到尾都欢迎之意。因此，哈尼童谣唱道："客人不来菜不好"，"客人来了饭菜香"。

可以看出，哈尼族对梯田生物多样性的开发利用源于生存饮食的必要性，但在开发过程中梯田的生物多样性也反过来对哈尼族社会产生了影响，不仅反作用于饮食结构和饮食习俗，梯田的生物多样性开发还辐射影响了哈尼族的诸多文化民俗事象与农事生产活动。

第三章　西部低地的水田灌溉农耕文化

侗族是中华民族的一员，是全国 55 个少数民族之一。主要分布于湘、黔、桂三省区的毗邻地区，另有几万人生活于湖北鄂西山区。据 2010 年第六次全国人口普查，全国侗族人口数约为 288.04 万人，其中黔东南苗族侗族自治州的侗族人口数约为 101.04 万人，约占整个侗族总人口数的 35%，主要居住在黎平、天柱、从江、榕江、锦屏、三穗、镇远、剑河、岑巩、凯里等县市，详情见表 3-1[①]。

表 3-1　2010 年第六次人口普查黔东南各县市侗族人口数统计表　单位：人

县市	人口数	县市	人口数	县市	人口数	县市	人口数
黎平县	268 665	锦屏县	75 705	岑巩县	48 894	丹寨县	1315
天柱县	177 845	三穗县	68 184	凯里市	33 282	台江县	826
从江县	114 890	镇远县	59 096	雷山县	2898	黄平县	822
榕江县	102 885	剑河县	50 654	施秉县	3566	麻江县	825
合　计	1 010 352							

侗族的名称，据史书记载，宋代称为"仡伶"或"伶"。明、清两代称为"峒蛮""峒苗""峒人""洞家"或泛称为"苗"。中华人民共和国成立后统称"侗族"[②]。侗族使用侗语，属汉藏语系壮侗语族侗水语支，分南、北部两种方言。原无文字，沿用汉文，1958 年，根据自愿的原则，人民政府帮助侗族创立了拉丁字母形式的侗文。现在大部分通用汉文。

---

① 根据国家统计局人口和就业统计司、国家民族事务委员会经济发展司的《中国 2010 年人口普查分民族人口资料》整理。
② 《侗族简史》编写组编撰《侗族简史》，贵州民族出版社 1985 年版。

侗族是一个以稻为主的农耕民族，不仅对稻作生产能做到精耕细作，还擅长稻田养鱼、养鸭。侗族除了从事农业外还兼营林业，林业不仅以产杉木著称于世，而且还善于林粮间作。

第一节　生态背景与文化转型

就一个具体的民族来说，其生存环境的自然条件既是该民族文化构建的依托，又是该文化的制约因素，同时还是该文化的加工对象；也就是说，一个民族的文化就是基于对其所处生存环境的一种文化选择。一个民族所处的生态条件是提供该民族成员生存的基础，同时又是带来不利生存条件的根源，任何一个民族的文化都是在特定的生态条件中构建起来的，该民族成员凭借自身建构起来的文化在特定的生态背景中获取生存物质，并使自身的文化得以稳态延续。正是基于这样的理解，本章拟从侗族所处特定的生态背景出发，对历史上侗族文化转型与生态环境的适应进行分析。

一、生态背景

从地貌结构看，侗族的分布区域处于云贵高原向湘西丘陵和广西丘陵盆地过渡的斜坡地带。干流及各大支流的上游处于高原台面，水流平缓，漫滩与冲积坝众多；中游穿过高原边缘，河谷深切，水流湍急；进入低山丘陵地带后，水流重归于平缓，形成了众多的漫滩和冲积坝子。

从空间分布看，侗族的分布区域，其地势西北高、东南低。东有雪峰山，西有苗岭支脉，北有武陵山、佛顶山，南有九万大山和越城岭。中有雷公山自西北向东南伸展，为长江和珠江两大水系的分水岭。舞阳河、清水江、渠水、都柳江、浔江贯穿其间。由于流域面广，水量丰沛，流域面积内地貌构成复杂多样，因而整个流域内并存着多种水陆配置样式，可以托生多样化的植物群落。

从地质结构看，高原台面大多属于石灰岩地层，中游穿越的地段多为花岗岩、玄武岩一类的火成岩，下游地段则是玄武岩与花岗岩构成的低山丘陵及新生代的冲击漫滩和冲积扇。石灰岩成土速度慢，成土后颗粒细小，极易遭受流水侵蚀，因而上游地带一旦生态环境恶化，河水就会明显由清澈转为浑浊，严重时会导致地表石漠化。而中游地带的各种火成岩成土速度较快，一旦生态环境恶化，暴雨季节的急流就会将大量的泥石带走，在流出山区后

第三章 西部低地的水田灌溉农耕文化

沉淀于河床中，从而导致流水排水不畅而形成泥石漫滩或沙洲。上述各种地质水文特征也足以使流域范围内的生态系统更加多样化。

侗族分布区域属中亚热带季风湿润气候区，平均气温在 160℃ 左右①。这里季节分明、雨量充沛，但降雨量的分布极不均衡，流域内最高降雨量可以高达 1500 毫米，最低降雨量才 800 毫米；而且降雨量的季节分布也不均衡，夏季多雨、冬季降雨量偏少，年际波动值也较大，最大偏离值在 30%—50% 之间。雨量在时空分布上的不均衡同样是使生态系统多样化并存的重要原因之一。加之，由于流域内常年被暖湿气流控制，因而终年多阴少晴，特别在春季，常常连续阴天达数十日之久，地表散热较为缓慢，因而气温的季节变化十分平缓，使众多不耐寒的喜温动植物也能在这一地区稳定生息。在高原台面和山脊地带，由于土层薄，保水能力差，在干旱季节土壤旱情十分明显，使一些耐旱动植物也能在这样的地段生息。更由于地貌错综复杂，因而造成了所谓"十里不同天"的气候空间分布格局，无论是喜温、喜湿还是耐寒、耐旱的动植物都可以在侗族分布区域内找到适合自己的生息地。遗憾之处仅在于，这样的生息地不仅规模小，而且插花分布、互不连片，使得这里虽然能够支撑多样化的动植物物种生存，但无论是群落规模还是种群规模都比较小。

由于侗族地区自然地理条件的复杂多样，在这里，热带水生植物群落、热带常绿阔叶林、热带常绿落叶混交林、温带针叶阔叶混交林、寒温带针叶林乃至半干旱地带的疏树草地，都可以说得上是一应俱全。不同生息环境、不同生活习性的动物也可以同时在这里安家落户，一些史前冰河时代幸存的珍稀生物物种如水杉、桫椤树等，也能在这里找到它们的踪迹。生态系统构成的无比丰富性对维护生物多样性固然是一件大好事，但对生态系统的有效利用与维护却提出了严峻的挑战。

二、文化转型

（一）"百越"的滨水渔猎文化

以汉文典籍为主要研究资料的民族史学界，近年来对侗族的族源问题达成了共识。侗族来源于我国古代典籍所称的"南蛮"和"百越"，经过漫长的历史岁月后，演化成今天的侗族。应当看到，这仅是一个臆想性的结论，

---

① 《侗族简史》编写组编撰《侗族简史》，贵州民族出版社 1985 年版。

因为不管是"南蛮"还是"百越",都不是指一个单一的民族,而是对一个广大地域内所有居民的泛称。从严格的学术意义上来说,它应当是指一个多民族的集合体,因而侗族在文化谱系上不应当视为整个"南蛮"或整个"百越"的直系后裔,只可能是"南蛮"或"百越"中某一支系的后裔。至于侗族的远祖具体是谁,由于史料告缺,无法做出明确的考订。然而古代"南蛮"或"百越"中的某些文化要素,在后世的侗族文化中留下了深远的影响,得到了不同程度的传承。据此我们只能说,上古典籍中提到的"南蛮"或"百越",与今天的侗族存在着文化渊源关系,但说"南蛮"或"百越"是今天侗族的族源则有欠准确①。

"南蛮"一名在古代典籍中启用甚早,对其文化属性做出臆想性说明的典籍可以追溯到《礼记》。《礼记·王制》对当时中国境内的民族做了一个五分式的归类,并对这五个民族集合的关键文化特征做了提示性说明:"凡居民材,必因天地寒暖燥湿,广谷大川异制,民生其间者异俗,刚柔轻重、迟速异齐、五味异和、器械异制、衣服异宜。修其教不易其俗,齐其政不易其宜。中国戎夷,五方之民,皆有性也,不可推移。东方曰夷,被发文身,有不火食者矣。南方曰蛮,雕题交趾,有不火食者矣。西方曰戎,被发衣皮,有不粒食者矣。北方曰狄,衣羽毛,穴居,有不粒食者矣。中国、夷、蛮、戎、狄皆有安居、和味、宜服、利用、备器。五方之民言语不通、嗜欲不同,达其志、通其欲。东方曰寄、南方曰象、西方曰狄鞮、北方曰译。"②

不难看出,这是一段极其概略的记载,记载所反映的内容若不附加说明,很难为今天的读者理解。文中说"南蛮"有"雕题"习俗,是指这里的各民族实行"文身",即刺破皮肤,揉进矿物原料的粉末或植物汁,使身体上呈现不同颜色的花纹;文中的"题"原意是指额头,"雕题"就是在额头上实施"文身"。文中对"东夷"和"西戎"都提到"被发",对"南蛮"则不提及"南蛮人"的头发,结合后世典籍说"百越人""断发文身",还可以看出"南蛮人"有不蓄发的习俗。至于"交趾"的含义,历代注家其说不一,考虑到上述记载行文刻意追求对举,与"南蛮"在分布上对位的"北狄"明确记载了"穴居"习俗,可见此处所说的"交趾"也应当是针对居处习俗而

---

① 罗康隆《论侗族的族源与文化渊源的关系》,《黔东南民族师专学报》1995年第3、4期合刊。

② 〔清〕阮元校刻《十三经注疏》(影印本),中华书局1980年版。

第三章 西部低地的水田灌溉农耕文化

言。那么如下一条注释就比较贴近原意，"其地人卧时头外向，足在内而相交。"① 但这一注释今天的读者仍然不解其意，需要做进一步的说明。按：这一注释的本意是说，南方过于炎热，又有虫蛇困扰，难以成眠，只能结绳成网制成卧具，睡觉时将这样的睡网悬挂在树梢上，人头露出网外，两腿盘在网内，才能安然入睡。文献记载还提到"南蛮"中有一部分人不经烹煮，直接生食。这一记载虽嫌粗疏，但毕竟可以向我们揭示古代"南蛮人"过着滨水的狩猎—采集生活。因而在中原人看来，其衣着、居处、饮食等都十分特异。文献记载可贵之处在于其反映了不同地域内不同民族习俗的差异，完全是自然生态背景截然不同而导致的不同适应结果。

《礼记·王制》篇仅仅为我们提供了一个南方滨水狩猎—采集文化习俗的概貌，对南方地区当时自然生态环境状况的特征却只字未提。而宋玉所著《招魂》，有幸提到了中国南方自然生态环境状况的零星信息："魂兮归来！南方不可以止些。雕题黑齿，得人肉以祀，以其骨为醢兮。蝮蛇蓁蓁，封狐千里些。雄虺九首，往来倏忽，吞人以益其心些。归来兮！不可久淫些。"②

这段记载包括两个部分的内容，前半部分是介绍当地滨水居民的生活习俗，后半部分是讲丛林地带的自然生态状况。"雕题"一词的含义上文已做交代，至于"黑齿"，则是说当地居民由于气候郁热，为了提神，这些滨水居民经常咀嚼槟榔以消暑，因而将牙齿染成了黑红色。至于"得人肉以祀，以其骨为醢兮"的含义则需要考虑到《招魂》是一篇宗教祝祷辞，食用人肉的说法并非实写。但从中可以间接领悟到这些滨水渔猎居民崇尚自然宗教，经常对各种自然神举行祭祀，在正常的生活中显然是以渔猎收获物做祭品，而不会真用人肉祭祀。在炎热潮湿的内陆滨水区生存，极难获得食盐，为了适应这种不利的生存背景，必须尽最大的努力从动物的骨骼中获取无机盐。所谓"以其骨为醢"指的就是这一特殊的饮食习俗，当然在正常的生活中不是以人骨作"醢"，而是以其他动物骨骼发酵制作调味汁。后半部分提到的"蝮蛇蓁蓁，封狐千里些。雄虺九首，往来倏忽，吞人以益其心些"，则是表明当时人烟稀少的南方山地丛林由于人类活动的干预未及，因而基本上保留着原生的生态状况：丛林郁蔽，常有毒蛇猛兽出没。

---

① 〔清〕阮元校刻《十三经注疏》（影印本），中华书局1980年版。
② 转引自〔宋〕洪兴祖《楚辞补注》，中华书局1983年版。

在上古典籍中，"百越"一名往往与"南蛮"相互渗透，概念互有重合，但"百越"一词的出现晚于"南蛮"。"百越"首见于《吕氏春秋·恃君览》，是淮河和汉水以南南方古代各民族的泛称，与早年所称的"南蛮"概念基本重合。春秋末年，"百越"中的"吴"与"越"先后兴起，并且问鼎中原，这就给后世造成了一种假象，似乎吴越的君主自称为"大禹之裔、少康之后"，那么整个"百越"都应当是"大禹之后"了。这显然是错误的，因为古代的"百越"分布范围甚广，包括的古代民族众多，自称为"大禹之后"者仅是其中的一支，其他地区的"百越"各部尽管习俗相近，但不一定都是"大禹之后"。自秦统一全国后，"百越"一名才成为长江以南广大地区的民族泛称。早期典籍中对"百越"习俗的记载也大体与"南蛮"相同，都提到"百越""断发文身，错臂左衽，以渔猎为事"，可见名称的变化是时代演进所使然，"南蛮"与"百越"并非指两个不同的民族实体。

总之，上古时代，在该地区已经生息着"南蛮"或"百越"之一部；至于这部分居民在什么时代发生了第一次文化转型，定型为南方炎热潮湿地带滨水渔猎民族，则于史无证。需要指出的仅在于，上古时代该区域的人类活动由于受滨水渔猎文化的规约，仅是对该区域的固定与半固定水域加以密集利用，并在一定程度上改变其自然属性，形成次生的人文生境。具体表现为干栏式的滨水村落出现，稳定的渔场和猎场按利用的方便进行了人为加工，至于滨水区以外的山地丛林则保持着原生生态状况。

（二）渔猎文化向狩猎—采集文化的转型

秦始皇统一全国后，派军五十万征伐"南越"，在当时的背景下，如此规模的用兵，后勤保障极为艰难，中央王朝不得不动用大量的人力物力开凿"灵渠"，用运河连通湘江与漓江的上游，从而形成南北贯通的水上运输干道。在以后的岁月中，虽然这条干道时断时续，但作为一个既成的事实，却被一直延续下来，其结果使得原先活动在湘江两岸的南方渔猎—采集居民，不得不退出湘江两岸的狭长地带向周围山地丛林转移，位于湘江以西的诸流域至此成了南方渔猎—采集居民的庇护所。同时由于生息环境的巨变，这些被迫转入山地丛林的渔猎居民为了适应新的生态环境，不得不改变其固有文化，从而发育成了一种新的文化类型，即湿地游耕类型，并因此而造成了对所处生态环境利用方式的改变，使原先很少加以利用的山地丛林至此开始密集利用，赋予了众多人为的生物性因素。关于秦代用兵"南越"诱发的民族关系

第三章　西部低地的水田灌溉农耕文化

震荡，《淮南子》一书留下了较为翔实的记载。《淮南子·人间》有如下记载："（秦始皇）利越之犀角、象齿、翡翠、珠玑。乃使尉屠睢发卒五十万，为五军：一军塞镡城之岭，一军守九凝之塞，一军处番禺之都，一军守南野之界，一军结余干之水。三年不解甲弛弩。使监禄无以转饷，又以卒凿渠而通粮道，以与越人战，杀西呕君译吁宋。而越人皆入丛薄中，与禽兽处，莫肯为秦虏。相置桀骏以为将，而夜攻秦人，大破之，杀尉屠睢，伏尸流血数十万。乃发适戍以备之。当此之时，男子不得修农田，妇人不得剡麻考缕；羸弱服格于道，大夫箕会于衢；病者不得养，死者不得葬。"①

这次空前的征战对越人和秦人而言，都付出了惨重的代价。征战的结果使"百越"各族传统文化的转型得以完成，这是因为战事平息后，水上交通干线被牢牢地控制在汉族居民手中，这些居民的生存与定居必须有充足的粮食供应，而"百越"各族传统的渔猎—采集生活提供的产品无法为定居下来的汉族居民所利用，这种文化上的相互隔绝状态无法保证民族间关系的稳定。于是"百越"各族不得不改变资源利用方式，利用山区的滨水河滩地用游耕的方式生产水稻，以便产出能与汉族居民的批量产品交换，以换取对"百越"各族来说同样必需的金属和其他手工制品。于是，进入西汉后，汉文典籍中有关"越人"生产稻米的记载开始出现："楚地……有江汉川泽山林之饶，江南地广，或火耕水耨，民食鱼稻，以渔猎山伐为业。果蓏蠃蛤食物常足，故呰窳偷生而亡积聚，饮食还给不忧冻饿，亦亡千金之家。信巫鬼重淫祀。"②

这段文字在叙述时时间跨度拉得很长，起于春秋战国之交，止于西汉末年，但上文引出部分的楚地越人的生产生活状况却是汉代才普遍化的社会文化事实。它展示的是一个温暖潮湿滨水地带游耕文化的特点，文中提到的"火耕水耨"乃是该区域特有的湿地游耕样式，其具体做法是初春时趁季节性的气候干燥，用火将河滩地上头一年的作物秆蒿焚毁，引水浸润后播下稻种，让禾苗与旱生杂草一道生长，等禾苗长到一定程度后，随着雨季的到来，任由河水淹没河滩，危害稻秧的旱生杂草被水淹死而达到中耕的目的。不难看出，这样的耕作办法仅仅适用于季节性洪泛区的河滩地，耕作时既不营建固定农田，又不使用畜力翻耕，仅仅通过改变河流流向的办法实现对耕种地块

---

① 刘安著，许匡一译注《淮南子全译》，贵州人民出版社1993年版。
② 《二十五史·汉书》（影印本），上海古籍出版社1986年版。

的控制。因而它与真正意义上的农耕截然不同，而是一种典型的湿地游耕样式。文中又特意强调在沅江流域"民食鱼稻，以渔猎山伐为业"。所谓"食鱼稻"是指在他们的观念中，稻田不仅能产出水稻，而且还是获取各种水产的捕捞场。没有明确稳定的主种作物，耕地中同时产出不同种类的动植物产品，这也是游耕类型文化的重要标志性特征之一。

至于说"以渔猎山伐为业"，则与当时的外部社会环境有关联。不言而喻的事实是：山伐的产品显然与水稻一样，有相当一部分是输出到汉族地区，而这种输出又会带动游耕和采伐规模的扩大，并从而巩固湿地游耕经营规模的持续扩大。说他们以渔猎为业，这也是游耕类型文化常见的伴生特征，由于实行游耕，耕地在生产季节要相对稳定，因而渔猎所及的范围会相对缩小，而不会像真正的狩猎—采集那样，必须实行大范围的游动生计作业。文中所说的"果蓏蠃蛤食物常足，故呰窳偷生而亡积聚，饮食还给不忧冻饿，亦亡千金之家"也是文化转型造就的生产生活特点。其含义是指，在这一文化状况下的居民，广泛采食种植以及野生的多种动植物，食物的供给随各种动植物的产出而做周期性的变动。就总体而言，可供作食物的产品种类繁多，但每一种产品的产出批量却极为有限。因而在这样的社会中贫富差异不大，不可能产生腰缠万贯的富豪，而一般居民的生活供给却十分富足。广泛采食野生动植物产品也是游耕文化的标志性特征之一。

这一文化转型导致的生态后果大有澄清的必要。围绕这一问题，目前存在着两种很不相同的观点：一种观点认为，粗放的耕作如文中提到的"火耕水耨"，就可能被曲解为既然用火，那就意味着毁坏大面积的原始森林，因而认定这样的转型会对生态环境造成严重的威胁。另一种观点认为，如此粗放的耕作制度，不可能获得充足的产品并提高环境的人口容量，一旦人口增加，无节制地扩大种植面积，肯定会诱发为严重的生态灾变。然而从西汉开始直到唐末的千余年间，整个沅江流域的生态环境并未出现明显的恶化。答案在于，这一地带的古代民族，其生产活动要受到重重的自然条件限制。举例说，能周期性用于水稻种植的地段，在沅江流域所占比例极小，在更大面积的丘陵山区，一则距水源远，二则地表起伏大，在当时的技术条件下，不可能实施"水耨"操作。因而，所谓"火耕"并不是漫山放火，而是一种实施严格控制的生产用火，肯定不会对大面积的生态环境造成威胁，加上在游耕类型文化中，耕地还要做周期性的轮歇休闲，这也有利于生态环境的恢复。此外

第三章 西部低地的水田灌溉农耕文化

还需注意，在这种生产范式下，不必要也不可能触动固定水域，因而对水生生物群落的冲击也极为有限。

诚如引文中指出的那样，当时古代沅江流域的各族居民可取食的动植物种类极为繁多，食物供给十分富足，其人口承载能力由于有了粮食的储备，肯定大大地超过单纯的狩猎—采集生计。加之与周边汉族地区还存在着稳定的物质交换和人员交流，可以大大缓解人口压力，因而由于人口的超载而导致的生态恶化也很难发生。事实上，直到唐朝末年，整个沅江地区都还处于地广人稀的状况，整个地区的生态环境一直良好。

文化转型并不意味着对早年文化的传统彻底地推倒重来。汉唐千余年间的记载一再揭示，"古百越人"的众多文化特征在沅江流域完成文化转型后，仍然得到了很好的传承和延续。如宗教信仰中的"信巫鬼，好淫祀"，起居习俗中的"干栏式"住屋，饮食习俗中的"鼻饮"和嗜食水生动物，装饰习俗中的"断发文身"，都一直得到传承与延续。而这些文化要素的传承与延续反过来又规约着当地居民的生息空间，使之长期稳定在滨水的周边地带，在一定程度上节制了人类活动对生态环境的压力。

在这千余年间，随着人类的活动，当地的原生生态系统也发生了一定程度的改性。主要内容包括滨水地带人工控制的耕作带出现了，又如滨水地带的旱生植物群落由于人类按照价值的取向有选择的采伐利用，甚至实施人工管护。因而生息其间的部分生物物种不再处于自生自灭状况，而是在人工的控制下扩大或缩小物种规模。但就总体而言，人类的活动并没有对生态系统造成直接而持续的创伤，生物多样性也未蒙受明显的损害，这得力于当时的生计方式遵循均衡取食的原则，不可能造成对单向生物资源的单向超额利用。因而这样的生态系统改性不仅是局部的，而且是可以自然恢复的。那种认为人类一经利用就肯定会对生态系统造成危害的观点，在这里显然站不住脚。

随着时间的推移，沅江流域各民族的族称在汉文典籍中也发生了相应的变动。汉代以后，除了原有的"蛮"与"越"两个族称外，又兴起了"僚""诸左"和"夷蜒"等族称。这些新族称的出现仅是命名的角度和翻译的差异导致的结果，并不反映民族的构成有实质性的变化。"僚"这个族名集中出现在《魏书·僚传》，由于元魏政权的统治地域仅涉及沅江上游地带，因而该篇所称的"僚"显然不包括沅江下游"古越人"的后裔，仅是反映进入山地丛林"古越人"后裔文化再适应后的面貌。

该书的如下记载可以代表这一文化再适应后的新情况。"僚者盖南蛮之别种。自汉中达于邛筰,川洞之间所在皆有。种类甚多,散居山谷。略无氏族之别,又无名字。所生男女惟以长幼次第呼之。其丈夫称阿謩阿段,妇人阿夷阿等之类,皆语之次第称谓也。依树积木,以居其上,名曰干兰。干兰大小随其家口之数。往往推一长者为王。亦不能远相统摄。父死则子继,若中国之贵族也。僚王各有鼓角一双,使其子弟自吹击之。好相杀害,多不敢远行。能卧水底持刀刺鱼。其口嚼食并鼻饮。死者竖棺而埋之。性同禽兽。至于忿怒,父子不相避,惟手有兵刃者先杀之。若杀其父,走避于外,求得一狗以谢其母,然后敢归。母得狗谢,不复嫌恨。若抱怨相攻击,必杀而食之。平常劫掠,卖取猪狗而已。亲戚比邻,指授相卖。被卖者号呼不服,逃窜避之,乃将买人捕逐。指若亡叛,获便缚之。但经被缚者,即服为贱隶,不敢称良矣。亡失儿女,一哭便止,不复追思。惟执盾持矛,不识弓矢。用竹为簧,群聚鼓之,以为音节。能为细布,色至鲜净。大狗一头,买一生口。其俗畏鬼神,尤尚淫祀。所杀之人美须髯者,必剥其面皮,笼之于竹,及燥,号之曰鬼。鼓舞祀之,以求福利。至有卖其昆季妻奴尽者,乃自卖以供祭焉。铸铜为器,大口宽腹,名曰铜爨。既薄且轻,易于熟食。"①

在这段文字中,所揭示的"僚"文化特征有不少内容明显地承袭自"古越人"文化,例如鼻饮,干栏式住房,以野生纤维制造精美的纺织品,还有猎人头的习俗,等等。但同时也应当看到,文化已发生了重大的变化。如干栏式的住房已经不再是临水而居,而是依树而居了。再如为了适应山地丛林狩猎的需要,发展起了靠投枪获取猎物的新做法。以往用网捕鱼的技能被弱化,而潜水刺杀鱼类的技能却进一步被强化。这是因为在山区激流中,大型的网会被河底挂住而失效,因而潜水刺鱼更具实用价值。总之,《魏书》所说的"僚人"是一批迁徙到山地丛林后高度适应于山区狩猎—采集生活方式的群体,他们与后世所称的"仡佬"在文化传承上关系更直接。和其他狩猎—采集文化一样,由于是均衡地获取自然长出的动植物资源,因而当时"僚人"的生产活动同样不会对沅江上游的自然生态系统造成明显的冲击和损害。

历经数百年的战乱后,六世纪末隋朝统一了全国,在此基础上对沅江流域的民族构成和文化特点获得了较为全面的认识。《隋书·地理志》的如下记

---

① 《二十五史·魏书》(影印本),上海古籍出版社1986年版。

第三章 西部低地的水田灌溉农耕文化

载可以反映这种新获得的认识："（长沙等郡）诸郡多杂蛮左。其与夏人杂居者，则与诸华不别。其僻处山谷者，则言语不通，嗜好居处全异，颇与巴渝同俗。诸蛮本其所出承盘瓠之后，故服章多以班布为饰。其相呼以蛮则为深忌。自晋氏南迁之后，南郡襄阳皆为重镇，四方凑会，故益多衣冠之绪，稍向礼仪经籍焉。九江襟带所在江夏、竟陵、安陵各置名州为藩镇，重寄人物乃与诸郡不同。大抵荆州率敬鬼，尤重祠祀之事。昔屈原为制九歌，盖由此也。屈原以五月望日赴汨罗，土人追至洞庭不见，湖大船小莫得济者，乃歌曰何由得渡湖。因尔鼓棹争归竞会亭上，习以相传，为竞渡之戏。其迅楫、其弛棹。歌乱，响喧振，水陆观者如云。诸郡率然，而南郡襄阳尤甚。二郡又有牵钩之戏，云从讲武所出。楚将伐吴，以为教战，流迁不改，习以相传。钩初发动皆有鼓节，群噪歌谣振惊远近。俗云，以此厌胜，用致丰穰。其事亦传于他郡。梁简文之临雍部，教发禁之，由是颇息。其死丧之祀，虽无被发祖踊，亦知号叫哭泣。始死，即出尸于中庭，不留室内。敛毕送至山中，以十三年为限。先择吉日，改入小棺，谓之拾骨。拾骨必须女婿，蛮重女婿，故以委之。拾骨者除肉取骨，弃小取大。当葬之夕，女婿或三数十人集会于宗长之宅，着芒心接篱，名曰茅绥。各执竹竿，长一丈许，上三四尺许尤带枝叶。其行伍前却，皆有节奏。歌吟叫呼，亦有章曲。传云盘瓠初死，置之于树，乃以竹木刺而下之，故相承至今以为风俗。隐讳其事谓之刺北斗。既葬设祭，则亲疏咸哭。哭毕，家人既至，但欢饮而归，无复祭哭也。其左人则又不同，无衰服，不复魄。始死，置尸馆舍。邻里少年各持弓箭绕尸而歌。以箭扣弓为节。其歌词说平生乐事，以至终卒。大抵亦犹今之挽歌，歌数十阕。乃衣衾棺敛，送往山林，别为庐舍安置棺枢。亦有于村侧瘗之，待二三十丧总葬石窟。长沙郡又杂有夷蜒，名曰莫瑶。自云其先祖有功，常免徭役，故以为名。其男子但着白布裤衫，更无巾绔。其女子青布衫班布裙。通无鞋履。婚嫁用铁钴镂为聘财。武陵、巴陵、零陵、桂阳、澧阳、衡山、熙平皆同焉。其丧葬之节颇同于诸左云。"①

需要注意的是，在这段记载中，原作者是对来源于不同地区的资料人为拼合而加工写成的。以至于今天的读者看来会觉得杂乱无章、不得要领，但若辅以文化人类学结构功能分析的办法，可以发现其事实上是综合介绍了该

---

① 《隋书·地理志》（影印本），上海古籍出版社1986年版。

区域好几个民族的社会文化状况。文章的前半部分重点介绍了古代"巴人"后裔，其社会文化与今天的土家族文化有着直接关系。有关葬习的前半部分是介绍当时当地苗族的丧葬习俗，这一习俗与今天苗族的"吃鼓脏"习俗有着直接的传承关系。葬习的后半部分说的则是"古越人"后裔的葬习，这种葬习与后世侗族普遍实行的停柩待葬是同一种葬习的先后形式。文中最后所讲的"莫徭"则是指该地区的古瑶族，书中将侗族的前身称为"蛮左""诸左"和"夷蜒"，这是当时族名使用欠规范所导致的混用（有关"夷蜒"在今本《隋书》中次序有错乱，其正确的次序应置于介绍的第二种葬习之前，因为"夷蜒"一名出自古苗瑶民族对古百越民族称谓的反切音译，它与"莫徭"一名不相干）。

对比《魏书》所称的"僚人"和此处所称的"诸左"，尽管他们都出自"古越人"，但文化已经拉开了很大的差距。举例说，这里的"诸左"在葬习中使用弓箭而不是使用投枪，显然是因为这里所讲的"诸左"生息在滨水的开阔地带，因而在狩猎中弓箭可以发挥更大的效用。文化适应方向的变异，这应当是一个很具说服力的实例。再如《魏书》提到的"僚人"实行"竖棺而葬"，这显然是因为实行连续刀耕火种后丛林被局部清理干净后才可能兴起的葬习特点。而这里所称的"诸左"实行林中停柩待葬，或者实行崖葬，则可以看出生息在这儿的"古越"人后裔实行的是滨水稻作游耕，因而没有大规模触动原生丛林才可能有的葬习。据此可知，文化再适应方向的改变可能造成的生态后果会很不一样。

值得一提的是，《隋书》所称"诸左"的这一葬习对后世侗族人工林业的定型具有重大的社会意义。侗族人工林业发展的基础是宜林地的家族共有，而家族共有宜林地由家族墓地所在丛林演化而来。后世的典籍中多次提到，侗族伐卖的原木采自各个家族的"坟山"。这一时期，由于原生丛林在习惯法上已经归属于具体家族作为"坟山"，因而各家族在崇敬祖宗安息地的同时，原生的生态系统也得到了精心的维护。进而需要指出，在把原生丛林视为祖宗安息地的背景下，并不排除在其间实施有控制的狩猎采集活动。这是因为在这种文化的观念中，祖宗的灵魂与后辈儿孙之间，同样可以建立起礼物的互赠关系，从这些丛林中获取狩猎采集产品犹如从祖宗手中获取馈赠一样。

（三）狩猎—采集文化向游耕文化的转型

唐承隋制，因而在整个李唐王朝统治时期，该区域的民族构成格局并无

第三章 西部低地的水田灌溉农耕文化

实质性的变动。《旧唐书》与《新唐书》对这一地区的记载,其准确性与认识的精细程度都有了很大提高,但反映的文化内涵却与前代基本一致。唐末的"藩镇割据"与农民战争却诱发为新一轮的冲击,割据一方的军阀势力为了扩大军事力量,开始渗透进该地区,而不再把该地区的少数民族视为"羁縻"统治的对象。随着人员和生产方式的输入,原先的游耕水稻种植随之诱发为新的文化转型,发展为建构固定的连片农田,这一转型到宋朝南迁后才最后定型。侗族也在这样的背景下发展成单一的民族,与其他"古越人"的后裔拉开了文化上的差距。

这次文化转型,标志着侗族最终实现了定居稻作农耕。南宋时成书的《溪蛮丛笑》对此有较为全面的记载,该书《十庄院》一条有如下记载:"数十年前,瑶獠侵占虾蟆行寨。省地土人申请招致靖州仡佬防。托借田买屋以居。名十庄院。"① 撇开本条中有关宋廷与少数民族之间军事对垒的内容外,本条明确地揭示了侗族(仡佬)居民可以在同一个地点数代人连续定居,并因此而建立了定型的村寨。若不是以定居稻田农作为生存基础,这样的村寨肯定无法建立起来。

对当时侗族的固定耕地规模,该书"平坦"条也有生动的说明:"巢穴外虽峙险,中极宽广。且以一处言之,仡佬有鸟落平,言鸟飞不能尽也。周数十里,皆腴田。凡平地名曰平坦。"② 如此大规模的固定农田建构,意味着将原有的山涧盆地自然生态系统完全改性,形成人工的浅水湿地,才有利于种植水稻。这对自然生态系统的冲击显然十分巨大,很多天然的野生动植物种群也随之明显缩小。这一情况在对比唐代和宋代的相关记载后可以得到间接的说明。唐代刘恂的《岭表录异》中有如下记载:"南道之酋豪,多选鹅之细毛,夹以布帛,絮而为被,复纵横衲之,其温柔不下于挟纩也。俗云鹅毛柔暖而性冷,偏宜覆婴儿、辟惊痫也。"③《溪蛮丛笑》对同一地区的被褥用絮的记载却截然不同,该书"茅花被"条载:"仡佬无绵。揉茅花絮布被,一被数幅,联贯以成。山徭皆卧板,夜然以火。仡佬视徭,则为富矣。"④

两段记载内容的强烈反差来源于随着固定农田的扩大化,众多的天然水

---

① 〔宋〕朱辅《溪蛮丛笑》,贵州省图书馆藏(清顺治四年刻本)。
② 〔宋〕朱辅《溪蛮丛笑》,贵州省图书馆藏(清顺治四年刻本)。
③ 〔唐〕刘恂《岭表录异》,中华书局1985年版。
④ 〔宋〕朱辅《溪蛮丛笑》,贵州省图书馆藏(清顺治四年刻本)。

域消失，以至于冬季南迁的候鸟失去了栖身所而导致种群缩小，人类无法获取足够的候鸟羽毛充当絮料。与此同时，为了满足定居生活所需燃料，农田周围丘陵地段的丛林被次第砍伐而蜕变为次生茅草坡，人们才可能用茅草种子的絮茸充当絮料。可以说，这次文化转型直接导致了山涧盆地生态系统的连片人为改性，对生态系统的冲击远甚于前代。不过，高山区的山地丛林仍然得到完好的保护。这一时期的侗族由于经营的是连片稻田，因而可以支撑起较大的军事集结，这乃是宋廷可以将青年男子编为"峒丁"替宋廷戍边的社会文化基础，而一旦双方关系交恶，又可能成为宋廷的巨大威胁。陆游《老学庵笔记》的忠告正是针对这一情况而提出的："诸蛮惟仡伶颇强，习战斗，他时或能为边患。"[1] 文中所说的"仡伶"出自侗族自称"更"的反切音译，这个名称的使用标志着侗族已经形成了单一民族[2]。侗族的定居农耕经营的是水稻种植，这与当时汉族主种稻米相一致，因而汉族居民进入侗族地区比前代变得更加容易，围绕水田占有的纠纷也随之加剧。这乃是元代时对该区域频繁移民与用兵的社会原因，也是生态系统受到重大冲击的发端。

  侗族完成向定居农耕文化转型对所处自然生态系统的冲击，并不仅仅局限于固定农田的建构。随着固定农田的扩大，所处地区的自然生态系统必然发生牵连性的演替，以至于相关的民族文化必须再调适才能适应已变化的自然生态系统。对沅江流域自然生态系统的牵连演替史料缺载，但对完成转型后的侗族文化，史籍则言之确凿。其中最有代表性的典籍是宋人朱辅所著的《溪蛮丛笑》，该书所记载的对象正好以沅江流域为限，而且取材于作者本人的实地调查，所载内容十分可信。加之该书记载所涉及的范围甚广，沅江流域各民族的生活习尚、经济生产、社会组织、与汉族官府的关系等，均简明扼要地囊括其中。这里仅以该书的记载为例，剖析侗族文化的再适应以及由此而导致的生态改性内容。

  未发生文化转型之前，侗族先民由于受所属文化类型的制约，衣着材料主要取自于野生动植物资源。完成文化转型后，衣着材料中的人工种植原料开始稳步增加。《溪蛮丛笑》中，共有五个条目记载了侗族居民的衣着习尚，它们是"茅花被""顺水斑""娘子布""圈布""点蜡幔"。从这五条反映的

---

[1] 〔宋〕陆游《老学庵笔记》，远东出版社1996年版。
[2] 杨庭硕《侗族生态智慧与技能漫谈》，《大自然》2004年第1期。

第三章　西部低地的水田灌溉农耕文化

内容中可以看出，人工种植的衣着原料明显增加。"汉传载阑干。阑干僚言纻。今有绩织细白苎麻，以旬月而成，名娘子布。"① "蚕事少桑多柘，茧薄小不可缫，可缉为紬。或以五色间染布为伪，名顺水斑。"② "娘子布"条明确记载了当地侗族居民连片种植苎麻，用以织造细白麻布。考虑到苎麻是一种多年生的宿根纤维植物，必须在排水良好、土地肥沃的固定麻园中种植。这就意味着侗族人民改穿麻布衣，必须连片开辟丘陵山地建构固定麻园。因而这一习俗的新适应意味着必须改变伴生的丘陵山地原生植被，由此必然导致丘陵山地自然生态系统的改性。

另一种需要连片种植的衣着原料植物是蓝靛草，从这种植物中可以提取天然的蓝色染料，用以制作"点蜡幔"。《溪蛮丛笑》"点蜡幔"条记载如下："溪洞爱铜鼓，甚于金玉。模取鼓文，以蜡刻板印布，入靛缸渍染，名点蜡幔。"③ 凭借这一记载可以看出，当时的侗族居民已经开始批量制作蜡染蓝花布。这就意味着蓝靛草的种植和固定农田的垦殖都有相当规模。丘陵山地原生植被的改性也是不言而喻的事实。

"顺水斑"条则提到当地侗族居民用柘蚕丝纺纱织紬，这一习俗的兴起也导致了对自然生态系统的冲击，尽管在当地野生的柘树很多，但要规模性生产柘蚕丝，则必须连片种植柘树，按季节放养柘蚕。鉴于当时饲养柘蚕，大多实行野放，为此必须防范鸟害。这就意味着需要连片的改变天然植被的物种结构，将多树种的混交林改变为主要种植柘树的半纯林，同时还需要驱赶甚至控制危害柘蚕的鸟类。需要着重指出的仅在于，当时侗族文化的再适应所导致的生态改性其规模并不大，仅限于农田和住宅周围的低山缓丘。

《溪蛮丛笑》的作者在这两条记载中，出现了一个明显的推断失误，错误地将当时用苎麻织成的"娘子布"误指为《后汉书》中提到的"阑干"布④。但《后汉书》中明确记载，织"阑干"布所用的纤维取自一种类似于桐树的乔木，纤维来自附生在种子上的绒毛，而绝不是用麻类的纤维。对此后人已有研究，指出《后汉书》中所称的"阑干"布，其实是后世所称的"吉贝

---

① 〔宋〕朱辅《溪蛮丛笑》，贵州省图书馆藏（清顺治四年刻本）。
② 〔宋〕朱辅《溪蛮丛笑》，贵州省图书馆藏（清顺治四年刻本）。
③ 〔宋〕朱辅《溪蛮丛笑》，贵州省图书馆藏（清顺治四年刻本）。
④ 《二十五史·隋书》（影印本），上海古籍出版社1986年版。

布"或者"木棉布"①。由于木棉纤维中空，质地很轻，织成的布料可以在水上漂浮，因而在当时被称为"顺水斑"。《溪蛮丛笑》的作者指出"五色间染布"不是"顺水斑"是对的，但说"柘蚕绸"是"顺水斑"则错了。其实，"顺水斑"条所说的"五色间染布"乃是《岭外代答》一书中所称的"吉贝"和《桂海虞衡志》中所说的"黎单"，也就是今天我们所习见的棉布。宋代时草棉尚未普及，仅南方少数民族中有种植，由于功用与木棉相同，因而误用了"吉贝"这个翻译名。凭借周去非在《岭外代答》中的描述，可知他所说的"吉贝"是草棉而不是木棉树（吉贝木）。

朱辅的推断虽然有误，但却提供了一个非常重要的信息，那就是宋代的侗族居民仍在一定程度上沿袭其先民的做法，收集野生的木棉纤维织布，同时也开始种植草棉。利用木棉纤维织布需要开辟种植园，对生态环境的冲击较小。但在沅江流域，由于冬季气温偏低，木棉纤维的质量不如岭南所产的好。至于种植草棉，则需要建立固定农田，对生态系统的冲击与种麻相似。

当时的侗族除了沿袭前代收集野生的木棉纤维织布外，还沿袭前代析取桑科植物树皮纤维织布，对此，《溪蛮丛笑》的"圈布"条有明确记载："桑，味苦，叶小，分三叉，蚕所不食。仡佬取皮绩布，系之于腰以代机。红纬回环通不过丈余。名圈布。"② 文中虽然没有具体交代是用哪种树的树皮织布，但后世典籍和今天的田野调查都表明，他们是用构树皮织布。析取野生植物纤维织布可以间接说明，此类野生植物的生长在当时良好，人类这种利用方式对自然生态环境的冲击较小。低山丘陵原生植被的蜕变不仅与固定农田的开辟有关，还与农田的随意弃耕相关。不管是麻园还是蓝靛园、棉田，一旦弃耕后，都会蜕变为茅草坡。"茅花被"条所说的"以茅花为絮"，就是取自此类蜕变后的次生草坡。

不仅衣着原料的生产需要建构旱地农田，饮食习尚的改变也需要建构旱地农田。转型前的侗族居民是采集野生动植物做菜肴，这种做法可以使食物种类多样化，天然动植物在利用过程中所受压力均衡。完成文化转型后，食品的来源都集中到了农田中，要保证水产品的供应就必须建构鱼塘或在稻田中养鱼，要保证蔬菜供应就得建构菜园。《溪蛮丛笑》"马王菜"条就记载了

---

① 〔宋〕范成大著，胡起望、覃光广校注《桂海虞衡志辑佚校注》，四川民族出版社1986年版。
② 〔宋〕朱辅《溪蛮丛笑》，贵州省图书馆藏（清顺治四年刻本）。

第三章 西部低地的水田灌溉农耕文化

沅江流域的侗族居民引种了蔓青一类的蔬菜,在改变饮食结构的同时,也改变了周边的生态结构。不过就总体而言,蔬菜引种的规模很小,由此引发的生态改性极为有限。文化的转型也带来了居处习俗的变迁。文化转型前,侗族先民总是滨水而居,居住在洪水的季节性泛滥区,其干栏式住房底层的高低需要与洪水的涨落幅度相一致,而且居住点会随农田的轮休而迁移。完成文化转型后,由于固定稻田需要连片开垦,滨水平缓地带的土地使用价值急剧提升,在滨水地带建构固定村寨并不合算,于是固定村寨的寨子必须调适到固定农田周边的丘陵山麓,防范洪水的季节性泛滥失去了意义,于是住的虽然是干栏式住房,但底层的高度却比以前降低了。《溪蛮丛笑》"羊栖条"就明确地记载了这种变化。干栏式住房的底层高度不仅划一,而且距地降低了数尺。"仡佬以鬼禁,所居不着地。虽酋长之富,屋宇之多,亦皆去地数尺。以巨木排比,如省民羊栅。杉叶覆屋者,名曰羊栖。"[1]

凭借这一记载我们可以看出,当时侗族的村寨已经随着农田一道高度固定化了。文中所提到的住宅如此规模宏大,显然不可能随意抛弃而迁徙。遗憾的是,侗族村寨的另外两个适应性特点该书缺载:其一是侗族村寨中要人工开掘鱼塘,用于放养家鱼和调节稻田水位;其二是需要建构储备粮食的"禾晾"以及储备"腌鱼"的大木桶。这两种适应办法在今天的田野调查中均可获得实证。据考察,不少类似结构的侗族村寨已经延续了数百年之久。

在表面上,固定村寨的建设对周边生态系统的冲击并不大,但仔细分析后发现,还是引发了一些值得注意的生态改性。丘陵山麓地段必然是不同生态系统的过渡带,大型的野生动物都要频繁穿越这个过渡带觅食和饮水,过渡带的植物群落以其物种构成的多样性对维护坝区和山区的生态平衡也至关重要。随着山麓地带固定村寨的建设,过渡带的生态功能受到了抑制,好在侗族采取了一种积极的适应办法,有力地缓解了村寨固定化对生态环境的压力。其做法是在未建村寨的山麓地带尽可能预留宽窄不等的草坡带,这些草坡带的显性功能是既用作牧场放牧牛马,又兼备防火隔离带的作用。其隐性的功能则在于维护山麓地带的生态过渡功能,支持这一地带的生物物种多样性,特别是小型动物物种的多样性。这对维护坝区和山区的生态安全至关重要。

---

[1] 〔宋〕朱辅《溪蛮丛笑》,贵州省图书馆藏(清顺治四年刻本)。

侗族地区的交通在农田固定化以后变化不大，村寨之间主要靠水上运输。《溪蛮丛笑》"独木船"条专载其事。穿越山地丛林的往来则只能靠步行，即使是笨重的木材和石料运输，都得靠肩扛背背。《溪蛮丛笑》"背笼"条有如下记载："负物不以肩。用木为半枷之状，钳其项，以布带或皮系之额上。名背笼。"① 有趣的是，将负重的布带系于额上，这种做法是中国西南地区众多山地民族共有的习俗，这样做的好处是使背负的重物与人融为一体，利于在山地行走中保持平衡。不消说，这样的山地运输是一项极其艰苦的体力劳动。正因为如此，对山地资源的利用强度也受到了很大的限制，对生态环境的损害也十分有限。

固定农田的建设必然导致土地使用权的专属化。一切可以按先后顺序使用的土地和生态资源，在文化转型后都随之而专属化、固定化，于是围绕着土地（特别是适宜开辟稻田的土地）的固定占有和使用，各侗族村寨展开了持续不断的争夺，各村寨之间逐步形成了明确的界缘，村寨界缘的要害地段需要层层设防。《溪蛮丛笑》"隘口条"做了如下描述："凡众山环锁，盘纡郁，绝顶贯大木数十百，穴一门来去。此古人因谷为寨，因山为嶂之意。名曰隘口。"②

在层层设防的村寨内部，为了确保土地的占有，在村寨组织的范围内也得进行文化的再适应，这就出现了明显的阶层分化。《溪蛮丛笑》"左右押衙""对小""奴狗""入地""卖首"等五条集中介绍了侗族村寨内部阶层分化的实情。这样做的目的，是为了形成较大的武力集结以对付相应村社的挑战。然而这样的阶层分化植根于血缘关系，因而处于较高阶层的个人社会地位是靠辈分和能力来支持的，阶层之间的对立并没有绝对化和世袭化，而是可以相互转化的。但对外来人员则有排他性，原则上不接纳其他村社的成员，若因特殊情况必须接纳时，也需经过较长的时间和繁复的仪式及手续，"入地""奴狗"以及"卖首"等三条讲的就是这一事实。

为了节制和缓解家族村社之间的对立，侗族文化也做了相应的再适应，即通过"合款"的方式建立一套各村社共同遵守的习惯法，以维护侗族地区的相对安宁和稳定。《溪蛮丛笑》"门款"条对此做了如下记载："彼此歃血

---

① 〔宋〕朱辅《溪蛮丛笑》，贵州省图书馆藏（清顺治四年刻本）。
② 〔宋〕朱辅《溪蛮丛笑》，贵州省图书馆藏（清顺治四年刻本）。

第三章 西部低地的水田灌溉农耕文化

誓约，缓急相援，名门款。"① 在这段记载中，仅注意到"缓急相援"这一外在功能，却忽视了家族村社之间化解矛盾，协调权责义务的内在功能。应当看到，这种内在功能至关重要，没有这样的功能，村社之间的安宁就失去了保障。事实上，为了融洽各村社之间的关系，文化的再适应也做了有效的安排。《溪蛮丛笑》中的"大设""吃乡""大十五""富贵坊"等条目就生动地再现了村社之间节日融洽欢乐的情景。

侗族文化在社会组织范围内的再适应，对生态改性的影响具有多重性。一方面，随着村社间空间界缘的稳定，各村社在利用生态资源的同时，也得对自己村社内的生态维护负起责任来，而不像文化转型前那样，人人有权使用，但维护却没有专责，这应当是具有积极意义的利用。另一方面，家族村社的这种内向性和对外封闭性，又能确保侗族地区很少受到来自外民族的经济和政治冲击，使当地居民对生态资源的利用控制处在一个低水平上。当然，负面效应也客观存在，村社间的战和频繁交替，必然会以牺牲生态效益为代价。有幸的是，侗族社会特有的"合款"制度在一定程度上节制了这种负面作用。

侗族文化在精神领域的再适应也具有多重性。在这里，文化的能动作用表现得十分突出，文化转型前适用于滨水生活的断发文身、鼻饮和凿齿等习俗到这时逐步演化成礼仪性的文化事象，仅发挥有限的精神认同作用。这里仅以早年村寨周期性迁徙的习俗演化为例，对这种变化做一些提示性的说明。《溪蛮丛笑》"走鬼"条介绍说，侗族居民在一定的季节要搬迁到山上暂住，把村寨留给祖宗的灵魂享用，据说这样做可以消灾祈福。其实，这一文化现象虽然打上了宗教信仰的烙印，但就本质而言，它仅是原先村寨周期性迁徙的仪式化而已。

精神领域内的这种再适应对文化演替而言，具有潜在的储存功能。已经仪式化、信仰化和虚化成了精神文化要素的内容，在今后的适当背景下，还可能激活，重新成为有重大实用功能的文化事象。侗族传统葬习的曲折演化过程就是一例，关于侗族先民实行的"停柩待葬"，上文已有介绍。早年的停柩处所没有专属性，也不具有神圣性，但家族村社的界缘稳定后，村社的集体墓地就只能在村社的范围内划定，而且无限期地固定下来。同时，这些处

---

① 〔宋〕朱辅《溪蛮丛笑》，贵州省图书馆藏（清顺治四年刻本）。

所的神圣性也在宗教信仰中生根，人间的祸福都和这样的公共墓地的存在联系起来，墓地所在的山地丛林由此而获得了专属性，成为家族村社一个不可分割的重要组成部分。这种精神理念一经定型，就会转化为保卫祖宗墓地的社会冲动，正如以下我们将要看到的那样。在下一次转型后，各家族村社界定宜林地就是以保卫坟山为口实而付诸操作的。在这样的情况下，精神理念活化为具有实用功能的文化要素。

总之，在这一阶段的侗族文化再适应与相关生态系统的改性表现为多层次的复合牵连运动。但就整体而言，侗族文化在利用生态资源的过程中，总表现出一定程度的偏离，所导致的生态改性对人类而言，也总是得失参半。而文化的再适应总能够将所得控制在一个比较合理的范围内，对明显的所失总是尽力加以补救，使其不至于酿变成灾，偏离始终没有扩大化，文化对所处生态系统的寄生性共存一直得到了稳态延续，这应当视为人与自然协调的合理模式。

这一时期沅江流域的生态严重改性并不发生在侗族文化内部，而是发生在与汉族文化的调适与磨合过程中，特别是汉族与侗族之间波动性较大的社会领域。一般而言，侗族与汉族互动关系中所涉及的物质形态，若在侗族文化属于原先已有的内容，那么对相关生态系统的冲击就极其有限。反之，对生态系统的冲击就十分明显。前一种情况如《溪蛮丛笑》中"鸭衔草""鸡骨香""芷""三脊茅"以及"九肋鳖"等条目所提到的输往汉地的土特产。这样的土特产在侗族先民的狩猎—采集时代就已经成了常规的产品。文化转型后仍然是农耕之一的副业产品，生产的办法又是沿袭传统的采集方式，其生态后果仅止于消费天然产品的自然生长量，因而只要采集量不超过限度，就不会对生态系统造成损害。后一种情况在《溪蛮丛笑》中也有很多条目涉及，有的是矿产资源，有的是生物产品。侗族文化在消费此类产品时，先前是有节制的，但当汉族地区的需求量剧增或交换价值太高时，相应的生态灾变也就露头了。

侗族人民与汉族之间的贸易往来，给沅江流域的山地丛林生态系统造成重大冲击正是上述第二种情况的集中表现。侗族地区多的是矿产资源和生物资源，少的却是食盐和金属工具。为了输入金属工具满足农田开垦的需要，同时为了提高生活质量，又必须输入食盐和日用品。为此，侗族人民只能开采矿产资源和输出林木产品，其后果是造成了山地丛林植被的耗损。《溪蛮丛

第三章　西部低地的水田灌溉农耕文化

笑》"野鸡斑"条有如下记载："枋板，皆杉也。木身为枋，枝梢为板。又分等则：曰出等甲头，曰长行，曰刀斧，皆枋也。曰水路，曰笏削，曰中杠，皆板也。脑子香以文如雉者为最佳，名野鸡斑。"①这一记载可以提供多层次的生态信息，凭借对杉木枋材和板材等级的严格划分，可以看出从沅江流域输出的优质杉木数量很大，贸易十分频繁，这就意味着当时山地丛林中的巨型杉树遭到了大面积砍伐。凭借记载中提到的质量品级名称，可以看出当时砍伐出售的杉树其直径超过一米，这样的杉树在纯杉林中不可能长得如此高大，只有在混交林中才能保持数百年不会枯萎。足见当时的山地丛林植被中的杉树尽管被大量砍伐，但原生植被的树种结构尚未发生不可逆改性。

文中还提到了"脑子香"和"野鸡斑"两个顶尖级枋材的名称，这两个名称所指的枋材出自所谓的"阴沉杉"，这是杉树在生长过程中树干被泥土埋住，但杉树并未死去，只能缓慢生长而形成的特殊杉材，据说木质致密，重得可以沉入水底。至于"野鸡斑"则是树干多次被泥土填埋而长成的顶尖级杉材②。有这两种优质杉材产出，意味着杉木生长地段的上方已经发生了频繁的人为水土流失，这是山地丛林原生植被受到损害的间接佐证。林副产品的输出也会导致山地丛林另一种形式的改性。《溪蛮丛笑》"光面蜡"条记载了侗族居民向汉族地区输出虫蜡，可惜语焉不详，兹引《南中纪闻》的相关记载加以补充。"楚地产白蜡，而湖北尤多。取蜡之法，于四月内，将蜡虫置女贞树上，虫吸树脂，两三月后，渐长如蚕，遂蜡卷抱树脂，莹白成片。九月间采取，煎熬作饼。各夷洞惯畜蜡虫，县民但取蜡，不解畜虫，每二三月，进洞收买虫。凡一斗，常价用银一两四五钱，贵至二两外，贱极亦一两。"③

大量出售白蜡必须连片种植女贞树，这就标志着当时沅江流域的侗族居民已经开始了人工更新植被营建单一树种的纯女贞树林。而这一加工改造的结果会使原有的植被结构变得简单化，对生物物种的多样并存会造成严重的影响。应当看到，这是日后侗族居民连片营建纯杉林的技术准备。同时也应当看到，侗族和其他少数民族居民在驯化白蜡虫上做出了卓越的贡献，而为生产白蜡连片种植的女贞树林对水土保持有较好的作用。可见对山地丛林的利用方式不同、利用取向不同，对生态系统的冲击会表现得很不一样。因而

---

① 〔宋〕朱辅《溪蛮丛笑》，贵州省图书馆藏（清顺治四年刻本）。
② 符太浩著《溪蛮丛笑研究》，贵州民族出版社2003年版。
③ 〔明〕包汝楫撰《南中纪闻》，中华书局1985年版。

中国西部民族文化通志　农耕卷

对生态系统的利用并不一定意味着都会给生态系统造成不可修复的创伤，关键在于找到最适宜的利用方式，就可以做到生产性的利用和生态维护兼顾。

当时对山地丛林最大、最直接的损害是矿产资源的开采。沅江地区有储量丰富的优质汞矿，附产白银的铅锌矿，此外还有金矿。《溪蛮丛笑》一书中，如下一些条目介绍了当地各民族的采矿和冶金活动，这些条目是"辰砂""粉红水银""砂床""水秀铁""金系带""出山银""丝金"等。开凿矿井需要大量的木材做坑道木，冶炼金属也需要大量的木材做燃料，这里仅以开采汞矿为例揭示矿产开采对原生植被的损害。《溪蛮丛笑》"辰砂"条载："辰锦砂最良。麻阳即古锦州，旧隶辰郡。砂自折二，至折十，皆颗块。佳者为箭镞。结不实者为肺砂。碎则有趚趀。末则有药砂。砂出万山之崖为最。仡佬以火攻取。"① 文中对辰砂的品级划分极为明细，足见辰砂的开采不仅规模大，而且不同辰砂的售价差异悬殊，最好的做装饰品用，一般的做原料和药材用，最差的才用于炼汞。开采辰砂要耗费大量的坑道木，开凿矿井还需要耗费大量的木材做燃料。李时珍《本草纲目·石部》载："辰砂多出蛮峒锦州界仡僚峒老鸦井。其井深广数十丈，先聚薪于井焚之。其青石壁迸裂处，即有小龛。龛中自有白石床，其石如玉。床上乃生砂，小者如箭镞，大者如芙蓉，光明可鉴，研之鲜红。"② 要将几十丈深的大矿井加热到岩石迸裂的程度，耗费燃料之多可想而知，起码得有数十万斤以上，开采辰砂要毁损大片森林由此可见一斑。

通过上文的分析可以看出，民族间互动关系的不稳定因素往往是诱发生态毁损的直接导因。沅江流域侗族定居农耕文化转型以及随之而发生的对外交易规模化，致使这一地区非农田区的天然植被也受到了不同程度的毁损。有幸之处仅在于，当时的运输条件极其艰难，基本上是靠肩扛背驮，《溪蛮丛笑》"背笼"条对此有明确的记载。加之唐宋两朝对少数民族地区的统治实行"羁縻"制度，在这种制度下，汉族官吏和客商不允许深入少数民族地区，只能在少数民族分布的边缘地带设置榷场，与少数民族互市贸易，交换各自的产品。汉族客商即便想直接投资乃至控制少数民族地区的森林采伐和矿产开采，也因受到政治因素的限制而不可能做到。因而，侗族地区非农田地带的

---

① 〔宋〕朱辅《溪蛮丛笑》，贵州省图书馆藏（清顺治四年刻本）。
② 〔明〕李时珍《本草纲目》，人民卫生出版社 2007 年版。

第三章 西部低地的水田灌溉农耕文化

天然植被在利用过程中受到的损害虽然严重，但总体的利用规模仍然是有限度的，还不至于酿成生态灾变。

（四）林粮兼营农耕文化的定型

进入明代后，随着汉族地区木材供应的短缺，以及沅江流域天然原木储备的衰减，诱发了侗族文化的第四次转型。由固定稻田农耕类型文化发展成"林粮兼营"的农耕类型文化。这次转型使该区域变成了我国南方最大的商品木材供应基地，侗族人民也随之而变得十分富有。《百苗图》一书的相关记载可以反映这次转型的某些结果。《百苗图》的"清江苗"条和"黑仲家"条对这一内容有着翔实的记载："男人以（红）布束发，项有银圈，大耳环，宽裤子。男女皆跣足。广种树木。与汉人同商往来，称曰'同年'。喜著戏箱锦袍，汉人多买旧袍卖之，以获倍利。未婚男子称曰'罗汉'，女子称曰'老倍'。春日晴和，携酒食于高岗。男歌女和，悦爱之，以牛角饮之，而苟合焉。"①"在清江所属。以种树为业，其寨多富。汉人（与之往来）熟识，可以富户作保，出树木合伙生理。或借贷经商，不能如期纳还，不妨直告以故。即致亏折，可以再行添借。倘（被）掣骗，不能出外追讨。则访原保祖坟，（夜执火）掘取骨骸，（将红旗书掣骗姓名，插于坟前）而去，谓之'扯白放黑'。如原保子孙追赏，仍还其骨。（邻近野墓多受其害，今则设有连环保。）此风近亦息矣。"②

从这些记载中可以看出，历史上，经营人工林的黔东南侗族居民十分富有，单围绕着利润丰厚的原木贸易，他们与汉族客商之间也发生过冲突和纠纷。在冲突中，他们往往处于劣势，但就总体而言，经济得到了发展，所处的自然生态系统也得到了高效的利用。

需要指出的是，通过这次转型，黔东南侗族地区的生态系统比转型前得到了更好的维护。原因在于，随着木材外销量的扩大，粮食生产在经济上所占的比重反而缩小，粮食生产仅是为了满足当地居民的食用需要，强行扩大稻田种植的势头得到了缓解。与此同时，兴起的人工林业强化了对山区资源的管护，原木生产成为一种稳定运行的产业。山地丛林已经按照人为的需要进行改性，由多物种并行生长的状况改变为主要种植杉木。山地丛林物种的

---

① 李汉林著《百苗图校释》，贵州民族出版社2001年版。
② 李汉林著《百苗图校释》，贵州民族出版社2001年版。

多样化虽然受到了一定程度的损失，但山地丛林的稳定存在却成了可持续的事实。

同样是农耕类型文化，生态维护的后果也呈现出不同的差异来，自然成了需要深究的重大问题。我们认为这种差异来源于文化的再适应以及外部环境的稳定性，为此需要对近千年来侗族文化的适应和生态反馈做进一步的探讨。

侗族文化的第四次文化转型是内外因素复合作用的结果。从外因看，13世纪末，元朝统一全国后，在民族聚居地区直接任用各民族头领为各级世袭"土司"，代表朝廷实施间接统治。为了加强对民族聚居地区的控制，又向民族地区直接委派官吏和派驻军队，这就为汉族官吏和客商直接深入侗族社区铺平了道路，致使侗族社会中家族村社之间的相互隔离被突破，必须进一步提高民族的整合力。就内部而言，侗族所处的自然生态背景有其局限性，建构连片的稻田要受到地理环境的制约。家族村社的隔膜被突破后，由于受自然条件的限制，不可能依靠规模性农田经营去提高民族的整合力。这就迫使侗族文化向广阔的山地丛林地带寻求发展，其结果是导致了侗族文化在转型后形成了林粮兼营的农业类型文化。

侗族文化的这次转型成功的关键在于：要将定居农业生产的智慧与技能移植到生产背景很不相同的山地丛林地带，种的是树，收获的是木材。然而山地的自然背景比平坦的农田复杂多了，树木生长期也比农作物长多了，加之森林的用地范围比农田大得多，管护森林所需应对的挑战也比经营农田复杂得多。因此侗族文化完成的这次转型具有很大的创新意义。

这次转型最成功之处有三：其一，妥善化解了山地丛林规模性经营与维护生态环境之间的矛盾。做到了在提高经济效益的同时，对所处自然生态系统没有造成重大损伤，保持了沅江流域生态环境的良性运行。其二，化解了林业与农田双轨经营的矛盾。既稳定了农田，又展拓了林业的发展空间，确保林业和农业的发展相辅相成。这一成功带来了所处生态系统在人工控制下稳态延续，使得沅江流域这一脆弱的过渡带远离生态灾变的威胁。其三，削减了外部社会冲击的波动。人工林业是一种市场化的产业，政治和市场的波动都足以损害其经营效益。侗族文化在这一轮的转型中稳定了家族村社对土地资源的领有和使用，强化了"合款"制度，从而增强了抵御市场风险的能力。六百多年间，国内政局曾发生过多次巨变，但均未对侗族的林业构成致

第三章 西部低地的水田灌溉农耕文化

命的损害，正是得力于这种制度的保证。

经过漫长岁月的适应与重构，当代的侗族文化已经定型为温湿山地丛林区林粮兼营式定居农耕类型文化。近五个世纪以来，侗族的这一文化样式已经高度适应于其所处的自然生态环境。具体表现为：劳动力投入小而产出高，同时所处自然生态环境也能得到高效维护。侗族人民能做到这一点的关键原因在于，他们在长期的适应过程中，形成了一套与所处自然生态系统相适应的生态智慧，以及能有效利用当地自然资源特点的专门技能。这样的生态智慧与技能在当代的田野调查中可以找到不胜枚举的例证。这些实例不仅侗族人民认为理所当然，即使从今天的科学技术角度看来，也表现出了明显的合理性。

入清以后，侗族的市场化人工林得到了长足发展。据《清实录》记载，张广泗开辟"新疆六厅"时，为了筹集军饷，特许清水江沿岸的卦治、茅坪和远口等三个木材集散地，轮值经管大宗木材批发贸易，以便官府可以收取相应的贸易税充作军用。张广泗开辟"新疆六厅"前后历时20余年，军用浩繁，而中央朝廷所提供的经费极其有限。不难看出，黔东南侗族地区的原木贸易税在保证军用上做出了重要贡献。其后，《黔记》《黔语》《百苗图》等书，都从不同角度提到，清水江一带的侗族居民由于长于经营人工林业，因而这里的侗族村寨十分富有。此外，《黎平府志》还提到了众多侗族居民经营人工林业的技术环节，可以使我们看到黔东南侗族居民在人工林经营中的特殊智慧与技能。若再辅以当代的田野调查资料，我们完全可以较为全面地复原当前的侗族文化，以及该文化有关林粮兼营的生态智慧与技能。

当代的田野调查表明，黔东南侗族人民的生态理念与周边各民族均存在明显的差异。这些差异集中体现了当地侗族人民的生态智慧，归纳起来大致包括如下三个方面：一是人类的生产生活尽可能与自然生态环境的结构保持一致。二是因地制宜地均衡利用自然生态系统所产出的各种生物产品。三是对自然资源的领有和使用尽可能地保持相对完整，并以合款协议的方式，使这种领有和使用长期稳定下去。

侗族生息的地带素有"九山半水半分田"之说，耕地严重不足，且无法建构连片的稻田。具体到每一个侗族宗族村社，情况又会互有区别：有的村社河流湍急，平旷耕地严重不足；有的村社河湖水域过宽，宜林山地偏少。在侗族的观念中，最佳的人居环境应该是山、水、田各有其份。为了补救自然背景的不足，他们针对具体情况采取了相应的修整措施。每个村寨根据需要建构鼓楼、风雨桥和凉亭等人工建筑，并合理地配置林、田、房舍、水域、草地，以补救自然环境的不足。这些补救办法虽然是依托于所谓的风水龙脉信仰，但它所要达到的目的是求得人居环境的理想化，务使每个村社均做到有山有水有田有林有草，并维持一定的比例。在实际操作中，对于河流湍急的村寨，他们采用人工分流改道，依据地势建构河、塘、田、寨交错分布的格局。黎平县永从乡九龙、三龙两个村寨就是如此，并因分别拥有九个和三个龙塘而得名。九龙寨在使河流人工改道的情况下，挖掘了九口大塘，并与河流相通。稻田位于塘、河下方，村寨则建在塘河之间，寨头建有凉亭，寨尾有风雨桥，寨中则有鼓楼，从而形成了参差错落、随地势起伏的理想人居环境。其理想之处在于，村寨建构与周围的山、水、林木、草地融为一体，人工建筑仅是模仿自然环境已有的内容，加以整齐和规范化。这样既便于人们利用，又不至于与周围的自然背景发生冲突与偏离。这种人工建成的半水上村寨，在整个侗族地区早年曾普遍流行。只是近年来，由于某些地方盲目搞农田建设才被废除，从而背离了侗族原有的理想人居模式。

由于侗族所处的自然生态背景气候温湿，地表起伏大，生物群落的构成极其丰富多样，但任何一种生物产品都不能形成大规模的批量产出。为了适应这一生态环境特点，侗族居民逐步养成了均衡取用不同生物物种产品的生态适应办法。稻田本该主要用于水稻种植，但在他们的观念中，单一种植水稻产出并不高，因而他们种植水稻，却不完全依赖水稻的产出为生。他们在稻田中开辟深沟甚至挖深塘放养家鱼，让鱼同水稻一同产出。为了防止鱼类逃走，稻田出水口装了鱼栅栏，他们甚至在农田中修建了鱼舍，既保证鱼类在冬天继续生长，来年又能在田中顺利产卵，实现鱼类的自然繁殖。

稻田的水位由人工开设的池塘和改道后的河流控制，务使整个村社的水域互通，连成一体。除了喂养鱼类，对于稻田中产出的其他动植物，他们也采用均衡利用的办法。稻田中的广菜、茭白、莲藕以及若干种软体动物和两栖动物，都是他们加以取食的对象。这里，仅以他们控制螟虫危害的做法为例，体现他们均衡利用生物资源的生态智慧。侗族地区气候温热，二化螟、三化螟是水稻的主要虫害。但侗族居民并不采用农药加以控制，而是将螟虫从稻秆中剥出，作为美味佳肴食用。他们认为只需将螟虫的危害控制在一定范围即可，无须彻底根除，因为这些害虫也是他们所理解的稻田产品之一。

第三章 西部低地的水田灌溉农耕文化

对山地生物物种资源的多样化利用,他们也是如法炮制。尽管森林实施人工更新和主伐,与农田种植水稻无异,但他们所建构的人工林并非单一林。在林地更新中会有意识地培育经济价值并不大的阔叶树,且比率不低于15%。目的在于形成人工混交林,支持多种动植物的生长与繁殖。这样做的好处在于,在森林主伐前,他们可以有充足的天然动植物产品供狩猎与采集,实现以短养长、均衡获取。此外,在人工林郁蔽前,他们还混合种植多种旱地农作物,保持山地生物群落的物种多样性,确保他们在不同时段均能获取一定的生物产品。

不了解内情的人总是认为,既然种植人工林,就不应当间作粮食作物,那样只会妨害人工林的生长。调查后发现,侗族的做法是对的。间作粮食作物不仅不会妨害人工林的成林,还能防范人工林的各种病虫害,改造林地土壤结构,提高人工林积材量。侗族地区有名的"八年杉"从定植到主伐只需八年,正是依靠这种取法于自然的生态智慧才获得的成功。

与周边民族不同,侗族村社在土地资源领有和使用上,并不强调等次优劣,而进行平等的分割。他们总是尽可能保存自然环境结构的完整性,并在此基础上,去协议规划土地资源的领有和使用。

侗族各村社之间大多是以山脊为界,利用山脊地段土层较薄,不利于乔木生长的特点,将其培育成浅草带,使之成为各村社之间的天然分界。同时,这些草带具有兼做牧场和防火带的功能。村寨多建在山麓滨水处,进入村寨的通道也沿河岸而建。从而形成了一个小流域就是一个宗族村社生息区的格局。各村社在生产活动及生活中难免会产生纠纷和摩擦,但在侗族社会中很少出现为此动用武力的情况。原因在于,他们通过"合款"的方式,按款约去规范各宗族成员的活动,使各村社长期保持和睦相处的格局。与此同时,各宗族村社间频繁的"吃乡""游野"和"月地瓦"等活动,也密切了各村社间的关系。这些制度对保障人工林业的健康发展至为关键。众所周知,人工林业是一项需要长周期、大规模、全封闭、综合经营的长线产业。而依据上述各项制度都能恰当处理好土地资源占有上的摩擦和纠纷,确保人工林业发展的四大前提得以满足。

由于是按小流域划定宗族村社的界缘,因而各侗族村社所处的自然环境中山地、平坝、水域、森林、草地和稻田等各种自然背景要素都能基本齐备,既能保证基本生活用品的产出均衡,又能保证有大片宜林地供发展林业使用。

可以毫不夸张地说，每一个侗族村社都是一个多种自然生态背景整合而成的生存空间。在此基础上发展起来的是一种"双轨制"的经济生活。这是一种"以粮为食，以林为用"的经济模式。其特点是经济生活明显划分为两个板块：稻田、水域和林间采集所获取的产品，主要满足村社成员的自给消费；而林业产出的原木及副产品则主要满足市场需要，换取现金。这样的双轨制经营模式虽然脱胎于自给自足的经济模式，但却为市场化产品的产出提供了广阔的生存空间。侗族社会自14世纪就发育出了期货贸易、典当抵押、整体批发等现代市场因素，绝非偶然，因为这种双轨制的经济模式本身就能兼容市场因素的渗入。

侗族人民的这些生存智慧形成的时间很早，在形成时他们当然不知道何谓"生态智慧"和"生态维护"，但其中所体现的实质却具有普适性，它符合当今倡导的生态经济和可持续发展的理念。

在侗族村社中，很少出现所谓的"三废"排放。在一些其他民族看来，毫无意义的废物也被侗族居民加以有效利用。举例说，杉木主伐时修剪下的枝叶，其他民族几乎无一例外地都作为废物集中焚烧。但他们则将其作为屋顶的覆盖材料，或者作为稻秧或树苗的庇荫材料，或者作为稻田中鱼舍的覆盖材料。再如，人粪尿的处理也十分别致。他们将厕所修建在稻田和水塘上方，人畜粪便变成了水生动物的饵料或植物的养料，因而不会污染环境。又如，燃烧木材留下的草木灰，也是作为肥料或是食品加工的佐料使用，而不轻易抛撒。

总之，在侗族村社中，生物产品的使用和废物处理都有严密的规范，使之自然循环，完全符合今天生态经济的经营理念。侗族村社对生物产品的取用也很有节制，他们并不依赖囤积和储藏去抵御歉收风险，而是依靠从多种生物产品中，分季节均衡获取去实现供求关系的平衡。因而，村社中的各种生物资源都可以正常生长繁殖，很少出现被过分榨取的情况。

侗族村社的自然资源利用严格遵循因地制宜的原则，他们食用的生物产品种类虽然很多，但却很少不是出自当地的原生物种。农田中放养的家鱼由河流原产的鱼类驯化而成；水稻中的好几种糯稻品种也是仅适于当地生长的品种；家畜、家禽也经常与野生动物自然交配，从而保持家养畜禽品种的长盛不衰；森林中的乔木种类尽管实行人工控制，但当地的原产乔木在其林区中仍然保有一定的生存空间。因而，人类的经济活动并没有改变生物多样性

第三章 西部低地的水田灌溉农耕文化

的并存格局,仅仅改变了生物物种间的比例。侗族的这种经济生活方式妥善地解决了生物多样性并存的难题,是一种可持续发展的经济模式。

侗族村社生息背景的相对完整性也具有积极意义。这样的土地资源领有和使用办法,既有利于整体的规划利用,又能将利用与维护融为一体,落实到具体的个人,从而做到利用和维护同时兼顾。因此,坡地能长期保持有稳定森林庇护,草地在满足牲畜放养的同时,也能保持较高的地表覆盖率,稻田与水域在人工控制下,也能长期保持稳定。尽管这一地带的地表起伏甚大,土壤的重力侵蚀隐患严重,同时由于较高的降雨量,地表径流侵蚀也很厉害,但数百年来,灾难性的水土流失,在侗族地区从未发生过。当前,我国的水土流失控制举步维艰,土地资源的利用纠纷和摩擦不断。不少学者因此提议按小流域承包土地,统一规划水土流失治理。若借鉴侗族的这一传统土地资源利用模式,显然可以支撑这些学者的正确见解,使我国的水土流失治理更为有效。

第二节 认知与利用

生息在云贵高原向广西丘陵过渡地带的黔东南侗族,以自己独特的生存理念,在数百上千年的与所处生态环境相适应的历史过程中,构建起了人类农业的另类文明——"稻—鱼—鸭"的共生系统。这类农业文明体系在当今现代化的过程中,已经被视为人类的优秀农业遗产。我们都知道,黔东南侗族社区的"稻—鱼—鸭"的共生系统,并不是单一的农耕,而是执行多产业复合经营的生计方式,其中的稻、鸭、鱼也就无可厚非地充当了其中的主导产品。因而,为了使研究落到实处,下文将以贵州省黎平县双江镇的黄岗侗族对稻、鱼、鸭在稻作文化中的认知与利用进行列举式说明。

一、对稻的认知与利用

在黔东南侗族地区,当地侗族居民往往将稻田分为"冷水田""向阳田""过水田""阴冷田""高塝田"等众多的类型。有的冷水田日照时数最短的每天仅 4 个小时,即从 10 时 30 分到 14 时 30 分。即使直接日照最长的田块,夏季每天直接日照时数也不超过 8 个小时。有些冷水田的最高水温,实测结果表明,即使在盛夏正午时分,水温也不会超过 25℃,较冷的稻田水温才 20℃上下,对一般稻种而言,几乎无法生长。有的高塝田,保水能力极差,水稻生长季经常脱水，一般的水稻品种在这样的稻田中，产量还达不到普通稻田的一半。而这样的差异，又远远超出了人力调控范围，为了确保水稻的正常生长，我们在调查中发现，当地的侗族居民不得不另辟蹊径，从水稻特异品种的培育入手，去化解这一矛盾。

在黄岗，我们系统地鉴定和记录了 13 个处于规模应用状态的糯稻品种，还发现了另外 6 个零星种植的珍稀糯稻品种[①]。鉴于侗族的传统种植体制，糯稻品种也需要休闲和复种。通过访谈和入户查证，我们又发现了 4 个当年没有种植，拟于 3 年后再启用复种的品种[②]。这样一来，黄岗侗寨总计现存珍稀糯稻品种 23 个，凭借这一数据，不仅是在侗族地区，就是在我国传统的稻作区，都称得上是琳琅满目了（见表 3-2）。

表 3-2 琳琅满目的糯稻品种表

侗语名称	汉语名称	成熟期	适宜种植田块类型	特异性
kgoux liogc xebx maenl	六十天糯	60 天左右	高海拔地带的缺水田	所有品种中成熟期最短的品种
kgoux jiml saos taemk	矮茎草糯	70 天左右	高、低海拔的岭上田，不宜种植在冷、烂、锈水田中	可摘可打
kgoux jiml saos pangp	高茎草糯	80 天左右	适应面广，高、低海拔的山冲田、岭上田，但最适应于岭上田	可摘可打
kgoux kgouc	金洞糯	90 天左右	高海拔的岭上田	引进品种
kgoux weenh	万年糯	110 天左右	高海拔的锈水田和冷水田	传承时间最长
kgoux yak	红禾	115 天左右	高、低海拔的肥田	适应面最广
lieec jul	列珠	120 天左右	高、低海拔的山冲田、岭上田	抗病虫害能力最强

---

① 2007 年 4 月 27 日至 5 月 16 日，在黄岗香禾糯协会的帮助下，我们历时近 20 天收集到的第一批糯稻品种。

② 2008 年 5 月 16 日我们再次到黄岗进行田野调查，在入户调查的过程中又发现了 4 个糯稻品种。

第三章 西部低地的水田灌溉农耕文化

续表 3-2

侗语名称	汉语名称	成熟期	适宜种植田块类型	特异性
kgoux bieengh liongc douc	龙图糯	120天左右	高海拔的锈水田和冷水田	引进品种
kgoux yangc longl	森林糯	120天左右	高、低海拔的山冲田，尤其适宜光照不足的田块中种植	最耐阴的品种
Kgoux bienl guic laox	老牛毛糯	130天左右	低海拔的山岭、山冲，冷、烂锈水田	对肥力要求不高
kgoux bic pagt	杉树皮糯	130天左右	低海拔的坝子田，或岭上田	需要肥力充足
kgoux bieengh mant	黄芒糯	135天左右	低海拔的岭上田	
kgoux bienl guic lagx	小牛毛糯	140天左右	低海拔的肥田	所有品种中成熟最晚的一种

通过上表不难看出，黄岗侗族乡民不仅以他们拥有琳琅满目的糯稻品种而自豪，也可以凭借他们对这些糯稻品种的选育成功和保种可靠，展示他们的聪明才智，还可以通过这些糯稻品种特征及属性的分析，去揭示黄岗侗族对稻作文化的认知。

在黄岗侗族乡民所拥有的众多糯稻品种中，最能适应森林环境中阴、冷、短日照的特殊糯稻品种，首推"*kgoux yangc longl*"；侗语的原意是，密林深处的糯稻，汉语意译为"森林糯"。单从这一名称就可以看出它的特异生长习性。黄岗侗族居民吴成龙和他的兄弟、亲家在自己的承包地上，连续种植"森林糯"已超过5年。当我们问吴成龙为何选种这一品种时，他笑笑说："这是祖辈流传下来的经验，只有种'森林糯'才长得好，产量才稳定。"当我们实地勘测吴成龙家的田块时，发现他家的稻田全部掩映在森林中，海拔高度均在800米左右。周围的树林距离田坎最近处不到1米，最远处也不到4米。农田的开口，虽然朝向山谷，但开口偏北，稻田的东、南、西三面都被森林环抱，林相高度超过15米，阳光能够直接照射整个田块的时间不会超过1小时，稻田的日照明显不足。面对这样的生态背景，我们调查小组的成员都有这样的疑问：在这样的稻田中，稻谷能够稳定产出吗？但吴成龙告诉我们，他家的稻田,在近5年来,产量一直稳定,从未减产过。为了证实吴成龙所说的话具有可靠性,我们对他家的一块田块进行了实测。我们根据这块田块残存的稻桩密度,平均有效分蘖数,该品种每穗平均粒数以及千粒重4项测量结果推算出,他家这块地的产量约合每亩400公斤。实测结果和他所说的可以收获20把左右相符①。

吴成龙亲家的稻田更其特异,稻田位于一块洼地上,稻田四面环山,稻田近似于椭圆形,四周均无毗邻稻田,完全是一块孤立于森林中的稻田。整个水田全凭浸出的泉水灌溉。实测结果表明,进水口的水温和稻田的平均水温均比该村的其他农田偏低2℃—3℃。但据他的亲家回忆,这片稻田产出禾把数5年来一直稳定在35—40把之间(700—850公斤),而且即使不施肥也不会减产。这片稻田还有一个特异之处,即它并不像该村的其他稻田那样,为了控制水土流失,在稻田的周边都人工设置有浅草带,以起到减缓径流流速,固土保水,并兼具控制鼠雀危害的作用。这块田没有这样的浅草带。这位老乡解释说,他的这块田四周都是森林,犯不着浪费人力去设置草带。一旦设置草带,田块接受阳光直接照射的时间将会更短。从四周森林又高又密可以推知,即使在夏季的正午,阳光也不可能同时照射到整个稻田。可值得庆幸的是,这块稻田的产量虽然比上一块稻田稍低,但产量却极为稳定,充分表明了"森林糯"这一品种对丛林生态环境的适应能力。普查结果表明,"森林糯"现在在黄岗村的种植面积虽说不到5%,但种植该品种的乡民都说,在他们承包的田块中,若换用其他品种都不能确保产量的稳定。又据乡民回忆,他们的上一辈,在20世纪60年代以前,"森林糯"的种植面积要大得多,原因是当时的森林更多更密,因而适合于种植"森林糯"的稻田面积比现在更广,估计当时种植"森林糯"的面积达全村稻田总面积的15%左右。

连片森林的存在,不仅直接阻挡了水稻生长特别需要的阳光直射,而且会导致山涧的溪流和井泉水温降低。在黄岗除了林中田外,还大量存在着冷水田和锈水田。一般的水稻品种即使能在这样的田中存活,产量都要减到一半以下,因为在这样的水田中,一般的水稻品种不容易分蘖,稻秆细弱容易

---

① 黄岗侗族乡民以"把"计算产量,从来不过秤称量,一把有20—30公斤稻谷。我们是凭借插秧密度、每个稻蔸的有效分蘖数、该稻种的每穗粒数和千粒重,推测出上述产量的,推算的偏差值正负不超过3%。

第三章 西部低地的水田灌溉农耕文化

倒伏。为了对付当地的这一自然生态背景,黄岗人的先辈在培育出"森林糯"的同时,还选育出另一个森林水稻品种,称为"*kgoux weenh*"。这个糯稻品种得名的依据是,它是老祖宗传下来的看家品种,"*weenh*"的含义是一万,因而"*kgoux weenh*"这个糯稻品种名称也可以意译为"万年糯"或"古糯"。这个糯稻品种适合于种植在冷水田和锈水田中,在这样的劣质稻田中"万年糯"照样可以正常地分蘖和结实,而且籽粒饱满。

"*lieec jul*",汉语音译为"列珠",是黄岗村民公认的普适性糯稻品种,这个品种在黄岗村近两年得到了最大限度的推广,2007年的种植面积估计突破了全村稻田面积的65%,该村80%的农户都种植有"列珠"。与"森林糯"和"万年糯"不同,它是近年来才选育成功的优势新品种,不仅在黄岗普遍种植,而且传播到了周边侗族村寨,周边村寨的侗族乡民都将这个品种称为"苟黄岗",意思是说,是黄岗人选育出来的好品种。黄岗人之所以把它称为"*lieec jul*",是因为这个品种农历九月成熟,用汉语又可以意译为"九月糯"。在黄岗村,我们还找到了"列珠"的原本,也就是当地人所称的"老列珠","新、老列珠"的区别在于,"老列珠"的芒很长,与"森林糯""万年糯"相似,植株比"新列珠"更高,全株可高达140厘米以上,但产量较"新列珠"低,适合种植的范围与"万年糯"相同。随着黄岗地区森林的蜕变,"老列珠"与"森林糯""万年糯"的种植面积正逐年萎缩。

因此,这3个品种种植面积的大小还可以作为黄岗地区森林生态环境恢复程度的度量指标之一。种植面积的逐年萎缩可以间接地告诉我们,黄岗地区的森林生态系统正处于快速蜕变之中,若不采取紧急措施,后果将极为严重。调查中我们深感遗憾的是"新列珠"选育成功的具体年代,乡民们无法说准,这与黄岗村选种、保种的社会机制相关联。在黄岗,新品种的引进和育成,都必须等到大规模推广后才最终定名,乡民知道这个品种的时间比品种育成和引种的时间往往要推迟几年,甚至几十年。在田野调查中,要认定育成的时间,用通常的调查办法根本无从确定。但整个黄岗村的村民都表示,"新列珠"在黄岗村被大家知道,是20世纪的80年代末的事情。20世纪的80年代到90年代,是"新老列珠"势均力敌并存的时期。进入21世纪后"新列珠"才开始逐步取代"老列珠"。

除了上述4个品种外,黄岗乡民还拥有生长期最短的"*kgoux liogc xebx maenl*"汉语可意译为"六十天糯",这个品种从插秧到收割只需要60天。还有极为耐旱的"*kgoux kgouc*",这是从广西三江县金洞村引进的品种,所以汉语称为"金洞糯"。这个品种插秧后即使碰上天旱,稻田完全脱水甚至稻田开裂也不会减产,其生物特性接近于云南拉祜族、基诺族所种植的旱稻。"金洞糯"的收割期比"列珠"可以提前一个月。黄岗乡民按一定比率长期稳定种植着"六十天糯"和"金洞糯"两个品种,其目的是为了弥补当地自然生态背景的不足,这也是黄岗人长期经验积累的结果。这是因为,在黄岗大概有2%的稻田修建在高海拔的山顶上,四周仅有疏树草坡环绕,完全没有水源补给,稻田用水全靠下雨,黄岗人将这种田称为"望天田"。而黄岗的主雨季要到农历四至五月才到来,主雨季过后一般都有伏旱,这类稻田一场伏旱就会完全脱水。若种植其他糯稻品种,要么根本不结实,要么大幅度减产,但种植"六十天糯""金洞糯"却可以稳产高产。原因在于只要在主雨季前能够插上秧,那么即使遇上伏旱,"六十天糯"已经进入了扬花季节,需水量较少,因而不会影响产量。至于"金洞糯"由于它本身就耐旱,即使旱地移栽也能成活,伏旱对它的威胁也就几乎为零了。据此可知,这两个品种的育成和引种,完全是针对高山稻田缺水这一脆弱生态背景而采取的能动适应措施,这一适应成效凭借的正是长期的经验积累,形成了对当地稻作文化的认知与利用。

  黄岗村北部的稻田全部位于平天河、黄岗河和芩秋河3条河流交汇处的河滩地上,这些稻田所在地的高度处在海拔420—500米之间。这一海拔高度的稻田若是处在宽谷坝区,那将是中上等的好稻田。可惜的是,黄岗的这些稻田四面环山而且森林密布,因而即使在夏季,太阳光能直射稻田的时间平均也不会超过5小时。加上这3条河流都从林区流来,水温偏低。上述几个因素致使这里的土温、水温、气温在春夏之交的升温过程中都会比同纬度的坝区稻田推迟半个月到1个月,而秋冬之交"三温"(土温、水温、气温)降温的时间又会比同纬度的坝区稻田推迟1个月到1.5个月。即使到了隆冬季节土温还维持在10℃左右,终年不会有霜雪。我们在踏勘的过程中发现,这些稻田和周边地区的土壤颜色,不像同纬度和同海拔的坝区稻田那样呈现砖红色,而是仅略带红色。这表明这些稻田的基温普遍偏低。再加上热季推迟,以至于一般性的水稻品种很难正常生长和结实。为了对付基温偏低这一脆弱生态背景,黄岗乡民在长期的经验积累中选育出了专供此类稻田使用的特异糯稻品种。它们是"*Kgoux bienl guic laox*""*kgoux bienl guic lagx*""*kgoux bic pagt*"。

第三章 西部低地的水田灌溉农耕文化

"*Kgoux bienl guic laox*"得名于它的谷穗像老牛的毛那样稀疏而长,因而可以用汉语意译为"老牛毛糯"。这是一种秆高、秆硬,稻穗粗短密集,谷芒又直又硬并略带灰褐色的糯稻。这种糯稻产量高而且稳定,美中不足的是不耐寒,因而海拔超过500米的稻田,如果种植"老牛毛糯"产量就会明显降低。

"*kgoux bienl guic lagx*"的得名是因这个品种的稻穗由于谷芒较长而软,谷粒又非常紧密,因而从外观上看,整个稻穗只见浓密的茸毛不见谷粒,形同小牛犊;若用汉语意译可以与上一个品种对举称为"小牛毛糯",它的生长习性与"老牛毛糯"相近,但米粒细,质柔软,口感很好,当地侗族乡民都很偏爱它。

"*kgoux bic pagt*"这个糯稻得名的依据是稻穗成熟后呈现较浓的灰褐色并略带红色,和成年杉树的树皮颜色极为相似,因此可以用汉语意译为"杉树皮糯",它的生长习性也与"老牛毛糯"相近,不同之处仅在于它可以种植到海拔550米左右的稻田中。

这3个品种的共性特征在于,谷穗中谷粒排列较为紧密,谷芒较长大致在8—12厘米之间,而且颜色偏深。这些形状特征与上文提到的"森林糯""老列珠""金洞糯"的谷穗性状相似,但前3个品种谷穗的颜色偏浅,谷粒排列疏松,谷穗偏长。因此,笔者怀疑"老牛毛糯""小牛毛糯""杉树皮糯"3个品种是黄岗先民定居黄岗时从坝区众多的糯稻品种中精选后最先带到黄岗的糯稻品种。同时,黄岗北部的这些河谷稻田也应当是黄岗先民最先开辟的稻田。笔者做出这样的猜测,其原因在于:一方面这一地带距离他们迁出的故乡(四寨)最近,另一方面这一地带的自然背景也与他们的故乡最为接近。从故乡的已有糯稻品种中精选出适合于这一地带种植的糯稻品种难度也不大,由此可见"老牛毛糯""小牛毛糯""杉树皮糯"3个糯稻品种引入黄岗,其目的正在于补救这片河滩自然资源配置上的短缺,这是黄岗侗族文化经验积累取得成功的第一步。接下来经验积累取得成功的第二步应当是从这三个品种的自然杂交中先后选育出"万年糯""森林糯""老列珠"3个品种。经验积累的这一步成功,才使得黄岗人把稻田修进了深山密林,并因此而避开了深山密林不适宜稻作生产的脆弱生态背景,发挥了文化适应的能动性,加深了对当地稻作文化的认知并加以利用。

随着"列珠"的选育成功,"老牛毛糯"等3个老品种在北部河滩稻田的独尊地位受到了挑战,这些稻田的主人陆续换种"列珠"。因为"列珠"产量可以稍有提高,然而这3个老品种的传承仍然无须忧虑。一是"列珠"芒太短,只有1.5厘米左右,因而不能忍受突发寒露的袭击;二是因为芒太短,加上谷穗容易脱粒,不能抵御害鸟的偷食;三则是"列珠"抗水淹能力较弱,而这片稻田恰好处在季节性的洪泛区,因而很难保证稳定产出。上述三种情况只要碰上一种,稻田的主人理所当然得改种"老牛毛糯"等3个老糯稻品种中的1个,以便对付自然灾害。因此,"列珠"种植面积的增加和这3个老糯稻品种种植面积的萎缩是黄岗侗族文化在能动地适应所处的自然生态系统的过程中,对当地稻作文化认知的升华。

就总体而言,整个黄岗地区森林密布,嵌在密林中的稻田一般不会缺肥,即使连农家肥都不使用也不会明显减产。反倒是那些寨脚田和河滩田往往因为过于肥沃,其他品种的糯稻容易倒伏而无法正常种植。针对这一生态背景,黄岗乡民成功地选育出了"*kgoux yak*",按字面意义,汉语应称为"红禾",得名的依据是该品种成熟时的谷壳偏红。"红禾"是一种壳薄、芒短、米粒较圆的糯稻品种,其耐肥性特强,耐荫性能与"万年糯"相近,但稻秆矮而细不抗倒伏,因而成熟季节遇到连天阴雨和寒露就容易出芽减产,以至于"红禾"的种植范围仅限于村寨的周围和交通沿线。目前"红禾"的种植面积仅次于"列珠",但今后它的种植面积只会缩小,不容易扩大。这是因为黄岗林区的林木生长迅速,只要退耕还林政策继续执行下去,"万年糯""深山糯""老列珠"等老品种的种植面积就会挤占当前的"红禾"和"列珠"的种植面积。文化适应本身就具备能动性的禀赋,各品种种植比例的变迁可以随时补救自然与生态环境变迁造成的资源配置短缺。

在黄岗地区,随着森林的蜕变,原先掩映在丛林中的稻田开始暴露在阳光之下。这种具有新性能的稻田,黄岗侗族原先没有与之匹配的稻种,于是通过"吃相思"从邻近的从江县龙图乡引进了一个新的糯稻品种,名字叫"*kgoux bieengh liongc douc*"。侗语得名的依据是这个品种的稻穗谷芒长而软,但排列较为稀疏,当风吹过时,谷芒会在空中摇曳,很像是侗族妇女裙边的流苏,因而将它称作"龙图流苏糯",用汉语称呼时最好简称为"龙图糯"。不言自明的事实在于,黄岗人引进这个品种的目的仅是为了应对环境蜕变的挑战。一旦森林生态系统全面恢复,这个品种的种植面积会大幅度萎缩。

第三章　西部低地的水田灌溉农耕文化

"黄芒糯"是从侗语的原名意译而来，侗语原名称作"*kgoux bieengh mant*"，这个糯稻品种虽然秆高秆硬但分蘖弱，因而即使接近成熟期，少许阳光还可以直射水面，不能像其他糯稻品种那样抑制水生杂草的蔓延，以至于中耕除草等田间管理必不可少，但却有利于稻鱼鸭共生。据此推测"黄芒糯"应当是坝区侗族传统的优势稻种，显然不是黄岗侗族乡民独立选育出来的稻种。当地侗族乡民引进这一糯稻品种虽说不能补救生态资源的短缺，但是错开了农忙季节，调节了雏鸭的放养场，另有社会功能。

至于"高茎草糯"和"矮茎草糯"侗语名称分别是"*kgoux jiml saos taemk*"和"*kgoux jiml saos pangp*"，汉语名称是从侗语的原名音译兼意译而来。这2个糯稻品种都是从汉族地区引进的，其生物特性迥别于上述各个品种。芒短容易掉粒并容易遭到鸟雀偷食和寒露侵袭，收割时使用的脱粒工具过于笨重，在黄岗搬运极为困难。这2个品种本来不适合于黄岗地区种植，但20世纪60年代政府强行推广"糯改籼"，因而这两个糯稻品种夹带着传进了黄岗。黄岗人至今保留这2个品种，不仅可以在劳动投入上得到有效的调剂，还可以通过这2个品种与其他糯稻品种杂交，而选育出适合于当地生态背景的新糯稻品种来。

回顾黄岗侗族乡民的这一能动性适应过程，虽然我们无法明晰这一过程的细节，但从上文的分析中，我们不难看出这是一个有起点而不可能有终点的过程。起点在于黄岗侗族先民定居，并立即面对新的环境挑战，而这时他们带进黄岗的糯稻品种显然只能是适应于坝区的类似于"老牛毛"和"小牛毛"这样的糯稻品种，只能在黄岗的低海拔边沿河地区种植，而在黄岗这样的高海拔丛林山区种植这些糯稻品种，其产量极不稳定，这就必然刺激黄岗侗族先民不断的引进新品种，不断的选育新品种，传承新品种，保存老品种。这个过程显然是一个持续不断的经验积累过程，不仅过去是这样，直至今天仍然如此。这是一个永无终结的经验积累过程。

二、对鱼的认知与利用

除了上文提到的稻之外，鱼在黔东南侗族的稻作生产中，亦是不可或缺的物种。但是他们在稻田中放养的鱼是经过专门驯化的鲤鱼。由于鲤鱼是以浮游动植物为食，不会攻击稻根和稻秧，也不会攻击对人类有经济价值的其他野生动植物，因而不会影响稻田的整体产出水平，只会自身形成产出能力。

更值得一提的是，当地侗族居民在稻田建构中，预先挖建了汪道①和鱼汪②，还设置了鱼棚，这就使得不同生长期的鲤鱼，都可以在稻田中找到理想的栖息地，同时又可以穿行于稻田各处，捕食浮游生物，为稻田增肥，降低稻田虫害，和鸭子一道代替人类完成中耕作业。这就使得鱼本身不仅可以直接形成产品，还能支持水稻提高产量，因而他们还常常将这样的稻田养鱼称为"水上放牧"。因此，当地侗族对鱼的认知与利用，也就成为他们稻作文化中不可缺失的一部分。

（一）品种分类

黔东南侗族居民水上放牧的主要"畜种"是鲤鱼和草鱼两种家鱼。这两种家鱼，当地侗族乡民都能在人工控制下繁殖，也就是说，所有的放养环节都处于人工的控制之下。放养作业中为了便于指代，他们的水上放牧也和草原上游牧民族的放牧一样，要给不同生长季的家畜赋予不同的名称。如，放牧民族将刚出生的小羊称作"羔"，将刚出生的小牛称作"犊"，将刚生的小马称为"驹"。同样，黔东南的侗族居民将刚孵化出来的小鱼称作"鱼花"，当鱼花长到1寸时要称为"鱼苗"，到秋收不捕捞而继续放养的鱼则要称为"老口"③。凡是供繁殖的老鱼，不分雄雌一概将其称作"母鱼"或"母子鱼"。对这样的老鱼，都将其喂养在离村庄最近的小鱼塘中。这样的鱼塘上往往还建有厕所，人类的粪便则直接充作母鱼饵料。通常母鱼都要连续喂养三四年，每年春季都要繁殖1次，等到产卵能力减退后，才转移到大塘饲养，喂肥了再供人类食用。有了这套名称后，当地侗族乡民在实施水上放牧时，就容易掌握水上牧场的空间定位了。

（二）鱼花的护理

每年春季繁殖出来的鱼花，都要喂养在专门修建的小鱼塘中，如果专用

---

① 从稻田的中心点挖条数不等的通道，一般宽约20厘米，深约25厘米，在侗语中称为"汪道"。而"汪道"可以让鱼四处游动，靠鱼儿为水稻中耕、增温、增肥。

② 侗族在农田建设时，村民要在稻田里做一个鱼的"房屋"，是一个深1—2米，宽2米左右的水坑，侗语称为"汪"，在"汪"上通常还盖简易茅草屋。这样一来，一是"汪"中的深水区可避免阳光和高温，鱼儿在这里夏可乘凉、冬可保暖，使其终年可以生长；二是稻田当有鱼的天敌（最厉害的是白鹭）到来时，鱼儿便可以躲在深水区逃避天敌的侵害。三是当干旱季节到来时，也可以避免因田块脱水或照料不周、不及时而猝亡。

③ "老口"指放养了一段时间的鱼苗，这时一般能长到4寸左右，体重一般也在半斤左右。

第三章　西部低地的水田灌溉农耕文化

的小鱼塘不够，也可以在喂养母鱼的鱼塘中分割出一块来，专用作喂养鱼花。喂养鱼花，既辛苦又精细，这是因为，小鱼刚出壳天敌很多，对气候的变动又十分敏感，稍不留意就会导致鱼花的大批死亡。

为了对付鱼花的天敌，当地的侗族乡民在放养前都要将鱼塘彻底排干，为的是尽可能将水生生物顺水排走，然后，再让鱼塘干放两三天，务使塘中的泥块龟裂，以便塘中残存的水生生物都尽可能被干死，这才把洁净的清水引入鱼塘，从而达到尽可能控制天敌的目的。

至于对气温、风向的控制则是靠鱼塘的选址去解决。当地侗族乡民放养鱼花的鱼塘，大多选择在住房、仓库下方，因为在这样的位置，住房和仓库可以避风挡雨，池中的水温极为平稳。或是在大型的鱼塘中央围出一小片，专门放养鱼花，由于鱼塘大，储水多，外界天气变化对水温的影响不大，因而这样建起的鱼花池，水温可以长期稳定，风浪也小，鱼花不容易受害，成活率很高。

由于鱼花个体太小，人工捞捕的饵料都不能喂养，一般是用半腐熟的牲畜粪投入鱼塘，使其自然长出小型浮游生物，以便供鱼花捕食。如果饵料过于缺乏，也可以用糯米和鸭蛋混合制成的粉末状饵料投食，确保更多的鱼花可以长成鱼苗。随着鱼花的成长，乡民们还要不断地扩大鱼塘，疏散鱼花，这种操作实质上与赶着羊群"转场"十分相似，只不过在这里不是用鞭子驱赶，而是用潺潺的流水去引导鱼花大转移罢了。

从母鱼"接亲"产卵开始直到鱼苗可以放养为止，不论在黔东南的哪一个侗族村寨，你都可以亲耳聆听到千差万别的流水声，日子久了，即使外来人也能听懂养鱼人的流水牧歌。那低沉而又厚重均匀的流水声，必然发自村边的河流；那不规则的哗哗声，则是乡民们在排干鱼塘时发出的嘈杂声；那清脆悦耳的叮咚声，则是乡民在向鱼花池放清水；偶然听到的响亮流水声，则是乡民在更换鱼塘中的水。其间还时不时可以听到母鱼跃出水面时，撞击水面发出的轰响声。

听懂了这种水上放牧的牧歌，乡民在家里也可以了解鱼花池的情况，什么时候该引水了，什么时候要停止引水，什么时候要加覆盖材料保暖，每个乡民都掌握得娴熟而到位，这种牧歌不是因为心情欢悦而歌唱，完全是为了指挥生产而听流水的奏鸣。

（三）鱼苗的放养

鱼苗是指长到 1 寸以上的小鱼，规格要求是乡民能够用手从桶中计量捞出，转移到稻田中为度。鲤鱼苗长成后，就可以直接靠人力肩挑背驮转移到稻田中饲养了，具体的放养时间和放养田块，一切根据放养条件来确定。

大体而言，秧田一般不放养，而越冬的泡冬田，原则上鱼苗一旦长成，即可以放养。因为鱼苗个体小，田中储水又较深，因而接下来的稻田耕作，无论是耙田还是插秧，都不会影响鱼苗的安身。因而最早的时候在谷雨时节就可以放养了，如果是"老口"，在惊蛰后就可以放养。

放养鱼苗和老口最关键的操作在于，必须熟记每一个田块所放养的鱼苗数或"老口"数，因为这样的数据，在以后的转场和捞捕中要作为下一步操作的依据。鱼苗放进田块后，就得立即"多标"①，这种"多标"的做法是在田中插一根1.5米左右的木棍，木棍绑上鸡毛和青草，意思是说这块田暂时禁止放鸭。当然，为了让这些鱼苗乖乖长大，乡民们决不会忘记要念咒语，请神灵庇护。

鱼苗放养的最后一项操作，就是分别封堵这块水田的出水口和进水口，以免鱼儿顺水流逃逸。如果田块中放养的是"老口"，由于这样大的鱼已经可以逃离鸭子的追赶了，因而放养"老口"的田块，"多标"中不需要绑鸡毛，其意义在于告诉当地人这块田可以放养雏鸭，但不能放养老鸭。

田中放养的鱼主要是鲤鱼，草鱼只能放养在固定的鱼塘中，这样做的目的是怕草鱼攻击稻秧。往固定鱼塘放养草鱼苗，其操作办法就比往田中放养鲤鱼苗简单多了，但同样需要熟记放养的尾数，以便作为下一步转场或捕捞的依据。

（四）田间管理

稻田中尔后展开的各种农事活动，不管是耙田、插秧还是放养鸭群，原则上都不会妨害鱼苗的生长，但由此而派生的稻田水位调整却会给田中鱼苗的逃跑留下可乘之机。为此，乡民们在尔后的各项操作前，都会针对田中鱼苗的生长状况，在稻田的出水口和入水口设置鱼栅，防范田鱼逃脱。

此外，还需要不断地监控稻田中的水位，原则上水越深对鱼的生长越有利，但水面过于稳定也不好，因为水位太稳定，鱼儿的运动量就会变小，鱼儿逃避天敌的能力也无法得到训练，对鱼苗的快速育肥反而不利。因此，当

---

① "多标"（dos bius）是侗语加汉语复合书写形式，其中"多"（dos）出自侗语，含义是"放置"或"设置"的意思；"标"（bius）则出自汉语，含义是"标示"或"标记"。

第三章 西部低地的水田灌溉农耕文化

地侗族乡民的谚语说："要吃饭，得靠全身劳累；要吃鱼，得靠腿勤。"所谓"腿勤"就是要天天查看稻田的水位，使之有变化，但又得保持较深水位，当然绝对不允许稻田脱水，稻田的水位过浅甚至脱水带来的直接后果，就是鱼和稻的产量都要受到严重的影响。

当地侗族乡民对水位的控制，由于天天都要做，以至于看似平静的稻田水，事实上几乎是终年流水不断，流水的潺潺声自然也成了催促鱼苗成长的伴奏曲。当地乡民天天查看稻田还有一个重要任务，就是要检查鱼苗的受损情况。对鱼苗的安全，乡民们虽然做了最妥善的安排，但鱼的天敌仍然有机可乘，特别是那些鹭鸶总会有得手的机会，有些种类的鹭鸶吃下鱼后，还会把鱼骨头吐出来，这样的痕迹就成了侗族乡民判断田中鱼苗受损情况的确凿信息。了解这些变动是为了等鱼苗长到一定程度后，作为进行水上转场时的依据。

(五) 产品收获

对稻田中鱼类产品的收获包括两大类型、三大操作时段。第一类收获对象当然是乡民放养的鲤鱼。这样的鲤鱼无论长到多大，原则上都归放养者所有。第二类收获的对象则是稻田中自然长出的其他水产品，包括泥鳅、黄鳝、小鲫鱼、螃蟹、小虾等。当地侗民对鱼类产品收获的三个时段把握得非常精准。

第一个操作时段，从水稻郁蔽开始直到水稻摘禾前夕。在这一时段内，田中的鲤鱼，放养者随时可以收获，也随时可以投放鱼苗或"老口"，还随时可以进行水上转场。在这一时段进行的零星收获主要得兼顾鱼苗放养的疏密，务使其保持最佳生长状态。更由于当地家族村社成员之间的亲情关系的客观存在，其他乡民若情况特殊，也会捕捞别人家的田鱼，但却有义务向放养者说明情况，这是要让放养者更好地掌握田鱼的放养密度。至于除田鱼外的其他水产，本村寨的乡民可以自由捕捉，谁捉到归谁所有，甚至没有必要通知放养者，因而这种收获往往成为青年男女夜间幽会时的业余活动。

第二个操作时段，与水稻收获同步，也是田鱼的主要收获期。当地侗族乡民为了便于摘禾，往往是提前放水，同时集中捞捕田鱼。捞捕到的田鱼一般分三类消费：对个体大的田鱼，特别是0.75公斤以上的头年的"老口"鱼，主要用于制作腌鱼，以便长期贮藏使用。对0.25—0.5公斤的鲜鱼，往往用于收获季节的即时就地消费。除了放养者家庭食用外，更重要的是用来款待前来帮助摘禾的乡邻和亲戚。在家中则采用侗族式的传统烹调法，可以做成生鱼片，也可以蒸煮。但在田中则是普遍采用烤熟后，用野茼蒿做配料食用。因而乡民摘禾时，除了带糯米饭外，随身只带辣椒和盐等佐料，不带任何菜肴，因为他们所需菜肴正在田中等待他们取用。小于0.25公斤的鲤鱼，侗族乡民当年一般不食用，主要去向是转移到轮歇的泡冬田块或鱼塘中越冬，作为来年放养的"老口"使用。在鱼类的主收获期，由于要处理大量的鲜鱼，因而乡民都十分繁忙，特别是妇女，既要参加摘禾又要为家人和前来做工的乡民备办菜肴，还要及时地制作腌鱼，因而收割自己家的田块时十分辛苦。但他们总是有劳有逸，在收割别人家的田块时，那就有趣多了，不仅美酒美食随意享用，而且摘禾时还可以相互取乐，唱歌助兴。在劳累中充满了生活的情趣和浓浓的亲情，几乎可以说，他们总是劳而不累。

收获完毕后，田块中同样要"多标"，方法很简单，仅是留3株稻穗，让它高高地耸立在田块中。这个信号一出，标志着这一田块彻底开放，不仅可以放养各种家畜家禽，而且任何人都可以到这个田块进行新一轮的收获，用刮网抓泥鳅、黄鳝，用小捞网捞虾，用手捡拾螃蟹、河蚌都可以，而且不是收获一次，在整个冬季都可以不断地收获水产。很多人在估算稻田养鱼的经济价值时，对这样的收获物往往是视而不见，这样的估算显然不准确。需要注意的原则只有一个，那就是如果田中有漏网的鲤鱼则不允许抓捕，要通知田鱼的放养人自己来取。由上可见，黔东南的侗族居民在投劳和分配上原则性很强。这是外来人很容易忽略的社会公德，很多不必要的纠纷也因此而发生。用当地侗族乡民的话来说，就是这些外来人不懂规矩，而规矩是确保稻田养鱼得以稳定延续的制度支持。

至于草鱼放养和管理就简单得多，这是因为在整个生长季，草鱼只实施转场分散，一般在生长期都不捕捞，而且放养者每天都要割草给草鱼做饵料，其劳动强度比喂田鱼要大多了，不过，其收获量更加诱人。因为在侗族社区中，草鱼是最珍贵的鱼种，重大的社交活动和年节活动都必须用草鱼，草鱼制成的食品也是馈赠中最珍贵的礼品。因此，在黔东南侗族社区，只要有可能，乡民们总是想方设法多养一些草鱼。

第三个操作时段，从水稻摘禾完毕到来年的水稻郁蔽前夕。在这一时段内主要是对"老口"鱼越冬的管理。这种管理是一项十分繁难的工作，繁难之处在于这时候水稻已经收割完毕，田地比较开阔，因而越冬的鲤鱼容易受

第三章 西部低地的水田灌溉农耕文化

到天敌的攻击。再加上这一时期，鱼类的觅食不活跃，活动力也有所降低，因而更容易受到伤害。针对这些情况，当地侗族乡民对"老口"鱼的越冬要做好三件事。其一是越冬用的鱼塘和深水田，要选择离村寨最近的鱼塘和田块，并加高加厚田坎，尽可能地储积深水。这样做既能保证水温，又有利于鱼类逃避天敌。其二是要搭建越冬的鱼窝，鱼窝用木材和茅草制成，既可以为水体保温，又能让鱼儿躲避降雪和结冰的危害。有了鱼窝，即使是降了大雪，也不会对鱼儿造成伤害。第三项工作是在喂养"老口"鱼的越冬场所要配置专门的泉水供给，这样做可以利用泉水温度，使水温常年稳定在10℃以上，以确保"老口"鱼在冬季也能缓慢生长。如果遇到天气回暖，还需要人工投放饵料。经过这三项操作后，这些"老口"鱼在来年时，都会有所长大，而且生命力和抗病能力都有所增强，第二年放养"老口"时，收获量更大。

（六）产量计算

在与水产专家们探讨黔东南侗族乡民稻田养鱼的经济价值时，我们双方都为同一个问题而困扰，那就是当地侗族稻田养鱼的实际鱼收获量。因为要正确估算这样的收获量，需要排除四个干扰因素：

其一是当地侗族乡民的稻田养鱼，其放养与收获的季节控制极不严格，放中有收，收中也有放。而且在鱼苗的生长季节中，不管遇上了什么节日，或者有亲朋来访，有时家里为了尝鲜都可能捕捞正在生长中的鱼苗做食品用。我们与当地乡民一道插秧时，乡民就非常慷慨地将才生长到两寸半的鱼苗抓来烤熟招待我们，我们大家都不忍心吃，但当地侗族乡民却说无妨。因为他们在放鱼苗时，已经多放了一倍的鱼苗数，鉴于类似情况经常发生，要准确估算单位面积的鱼产量，就变得不那么容易了。

其二是每块稻田放养的鱼苗，在水稻的生长季中，大抵要经历两三次转场。转场如此频繁，即便在收获前对所有的鱼苗全部准确称量，也很难换算出单位面积的鱼产量来。

其三是当地侗族乡民在稻田中放养的不仅是当年繁殖的鱼苗，还包括前一两年的"老口"鱼，"老口"鱼的大小参差不齐，最小的在0.2公斤左右，最大的可能超过0.5公斤。要仔细计算每条鱼的体重，事实上也很难办到。

其四是无论怎么管理，鱼苗都会有逃逸现象。在当地侗族的人工水域系统中，鱼苗一般不可能逃进天然河道中去，但却可能逃到别家的田中或者鱼塘中去。当地侗族乡民对这样的现象都不会计较，以至于每亩地在生长季，到底能生长出多少斤鱼来，在估算时很难准确。

不过，从黔东南侗族乡民对自己稻田产鱼量的概算中，我们还是可以发现，这样的稻田养鱼，其鱼产量水平很高，产鱼量最多的田块可以超过150公斤/亩，产鱼量最少的田块也不会低于30公斤/亩。田鱼形成的价值大约要占糯稻总产值的1/3—1/2，这还不包括侗族乡民在正式收获前的零星消费量。不管从任何角度看，稻田养鱼，其直接经济价值都不容低估。

总之，黔东南侗族实施的稻田养鱼，从表面上看是静水养鱼，但全面观察后，发现他们的稻田养鱼是真正意义上的活水养鱼。无论在什么样的季节，有鱼的田塘总是有流水进出，只不过这样的流水进出全部纳入了人工的调控范围内而已。正是这样一曲不断流动的流水之歌，伴随着侗乡鱼儿的健康成长，以至于在当地喂养的鱼很少出现生病的现象，放养的鱼苗也很少受到天敌的攻击，这正是当地居民对稻田养鱼有着深刻认知的体现。

三、对鸭的认知与利用

野鸭本来就是黔东南侗族地区习见的生物物种，这里的侗族乡民在早年长期有猎获野鸭为食并用鸭绒制作衣被的习惯。但要把鸭纳入稻田生产系统，却必须通过一系列创造性的劳动。首先得将鸭选育成个体小、育成快、产卵期长、食性杂的特化鸭种。个体小才能顺利穿行于高秆糯稻夹缝之间，觅食各种动植物饵料，又不至于伤及水稻的植株和根系，反而能为水稻猎虫除草。育成快也是必备的特性，这是因为水稻有自己的生长期，连片种植后，肯定会在某些时段，比如在育秧和刚插秧的时期，容易遭到成年鸭的伤害。育成快才能确保在水稻定根后，连续放养2—3批雏鸭，而在育秧和插秧时段，则靠人为压缩鸭群规模，或者实施舍食，或者转移到鱼塘放养，以免鸭克稻。下文将以黄岗侗寨为例，谈谈当地侗族居民对鸭在稻作生产中的认知及利用。

（一）鸭的孵化

在黄岗侗寨，每个家庭都有成套孵鸭的装备和工具，随时都能做好孵化鸭蛋的工作。我们实地查看后，看到他们用来孵鸭的装备出奇的简单，真正现代化的孵化工具，黄岗人看不上眼。与那里的妇女交往多了，她们教给我们孵鸭技术主要有三种：一是用母鸡孵鸭，二是用谷糠加热以后孵鸭，三是用电动孵化器孵鸭。乡民们说，电动孵化器不好，孵化出来的鸭不肯长，一出壳，个体比母鸡代孵的要小得多，不仅产蛋的时间比较晚而且数量也比较少。她们问我们这是什么原因。我们仔细查看以后，才恍然大悟，孵化器只

第三章 西部低地的水田灌溉农耕文化

考虑保温,不考虑保湿,以至于孵化出来的雏鸭不太健康。我们问她们为什么不用母鸭亲自孵化,她们的回答也出奇地简单,她们说,母鸭子太懒,不愿孵化,只好用母鸡代孵了。

正是这样,我们可以看到乡民们挑到田头放养的雏鸭,根本不理会老鸭,反倒是母鸡时刻守护在小鸭的身边,一有危险所有的小鸭都会跑到母鸡身边,这时不知道母鸭有何感受。小鸭子在水里玩,母鸡空着肚子在田边守护,这样做"妈妈"比黄岗人还要辛苦。

每只母鸡每次可以孵化 10—15 枚鸭蛋,一般都能顺利出壳。但如果有人家想多喂养一些,很难找到几只母鸡一起孵化的时候,不得不自己另想办法,那就是用谷糠来替代母鸡,把谷糠炒热,用手试好温度,装入自己定制的木箱或纸箱里,用棉被盖好。经过这样简单的改进后,一般可以孵化 30—40 只鸭。这样一来,孵化的规模就可以成倍地增加了。

在调查中,我们发现吴全有家的鸭群就是通过这种途径孵化的,一次共孵化了 80 多只雏鸭。外出的时候,这支队伍浩浩荡荡。但是操心的事情又来了,没有母鸡带,全部需要人的照顾。这无疑又增添了人们劳作的辛苦,而且丢失的风险很大,他家前后就丢失了十多只鸭。

黄岗乡民家里面孵化鸭的操作几乎不会间断,鸭子放养了一批又一批,以至于在黄岗,你每天总可以看到生长期参差不齐的鸭群。例外的情况只有在插秧的农忙季节,怕鸭子损坏秧苗,人们便自觉地都停止放养一段时间。

(二) 鸭的放养

小鸭出壳才 3 天,放鸭也就开始了。开始放鸭时,1 只鸭笼可以装上二三十只雏鸭,全部小鸭的体重还不及鸭笼重量的一半。青年女子光凭两手就可以把两只鸭笼提到村内任何一个地块放养,如果有马车那就更省心了。在开始放鸭的前 10 天,放鸭确实很惬意,连小孩都可以完成,但以后就不那么轻松了。随着小鸭的飞速长大,1 个月后,每只鸭子都长到了 0.75 公斤以上,1 只鸭笼就只能塞进两三只鸭子了,由于路途遥远,鸭子又走得慢,而且还无法翻越障碍,因而放鸭时得"鸭子骑人",必须分成几个鸭笼装着再挑上,经过长途跋涉才能将鸭群放到适合放鸭的田块,而且每丘田块只能放养一两天就得更换,这就使得在此后的十多天内,放鸭的人每天得挑上几十斤重的鸭担子,转遍整个黄岗的山山水水。挑鸭子步行放养的路程总计起来要超过 100 千米。不这样做,鸭子就长不肥,田里的杂草、害虫就除不掉,可以说鲜美的鸭肉或者鸭蛋都是用艰辛的劳动换来的，人与生态环境的和谐也是靠艰辛的劳作和坚持不懈的毅力才得以维持。

　　只有黄岗人明白，放养还是小事，鸭群会在田中自己觅食，放鸭人不必花费太多的心思，但对鸭群的天敌却大意不得。在黄岗，由于生态环境很好，野生动物种类也很多，其中威胁鸭群的天敌就不少，天上飞的游隼和鹞，夜晚的猫头鹰都有能力将鸭子作为美餐；地上跑的黄鼠狼，草丛中穿行的毒蛇随时都可能攻击鸭群。这可要防着点，稍不留意在肩头上挑了近半个月的鸭子就可能是一场空。

　　有一次，我和一位妇女去放鸭，下午七点，天黑尽了，大家都收工了，这个妇女还忙着收鸭子，但偏有几只半大的鸭子不听话，多次呼唤也不回来，这位妇女只好一面将到来的鸭子一只一只捉进笼里，捉一遍，数一遍。数完后又取出来再捉再数，连数三遍后，才最终断定有三只灰鸭丢失，于是又只得一边吆喝，一边逐丘寻找散失的三只小鸭，大约过了四五十分钟，才听到远处的稻田中传来了鸭子的低吟声，这可乐坏了这位妇女，想到与自己朝夕相处的鸭子还没有成为其他野生动物的美餐，她顾不了一天的疲劳，飞奔过去，看上去简直像是找到了离散多年的子女一样兴奋。等她将这三只鸭子关进鸭笼，夜幕已经降临，她只好打着电筒，挑着沉甸甸的鸭担子回家。

　　养鸭子的麻烦还在于，鸭子不像鸡，生蛋没有规律，往往想在哪里生蛋，就在哪里生，如田间草场，路边的枯叶堆，它们可能都会在那里下蛋。这就使得放鸭人必须观察它们的去向，要记住每只鸭子的特点，熟知每只鸭子吃饱歇息过的地点，因为这样的地点往往是鸭子随意下蛋的地方。如果不注意，很多鸭蛋就可能捡不回来。

　　放鸭与黄岗人的生活结下了不解之缘，而且充满了情趣，局外人看起来又感到十分新奇。原来，鸭子具有夜食性，因而不仅在白天出工时可以放鸭，夜晚也可以放鸭，特别是稻田郁蔽后，大小殊悬的鸭群都可以放养，而且这也是放养鸭群的高潮时段。整个黄岗侗寨这时会同时并存三四百个鸭群，在栏鸭子的只数是黄岗总人口数的两倍以上，放鸭的劳作特别艰巨，而这时候又正好是青年男女野外幽会的黄金时节。做父母的对子女的个人意愿十分尊重，加上放鸭子又极需劳动力，因而做父母的都鼓励子女将鸭群带到野外去夜间放养，因为夜间放鸭可以节约大量的精饲料，10—15只鸭组成的鸭群，如果夜间关在家里，每天至少得喂1公斤左右的籼稻稻谷。放夜鸭，不仅不

第三章 西部低地的水田灌溉农耕文化

用开支这笔精饲料的费用，而且鸭子长得更快。父母的激励对子女来说恰好正中下怀。因为在这样的时节，野外比村中的行歌坐月更热闹，更富于情趣。不过我们这些外来人不便惊扰他们，只能远远地听听鸭子的觅食叫唤声而已。不仅青年人乐于放鸭，老年人也乐此不疲，每丘田块都有窝棚，放鸭时，可以约请朋友野外喝酒，甚至会会心上人都无一不可。因而，这一时段黄岗的夜生活，我们虽然不好意思目击，但却可遥遥品味放夜鸭带给黄岗人的欢悦。这更增加了我们对放鸭的新奇感。

经过黄岗人的精心饲养，不出50天就可以出栏一批鸭，每只可以卖到40元以上，这样一来，放养的鸭群为他们提供了极为丰厚的报偿。此外还有鸭蛋，每只母鸭在一个产卵期至少可以提供15枚鸭蛋，黄岗村三百多户人家给自己和给周围集市到底能提供多少鸭肉、鸭蛋简直无法统计。我们只要看看黄岗周边的集市，心中就有了一个底数，无论在周边的小黄、高增、占里还是在双江，赶集时，只要是来自黄岗的鸭和蛋，价格都可以上浮一些，而且还难以买到黄岗的产品，黄岗人制作的咸鸭蛋和皮蛋还远销县城和凯里。

（三）鸭的利用

黄岗人所养育的鸭不是一般的鸭种，而是经过世代选育驯化而来的小种麻鸭。这种鸭的成鸭个体很小，每只成鸭的体重不超过1.5公斤，但是从出壳到成熟，只需要50天，就可以作为肉鸭食用。这是一种肉卵兼用型的鸭种，不仅肉味鲜美，而且产卵率也很高，一次产卵期要产卵10—15枚才结束，但间隔10天后，又能再次产卵。这种鸭还有另一个好处，就是耐粗饲，如果放养得法，甚至不用精饲料，单凭稻田中的杂草和水生动物就可以长大成熟。由于这种鸭具有成熟早的特性，因而从水稻撒种到收割完毕的210天中，按常规就可以放养4—5批鸭群，鸭的这一特性，不仅给黄岗带来了丰厚的经济报偿，而且对他们的"稻鱼鸭"复合种养能做到相生而不相克。举例说，黄岗鸭个体小，因而能够无遮无碍在水稻丛间穿行觅食。水稻中长出的害虫，水中的小虾、小鱼乃至昆虫和蝌蚪都是它们的最佳饵料。水田中长出的各种杂草，板蓝根、浮萍、水芹菜、金鱼藻，它们都可以采集充饥。因而，凡是放过鸭群的稻田，不仅杂草很少，害虫也很少，还为稻田松了土。因而有了鸭子，这里的稻田不需人去中耕。开始时，我们总是害怕鸭子偷吃了乡民放养的田鱼，后来证明我们是多虑的，这是因为乡民早就在稻田中挖建了鱼汪和汪道，还设置了鱼棚，放鸭时也注意到了田鱼和鸭子的个体比例，鱼苗小时就放雏鸭，等鱼长大后，见了鸭子能躲进鱼棚时才放养成年鸭。鱼鸭这两个死对头在人的调控下，也就化干戈为玉帛了。总之，从黄岗鸭身上看到的不仅是作为凫禽目鸟类的生物属性，更可以看到是黄岗人的聪明和才智。

第三节　农事技术

稻、鱼、鸭在耕地中并存的农耕文化，是侗族乡民传承了数百年的多项目复合谋生艺术。他们的整个耕作期，从自然环境的角度看，完全是一个山地泽生生态系统的缩版[①]。从产业项目看，农、牧、渔在这里密不可分，是一种真正意义上的多元复合产业；从生产节律看，稻、鱼、鸭在这里既相克又相生。通过操作节律的调整，使其间的"克"降到了最低限度，其间的"生"放大到人们最满意的程度；从物质与能量的循环看，整个生产系统构成了一个多渠道、自相循环的网络，除了为人类提供食品和其他生活原料外，人对耕作区从不过分榨取，整个生产环节很少出现任何形态的废物，可能导致的环境污染在整个循环回路中消除于未然；从整个村寨的自然布局来看，耕作区又与周边已有的各类生态系统相生相克。农田可以和森林兼容并存，鱼塘可以和稻田连通，就连整个村寨的成员，也能顺其自然地参与到这一循环之中，所有的生活废物大多数可以在耕作区降解掉。人们在获取产品的同时，又对整个耕作区加以宏观的调控，务使其比例协调，生长有序；因而，他们的耕作区从人类感观出发，就像是一首生物物种多样性并存的田园诗。从人类的调控职能出发，又是一整套韵律回旋的谋生艺术。

一、让"河网泽国"上山

俗话有言"易涨易落山溪水"，山区的水资源补给变动幅度极大，是其本性所使然。但稻鱼鸭共存的生态背景，必须是水面相对平稳的浅水沼泽，这就意味着要延续这一遗产，必须对山区的水域环境实施人为改性，使易涨易落的山溪水变成水面相对稳定的高山沼泽。

漫步在黔东南侗族的稻田间，你总会发现，这里的稻田建构成了山岭上的"水乡泽国"。层层的梯田不仅开到了陡峭的坡面，而且田中还能做到清泉

[①] 罗康隆、王秀《论侗族民间生态智慧对维护区域生态安全的价值》，《广西民族研究》2008年第4期。

第三章 西部低地的水田灌溉农耕文化

长流。其稻田中的生态结构,与平原地区的"水乡泽国"极为相似,其间的生物物种的多样性水平更高,因为在这里的稻田和鱼塘中,还包容进了山区特有的水生和陆生生物。

在山岭间构筑"水乡泽国",本身就是一种大胆而奇特的创意。创意的精髓在于让天然的流水改道,让崎岖的坡面水平化配置,务使每一口鱼塘和每一丘稻田,都能储积起平滑如镜的清泉。对天然水域实施改制,使其绕道而行,立体化配置的鱼塘和稻田,才能获得源源不断的活水补给,从而在某种限度内,改变原生的地理结构,靠人力大幅度地展拓湿地生态系统的空间分布范围,为稻鱼鸭的共生扩大生存空间。只要能看到这种立体化配置的鱼塘和稻田,你就可以坚信来到了侗族的家园。架空的笕槽、昼夜旋转不息的筒车、明暗相间的引水渠、绕田而流的"过水沟"、公正严明的分水道,无一不在提醒你整个"水乡泽国"登山工程的浩大和艰巨而同时更显精妙。如果进而注意到整个工程的所有构件,无论是鱼塘、稻田还是引水、供水设施,还都有名有姓,你肯定能领悟到工程建构的科学性和合理性。

让"水乡泽国"登山,不仅需要从静态的角度精准地审视地表的起伏,还需要从动态的角度把握历年水位的涨落和水量的波动,再加上需要投入的劳动力过于浩繁,整个"上山工程"往往得耗费数百年的光阴,积累几代人的艰辛劳作,才能最终实现若干代人梦寐以求的目标。为了确保工程建设形成有序积累的态势,这里的侗族乡民建构了一整套服务于公益事业推进的命名制度。无论哪一位乡民,为拟议中的整套工程做出的具体贡献,小到开一条引水沟,大到挖一口鱼塘,开一丘稻田,后世的子孙都会以他的名字来命名该项工程[①]。这就使得本来仅是客观存在的塘、田、渠、坝全都通了人性,具有了特定的文化内涵,成了侗族社区的家族史、村寨史的永久见证。浩繁的河网"上山工程"也因此而变得易于操作和组织了。

今天看到的人文景观,并不是无生命的自然物,而是可以自我修复和自我完善的活机体。因为整个工程得到了上述命名制度这一文化体系的支持和维护,它们都沾濡了人气而获得了灵魂。这是因为,这样的河网"上山工程",不是一次性设计和完成的,而是在应用的过程中,通过无数次成功的经

---

① 崔海洋《论侗族制度文化对传统生计的维护——以黄岗侗族的糯稻保种、育种、传种机制为例》,《广西民族大学学报》(哲学社会科学版)2009 年第 5 期。

验和失败的教训不断地去与自然磨合,才得以尽善尽美。社区内主持这种磨合的个人,同样可以获取荣誉命名的奖赏。社区荣誉则驱动着每一个人,为完善这种富有创意的水网工程而孜孜以求。为"公益事业"的奉献,成为社区道德的评价标准。这就使得整套工程,在时间的推移中活起来,不断地壮大下去。

由此可见,侗族居民将"水乡泽国"搬上山,不仅出于生存的必需,更是为了让稻作生产与山山水水在感情上息息相通,立体"水乡泽国"创意之美,也就成了可供永远瞻仰的丰碑。

二、让糯稻投入山地丛林怀抱

人工水域的建构仅是满足了稻、鱼、鸭在同一耕作带和谐并存的基础,要实现三者之间相生而不至于相克,则需要仰仗和谐高超的节制艺术。众所周知,水稻是一种喜欢高温、高湿和直接日照的泽生农作物,这样的生物习性在平原坝区,随地都可以得到充分的满足,但在高海拔的山地丛林地带,就难以兼顾了。而且其间的湿、热、光三要素匹配又会出现千差万别的变数,这对于水稻的稳定种植极为不利。在黄岗,稻田就分为冷水田、向阳田、过水田、阴冷田、高塝田等等众多的类型。就冷水田而言,日照时数最短的田块每天仅4个小时,即从10时30分到14时30分。即使直接日照最长的田块,夏季每天直接日照时数也不超过8个小时。有些冷水田的最高水温,实测结果表明,即使在盛夏正午时分,水温也不会超过25℃,较冷的稻田水温才20℃上下,对一般稻种而言,几乎无法生长。有的高塝田,保水能力极差,水稻生长季经常脱水,一般的水稻品种在这样的稻田中,产量还达不到普通稻田的一半。而这样的差异,又远远超出了人力调控范围,为了确保水稻的正常生长,黄岗侗民不得不另辟蹊径,从水稻特异品种的培育入手,去化解这一矛盾。

在黄岗侗族社区,据统计,原有30多个糯稻品种,而今尚存23个品种。综观这些现存的糯稻品种,它们中的每一个品种都不同程度地具备如下两项带共性的特征。

其一,这些糯稻都属于高秆型不怕水淹的稻种。大致而言,其中70%以上的出土高度都在1.5—2.5米之间,而且植株粗壮,成熟期秆粗直径接近1厘米,而且它们的分蘖能力很强,插秧时的每株稻秧,在以后成长中都能形成7—11个有效分蘖,这样的生物秉性,正好是稻鱼鸭和谐生计最需要的特

第三章 西部低地的水田灌溉农耕文化

点。由于稻秧出水很高，结穗时放养的鸭群不至于损害稻穗，却可以为水稻灭虫除害，除草施肥，可以为人类免除中耕之劳。再就是由于分蘖能力强，拔节快，插秧时株高已超过 20 厘米，最长时已超过 40 厘米，以至于乡民不得不截断稻叶的尖端，以便插秧操作。插秧后，不仅返青很快，而且郁蔽也快，插秧结束才 15 天，就可以确保水面被郁蔽，从外面不能直接看到水面，这更有利于稻鱼鸭和谐生计的运行：一方面，郁蔽快，田中放养的鱼，在稻秧的庇护下可以完全免受鸮禽目、涉禽目鸟类的损伤，不仅水稻获利，田中放养的鱼苗也可保证万无一失；另一方面，返青快，鸭群可以提早进入稻田放养。一般在插秧后的十天就可以放养雏鸭了，这就使得稻鱼鸭可以和谐共生的时间最长者可以达到 110 天。随着稻鱼鸭共存时间的拉长，至少可以放养三批鸭，放养的鱼花当年每条可以超过 8 两，确保了稻鱼鸭三丰收。再一方面，由于秆高，因而很容易受到更多的直接日照，能够提高糯稻本身的产量，同时又可以收获大量的稻草供作饲料、工艺品使用，稻草本身就具有很高的经济价值。这些稻种不怕水淹，对稻鱼鸭和谐生计发挥着积极作用。

通过我们对田块的实测和老乡的历年种植回忆，同时证明这些稻种中的绝大部分即使田中的水持续 3—5 天达到 50 厘米，稻秧都不会受到损害。原因在于，这些糯稻品种的稻秆中都有通气孔结构，在受深水浸泡的情况下，稻根仍然可以正常呼吸，不会腐烂，因而也不会影响糯稻的产量。我们实测的田块表明，这里的田块都可以储水 50 厘米以上，而直接目击观察的结果证实，稻秧被深水淹没时，被淹部分的稻叶会在 3 天左右自然萎缩，但不会枯死。而出水部分的稻秧反而会快速生长，以便相互替代。因此乡民们都说，他们的稻田在正常情况下，一般都要储水 35 厘米左右，而这样储水不仅对稻秧无害，反而可以刺激稻秧的拔节长高。这样的生物属性，与平原坝区种植的糯稻很不相同，但这样的生物属性恰好适宜在黄岗那样的山区梯田中种植。俗话说"易涨易落山溪水"，山区的水资源补给不稳定是其常态，为了确保田块水源不断，下雨时节糯稻要尽可能多储水，以备遇上伏旱也不至于很快缺水；如果糯稻品种不具备这样的生物属性，在黄岗这样的地区就很难确保稳产、高产。

不怕水淹对稻鱼鸭和谐生计运行也有特殊的意义，储水深就意味着田鱼的生存空间扩大，每亩不仅可以放养较多的鱼苗，而且每到鱼苗收获时，单条田鱼的重量也有明显的增加。与此同时，深水对于鸭的放养也有利：因为水深了，鸭的饵料就更为充足，鸭损害鱼的可能就会更小，而鸭游动撞击稻秆，更会使水稻害虫掉入水中成鱼鸭的饵料。可见，这样的品种属性，几乎可以说是针对稻鱼鸭共生的需要而选育出来的。

其二，这些糯稻品种90%以上普遍具有耐阴性，并具有耐低温的特殊禀赋。这些生物特性，很明显是针对黄岗特有的生态背景培育出来的。在黄岗，80%的土地丛林密布，所有的稻田都镶嵌在深山丛林之中，加上山脉的耸立、山谷的开口取向不同等地理因素的综合限制，这里的稻田直接日照时数明显偏低，实测结果表明，相当一部分田块，夏季每天的实际日照时数不超过6小时，最短的阴冷田直接日照时数，甚至不到4.5个小时。然而，这些糯稻品种，即使在这样的环境下也能稳产、高产。在极端阴冷的田块中，仅是产量降低15%而已。这一生物属性在今天具有特殊意义，因为凭借这样的品种可以实现林粮兼容并存，而互不干扰。对侗族乡民的传统生计而言，其价值更大。这是因为侗族的传统生计要实行林粮兼营，如果不具有这样的生物属性，林粮并存不损害林就要损害田。因而可以说，这是侗族传统生计育种目标理想结果。

镶嵌在深山丛林中的稻田，由于日照不足，灌溉用水又来自井泉，这就使得稻田中的水温和土温都普遍偏低，对一般的稻种而言，很难在这样的地带正常生长。我们的实测表明，夏季气温最高时期，不少稻田水温还在23℃—25℃之间，有的过水田水温还不到20℃，但它们中的很多品种，并未观察到明显的生长受阻状况。值得一提的是，这里稻田的水温波动幅度不大，在插秧时节，平均气温偶尔可以低到9℃以下，然而稻田的水温和土温由于来自井泉水，因而反而比气温偏高，可以平均超过15℃，个别田块可以长期维持17℃。这样一种状况，在当地这样的特殊环境对稻鱼鸭和谐生计也具有积极作用。对鱼苗放养而言，由于鲤鱼在12℃以上就可以进入正常觅食快速生长的状态，因而这里的鱼苗放养可以比平坝地区提前半个月以上，而且可以一直放养到初冬水稻收割完毕为止，整个放养时段最长可以达到九个月，难怪这里每亩田鱼的收获量比平坝地区还要高。同样的道理，这里的放鸭时段更长。据观察，在撒秧时候已经有侗族乡民在放养雏鸭了，而且即使稻谷收割完毕后，鸭的生长也不会明显放慢。

三、让稻鱼鸭相生而不相克

从以上的分析可以看出，在侗族社区的稻鱼鸭共生系统中，最关键的环

第三章　西部低地的水田灌溉农耕文化

节是需要把本来具有相克禀赋的稻鸭鱼三个主要生物物种编织进同一个人为泽生生态系统之中，却要求它们主要体现为相生而尽力避免其相克。聪明的黄岗侗族乡民在这个难题面前，巧妙地利用了不同生物物种生长季的时间差，在人为的调控下能动地支配稻鱼鸭这三个主要生物物种的进入时间，从而实现以相生抑制相克的经营目标。而要做到这一步，挑战不是来自生物物种本身，而是来自不同家户个人的生计劳作如何协调一致。

如当年的鱼花（刚刚孵化的鱼苗）由于个体很小，不具备扰动稻秧的体力，因而撒秧或整地完成后就可以放养鱼花了。此后的田间操作既不会影响鱼苗的生长，鱼苗也不会扰动稻秧的定根。而鸭的放养则不同，即使是雏鸭，由于体能较大，能扰动稻秧的定根，因而雏鸭的放养要分段进行。备耕前，所有的田块都可以自由放养，而秧田撒秧后必须禁止鸭的放养。稻秧插秧返青后，田中放养的鱼花已经度过了一个多月且体长超过了一寸半，已经具备逃避雏鸭的能力，因而才开禁允许放养雏鸭。此后，雏鸭与稻鱼一起长大，就可以三者之间相生而不相克了。稻秧郁蔽后，鱼苗已经超过了两寸半，即便是成鸭也没有能力主动攻击田鱼了，而这时候稻秧也需要中耕了，相应的款规则宣布对成鸭开禁。在以后的两个月时间内，稻、鱼、鸭的共生完全处于开放状态，充分发挥了三者之间的相生相护功能。直到收获前夕，出于防范鸭群干扰收割的考虑，再次禁止成年鸭群的放养。但这仅是针对收割中的田块而言，等到收割完毕，长大的田鱼已经捕捞，未成年的田鱼已经转移入鱼塘，除了鱼塘和有鱼棚的越冬田，所有田块都对各种畜群开放。

就其实质而言，在"稻鱼鸭"的共生系统中，他们是把人作为生物多样性的终极调节和制约力，只是控制其数量，并不会打乱生物的生活习性和破坏它的生存空间[①]。这种以管护代替放牧和种植的文化适应手段，就实质而言，全部属于半驯化耕牧。人的存在可以确保已有各种生物的物种延续，长期执行这样的生计方式也不会危及任何一种生物物种在侗族社区的正常生息繁衍。而且野生与人管护的物种并存，可以使多元并存的生物物种基因复壮，人的利用并不会导致这些物种独立生存能力的下降。

在稻鱼鸭的共生系统中，乡民所种养的生物物种，无一不具有可贵的兼

---

① 罗康隆《侗族传统生计方式与生态安全的文化阐释》，《思想战线》2009年第2期。

容性，这是侗族乡民长期选育取得的成果。他们选育的糯稻品种，与习见的糯稻品种迥别。这里的各种糯稻品种，不仅可以在高温高湿和强日照的空阔平原生长，还能够在丛林中正常生长，具备耐阴、耐低温的特殊生物秉性，使稻田能够与茂密的森林完全兼容。他们还拥有在水温低于23℃的稻田中可以正常结实的耐低温糯稻品种，以及结实后水稻秸秆和稻叶不会枯萎的糯稻品种。这是国内罕见的农牧兼容稻种，在冬季草枯时，还能为牲畜提供青绿饲料。他们驯养的本地鸭，个体小、出肉率和产蛋率都很高。这种鸭出壳时，刚刚是鲤鱼的放养季节。鱼和鸭放养可以同时进行，鸭也不会伤害鲤鱼和草鱼。鸭和鱼同步长大，由于鸭的个体较小，可以穿行在整个稻田中，无遮无碍，又不会伤害稻秧，仅是以浮游生物和昆虫、虾为食；因此稻田中的三种优势生物稻、鱼、鸭都能相安无事，而且分别围绕稻、鱼、鸭，各自形成了一个食物链网络，维系着更多的生物物种和谐并存。由此我们可以看出，侗族的传统稻田，事实上是一个天然泽生生态系统的缩版。

可见，山区侗族的田、塘、水域虽属人工建构，但其间生物物种多样性却因为建构得贴近自然而得以稳定延续，并纳入了侗族乡民的利用对象。生物多样性水平的偏离程度小，乃是他们的稻、鱼、鸭三项主导产品很少遭受生物性灾害的根本原因，也是和谐生计总体特征的一个侧面，更是他们巧用自然力的生存艺术。因而，在侗族社区，即使是一块稻田，也是一块生物多样性并存的乐土。准确地说，稻鱼鸭在稻田中共生，是巧妙利用自然资源，更是人类宏观调控的生存谋略。

综上所述，在黄岗社区稻作农业的和谐生计中，需要把本来具有相克禀赋的稻鱼鸭三个主要生物物种编织进同一个人为泽生生态系统之中，却要求它们主要体现为相生而尽力避免其相克。聪明的侗族乡民在这个难题面前，巧妙地利用了不同生物物种生长季的时间差，在人为的调控下能动地支配稻鱼鸭这三个主要生物物种的进入时间，从而实现以相生抑制相克的经营目标。而要做到这一步，挑战不是来自生物物种本身，而是来自不同家户中各人的生计劳作如何协调一致。

第四节 生态效益

许多珍贵的东西，只有丢失了，人们才会意识到它的珍贵，农业文化遗

第三章　西部低地的水田灌溉农耕文化

产亦是如此。在单纯追求农产品数量和经济效益的情况下，传统农业的确处于劣势地位，但如果考虑到它在维持农业生物多样性、保障食品安全、促进资源永续利用等方面的生态功能，在传承民族文化、保护独特景观、促进社会和谐等方面的社会功能以及教育、科研等方面的功能，其重要价值就很难衡量了①。下文将以生活在黔东南境内的黄岗侗族为案例加以说明。

一、对当地气候环境的适应

黄岗侗寨由于地处分水岭高原台地，地表海拔落差又较大，加之境内森林密布，因而要让稻鱼鸭共生系统在这样的地区稳定着生，就必须克服必然面临的日照短、水温与气温低、寒露等不利气候环境因素。面对这一系列不利因素，黄岗侗族居民在长期的生产劳作过程中，通过世代的经验积累，形成了一整套与当地气候环境能动适应的技术和技能体系。

（一）提高气温的生态技能

在黄岗，凡属高海拔区域的田块，其灌溉用水大都由井水或泉眼提供，刚引出的泉水或井水水温都较低，为了提高水温，黄岗侗民经常会因地制宜修建一条较长的"过水沟"②，刚引出的泉水在流经这么一段长的距离之后，或经过日晒，或经过地温的提升，使最终流入稻田里的水温得以提高，以利于水稻的生长。如 2007 年 4 月 27 日，我们在黄岗侗族居民吴放军、吴生连的带领下查看了他们两家的田块，其中吴放军家田块中的一条过水沟长达 23 米，而宽度仅为 0.5 米，但就是这条不起眼的过水沟，使流入大田中的泉水温度从泉眼出水口处的 13.5℃提高到大田中的 17℃。

除了用过水沟提升温度外，在当地还常见一种"过水田"③，其功用与过水沟作用相类似，不同之处在于，既然将其称为"过水田"而不是"沟"，说明其面积较宽。我们在调查中，常见到的"过水田"，其长度一般在 20 米以下，而其宽度则大大超过"过水沟"。如我们所实测的一块吴放军家的"过水田"，长为 14 米，宽为 5.5 米。其进水口处的水温为 15℃，而泉水流经水

---

① 闵庆文《侗族地区"稻鱼鸭"复合系统是具有重要意义的农业文化遗产》，《人与生物圈》2008 年第 5 期。
② "过水沟"就是针对依靠井泉灌溉的稻田。从这些水源处挖一条宽约 0.5 米的水沟，将泉水或井水沿着水沟在稻田四周环行之后，再引入稻田。
③ "过水田"就是依靠井泉灌溉的稻田。如果其面积较大，就会在靠近泉眼或井泉的地方划出一定的区域，先让泉水在这里通过日照或地热升温后，再注入田块中。

田后，经日晒，或经地温的提升，到达水田后其水温为18℃，上升了3℃，而流经水田之后的水，再次注入大田后，大田的水温则可达19℃以上。

通过上述这样一系列的"水温梯度提升"，从而保证了面积较大田块上的水稻正常生长，并获得理想的收成。"过水沟"与"过水田"是黄岗侗族村民为了克服当地水温偏低导致糯稻收益受损，而发展起来的一套本土性水资源利用的生态技术，其生态价值在于：

第一，提高了耕地的利用效率。正如我们在上面例子中所观察到的，"过水田"的面积一般较小，但即使面积如此之小的边边角角之地也得到了充分的利用。而且作为过水之田，虽然水温较低，但因所种水稻为当地的"金洞糯"等耐寒品种，最终也能获得一定的收成。

第二，可以发挥"舍小保大"的功效。如上述例子中的"过水沟"面积很小（仅23米×0.5米＝11.5平方米），但以此为牺牲之后，却使大田的水温得以提升，从而确保了大田的收获。"过水田"也一样，作为"过水田"，水温较低，其收成肯定也受到一定的影响，但毗邻的大田水温却明显升高，大田的产量也得以提高。

（二）截取浓雾、露滴的生态技能

时下的水利专家和水文专家由于学科体制有局限，他们对淡水资源补给的认识就终极意义来说，只承认大气垂直降水的作用，而忽略了大气的水平降水对淡水补给也有重要贡献，原因在于当代的气象测量设备只能测量雨、雪等垂直降水的数量，而很难测准雾滴、露滴等水平降水的数量。结果水利专家仅将一个地点的水资源补给理解为两大来源：其一是当地的降雨、降雪等"自产水"总量；其二是上游的"来水量"。两项相加再减去该地区的流出水量，就算当地的淡水资源的储备总量了。

至于当地浓雾、露水凝结成水滴后，回落土壤中而获得的水资源量，则从未加以计算。就这个意义上说，有效的获取雾滴、露滴的回灌就该堪称"人造水资源"了。在黄岗的田野调查中，我们从黎平县、从江县气象站获知，这里的年均降雨量为1300毫米左右。然而，在黄岗这样的山区，河水都要从谷底往北流走，单凭这1300毫米左右的降雨量是经不住流淌的。然而，黄岗侗寨却到处是水，除了河流外，鱼塘、稻田、泉水无处不在、随处可见。据我们的粗略统计，要灌满黄岗的稻田和鱼塘，并使之终年不干涸，总需水量必须保持在2 000 000立方米以上，这还不算森林、草地等所需的水资源

第三章　西部低地的水田灌溉农耕文化

量。如果没有浓雾凝结成的液态水，单凭下雨，根本无法满足鱼塘和稻田的巨额用水消费。

我们在调查中还发现，这里的稻田即使是开辟在接近山顶的高海拔地段，只要上方有林草就有充足的水源供给，可以满足水稻生长的需要。这些地段当然不会有"来水"，气象资料提供的降水量，减去地下渗漏和地表径流后都不可能以明水的方式在水田中富集起来。足证这样的稻田得部分仰仗水平降水，才得以形成稻田。为了要保证这样的稻田有充足的水源供养，就必须将水平降水进行就地截留。当然要想做到这一点，就必须具备这样一个条件，那就是山顶上必须保持丛林密布，当太阳光照射到丛林时，能被茂密的植物通过光合作用，将热能转化为木材和牧草的生物能，致使山顶的气温不会过高，这样一来，浓雾碰到绿叶，才有条件凝结成水。也就是说，黄岗高原台地的顶上得有茂密森林的郁蔽，浓雾和露珠才不会跑掉。黄岗人和下游的居民才会有更多的水用。黄岗的山区森林和山区稻田恰好具有"造水"和"保水"两大功能。更由于这里的山区森林所处地带，都位于冷暖气流交汇的多雾带，大致从海拔500—900米的坡面上，一年中的晨、昏浓雾天气多达180天至250天。在这样的地段从下午5时到次日9时相对湿度都高于90%，弥漫的浓雾碰到林草枝叶后都会凝结为水滴回落到地面形成明水。也正因为如此，黄岗人爱树如命，不轻易砍伐山上的一草一木，每砍一棵，就要补种两棵，只能增加，不准减少。就这个意义上来说，侗族对所处生态环境的适应，确实具有"造水"功能。正是拥有这样的"造水"技术，黄岗的稻田包括稻田中的鱼鸭才可能分布到海拔800米以上的"望天田"中。

二、对水资源的维护与管理

在中国乃至世界都面临严重"水荒"的当代，常见的应对策略不外乎大兴水利工程和严厉实施节水这两大类。但黄岗的稻鱼鸭共生系统，则是将水资源的储养、高效利用与水质维护三大目标融为一体，并在文化的调控下做到森林与农田的兼容、农田中动植物种与养的兼容、畜牧与农耕的兼容，去能动地扩大水资源的再生、储养和水质净化，以至于这片土地虽然处于分水岭区段，却能做到水资源的供给极为丰裕，并能与周边各民族共同分享水资源。

在自然状况下，黄岗地区温暖多雨，降雨量在1300毫米左右，年均温度15.2℃，因而能发育成茂密的亚热带和暖温带丛林生态系统，仅海拔高于850

米的区段才呈现疏树草地景观。尽管当地侗族乡民在这里连续生息了4个世纪以上，但原生植被还有大面积残存，能够为水资源的储养发挥明显的作用。但实测后表明，当地侗族乡民在对资源的密集利用后，水资源的储养能力不仅没有下降，反而有了明显的提高。这在我国其他地区是极为罕见的现象，因而有必要解析当地的传统生计，以便从中发现侗族文化在水资源再生、储养、利用和维护四个方面的积极贡献。

当代黄岗侗族的生计，与其他地区的侗族的传统生计具有极高的同质性，都具有以"林木为用"、以"稻鱼为食"的林粮兼容特征。然而黄岗的自然背景分明是一种既不利于种稻，又不利于养鱼，更不利于畜牧的丛林生态环境，这样的生态环境仅仅有利于林业经营。而实际调查的结果却表明，其生计方式恰好具有林粮兼容、稻田种养和谐兼容、农牧并举三大特征。而且这些特征，又直接或间接地影响着当地水资源的运行，并在水资源再生、储养、利用和维护四大环节中表现为高效利用与精心维护的和谐统一，因而能在看似容易缺水的山河切割区，靠人为的手段在自然储养能力的基础上，综合提升对水资源的储养能力。这里的侗族居民，不仅是用水的高手，也是"造"水的能人，如果能将侗文化对水资源的这一功能加以放大，缓解水资源匮乏也将成为可能。

（一）林粮兼容中的液态水运行

众所周知，水稻是一种喜欢高温、高湿和直接日照的泽生农作物，这样的生物习性在平原坝区，随地都可以得到充分的满足。而黄岗位于高原台地上，地表起伏太大，因而无法建构连片的稻田。加之该地区森林茂密，零星的稻田也与茂密的森林毗邻共存，完全镶嵌在森林生态系统之中。由于受地形崎岖所限，加上这里雨季和旱季的降雨量变幅很大，导致地表截留和储集液态水极为艰难。不能有效地储集液态水，水稻种植就无法实施。

在黄岗侗寨的传统生计中，为了有效地储集液态水，人工建构起山区水域系统，而这样的人工水域系统又与当地的丛林生态系统高度兼容。这种兼容可以通过下述三个方面的相互支持得以实现：

首先，黄岗侗寨的塘、田、渠、河人工水域系统都能与天然水域联网。不管是什么样的水域，水位都能做到精确控制。最特异之处在于，所有稻田的储水深度都能够达到0.5米左右，可储集量超过了年蒸发量的50%，超过了年降雨量的26%，这样的稻田建构显然是应对液态水容易流失、降水波动

第三章 西部低地的水田灌溉农耕文化

幅度大而做出的适应。与此同时,这些人工水域系统,还能与山地丛林相匹配,在丛林和水域的衔接带都人为培植耐水淹的树种,确保林田两安。

其次,人工水域系统的建构有充分的制度保证,也不缺乏精确管理的习惯法。所有人工水域都是持续推进、长期积累的产物,大到溪流改道,小到不足半亩的稻田和鱼塘,甚至是一个流量不到 0.001m 立方米/秒的分水坝,都是由兴建者的人名去命名的。这样的命名既是一种社会荣耀,又是定点管理的依据。每个侗族乡民,都在争取荣誉和高效管水方面自觉地孜孜以求,从而使得农田的建构成了一个可持续推行的社会行动,而这样的社会行动又能够得到侗款框架内的习惯法细则做保障,能有效地排解一切有关水资源的纠纷,又能使相对有限的水源,得到公平的分享和高效地利用。

最后,当地乡民种植的水稻品种琳琅满目,从上文的论述中已经知道,我们在黄岗收到的糯稻品种就多达 23 个,这些糯稻品种与水源储养关系最直接的生物品性在于:它们都是秆高、秆硬而且不怕水淹的稻种,成熟期的秆高,最高可达到 1.5 米左右,最低的也可达到 1.3 米,水淹深度达到 0.5 米左右,持续半个月也不影响其正常发育,这显然是针对提高地表液态水储养而做出的育种努力。再就是这些品种都能耐阴冷,有的品种甚至可以在每天日照不到 3 小时的丛林中正常生长;绝大部分品种在当地露天撒秧,即使碰上 10℃ 左右的急剧降温也不会烂秧,而且在收割时,即使田中积雪结冰也不会导致倒伏和减产,更不要说抵御霜冻了。由于这些品种可以在不利于水稻生长的森林环境稳定产出,因而这些糯稻品种的传承和应用有利于稳定与维护过渡地带的森林生态系统。更值得注意的是,这些高秆类型的糯稻品种,不仅化解了多雾多寒露的气候风险,对当地发挥保水保土的作用,还为江河下游储备了丰富的淡水资源,错开了洪峰,使江河下游各族人民也间接受益。

由于当地的林粮生产达到了有效的兼容,避免了水资源的气态流失,从而保证了液态水的正常运行。在黄岗,由于稻田普遍种植高秆糯稻,其秆高通常在 1.5 米左右,而且插秧后稻田的郁蔽期很长,要达到 110 天,甚至更长,而这样的郁蔽期正好处在一年之中气温最高的 6 月、7 月、8 月三个月。在这样的高温背景下,水面不暴露在阳光直射下,使在一年蒸发量最大的季节内,人工水域表面覆盖上一层 1.3—1.5 米厚的植被,在这层植被的庇佑下,从水面向上的 1.5 米内,其空气的相对湿度接近于 100%,使得这里的液态和气态水资源转换处于动态平衡状态。尽管外界蒸发较大,固定水域因蒸发而导致的水资源流失却趋近于零。水资源不仅不会以气态方式流失，反之，只要对气态水资源处理得当，同样可以将其转化为人类可以直接利用的液态水资源。在黄岗，笔者就注意观察到，稻田周边的丛林，在秋冬的浓雾季节，丛林能够发挥汇集雾滴，以水滴的形式提高土壤和稻田水资源储备的资源再生功能。

特别值得注意的是，黄岗侗族人工建构的水域系统能发挥比自然生态系统更强的地表水资源储养能力。例如，黄岗村目前实有稻田5000亩，这些稻田最大储水深度可达0.5米，储水超过10天也不会影响糯稻的生长。也就是说，暴雨季节1亩地可以储水330立方米，5000亩稻田实际储水能力高达1 650 000立方米，这已经是一个小型水库的库容量了。黄岗村现有林地面积50 000亩，大部分属于次生中幼林，蓄洪潜力每亩可达110立方米，50 000亩林地总计蓄洪潜力高达5 500 000立方米，中长期的水源储养能力可以高达2 000 000立方米[1]。不难看出，这是一个大型水库的有效储洪总量。这对减轻江河中下游的洪涝威胁发挥了不可估量的巨大作用。反之，到了枯水季节，这些储备起来的淡水资源又将极大地缓解江河下游水资源补给短缺。由此可见，侗族传统生计的正常运行，不仅造了水而且保住了水，不仅利了己而且还利了他。此外，这种造水、补水功能还能为江河沿线的所有水电站提供丰富而有效的可利用水能资源。因而，这种传统的生计方式对缓解我国的水资源短缺，一直在默默地发挥着巨大的作用，可以为我国经济的可持续发展和社会安定做出巨大贡献。

（二）侗族传统生计对水资源的有效储养

很多自然科学研究者总是误以为，只有天然林才能提高对大气液态水的截流能力，但无论如何精心地测量和计算，最好的森林生态系统，其截流能力也不会超过大气降水的30%[2]，一半以上的大气降水还会在短期内直接进入江河内。要提高对降水的截流能力，他们还只能仰仗水库的兴建，但水库却不能修建到山顶上，也不能修建到坡面上，越是大型的水库越必然要修建到低海拔的地方。这样的水库要占用优质的农田，而且风险极大，蓄积的水资源所含的势能并不高，而侗族的高山梯田却在当地成为"微型化的水库"。我们在黄岗侗寨实地调查时，发现当地侗族的农田可以储水半米深而不

---

[1] 崔海洋《重新认识侗族传统生计方式的生态价值》，《思想战线》2007年第6期。
[2] 崔海洋《重新认识侗族传统生计方式的生态价值》，《思想战线》2007年第6期。

第三章　西部低地的水田灌溉农耕文化

影响农业生产，因而每一块稻田、每一口鱼塘对液态水的储存容量都要比同等面积的天然森林大3—4倍，而且储积下来的水，还可以通过人工进行严格的控制，截留水资源的风险同样微型化，这就表明凭借侗族文化的适度干预，反而能够提高对大气降水进行截留、储养的能力。可见侗族的农田储养水资源反而比天然林要好，加之这种坡面的农田不仅不会干扰大型水库的兴建，反而能够减缓水土流失的压力。因此，侗族地区能够成为我国江河下游的水塔，是文化在起主导作用，而不是自然因素在发挥作用。

水资源的储养是缓解水资源供给压力的关键基础，不少自然科学工作者总是习惯于认定对水资源的储养完全得仰仗自然条件。土壤的含水量、森林枯枝落叶的含水量都是不可改变的，能储养多少水就能储养多少水，这是人不能改变的规律[①]。但认真观察分析黄岗侗族地区地下水资源运行后，发现这些习惯性的看法并不全面，在黄岗侗族居民的适度干预下，可以大幅度地提高土壤对液态水的蓄养能力，同时还能抑制水资源的无效蒸发。黄岗侗族的人工林区，由于林木的更新速度很快，更新时又要实施林粮间作，森林郁闭后植被构成和土壤结构又发生了一系列变化，这都能够明显地提升土壤对水的储养能力。这是因为当地土壤的透水、透气性较差，在正常情况下，水资源下渗的比例并不大。在原生植被状况下，地表都被青苔等植物所覆盖，水资源的下渗就显得更其艰难。但在黄岗侗族的人工林中，由于要实行林粮间作，粮食作物都是一年生的作物，庄稼收割后，其根系都要萎缩腐烂，从而就在土壤中留下了水资源下渗的孔道。与此同时，农作物的存在还改变了地表的粗糙程度，使坡面的径流变得缓行，从而减缓了对土壤的冲刷能力，同时就让流水所带的泥沙就地沉下，等到森林郁闭后，喜阳的植物都会自然枯萎，在地下也留下了孔道。这些都能提高土壤对水资源的涵养能力。

黄岗侗族的人工林、农田、鱼塘也可以提高土壤水资源储养能力，因为他们的农田和鱼塘都是在较高的海拔区位人工建构起来的永久性水利设施。一旦充满水后，由于这些设施全部处在丛林环境中，再加上水生植物的覆盖，水资源的无效蒸发就会降到最低限度；而水资源向土壤缓释却可以终年持续，因而这些固定水域下方的土壤，其含水能力经常处于饱和状态，并通过地下

---

① 罗康智《掩藏在大山深处的农艺瑰宝——以侗族传统稻作农艺为例》，《原生态民族文化学刊》2009年第2期。

渗透的方式,向江河下游可持续地补给水资源。这是森林生态系统不可能做出的贡献,是侗族生境中靠社会合力才能做到的水资源蓄养举措。其能够全面地提升土壤的水资源蓄养能力,对我国今后缓解水资源匮乏困境来说,这应当是一种切实可行的文化对策。

传统的理解总是认定液态水资源的再生纯粹是自然规律运行的产物,和人类社会活动无关,人类社会只能够被动地利用自然界生成的液态淡水资源;近年来随着研究的深入,上述传统观念引发了一系列争议。随着讨论的深入,一些自然科学领域的调研成果改写了传统的观念,比如生态学家就通过事实证明:地表生态系统的差异会导致水平降水能力的变迁。有的生态系统,比如热带雨林的生态系统,随着昼夜温差的变化会明显地提升露水的总量;如果在同一地区换成了浅草生态系统,那么生成的露水就会大大地降低。文化人类学和民族学研究进而证明:每个民族受其文化规约影响,会在一定的范围内改变所处环境的性质。随着所处生态系统的改变,截流雾和形成露水的能力也会明显地改变[①]。这就意味着在大气垂直降水不改变的情况下,通过人类社会的合力去提高淡水的总量也是可以做到的。人类学家早就注意到非洲撒哈拉沙漠中的柏柏尔人,就是用牛皮做载体,在牛皮上堆放石头,利用昼夜间的降温去凝结露水,从而解决沙漠中的饮水困难[②]。这更生动证明,通过人的能动干预,人类确实能提高水资源的再生能力。黄岗侗族的资源利用方式,不是将农田与森林彻底隔绝开来,而是将人居环境中的水域、农田、草地和森林有机地融为一体,因而在黄岗侗族地区,其地表上的植物群落层数,一般都从三五层到十多层不等,地表以上25米以内的范围都有茂密的植被多层次并存。这样的植被既可以大量地截留雾滴补充液态水资源,也可以凭借昼夜的温差形成大量的露滴。这正是侗族的生息地不利用液态水资源截流,但水资源并不匮乏的重要原因之一。初步估算表明,山区侗族生息地所拥有的水资源,有1/5—1/4都来自于水平降水,而不是来自大气垂直降水。而水平降水的提高则是他们传统生计所做的贡献,而且这样的贡献还会通过水资源的地上和地下运行,将实惠转赠给江河下游的各族居民。

---

① 张天明《雾水灌溉》,《人与生物圈》2008年第5期。
② 杨庭硕等著《人类的根基——生态人类学视野中的水土资源》,云南大学出版社2004年版。

第三章　西部低地的水田灌溉农耕文化

（三）种养复合与水资源的高效利用

按照常规，在黄岗那样的地区，即使是在原生生态系统保持得最好的时代，由于地表的落差较大，大量的液态水资源也会很快流出黄岗而无法加以利用。在这种情况下，水资源的利用只可能有两种渠道：一是从流动着的井溪中直接取水；二是将截留下来的地下水转化为各种各样的生物产品，供人们采取利用，也就是间接利用水资源。而黄岗侗族文化的高明之处在于，在上述基础上大幅度提高水资源的利用效益。具体做法可以从三个方面得以体现：一是通过人为水域的建构，将尽可能多的地表液态水储留在高海拔区位，以便滋养更多的动植物。二是在人工的控制下，使用水的渠道尽可能地多样化和复杂化。随着复杂化和多样化水平的提高，通过各种生物间接用水而在总体上体现为用水效益的提高。三是使水资源在本社区内实现半封闭循环，达到一水多用的目的。而这三方面的创新，都可以通过种养复合去实现对水资源的高效利用。

所谓种养复合，是指当地侗族在传统生计中，农田种植及禽、畜、鱼的放养与水资源的循环融为一体。在当地不同的水资源储养环境中，农作物、半驯化野生植物的种植与管护不是孤立的存在，而是与各种家畜、家禽和鱼类的放牧与喂养相互渗透，形成在时空上既重合又可以分离的立体生产样式，从而使当地各种水资源的储养形式都得到了高密度和多层次的利用，从整体上体现为水资源的高效利用，因而应当称之为种养复合。

在黄岗，乡民的出工总是热闹非凡，除了下地干活的人群外，每个家户都要顺道携带畜、禽。在前面开道的羊和牛，拖着车的马匹，车上载着装满鸡鸭和仔猪的竹笼，还有装满鱼苗的塑料桶，通人性的狗则在人群中前后穿梭，照应整个部队。一路上欢声笑语，牛鸣犬吠相和。看了这样的景象，我们给这里的乡民起了一个雅号叫"海陆空三军总司令"。听了这样的雅号，他们不仅不感到诧异，反而觉得很自豪，点头承认这些家畜、家禽完全在他们的掌控之中，并把我们称为"司令参谋"。我们当然乐意接受这个新获得的身份。

他们之所以这样出工，其实正好是复合种养必备操作。不管是耕种还是收获，牛羊都需要带到森林和稻田之间的人工浅草带放牧。鸭要带到正在耕作或种植的稻田中觅食。鱼苗则要不断地往水田和鱼塘放养，长成的鱼或在田中捕获的非放养鱼类，还有其他有价值的水生动物，又得带回家中消费，这才使得他们几乎天天都在放鱼和收鱼。这样的复合种养过程，其实要贯穿整个大季生产作业，但在时空位置上则需要在人的调控下错置安排。大牲畜要尽可能放养在人造草地和季节性轮歇的耕地上；鸭则需要错过撒种和插秧的短暂季节；鸡则需要限制在稻田周围；鱼则需要在鱼塘和稻田之间相互调剂，确保放养密度恰到好处，密则收获，疏则加密。水稻郁蔽后，为了提高放养强度，乡民还要将这些活着的"准家庭成员"和自己一道留宿在田间窝棚中，在水稻郁蔽后的6月、7月、8月这三个月内，几乎不添加任何饲料，畜群都可以快速肥育。

　　从任何一块稻田看，其生产路线都可能划分为三到五个层次，如上面是水稻、水面是鸭子、水中是鱼，也就是说至少是一水三用。这样一来，同一区域内水资源的利用效益，也就意味着翻了一倍，此外，除了鱼鸭之外，稻田中还能产出多种水生植物，天天可以获取，以满足猪的青绿饲料所需。其中一部分还是供人食用的蔬菜，在稻田中还可以获取多种野生的软体类、鱼类和两栖类动物，这是他们农忙季节的动物蛋白来源。因而对水资源的利用强度还得重新评估加以调高。更特异的是他们种植的好几个糯稻品种，比如鹅血红等，生物属性十分特异，即使糯谷完全成熟收获后，也不会枯黄而仍能保持青绿状态，这是他们的牛、羊、马在冬季也能长膘的鲜绿饲料来源。同一水面的利用价值为此还得提升。

　　不仅稻田如此，鱼塘和其他水域也是如此，鱼塘中除了放养草鱼外，作为猪饲料的水葫芦、莲、满江红及作为鸭子饲料的浮萍也能同时产出。鹅和鸭也可以在鱼塘中实施季节性放养。仅注意到鱼塘在水位调节方面的功能还远远不够，因为它也是一个复合种养的生产单元，鱼塘中水资源的利用强度绝不逊色于稻田。他们的旱地也具有相似结构，这些星散在林地间的旱地，同样是多层次、多物种和复合单元。一般都要种植三个不同高低层次的农作物和野生植物，因而也是一个聚宝盆。可以综合产出各种农产品，更重要的是，可以在这里成群地放养鸡。奇怪的是，这里鸡都不会损害农作物，因而乡民们认为他们的鸡很乖、很听话；但真正的原因在于，在这样的高密度种植的情况下，其间包含了大量野生动物，从软体动物到昆虫一应俱全，天性好吃的鸡，消费这些动物食品后，哪里还顾得上偷吃庄稼，因而在这样的旱地耕作带，水资源也通过不同的渠道，在不同生物物种间不断流动交换，从而使水资源获得了最大限度的利用。由于他们的人工森林与旱地的结构极为

第三章 西部低地的水田灌溉农耕文化

相似，森林与水资源的高效利用就不再赘述了。

在如此高强度的水资源利用的背景下，水资源利用的效益究竟如何，确实是一个值得探讨的关键问题。鉴于黄岗地区没有任何形式的来水供给，也没有从江河提水的设备，因而他们完全是凭大气降水维持正常的生产和生活，而且有丰裕的水资源节余可以确保向下游双江河供应的全年稳定。最大暴雨和最干旱季节的流出水量差，未超过最干旱季节流出水量的3倍。这可以从一个侧面反映用水效益的稳定，不是仰仗额外水资源补给去提高产量，而是通过就地水循环去提高水资源的利用效率。

黄岗的乡民风趣地告诉笔者，他们的水稻非常能长，每天都长得很累，因而天天早上都要累得出汗。他们讲的是在生长旺季，所有稻田中的稻叶，清晨都要挂满露珠并不断地回落稻田中，即使连续几天不下雨，稻田水位也不会明显下降，笔者的实测结果也证实了这一点。这显然不是一句玩笑话，而是对水资源液态与气态之间就地循环再生的科学事实的风趣表达。这里的农田、牧场、旱地和森林，由于坚持的是种养复合，因而在蒸发量最大的6月、7月、8月、9月四个月，地表的覆盖度都达到了100%，站在田坎上，根本看不到水面的反光。在旱地也看不到表土，而且覆盖层次往往多达3—5层，最终形成了三个方面的状况：一是植物层的上方和植物层内部，温度差异很大。稻田中的水温和水稻覆盖下的底层空气，温度差距只有一两度，但水稻上方的空气却可以高出5℃—7℃。二是相对湿度也拉开了很大的差距。在植物覆盖下的底层空气，相对湿度白天都在90%以上，晚上则提升到过饱和状态，因而每天都能成露。三是稻田都镶嵌在森林中，以至于不管森林上方的风速有多大，稻田上方的风速都属于微风级别，而处于水稻郁蔽下的底层空气则处于无风状态。没有风，水蒸气就不会被带走，而保持着就地循环状况。因而，种养结合的高密度人为复合生态系统，可以理解为水资源的止回阀，液态水资源一旦进入其中，就很少发生气态流失现象。整个复合种养中，水资源实际上是内部自相循环，生产中对水资源的消耗主要表现为以水为原料合成了生命物质和生物能，无效的蒸发浪费几乎可以忽略不计，因而说这样的复合种养是超级的节水生产范式一点也不夸张。

三、对生境的优化与再利用

稻鱼鸭在耕地中并存的传统生计，是侗族乡民传承了数百年的多项目复合谋生艺术。但要让这样的生计方式得到稳定的延续，我们知道至少要妥善地解决三者的兼容问题，真正做到鸭不伤鱼、鱼不伤稻、鸭亦不能伤稻，这样才有可能真正让鱼鸭与水稻一同产出。至于具体的操作手段在上文亦做了论述，不再赘述，在这里仅想从这一共生系统对生境优化与再利用的角度进行简单的阐述。

从上文的论述中我们已经知道，黄岗侗族的稻鱼鸭共生经营范式是针对所处生态环境发育起来的。这一经营范式涉及黄岗侗寨的村寨布局、农田建设、水利灌溉、谷种选择、田间管理、鱼种和鸭种选择，以及对其他共生物产品的利用等诸多方面，实现了对生态背景和自然资源的高效维护和利用。在当地稻鱼鸭共生的经营范式中，我们可以看到这个稻田生态系统已与其所处的自然生态背景形成了一个可以相互兼容、物质能量互换的并存多元的循环圈（见图3-1）。这样的图示还不足以全面反映出其对当地生境的优化与利用价值，下文我们将从不同的角度做专门论述。

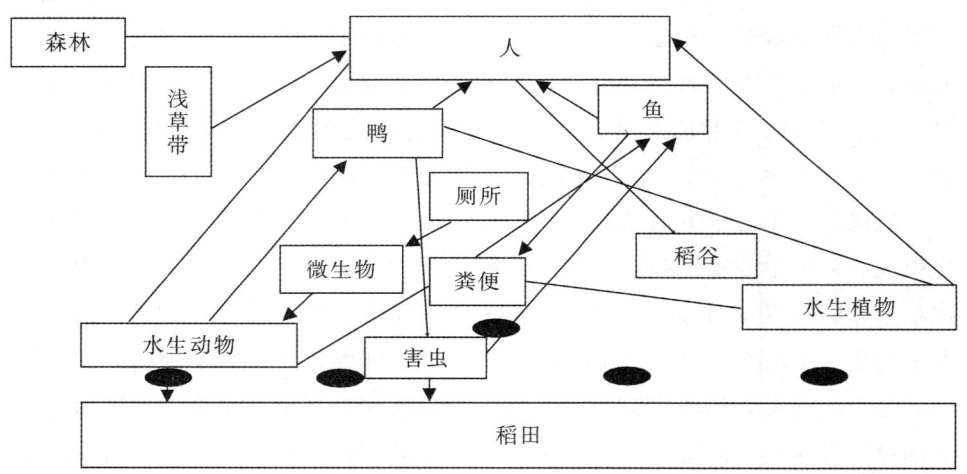

● 表示大小不等的鱼塘

图3-1 稻鱼鸭共生的人为次级生态系统

（一）鱼塘系统对生境的优化与再利用

在黄岗，当地侗族乡民在建构村寨布局的时候，早已将鱼塘纳入了整体的规划当中。可以说，这些鱼塘的存在见证了整个黄岗侗族村寨的发展历程。当地所有的生产作业和生活上的物质消费，全部纳入了上述图例中的人为次级生态系统的循环网络之中。

我们从图示中可以看到，黄岗的厕所都建在鱼塘的上方，这样一来，人

第三章 西部低地的水田灌溉农耕文化

畜粪便直接进入鱼塘，由微生物、水生植物和水生动物作为一级消费，在消费的过程中对人畜粪便进行降解。然后，水生动物的粪便再由微生物作为二级消费进行第二次降解。会导致富营养化的物质，再由水生被子植物消费，而水生被子植物的生物体又提供给人、畜消费，从而使整个鱼塘构成了一个多途径导通的循环网络。这种循环网络在很大程度上对人畜粪便能进行有效地降解，从而减少水体污染。

为了加强对生活废水的管理，减轻对环境的污染，黄岗居民在通常情况下，都直接把生活废水引入自己的鱼塘。这样一来，生活废水排入鱼塘之后，其丰富的肥料可以有效地促进微生物、水生植物的生长，从而为鱼塘中的鱼提供丰富的饵料。不仅如此，他们还利用这些生活废水所含的肥料来饲养浮萍、水浮莲、菱角、莎草、水芹菜等水生植物。这些水生植物在获取充足的养料后，生长的速度不断加快。这样一来，这些水生植物不仅使鱼有了充足的养料，而且由于鱼塘就位于黄岗居民住房的附近，不需要付出太多的劳力，当地居民就可采摘这些水生植物作为家禽的饲料。除此之外，由于有些浮游生物的快速生长，数量很多，在山洪暴发时，一旦鱼塘里的水漫过塘坎，浮萍等浮游植物就会向鱼塘周围的木、竹栅栏和保坎靠近，塞紧栅栏和保坎的缝隙。这样不仅可以一定限度地控制废水注入生活用水区，从而达到对废水的管理，还对抑制洪水起到了一定的作用。

由此可见，黄岗的这种鱼塘构建，其潜在好处就在于能对人们日常排入的生活废水进行有效脱污，确保人居环境的水质优化。这样一来，通过这种多层次、多复合利用过后，最后排入江河下游的鱼塘水，或者是生活用水已经脱污得差不多了，因而不会给江河下游带来水质上的污染[①]。

除此之外，上文中已经提及，黄岗侗寨这种鱼塘建构还能够有效抑制水资源的无效蒸发。为了加深这种理解，现再将杨曾辉等在《论鱼塘建构对文化生态的支撑功能——基于对贵州黄岗侗族社区的思考》中的相关论述引述如下，以供参考：

"侗族生息地处于我国的亚热带地区，气温高、蒸发量比较大，（按常理说，这里的水资源无效蒸发量应该比较大）但是由于这里的鱼塘将水资源汇

---

① 杨曾辉、李银艳、彭书佳《论鱼塘建构对文化生态的支撑功能——基于对贵州黄岗侗族社区的思考》，《原生态民族文化学刊》2012年第1期。

总以后，使得水体不会散存于地表遭到太阳暴晒而蒸发掉。同时更为关键的还在于，乡民们通过在鱼塘中种植各种水生植物，这些植物能够有效地抑制太阳光对水面的直接照射，将可贵的水资源保留在鱼塘之中，而且惠及江河下游。同时，也正是因为有了这些鱼塘的存在，大量的水体还能够很好的起到降温作用，增加空气的湿度。使得原本是极为炎热的侗族生息地，在鱼塘的调控下，即令是夏天，昼夜温差也不大。整个侗族村寨在鱼塘的荫蔽下，变得凉爽宜人，免去了酷暑的威胁，亦能缓解严冬时的超低温，起到了天然空调的功能。也就是说，这里的鱼塘不仅仅为当地的侗族乡民提供各种物质产品，还为侗族乡民提供了一个理想的人居环境，但却不需要额外的能量投入，因而这是一种成本最低化的舒适人居环境维护杰作。"

（二）稻田系统对生境的优化与再利用

崔海洋的研究表明，黄岗的稻田建构具有突出的仿生结构特色，他们的稻田几乎都是从原生森林生态系统中挖出来的人为次生生态系统片段。按照稻田建构的技术与技能属性，可以将黄岗的稻田大致分为四类：一是井泉供水稻田；二是河流改道的滩涂梯田；三是高埂围固洼地的回填稻田；四是泥石次生堆积带的缓坡梯田①。

综上所述，黄岗侗寨的这四类稻田，不仅其所处的海拔差异较大，而且日照时间也不均衡，要做到稻鱼鸭相生而不相克，就不得不与不利的生态环境做抗争。要做到这一点，方法当然很多，但不一定具有可行性。举例说，提高气温，铲平地表，焚毁森林，等等。然而这些做法，不仅成本极高，而且即使做到后，所处的生态系统都万难稳定延续，也就不能确保侗族传统文化的稳态延续。

对于这些不利的环境因素，黄岗乡民的对策不是单打一的思路，而是采用了一套综合的治理方法。具体的做法并不复杂，反而极其简单。他们将鲤鱼和小麻鸭放养在稻田中，通过鲤鱼和小麻鸭的游动觅食，给稻田水体充氧，加速有机肥的降解。这种做法十分实用，具有多重的功效。

首先，有机肥不仅是肥料，其中的有机物还会成为众多生物的食物，而这些生物又将成为鱼和鸭的食物。这样就极大地提高了单位面积稻田的产品

---

① 崔海洋著《人与稻田——贵州黎平黄岗侗族传统生计研究》，云南人民出版社2009年版。

第三章　西部低地的水田灌溉农耕文化

数量和价值，使得他们的稻田不仅产出稻米和稻草，还能够产出鸭、鸭蛋、鲜鱼等产品。虽然糯稻单位面积产量不如粳米和杂交稻高，但结合鸭、鸭蛋、鲜鱼的产出，稻田中能够实现的经济价值反而会比种植粳米和杂交稻还高。而且这种做法减少了农药的使用，可以从源头上切断因使用农药而带来的环境污染和食品污染问题。

表 3-3　侗族稻鱼鸭共生田与其他类型田地种植综合经济效益比较表①

项目		高秆糯稻中的稻田养鱼	杂交稻中的稻田养鱼	单种杂交稻
稻谷收入		禾（糯谷）:800 斤（谷）= 640 斤（米）×2.5 元/斤 = 1600（元）	杂交稻:1200 斤（谷）= 840 斤（米）× 1.2 元 = 1008 元	杂交稻:1200 斤（谷）= 840 斤（大米）× 1.2 元 = 1008 元
鱼的收入		30 斤 ×6（元）/斤 = 180 元	20 斤 × 6（元）/斤 = 120 元	无
禾秆收入		320 把 × 0.5（元）/把 = 160 元	无	无
总收入		1940 元	1128 元	1008 元
开支项目	种子	2 斤 ×2 元/斤 = 4 元	3 斤 × 10 元/斤 = 30 元	3 斤 × 10 元/斤 = 30 元
	农药	无	16 元	16 元
	肥料	刈青:20 挑 = 150 元	复合肥:100 斤 = 60 元	复合肥:120 斤 = 72 元
	耕田	120 元	120 元	120 元
	栽秧	60 元	60 元	60 元
	收割	摘禾:150 元	100 元	100 元
开支总计		484 元	386 元	398 元
收益		1456 元	742 元	610 元

其次，不管稻田储水多深，凭借鱼和鸭的游动，稻田水体和土壤中有效氧的含量都极高，能够充分的确保各种有机肥降解的用氧需求。实际调查的结论也确是如此，黄岗的乡民每年都会在稻田中施放大量的牲畜厩肥和秧青，

---

① 本表以黄岗侗寨居民补丙酉家 1 亩水田为参照，表中各种物价折算均以 2007 年物价为准。

但到了水稻收割时都能够完全降解,不会留下任何痕迹。相反,如果稻田中不喂养鱼和鸭,那么就会留下许多有机物残痕,这也就意味着稻田缺肥,水温和土温会更低,水稻的分蘖也会受到影响。

最后,鱼和鸭的存在不仅解决了水体供氧问题,它们同时也参与了有机物的降解。原因在于,不管是鲤鱼还是小麻鸭,都是杂食性的动物,它们不仅可以靠有机肥供养的浮游生物为生,甚至可以直接觅食做肥料用的有机物,包括人类的粪便在内都可以作为食物加以利用,水稻中的害虫更是它们理想的觅食对象。它们在食用这些有机物的同时,通过消化液的作用,也加速了这些有机物的降解,从而使得一片稻田就是一个微型的有机物循环体系。每一片稻田除了产出稻、鱼、鸭等产品外,还会伴生有不胜枚举的其他生物,如泥鳅、黄鳝、蛙类、昆虫类、软体类动物以及浮萍等。因而,他们的每一块稻田就是一个山区微型湿生生态系统的缩版。这样的稻田不仅能够实现高产,更是具有加速物种能量转换与流动以及维护生物多样性等功效。

与此同时,这里的稻田除了稻、鱼、鸭之外,还可以成为人们的水场和狩猎场。在他们的稻田中,出现泥鳅、黄鳝等水产品不足为怪。糯稻收割后,人们可以在稻田中收获各种各样的野生动物和植物。另外,稻田作为牧场使用也是这里梯田的另一种奇观,人们经常可以看到水牛和马儿在田中吃草觅食的身影。然而,稻田产出水平的提高仅是表象,其关键的价值在于维护了当地生物物种和生命形态的多样并存。正是凭借着这种多样性的并存,才最终使得这里的梯田克服了低温、阴冷、直接日照少等水稻生长的不利因素,所有的有机物都能够直接、及时降解,土壤中的水体含氧量也从来不会降低,土温和水温也能够长期保持稳定。事实上,这里的稻田冬季水温很少会降低到冰点。稻田中的动植物并不需要特殊的护理,就能够安全越冬。

在黄岗侗寨,稻田的水位由人工开设的鱼塘和改道后的河流控制,整个社区的水域互通连成一体。进入社区的水资源均在被利用后才流出社区,这样使水资源得到了高效利用。同时,水透过稻田后,水中所含的营养物质、饵料被充分利用后通过自然净化才往下游排放。因此,黄岗侗族社区的稻田还发挥了水体净化厂的功能。

我们从图3-1中还可以看到,在黄岗侗寨,为避免山上的流水冲击稻田,在林地与稻田的交界区,人工培育宽窄不同的浅草带,这样的草带不仅可以缓冲地表径流,抵御流水对稻田的侵蚀,还可以将稻田与林区隔离开来,

第三章　西部低地的水田灌溉农耕文化

在失火时也可以防止火势的蔓延，更为有利的是，这些浅草带还可以作为牧场放养耕牛和家禽。这样的土地资源领有与使用办法，既有利于整体的规划利用，又能将利用与维护融为一体，从而起到维护生态安全的作用。

总之，黄岗侗寨的稻鱼鸭共生系统，其实质是建构起了仿生的人为湿地生态系统，在山区建造了一个巨大的没有堤坝的"水坝"，每一丘稻田、每一个鱼塘都是一个微型水库，将大气降水和水平降水截留在高海拔区位，以缓解中国珠江、长江下游旱季和缺雨年份淡水资源的短缺，同时削减暴雨时节的洪峰。依靠稻鱼鸭共生系统的水域系统，它能够直接拉平自然界水资源再生的波动幅度，将丰水季节的水资源转化为储存态的水资源，从而缓解对江河下游的洪水压力；在枯水季节又可以凭借储集态的水资源缓解江河中下游地区的供水短缺。这是一个以丰补歉的水资源配置对策。这是侗族用文化重构与文化惯力的手段能动拉平中国南方淡水资源分布不均衡的自然格局，营建一个有利于高效利用淡水资源的多元文化互补的社会和谐体制。这不能不视为是当地侗族对人类的巨大贡献。

第五节　制度保障

侗族社会的地方性制度，在贯彻过程中，擅长于一次又一次地利用同样的方法完成同样的事情。对于许多行为类型而言，这样的特性会带来许多益处。不但组织中的个人有自己的目标，社区共同体组织也有明确的目标，由于共同体成员有共同的利益，因此组织的目标既代表组织整体的利益，也反映组织成员的利益和要求[①]。

一、命名制度对稻作文化的调控

地名是人类历史活动的产物，具有丰富的文化内涵。在黄岗侗寨，具体体现在地名上的是当地居民在从事与稻鱼鸭传统生计相关的活动中，不断积累和传承下来的宝贵地方性知识。因此通过对当地地名命名制度的研究，可以从一个侧面了解当地侗族居民是如何通过文化的调控去延续自身的激励机制，对这一系统的农事活动如何进行精心的组织以及对资源的高效利用，以

---

① 罗康隆等著《发展与代价：中国少数民族发展问题研究》，民族出版社2006年版。

延续自己的生计方式,并在长期的经验积累中加以创新。

传统文化规约下的侗族社区是一个个热心公益事业,追求个人荣誉,而不计较劳力付出的社会单元。每个侗族乡民在这种社会氛围的激励下都不会计较个人的劳力付出,也不追求对物质产品的独享,而是将自己的时间和劳力无怨无悔地贡献给集体公益事业,追求的仅是整个社会对其业绩的公认,具体表现为对所完成的公益奉献会以他自己的名字去命名①。这样的命名一旦被社区所接受,将会成为永恒的荣誉。下文将以黄岗侗族对田块和鱼塘的命名制度为例进行说明。

稻鱼鸭共生是侗族先民从滨水的河网平坝传承下来的生计遗产,但是要在崇山峻岭的山区侗乡延续这一遗产却要遭受到重重的自然挑战。俗话有言"易涨易落山溪水",山区的水资源补给变动幅度极大,是其本性所使然。但稻鱼鸭共存的生态背景,必须是水面相对平稳的浅水沼泽,这就意味着要延续这一遗产必须对山区的水域环境,实施人为改性,使易涨易落的山溪水变成水面相对稳定的高山沼泽。在山岭间构筑"水乡泽国",本身就是一种大胆而奇特的创意②。让"水乡泽国"登山,不仅需要从静态的角度精准地审视地表的起伏,还需要从动态的角度把握历年水位的涨落和水量的波动,再加上需要投入的劳动力过于浩繁,整个"上山工程"往往得耗费数百年的光阴,积累几代人的艰辛劳作,才能最终实现若干代人梦寐以求的目标。为了确保工程建设形成有序积累的态势,这里的侗族乡民建构了一整套服务于公益事业推进的命名制度。笔者在对黄岗侗族社区的调查中记录到,以人名命名的稻田就有上千块,为了节省篇幅,笔者仅以该村现在五组所属的稻田为例,对这一命名情况进行列举(详情见表3-4)。

---

① 罗康智《论侗族传统生计与所处生态系统的能动适应》,吉首大学硕士学位论文,2008年。
② 罗康智《侗族美丽生存中的稻鱼鸭共生模式——以贵州黎平黄岗侗族为例》,《湖北民族学院学报》2011年第1期。

第三章 西部低地的水田灌溉农耕文化

表 3-4 黄岗侗寨五组以人名命名的稻田一览表①

稻田名称	面积	命名原因	命名距今时间
宝新田	约 0.8 亩	这块田最初叫"正怀田",该田由吴正怀最先开辟,因而用其名字命名。吴正怀去世后,用其子吴宝新的名字命名	约 80 年
老命田	约 1 亩	该田最初由吴老命开辟,因而用其名字命名	约 120 年
贵兵田	约 3 亩	该田最初由吴贵兵开辟,因而用其名字命名	约 70 年
显德田	约 1 亩	该田最初由吴显德开辟,因而用其名字命名	约 100 年
光显田	约 0.5 亩	陈光显是作为铁匠引进的人才,其定居黄岗后,有权在该村开辟稻田,因而将他开辟的稻田命名为"光显田"	约 110 年
红生田	约 2.5 亩	这块田最初叫"老定田",该田由吴老定最先开辟,因而用其名字命名。吴老定去世后,用其子吴红生的名字命名	约 70 年
老光田	约 1 亩	该田最初由吴老光开辟,因而用其名字命名	约 80 年
文清田	约 6 亩	该田最初由吴文清开辟,因而用其名字命名	约 100 年
老顶田	约 2 亩	该田最初由吴老顶开辟,因而用其名字命名	约 120 年
老巴田	约 2 亩	该田最初由吴老巴开辟,因而用其名字命名	约 70 年
老国田	约 1 亩	该田最初由吴老国开辟,因而用其名字命名	约 110 年
宝村田	约 1 亩	该田最初由吴宝村开辟,因而用其名字命名	约 70 年
世木田	约 3 亩	该田最初由吴世木开辟,因而用其名字命名	约 100 年
佩荣田	约 3 亩	该田最初由吴佩荣开辟,因而用其名字命名	约 100 年
广新田	约 1 亩	该田最初由吴广新开辟,因而用其名字命名	约 60 年
世德田	约 0.8 亩	该田最初由吴世德开辟,因而用其名字命名	约 70 年

① 表 3-4 中的调查资料由黄岗侗族村民吴全生、吴生连、吴永帮口述,由罗康智、陈文雅、张晓雪、石林鑫、黎安荣、冯旭光整理,表 3-5 同。

续表 3-4

稻田名称	面积	命名原因	命名距今时间
佩云田	约1亩	该田最初由吴佩云开辟,因而用其名字命名	约60年
换高田	约4亩	该田最初由吴换高开辟,因而用其名字命名	约120年
老郎田	约1亩	该田最初由吴老郎开辟,因而用其名字命名	约100年
老腾田	约2亩	该田最初由吴老腾开辟,因而用其名字命名	约50年
老怕田	约2亩	该田最初由吴老怕开辟,因而用其名字命名	约110年
广义田	约1亩	该田最初由吴广义开辟,因而用其名字命名	约50年
老猪田	约2亩	该田最初由吴老猪开辟,因而用其名字命名	约120年
老海田	约3亩	该田最初由吴老海开辟,因而用其名字命名	约120年
老冷田	约2亩	该田最初由吴老冷开辟,因而用其名字命名	约110年
老当田	约4亩	该田最初由吴老当开辟,因而用其名字命名	约120年
国林田	约2亩	该田最初由吴国林开辟,因而用其名字命名	约80年
帮英田	约1亩	该田最初由吴帮英开辟,因而用其名字命名	约90年
老上田	约2亩	该田最初由吴老上开辟,因而用其名字命名	约120年
老宽田	约2亩	该田最初由吴老宽开辟,因而用其名字命名	约100年
文津田	约1.5亩	该田最初由吴文津开辟,因而用其名字命名	约110年
样生田	约1亩	该田最初由吴样生开辟,因而用其名字命名	约50年

不仅田块如此,该村鱼塘以最先开辟者的人名去命名的现象亦比比皆是,从而使这些田块和鱼塘形成了特有的专有名称。为了节约篇幅,对鱼塘的类似命名,我们仅选择其中的一部分汇集成表3-5,以说明这种命名体系。

第三章 西部低地的水田灌溉农耕文化

表 3-5 黄岗侗寨部分以人名命名的鱼塘一览表

鱼塘名称	面积	命名原因	距今时间
当①舞台	约 0.2 亩	该鱼塘最初由吴舞台开辟,因而用其名字命名	约 100 年
当田保	约 0.4 亩	该鱼塘最初由吴田保开辟,因而用其名字命名	约 100 年
当文君	约 0.3 亩	该鱼塘最初由吴文君开辟,因而用其名字命名	约 110 年
当江鱼	约 0.4 亩	该鱼塘最初由吴江鱼开辟,因而用其名字命名	约 80 年
当江林	约 0.5 亩	该鱼塘最初由吴江林开辟,因而用其名字命名	约 90 年
当贵英	约 0.6 亩	该鱼塘最初由吴贵英开辟,因而用其名字命名	约 70 年
当佩容	约 0.2 亩	该鱼塘最初由吴佩容开辟,因而用其名字命名	约 100 年
当正林	约 0.3 亩	该鱼塘最初由吴正林开辟,因而用其名字命名	约 80 年
当世华	约 0.4 亩	该鱼塘最初由吴世华开辟,因而用其名字命名	约 70 年
当焕高	约 0.1 亩	该鱼塘最初由吴焕高开辟,因而用其名字命名	约 110 年
当报明	约 0.5 亩	该鱼塘最初由吴报明开辟,因而用其名字命名	约 90 年
当皮西	约 0.3 亩	该鱼塘最初由吴皮西开辟,因而用其名字命名	约 80 年
当老马	约 0.3 亩	该鱼塘最初由吴老马开辟,因而用其名字命名	约 100 年
当老同	约 0.6 亩	该鱼塘最初由吴老同开辟,因而用其名字命名	约 110 年
当老斗	约 0.2 亩	该鱼塘最初由吴老斗开辟,因而用其名字命名	约 100 年
当明安	约 0.25 亩	该鱼塘最初由吴明安开辟,因而用其名字命名	约 70 年
当怀珠	约 0.3 亩	该鱼塘最初由吴怀珠开辟,因而用其名字命名	约 60 年
当老摔	约 1 亩	该鱼塘最初由吴老摔开辟,因而用其名字命名	约 110 年
当老猫	约 1 亩	该鱼塘最初由吴老猫开辟,因而用其名字命名	约 120 年
当公能	约 0.5 亩	该鱼塘最初由吴公能开辟,因而用其名字命名	约 90 年
当老信	约 0.6 亩	该鱼塘最初由吴老信开辟,因而用其名字命名	约 100 年
当昌林	约 0.4 亩	该鱼塘最初由吴昌林开辟,因而用其名字命名	约 100 年
当老厚	约 0.3 亩	该鱼塘最初由吴老厚开辟,因而用其名字命名	约 110 年
当老安	0.5 亩	该鱼塘最初由吴老安开辟,因而用其名字命名	约 80 年

① "当"在侗语中是"鱼塘"的意思。

在黄岗侗族社区，我们可以看到，小到塘田渠堰的地点，甚至是休息用的桌椅，大到对整个社区的景观和生态系统的人为改性，都无一例外地是以人名去命名的，这些人名都是在历史上曾经生活过的真人，他们仅是为公益事业做出过贡献，他们的名字就和完成的工程永垂不朽。当事人即使去世了几百年，只要这个工程还存在，他们的名字就会永远活在人们的口中和心中。他们的故事就永远会成为教育年轻一代的口头教本，正是对这种永久性荣誉的追求，驱动着社区的每一个人都会为了使自己能够享有这一荣誉而自觉地举公忘私，并不在乎能否获得眼前的特殊利益。因此能否获得永久性的荣誉，成了当地道德的评价标准。与此同时，这样的荣誉感还会和自己的后裔晚辈联系起来，从而使得去获取这样报偿的诱惑力更具亲切感和永恒感，因而个人对幸福的感受有可能超越个人的生命周期，在自己的后代中得以延伸。

应当看到类似的激励机制在古代的各民族中也曾普遍存在过，但可贵的是黄岗侗族的这种与物质报偿不挂钩的报偿激励机制能够一直延续到今天，而且在很多侗族社区仍然行之有效[①]，从而成为外界和现代人群可以感知、可以学习、可以仿效的有生命的实体。因而侗族这种在传统文化调控下，建立在名分上所能赋予的社会激励机制，在今天的和谐社区建设中也可以发挥难能可贵的借鉴价值。

侗族自然生境的建构，始终坚持最小改性的原则。大体而言，侗族各村寨之间都以天然河道为纬，河道一律相互沟通；各村寨还以天然的山脊为经，一律以山脊区分各村寨之间的资源归属，从而使得每一个村寨，每一个社区都能顺应自然结构自成单元，村寨之间又能实现有序地互通有无。村寨建构的基本原则在于，每个村寨在地域上都相对独立而完整，使各村寨之间互有区别，针对河流上游和下游无法做出明细分界的实情，各村寨之间则必须树立人为的标识，以便相互区别。根据罗康隆教授的研究，从侗族社会对自然环境利用的状况看，一般表现为家族的鼓楼是家族成员活动的中心，家族内各个家庭的住屋围绕着鼓楼而修建，形成以鼓楼为中心的家族—村寨；家族—村寨的四周则是家族成员共享的神林、坟山、水井、水田、鱼塘、凉亭和溪流等公共设施和自然物；往外就是家族成员的经济林带，大多为茶油树

---

① 崔海洋著《人与稻田——贵州黎平黄岗侗族传统生计研究》，云南人民出版社2009年版。

第三章 西部低地的水田灌溉农耕文化

林和桐油树林;再往外就是家族成员成片的杉木林带和松树林带;最外一圈就是野生杂木林带,这是家族成员砍柴烧荒、采集草药与山果、打猎以及放牧的场所。侗族社会对资源利用的状况形成了一个以家族鼓楼为中心不断往外推移的环境资源利用圈,如图3-2①。

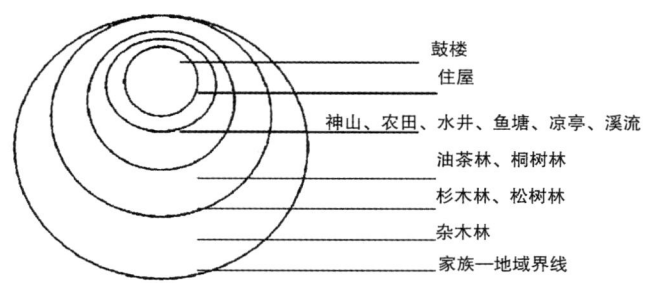

图3-2 侗族社区对资源利用示意图

在这样的一个自然生态背景中,生活在当地的居民对于掌握何时何地可以获取何种物品,在不同的生态背景下如何保证种植的作物获得稳定的收成,如何能有效地获取野生的动植物等就显得至关重要了。为了达到上述目的,掌握当地的本土性知识就必不可少了。不同的民族针对自身所处的自然生态背景,可以发育出不同的文化,也可以组织不同的农事活动。比如,澳洲北部的吉得金格利土著人在获取食物上有着非常清晰的不同季节的轮换:在雨季,沼泽里满是水时,他们就吃莲藕;在旱季开始时,他们就迁移到一个可以找到大山芋的地方,一年中的这个时候,正是山芋须蔓发绿的时候,山芋很容易挖到;过一段时间,他们则迁移到湿地的边缘,男人在这一地带猎鹅,女人则采掘植物的根茎;在旱季的高峰,食物获取就依赖苏铁类坚果,这些坚果尽管加工起来颇为困难,但到处都是,足够供应那些在这一时节因祭祀、宗教和其他社会活动而聚集到一起的大批人群所需的食物。而北美的印第安人为了对玉米的种植有一个精准的把握,他们可以用十个不同的词分别表示玉米的十个不同生产阶段,而且对每一个阶段都有明确的生产特征作为耕作与管理的依据。蒙古族居民在生活中也存在着类似的情况。例如,蒙古族对于与他们生活息息相关的马匹的称谓,多达百种以上,能够具体地分辨马的口齿、毛色以及形状特征,对于马匹品种特性的描述达到了一本现代的畜牧

---

① 罗康隆、麻春霞《侗族空间聚落与资源配置的田野调查》,《怀化学院学报》2008年第3期。

学相应内容的知识水平。正是依靠这些本土性知识，蒙古族居民能够对马匹的生长习性、放养路径以及与之匹配的饲料供给等方面都了如指掌。

笔者在黄岗侗族社区调查的过程中，发现当地居民对大量地名的命名制度与上文论述的内容有异曲同工之妙，他们将地名的命名与其自然生态背景密切联系起来，并在他们的农事活动中发挥着重要的作用。例如，在黄岗有一个山坡叫"弄南坡"，当我们问及当地人为何这样称呼时，他们告诉我们："南"在侗语中是"竹笋"的意思，"弄"在侗语中指两个坡中间的"冲"。一到开春的时候，这个坡上会长满笋子，可能是为了便于在春季的时候找到这种笋子作为菜肴的补充，老人就给它取了这个名字。当有些人认为他们食用的蔬菜种植得很少时，他们的回答更是简单明了："既然坡上已有这么多的野菜，为什么我们还要去种植？"类似的地名命名在黄岗随处可见，再以一个名为"班藤坡"的地方为例加以说明。"班"在侗语中意为一条平坦的大路，"藤"意思是那田边有藤生长。他们对我们说："这种藤对我们的日常生活来说也是很重要的一种物资，我们捆绑东西都是从这里取材，从不需要到镇上买化纤之类的材料。"从中可以看到，他们对何时在何地获取何种野生动植物满足自己的生活所需都了如指掌。

不仅如此，他们还能从地方的命名当中，知道该种植什么样的品种去应对那里的生态环境。例如，他们针对不同地点的命名属性，有选择性地对糯稻品种适应的生态环境做出选择。比如在"弄养坡""板弄养"等坡上（在当地侗语中含有"养"字的山坡都以山上有不同品种的大树而得名），他们知道在这样的森林生态环境中，要使他们的糯稻种植获得稳定的收入，这种品种应该具有耐阴的禀赋。我们在上文已经介绍过，他们针对这样的自然生态背景，专门培育出一种叫"森林糯"的品种，种植于阴冷森林环境下的田块中，以降低这里日照时间短、气温偏低等制约稻谷正常生长的因素的不利影响。而对于缺水、高温地段的山坡，他们一般称作"高归坡"。要在这样的环境中使他们的糯稻正常生长，对糯稻的品性就要求其抗旱能力强，并且生长季尽可能地缩短。为了应对这一要求，他们在类似命名的坡上，一般都会种植一种名为"六十天糯"的品种。当然这里列举的仅是九牛一毛，但从中我们可以窥见，当地侗族居民凭借对这些地名的充分了解，可以让适合于这里种植的糯稻投入自然的怀抱。难怪当地人说他们的糯稻品种既不怕热，也不怕肥，更不怕冷。

第三章　西部低地的水田灌溉农耕文化

二、"款约"对稻作文化的调控

正心需要教化，正行则需要规劝。侗族社区款规的发布形式，以公开宣讲（教化）为主并附以多种形式的警戒相配合。教化包括社会教化和长辈教化两种形式。所谓社会教化就是利用休闲时间，由长辈在家族村社的公共空间内向青年人叙说有关农事操作的各种款规款约，并以自己的经历现身说法，感化青年人自觉地遵守款规和款约。这样的教化表面上具有很大的随意性，但实际的教化活动总是紧扣当前生产的急需，在侗族社区稻作农业和山地林业的和谐生计运行的各个时段，各家族的寨老们总是选取最紧迫的款约条规，向所有家族村社的男性成员选择性公开宣讲。由于这样的宣讲通过世代传承已经形成了定规，因而在侗族社区有"三月约青""九月约黄"这样的俗谚。通过这样的反复宣讲，务必使每一个乡民都熟知社区和谐生计的各种款规，使个人的行为也有所遵循、有所禁忌。这样的宣讲，从习惯法的立法角度来看，主要属于法律条文的发布与普及的环节。但从传统生计的角度来看，它却超出了现代法学意义上的监管范畴，直接介入了生产组织的功能领域。

在不少侗族村社，为了使社区生计活动中生产节律的控制更为有效，还由寨老责成公众选出的专人，或世袭的专人去具体落实有关劳作节制的款规与款约。这样的专人称为"nyenc qit ongl"，他们在汉文文本中往往被翻译为"活路头"（侗语音译，指某村寨从事某项农活的带头人）。"活路头"在侗族社区还在发挥着积极的作用。"活路头"主要借助礼仪性的活动，比如"开秧门""关秧门""吃新节"等宣扬款规款约[①]。

不难看出，在侗族社区的整个生产周期中，侗款的相关款约，特别是各家族的族规，不仅仅体现为执法管理，更重要的是体现为一种在侗款原则内的能动防范。从约束个人和生产作业入手，协调统一所有乡民的生产作业行为，以人的能动调控，确保生计中的经营对象相生而不相克，农事活动的节律与侗款款规的具体规定完全合拍，相互支持，事实上，直接发挥了生产组织功能。在这一范围内，侗款与现代意义的成文法截然不同，侗款不是在事发后明辨罪与非罪，而是通过侗款款约发布与宣讲，使款约深入人心，家喻户晓，从而起到了防患于未然的作用。侗款款约发布宣讲的作用不是定罪与治罪，而在于杜绝过失发生的可能性。这才是具有人性化的法理典范。

---

① 石佳能《侗族节日文化简论》，《中南民族学院学报》1992 年第 3 期。

侗族社区的生计方式由稻作农业和山地林业组成,稻作农业属于稻鱼鸭共生结构体系,山地林业属于林粮间作的以粮为食、以林为用的复合结构体系[①]。在这种生计方式中,稻作农业的稻鱼鸭和山地林业的林与粮是侗族乡民安身立命的基础来源,也是家族村社得以存在和延续的基础。因而这样的族规,针对这种复合生计的和谐运行,有极其明细的款约对本家族成员的行为进行有效的规约,对违规者都要按规约加以严惩。早年,最严重的惩处手段包括驱逐出本家族村社,乃至处死。但20世纪50年代以来,人民政权在侗族地区正式设置后,这种重刑裁决才被废止。

各家族村社之间的自然资源分享通过合款这一形式,才得以以习惯法的形式实现了长期稳定领有并世代传袭使用。依此去制定习惯法条文,最大的优势在于每个家族村社都能够世世代代不断积累认知成果,以至于所领有的这份自然资源,为每一个家族村社成员恰如其分地认知和熟悉。这才能在彻底认知的基础上实现人地关系的高度和谐。侗族社区的稻作农业与山地林业和谐生计的制度保证正来源于合款的这一最关键的职能。为了确保这一最关键职能的兑现,与此相辅的款规其立法的法律思想正在于杜绝一切形式的家族村社之间的争夺与争议。具体而言,除了本家族村社成员外,外家族村社的任何成员损害甚至侵占家族村社疆界内任何一项自然资源,在相应的款规中都视为违规,都需要进行调解,议定致歉和补偿办法。但需要注意的是,在侗族的这种习惯法中,即使要追究个人的责任,也首先要追究其所属家族村社的责任。因为只有家族村社才是立法、施法的单元。当然,当事的个人回到本家族村社后,肯定要受到族规的制裁。

资源领有的超长期稳定是侗族社区和谐生计得以稳态延续的基础,因为在稻作农业与山地林业的和谐生计中必然牵连到的自然资源种类繁多,各种自然资源的变数又很大,而且不可能孤立存在。因而在执行这种生计的同时,尽管合款款规做了周密细致的规定,但意外的事件总会不断发生。一旦发生,案例又得重新合款制定新的款规,这样的过程有开始,而不可能有终结,这必须经历一个长期的磨合过程,也是侗款不断健全完善的过程,和谐是靠磨合出来的。

这里仅以黄岗和龙图的水源糯禾纠纷为例,略见一斑。黄岗寨二组、八

---

① 罗康隆《清水江流域人工营林业的人类学研究》,云南大学博士学位论文,2003年。

第三章 西部低地的水田灌溉农耕文化

组的稻田与龙图寨仅一条山脊之隔。20世纪70年代，侗区粮食还十分紧缺，龙图寨的个别乡民违规翻过山脊从黄岗二组、八组（过去是生产队）的禾晾上偷盗禾把，被二组的乡民发现；但二组、八组的乡民并不扣留人质索赔，而是将此事的原委汇报给本家族村社的寨老吴治国。吴治国则邀约了五个寨老成员，从大路绕道二十多公里，从龙图寨的寨门进寨，邀约龙图寨的所有寨老集聚一起，援引此前所有的各项款规，明白事情的曲直，然后敦请龙图寨的寨老们处置偷盗者。这一次案例要重新举行合款，慎重处理。但当时国内正值"文化大革命"期间，不允许这么处置，因而只能采取相关家族村社商议的办法了却此事。吴治国等人说明来意后，受到了龙图寨的盛情款待，然后离去。几天后，龙图寨把偷盗者按族规重处，罚款12倍，也就是把他的偷盗禾把数乘以12，按所得数交禾把予以充公，从中留出需要赔偿黄岗的被盗禾把数，其余禾谷集体烹食，并责成偷盗者在全家族面前认错与悔过，就此结束家族内部的执法处置。事后，再由龙图的寨老亲自将赔偿黄岗的禾把从正路绕道送达黄岗，交给吴治国等寨老，最后兑现对二组、八组被盗禾把的赔偿。

在上述案例中，被盗赃物虽然只是区区几个禾把，但对于稻作农业的和谐生计而言，却具有致命性的威胁。原因在于稻作农业的和谐生计是为了与所处的自然系统相互渗透、相互兼容，以至于所有的农事操作不仅十分琐细而且具有全方位的开放性。稻作农业生计中的鸭群需要不分昼夜地全天候放养；鱼放入田中后，经营者不可能全天候守护，只要排干田水就可以唾手抓鱼；收割的禾把来不及运回家中，往往都长时间的在田边的禾晾上开放式地放置着。经营中的这种开放性必然会给居心叵测的偷盗者大开方便之门。由于侗族社区生计方式的开放性不能更改，任何微不足道的偷盗都足以损害经营者的安全感，动摇经营者的精神，这不仅增加了经营成本和管理成本，而且还会威胁到这一生计模式的稳定运行。因此，在侗款的族规中无不具有重处偷盗行为的严厉条款。黄岗就是以12倍罚款重处的。据乡民介绍，在20世纪50年代以前，是4个12并罚，即12吊铜钱、120斤酒、120斤猪肉和120斤糯米；而现今执行的是4个100并罚：100元钱、100斤酒、100斤肉、100斤米，所罚之物要在家族村社内集体分享[①]。正是这些条款的严厉执行，

[①] 笔者田野调查资料。

才使得侗乡呈现出夜不闭户的太平盛景。但涉及跨家族偷盗时，由于牵涉各家族村社之间的和睦，波及各家族村社生计方式的和谐稳定延续，因而在遵循调解原则的前提下，对肇事者的处置也得遵循按家族村社执行惩处的准则。这才出现上述案例中看似繁琐却十分有效的执法现象，而执法的终极目标同样是为社区和谐生计的运行提供坚实的制度支持。

三、"多标"对稻作文化的调控

"多标"（dos bius）是侗语加汉语复合书写形式，其中"多"（dos）出自侗语，含义是"放置"或"设置"的意思；"标"（bius）则出自汉语，含义是"标示"或"标记"[①]。在侗族乡民中，这一语词的含义在于设置标记，节制不同种类的生产与生活活动。由于合款形成的款规和各家族村社的族规几乎无所不包，涉及生产和生活的方方面面，而要求任何一位乡民全部熟记如此丰富而琐细的款规款约，几乎是办不到的；就是那些半专业化的寨老们，也不可能全部熟记，在合款时都得互相提醒。这样一来，即使通过了精心安排的教化，仍然不可能使每一位侗族乡民在当事时准确地把握到底该按哪一条侗款侗规行事。这就要求在具体的场景中设置常识性的提示标记，使相应的款约和款规的关键内容具体化，这就是必须"多标"的原因。因而可以说，"多标"是一套物化了的信息系统，设置"多标"是要发送特定的信息，看到"多标"的人经过解读，从中明白了设置人要传达的信息，结合相关的款规款约后，再采取符合款规款约的行动。这才使得款规款约的执行能真正深入到每一个侗族乡民的每一项生产生活行动中。

侗家的"多标"，名目繁多，用途很广。人们往往用一件用具、一个细小的物件、一种或多种植物作为"多标"的标记。有用生产工具置于寨门的"寨标"，有用柚子叶挂在门口的"门标"，有用青草扭成田螺壳形状放在青年男女约会地点的"约标"，有与稻鱼鸭生产最直接相关的"田标""水标"，等等。这些"多标"对乡民行为节制的内容极其复杂。若不是长期生活在侗乡，人们往往会不经意忽略这些标记的存在，即令碰上了这样的标记，也往往无法准确地理解其要传达的信息，原因在于这些标记传递的信息是在社会生活中长期磨合积累起来的。其传递的信息，与标记所用的材质、形状、放

[①] 韦明耀、郑光松《多标》，载杨通山等编《侗乡风情录》，四川民族出版社1983年版。

第三章　西部低地的水田灌溉农耕文化

置的位置紧密相关。因而需身临其境，并熟悉当地侗族乡民的生产生活规律，还要经过指点才能准确地把握标记所传达的信息。

多标所用的材质，往往都是就地取材，而且与要传达的信息有较大的关联性。比如，"田标"是在号定的地块上，随手捡起三根茅草，挽成一个空心结，茅草的秆和穗在同一个方向，茅草秆的中部形成一个圆环，然后在地上插上一根树枝，将草环挂在枝丫上。其他乡民看到茅草穗朝下，就可以从中明白，这块地需要启用了。"多标"的形状也是传达信息的重要载体，比如青年男女约会的"约标"就是要用茅草挽成田螺壳形状，放置在岔路口，被约会的一方看到这样的"多标"后，就可以从形状中明白有人单独约会，不要从直路去，要绕道去会面。而田螺壳尖端的指向则是约会的地点。"多标"放置的位置也有讲究。为了使"多标"更显眼，禁止通行一类的"多标"，在设置点的安排上都有章法可依。大致而言，特定的事物在不该出现的位置出现了，就能很自然地形成一种"多标"。举例说，将农具放在大路口，其含意就可以理解为今天不在田间劳作而在寨中休息。又如，将青绿柚子树叶插在寨门口或某个家户的大门口，由于所处位置偏离了自然状况，因而这样的多标就获得了禁止通行的含意。另一种与农业直接相关的禁止性"多标"，则是用小树枝做成，做法是将小树枝横着固定在两个木桩上，横杆离地仅有50厘米。这是一种禁标，意味着人可以通行，但禁止像牛这样的大牲畜通行。原来在岔路口设置的这种"多标"，标志着这条岔路通向农田，农田里的庄稼已经长高，牛通行时会损害庄稼，因而禁止牛通行。放牛的人看到这样的"多标"就得改道放牧，直到收割完毕。这样的"多标"也就随着时期而异。

上文已经提到稻作农业生计中稻鱼鸭的共生系统，人们就必须准确地把握三种生物物种的生长节律，实施精确的调控，但要做到精确调控却存在着诸多的困难。原来侗族实施的稻鱼鸭共生系统中，出于精确利用好每一田块特性的考虑，他们所种植的糯稻品种构成极其纷繁复杂，不同的糯稻品种，不仅生长样态有别，种植期、生长期、收割期也各不相同。种植的实践表明，由于插秧时期参差不齐，不管是在阳烂还是在黄岗、占里和小黄等地，整个插秧的时段前后长达一个半月到两个月，插秧的田块与等待插秧的田块乃至早已插秧，秧苗已经返青的田块都毗邻存在。其中，只有秧田，或者是刚刚插秧的田块不能放鸭。那么，需要放养鸭群的乡民，如果没有明确的标示，就不能采取正确的行动。在这种情况下，"多标"的应用就显得至关重要了。

笔者在调查中，仔细分辨了与此相关的三种"多标"。其一，在田中插一根1.5米左右的木棍，木棍的尖端捆上青草和鸡毛扎成的实心结，这就是禁鸭标记。鸡毛意在提示禁止放养的类别是禽类，青草意在提示农作物正生长。放养鸭群的乡民看到这样的标记，就会把鸭放到其他田块，既不影响放鸭又不扰乱秧田，乡民的劳作由此获得了和谐与兼容。其二，"多标"若设置在刚刚插秧完的田块边上，其做法是有意将插秧后没有用完的稻秧捆在一起，二十多根捆成一束，放置在靠近田坎入口处的田角上。这就提示放鸭的人注意，稻秧没有返青，不要放养鸭群。放鸭的乡民就可以把鸭群赶到没有这一标记、秧苗已经返青的稻田中去放养。其三，稻秧需要"多标"去提示生长季，鱼苗放养也要借助"多标"确定放养区域。由于鱼苗放养的时间比插秧要早，已经放养鱼苗的田块与没有放养鱼苗的田块也会在相当时间内毗邻存在，而哪怕是雏鸭群也会对刚刚放养的鱼花有危害，这就需要在放养鱼花的田中插上一个草人，表明鱼苗已经进田，放鸭的人不得把鸭群赶往这一田块。

上述三种"多标"是由每个乡民根据需要在春种季节而设置的，每到秋收时节，由于各个田块的收割进度不一，也会调整到两个月左右，已收的田块与未收的田块并存，已捕鱼的田块与尚未捕鱼的田块也会并存。为了协调放鸭、放牧与收割的关系，也需要设置"多标"。最常见的一种多标是，在稻鱼已经收完的田块中特意留下三穗稻谷不予收割，使这三穗稻谷呈三角形排列，高高地耸立在田块中。这样的"多标"意在告知其他乡民，这块田不仅可以放鸭而且还可以放牛。至于田鱼越冬的泡冬田块，则要靠双重"多标"警示：一是要将越冬的鱼窝修葺一新，二是要插上草人，表明这块田已经转入了鱼苗，不能放鸭了。

除了乡民自己设置"多标"外，还有一些"多标"是为整个社区设置的。在黄岗，"活路头"至今还直接发挥着组织生产的功能，而"开秧门"是他必须主持的一项关键性礼仪。礼仪完成后，"活路头"就必须在举行礼仪的那个田块，也就是"活路头"自家的田块中特意选定的一块田中象征性地插上呈三角形排列的三株秧。这样的三角秧标，既是开秧门礼仪结束的标记，更是乡民陆续开始插秧的信号。看到这样的"多标"后，所有的乡民都会注意在放鱼、放鸭、插秧时观察各个田块中的其他"多标"，以确保每个乡民的每一项劳作都不会妨碍他人的劳作。"活路头"除了需要在田中设置三角秧标外，由于这些"活路头"是分属不同房族的，各个房族开秧门的时间又有差

第三章　西部低地的水田灌溉农耕文化

异（可以提前或者推后十二天），而各个房族的田块又是毗邻分布的，鸭群却可以跨房族放养，因而，"开秧门"礼仪结束后，"活路头"还要将一束稻秧挂在自己家的大门口。这也构成了另一种"多标"，意在提示其他房族的成员，在放鸭时进入该家族田块必须留意，不要干扰该房族的生产作业。

当然，"多标"要行之有效，全靠寨老领导下的教化，通过教化使所有的乡民心正，一心为公益事业做贡献。但光有心正还不行，社区和谐生计必须追求精确化。在稻田中各田块、各糯稻品种、稻鱼鸭三个生物物种的有节制匹配，在林地中林木、间作作物也需要有序配置，使整个社区的生计劳作变得复杂化，致使任何一个乡民都不可能全知尽晓。即使是正了心，由于知之不全，行未必能都完全"正"，必须仰仗"多标"去传达精确的具体信息，引导所有乡民行正，以此维护社区和谐生计模式的有序运行。由此可见，"多标"是教化的必然延伸部分，也是必需的辅助手段，最终确保所有乡民能够心行一致。

四、糯稻品种引种、培育、保种的社会机制

黄岗村现存的各种糯稻品种，其来历各不相同，现有多种糯稻品种并存的格局是当地侗族社区耕作制度运行的产物。黄岗侗族的传统文化则为这些品种的传承提供了制度支持。大致而言，这些珍贵的糯稻品种的来源有四种渠道：其一是黄岗的侗族乡民从他们的原住地迁徙至此时带进来的；其二是黄岗侗族乡民通过与各款区侗寨的具体社交活动，从其他侗族地区引进的糯稻品种；其三是通过集市商贸引进的糯稻品种；其四也是最重要的则是黄岗侗族乡民以从上述三种渠道获取的糯稻品种为亲本，在黄岗针对当地需要独立选育成功的新品种。

上文提到的老牛毛糯、万年糯与小牛毛糯就是黄岗乡民所种糯稻的先祖。它们是乡民从四寨坝区迁到黄岗定居时，从坝区带来的早期糯稻品种。乡民在黄岗成功地完成了对它们的驯化，使之适应于黄岗的特定自然环境。这样的品种数量虽不多，但却是很多新品种的培育亲本。因而在当地的品种构成中具有特殊的价值。

侗族地区的基层社会组织是家族村社，各家族村社间通过合款结成了亲密融洽的互惠关系。家族村社间每年都要举行多种多样的集体做客社交活动，比如，"吃乡思""月地瓦"和跨家族村社的集体过侗年、共度"吃新节"等。这样跨家族的社交活动，从社会功能的角度看，是为了增进各家族村社之间的和睦与相互了解。但对于他们的稻作生产而言，却能起到交流生产经验、相互引进稻种的积极作用。值得一提的是，侗族社会中的这种糯稻品种引进，在某种意义上已经具有了署名权。该品种的育成村寨名或引入品种的来源地通常作为被引进品种的名称。比如，黄岗的"金洞糯"就因从广西三江县金洞村引进而得名。又如，"得五糯"则是从与黄岗近邻的得五寨引进的糯稻品种。这种引种工作在整个侗族地区历史悠久而且一直传承至今，各个侗族村寨不断地引进新品种。这样引种的品种在黄岗被成功驯化后又会作为亲本使用，从中培育出更适应于当地的新糯稻品种来。

　　不管通过什么样的渠道引进糯稻品种，都很难完全适应黄岗的特殊生态环境，因而，引种，从终极意义上说，只是丰富品种结构的手段而不是带根本性的品种结构健全的依赖方式。要确保糯稻品种完全适应于黄岗的特殊环境，只能依赖自己的力量选育出本地的特优品种来。这项工作要经历一个世代积累的过程，黄岗侗族乡民的先辈们一直在从事着这一艰巨的育种工作。上文提到的新列珠糯、老列珠糯、森林糯、万年糯就是在黄岗这一片区成功培育出的当地特优糯稻品种。

　　侗族乡民的新糯稻品种一般是通过自然杂交和人工选育逐步培育出来的。为了抵御自然灾害，抗御病虫害的侵袭，当地侗族乡民早就形成了多品种糯稻在同一地块混合种植的传统农艺。执行这种传统农艺，客观上为不同糯稻品种之间的异花授粉创造了条件，因而在糯稻的实际种植过程中，总会很自然地出现一些变种。而当地侗族乡民则会有意识地将这样的变种保留下来进行试种，如果在试种的过程中证明了新的变种更具有对当地环境的适应性能，就会扩大种植，经世代培育后就能培育出新的糯稻品种来。

　　乡民要把自然杂交的变种驯化为具有推广价值的新品种，成功的关键在于，要有一套健全的制度性保证。而这样的制度性保证早年普遍存在于整个侗族社区，这样的制度性保证目前在黄岗还可以看到。原来，侗族社会是一个十分尊重老人的社会，老人在社会运行中扮演着特殊的角色。就育种而言，侗族社会背景可以为他们提供诸多的方便和支持，他们可以在家族村社内自力经营种植小块土地，为整个社区育种和保种，乡民们出于公益的目的会给他们提供各种各样的服务。不管通过什么渠道引进的新品种，试种阶段都是由这些老人带头，新品种的选育更多地靠他们持之以恒的艰辛劳动。不过，侗族社区对他们也有特殊的回报方式：一方面，不管是成功引进的品种还是

第三章 西部低地的水田灌溉农耕文化

选育出的新品种，这个品种就可以用这些做出贡献的老人的名字去命名。这样的命名已经通过老人们的艰辛劳动，得到了社会的承认，享受到社会永远纪念的荣耀，老人们也因此而得到精神上的满足。另一方面，老人们无论给其他乡民提供什么样的好品种，乡民都是用等量的糯谷禾把与老人交换；但种植后如果获得丰收，这些受惠的乡民都会以各种各样的方式回报传种的老人，比如为他们砍柴、做家务，甚至替老人们修建房屋，等等，乡民们都因能够为这些老人做贡献才感到心安理得。正是因为这样一种制度性的保障一直在发挥着推动作用，才使得社会中新的糯稻品种不断地涌现，而侗族文化对所处生态环境的适应也因此而得到稳步提高。

这里，仅以列珠糯育种为例，揭示制度保障对新品种产生的推动作用。20世纪50年代以前，黄岗地区还拥有大片的原生丛林，当时的生态环境比今天的还要好得多。然而，当时那些镶嵌在丛林中的稻田直接日照的时数比今天还要短，稻田的水温和土温比今天还稍低，丛林间的雾比今天更浓，因而在当时主种的糯稻品种是森林糯、龙图糯、万年糯和老列珠糯。从20世纪60年代起，黄岗当地的原生丛林相继被砍伐，砍伐后，自然形成的次生中幼林对地表的荫蔽度很低，这就使得稻田中的水温和土温有所升高，每天的直接日照时数延长，上述四个品种原有的适应能力有所下降。在这时候，黄岗寨的老人们在种植老列珠的田块中发现了一个新变种，特征是谷芒变短、米粒变短。人们在次生林环境下种植这一品种，其产量明显高于上述4个品种，而且米质好、气味芬芳。于是，人们开始将这个变种在特定地块扩大试种，结果取得了非常满意的成效。遗憾的是，当时正值"文化大革命"，传统的命名体制无法实行，才使得这个新品种的培育者不被外界所知。因而这个新品种只能根据它的成熟期而命名，因其在农历九月成熟而被称为"列珠糯"。

虽然培育这个品种的老人已经不在人世了，但这个品种却成了黄岗侗寨的主种品种。随着丛林蜕变为次生林，原有的老品种因为不适应改变了的生态环境，种植面积不得不压缩，"列珠糯"刚好填补了这一空缺。20世纪80年代后，传统糯稻的种植开始在黄岗全面复苏，"列珠糯"的扩大种植立刻引起了周边侗寨的浓厚兴趣，纷纷与黄岗乡民换种，最终使得"列珠糯"这个新品种很快就推广到了黄岗周边地区。目前，黎平、从江、榕江地带毗连的很多侗族和苗族村寨都种植这个新品种。为了感激黄岗人的贡献，他们都把这个品种名字改称"黄岗糯"，而不像黄岗人那样称为"列珠糯"。这样的局面当然为黄岗人赢得了崇高的声誉和荣耀。

总之,应当看到,黄岗糯稻品种之所以琳琅满目,其间经历了一个流动的过程、一个不断演化的过程。在这个过程中,糯稻品种总是在不断推陈出新,并因此而推动了侗族文化对所处生态环境适应能力的不断提高,人地和谐关系不断得到强化。这是一潭活水,它可以生生不息,但在实践的长河中,总是在不断地创新、不断完善自我。这就是和谐生计的可持续发展的命脉所在。

第六节 回顾与展望

近半个世纪以来,学人对侗族的传统稻作农艺有不同的认识。不少学人仅仅立足于这种传统稻作农艺与想象中的现代集约农业存在着明显的差异,就认定这是一种落后的、必须迅速淘汰的生产方式;甚至进而断言,这一地区侗族乡民生活的贫困乃是这一生存方式落后而导致的必然结果。笔者针对这种观点,以自己在侗族地区的长期田野调查资料为依据,证实侗族这种以稻鱼鸭为特色的传统农艺,不仅具有较高的经济效益,还具有无可比拟的生态效益。即使到了今天,仍然具有毋庸置疑的合理性和可持续潜力。对这一传统农艺的诘难,乃是特定时代背景和族际文化背景的产物,在特定的时空场域虽有其必然性,但诘难本身并未触及侗族传统农艺的实质,因而不能成为否定侗族传统农艺合理性的依据。

一、侗族传统农艺的合理性

外界舆论对侗族传统农艺评价不同,有的立足点在于认定这种传统农艺是历史残留下来的"小农经济产物"[①],因而不具备科学性和合理性,并以此为依据建议淘汰这样的谋生方式代之以现代化的集约农业。综合对比来自各方的观点,问题的根源出在参与讨论者对"现代性"一词做绝对化的理解,却没有注意到"现代性"是一个随着时空场域推移而不断变化其内涵的提法。在不同的时空场域,不同的个人对现代化的理解本身就互有区别,因而以现代集约农业作为参比依据去评估侗族的传统农艺,其评估的结果,也因时空

---

① 罗康隆等著《发展与代价——中国少数民族发展问题研究》,民族出版社2006年版。

第三章 西部低地的水田灌溉农耕文化

场域的差异而有所不同,很难得出一致认同的结论来。因而对待类似的贬斥,必须结合具体的背景去加以有选择地吸收,同时也需要扬弃其中的不适之词。

到了21世纪,人类社会面对的头等问题不再是单纯对生产效益的片面追求,而是可持续发展和生态安全能否有机结合。在这样的时代背景面前,各民族的本土生态知识和技术技能逐步成了需要发掘、利用、传承和推广的非物质文化财富。就连欧美那些以经营现代集约农业而红极一时的发达国家,其社会舆论也开始导向推崇生态农业、有机农业。站在这一时代的高度,反观此前对侗族传统农艺的观点,我们总可以发现,这样的观点有其特定的时代背景和利益需求,而这样的背景和需要在今天已经逐步失效,致使观点本身已经难以成立。为此,及时地回答类似的诘难,澄清侗族传统农艺的实质和价值就显得十分必要了。

侗族传统的农艺是人与自然和谐兼容的典范,侗族乡民对所处的自然与生态背景,不仅具有精深的认识,而且在高效利用资源的同时,也能做到对生态环境的精心维护。但在此前遭受"现代化"冲击时,侗族乡民中的年轻一代纷纷挤进了城市。由于农村劳动力的稀缺,工业文明的化肥和农药乘机渗入了侗乡,在损害生态环境的同时,也损害了侗族乡民的心灵。可喜的是,在笔者所调查的黄岗侗寨,直到现在,乡民还在稳定地传承着稻鱼鸭共生的传统农艺。笔者通过对这一传统农艺的调查研究,充分认识到本土性知识的价值和意义,从而证实了侗族传统农艺的科学性与合理性。

回顾学人对侗族传统稻作农艺的观点,归纳起来主要有如下几种:有人认为,在侗族传统的稻作农艺中,其糯稻的单位面积产量大大低于籼稻、杂交水稻,因而实施"糯改籼""籼改杂"是为侗族乡民谋福利,目的是为了提高他们的粮食产量,使他们的生活更美满;有人认为,人口的迅猛增长,粮食的安全必须纳入国家大政去加以考虑,而侗族的传统生计无法提供规格化、批量化、规范化的商品,因此"糯改籼"是从国家的整体利益考虑,只能牺牲侗族乡民的局部利益;还有人说,推行"籼改杂"可以提高农业科技含量,为未来的可持续发展奠定粮食安全的基础,因而,侗族传统的稻作农艺即使丢失也不足为惜,侗族乡民的生计应当服从大局,不能单顾自己过好日子[1]。正面回答上述诘难,诚然需要做更广泛的深入研究,但若仅就笔者的

---

[1] 田红、杨成《"糯改籼"真是因为人口压力吗?》,《人与生物圈》2008年第5期。

田野调查资料而言，追求综合产出还是追求单位面积产量，传统农艺及传统生计与规模化、规格化和规范化生产方式之间的关系，以及对生态安全的反省，这三个问题就值得深入探讨，特别是我国政府在倡导科学发展观与和谐社会建构的今天，尤其是我国正面临能源短缺、耕地不足、水资源匮乏严峻挑战的今天。笔者接下来对这三个问题的思考不仅可以作为对侗族传统稻作农艺的重新认识，更重要的是厘清这些问题对我国的可持续发展还将具有直接的现实意义。

二、"综合产出"与"单位面积产量"

若立足于世人想象中的现代化生产，在侗族传统的稻作农艺中，劳动力和畜力投入太大，这似乎是一个明显的不足，但实情却有待深入思考。若将尚在执行这一农艺的侗族农户与现代产业工人相比，侗族农户的体力劳动投入当然很大，高出现代产业工人的3—5倍，而且侗族农户的智力投入也大约高出现代产业工人的10倍。这是因为侗族农户从事的是一种多样化、多项目的生产活动，而现代产业工人从事的则是单一的、机械式的生产操作。但就劳动时数而言，现代产业工人每年的工作时数，即令以每周只工作5天，每天工作8小时计算，相比之下，侗族乡民每年中的实际劳动时数仍然比现代产业工人低得多，这些侗族乡民不仅有充裕的时间欢度各种传统节日、走亲访友，每天还可以从容地"行歌坐月"，传承侗族大歌和侗戏。

按照侗族传统稻作农艺的要求，体力劳动和畜力投入虽然很大，但能源投入极低。在黄岗侗寨，我们观察到所有传统生产项目几乎不需要化石能源投入，却能够为黄岗侗族社区之外的其他民族以原木、薪炭、食品等方式提供大量的生物能源，不仅如此，还能为其他民族提供水能资源储备，因而侗族的传统稻作农艺是一种最节能的生产手段。随着我国即将面临化石能源短缺的困境，侗族的传统稻作农艺肯定比当前世人所理解的现代化产业更富于可持续发展潜力，并能够为其他民族提供一定的富余能源。因此，传承和发展侗族的传统稻作农艺，完全符合科学发展观的需要，也有助于我国和谐族际关系的建构。

至于产量问题，我们在上文已做了说明，其结论出乎常人的预料。按照对比和实测，侗族传统的耕作方式，其综合经济效益最高；也就是说，对土地资源的利用效益最高，这样的结论确实叫人难以置信。按照习惯性的思维方式，需对两种观点做出回应：其一是，中国是一个人口众多的国度，粮食

第三章　西部低地的水田灌溉农耕文化

供应的安全是立国之本。侗族的传统种植办法，综合产出虽然高，但对缓解我国的粮食短缺却明显不利。其实这是一种多虑，随着我国人民生活水平的提高，每人每天的稻米食用量迅速降低。目前在都市人口中，稻米的消费量已经低于食物总量的1/3，而动物食品却接近一半。按照这样的趋势发展下去，用侗族的传统生产方式提供的产品，恰好与这个趋势相吻合。鱼、鸭、家畜提供的动物食品正好是都市人群所急需，而且也是未来的时尚。随着我国居民食物结构的剧变，重新大面积启用侗族传统稻作农艺恰好是时代的需求，科学发展观的需要。其二是，有人会说，侗族生产的鱼、鸭、牲畜等大部分产品就地消费，并没有进入市场，这对我国其他居民很难发挥明显的好作用。对待这种诘难，应当从三个层次做出回应。首先，动物食品与植物食品有一个科学的折算量，大致是3—5斤植物食品才能转化1斤动物食品。以此为依据，侗族稻田中产出的鱼和鸭，其实际生产效益还得翻3—5倍，因此他们的生物产品的产出效益比上文的估算还要高。其次，侗族也是我国居民的组成部分，侗族人民对鱼、鸭等动物产品的消费也标志着我国居民总体生活水平的提高。即使未进入市场，也是对国家做了贡献，这一点绝不允许抹杀。最后，说侗族的产出和鱼鸭没有进入市场，也是一个历史现象，并不代表未来。随着旅游业的发展，随着国内食品市场的活跃，侗族社区产出的鱼、鸭、猪、牛等商品率正在稳步上升。目前，在广州等大城市，已经有侗族的腌鱼、酸鸭、皮蛋、盐蛋上市。因此，说侗族只顾自己消费，对国内的食品结构贡献率低是历史事实，但却不代表未来，而且商品率低的责任不在侗族居民，而在于我们的市场运行规则不完善，这恰好是我们需要改进的地方，而绝不是侗族居民的过失。

现代意义上的集约农业和畜牧业为了便于机械化操作和节省劳动力，往往不惜牺牲效益和生态安全，农林牧经营都力求纯而又纯，种植的都是单一品种，耕作地段都得想方设法清除一切伴生生物，畜牧业所使用的草场也靠人工种植有限的几种牧草，其他植物都得清除，畜种也高度单一化。从经营成效看，只要不计算化石能源的投入，确实有利可获，但却在无意中严重降低了生物多样性水平。大量的野生动植物随着集约林场、牧场的展拓而濒临灭绝，由此形成的人为次生生态系统极不稳定，缺乏起码的抗灾能力和自我修复能力。

侗族传统的稻作农艺则不同，由于要尽可能将所有野生动植物派上用场，因而在传统侗族社区，当地所有的生物物种都得到了精心维护，甚至害虫、害兽、害鸟都通过取食手段加以控制，而不斩草除根。这正是侗族社区至今仍生息着国家一级、二级保护珍稀动植物物种的原因。红豆杉、台湾杉、马尾树、紫花泡桐、溪谷含笑等珍稀植物在黄岗村都有生息就是明证。据此可知，执行侗族的传统稻作农艺有利于提高和保持生物多样性水平，甚至不需要国家投资保护濒危物种，只要允许侗族居民按传统方式进行生产，我国政府兑现生物多样性国际公约承诺就可以低成本完成。这对提高我国的国际形象有百利而无一害。而改用集约农牧业要做到这一步，国家还得付出巨额投资才行。两相比较，孰优孰劣不言自明。

三、"分散"与"三规"

自改革开放以来，我国有的经济学家认为我国的企业必须走规模化、规格化和规范化的道路，合称"三规"。不符合这"三规"的生产方式都属于该淘汰的对象。按照这样的论调，侗族的传统稻作农艺自然非淘汰不可了。但我们必须牢记，提倡"三规"并非目的而仅是手段，目的在于既能高效利用资源、提高产品质量，又能精心维护生态环境。因此检验一种生产方式是否该淘汰，应当看目的，而不能追究手段。

倡导"三规"自有可以倡导"三规"的前提，这个前提就是廉价的化石能源供应，然而这个前提就目前国内、国际能源供给形势看，很难具备可持续性。因而提倡"三规"客观存在着一个临界值。如果国际市场上的石油价格超过这一临界值，"三规"要求就将成为历史。而侗族的传统稻作农艺由于不依赖不可再生能源，因而它不仅是可持续的生产方式，而且随着化石能源的涨价，反而会带来新一轮的辉煌。更关键的还在于倡导规模化，其初衷仅在于降低过度能耗，降低劳动力投入，提高专业化水平，从而提高产品质量。然而，侗族的传统稻作农艺本身不存在节约不可再生能源投入问题，而劳动力密集投入又是其固有特征，因而化石能源涨价后，规模性生产对食品生产而言完全失去了意义。也就是说，不仅侗族地区的传统稻作农艺无须淘汰，就连现在已经搞成了集约农牧业的其他民族地区，反而要走回头路，用人畜能源替代化石能源。这样一来，侗族地区的传统稻作农艺在今后不仅不是该淘汰的对象，反而是该仿效的榜样。

倡导"规格化""规范化"的初衷是提高产品的质量和信誉度，既利于行政部门监控，又能使消费者放心。从相关的研究中，我们已经知道，侗族

第三章　西部低地的水田灌溉农耕文化

传统的原木生产和外销，其产品质量和信誉度都不是通过规模生产实现的，也与规范生产和规格制定不相衔接。原木的销售在拍卖环节由侗族的社区和相应的侗款信誉做保证，并在与汉族客商的磨合中达成平衡，在平衡中确立相应的规格与价格尺度。而生产规范由山主和栽手因地制宜地凭借经验积累和适应性创新去加以调控。在积运过程中，经过分级确保产品质量和规格。因而，架空的规定、统一的规范和规格完全没有必要。事实上，在两百多年的木材贸易中因规格质量而带来的贸易纠纷并不严重，这从流传至今的林权契约和碑刻都可以得到证实。事实上，侗族的社区组织、伦理道德观念和侗款的有效性，已经确保了当时的原木贸易的有序进行。期货贸易、有价票据的发行和转让、林权的典当与转让等一系列现代商品流通的要素[①]，在国际市场介入中国前，已经在侗族原木贸易中萌生了。这可以说得上是侗族人民在适应族际环境的过程中，以传统成功地应对了市场规则，"旧瓶装新酒"完全可以达到"三规"所企望达到的目的。总之，即使21世纪化石能源供应短缺，对于农林牧原料生产而言，该淘汰的绝不是侗族的传统稻作农艺范式，反倒是所谓的"三规"。

至于如何与现代科学技术接轨，更是一个有待深入探讨的重大问题。诚然，侗族的传统稻作农艺时至今日与现代科学技术接轨的水平极为低下。然而，不是不能接轨，问题在于如何实现接轨。接轨水平不高的责任不在侗族乡民，也不在于侗族的文化适应能力低下，而在于某些自然科学工作者从先验的偏见入手，先认定侗族的传统稻作农艺落后，因而不屑于考虑在发扬其优势和传统的基础上探讨接轨的可行办法，而是将侗族的传统稻作农艺视为历史的垃圾，将所谓的科技产品强加在侗族乡民头上，以便从根本上摧毁侗族的传统稻作农艺，强行推行化肥、农药并以行政命令推广杂交稻就是在这种错误观念指导下的错误举措。事实上，在侗族传统稻作农艺基本不变的前提下，引进现代科学技术不仅可能，而且会更富于成效和创造性。侗族的传统稻作农艺也有潜力高效地引进、吸收和彻底消化任何意义的科学手段和成果。举例说，我们既然有能力培育出籼稻系列的杂交稻来，并获得了国家的最高奖励，试问为什么不能凭借侗族已有糯稻品种做基因源，培育出既高产

---

① 潘盛之《论侗族传统文化与侗族人工林业的形成》，《贵州民族学院学报》2001年第1期。

又耐水淹、耐低温、耐阴的杂交糯稻来？这种培育一旦成功，侗族的传统稻作农艺完全可以不加改动就能高效产出。这样一来既能保证汉族地区稀缺的稻谷（糯谷或籼谷）供应，又能保证侗族继续发挥传统稻作农艺的一切优势，这不是两全其美吗？可见，目前接轨水平不高并不是做不到，而是我们的科技人员认为不应当这样去搞科研，或者说是他们不屑于这样去搞科研。正像孟子说的那样，为长者折枝，非"挟泰山以超北海"，其所以不为者，非不能也，而是不为也。除了稻种外，鱼种、鸭种、用材林树种、畜种、林副产品原料树种、现代的育种科学技术都存在着海阔天空的应用余地。关键是现有的自然科技的研究取向得认真地改一改，不能靠牺牲传统出成果，而应当靠维护传统求创新。

四、对生态安全的反省

侗族文化对所处生态环境的能动适应，水资源的获取和维护是其中的一个关键环节。有识之士一再提醒我们，全球将迎来极度缺水的时代，而中国更是水资源极度匮乏的国家之一，在不那么遥远的未来，中国必将迎来一个买粮容易买水难的困境。在这样的困境面前，传统珍稀糯稻种植面积扩大，不失为缓解水资源匮乏的可行对策①。笔者在黄岗侗寨对当地的传统生计进行调查时，也同样获得了更有说服力的启示。黄岗侗寨居民的糯稻种植和稻鱼鸭共生系统，以及他们传统生计中林粮和农牧的相互兼容对水资源的储存发挥了重大的榜样作用。但由于学术界对水资源认识和理解上的偏颇，使世人无法看到侗族和谐生计的执行在水资源储养上的特殊贡献。为此，笔者针对侗族传统生计的特点，揭示这个侗族社区中的水资源循环实情，希望借此丰富和深化世人对水资源储养的认识及理解。

目前学术界对水资源的储养和利用存在着重大的认知偏颇，总是习惯于将储养和利用截然分开去加以理解，认定只有森林才有水源储养能力，农田则是水资源的利用单位。因而要缓解我国水资源匮乏，除了退耕还林扩大森林面积外，别无他法，而农业耕作根本不能发挥水资源的储养功能。这种习惯性的认知偏颇，在侗族的和谐生计中不能成立。原因在于，黄岗侗寨所处的地理位置是高海拔的陡峭山区，大气降水除了森林、土壤和深厚的腐殖质

---

① 罗康隆、杨庭硕《传统稻作农业在稳定中国南方淡水资源的价值》，《农业考古》2008年第1期。

第三章 西部低地的水田灌溉农耕文化

层可储养一部分水资源外,绝大多数的水资源短期内会在重力的驱使下,倾泻到江河下游去,这就是通常理解的液态水资源流失。然而,黄岗村的实情则与上述理解针锋相对。这里的侗族乡民为了在陡峭山区稳定种植糯稻,在侗族文化的规约下,其传统稻作农艺在水资源储养的生态维护方面发挥了主要的作用。

首先,村民对天然溪流实施人为生态改性,通过筑坝、改道、挖掘塘堰等手段,顺山势建构起了一整套严密的塘田河渠人为水域体系。就其实质而言,是在高海拔山区人工构筑了大面积的、长期稳定的湿地环境。这样的湿地环境能在原有森林生态系统储养水资源的基础上,大大地提高水资源的储养能力。经测算表明,每亩这样的稻田至少可以在洪水季节储备3400立方米以上的水源,而每亩塘堰至少可以储备5000立方米以上的淡水资源。他们选育出了一批高秆且能长时间耐水淹的糯稻品种。这些糯稻品种与上述人工湿地相匹配,可以确保农耕与丰沛的水资源储养相互兼容。建构起了一套常年储水的农耕体制。在黄岗侗寨,85%以上的稻田都要实施泡冬作业,整个冬季稻田储水深度不低于10厘米,而这样储养的水源,最终都要通过地下水的方式向下游持续补给水源,是缓解旱季下游缺水的文化生态屏障。在黄岗侗寨的稻作农艺中,表面上并不存在高耸宏伟的水坝,但在客观上却可以发挥比兴建大型水坝更有效的水源储养功能。因而,把所有形式的农业生产都视为耗水单位,而不是储养水源的实体,在这个实例中绝对站不住脚。

其次,侗族传统的稻作农艺使水资源的"三态"实现了有序的循环。目前的水文学、土壤学和地理学的研究,习惯于将水资源流失仅仅理解为液态的水资源流失,而没有注意到在地球表面,水资源客观存在着气、液、固三态,而且三态之间可以相互转换。然而,对人类的利用而言,最方便的仅仅是液态水资源。因而,液态水资源转化为气态水资源从而导致人类难以利用,从严格的学术意义上说,这也应当是一种水资源的流失方式,可以总称为"气态水资源流失"。然而,学术界一直对此疏于研究。

在黄岗侗寨的稻作农艺中,稻鱼鸭能复合产出的农田与茂密的森林毗邻共存,稻田完全镶嵌在森林生态系统之中,成为其有机的构成部分,在这样的森林生态系统中,水资源存在着诸多的内循环。随着昼夜气温的变动,稻田中的液态水资源有一部分转化为气态水资源,但却不会逃逸进入大气,而是充盈在森林生态系统中,夜间降温时再凝结为液态水回落到稻田中,因而这样的生态系统，不会明显地表现出水资源的气态流失。再看他们的稻田，由于糯稻秆高超过 1.5 米，而且插秧后稻田的郁蔽期很长，要达到 110 天，甚至更长。而这样的郁蔽期正好处在一年之中气温最高的 6 月、7 月、8 月三个月，在这样的高温背景下，水面不被阳光直射，同样是避免水资源气态流失的最佳对策。强烈的阳光只会转变为生物能储备起来，仅有少部分转化为热能。经我们实测，在黄岗侗寨，稻田上方 2 米处的气温，比周边气象台实测的结果至少要低 10℃，经过换算可以知道，由此而导致的气态水资源流失，起码可以减缓 60% 以上。因而，侗族的传统稻作农艺同时还是抑制水资源气态流失的最佳水资源储养模式。相比之下，城市的高层建筑、高速公路和路面、华北平原随意的土地抛荒等，表面上看似和水资源无关，若与黄岗侗寨的个案资料相对照，不难看出，即使这样的存在形式不再直接抽水利用，但却一直在浪费着巨额的水资源，对中国水资源的匮乏应当承担相应的经济责任。若不合理规划与开发利用，中国的水资源匮乏将无缓解之日。总之，认识和理解中国的水资源形势，不能光看液态水资源的流失和与日俱增的抽取利用，更要看到水资源气态流失可能导致的全国性水资源风险，否则对中国水资源形势的判断不可能全面和准确。

再次，侗族的传统稻作农艺不仅确保水资源量，而且水质也得到了优化。今天的中国，一方面是水资源的极度短缺；另一方面是水体污染，致使看到了水资源却无法利用。中国三大淡水湖的污染治理，闹腾了十几年尚未收到明显成效就是一个明显的实证。治理见效慢的关键原因在于，治理中没有认真利用生物手段，而是强化物质和能量多渠道循环。但笔者在黄岗侗寨看到的事实却恰好与此相反。

在侗族社区，所有的生产作业和生活上的物质消费，全部纳入了当地生态系统的循环网络之中：人畜粪便直接进入鱼塘，由水生动物进行一级消费；水生动物的粪便再由微生物进行二级消费；会导致富营养化的物质，再由水生被子植物消费，而被子植物的生物体又提供给人、畜消费。整个鱼塘就是一个多途径导通的循环网络，不可能产生任何形式的污染物排入江河水体。鱼塘如此，稻田也不例外。稻田中生活的生物物种，除了稻鱼鸭三个主体外，其他生物物种多达数十种，循环回路多得不胜枚举，对水体的一切可能污染物可以在稻田中完全被降解而实现无害化，最终使得流出黄岗侗寨的液态水全部是优质水。如果全国的农村都能像侗族传统村落那样，那么中国的水资

第三章 西部低地的水田灌溉农耕文化

源达标绝对不成问题。而遗憾之处正在于，像侗族社区这样传统的稻作农艺，在国内的各民族中为数太少，不足以保证中国水体质量的达标。这同样是关乎我国水资源安全的重大问题。在这个意义上激励侗族传统稻作农艺的复兴和推广，也是确保我国水资源安全刻不容缓的对策。

当前的环境科学研究普遍存在的通病在于，将生产环节与治理环节做人为的剖分，一直沿袭先污染后治理的被动思路，结果只能是生产部门片面强调产值的同时想方设法规避环保检查，以至于不得不动用法律手段及耗费大量的人力、物力去实施监管，而监管收到的成效又极其可疑；而侗族传统的稻作农艺则与此相反。在这里，生物资源的高效利用与精心维护都是生产过程中一直处于耦合的两个侧面，一个生产环节的废物，在下一个生产环节已经转化成了资源。资源与废物辩证存在于整个生产体系中，虽不精心安排治理，却可以坐收高规格的治理成效：不仅水体污染得到了妥善的解决，固体废物的降解也得到全面的解决。而收到这一成效的基本前提在于，在这样的稻作生产中，生物物种的多样性并存水平极高，并存食物链回路极其丰富。这才使得在当地生产体制中产生的不管什么样的污染源，都由备用的物质循环渠道去加以降解。

文化人类学由于学科性质使然，有浓厚的兴趣去关注不同民族的传统与现状，因而有可能注意到现代科学技术建构的盲点和误区，进而可以提出发掘利用传统知识、技术和技能的倡导。应当看到，这是一个带有普遍性的主张，不仅对缓解我国水资源的短缺可以发挥明显的成效，还可以揭示现代科学技术建构的缺环，使之趋于健全和完善。在现代科学技术中，与水资源供给关系极为密切的气象学、水文学、地理学、生态学，长期以来，总是在无意中被打上了人本主义的烙印。其研究趋向常以人类的自我感觉为中心，同时忽视了各种物种的生存与人类的生存要求具有某种意义上的共同性，以至于忽视了生物在生存的过程中，必然拥有高效获取水资源及推动水资源再生的禀赋。

上文列举的侗族乡民利用植物汇集雾滴和露珠使水资源再生的手段，以及通过地表多层植被的覆盖抑制水资源气态流失的努力，在生物界其实早就客观存在，仅是我们的研究没有从这一视角去做出分析而已。而特定区域内的各民族出于谋求生存本能的需要，早就懂得仿效自然，巧妙借助生物生存的本能，因而超越了现代科学技术视野，并因此而积累起丰富的经验，形成未来可以获得巨大开发价值的知识和技术、技能的储备。

　　借助于文化人类学这样的学科，展开此类知识和技术技能的发掘利用固然重要，从这样的事实中汲取教训更显得可贵。地球表面的水资源三态既然可相互转换，而在千姿百态的地球表面，由于物质能量分布的不均衡，转换的条件必然在不同地域以千姿百态的方式存在。既然如此，对这样的地带展开深入的研究，创新我们的研究手段，使这种转换能有效地为缓解我国水资源的匮乏做出贡献。这正是笔者从黄岗维护水资源这个个案出发，希望引发的反思。而相应的研究、探索，也是生态民族学最有能力做好的工作。

　　上文提到的测量、水资源的气态流失以及以雾滴和露珠的形式推动水资源的再生，看来应当是气象学、水文学、地质学和生态学今后在研究中必须展拓的新领域。这些学科的研究在这一领域内取得新的进展，将是对文化人类学发掘利用传统生态知识和技术技能的理论支持。只有众多学科的通力合作，我国才能走出水资源匮乏的困境。

第四章　天山南路的绿洲农耕文化

新疆，古称西域，1884 年建省后改称新疆，有"故土新归"之意。人们习惯将新疆以天山为界进行区分，以北为北疆，以南是南疆。南北之分绝非单纯的自然地理分界，也是基于人文生态所做的区分。历史上，天山以北是游牧民驰骋的草原地区，是全球游牧文明重要的发祥地。拉铁摩尔指出，"在天山北麓，有一片重要的草场，阿尔泰山南麓的草场则更加肥美。这些草场可以使游牧人从东到西，或者从西到东，连续地迁徙"。在谈到天山以南时，他以塔克拉玛干沙漠边缘的绿洲环境举例做了说明。他写道："河水从高峻而覆满冰雪的山上流下，它切过低矮的沙梁，流入平地。在平地，它自然地分解为数条河道……"在另一处，拉铁摩尔进一步说："有水的地区野生植物茂密丛生，但可以用火烧的办法或简单的工具清理出田地来。土壤本身也容易耕作，其容易到使塔克拉玛干地区的主要农具只需一个锄头，不仅可以用它耕地，也可以用它掘土挖渠。"① 因此，在天山南路形成了"以农为主，兼营牧业"的定居绿洲农耕文化。这种差异在《汉书》中已有记录，天山南路是"城郭诸国"，天山北路则主要是"行国"。前者指定居从事农业生产之"国"，后者指以游牧为生之"国"。这种区别不仅是地理空间的区别，还是经济生产方式和社会文化体系的区别。

南北差异与绿洲（oasis）的类型息息相关，绿洲有自然绿洲与灌溉绿洲两种基本类型。自然绿洲主要分布在山区，靠较充沛的降水自然形成。自然绿洲有森林，但以草地为主，适合游牧生计，孕育了草原文化。故而，我们对游牧民的印象总是"逐水草而居"，对草原文化的印象总是"天苍苍野茫

---

① ［美］拉铁摩尔著，唐晓峰译《中国的亚洲内陆边疆》，江苏人民出版社 2010 年版。

茫，风吹草低见牛羊"。这是移动利用非平衡分布的水草资源的结果。另一种绿洲是灌溉绿洲，它是人类通过水利设施形成的灌溉农业区域或其他经济活动中心，适宜耕作，成为绿洲农耕文化的沃土[①]。通常所指的"绿洲"就是灌溉绿洲，比如《辞海》中将之解释为"又称沃洲。是荒漠中通过人工灌溉农牧业发达的地方。一般见于河流两岸，泉井附近，以及受高山冰雪融水灌溉的山麓地带"。英文oasis源于拉丁语，指利比亚荒漠中的肥沃土地，维吾尔语则称绿洲为"博斯坦"。绿洲系统有五大特征，即环境上的封闭性、地域上的分散性、存在上的维水性、生态上的脆弱性和气候上的特殊效应[②]。天山南部的库车绿洲是新疆农耕绿洲中面积较大者，总面积达15 000平方公里，而天然绿洲面积约占53.8%。历史上，库车绿洲及周边地区是龟兹国所在地。《大唐西域记》中记载"屈支国……宜糜麦，有粳稻，出蒲萄、石榴，多梨、柰、桃、杏，土产黄金、铜、铁、锡、铅"[③]。库车的人工绿洲和天然绿洲相比，前者略小于后者，但却是人口主要的分布区，这是龟兹农耕文化的发祥地。大体来讲，库车绿洲是天山南路绿洲的缩影。

第一节 天山南路绿洲的自然生态与人文生态

新疆的地理特征是"三山夹两盆"，新疆最北部为阿尔泰山，中部为天山，最南部为昆仑山系。阿尔泰山和天山之间为准噶尔盆地，天山和昆仑山系之间为塔里木盆地。天山以南、昆仑山系以北，称之为南疆。从地理上看，南疆指天山以南的广大区域，主要包括中天山及山间盆地、南天山、昆仑山、塔里木盆地和吐鲁番—哈密盆地（本章简称吐哈盆地）。

一、天山南路绿洲的自然生态

南疆位于亚欧大陆腹心，四周为天山（南坡）和昆仑山（北坡）两大山系环绕，中间为塔里木盆地及其塔克拉玛干沙漠；山地占总面积的47.3%，沙漠占21.1%，山前平原（盆地边缘）占21.6%，其他地貌占10%。按照地貌环境进行分类，南疆可以分为塔里木盆地、吐哈盆地以及巴里坤台地两大系统。塔里木盆地位于天山和昆仑山两大山系之间，跨越北纬37°和42°之间

---

① 刘甲金、黄俊、王宁著《绿洲经济论》，新疆人民出版社1995年版。
② 钱云、金海龙等著《丝绸之路：绿洲研究》，新疆人民出版社2010年版。
③ 〔唐〕玄奘、辨机原著，季羡林等校注《大唐西域记校注》，中华书局1995年版。

第四章 天山南路的绿洲农耕文化

的暖温带。南北最宽距离 520 公里,从西部弧顶喀什到弧边罗布泊长达 1300 公里。平原地势由南向北倾斜,由西向东微倾。昆仑山北缘海拔 1500—1400 米,在天山南侧降低至 1000—1050 米,东部罗布泊最低为 780 米。塔里木河自盆地西侧由南向穿越盆地中间,然后沿着天山南麓向东流去,至下游则转向东南,最后注入台特马湖。塔里木河是盆地中重要的河流,在天山南麓向东流的过程中组成了宽达 60—80 公里的现代冲积平原。塔里木河平原以南的广大空间是浩瀚的塔克拉玛干沙漠,面积约为 330 000 平方公里。盆地周围山麓有倾斜的砾石、碎石平原,宽 30—1010 公里,有地下水和河水灌溉之地便是人类居住生活的绿洲。

塔里木盆地的地貌从外向内依次为山地及山间盆地、河流及山前冲积和洪积平原、沙漠三种类型。适于人类生存的绿洲主要位于山前冲积和洪积平原。

塔里木盆地的东部山地是阿尔金山,位于新疆东南,是塔里木盆地与柴达木盆地的界山,东北方向延伸,海拔 3000—4000 米。阿尔金山山顶有常年积雪和现代冰川发育,北坡有瓦石峡河、若羌河、米兰河。盆地南部山地是昆仑山,位于盆地与藏北高原之间,从帕米尔高原向东延伸至阿尔金山,平均海拔 6000 米以上。昆仑山西部在 600 公里距离内有盖孜河、叶尔羌河、提孜那普河、喀拉喀什河、玉龙喀什河等五大河流。洛浦以东 1200 公里以内只有克里雅河、尼雅河和车尔臣河三条,水量也远小于西部的河流。盆地的西北山地是帕米尔高原,它是昆仑山与天山的交接部分,平均海拔 7000 米以上,分布着古冰蚀盆地和冲积盆地。帕米尔高原海拔高,山顶积雪四时不化,由冰川补给的盖孜河切成山谷,奔流而出。盆地西北部和北部山地是南天山,西起帕米尔高原,东至库尔勒附近,海拔在 5000 米左右,有柯坪盆地、拜城盆地和尤尔都斯盆地。邻近柯坪盆地南北山麓断裂线上有泉水溢出,盆地东段的布拉克苏河水量较多。拜城盆地位于克孜尔山脉和秋里塔格山脉之间,砾石层中储藏着丰富的地下水。尤尔都斯盆地位于那拉特和哈尔嘎特山脉之间,狭长的开都河将大小尤尔都斯盆地连接起来。天山山顶的冰川积雪融化成了托什干河、阿克苏河、木扎提河、开都河等著名河流,水量较大,成为塔里木河主要的支流。

河流及山前冲积、洪积平原是绿洲农业主要的分布区,也是人类活动的主要场所。盆地东部是孔雀河下游河谷平原、塔里木河下游平原和罗布泊湖

中国西部民族文化通志　农耕卷

盆地及台马河湖平原。孔雀河下游北岸是库鲁克塔格山南麓的狭长洪积平原，气候干燥，地表无径流，不利于农业发展。南岸是雅丹地形，亦无法从事农业。塔里木河下游是群克以南的狭长河谷草原，适合牧业发展。罗布泊和台马河湖平原历史时期水利充沛，是古代农垦和人类活动频繁的区域。盆地南缘是昆仑山—阿尔金山北麓平原，这是由大小不等的洪积扇联合组成的砾石漠平原，西起叶城西，东至若羌东的大红山，堆积层厚，地下水充沛，部分渗透带暴露成为绿洲灌溉的主要水源之一。该区平原自东而西分别是车尔臣河谷平原、且末—若羌山麓倾斜平原、和田—于田山倾斜平原、叶城—和田倾斜平原。车尔臣平原的且末至塔提让之间是三角洲平原，排水量好，是旧灌溉农作区。且末—若羌山麓倾斜平原的河流流经之处成为农牧业发展之地。和田—于田山麓倾斜平原在泉水渗透带上的大河沿岸分布着不相联系的小绿洲，玉龙喀什河和喀拉哈什两大河流组成的三角洲平原分布着较大的绿洲。盆地西缘是叶尔羌—英吉沙平原和洪积平原，是克孜尔河、盖孜河、岳普河、叶尔羌河等河流冲积形成的复合三角洲平原，由喀什三角洲平原、英吉沙山麓平原、叶尔羌中游平原和叶尔羌河流下游平原组成。这些平原土质优良、地下水位低、水源充足，是绿洲农业主要分布区。盆地北缘是天山南麓平原，这里天山河流搬运下来的沉积物形成了山麓缓倾斜平原，包括阿克苏三角洲、渭干河—库车三角洲、库尔勒三角洲和塔里木河冲积平原。这些地区土层沉积较厚，热量充足，可垦面积大，是绿洲农业重要的分布区。

沙漠是塔里木盆地第三种地貌类型，连片沙丘东西绵延 1200 公里，沙漠内部地区有一些沼泽分布，适于红柳等植物生长，不适于农耕。

南疆东部是吐哈盆地，是天山东段南麓的广大地区，一个封闭的、北高南低的山间盆地。吐哈盆地位于博格多乌拉山和觉罗塔格山之间，由于受到新构造运动的影响，盆地南部的大部分都位于海平面以下。在博格多乌拉山和前山之间是巨大的洪积扇，前端是细土质的山麓倾斜平原，是包括鄯善、连木沁等在内的吐鲁番盆地绿洲之所在。前山带北沿的泉水，是吐鲁番盆地农业灌溉的源泉。盆地南部火焰山前的鲁克沁、色尔克普沟、苏巴什沟、木头沟等河流的干三角洲连成一片成为泥质细土平原，盆地西部的白杨河、阿拉沟构造成托克逊冲积平原，两者是吐鲁番盆地最主要的农业区。哈密盆地位于吐鲁番东面，北高南低，东北向西南倾斜，北部是天山南坡，为冲积倾斜平原，中部为地势平缓、土地肥沃的洪积平原。吐哈盆地西南部是焉耆山

第四章 天山南路的绿洲农耕文化

间盆地，西北向东南倾斜，开都河与和静河汇入盆地东南角的博斯腾湖。盆地西半壁是开都河三角洲，土质较细、水量丰沛，是著名的农垦区。

对这些地貌、河流与绿洲的关系，日本学者松田寿男说得再清楚不过。他在《古代天山历史地理学研究》一书中指出："汇集了无数峡谷溪水倾泻下来的无数河流，大多是流到山麓，在靠近山脚下的沙漠时便立即被干燥的沙粒所吸收而失去了河道。这就是所谓的'没有尾巴的河流'，它在沙漠中消失的地方就形成了绿洲。"[①] 下面进一步对南疆的水土资源、光热资源、森林资源略做介绍，这些信息是认识南疆绿洲农耕不可或缺的背景性资料。

新疆是典型的干旱地区，大气降水总量 2456 亿立方米，形成 857 亿立方米的水资源总量，加上从外地流入的 88 亿立方米河川径流量，实际可用水资源总量为 945 亿立方米，而和绿洲密切相关的河川总径流量为 88 亿立方米。在总流量中，南疆约占了一半。南疆土地面积比北疆土地面积大一倍，南疆平均年径流量深度仅为北疆的一半。塔里木盆地常年有水的河流 144 条，南疆 9 条河流径流在 10 亿立方米以上（径流量 263.97 亿立方米），其中叶尔羌河径流量 64.6 亿立方米、阿克苏河径流量 73.05 亿立方米、和田河径流量 43.75 亿立方米。就土地资源来看，历史时期开发迟缓，大规模农田开发始于清代。全疆农用土地面积 6340 万公顷，其中耕地有 409.18 万公顷，南疆占比略高于北疆。

南疆地区水源主要有三种形式，利用地表水的有河水、泉水，利用地下水的有坎儿井。吐鲁番、哈密地区属于以坎儿井为主的灌溉地区，坎儿井水量稳定，冬季还有冬闲水，有利于发展冬麦。河水灌区主要来源有二：一为雪水供给，二为泉水供给。河水特点为春冬两季水量缺少，而洪水期的早晚取决于当年气温的高低，一般 6—7 月为洪水期，因此春季缺水为河水灌溉地区特点，也是农业早春缺水的原因。泉水较为稳定，冬季尚有水，但水量不大为其缺点。河水灌溉区焉耆—库尔勒地区为开都河及孔雀河灌区，水源充足，山区还有泉水补给。但由于水源来源主要靠高山消冰融雪，因此很不稳定。开都河年平均流量为 115.63 立方米/秒，6—7 月为洪水期最大流量为 244.5 立方米/秒，枯水期 10 月—次年 4 月水量较小。孔雀河年平均流量为

---

① [日] 松田寿男著，徐俊谋译《古代天山历史地理学研究》，中央民族学院出版社 1987 年版。

36.4立方米/秒，洪水期8—9月水量最大，为56立方米/秒，枯水期11月—次年4月。由于旱期水不多，对早春播种有些影响，但不甚严重。在冲积平原地区，河水如清水河，枯水期4—5月，洪水期6—8月雨水量甚大。塔里木河水源较充裕，其支流中阿克苏河流量最大，6月约475立方米/秒，枯水期10月下旬至次年5月，洪水期7—9月，在作物需水期中是可以满足灌溉需求的，因此发展水稻最有条件。

作为干旱区的新疆，光热资源十分丰富，太阳能辐射量年均为130—150千卡/平方厘米，仅次于青藏高原。以光合有效辐射量来说，南疆和东疆（吐哈盆地）一年为65—75千卡/平方厘米。作为自然条件的优势，南疆日照时间长，塔里木盆地和吐哈盆地的全年无霜期多至7个月左右。全年新疆日照时间长达2550—3500小时，南疆高于北疆。塔里木盆地的年平均气温在10℃以上，略低于我国同纬度地区。吐鲁番城最高气温47.6℃，日平均气温35℃以上的酷热天达100天。南疆各地由于光照充足，太阳辐射强，有效积温高，气温日差大，为农业的稳定发展，特别为棉花、瓜果等作物的成长，带来得天独厚的有利条件，所以在历史上瓜果、棉花远近驰名。

新疆古代森林面积较现在广阔，塔里木盆地南缘，即使如地域不算辽阔的汉精绝国（今民丰县境内的尼雅遗址）亦树木葱郁。米尔咱·马黑麻·海达尔在《中亚蒙兀儿史》中曾有记载，"河谷两岸芦苇丛生，胡杨树、红柳丛漫布，形成茂密的丛林带"。唐玄奘在《大唐西域记》中记载了在于阗（现和田）的所见，都城南十余里、西五六里皆为丛林，东南五六里则桑树连荫。《中亚蒙兀儿史》则说哈实哈儿（今喀什）和于阗的东部和南部，有着"无法穿行的丛林"。斗转星移，这些丛林在历史上被开垦为耕地，大部分沦为荒漠戈壁。1845年，林则徐途经南疆时，尚是"树木夹道""林木茂密"，甚或"白杨高欲参天"。从阿克苏南行至接近叶尔羌的阿克玛拉克一带（距现麦盖提北一百公里左右）"树林荟郁""沿途皆野兽出没之所"，叶尔羌河两岸"胡桐夹道数百里，无虑亿万计"。塔里木河沿岸"古林稠密"，虎豹出没，和田河、克里雅河下游同样如此[①]。19世纪中叶以后，垦殖面积不断扩大，乱砍滥伐不禁，塔里木盆地广泛分布的胡杨林遭到不应有之厄运，不断萎缩。

---

① 殷晴《丝绸之路与西域经济——十二世纪前新疆开发史稿》，中华书局2007年版。

第四章　天山南路的绿洲农耕文化

到 1995 年，刘甲金等人发现新疆森林覆盖率仅为 0.93%，有林地面积仅 2311.5 万亩，南疆情况尤甚。

二、天山南路的人文生态

自古以来，新疆就是一个多民族繁衍生息之所。清代以后，逐渐形成了近代的维吾尔族、汉族、哈萨克族、回族、柯尔克孜族、蒙古族、塔吉克族、锡伯族、满族、乌孜别克族、俄罗斯族、达斡尔族、塔塔尔族等多民族和谐共处的格局。

考古资料揭示出，新疆金属时代上限至距今 4000 年，下限是公元前 2 世纪。到早期铁器时代，由于铁制农具的使用，天山以南的绿洲基本进入定居的绿洲农耕文化阶段。绿洲农耕文化是指天山以南地区以定居方式生产粮食作物，种植林果业的农业文化①。常说的"西域三十六国"主要在天山以南地区，于阗、龟兹、焉耆、高昌、楼兰、疏勒等城郭国的王城有城郭，其他的并无城郭，而是以村为单位。因此，南疆地区为古老农业区，农业人口占绝对优势。据 1957 年统计，农业人口平均约占 80%，纯牧业人口约占 5.6%，城镇人口占 14.4% 左右，其中焉耆盆地为半农半牧区，牧业人口占 18.4%，而吐鲁番、库尔勒、阿克苏地区农业人口占 85% 以上。从商品产值来看，农产品产值占 80% 左右，牧业产品产值占 20% 左右。工业基础非常薄弱，多为农业服务及农产品加工性质的手工业。南疆地区劳动力相对缺乏，对农业发展有一定影响。吐鲁番地区由于棉花种植面积较大，每个劳动力平均负担 35—40 亩地；焉耆地区每个劳动力平均负担 25—30 亩；南疆阿克苏地区，劳动力较为充裕，每个劳动力平均负担在 10 亩左右。

绿洲滋养了生活于此的人民，但同时又强烈地制约了这些地方农耕的发展。在松田寿男看来，限制主要有三个方面：第一，享受不到雨水的恩惠；第二，由于依赖于地下水和河水，所以水量有限；第三，由于水量有限，所以耕地不能无限度扩大②。南疆绿洲在这些方面具有与中国其他地区、印度或日本的农耕社会完全不同的性质。绿洲在一定程度上有由于地理条件所限而造成的孤立性和封闭性，但当地居民依靠与其他绿洲或其他生产地区的交往来突破土地狭小、水量与耕地有限和人地关系失衡的状态。这就是绿洲商业

---

① 仲高《绪论》，载《中国地域文化通览·新疆卷》，中华书局 2014 年版。
② ［日］松田寿男著，徐俊谋译《古代天山历史地理学研究》，中央民族学院出版社 1987 年版。

发达最重要的动力之一，大概也是丝绸之路兴起的动力之一吧。

绿洲自身也起了变化，不仅给绿洲农业社会增加了贸易因素，还扮演了中转市场的角色，起到了商队驿站的作用。绿洲居民不是单纯的农耕民，还兼有了商业民的性质。历史上，现南疆地区是丝绸之路南道和北道中线穿越的地区。南道仍以河西走廊西段敦煌为起点，西汉时出玉门关或关阳，沿罗布泊陷落洼地，经都护井、居庐仓、沙西井等水源供应点，通过白龙堆到达罗布泊（蒲昌海）西的西域长史驻地海头的楼兰绿洲，丝绸之路的南北两道在此分路。南道沿着阿尔金山山前库木塔克沙漠折向西南，经若羌、且末，再沿昆仑山麓继续向西南行至民丰县北、于田、和田、莎车、叶城等多个较大的绿洲，从叶城开始攀登帕米尔高原（葱岭）到达塔什库尔干。丝绸之路北道中线，是三国、两晋在汉朝时北线基础上发展起来的。从敦煌出玉门关向西北，越过300千米长的哈密南部戈壁进入吐哈盆地，沿天山南麓的哈密绿洲向西经鄯善绿洲到达吐鲁番绿洲，穿越干沟进入焉耆绿洲，继而沿天山南麓西进，经轮台、库车、阿克苏等绿洲，再沿着阿克苏河的北支流翻越达尔山口，沿天山西北进入现吉尔吉斯斯坦的伊塞克湖地区。因此，绿洲农业与绿洲行业相辅相成，构建了绿洲农耕文化的另一面。

第二节　天山南路绿洲的古代农业

南疆古代农业至少可追溯到距今4000年左右，然而形成农业区则主要在西汉以后。南疆农业区的形成、发展与汉人来疆和兄弟民族共同发展屯田事业密切相关。两汉和清王朝是汉人在新疆屯田规模最大的两个时期，也是农业区重要的历史发展阶段。在南疆农业区的形成过程中，绿洲地区有利于农业的光热水土资源组合是农业区形成的物质基础，其中水资源是重要的制约因素[1]。

一、绿洲农业的历史脉络

考古发现，在距今4000年左右的孔雀河古墓地中，完整保存着小米颗粒，其出土的编织物中证实使用了大麻纤维；在距今3000年的哈密五堡古墓地中，有用粟制的小米饼及青稞；在帕米尔东麓疏附县的乌帕尔等地的新石

---

[1] 陈家其《南疆农业区的形成历史与启迪》，《中国农史》1995年第1期。

第四章 天山南路的绿洲农耕文化

器时代遗址中,还有古代农具、磨石、彩陶和饮食器具①。总之,在距今3000—4000年前,天山南路绿洲已有相当一部分地区出现了农耕。《穆天子传》中有这样的记录,即"土著以白玉食品和酒进献",说明春秋时期南疆的粮食生产粗具规模,且已有酿酒技术了。

《汉书》三十六国中的"城郭诸国"大多应是以农业为主的,包括且末、精绝、于阗、莎车、疏勒、乌垒、渠犁、焉耆、尉犁等。其发展农业生产的地区主要是山麓前洪积扇上的绿洲。一些以牧为主的"国"亦涉及农业,比如楼兰、若羌、西夜、子合等"寄田""籴谷"于邻近农业地区。从人口来看,昆仑山北麓和天山南麓以农业为主的诸国人口最多,占当时南疆总人口的62.7%。其中,龟兹8万人口,冠绝诸国。人口多之地恰分布在沙漠边缘的绿洲上,是南疆最理想的农业经营区。《后汉书·班超传》中记录了班超对莎车和疏勒两地农业发展的认识:"臣见莎车、疏勒田地肥广,草牧饶衍,不比敦煌、鄯善间也,兵可不费中国而粮食自足。"② 当然,两汉南疆农业发展的动力主要源自屯垦。汉武帝为解决对匈奴用兵时的粮食供给问题,决心在西域推行"屯田戍边"政策。太初四年(公元前101年)汉武帝先后在敦煌以西至罗布卓尔沿途修建亭障和军事据点,又在塔里木河下游的轮台、渠犁一带驻兵屯田,设使者校尉于轮台统辖南疆屯田事业。宣帝地节二年(公元前68年),派遣侍郎郑吉、校尉司马憙将1500名犯人带到渠犁一带大开屯田。神爵二年(公元前60年),匈奴日逐王降汉,汉在乌垒建西域都护府,开始了更大规模的屯田计划,涉及轮台、渠犁、伊循、楼兰、交河、高昌、焉耆、龟兹、姑墨等地。东汉时期,汉政权虽在疏勒、于阗、精绝、楼兰继续屯田,但时兴时废,远不及西汉。两汉在南疆屯田的地区,主要分布在天山南麓和昆仑山北麓东段自然条件优越之地,重点是塔里木河中下游和南疆东部的吐哈盆地、塔里木盆地南缘的尼雅地区。

南北朝时期,中原多战,西域屯田基本荒废,但西域各国农业仍有不同程度的发展。比如《魏书·西域传》载焉耆国:"气候寒、土田良沃,谷有稻粟菽麦,畜有驼马,养蚕不以为丝,维充绵纩,俗尚蒲萄酒。"再比如《梁书·诸夷传》载:"多草木,草实如茧,茧中丝如细纻,名曰白叠子,国人多

---

① 王炳华《新疆农业考古概述》,《农业考古》1983年第1期。
② 陈跃《南疆历史农牧业地理研究》,西北大学硕士学位论文,2009年。

取织以为布。布甚软白,交市用焉。"这些记录说明南疆农作物进一步丰富,已经有水稻、棉花,且已能纺织[1]。出土文书中的一些记录说明,一些王国已经发展出了精细的农业管理体系。比如鄯善王国就设置了司谷、谷吏负责粮食的播种与收获,发展出拦截河流引水灌溉的漫灌技术等[2]。显然,南疆农业在生产技术和作物类型方面都较两汉时期有所发展。

隋唐时期是继两汉后南疆农业发展较快的时期。唐初,玄奘途经焉耆国时,他发现"泉流交带,引水为田,土宜穈、黍麦、香枣、蒲萄、梨、柰诸果。气序和畅"。在玄奘的记录中,南疆引水灌溉已经相当普遍,棉花种植区域也进一步扩展,出现了大量油料作物与园林作物。吐鲁番出土文书则进一步揭示出大量铁制工具和牛耕得到了普遍推广,也出现了农田施肥、轮耕、复播技术的记录。唐统一西域后,亦采取屯田戍边政策,在安西、疏勒、焉耆、天山等地屯垦。有人估计,南疆屯垦耕地约为1800顷[3]。安史之乱后,屯田撂荒,南疆农业区域衰退。宋、元、明时期,南疆农业继承了自唐以来的耕作方式,汉人政权对西域影响不大。即便如此,一些记录还是揭示出农业、酿酒、纺织、玉石加工等手工业都已得到长足发展。马可·波罗途经和田时,记录"这个地方物产丰饶,人民生活必需品充足,产品有棉花、亚麻、各种谷物、酒和其他东西"。

至清代,南疆农业发展迅速,日趋成熟。《西域图志》中记载各地极为重视水利灌溉事业,出现了职司水利、疏浚、灌溉的密喇布伯克,以及伯克之下各村的农管一职。各地人民兴修水利,灌溉农田,确保粮食所需之水源。同时,农具种类齐全,包括耕耘、施肥、收割、脱粒等一整套农具。瓜果蔬菜的种植也进一步丰富,出现了"附郭"菜园地和"远郊"菜园地,商民认垦菜园交税。这说明,南疆蔬菜种植规模扩大,出现了商业化的趋势。当然,清代南疆屯垦是该地区农业发展的重要原因。清平定大小和卓叛乱后,在南疆辟展、哈拉和卓、托克逊、喀喇沙尔、乌什、阿克苏6个区屯兵2877名,屯田49 476亩。同时,清政府在南疆"招民耕种",将旧王族土地或招徕流民安置垦田,将军垦田地分给民众耕种,宽赦战乱中盲从的普通百姓,保障劳动力供应,很快恢复了生产。在统一新疆后,继续设置密喇布伯克掌管水

---

[1] 陈家其《南疆农业区的形成历史与启迪》,《中国农史》1995年第1期。
[2] 陈跃《南疆历史农牧业地理研究》,西北大学硕士学位论文,2009年。
[3] 陈跃《南疆历史农牧业地理研究》,西北大学硕士学位论文,2009年。

第四章 天山南路的绿洲农耕文化

利系统。比如,库车2人、沙雅尔1人、乌什1人、阿克苏7人、赛喇木(兼拜城)2人、喀什噶尔9人、叶尔羌7人、和阗7人等。18世纪晚期,吐鲁番地区水利的一大进步是坎儿井的出现,这是乾嘉时期屯垦官兵为解决气候炎热干旱和吐鲁番地区大规模开垦的人水矛盾而做的创造性发明。耕地进一步增加,道光末年,吐鲁番、阿克苏各有田10万余亩,叶尔羌有田98 000亩,喀什噶尔有田83 298亩,库车有田120 393亩,哈密有田9952亩,和阗有田28 100亩。耕作技艺也大大提高,比如吐鲁番地区植棉时会及时浇水、注意施肥、松土整枝等[①]。

二、作物的演进

亚洲大陆腹地正是荒漠绿洲充分发育的区域,天然的山脉走向,特殊的水文资源,塑造出珠连成带的南疆绿洲。这条绿洲带西接幼发拉底和底格里斯两河中心的旧大陆农业起源地,东段连接以黄河流域为中心的旧大陆另一农业策源地。因此,南疆作物的演进离不开东西农事及经济文化的交流,呈现出农作物佳种东西互引的格局。从作物的角度看,南疆主要包括粮食作物、经济作物与园林作物三种类型。从生计结构来看,更多是混合生计,即农作物、经济作物、蔬菜和果木等皆种植,都是居民生产与生活体系中不可或缺的部分。

表4-1详细列举了见于文献资料或考古发现中不同历史时期南疆作物的种植情况,大体的趋势有两个:一是粮食作物与经济作物的结构比较稳定,但在不同时期略有变化;二是其他作物特别是蔬菜种类在不断增加。也应注意到,一些作物经历了地域上的扩张。比如,棉花应在汉代已种植,文献中初见于魏晋时期,到唐中期又扩展到疏勒、于阗等地。再有,水果类的作物也具有经济交换的价值,比如葡萄加工为葡萄酒,其他水果制成干果等。作物品种的丰富从一个侧面反映了南疆农业在不同历史时期的发展,也为农作物佳种的东西互引提供了佐证。

---

① 陈跃《南疆历史农牧业地理研究》,西北大学硕士学位论文,2009年。

表4-1 不同历史时期南疆作物的品种表

时期	农作物	经济作物	其他
先秦时期	大麦、小麦、粟、穈		
两汉时期	黍、稷、麦、豆	大麻、胡麻、桑、棉花、苜蓿	葡萄、蔓菁、杏、核桃、沙枣、桃、石榴
魏晋南北朝	大麦、小麦、谷、小豆、黑粟、穈、稻、麻、青稞、黑豆	棉花、大麻、桑、苜蓿	石榴、葡萄、瓜、杏、桃、苹果、梅(李)、楒梓、梨
隋唐时期	麻、麦、菽、粳稻、穈、粟、大豆、小豆、黍、荞麦、青稞	胡麻、桑、棉花、芝麻	葡萄、石榴、梨、柰、桃、杏、葱、蒜、韭、芥、蔓菁、苣、胡瓜(黄瓜)、兰香、香菜、葫芦、白菜、楒梓
五代、辽、宋、金时期	大麦、小麦、稻、黍、豌豆、高粱、青稞	芝麻、棉花、桑、苜蓿	大蒜、山葱、洋葱、核桃、杏、南瓜、桃、甜白萝卜、甜瓜、葡萄、李子、木梨、苹果、樱桃、柠檬、无花果、芹菜
元明时期	无明显变化	无明显变化	无明显变化
清朝时期	新增:糯稻、玉米、洋芋	无明显变化	新增:茄子、红萝卜、野葱、黄牙韭、秦椒、胡椒、姜

张波、张纶对绿洲在东西农作物交流方面所扮演的角色曾做过精彩解读。在他们看来，东西亚原始民在新石器时代之初就因地制宜地驯化野生植物，大约距今七八千年已形成各具特色的原始农作物体系。西亚作物系统以大麦、小麦等作为中心，东亚作物系统则以粟、黍、稻为主体。黄河流域起源作物"粟"经绿洲西渐播植中亚西亚，后至于欧洲。孔雀河古墓出土的4000年前小麦和哈密五堡遗址出土的3200多年前青稞穗则是西亚作物东传的证据。东西互引的证据还来自绿洲的经济作物和其他作物。西亚作物东传的还有苜蓿、葡萄、石榴、胡麻、大蒜、胡桃（核桃）、胡豆、胡瓜、西瓜、胡椒、巴旦木等。由于西亚古国文献缺载，东亚西渐作物甚少被记录，但可能比东传作物更多。东方学家劳费尔从文献学和文字学材料考据入手，辩证东西互传有50多种植物之多。大体来讲，南疆绿洲历史上形成的是粟麦为主的作物结构，

第四章 天山南路的绿洲农耕文化

是旧大陆两大农区交汇融合之产物①。

三、生产技术的进步

帕米尔东麓疏附县的乌帕尔等地的新石器遗址中，出土了古农具、磨石、彩陶和饮食器具。然而，直至两汉屯垦之前，南疆农耕工具和技术水平仍然比较低。《汉书·西域传》中描述轮台东捷枝、渠犁时仍说"其旁国少锥刀"。两汉时期的屯垦推动了南疆农耕技术的进步，明确提出为屯垦兵士"供其犁牛"。孔雀河下游汉晋时期营盘古遗址中不见大型农业生产工具，但从印记来看应已有锄、锹之类的工具，并出土了一件铁铧犁。塔里木盆地南缘的尼雅遗址和洛浦山普拉出土了铁镰刀。显然，两汉时期的屯垦将铁制工具引入了南疆，也为当地生产技术的进步奠定了基础。到魏晋时期，楼兰、鄯善地区已大量使用犁，牛耕得到了推广。鄯善王国境内出土的汉文书简中大量记录当时生产工具的一些信息，有锄地、挖地和刨地的锄、锸以及铁镰。这得益于冶铸业由中原传到西域，南疆农业生产效率有所提高。张平认为，现在新疆农民广泛使用的坎土镘（曼）即由锸演化而来②。1964年，吐鲁番阿斯塔纳晋墓出土的《晋墓主人生活图》中出现了叉子、齿耙等四件农具。

两汉时期，甚少有关于南疆农耕耕作制度的记载。魏晋时期，鄯善王国的佉卢文文书中方有一些记录。从王廷到地方形成了一套完整而严密的粮食管理体系，各级行政机关设有司谷司、谷吏，设置司土一职专责官吏土地。因此，鄯善居民不仅在低地耕种，还在高地上播种。当然，能否得到良好的灌溉是作物产量高低的决定性因素，小麦灌溉一般是两三次，有的也是四次③。长期的劳作使吐鲁番的居民对农田的土质等有了较深的认识，比如根据土质和水源远近把土地分为常田（一岁可终两造的田地）、潢田（地势低洼、又近渠潢，或平时由于渠水、潢水的渗透，或在行水浇灌时，易于造成水浸渍的土地）、石田（改造石碛的低产田）、卤田（盐碱地上的田）、无他田（无其他自然灾害的田）、沙车田（沙碛边沿开发出来的田）。另外，他们已经学会了施肥技术，在出土文书中便有"粪十车"的说法。在播植制度上，

---

① 张波、张纶《中国绿洲——东西亚古代农事交流的纽带》，《中国农史》1993年第4期。
② 张平《新疆坎土镘农具的产生及其发展》，《新疆文物》1989年第1期。
③ 陈跃《南疆历史农牧业地理研究》，西北大学硕士学位论文，2009年。

吐鲁番出现了一年两熟制，有"谷麦一岁再熟"之说①。

到隋唐时期，南疆农耕技术进一步发展，在吐鲁番盆地出现了使用大量铁质工具和牛耕的情景。吐鲁番出土文书中提到的农具有大钁、大破钁、中钁、小钁、镰、锄犁等，钁乃是斫地的工具，镰刀则是收割工具。从文书记录的情况看，人们能很便利地购买这些工具。吐鲁番柏孜克里克石窟中出土了一件高昌回鹘时期的铁犁铧，长23厘米、宽19厘米，尖端扁平，铧体两面凸起，被修补过，留有长期使用的痕迹，较汉代犁铧更轻便②。犁铧定与牛耕相伴，《唐西州某乡户口簿》记录该乡427人，饲养的犍牛达146头之多。这从一个侧面反映了吐鲁番地区农业技术的进步。这一时期南疆农耕制度的记录仍主要来自吐鲁番一带，而且关于农田施肥的记载明显增多，甚至还有买粪的记载。耕作制度也趋于成熟。日本奈良宁乐美术馆藏吐鲁番文书《唐开元二年闰二月蒲昌府范阿祚牒为指园临番方始与替、仗备失时事》提供了唐代西州某烽长因意外被打，忘记按时春种，结果只好向上级报告具体情况。这说明，不误农时已经成为该地区管理中的一项内容。另外，轮耕制度也应运而生，唐朝吐鲁番文书中大量出现的"部田"被认为是用来轮作的田地。

至明代，南疆农耕技术应与唐代无大的差异，到清代才迎来了一个新的发展高峰。当时，维吾尔人的农具包括耕耘、施肥、收割、脱粒一整套农具，仅耕耘的工具就有铁犁、犁耙、铁锹等。《西域图志》中记录了南疆的"二牲抬杠犁耕法"，即"双驱骏马勤耕陇，不待天明早唤醒"，"耕不拘牛，骡马与驴皆用"。维吾尔人在播种之后，用犁耙平整土地，用"恰特满"（形似铲，以枣木为柄）掘土开沟引水灌溉，用柳制粪筐运肥，用"鄂尔嘎克"（形似曲刀，纯钢制成）收割稻麦，用簸箕除去谷壳和杂质，等等③。

四、水利系统的进化与创新

对干旱区农业来说，水至关重要，灌溉技术和水利系统的进化是推动农业发展的关键变量。黄文弼在库尔勒至轮台一带发现了汉代至唐代的屯田遗址，写道"古时沟渠田界痕迹，尚显然可见"④。大量两汉时期的遗址都出现了古渠、柳堤的遗迹，比如罗布泊北岸汉朝曾屯垦过的土垠遗址、沙雅县与

---

① 陈跃《南疆历史农牧业地理研究》，西北大学硕士学位论文，2009年。
② 柳洪亮著《新出吐鲁番文书及其研究》，新疆人民出版社1997年版。
③ 陈跃《南疆历史农牧业地理研究》，西北大学硕士学位论文，2009年。
④ 黄文弼著《塔里木盆地考古记》，科学出版社1958年版。

第四章 天山南路的绿洲农耕文化

新和县的多处汉代屯垦遗址。考古工作者还在塔里木河、孔雀河下游尉犁营盘古城西南约2公里的孔雀河北岸发现了灌溉设施，尼雅遗址中同样发现了古代灌溉渠道的遗迹。米兰遗址中发现的水利系统较为完备，古渠与古米兰河通联，全长8.5公里，宽10—20米，其中3—5米宽的大支渠7条，还有其他小渠。干渠线路平直整齐，采用双向灌溉、集中分水的方式，渠道网完整性，均为其他旧灌区所少见①。以上信息表明，到两汉时期，以水渠为主的水利系统已经在天山南路发展起来。

魏晋时期，天山南路灌溉农业进一步发展。《楼兰尼雅出土文书》中有大量关于水利灌溉的记录，比如有"秋溉"一说，即在播种前对土地进行灌溉，又有大麦、小麦、禾播种后进行浇灌的记录。在一些地方甚至专门设置了守堤的兵看护河堤，设置了专门管理水利事业的官员——水曹②。这说明，不再只是引水灌溉，还出现了筑堤截断河流的水利系统。在吐鲁番，水利灌溉的方式仍是"引水溉田"，高昌政权设有户曹、水曹、田曹等管理水资源的官员。到隋唐时期，水利灌溉的记录日益增多，也更加细致。比如，有记录提到农民平时农耕灌田，在农闲时挖井掏渠和维护井渠。在这一时期，仍然是高昌水利的记录更为清楚。从麹氏高昌到唐朝，围绕高昌周围的渠道达51条之多。高昌城北的新兴谷（今胜金口）的山涧水是引水来源，以高昌城为中心，绕城环行，纵横交错，干、支、斗、毛渠形成水渠网络。为维系渠网的正常运作，每年都要差人按时检查和维护。到北宋时，高昌的灌溉方式仍没有明显变化。比如，北宋太宗时期，王延德出使高昌发现"有水，出金岭，导之周围国城，以溉田园"③。回鹘文书也印证了上述记录，记录农田连片分布，以便引水灌溉④。

到元代，吐鲁番、哈密地区的灌溉开始发生变化，原因是该地出现了缺水迹象。《拉失德史》记载："吐鲁番异常缺水，歪思汗在大热天让奴隶们帮着用水壶从井里汲水，然后亲自倒到田地上。"⑤ 到清代，坎儿井出现了，这

---

① 钮仲勋《两汉时期新疆的水利开发》，《西域研究》1998年第2期。
② 陈跃《南疆历史农牧业地理研究》，西北大学硕士学位论文，2009年。
③ 陈跃《南疆历史农牧业地理研究》，西北大学硕士学位论文，2009年。
④ 袁丁《回鹘文社会经济文书选注（一）续补》，《喀什师范学院学报》1990年第2期。
⑤ 米儿咱·马黑麻·海答儿著，新疆社会科学院民族研究所译，王治来校注《中亚蒙兀儿史——拉失德史》（第一编），新疆人民出版社1983年版。

是清朝时期吐鲁番水利发展最突出的特点。坎儿井的来源争议颇多，有三种说法：一种说法是坎儿井源自波斯，随着伊斯兰教在新疆的传播而传播。这一说法已经被多方面的证据所反驳，比如新疆坎儿井与现伊朗的坎儿井具有不同的特点。第二种说法是坎儿井是当地人民为应对引水困难而做出的因地制宜的发明。第三种说法则是坎儿井源自"内地井渠"之法。王鹤亭等人认为，第一种说法不可靠，第二种和第三种说法的可能性较大，尤其是第三种学说的佐证较多①。

坎儿井产生的时间历来有争议，但出现于18世纪70年代到80年代得到了众多事实的支持。1951年蒲熙修访问新疆，在其《新疆纪行》中记载了与坎儿井工人的谈话。根据吐鲁番世世代代做坎匠的塔依尔的回忆，吐鲁番的坎儿井已有一百七十多年的历史，大致应产生于18世纪70年代到80年代初②。关于坎儿井最早的一条史料是和瑛在《三州辑略》中的记录："嘉庆十二年（1807年）五月乌鲁木齐都统和宁案据……又据民人魏良灏等十五家情愿认垦雅尔湖潮地一千三百四十亩，勘垦卡尔地二百五十一亩，潮地每亩交纳租银四钱，卡尔地每亩交纳租银六钱。"③ "卡尔"即坎儿井，因此吐鲁番坎儿井应产生于18世纪晚期，是为解决当地水资源缺乏的问题而做的一种技术创新。有专家经过严密考证和深入研究，认为"吐鲁番坎儿井的灌溉时间距今不过数百年"④。

大体来讲，天山南路绿洲农业在历史时期呈现出了波浪式前进的状态，汉、隋唐与清是三个比较稳定和发展较快、较好的高峰期，其他时间段则处于低谷期。这一趋势既在当地居民的农耕生产中体现出来，也在中原王朝屯垦过程中有所体现。农业的发展离不开屯垦事业，水利与生产技术的进步多源于此。也离不开东西方文明的交流，这在农作物种类及其扩展上体现得较为充分。另外，即便在低谷期，农耕生产的技术仍在渐进式的发展。在历史发展过程中，人地矛盾逐渐显现，边缘地区或不利于耕作的田地被纳入其中。

---

① 王鹤亭《新疆的坎儿井研究》，载钟兴麒、储怀贞主编《吐鲁番坎儿井》，新疆大学出版社1993年版。
② 转引自黄盛璋《新疆坎儿井的来源及其发展》，载钟兴麒、储怀贞主编《吐鲁番坎儿井》，新疆大学出版社1993年版。
③ 转引自陈跃《南疆历史农牧业地理研究》，西北大学硕士学位论文，2009年。
④ 中国科学院新疆综合考察队、新疆八一农学院、新疆农业科学院主编《新疆农业》，科学出版社1964年版。

第四章 天山南路的绿洲农耕文化

不仅如此,水资源紧缺也开始凸显。坎儿井自然是一项了不起的创新或发明,但本质上是适应不断枯竭之水资源状况的技术策略。

第三节 天山南路绿洲的栽培作物

新疆地处欧亚腹地之中心,是东西文明的交汇之地,在东西方作物的传播中起着东西互引的作用。因此,南疆绿洲的栽培作物表现出了丰富性和多样性,还具有地域性差异。从家户的角度来看,作物选择呈现出了明显的组合性特征,即粮食作物、经济作物与园林作物的组合。粮食作物以小麦为主,但在一些地区也有粳稻和水稻,再以高粱、糜子等为补充。自汉以来,棉花和油料作物是南疆最普遍的经济作物。南疆素有"瓜果之乡"的美誉,水果异常丰富多样。直至今日,南疆农户家庭生计都表现出了这种组合性特征。在此,我们利用民国时期和中华人民共和国成立初期少数民族社会历史调查的资料重构南疆绿洲栽培作物的大体面貌。这是认识南疆绿洲传统农耕重要的组成部分。

一、南疆绿洲的耕地与产量

民国时期新疆的耕地面积无准确统计数字,天山南路绿洲的情况更是如此。不同口径的资料提供了新疆的耕地面积,以及耕地面积在不同时期变化的情况。大体来讲,民国时期南疆耕地面积约占全疆耕地面积60%以上。我们首先以相关数据呈现全疆清末民国耕地面积的变化,以南疆绿洲面积最大的两个县——温宿与库车的数据反映南疆的总体情况。

表4-2的数据揭示出,耕地面积的变化在清末民国大体经历了三个阶段,主要受到政府政策和时局变化的影响。同治初年,新疆耕地面积为1360余万亩,这应得益于清统一新疆后屯垦事业的发展。然而,到1885年耕地面积减少了近300万亩,这应是受到了1864年新疆农民起义和之后南北疆战乱的影响。民国初年,杨增新主政新疆,他重视农业,天山南北,先后开辟地有一百数十万亩[①]。1915年,耕地面积恢复到了1862年的水平,但之后又有所减少。1933年后的一段时期,耕地面积急剧减少,这主要是受到了这一时期新疆频繁战乱的影响。据民国二十二年(1933年)统计,全疆耕地面积虽

---

① 廖兆俊《新疆之农村经济》,《西北论衡》1938年第11期。

有 11 434 567 亩，但这些耕地，据当时估计有 680 万亩被三年战乱破坏而荒芜，仅有 460 余万亩耕地，勉强保持生产状态。盛世才统治时期，实行了农业救济和全省春耕总动员，农业有了一定发展，耕地面积遂逐渐恢复。20 世纪 40 年代的动荡则再次导致耕地面积剧减，1945 年局势稳定后又有所恢复和发展，到中华人民共和国成立初期已经达到了 1814 万亩。

表 4-2　清末、民国时期至中华人民共和国成立初期新疆耕地面积的变化表（部分年份）

年份	面积（万亩）	资料来源
约 1862 年	1360	王树楠《新疆图志》
1885 年	1067	同上
1905 年	1174	同上
1910 年	1055	同上
1915 年	1370	民国十二年（1923 年）《中国年鉴》第一回
1928 年	1050	李作潘《最近新疆之经济形势》
1930 年	1263	民国十九年（1930 年）《中华民国统计提要》原资料为 84 124 千公亩，按照 6.66 公亩等于 1 市亩折算而成
1933 年或 1934 年	463	新疆省建设厅第四科《新疆省十年来农林水利畜牧之统计概略》
1940 年	743	同上
1945 年	1701	新疆省政府秘书处《新疆省政府工作报告》
1949 年	1814	新疆维吾尔自治区统计局《新疆维吾尔自治区社会主义建设光辉成就》

温宿与库车两县在南疆农业方面比较有代表性，它们耕地面积的变化也从一个侧面反映了当时南疆耕地面积变化的整体情况（详见表 4-3）。

第四章 天山南路的绿洲农耕文化

表4-3 温宿与库车两县清末、民国时期至中华人民共和国成立初期耕地面积的变化表（部分年份）

年份	温宿县耕地面积（亩）	库车县耕地面积（亩）
1905年	403 225	797 881
1914年	433 189.6	803 909
1915年	433 272	—
1936年	—	756 600
1939年	498 300	—
1943年	—	690 058
1949年	474 800	—

民国时期，新疆粮食总产量的数据也具有不完整性和阶段性差异。阶段性差异应与耕地总面积的变化有关，也明显受到政府政策和时局变化的影响。粮食产量及单产的起伏较大，除了时局的影响外，大概还有自然风险等不可控因素的影响。在一些地方志中，常用"广种薄收""生产粗放"等词描述粮食作物的产量，说明起伏变化大应是一个普遍现象。在此，我们以全疆部分年份的粮食总产量和新疆温宿县部分年份的粮食产量的数据来说明这一问题。

表4-4 民国时期至中华人民共和国成立初期新疆粮食总产量与新疆温宿县粮食产量表（部分年份）

年份	全疆总产量	温宿县	
		总产量（万石）	亩产（石）
1914年	—	38	1.06
1915年	1289万石	—	—
1918年	1374万石	—	—
1932年	2037万石	—	—
1936年	1455万石	—	—
1939年	1977万石	—	—
1941年	—	11.69	0.53
1943年	1114万石	—	—
1945年	588万石	—	—
1948年	—	15.7	0.60
1949年	1303（公斤）	—	—

注：全疆1915年、1918年、1932年各年粮食面积产量均按原资料分作物数汇总而成。在汇总中为求与现行统计口径相一致，大豆计入粮食内，豆类中的其他品种、薯类不计入粮食内。1936—1939年粮食面积产量笔者尚未搜集到正式统计资料，暂用估算数，另列1939年《西北资源》一卷三期载粮食产量数以资对照。

二、南疆绿洲的农作物

在这一部分，我们对南疆绿洲主要农作物的历史，民国时期至中华人民共和国成立初期的分布、播种面积、总产和单产的情况逐一分析。粮食作物包括小麦、稻谷、玉米和高粱，经济作物包括棉花和芝麻、胡麻等油料作物，并对主要瓜果作物的情况进行分析。数据来源包括三个部分：一是全疆不同时期的统计数据，二是温宿与库车两县的相关数据，三是20世纪50年代少数民族社会历史调查时期南疆各地区的调查数据。

（一）粮食作物

1. 麦：小麦—大麦—青稞

麦是世界上最古老的栽培作物之一，小亚细亚及两河流域在距今10 000年前就已开始种植大麦和小麦。在我国，甘肃省民乐县东灰山遗址中发现了距今5000年左右的大麦粒，是最早的大麦标本实物。新疆麦的种植历史亦较长，且分布范围较广，这在最近几十年南疆考古发现中都有印证。这些考古遗址包括距今3800年的罗布泊地区孔雀河下游古墓沟遗址，距今3200年的哈密市五堡克孜尔确卡遗址，距今2800—3000年前的天山南路和静县察吾乎地区，距今2500年前吐鲁番海洋墓地，以及洛浦县山普拉墓地、奎苏、楼兰、罗布泊小河墓地和轮台县卓果特沁、群巴克等遗址。《汉书·西域传》中亦有"自且末以往皆种五谷"之记录，其中便有"麦"。因此，塔里木盆地周边且末以西的绿洲城郭诸国中就已普遍种麦，汉代以后更是在南疆其他地区普遍种麦，到清代麦已成南疆粮食作物的大宗。在此，所指的"麦"主要是小麦，产量很大，如轮台、皮山和沙雅等地的小麦是"大宗出产"。

以种植时间来看，麦分两冬麦（宿麦）和春麦，南疆绿洲以冬麦为主。唐玄奘路过焉耆时曾记录了"宿麦"，种于深秋，播种后放水浇灌，土壤酥润，麦地墒情较好，利于春长。次年8月，麦子便可成熟收割。南疆山地地区亦种春麦，以吐鲁番、哈密地区为主。这两个地区冬季无雪覆盖，春季多风，故多种春麦。

第四章 天山南路的绿洲农耕文化

表4-5 民国时期至中华人民共和国成立初期全疆小麦播种情况表（部分年份）

年份	总耕地面积（万亩）	小麦播种面积（万亩）	小麦播种面积占比(%)	小麦总产量	小麦亩产
1914年	1167	593	50.8	5 866 043 石	0.98 石
1918年	1202	480	39.9	6 913 389 石	1.4 石
1924年	—	480	—	—	—
1932年	1143	471	41.2	762 066 千斤	—
1939年	659	—	—	6 970 909 石	—
1942年	958	696	72.6	4 484 586 石	—
1944年	1605	—	—	658 361 千斤	—
1946年	1640	281	17.1	408 600 千斤	—
1949年	1814	648	35.7	76 162 万斤	117 斤

小麦是南疆主要的粮食作物，播种面积在总耕地面积中的比例应该高于全疆平均水平。像温宿这类地区，小麦播种面积占到了总耕地面积的80%[①]。小麦单产变化幅度较大，温宿县的小麦单产在1914—1948年波动幅度为0.5—1.5石/亩，最大差距达1石。总的来讲，小麦的单产也较低。《新疆通志·农业志》曾指出：全疆种植小麦面积500万亩—700万亩，总产量1.5亿公斤—3.8亿公斤，亩产水平很低，平均仅有30—54公斤（100斤约合1石）。

大麦也是南疆种植的重要麦类。与小麦相比，大麦生长期较短，因此在无霜期较短的一些地区也可以种植，但产量相对较低。史料显示，乌什、焉耆、鄯善、皮山、拜城、喀什噶尔部分地区都有种植，但种植面积应该较小，主要用来酿制烧酒和喂养牲畜。南疆的一些地方还种植青稞，历史上青稞曾被称为青麦。在诸多遗址中，不仅发现了小麦，还有青稞。清代，青稞在以下地区有分布，包括哈密的塔尔纳沁（今沁城）、温宿府、婼羌县、和田直隶州、蒲犁厅、柯坪县、阿克苏、库尔勒和喀什噶尔的塔什伯里克城等地。总之，在诸多麦类作物中，南疆总的种植格局是"小麦为主，大麦和青稞较少"。

[①] 《温宿县志》编纂委员会编纂《温宿县志》，新疆大学出版社1993年版。

2. 稻

与麦相比，南疆绿洲稻的种植时间相对较晚，分布范围亦较窄。栽培稻的记载首见于《魏书·西域传》，说"焉耆国……气候寒，土田良沃，谷有稻粟菽麦"，"龟兹国……物产与焉耆略同"，"疏勒国……土多稻、粟、麻、麦"，于阗国也种植水稻。文献表明，汉唐时期，西域水稻主要分布在今天塔里木盆地的北缘、西缘和南缘（且末以西）的诸多绿洲之中。就水稻的品种而言，主要是粳稻。粳稻比较适合高纬度或低纬度的高海拔地区，谷粒不易脱落，耐寒，耐弱光，与南疆的水土、气候条件相适应。水稻的品种自清代以后发生了变化。《新疆志稿》记载"米产阿克苏者良。粒长色白，味甘而糯"。这应是一种新品种。清代，水稻播种的地域进一步扩展，英吉沙尔、叶尔羌、沙雅尔、库尔勒、喀什噶尔的阿图什回城皆有。到民国时期，南疆的阿克苏、莎车、和阗和喀什皆有水稻的种植，阿克苏是南疆最重要的水稻主产区。在栽培技术上，左宗棠收复新疆后留下的湘籍军士做出了重要贡献，有"湘人善艺稻，深耕灌溉，亩收十钟"的记载。

表4-6 民国时期至中华人民共和国成立初期全疆稻谷种植情况与新疆温宿县稻谷种植情况表（部分年份）

年份	全疆			温宿县		
	播种面积（亩）	总产量	亩产量	播种面积（亩）	总产量（石）	亩产量（石）
1914年	563 744	505 318 石	0.941 石	48 900	144 000	2.95
1918年	527 904	554 297 石	1.05 石	—		
1932年	1 676 000	358 717 千斤				
1942年	693 734	892 880 石		55 660	33 399	0.60
1944年		182 856 千斤		56 700	43 360	0.76
1946年	833 000	967 000 石	116 斤	105 000	83 500	0.79
1948年	—			60 200	30 100	0.5
1949年	637 300	11 386 万斤	179 斤	—		

除了伊犁和米泉以外，全疆稻谷生产主要集中在南疆。因此，全疆的整体情况在很大程度上就是南疆稻谷种植情况。民国时期，稻谷的种植面积在一段时间中增长非常快，但增幅很快下降，然后再度增长和下降。这一趋势与小麦的情况类似，原因也是共同的，事实上这应是全疆作物种植在民国时

第四章 天山南路的绿洲农耕文化

期的一个普遍情况。从单产的角度来看，与小麦没有大的区别，温宿县的数据说明单产维持在较低的水平。1914年温宿县的数据应该不准确，与全疆的情况和之后几十年的情况相差甚远。亩产低下是全疆粮食生产的另一个普遍情况，说明在技术上长久未有突破。库车县水稻种植的数据比较匮乏，仅有1914年的数据。这一年，库车水稻种植面积为4349亩，产量达6258石，亩产1.5石。

3. 玉米

玉米，禾本科玉米属植物，原产于美洲的墨西哥和秘鲁，明代传入我国，被称为番麦、玉麦、苞米、珍珠米、苞谷、玉蜀黍和棒子等。至迟到乾隆二十八年（1763年），玉米在新疆已有种植。到道光后期，玉米种植仍然较少，南疆的库车和哈密有小规模种植，哈密地区百姓日常饮食中就提到了苞谷。直到光绪年间，玉米才在南疆逐步推广。1876年，俄罗斯军官库罗帕特金在喀什噶尔看到当地居民主要种植玉米，喀拉沙尔的居民也有种植。光绪末年，南疆的25个府州县厅除吐鲁番、鄯善、柯坪、蒲犁、巴楚外，其余都有种植，占南疆地方行政区的八成以上。疏勒玉米种植面积较大，年产苞谷11万石，仅次于小麦而高于稻谷。轮台苞谷则产12 000余石，伽师县苞谷产8万余石。玉米在诸多地方成为大宗，仅次于小麦。在很多地方，玉米不仅是重要的粮食，也被广泛用作牲畜的饲料，还外销他地，甚至成为储备粮。和阗直隶州自光绪十三年（1887年）起，"众户民捐集包谷，建立社仓，每年借出五成，照章取息一斗，计捐八千四百六十石"。到光绪三十四年（1908年）止，"其实存一万九千五百九十二石有零"[1]。清后期，南疆玉米广泛种植的原因是玉米高产，其产量高于小麦和水稻的产量。光绪末年，据俄国人鲍戈亚夫连斯基记录，喀什噶尔玉米收获是籽种的30—40倍，高于小麦收获是籽种的9—15倍、大麦收获是籽种的12—16倍和水稻收获是籽种的8—18倍[2]。

表4-7的数据显示，民国时期至中华人民共和国成立初期玉米种植面积也几经波动，到1949年已经超过396万亩。从产量来看，确实比小麦和稻谷高出不少，这应是玉米种植面积进一步扩展的主要原因。这一趋势也代表了南疆玉米种植情况的变化。相关研究表明，玉米种植遍布南疆各地，其中莎

---

[1] 陈跃《南疆历史农牧业地理研究》，西北大学硕士学位论文，2009年。
[2] ［俄］尼·维·鲍戈亚夫连斯基著，新疆大学外语系俄语教研室译《长城外的中国西部地区》，商务印书馆1980年版。

车区最多,达到了1 009 759亩,其次是阿克苏区的720 607亩。仅莎车、阿克苏两地就已占到了全疆玉米种植的四到五成[①]。

4. 杂粮作物

除了麦、稻和玉米这些大宗粮食作物外,南疆历史上还普遍种植粟、黍、高粱和大豆等粮食作物。《新疆通志·农业志》对杂粮作物的情况略有记录,每年种植小杂粮100万亩左右,约占粮食作物的1/10,产量4500万公斤—7500万公斤。民国三十三年(1944年),杂粮578 080亩,产糜子628 153石、荞麦80 000石、蚕豆71 345石、扁豆58 745石[②]。在此,我们对这些作物的历史和民国时期至中华人民共和国成立初期的种植情况略做介绍。

表4-7 民国时期至中华人民共和国成立初期全疆玉米种植情况表

年份	播种面积(亩)	总产量	亩产量
1914年	2 825 008	5 625 360石	1.991石
1918年	3 409 864	5 327 729石	1.582石
1932年	2 638 000	592 789千斤	—
1942年	3 428 513	3 592 815石	—
1944年	—	44 265千斤	
1946年	968 000	136 400千斤	138斤
1949年	3 962 900	58 122万斤	147斤

黍,俗称糜子,是禾本科一年生草本植物,耐旱、生长期短、栽培历史悠久,是我国传统的"五谷"之一。南疆黍的种植历史至少可追溯至汉晋时期,楼兰、民丰尼雅、和田洛浦山拉、罗布泊小河墓地、鄯善三个桥村遗址、吐鲁番海洋遗址中皆有发现。唐初,种植范围扩至焉耆、龟兹和高昌等地。至清代,黍仍有种植,用以喂养牲畜或酿酒。清末以后,黍的种植范围大大缩小,仅在吐鲁番、哈密、喀什噶尔等地有种植,南疆其他地区只有零星种

---

① 李洁《民国时期新疆南疆地区的绿洲农业变迁研究——以温宿、库车两县为例》,兰州大学硕士学位论文,2004年。

② 李洁《民国时期新疆南疆地区的绿洲农业变迁研究——以温宿、库车两县为例》,兰州大学硕士学位论文,2004年。

第四章 天山南路的绿洲农耕文化

植。1942—1948 年，温宿县黍的种植面积近 2000 亩，亩产为 0.8 石①。

粟，即小米，以耐干旱和贫瘠而著称，是我国古代重要的农作物。南疆粟的种植历史可上溯至距今 3000 年前，哈密五堡古墓地遗址中出土了大量小米饼。此外，哈密、焉耆、和静、和田等数个古代遗址中也发现了粟。至隋唐时期，哈密、高昌、焉耆、龟兹、疏勒、莎车、于阗、鄯善等绿洲皆有种植。直至清末，粟因产量不高，种植面积不断萎缩，南疆已很少种植粟了。

高粱又名蜀黍、芦粟等，喜温暖、抗旱、耐涝，可适应盐碱地，是南疆普遍种植的重要粮食作物。焉耆县内汉代萨尔墩旧城遗址中发现了高粱等农作物，焉耆唐王城中也出土了一些高粱实物。大体来讲，高粱在历史上主要分布于吐鲁番盆地和塔里木盆地的北缘绿洲地区。至清代，高粱在南疆的种植区域由塔里木盆地扩大到哈密地区。高粱主要用于酿酒。民国时期，全疆高粱播种面积变动较大，但大体在 30 万亩—40 万亩之间。根据《新疆农业》（第 8 辑）的记录，1918 年全疆高粱播种 323 348 亩，亩产 0.75 石。1946 年，播种 386 000 亩，亩产 140 斤。到 1949 年，播种面积增至 429 800 亩，亩产提高至 197 斤。

豆，古时称菽，是我国古代原产农作物之一，汉代之前南疆就有豆的种植。到清代，新疆种植的豆类，品种有大豆、黄豆、黑豆、绿豆、蚕豆（胡豆）、豌豆、扁豆、豇豆和刀豆等。在温宿县，豆类一般与玉米混播或间作，单独播种面积很少，套种的主要是豌豆、绿豆和蚕豆。1914 年，温宿县豌豆种植 698 亩，收获 3491 石，每亩平均收 5 石左右②。

（二）经济作物

南疆各地的经济作物主要有两种类型：一是以棉为主的纤维类作物，二是以芝麻、胡麻为主的油料作物。两种作物在南疆都有悠久的种植历史，在南疆居民生活中都扮演着十分重要的角色。

1. 纤维类作物：棉花—大麻—桑树

棉花，古称贝吉，柔软、产量较多，原产于外国。塔里木盆地考古发掘资料表明，东汉时期就已有棉织物，在尼雅、楼兰古城、尉犁县营盘古墓群等都有反映，这说明新疆乃是我国植棉最早的地区之一。棉花种植的文献记

---

① 李洁《民国时期新疆南疆地区的绿洲农业变迁研究——以温宿、库车两县为例》，兰州大学硕士学位论文，2004 年。
② 《温宿县志》编纂委员会编纂《温宿县志》，新疆大学出版社 1993 年版。

录甚多,《梁书》中称棉花为"白叠子",有"国人多取织以为布。布甚软,交市用焉"。这说明,棉花种植应已经比较普遍,不仅自用,还投入市场,进行贸易流通。棉花种植初多见于高昌,到唐时在疏勒、于阗等地亦进入文献记录之中,之后进一步在南疆诸城种植。到清代,棉花已经遍布南疆各地了。从《新疆图志》卷二八《实业》中记载的情况来看,除了拜城和蒲犁无种植外,其他地区都已种植,在皮山更是形成了"逐户皆种"的格局。清末,棉花已经成为南疆最重要的经济作物,并有鄯善棉花年产50万斤、疏勒棉花年产30万斤、和阗棉花年产13万斤、轮台棉花年产2万斤、伽师棉花年产30万斤—40万斤、巴楚棉花年产5万斤,根由焉耆库尔勒村棉花年产3万斤的记录①。清代迁入新疆的移民也植棉,有记录为证:"鄂人工植棉,所树之棉较土人繁茂,尤擅长扎花。"在南疆诸地中,吐鲁番棉花质量最好,新平县和轮台县的棉花质量也颇高。

表4-8 民国时期至中华人民共和国成立初期新疆棉花种植情况表

年代	面积(亩)	总产量(斤)	资料来源
1918年	400 252	2 093 787	民国十二年(1923年)《中国年鉴》第一回
1932年	850 000	21 148 000	民国二十二年(1933年)《中国年鉴》据国民政府主计处调查资料,原注缺10县统计
1942年	625 673	28 338 000	民国三十二年(1943年)《国民政府年鉴》;省建设厅第三科统计
1946年	886 155	22 912 641	面积据新疆省建设厅《新疆省农业建设五年计划》;产量据民国三十五年(1946年)《国民政府年鉴》
1949年	501 200	10 140 000	新疆维吾尔自治区统计局《新疆维吾尔自治区社会主义建设光辉成就》

民国时期,新疆棉花种植面积起伏较大,其中以1932年和1946年为多,都达到了80万亩以上。因棉花喜温和生长期长的特征,直到20世纪90年代初,新疆棉花仍主要分布在南疆。因此,民国时期全疆棉花种植情况事实上反映的主要是南疆棉花种植的情况。民国二十七年(1938年),苏联乌切瓦

---

① 陈跃《南疆历史农牧业地理研究》,西北大学硕士学位论文,2009年。

第四章 天山南路的绿洲农耕文化

特金《1938年南疆农业调查》中记录吐鲁番、鄯善、库尔勒、阿瓦提、巴楚、麦盖提、莎车和喀什等地种植了美棉品种，亩产53.5公斤籽棉，比当地品种的亩产高了7公斤①。温宿县1914—1948年的数据显示，棉花的亩产非常不稳定，低至0.05石，高至0.6石。就全疆的整体情况来讲，亩均产量在17.5—31.8斤。1947年，《新疆概述》中以阿克苏区为例，棉田亩数94 101亩，产量1 688 519斤，亩产约17.9斤②。再以库车为例，至1949年该县种棉花4.3万亩，皮棉亩产仅5.99公斤。

棉花是南疆居民最常用的纺织物，其他纺织物还有大麻和蚕丝。大麻是一年生草本植物，茎、秆可制成纤维，籽可榨油或食用。新疆地区大麻种植时间较早，多个汉晋时期的墓葬中都有发现。《魏书》《北史》和出土文书中都有关于麻的记载，比如说于阗国"土宜五谷并桑麻"。《新唐书·西域传记》中描述龟兹时，说"土宜麻、麦、粳稻、蒲陶"。明清时期，大麻在南疆种植范围大大缩小了，只是在英吉沙尔、叶尔羌和叶城诸绿洲种植。随着棉花的推广，麻逐渐退出了纺织原料行列，被用于制作绳索。南疆植桑的历史亦较早，可上溯至汉代时期，尼雅遗址中就有枯死的桑树。桑叶可用以养蚕，这为南疆缫丝业的发展奠定了基础。魏晋时期的楼兰、尼雅、高昌、焉耆、龟兹、疏勒、于阗皆植桑养蚕。明代，喀什噶尔也植桑养蚕。左宗棠收复新疆后开始在南疆推广植桑养蚕，招聘吴越织工40余人，教授百姓浴种、饲养、分簿、入簇、煮茧、缫丝、轧花、染采诸艺，并对当地的养蚕器具进行改进和完善。借此，南疆的桑蚕业飞速发展，和田境内植桑近200万株，岁销售英、俄两国茧27万斤，约值银7万余两。桑蚕业利润较高，绿洲人民纷纷"栽秧购种，传相传习"。

2. 油料作物：胡麻—芝麻—油菜

胡麻即油用亚麻，是南疆传统的油料作物。天山阿拉沟古墓地发现了胡麻籽，籽粒卵圆形而稍扁，暗褐色，表面光泽③。胡麻籽和胡麻饼还在沙雅县通古斯巴什城附近、汉唐时期的焉耆唐王城、吐鲁番的唐墓中有发现，历代文献中

---

① 《新疆通志·农业志》编纂委员会编纂《新疆通志·农业志》，新疆人民出版社1994年版。
② 李洁《民国时期新疆南疆地区的绿洲农业变迁研究——以温宿、库车两县为例》，兰州大学硕士学位论文，2004年。
③ 王炳华《新疆农业考古概述》，《农业考古》1983年第1期。

也多有记载。清代南疆依然大面积种植胡麻，胡麻不仅可产食用油，还可用来点灯。南疆绝大部分地区皆种胡麻，比如疏勒年产胡麻400—500石，轮台年产5000余斤，伽师年产200—300石，亩均单产为0.6—1.0石。

芝麻也是一种主要的油料作物，可酿酒制酱，为我国原产作物。芝麻又称脂麻、巨胜等。考古工作者在唐代吐鲁番墓葬中出土了实物，回鹘文书中也屡有芝麻的记录。到清代，南疆各地居民对芝麻的认识更加清晰。《回疆志·五谷》载："茎方花淡，红色结角，长七八分，有四积六积者，实有红白二色，取油用。"[①] 芝麻分布比较零散，主要分布在阿克苏、温宿府、鄯善、皮山、拜城和哈密等地。这是因为芝麻"非沙土地不出"，因此南疆人民"不多种"。

油菜是另一种广泛种植的油料作物，是草本十字花科植物，籽粒是制浸油脂原料主要品种之一。油菜在南疆的种植始见于清代乾隆二十四年（1759年），清军在哈密的塔尔沁屯垦种植的农作物中就有"菜籽"，三年后在现鄯善地区军屯区大力推广油菜。在政府的积极倡导下，油菜播种面积日渐增多，改变了原本"胡麻+芝麻"的油料作物结构。清末，新平、轮台、拜城、沙雅和皮山等地皆有种植，轮台出产菜籽油6000余斤，甚至超过了胡麻油。油菜的亩均产量在0.5石上下，不及胡麻高。

另外一些地区还种植了其他的油料作物，比如葵花和红花，葵花亩产达16斤以上，红花的亩产则在150斤上下。

表4-9 民国时期至中华人民共和国成立初期全疆油料作物种植情况表

年代	油料类型	面积（亩）	总产量
1918年	胡麻	338 150	258 596石
1932年	胡麻	224 000	42 554千斤
1942年	胡麻+芝麻	—	325 621石
1944年	油料	—	263 980石
1946年	油菜+芝麻	331 000	500 249石
1949年	—	1 017 000	5749万斤

---

① 陈跃《南疆历史农牧业地理研究》，西北大学硕士学位论文，2009年。

第四章 天山南路的绿洲农耕文化

三、南疆农作物分布的地域性差异

南疆位于天山南麓东经79°—93°27′，北纬40°—42°30′，海拔由于地形复杂，差异悬殊，既有地形陷落于海平面以下154米的吐鲁番盆地，也有山间盆地海拔1200多米以上的广大冲积平原地区。由于北部有天山屏障，地形闭塞，极寒冷气团不易入侵，又距海遥远，海洋水汽无法入达，形成极端干燥炎热、日照常年雨量在100毫米以下而蒸发量在3000毫米以上的沙漠性气候。因地形复杂，各地区气候变化也有悬殊的差异，对农作物种类的分布有一定影响。兹将各地区气候特点与农作物相互关系列出（参见表4-10）。

表4-10中所列地区虽然纬度相差不远，但由于地形复杂，气候变化悬殊，而这又与相应地区的耕作制度和作物分布有密切关系。山间盆地拜城、焉耆由于气候冷凉，无霜期在165天左右，生长期短，年平均温度只有5.8℃左右，因此基本上属于一年一熟的耕作制度。而广大山前冲积平原地区无霜期在180天以上，年平均温度在9℃以上者生长期较长。其中吐鲁番地区无霜期达306天，一年两熟及两年三熟的耕作制度已为事实所证明，复播在这些地区有优越的发展条件。

作物类型的分布与海拔有密切关系，海拔30米的吐鲁番地区，1200米以上的山间盆地地区，作物的分布略有不同，吐鲁番地区由于炎热干旱且旱风多，玉米有不孕现象且生长不良，主要是由于在高温下雄雌穗开花时段不一致，失去了授粉的机会。因此，选择以高粱代替玉米。而棉花的生长却具有非常优越的条件，由于热源丰富，年积温达到5870.5℃，6—8月平均温度达到32℃，同时无霜期稍长，有306天，可以使棉花充分成熟，没有霜害之虞，对长绒棉的发展也提供了良好的条件。而焉耆地区棉花生长不好，霜后花多，为喜低温的甜菜所代替。拜城地区棉花生长不良，发展油菜最为理想。这充分说明了外界环境与作物是密切统一体。农民在生产实践中掌握了这些规律，有利于农业生产。

表 4-10 南疆农作物分布的地域性差异表①

地区	纬度（度）	经度（度）	海拔（米）	年积温	温度℃ 年平均温度	温度℃ 6—8月平均温度	无霜期	日照 全年日照时数（小时）	日照 6—8月日照率	主要作物分布
哈密	42°50′	93°27′	738	4087.5	9.8	27.6	175天	3240.3	71%	小麦、棉花、玉米
吐鲁番	42°58′	42°14′	30	5870.5	14.2	32.2	306	3568.3	80%	小麦、棉花、高粱
焉耆	42°03′	86°34′	1058	3802.9	5.8	17.7	165	3121.8	70%	小麦、甜菜、玉米
库尔勒	41°48′	85°40′	901	4716.5	10.3	26.3	219	3028.3	68%	小麦、棉花、玉米
库车	41°45′	83°04′	1100	4793.8	11.3	25.8	256	2991.7	66%	小麦、棉花、玉米
拜城	41°50′	81°50′	1247	—	—	—	165	—	—	油菜、小麦、玉米
阿克苏	41°10′	80°16′	1030	4296.0	9.7	23.8	184	2622.5	62%	小麦、棉花、玉米

南疆素有"瓜果之乡"的美誉，这得益于该地区特殊的自然条件，包括丰沛的光热资源、光照强、光照时间长、昼夜温差大等。南疆各地瓜果种类繁多，各有特色。西瓜是一年生蔓生草本植物，在南非卡拉哈里半沙漠地区仍有野生西瓜种。西瓜栽培始见于古埃及，一些古墓中发现了西瓜子和叶片。西瓜自非洲向外传播，一支经地中海传至欧洲腹地和美洲大陆，另一支经波斯向东传入印度、阿富汗等地后进入西域及中国内地。西瓜初入南疆时间不可考，但唐初即已在关中盆地栽培。有学者认为，西瓜传入新疆的时间应在东汉之前②。无论如何，南疆西瓜的栽培至迟在唐代之前。五代以前，西瓜被称为寒瓜，后始称西瓜。清代，南疆当地人称西瓜为"塔尔布斯"。乾隆年间，南疆西瓜的主产区仍在吐鲁番地区，到光绪年间西瓜已在哈密、吐鲁番、温宿府、温宿县、焉耆、和阗、皮山、巴楚、洛浦、库车、沙雅、柯坪等地种植。吐鲁番和哈密所产西瓜最好，有"甲于西域"之说。

另一种常见的瓜名为"甜瓜"，如其名，此瓜"其肉与瓤，甘胜糖蜜"。甜瓜是葫芦科甜瓜属中幼果无刺栽培种，也是一年生蔓性草本植物。甜瓜被

---

① 中国科学院新疆综合考察队《天山南路农作物制度问题》，选自《新疆综合考察报告：农业生产部分》（内部资料），1958年。

② 连登岗《我国西瓜种植史探源》，《文史杂志》2000年第4期。

第四章 天山南路的绿洲农耕文化

认为起源于非洲的新几内亚，经古埃及传入中东、中亚和印度，并在中亚演化为厚皮甜瓜。南疆甜瓜种植历史悠久，在吐鲁番县高昌古城附近的阿斯塔纳古墓群中的一个晋墓中发现了半个干缩的甜瓜，种子与现在的甜瓜种子相同。清代，南疆居民仍种甜瓜，名之为"塔特里克喀衮"，类型也逐渐多样化。《回疆志》中对类型的多样化曾有记载："一种皮色青白而或有花斑或有积瓣者，六七月间熟，瓤色或红或白……极甜脆……一种色黄形小而圆，或有瓣有项而子小者，瓤色红黄，软而多水，亦是甚甜……一种形稍长而皮厚，青黄花斑者，瓤亦红黄，但味淡少水……另一种形长而皮粗味涩者，只堪煮食。"① 诸地中，哈密所产甜瓜色味俱佳，土名曰"郭浑"，因"味甘如饴"而"常年配充贡物"，哈密五堡成为著名的"贡瓜地"。尽管哈密甜瓜绝佳，但南疆诸地皆种，并视之为常产。

南疆的葡萄声名远扬，又以吐鲁番的葡萄最为有名。葡萄原产于地中海沿岸，栽培则始于五六千年前的埃及、伊拉克和叙利亚诸地，后传入中亚和东亚地区。南疆葡萄籽种最早见于公元前5—公元前3世纪鄯善县的苏贝希墓地，说明鄯善至迟在战国时期就已有葡萄种植。汉晋时期进一步向塔里木盆地南缘、北缘和南疆东部一带传播种植。随着葡萄栽培之兴盛，且末、精绝一带葡萄酿酒业随之发展，并达到一定规模。出土文书的资料揭示出，葡萄栽培与葡萄酒已是社会经济中收益支付、抵货、流通贸易、税收等重要物资。魏晋之后，吐鲁番的葡萄种植业获得较大发展，优良品种不断出现，面积不断扩大。该地区的葡萄因"皮薄味美"广受中原人士的喜爱。卢向前先生推算整个吐鲁番地区有葡萄田3063亩，占高昌垦田面积的3%—4%②。唐代以后，塔里木盆地各绿洲已是葡萄园遍布之景，葡萄种植进一步精细化——有抽枝、覆盖、踏浆、收拾残枝、埋柱、运浆多道程序。清代，葡萄的品种进一步丰富。《回疆志》中对此的描述颇多，比如"一种色绿而无核，实如黄豆者，味极甘美。一种色紫而小如胡椒者，即玛瑙葡萄也。一种色黑而形长寸许者，一种色白而大者……"③

南疆梨的栽培可能始于魏晋时期，魏晋至唐代的古墓中多次发现梨干。

---

① 陈跃《南疆历史农牧业地理研究》西北大学硕士学位论文，2009年。
② 卢向前《麹氏高昌和唐代西州的葡萄、葡萄酒及葡萄税》，《中国经济史研究》2002年第4期。
③ 陈跃《南疆历史农牧业地理研究》，西北大学硕士学位论文，2009年。

梨树常见于葡萄园中，吐鲁番、焉耆、龟兹等地皆产梨。到清代，梨以"亦回疆之佳果也"而闻名中原。一种皮薄而肉厚，味极甜而多水。此梨产地颇多，但当时阿克苏之克尔品最为多产，成为贡品，年均向清廷上贡200颗。另外，沙雅尔所产的梨也非常有名，历史记载该地"瓜果皆佳，而梨尤精绝"。清末，梨的种植区扩展至南疆的温宿府、温宿县、焉耆、皮山、库车、沙雅、吐鲁番和哈密等地，到宣统年间进一步扩展至鄯善、疏勒、伽师、和阗、洛浦、英吉沙尔和巴楚等地。

石榴也是南疆颇有代表性的水果，古称若榴，原产于波斯及邻近地区，汉晋时经西域传入中原。尉犁县营盘西汉时期古墓出土的人兽树纹织物上有果实累累的石榴树。毋庸讳言，汉代南疆就已有石榴种植了。唐代，石榴多产于龟兹、于阗等地，名为"阿纳尔"。当地人已对石榴的习性和栽培技术相当熟悉，记载如下："树不甚大，枝柯附于干，叶生。种之极易折。其枝盘土中即活。五月开花，红花，实有甜酸二种，……若冬不埋，次年即不结实。"皮山石榴乃新疆之最，喀什噶尔、温宿县、叶尔羌、库车、阿克苏、和阗、吐鲁番和哈密等地皆产。

南疆亦产杏，由中原传至西域，始见于汉代尼雅遗址之中。唐宋时期，吐鲁番、龟兹、于阗等地有产杏的记录。清代，南疆人民称杏为"额噜克"，并说"唯杏早熟，食之沙而甜"。当地人以米熟之——杏干抓饭，煮于面内当醋，亦晒干。杏的主产地较多，有拜城、轮台等。伽师县年产杏仁高达一万余斤。除了东传的杏外，还有自伊朗传入的巴旦杏，可能始于唐代，现称之为"巴旦木"。

与杏一样，桃也是中原传至西域的果物之一，汉代诸遗址中就已有发现。南疆的桃主要是红桃，六七月结实，大如巨杏，色赤无尘，光润无毛，食之甘美，多津液，主产地包括阿克苏、温宿府、婼羌、轮台、和阗、皮山等地。除了东传之"桃"，亦有"胡桃"（核桃）。据传，张骞出使西域，将之带到了中原。楼兰遗址、和田洛浦山普拉汉晋古墓发现了核桃，说明最迟到汉代塔里木盆地南北绿洲已经有了核桃种植。

除了以上水果外，南疆还普遍种植苹果、枣、梅、李、木梨和木瓜，不再赘述。

第四章 天山南路的绿洲农耕文化

第四节 天山南路绿洲的耕作制度与技术

"历年来农民以精耕细作从事农业生产，但由于长期的反动统治，致使本地区农业处于落后状态，解放以来在党的领导下，农业开始有了比较显著的进步，尤其近几年来经过一系列的社会主义教育和农村完成了社会主义改造，人民觉悟大为提高，干劲很大，因此在产量上也有了一定的提高，但由于以往耕地面积的迅速扩大而劳力不足及基本建设脱节的情况下，形成了技术粗放广种薄收。"[①]

在描述中华人民共和国成立前的南疆绿洲农业时，"落后""广种薄收"最为常见。这一方面真实地反映了南疆绿洲农业生产力水平较低的状况，另一方面也带有现代农业对传统农业之偏见。事实上，不同时期的居民千百年来在南疆这片土地上创造了适应当地生态环境的耕作制度与技术，并借此长久地维系着人与绿洲生态环境的平衡关系。在这一节，我们拟对南疆绿洲的耕作制度和技术做一番全面、系统和深入的描述，材料来自20世纪50年代的多份调查报告，这些报告鲜为人所注意。大体而言，新疆耕作制度的演进远较内地为晚。在中华人民共和国成立前的农业历史中，实行着以撂荒轮作和休闲轮作为主体的粗放耕作与绿肥轮作、施肥轮作并存的农作制度。

一、轮作制度

轮作是农业增产措施中重要一环，是对于获得高额而稳定产量起决定性作用的农业综合技术措施之一。南疆的劳动人民在多年生产实践中，在作物轮换中积累了丰富的经验，对农业生产起着一定的积极作用。根据自然条件特点及不同作物生物学特性，一般根据土壤含盐、土壤肥力和地下水情况将地分为1—3等：在地下水低约4—5米以上土壤含盐较轻，土壤肥沃者为一等地，多种植棉花、冬麦之类；地下水位较高约1—3米，盐碱较多，土壤比较黏重，肥沃性较差者被划分为二、三等地，多种植水稻、瓜、红花、胡麻、苜蓿等较耐盐作物。这符合作物生长要求，是合理的作物安排方式。他们还在生长期长、自然条件丰富地区创造了一年两熟、两年三熟以及两年四熟的

[①] 中国科学院新疆综合考察队《天山南路农作物制度问题》，选自《新疆综合考察报告：农业生产部分》（内部资料），1958年。

耕作制度。另外，轮作中基本上都是中耕作物与密播作物换茬，这也合乎轮作的要求。南疆地区轮作方式基本有三种：

第一种是以粮食为主的轮作方式，即小麦—玉米；

第二种是棉粮为主的轮作方式，即小麦—棉花—玉米；

第三种是油料作物为主的换茬方式，即油菜—小麦—玉米+大豆。

第一种和第二种轮作方式普遍应用于广大冲积平原农区，第三种轮作方式为山间盆地、气候较冷的地区采用，为数不多。

《天山南路农作物制度问题》一文曾对南疆地区轮作方式做了详细的分析，指出了传统轮作方式的不足及其原因。该地区连作现象非常普遍，棉花一般为5—6年，多者达40年之久，冬麦也有5—6年，多者达20年，而水稻则年年连作。由于多年连种给农业生产带来一系列的害处，特别在棉花专门化地带，棉花长期连种，造成红蜘蛛、黄萎病的蔓延，给植棉业带来重大的威胁。连年种植的小麦田中，野燕麦蔓延，不易清除，甚至有代替小麦之势，影响小麦产量等为害严重。连作的原因有以下几方面：其一，由于土壤肥力差异，水源分布不均及风沙大的地区，往往由于植棉任务繁重，而不得不连年种植于好地、乡村附近的地、树林四周避风的地，小麦则在差地、村外围风大地区种植，造成互不轮换，各居一方；其二，由于棉花与冬麦衔接不起来而连年种植；其三，在盐土较普遍、地下水较高，或地形低洼地区连年种植水稻，形成水稻单一地区。利用轮歇来作为恢复和提高土壤肥力的手段是该地区有农业以来古老粗放的轮作方式。种植3—10年作物后视土地肥力情况撂荒，只有极少部分撂荒地进行耕作晒土来恢复地力，更没有利用绿肥以半休闲的方式来提高土壤肥力。

该文也进一步对南疆地区轮作方式的改进给出了建议。认为，在土壤肥力较差地区，必须在耕作中多通过作物或绿肥来提高土壤肥力，在水源不足地区应注意水旱轮作。在盐土过于严重地区适当考虑取舍，以少种、高产、多收为原则，全面合理安排作物比例，减少连作现象，加速轮作制度的实现。具体建议见表4-11。

第四章 天山南路的绿洲农耕文化

表 4-11 南疆地区轮作图式及其改进建议表[①]

轮作图式	短期轮作方式	远景轮作方式	备注
棉花—谷物轮作	棉花—玉米（高粱）—油菜（冬麦＋绿豆、花生）	a）冬麦（荞麦）＋苜蓿—苜蓿—苜蓿—棉花—棉花—油菜＋复播 b）玉米（荞麦）＋苜蓿—苜蓿—苜蓿—棉花—棉花—大豆＋玉米（小麦＋绿肥）—棉花—棉花	
水稻轮作	a）冬麦（油菜）＋绿肥—水稻—水稻—玉米 b）春麦＋绿肥（水稻）—春季绿肥—水稻—玉米 c）玉米—冬麦＋复播水稻—春季绿肥—水稻	a）玉米＋苜蓿—苜蓿—玉米—水稻—水稻 b）大豆＋玉米—水稻—水稻 c）油菜＋绿肥—水稻—水稻	水旱轮作、复播绿肥或春季绿肥，以恢复土壤肥力的轮作环节
甜菜—谷物轮作	a）小麦（玉米）＋苜蓿—苜蓿—苜蓿—小麦＋复播秋菜—甜菜—玉米—甜菜 b）小麦（玉米）＋苜蓿—苜蓿—苜蓿—小麦＋复播秋菜—甜菜—大豆—玉米 c）小麦（玉米）＋苜蓿—苜蓿—苜蓿—小麦＋复播作物—玉米—甜菜—蚕豆（大豆、小麦＋绿肥）—玉米—甜菜		
油料—谷物	a）油菜（1—3 年）—冬麦—大豆＋玉米 b）油菜＋绿肥—冬麦＋复播作物	a）冬麦＋苜蓿—苜蓿—苜蓿—玉米（冬麦＋复播作物）—油菜＋绿肥—玉米—油菜＋复播作物—玉米（绿肥）	
饲料轮作	a）精饲料作物＋多年生混合牧草—多年生混播牧草（青饲或干草用）—多年生混合牧草—粒用（青贮玉米）—甜菜（胡萝卜）—块茎类—瓜类（青饲玉米） 玉米＋苜蓿—苜蓿（1—2 年青饲及制干草粉）—苜蓿（3—4 年牧草）—块茎类及瓜类—密播精料作物		

① 中国科学院新疆综合考察队《天山南路农作物制度问题》，选自《新疆综合考察报告：农业生产部分》（内部资料），1958 年。

二、复播①

历史文献中早已提到在吐鲁番这类热源、光照条件较好的地区有复播的传统。然而,哪些地区可以复播和如何复播则缺乏明确记载。20世纪50—60年代,南疆的一些地区有计划地开展了复播的尝试,为认识这一技术在南疆绿洲的使用和推广提供了资料。

南疆地区早春作物主要是小麦、油菜,其中以小麦为主,一般夏收时间在6月下旬—7月上旬,而早霜一般在10月上中旬,两者相隔尚有三个多月,而7—9月平均气温在20—24℃,故复播在热源上是充裕的。表4-12揭示出,南疆地区秋闲时间平均有107天,而复播作物的生长期一般都在70—100天之间,因此对复播生长需要的时间完全可以保证。同时,复播作物收后尚有时间进行秋耕。复播作物一般在10月上旬或中旬收刈,地冻时间一般在11月上旬或中旬,尚有一个月时间进行秋翻等耕作。以上因素表明,南疆地区的复播在技术上是可行的。

表4-12 南疆地区气候与复播季节性的关系表

地区	作物收获期			霜期		7—9月平均气温(℃)	秋闲时间(天数)	结冻期	复播作物生长期(天数)
	冬麦	春麦	油菜	早霜	无霜期(天)				
哈密	中旬/7	中旬/7	—	下旬/9	160—170 180—186	21.0	85	下旬/10	夏芝麻,小白豆、绿豆80—100天
吐鲁番	中下旬/7	下旬/6	—	上中旬/11	230—306	32.3	140	上旬/12	小高粱90—100天
库尔勒	上旬/7	上中旬/7	上旬/7	上旬/10	180	23.3	90	下旬/11	糜子70—76天
库车	上旬/7	中旬/7	下旬/6	中旬/10	185	—	105	中旬/11	洋芋70—100天
阿克苏	上旬/7	—	上旬/7	中下旬/10	195	24.3	115	下旬/11	荞麦70—80天
伽师	上旬/7	—	—	下旬/10	—	—	117	中旬/11	玉米80—90天

---

① 中国科学院新疆综合考察队《南疆的复播问题》,选自《新疆综合考察报告:农业生产部分》(内部资料),1958年。

第四章 天山南路的绿洲农耕文化

20世纪50年代，南疆部分地区开始试点复播技术，验证了复播的可行性。1957年，库尔勒农业试验站在7月18日麦收后复播东北中熟品种满仓金大豆，于10月中旬成熟，每亩可收336.6斤。同年，库车农业技术推广站复播糜子并于7月中下旬播种、9月下旬收刈，平均产量150斤，其中有12.5亩平均产量达到448斤。该县一区米列克乡复播玉米8.9亩，平均产量达440.3斤，比全区平均产量高226%；复播洋芋2.5亩，亩产2367.2斤。7月上旬播种、10月上旬即可收获。吐鲁番四区东坎爱国社于6月25日复播小高粱，夏芝麻于10月下旬至11月上旬收刈，小高粱亩产500斤、夏芝麻亩产96斤。

表4-13 阿克苏沙井子复播作物播种期试验表

播种期	出苗期						乳熟期						收刈		
	黄油菜	荞麦	黄糜子	其克力玉米	满仓金大豆	小金黄大豆	黄油菜	荞麦	黄糜子	其克力玉米	满仓金大豆	小金黄大豆	黄油菜	荞麦	其克力玉米
5/7	16/7	11/7	11/7	13/7	14/7	14/7	15/9	11/9	10/9	31/8	26/8	23/8	下旬/9	上旬/9	17/9
15/7	21/7	21/7	21/7	23/7	—	25/7	下旬/9	中旬/9	—	11/9	—	7/9	上旬/10	中旬/9	下旬/9
25/7	1/8	30/7	3/7	1/7	—	—	中旬/10	下旬/9				下旬/10	下旬/9	中旬/10	
4/8	13/8	10/8	—	—			下旬/10	上旬/10				下旬/10	上旬/10	下旬/10	

表4-13是阿克苏地区沙井子复播的详细情况，可以看出在7月上旬播种，成熟期最好，在时间上较为充裕，可在9月下旬到10月上旬收刈。这样既可以避免遇到霜害，又可以保证成熟。7月下旬播种的作物，成熟的可能性不大，尤其对生长期在90天以上的玉米、洋芋、水稻等，在产量上有一定影响。

表4-14 库车县农业技术推广站复播经验表

播种时间	7月上中旬	7月中下旬	7月下旬
播种顺序	玉米、水稻、洋芋	糜子、荞麦、谷子、菠菜	饲料作物

复播是轮作制度中重要的一环，安排好复播在轮作中的位置，既能合理的利用地力、增加产量，同时又能不断提高土壤肥力，是一项很重要的措施。南疆农民在历年生产实践中也创造新的耕作制度和累积了许多经验，如阿克苏市某人民公社创造了两年三熟及两年四熟的耕作制度，吐鲁番地区也有两年三熟的实例，其轮作方式如下：

两年四熟轮作方式：油菜＋糜子—冬麦＋荞麦、其力克玉米、水稻、谷子。

两年三熟轮作方式：春麦＋绿肥—冬麦＋糜子。荞麦、蔓菁、秋菜；春麦＋小高粱。芝麻—棉花、大高粱、花生。

一年两熟轮作方式：春麦＋荞麦。其克力玉米；冬麦＋洋芋。油菜、绿豆、芝麻等。

三、栽培技术

要获得较大面积丰产，农业栽培技术是很重要的一项措施。

播种。播种是复播栽培工作中最紧张而又最关键的一环。一般在麦收前5—10天浇水，麦收后接着犁地撒种、播种量：糜子2—3斤，玉米8—9斤，保苗株数在6000株左右。为了更快出苗，采用浸种催芽处理的方式。洋芋播种略有不同，麦收后不犁地，耙耱地1—2遍，7月上中旬采用宽窄行40×70厘米播种，播深6—8厘米，株距15—17厘米，每亩保苗株数为7212株，种块大小在100克左右，每块保留芽眼4—5个，每穴2—3个块种。

施肥与灌溉。由于本地区肥料不多，因此施肥量较少，一般只上1000斤土粪，用轮双锤犁翻入土中，深15—17厘米。在生长期灌水3次：通常在分蘖前3—4个真叶时灌水一次，孕穗期灌水一次，灌浆期又灌水一次。玉米、洋芋灌水4—5次，每隔10—15天灌一次水。没有追肥。

田间管理。除草工作一般做得较差，只有玉米、洋芋较为重视，人工拔草2—3次，在最后一次灌水后，结合培土工作开展。拔草时间一般在苗期、拔节期、扬花期。

收获。糜子、荞麦一般在9月下旬可收获，洋芋、水稻、玉米、高粱、绿豆、芝麻则在10月上旬可收获。

第四章 天山南路的绿洲农耕文化

《维吾尔族社会历史调查》中记录了和田地区小麦、玉米和棉花耕作的方法[①]。

小麦的耕作方法有三种：其一，春耕时先放水浸湿耕地，再拌和肥料及种子，接着便开始撒种。撒种采用"漫撒"法，即一片地撒种的方法，撒完后用坎土曼翻土，使之覆盖在肥料和种子上面。然后，再由妇女用足平地，也有使用木耱平地的。其二，在春耕前，用役畜把肥料驮运到地里，集聚成堆。播种时，把肥料和种子搅拌后开始撒种，再用牛犁地，然后引水灌田。其三，在播种前，先在地里撒下肥料，之后一人驾牛犁地，一人随犁后播种，播完后，用木耙平地，再引水灌田。这是最普遍的方法。十几天后，麦苗长出寸许，开始第一次放水，再隔10天左右麦苗3—4寸高时，进行除草。通常用手拔或用坎土曼刨去杂草，之后再用坎土曼松土。隔十几天再放水灌田，并开始第二次除草。之后，农户不再管理田地。干旱时，可能再放一次水。细致的人家，可能再拔一次草。小麦成熟后，用镰刀或用手收割，割下的小麦用草绳束成捆，再用毛驴驮回场上晒7—8天。晒干后，便可进行打场了。打场普遍使用牛群踏，在场中央立一木杆，将四五头或八九头牛排成行，并将一头系在木杆上，地上铺上要打的小麦，并由一人赶着牛群打转、一人翻小麦，把麦秆和麦粒分开，麦粒另置一旁；麦粒未脱落的继续由牛群踏。打完场后，用木锨顺风扬谷，分开粮食和杂物。扬场后再用筛子筛净粮食，最后把干净的粮食晒1—2天后，装入口袋储存起来。

玉米耕作方法与小麦大体相同，只是玉米放水的次数多一些，在打场时不是用牛踏而是用木棍打落玉米粒。

棉花的耕作方法与小麦和玉米皆不相同。播种时，先用坎土曼挖土成行，然后撒下种子和肥料，并在上面盖上一层土，用木耱平地。平地后，用水灌棉田。过20余天开始耘苗，每间隔一手掌选良苗一株，在耘第二次苗时留下的苗间隔一尺左右。再过15到20天放第一次水。以后按规定时间陆续放水，除草至六七次即可摘棉。

1958年《新疆综合考察报告：农业生产部分》中收录了《拜城主要经济

[①] 中国科学院民族研究所新疆调查组《和田专区农业调查报告》，选自《维吾尔族社会历史调查》，民族出版社2009年。

作物》①，详细记录了油菜的栽培过程及技术。

中华人民共和国成立前，拜城县的农民普遍种植油菜，有黄油菜与黑油菜两种，以黄油菜为主。油菜多以与小麦、黄豆、玉米换茬的方式轮作，有三种方式：油菜—冬小麦＋复播油菜做绿肥；春小麦＋复播蔬菜—油菜—玉米＋黄豆；油菜—油菜—冬小麦—玉米＋黄豆。油菜是小麦的良好前作，因油菜上肥多，对小麦生长很有利。在整地技术上，油菜籽小，若整地不良，土块大、裂缝多，多籽入土深浅不一，影响出苗，因此整地要细碎、平整、疏松。拜城的农民多是在9月上旬用双铧犁耕翻16—18厘米，10月下旬至冬季储水灌溉。春季每亩施厩肥及红柳土等混合肥料4000—5000斤，用双铧犁翻入土中深13厘米，再用柳条扒平，等待播种。

油菜幼苗抗低温，适宜早播，时间在4月上旬。播种方式大部分都是条播，株距15厘米，播种量14两至1斤②，深度为2—4厘米，然后用柳条扒地，使种子与土壤接合。田间管理有五个步骤。

开定苗。时间在4月下旬出第三片真叶时适宜，发现有缺苗时则进行移苗。5月上旬出第4—5片真叶时定苗，每亩保留15 000株左右。

蕾期打尖。打尖比不打尖的产量高出一倍，过早过晚都不适宜。

追肥。一般追肥两次：第一次在蕾期打尖之后，油菜开始分枝，需要大量肥料，每亩追肥500—750斤混合肥料，其中骨粉80—100斤；第二次在开花期，主要是苦豆子、大粪、骨粉、羊粪等混合肥料200—300斤。追肥第一次先用小锄开沟，将肥料撒入其间，再用小锄翻肥入土深2—4厘米，施肥后浇水。第二次结合灌水，将肥料放在田畔水口处，放水时随水冲入田里。

灌溉。灌水次数4—5次，小畦灌溉。第一次灌水在4月中旬幼苗期出现第5—7片真叶时，灌水量为70方。第二次在5月中旬蕾期，灌水量为80方。第三次在6月上旬开花期，灌水量80方。最后一次在7月中下旬结荚期，灌水量为70方。采用跑马水，避免田间积水。

中耕松土。多次松土，一般中耕3次，第一次5月上旬出第4—6片真叶时，用小锄头除草带松土。第二次在抽薹期5月中旬，用锄头松土深3—4厘

---

① 中国科学院新疆综合考察队《拜城主要经济作物》，选自《新疆综合考察报告：农业生产部分》（内部资料），1958年。
② 1斤为16两。

米。第三次在蕾期 5 月下旬至 6 月上旬，松土 2—4 厘米。

收刈时间不能过晚，容易落粒，在黄熟期 80% 外表荚黄色即可收刈，一般始于 7 月下旬而终于 8 月上旬。

四、土壤的耕作

南疆地区土壤耕作的特点是"耕层不深"。该地区主要畜牧为役畜，中华人民共和国成立前后平均每头需要负担 30 亩左右，而吐鲁番地区达到 40 亩以上。耕畜中又以牛为主，约占 70% 以上，只有吐鲁番地区利用马较多。这一地区牛体型较小，拉力不大，一般只能耕 3—4 亩，在大面积耕作上耕畜不足已成为普遍现象。在农具方面，历年来主要采用土犁和木犁耕作。中华人民共和国成立后新式农具大力推广，到"大跃进"时期双轮双铧犁及单铧犁等已达到 70% 左右，逐渐代替土犁。农民在生产中早已体会到深耕碎土给增产带来的好处，但由于工具所限，不能深耕。为了达到这个目的，农民采用了多次耕作、先灌后耕等深耕方式。这些措施在农业生产上起着一定积极作用。由于各地区气候、水源和土壤条件不同，耕作方式亦有差异。土壤的耕作可分为开荒耕作与基本耕作两个层面。

开荒耕作多为盐土分布地区，因此荒地耕作与洗盐措施相结合。若开荒土壤较好，含盐不多，一般洗盐措施较少。塔里木河下游铁干里地区泥炭土层很厚，土壤耕作有其特殊性。开荒耕作大体有三种类型。

结合洗盐的开荒耕作。一是"伏天清除荒地植被（打荒）—平地—打埂式毛渠"，二是"灌水洗盐—耕翻—耙糖（镇压）—春季犁地—播种"。开荒最好在伏天进行并结合洗盐。这是因为气候较高盐分易溶解，洗盐较为彻底。该地区多年冲积土的生荒地，不断受自然因素如风水的侵蚀和野生植物的影响，地势起伏很大，平整土地较为困难，对洗盐效果有影响，采用先耕翻后犁地的方式效果更好。

一般开荒耕作。多集中于传统的农业地区。秋季先除草，来年春季耕翻 15—18 厘米，耙平松，镇压，接着播种晚春作物。也有小部分在秋季进行耕作，耙平待来年春季播种早春作物。

泥炭土层开荒耕作。塔里木河下游铁干里地区，泥炭土分布很广，且泥炭土层很厚，有达 10 厘米至数百厘米，其中蕴藏有大量养分。在这种土壤上，促进其分解是提高土壤肥力的途径，也是农业技术的中心。该地区炭土（荒漠化泥炭沼泽土）处于低平的三角洲，在生成过程中不断渗入泥沙。表层泥沙较多，多者达10厘米左右，土呈黄褐色，处于半分解状态。由于荒漠气候条件下极端干旱，生物活动极微弱，它是长期以来泥炭分解受限的原因。据说一切种植过一年的泥炭地，下层泥炭就很快由黄色变成褐色，并可见霉菌，说明种植作物对促进微生物活动有一定作用。

从技术上讲，泥炭土的耕作方法与其他土壤有区别。在泥炭不厚（20—25厘米以下地区），充分粉碎泥炭并使其与土层很好混合，可使泥炭土在微生物作用下分解。由于耕作工具主要是马拉洋犁或立体犁，对泥炭碎土作用不大，且偏重于耕翻，很难起到混土作用。泥炭土层较厚，不能翻转与下层混合。当地人保护泥炭地所具有的表面10厘米的沙土层，利用其种植小麦和油菜，以保证整个生长季节土壤湿润。再利用作物根系分布的影响，加强土壤微生物活动，最终促进下层泥炭分解。另外，他们还在开荒前尽量提前放水，以加强土壤中微生物活动，促进泥土分解[1]。

在一些地区，形成了改良土壤的方法。墨玉县夏合勒克乡的农奴在开垦出耕地后，捡出每一块石头，用抬耙运走。夏季，山里来了洪水，把高沙梁填平后，放水把沙子冲走。后又到几十里地以外抬土来把石头坑填平，以后要放无数次的水和无数次的泥，把沙子冲走，使地面上的泥土厚起来，这样才可能种植粮食[2]。

中华人民共和国成立前，南疆地区未有秋翻习惯，中华人民共和国成立后逐年增加。公社化前夕平均约有70%的地进行秋耕，一般多集中于夏收作物地耕翻。晚春作物收刈后由于劳力畜力紧张，往往无法兼顾，虽有部分玉米地秋耕，但为数不多。基本耕作由于各地区土壤地下水及气候条件不同而有区别。比如，在炎热干旱而又多风的吐鲁番地区，耕作特点为"秋翻—上粪—耕翻—灌水—早春犁一次—灌水—犁地—耙—耱—播种—镇压"。早春耙、耱、镇压都是针对本地区早春多风干旱的特点，进行保墒。

---

[1] 中国科学院新疆综合考察队《天山南路农作物制度问题》，选自《新疆综合考察报告：农业生产部分》（内部资料），1958年。
[2] 中共中央新疆分局宣传部、研究室《墨玉县夏合勒克乡的农奴制度》，选自《南疆农村社会》，民族出版社2009年版。

第四章 天山南路的绿洲农耕文化

地下水位较高，盐渍化严重的焉耆地区，基本耕作程序如下：

夏收作物次年种早春作物的耕作：

秋耕—耙地—┬─耙地—播种
　　　　　　├─犁地—播种
　　　　　　└─撒种—犁地复土

夏收作物次年种谷播作物的耕作：

秋耕—耙地—注浆后春耙—犁地（1—2次）—耙—耱—播种。

该地区耕作的中心问题是减少地面蒸发，防止盐土上升，故需多次耙地。

塔里木河流域地区，由于水源充足，地下水水位一般较低，盐渍化不甚严重，故耕作特点多采用播前多次耕作方式。原因有以下几方面：一是多次耕犁，可加深耕翻，增加土壤肥力；二是消灭由于耕作不及时及碎土不良而形成的大土块；三是消灭田间杂草。"秋耕（或不耕翻）—早春灌水—横纵犁地" 2—5次，每次隔4—5天，最后一次犁地耙平或松地播种。

五、灌溉与水利制度

从农作物的灌溉方法上讲，在中华人民共和国成立前漫长的岁月中，除极少数菜田采用沟、畦灌水的方法外，绝大部分的农田都采用大水漫灌的方法。大田作物一般不进行播前灌，而是在作物播种后采用"水打滚"的灌水方法。大水漫灌时作物的灌溉定额一般都在1500立方米/亩以上，有的甚至达到2000立方米/亩。畦灌一般用于小麦、油菜、蔬菜、苜蓿等密植作物的灌溉，沟灌多用于玉米、棉花等宽行作物的灌溉。因为一般的沟、畦灌要求地面坡度不能太大，且地面平整较好，否则会发生水、土、肥的严重流失，表层土壤会受到严重破坏。

南疆地区的灌溉次数和灌溉量，根据不同的地下水位、土壤性质和作物等有区别（详见表4-15）。表4-15中可以看出灌溉次数与定额有很密切的关系：焉耆地区地下水位1—3米、灌溉次数2—4次、灌溉量在280—330立方米/秒，而吐鲁番地区地下水位高2.5—4米、灌溉5—8次、灌溉水量300—500立方米/秒左右。这种因地制宜的灌溉方式既符合于作物需水的条件，也是劳动人民生产实践中累积的经验。

表 4-15 南疆不同地区的灌溉制度表

作物	地区	灌溉特点	灌溉方式	灌水次数	灌溉定额	灌溉时间	各地自然条件
小麦	哈密地区	坑井为主	畦灌	5—8	—	7—8/3—7—8/6	哈密土壤砂性大、渗透强,地下水高2—5米,盐土较普遍
	吐鲁番地区	坑井为主		4—6	390—440	中旬/4—上旬/6	
	焉耆地区	河水为主		2—4	270—300	下旬/3—下旬/6	
	库尔勒地区	河水为主		3—4	290	4/5—中/6	
	阿克苏地区	河水为主		4—5	358	中/4—4/6	吐鲁番土壤砂或砂壤戈壁地区,地下水高2.5—4米,渗透大
	塔里木地区	河水为主		3—4	300	中/5—下/6	
棉花	哈密地区	坑井为主	沟灌	7—8	—	上中/6—中/9	焉耆地下水高1—3米,盐渍化严重
	吐鲁番地区	坑井为主		7—8	550	上下/6—下/9	
	焉耆地区	河水为主		3—4	350	下/4—下/9	
	库尔勒地区	河水为主		4—5	360	上/5—上/8	库尔勒土壤砂岩为多,地下2.5—4米含盐不太严重
	阿克苏地区	河水为主		5—6	460	中/3—中/9	
	塔里木地区	河水为主		5—6	380	中/5—下/9	
玉米	哈密地区	坑井为主	沟灌	4—6	360	4/6—4/8	阿克苏土壤较为黏重,渗水性不强,地下水高2—4米
	吐鲁番地区	坑井为主		—	460	—	
	焉耆地区	河水为主		3—4	380	上/5—上/9	
	库尔勒地区	河水为主		4—5	—	下/6—中/9	塔里木地下水高2—3米,土壤沙性较多,含盐较多,土层薄
	阿克苏地区	河水为主		5—6	—	上/4—中/9	
	塔里木地区	河水为主		4—5	280	中/6—下/8	

水利的计算单位与组织系统是灌溉制度的基础,在南疆地区的农村中大致有三种类型①。

第一类农村中,因为水量比较充足,一般说来,水的计算单位没有严格的规定。虽然如阿克苏的一些地区有"坎土曼"(计水单位)的规定,但仅

---

① 陈恭鸿《南疆的水利情况》,选自《南疆农村社会》,民族出版社2009年版。

第四章 天山南路的绿洲农耕文化

仅是作为"出负担"的规定，浇水却不受限制。水利管理机构和组织系统也比较简单，多数是按照当地情况，有一个或几个水利人员专门负责渠道的整修和保证水利的灌溉。由于水量充足，水利灌溉的分配问题不大。

第二类农村中，因为水量比较缺少，耕地不能充分灌溉，为了将本来不够用的水分配给各个用户，水利的计算单位便比较复杂和细密了。大体有三种：一种是以"石"或"斗"做单位，如皮山县的阿沙村和伽师县的古莫勒克村；一种是以"份"为单位，一份等于三石五斗，如叶城县的热米扎巴克村；一种是以时间为单位，每一点钟的水等于三斗，如叶城县的托普克村等。三种单位在名称上不同，实质是一样的，都是按照缴纳田赋粮的多少决定用水数量。比如，缴一石或一斗赋粮的人就有一"石"或一"斗"的水。在这类村中，由于每户用水量不等，水利人员除了修整渠道，保证水利灌溉外，还要负责分配浇水的次第和数量。因此，水利的组织系统也就比较严密。比如，叶城县托普克村，共有河水和泉水两条水渠，灌溉全乡的三个村——热米扎巴克村、铁蹄村和托普克村。每月三十天，热米扎巴克村十一天，铁蹄村五天、托普克村十三天半。这三个村分别出四个、一个和八个水利人员组成了水利管理机构，负责全乡公有的渠道和各村的分水工作。

第三类农村中，因为水量严重缺少，水利的计算单位更加精细。比如库车县哈勒喀村以"坎土曼"作为水利单位，每一"坎土曼"分十六"两"，一"坎土曼"的水能浇十五亩麦子、四亩苞谷，而排扎瓦提村一"坎土曼"水可浇四十亩地。在这些地区，水利组织系统更加严密，除了村水利以外还要再分浇水小组，小组内又再分为几班。哈勒喀村有河水、泉水两条水渠，因为泉水水量较少，且不经常流，只有一个"米拉甫"（总水利），再没有其他管理人员。河水除了大河上有一个米拉甫管理者大河渠道和负责各区各乡的分配工作外，哈勒喀村的渠道是和棵棵提堪两村共有的，因此，这两个村子又各选一个"考扣拜西"（村水利），负责管理两村公有的渠道和两村的分水工作。"考扣拜西"以下，再没有专门看水的"水利"，由行政组织系统里的乡约兼管。村里的分水工作由"乡约"和"考扣拜西"共同承担，发生纠纷时，由他们共同处理，"乡约"以下，又以每浇十个"坎土曼"水的人家为一组。全村二十个组，每组由"翁拜西"（十户长）管理。因为凡是占有水的人，大半都是一半河水、一半泉水，所以一组内又分成两个班，一个班五个"坎土曼"专用河水，一个班五个"坎土曼"专用泉水。

南疆在水利技术与制度方面，坎儿井独具特色。坎儿井的构造简单，但所费工程颇大。其构造分为暗渠（地下沟道）与明渠（地上沟道）两部分，暗渠为主。暗渠的长短不一，最长者14公里，短者约3公里。每隔10—30米有一口直井，由暗渠直通地面，为坎儿井工人出入及向外提运泥土之用。暗渠在新掏挖时，宽60—80厘米，深120—150厘米（日久则孔道逐渐扩大），愈接近上端（均在接近水源的山脚砾石地带）入土愈深。其首端的直井深度一般为60—80米。但随着地面的倾斜坡度，暗渠的下端逐渐接近点，终于露出地面，遂为明渠。坎儿井可分石底坎与土底坎两种。前者水量较大，水亦清澈，使用年代较久；后者水量小，而且混浊，易于塌陷或淤塞。每道坎儿井的挖凿，一般需要投资200—300石小麦，修成后可用150—300年。其间，每隔一两年须在坎儿井上端续挖一两口直井，并经常掏挖暗渠中淤积的泥土。不然，水量逐年减少，终至干涸。

坎儿井的产权，一般以"天"和"小时"为计算单位。除了极少数坎儿井不分秋水、夏水都是27天一轮流外，一般分秋、夏两季，秋水24天一轮流，夏水18天一轮流。产权计算以秋水为标准。例如，某甲占有坎儿井1天水，意思是每年秋季灌地时，每24天中他有1天水权。夏季因18天一轮流，所以他的水权便相对地减少为18小时。实际上，不论秋水夏水，除了正常的班次外，一般还要留出1天"加水"作为坎儿井管理员"米拉甫"的报酬。坎儿井管理员的职务是按时分配水量，并主管修理坎儿井事项。20世纪50年代的调查资料表明，吐鲁番、鄯善、托克逊、哈密四地共有坎儿井1317道，其中吐鲁番360道、鄯善491道、托克逊166道、哈密300道。坎儿井的水量大小不一，大者每天可以灌溉七八十亩地，小者每天仅能灌溉四五分地。初步估计，全疆依靠坎儿井水灌溉的土地面积（包括秋水、夏水两季）约100万亩，约占全疆耕地面积的5.3%[1]。

六、施肥制度

据史料记载，明代哈密、吐鲁番一带已经施用粪肥，"农耕需粪壤，唯穄麦、豌豆大小二麦，多陷卤。""宜穄麦、豌豆、农耕依用粪壤"。民国时期，南疆农村农家肥的使用有一些记录："……施肥的甚少，它的原因，即缺乏足量的施肥物料，此处对于矿质肥料尚不知为何物，用以肥地的东西，

---

[1] 凌颂纯《坎儿井情况介绍》，选自《南疆农村社会》，民族出版社2009年版。

第四章 天山南路的绿洲农耕文化

即粪、旧墙土、鸽粪、灰土，有时用油渣肥菜地。常有将耕作不便地方的土，运至田地做肥料。因为牲畜业不发展，粪料亦感不足，质量亦不高。原因（是）饲料不好和保存粪的不得其法。牲畜主要的饲料为干草、苞谷和高粱。粪肥集为一堆，或散放一处，上田的粪，常有未腐熟且有草秆者。"[1] 虽然如此，也充分说明南疆各族劳动人民对于农家肥的普遍认识和利用。大体来讲，中华人民共和国成立前后，南疆农民就地取材开辟肥源，对农家肥料的施用已经比较普遍，主要有如下一些类型：

人粪尿。

家畜粪尿：牛、马厩肥、羊圈肥、驴粪和其他动物粪。

禽粪：鸽粪、鸡粪。

饼糟肥：菜籽饼、胡麻饼、棉籽饼、葵花籽饼及酒糟。

土杂肥：灰土肥、老墙土、炕土、硝儿土、红柳包土、煤矿火烧土、草泥炭、屠宰场废弃物、杂骨、蚕沙。

绿肥：豌豆、绿豆、扎洪（土种油菜）、杨树枝条、胡桃叶等。

野生绿肥：苦豆子、骆驼刺及其他杂草，有三十多种。

七、传统农具

铁制较少、制作粗糙、质量差和不坚固耐用等被视为南疆传统农具的典型特征。以犁地来说，因犁铧小、犁身轻不能进行深耕（入土仅4寸），犁地时要特别小心，否则一旦碰到较韧的草根便会折断。大体来讲，南疆农村普遍使用的生产工具有近20种，还有耕畜，详见表4-16。生产工具中，水磨、手磨、水臼属于谷物加工工具。生产工具除役畜以外有15种，铁制工具所占比例很小，仅有铧、坎土曼、镰刀和斧头等物。其余是木制农具，如木耙、木叉、木锨等，就地取材自己动手制作或请匠人制造，或购于集市。

---

[1] 王纪斌、金红梅《新疆农家肥料的施用和积制》，选自《新疆通志·农业志·资料汇编》（第六辑），内部资料，1989年。

表 4-16　南疆地区普遍使用的农具表①

名称	维吾尔语名	描述
犁	布乎尔	木制,很粗糙,多购于集市或自己制作
锄	其土	铁制,重约 1.5 斤
坎土曼	—	铁制,用于整地、平地、翻地和挖渠等
镰刀	—	铁制,割麦、草用
铲	—	铁制,除草
斧	—	铁制,砍柴
耙	特尔那	平地打场用
木锨	—	扬场用
木叉	—	打场用
木耱	索然木	木制,将两块木板放在一起,木板两边捆上绳子,再拴在牛身上,一个人立在或蹲在木板上赶牛耱地
八十个脚	塞克山普提	木制,即钉有八十至一百多个小木桩的粗圆木桩,碾场用
筛	—	分筛粮食用的和筛油籽的两种
口袋	—	装粮食和肥料用
木箱	—	盛粮食用
装肥料工具	沽并	施肥使用
绳	—	—
水磨	—	—
手磨	—	—
水臼	—	—
耕畜	—	牛,耕地或运粮食;驴,驮运粮食和粪料

在诸多农具中,坎土曼用途最广,也最为人所知。坎土曼是南疆地区主要

---

①　中国科学院民族研究所新疆调查组《和田专区农业调查报告》,选自《维吾尔族社会历史调查》,民族出版社 2009 年版。

第四章 天山南路的绿洲农耕文化

铁制农具之一，用于锄地挖土等。由木柄和铁头两部分构成。木柄长 100—120 厘米，铁头呈盾形。铁头的大小不等，大的长约 30 厘米，宽约 25 厘米，重 3—3.5 公斤；小的长约 25 厘米，宽约 20 厘米，重 2—2.5 公斤。中华人民共和国成立前，新疆南部还保存封建社会庄园制度的墨玉县等地区，农奴向贵族领得"份地"时，也领取一把坎土曼，作为整年为贵族服劳役的象征。坎土曼是维吾尔族的主要农具之一。坎土曼分大、中、小三种类型，由铁匠专门打制，其铲刀在打制时淬过火，很锋利，碰到一般的树根和砖块，如削泥一般，使用起来得心应手。在农村，家家都有坎土曼这种工具，并有专门制作这种工具的匠人。较讲究的坎土曼不仅制作得薄而轻巧，而且在坎土曼的上沿还打有简单的图案，或者自己的名字。

在诸多农具中，吐鲁番地区坎儿井挖掘的工具系统且复杂，可以从一个侧面比较系统地呈现南疆地区传统农具的构成。坎儿井的工具分为五种类型，详见表 4-17。

表 4-17　坎儿井开凿维修的传统工具表①

工具类型	工具名称	描述
挖凿工具	镢头	吐鲁番地区较为原始的挖凿工具，主要用于竖井和暗渠的开凿工序
	坎土曼	水活和旱活通用的工具，主要用来挖掘较松软的土层，运土石，或捞挖淤积物
	抱锤	亦称抱器，使用镢头过程中的一种改进工具，比镢头轻、可随时更换锋利的尖子，以提高挖凿工效
	尖子	亦称人子，安装在抱锤上，用来开凿竖井和阴沟廊道的专用工具，可兼为挖掘引水暗渠底部淤积物之用
	铁铲	亦称铁锨

---

① 储怀贞《坎儿井开凿维修的传统工具》，选自《吐鲁番坎儿井》，新疆大学出版社 1993 年版。

续表 4-17

工具类型	工具名称	描述
提升工具	辘轳	三脚架式手摇曲肩辘轳,是一种靠人力来提取土石或淤积物的专用工具;还有长方形框架式辘轳,主要靠畜力来提取井内土石或淤积物的工具
	提升工具附属器物	绳子、钩子和支撑绳子的架子
运输工具	筐子	一般为柳条或桑树条编制而成,为提升运载工具
	人工传递	挖掘坎儿井的操作过程中,除挖凿匠人外,还应有 2—3 人用筐子等盛器装载和转运土石或淤积物
照明工具	灯葫芦	当地生产的陶制灯葫芦,用于照明以利在暗渠内操作。灯葫芦除照明外,还有两项功能,其一可以预测井内缺氧或有瘴气,以免发生人员伤亡事故;其二可用灯光配合竖井口架子上的绳子来测定暗道挖掘的垂直度,以免浪费劳力
	燃料	一般为植物油,人们在葫芦灯内灌进适量的植物油后,再用棉花拧成一根棉绳插入灯口即可点燃照明
加固工具	水闸	古称枅。坎儿井暗渠内,输水廊道的土质不同,有些地段松软易坍,要选用桑树木料,加工制作水闸以加固之,确保暗渠输水畅通
	撑子	分上幅和下撑
	闸板	亦称架板,埋于易坍塌部位,以保证水流畅通

第五节 天山南路绿洲的生产关系

南疆是"和其余世界联系很薄弱的自给自足的闭关自守整体"。中华人民共和国成立前,南疆与国外和国内其他地区的贸易是很有限的,而且就南疆本身来讲,各个绿洲之间的交通也不发达。在每一个绿洲上,农民都把房屋建筑在自己的土地上,分散地居住着,没有土地的则寄居在地主宅院的旁边,在地主或他们自己的土地上,除种植为了交租的作物外,便种植着多种多样自己生活所必需的作物[①]。

[①] 谷苞《南疆农村的经济结构与阶级情况》,选自《南疆农村社会》,民族出版社 2009 年版。

第四章 天山南路的绿洲农耕文化

中华人民共和国成立前,南疆绿洲的生产关系普遍表现为封建剥削关系,地主阶级占有大量土地、水资源、生产工具和其他生产资料。以土地集中程度而论,大体分为三类:土地占有分散的地区、土地占有比较集中的地区、土地占有高度集中的地区。土地的集中程度并非封建剥削关系的唯一表征。在土地占有分散的地区,因为水资源占有的集中,事实上也形成了封建剥削关系。只有综合考虑土地资源与水资源占有的情况,才能认清南疆绿洲传统的生产关系。另外,南疆绿洲普遍存在着带有"宗教"性质的瓦哈甫地,在和田墨玉县存在着农牧制度和庄园经济。因此,南疆绿洲的生产关系相当复杂。在此,我们对封建剥削关系的一般形式、瓦哈甫地和农奴制度做系统的梳理。

一、南疆绿洲农村的一般情况

20世纪50年代,政府有组织地对南疆绿洲的经济、社会与文化情况进行了系统和深入调查,基本涵括了南疆各主要绿洲。各绿洲土地占有情况有别,但大体上分为三类,即分散、比较集中和高度集中。谷苞先生对不同地区调查资料做了量化处理,形成了三个表格,在此我们将之整合为一个表格(详见表4-18)。

表4-18 南疆各绿洲土地占有情况表

类型	阶级	占人口的百分比(%)	占土地的百分比(%)	地区
分散地区	地主	3.0	14.7	和田县龙布塔司木村,五区三乡一、二村与洛浦县三区三乡六、七、八三个
	富农	2.1	5.8	
	农民及其他	94.9	79.5	
比较集中地区	地主	6.6	31.5	皮山县阿沙村,叶城县托普克村,莎车县四区四乡、三乡、十乡、甲安巴克和铁蹄巴克村,英吉沙卡啦苏村,疏附县三区三乡三个村,阿图什买依乡三行政村,伽师古莫勒克,阿克苏县二区三乡、栏杆乡第二村,温宿县三区四乡第二个行政村
	富农	4.6	11.8	
	农民及其他	88.8	56.7	
高度集中地区	地主	7.1	72.4	墨玉县一区三乡一、二两个行政村
	富农	4.0	3.9	
	农民及其他	88.9	23.7	

325

中国西部民族文化通志　农耕卷

根据土地集中程度和剥削关系的形式，谷苞先生将南疆农村分为三种类型。第一类是农奴制完整存在的农村，我们将在后文中以夏合勒克乡为例予以说明。第二类是无偿劳役与对分制普遍存在的农村。第三类是附城区与商品经济较发达地区的农村①。在此，首先对第二类和第三类做系统的介绍。

据估计，土地占有比较集中的农村占80%左右，53%的贫雇农仅占有17%的土地。在远离城镇或商业中心的农村，地主选择伙出一部分土地给佃户，自耕大部分土地，旨在剥削佃户的无偿劳役和长工的半无偿劳役。皮山县阿沙村的地主有40%的土地租给佃户伙种，有60%的土地完全依靠佃户和长工无偿劳役耕种。伙种地主的土地，一般是地主出土地、耕牛、犁、种子，佃户劳动，产粮平分。平分后，地主从佃户分得的粮食中扣去宗教粮的1/10，有的还要扣去田赋粮、水利分等负担。由于佃户在土地上严重依附于地主，又无其他生路，因此还无可奈何地承担了伙种土地之外的大量工作。比如，全家人要在地主的土地上无偿劳役6个月至1年。在土地比较稀缺的地区，佃户甚至需要提前为地主工作十天半个月或数月后才可获得伙种土地。叶城县托普克村的贫农埃依在1949年伙种地主艾莎15亩地，地主出牛和种子，种苞谷和麻，收苞谷120秤、麻10秤。对分后，地主从佃户所得的产物中扣去了宗教粮、田赋粮及种子共20秤苞谷。佃户除了在伙种的土地上劳动外，与妻子给地主无偿劳役了8个月，结果只分得40秤苞谷和5秤麻。

只是从土地占有上还不足以说明土地集中的实际情况，只有从与土地相连的水的占有和使用上才能确切地理解它。因为没有水，有地也是难以利用的。叶城县托普克村的土地面积为6827.4亩，地主占有土地的35.76%。该村的土地主要靠一股泉水灌溉，其次是靠山洪补充。这股泉水由铁蹄、热米扎巴克和托普克三村使用，每个月属于托普克村的使用时间有13.5天，地主占去了37.66%（5昼夜4个小时）。换言之，地主水的占有比例高于土地占有的情况。不仅如此，水利员也通常由地主担任，这为他们更多霸占水权提供了条件。托普克村以艾莎为首的10户地主控制了水权，优先享有了灌溉权，经常让其他农民无法及时浇水。皮山县阿沙村的情况与托普克村相似，全村179石水（共浇24个小时），地主占去了67.7石，富农占用15.8石。

---

① 谷苞《南疆农村的封建剥削制度》，选自《南疆农村社会》，民族出版社2009年版。

第四章 天山南路的绿洲农耕文化

从水权的比例来看，16户地主占全村总用水量的44.24%，11户富农占有8.83%，其余308户农民仅占46.93%。出自地主的水利员视水权为商品，私自出售水权给农民，并从中获利甚多。总之，农民在耕地和水资源两方面都严重依附于地主，这正是地主选择自耕并让农民无偿劳役的关键之所在。

除了无偿劳役，雇工是存在的，大体分为三种形式。在温宿县，一种是支付定额工资的长工，多半支付的是粮食，有少数以羊或一部分羊、一部分粮食代之。一般的工资，粮食是30秤到50秤。比如，长工雇农沙吾提全年工资是20秤大米、10秤小麦，长工买买提哈斯木的工资是10秤大米、5秤胡麻、2只羊。另一种长工叫作"阳恰卡"，每年为地主劳动八九个月，地主给一定数量的土地，供给种子、农具、耕畜、肥料，土地所获一半或全部归长工。还有一种叫作"温其"，性质与"阳恰卡"差不多。代种土地上的全部产量皆归长工，但是全年要给地主劳动，不再获得其他定额工资[①]。在英吉沙，雇工还可能从地主那里获得单衣、袷袢、皮靴之类的生活物资，但要折算为粮食被扣除。

与城镇或商业中心为邻的农村，地主自耕的比例便下降，而不在地主的比例会上升。疏附县城是一座千年古城，历来是南疆商业、政治、文化与宗教的中心，中华人民共和国成立前城区内便住有5万人之多。该县一区三乡三个行政村的在乡地主、富农和农民占有耕地913亩6分，住在城内的不在地主、小土地出租者在该乡占有土地则达1301亩9分。在这类地区，由于商业发达，无偿劳役基本不存在，更多采用地租剥削的方式。比如12户在乡地主将2/3的土地租给农民播种，不在乡地主租出土地的比例更高。比如，该一区三乡一村17户外乡地主在一村占有的土地共有290亩，他们雇工耕种的土地却只有7亩。与之相适应的是，这里的地主占有大量耕地却较少占有牲畜和农具，这与他们主要生活在城镇有关；他们很少过问生产，只关心一件事——地租剥削。靠近城镇也影响了这些村落的作物选择。三个村总耕地面积中，经济作物所占的比重相当高，其中苜蓿335亩5分、果园106亩8分、甜瓜140亩5分、蔬菜12亩1分，共计592亩9分，约占耕地总面积的22%。

由于靠近城镇，一般农民可以出卖劳动力或从事手工业来补助生活，这

[①] 中共中央新疆分局宣传部、研究室《温宿县三区四乡第二行政村调查》，选自《南疆农村社会》，民族出版社2009年版。

是他们在经济上较少依赖地主的原因所在。事实上，兼营手工业是南疆绿洲社会的一个普遍现象，又因作物分布和手工业传统而呈现出了地域性差异。皮山县阿沙村 308 户农民中，多户兼营多种副业，有 260 户纺线，103 户养羊，84 户卖柴火，83 户养蚕，12 户织布，8 户做皮靴或补皮靴，6 户缝衣服，6 户弹棉花，3 户扎棉花，3 户榨油，卖面、鞣皮、做帽子各 2 户，另外还有编筐子、制肥皂、宰羊、卖奶子、赶毛驴、贩大米、卖葡萄各 1 户①。在疏附县，一区三个村 297 户农民中，手工业者和小商贩有 259 户，在总户数中的比例达到了 87% 左右。在这 259 户中，兼营一种副业的 112 户，兼营两种副业的有 125 户，兼营三种以上副业的有 22 户。从事的副业达 31 种之多，其中纺线的 160 户、做小花帽的 119 户、做皮帽的 38 户、做引火板的 23 户、皮靴匠 18 户②。根据调查，手工业的收入也相当微薄。比如，一般农民只在冬季这 3 个月纺纱，大致纺纱 15 斤，可赚取七秤半苞谷，平均每日不到一斤半，比卖零工的收入还要低。农民每年织布 2—6 个月，产四五十匹到二三百匹。按年产百匹，5 中抽 1（1 为利润）计算，一年有 40 秤苞谷的收入，仅够一家一年的布料。即便收入微薄，但可以让农民规避破产的风险，并在一定程度上保留一定的独立性。

二、南疆绿洲的农奴制

中华人民共和国成立前，墨玉县夏合勒克乡还存在着完整的农奴制度，或者是被视为封建社会初期的庄园经济。20 世纪 50 年代的调查者这样描述对该乡的第一印象。

一到夏合勒克乡，首先引人注目的就是在矗立天空的白杨树丛下，有着一座深宅大院。围绕着它的周围就是仓库和各种手工业作坊、磨面坊、榨油坊等。再外面就是农奴和仆从居住的简陋破烂的小房以及家畜的棚圈。每个深宅大院的左侧或右侧，都有一个专用的清真寺。深宅大院是每个庄园的中心，居住在这深宅大院里面的就是曾经占有了这里一切的农奴的主人。这些农奴的主人几百年来把自己称为和加，几百年来所有的人们也都这样的称呼他们。和加译成汉文就是圣裔的意思，按照和加他们自己的解释就是"白骨

---

① 中共中央新疆分局宣传部、研究室《皮山县阿沙村调查》，选自《南疆农村社会》，民族出版社 2009 年版。
② 中共中央新疆分局宣传部、研究室《疏附县一区三乡三个行政村的调查》，选自《南疆农村社会》，民族出版社 2009 年版。

第四章 天山南路的绿洲农耕文化

贵族",就是圣人穆罕默德的后代①。

和加占有土地后,即招民开垦,有两种方式:一是给农奴一块份地,多是一到两亩。农民不可能依靠这一两亩地自足,便向外开垦新的耕地,数年耕作后生地变熟地,他们便趁机收回。之后,又再分给农民份地,继续开垦。另一种是集体开荒。农民种了和加的份地,整年便带着自己的工具、粮食,给和加无偿劳动,其中开地便是一项主要工作。到1949年,该乡15户和加在本乡的土地已经达到了12 432亩,而该乡总耕地才为17 056亩。15户和加,60多口人,占有了耕地面积的72.89%。不仅如此,和加还占有了可供灌溉用水的13昼夜中的11夜。总之,在夏合勒克乡形成了以和加的庄园为中心的庄园经济,以及和加与农民之间的农奴制度。

1949年,15户和加还占有272户农奴,占全乡户数的2/5。两个最大的农奴主,买买提汗占有66户农奴,艾合买提江占有48户农奴。和加将土地分为两部分,大部分是自营的庄园,小部分作为农奴的份地。15户和加占有耕地13 678亩,给农奴的份地是3574亩,自营庄园8592亩。通常情况下,一个庄园中农奴的份地仅占1/4—1/3。农奴为了耕种一小块土地,不得不向农奴主尽一系列的义务,完全丧失了人身自由。农奴又分为"扑通底项"、"伯石空奇"(或"伯石空利克")和"苦尔"三种。

"扑通底项"意为"全农"。这类农奴一般能得到10亩以上的份地,自种自收,和加不分粮食,但是每户农奴每年至少要有两个成年男女不分白天黑夜在和加家里做无偿劳役。份地越多,承担无偿劳役的成年男子就越多。劳动者,按份地可以获得七八秤苞谷,再无其他报酬。

"伯石空奇"意为"干五天活的人"。这类农奴一般能得到5亩以上的份地,自耕自收,和加不分产粮。按照规定,每年一男一女十天中有五天要在和加的土地上做无偿劳役,五天在自己的份地上劳动。与"扑通底项"一样,除了获得三四秤苞谷外,再无其他报酬。

"苦尔"意思是"奴仆"。这类农奴没有份地,和加每天给发2—4个苞谷、馕,每年再给几件烂衣服;"苦尔"一整年都得给和加干无偿劳役。到1949年,15户和加还有19个"苦尔",5男14女,甚至还持有"苦尔"的

---

① 中共中央新疆分局宣传部、研究室《墨玉县夏合勒克乡的农奴制度》,选自《南疆农村社会》,民族出版社2009年版。

卖身契。这19人不参加生产劳动,只是做和加的家务杂事。他们的地位与奴隶相近,但是可以拥有自己的财产和家庭。

据统计,1949年272户农奴人数为548名,其中男性340人、女性208人。他们每年要给和加无偿耕种8598亩熟地,收7730余秤粮食,以及棉花、苜蓿、瓜果等。耕种这些土地时,和加除了出种子外,农具、牲畜、肥料都是农奴自己出。给和加做工时,和加不管吃喝,农奴自带。冬季,农奴忙于给和加积肥。初春,农奴就把一袋一袋的粪背到地里。开始犁地时,成群的农奴扛起坎土曼,吆喝着自己的耕牛,带着苞谷馕走向和加的庄园。从生产到丰收皆是如此,农奴得不到一颗粮食。不仅如此,农奴还承担着每年为和加新开垦200余亩戈壁荒地的任务。当然,农奴还要承担各种家庭杂役,承担和加修房建院的工程,甚至还要为和加每年纺一二秤棉花的线。以买买提力汗和加为例,他共有66户农奴,做无偿劳役的人数是137名,其中95个成年男性,42个成年女性。

为了便于管理,每个庄园内都设有总管家1人,副管家2—4人。总管家负责出入账目,管理仓库,计划种些什么庄稼,决定缩减或增加份地、抽换份地等事宜。副管家中一人跑腿收账,收田赋、宗教粮,出外交涉一切事宜;一人管理农奴,监视做工。根据距离的远近,在农奴中每十户或五户确定一个工头带头做工。每日早晨东方刚发白,庄园中的专用买曾(喊做礼拜的人),就站在清真寺的高楼上,发出召唤农奴做礼拜的喊叫声。所有的农奴都带着农具,把两个苞谷馕塞在腰带里,匆忙走向各人所属主人的清真寺,做完礼拜向和加请安问好后,就被和加赶往田野劳动。

在和加与农奴的关系中,除了经济依附外,还存在十分强的人身依附。和加有权征用和霸占农奴家中的一切财产和农奴全家的人,农奴不得拒绝违抗。和加给予农奴的份地,有权抽换和夺回,还要农奴给他具结。比如托合提尼亚孜开垦买买提力汗的一块荒地,在地头上盖了房子,将荒地变成了良田,地上的产粮归自己所有,具结上这样写道:"只要我们生存在世,和加派我们到任何险地(冰山火壁)我们要不顾一切地去完成,不能有不满行为。无论在何地摔死、淹死、烧死、冻死、饿死、病死,那是我们自己的运气,和加不负死亡之责任。我们给和加工作,是不要工资的。我们所开出的地,和加如果需要,无论昼夜收回时,我们不回言地交出;不管在冬夏,叫我们腾房子,我们就马上腾出来。"和加还有权利买卖和分配农奴的儿女,把他们

第四章　天山南路的绿洲农耕文化

当作嫁妆品陪送，或是当作礼物赠送。比如扎衣提将自己儿子卖给买买提力汗和加30年，也写了具结：

具结人扎衣提，我有5岁之男孩乌修尔，卖给买买提力汗和加30年，价洋（银币）50两（新疆铸造的天罡银元，每个重1两）。在这30年期内，无论任何事情都要做到。如果这30年期内有逃跑事情发生，我扎某负完全责任，并在30年期内被火烧死、被水淹死、从树上摔下来跌死或病死，买主不负责任。

夏合勒克乡和加的姑娘出嫁，多数都要把买入的男女农奴陪送一两个。比如，那曼汗和加女儿艾依尼沙汗出嫁，那曼汗把买来的女奴塔吉作为嫁妆陪送到了男方家。后来，塔吉年迈，艾依尼沙汗的娘家又把年轻的女奴隶陪送了过去。

总之，在夏合勒克乡出现了土地的高度集中以及围绕和加庄园形成的农奴制。这种农奴制不仅仅是资源上占有不均和经济分配上的高度集中，还有着非常强的人身依附关系。正是这一点，使得墨玉县夏合勒克乡与南疆其他绿洲的生产关系区分开来。另一点值得关注的是，农奴制之所以能够建立，很重要的一点是借用了宗教的力量，强调和加与一般农户的区别。比如，早晨做完礼拜，农奴被集中到和加面前，先要行礼，然后才去劳动；和加路过时，所有农奴都要退到一旁，弯腰迎送；和加用过的器皿不能动用，连他坐过的地方也不可再坐；等等。这些信息表明，该乡的农奴制度涉及经济、社会与文化诸个层面，是这些因素及其相互作用导致了农奴制的出现和发展。

三、南疆绿洲的瓦哈甫地①

瓦哈甫，据说是信仰伊斯兰教的维吾尔人为了赎罪，"献给"公共使用而不变动的财产。这些财产有土地、树木、房屋、店铺、水磨、水碓和牲畜等，这些财产一经献出后就成为瓦哈甫地、瓦哈甫房、瓦哈甫水磨等，其中瓦哈甫地最多。瓦哈甫地的来源有四种说法。其一，八九百年前伊斯兰教徒与佛教徒在和田地区发生多次残酷战争，征服和田者占用了大量土地，还将战死之权贵坟墓周围的土地分封为死者的领地。在和田地区，遂出现了大批麻扎瓦哈甫地，而成千上万的农民成了死者的永世农奴。其二，农民说他们祖先

---

① 主要参考邓力群、谷苞《南疆的瓦哈甫地问题》，选自《南疆农村社会》，民族出版社2009年版。

开垦出一片肥沃之地后,地主与宗教主携手在这里盖上清真寺,逼迫农民将这些开垦的地和未开垦的耕地献给他们,作为清真寺的瓦哈甫地。其三,农民因负担过重,将土地献给宗教机构作为瓦哈甫地,而宗教机构享有不上税的特权。其四,封建领主临死前将全部地献做瓦哈甫地,其子孙可以利用宗教永久过着地主生活。

大体来讲,按照名称来区分南疆的瓦哈甫地有24种之多,将主要的分述如下:

1. 清真寺瓦哈甫地。一般乡村里,每一二十户或二三十户人家便有一所清真寺,清真寺都拥有面积不等的瓦哈甫地。比如疏附城的裕祥巴扎清真寺有五千多亩瓦哈甫地,艾提尕尔清真寺有三千多亩地。

2. 麻扎瓦哈甫地。麻扎是管理宗教与政治权贵们的冢墓,大小麻扎占有多少不等的瓦哈甫地,其中疏附城郊的阿巴克和卓麻扎有瓦哈甫地16 000亩。

3. 宗教学校瓦哈甫地。南疆各地宣传宗教和培养宗教职业者的宗教学校,也占有了很多瓦哈甫地。1949年,莎车、英吉沙、疏附、巴楚、阿图什和岳普湖宗教学校达312所,最小的宗教学校也有23亩地。

4. 献给穆罕默德的瓦哈甫地(日苏鲁拉)。这是一种捐出来纪念穆罕默德的土地。按照规定,每年将土地上的产物变现后,托人带往伊斯兰教圣地"麦加"做乃孜尔(意近施舍),施舍给阿訇和穷人。

5. 舍饭瓦哈甫地(乃纳甫提)。这种土地上的收入,在名义上是做成馕或饭施舍给穷人吃的。

6. 后代瓦哈甫地(阿吾拉提)。这种瓦哈甫地是私人设置的,有的是因遗产太少不好分配而设置的,有的是怕自己死后不肖子孙将遗产卖掉而设置的,还有的是为了济贫而设置的。这种瓦哈甫地的规定是一旦设置便不许出卖,只有男子享有继承权。这种土地多数由继承人自己管理,少数由委托的木特宛阿訇代管——分取收益之一部分。

7. 祖先瓦哈甫地(木特拉克)。这种瓦哈甫地多限于地主富商的家庭,死者在生前往往拨出一部分土地作为瓦哈甫地。死后,他的儿女必须在他的忌日,把地上的产量,除去投资和管理人所得报酬之外,余下的作为祭悼的念经费。

8. 被盗卖的瓦哈甫地(依斯克拉提)。这种瓦哈甫地原来的地权完全属于麻扎、宗教学校或清真寺,买得这种土地的人,每年还得给盗卖出这种土地的原宗教机构交纳一定的地租。按照莎车甲安巴克与铁蹄巴克村的调查，这种土地的 82.6% 为农民所占有。

9. 被盗卖土地上的树木房屋和永佃权的瓦哈甫地（依斯克拉提庙留克）。这种瓦哈甫地也是被经管麻扎、宗教学校、清真寺的坏阿訇盗卖给别人的，买的不是土地的全部，而是土地上的树木、房屋和永佃权。买得此种土地的人也必须向原来卖出的宗教机构交租。

10. 有永佃权的瓦哈甫地。在麻扎、宗教学校与清真寺所占有的各种瓦哈甫地中，有一部分是各阶级占有永佃权的瓦哈甫地。占有永佃权的人每年所缴的地租很低，一些地区的永佃权可以买卖。永佃权的价格通常较高，约为普通私有地价格的 70%。

11. 农民开荒的瓦哈甫地。有些麻扎、清真寺、宗教学校所占有的荒地，经农民开荒以后，每年都要给原来荒地的占有者交租。这种土地在未开荒前，全部地权是麻扎的，或者是清真寺的。开荒之后，部分地权即属于开荒的农民，农民有权使用也有权买卖，每年向麻扎或清真寺交纳 1/10 产量的地租。

12. 捐献 1/10 收入的瓦哈甫地（底亚克）。由于宗教信仰关系，有些人将私有的一部分土地捐作这种类型的瓦哈甫地，每年将瓦哈甫地上 1/10 的产量捐献给麻扎、宗教学校或清真寺。这种瓦哈甫地的地权是属于私人的，可是这种瓦哈甫地却永远对宗教上有一种特殊的义务——每年交出产量的 1/10。

13. 献给某个指定阿訇的瓦哈甫地。由于宗教信仰关系，有些人从自己占有的私地中捐献出若干亩给某个指定的阿訇（宗教职业者）。因此这个阿訇享用这些土地的时候，这种田地的性质是与麻扎、宗教学校、清真寺的瓦哈甫地相同的。

除了上述这些瓦哈甫地之外，还有桥瓦哈甫地、涝坝瓦哈甫地、腰站（栏杆）瓦哈甫地、开山瓦哈甫地、修路瓦哈甫地、义坟瓦哈甫地、后代桥瓦哈甫地等，其收入作为修补桥梁、涝坝、栏杆、开山、埋葬死人等之用。

按其用途来讲，瓦哈甫地有四种主要用途：第一类也是最主要的一类是充作宗教费用的瓦哈甫地，包括大批宗教职业人员的供养、各地清真寺和麻扎的修建、宗教职业者的培养、宗教的宣传，以及各种宗教仪式的举行和各种宗教机构的杂支等等；第二类瓦哈甫地的收入部分用于文化教育事业所需经费；第三类是私人占有的各种瓦哈甫地，除了收入的一小部分交给宗教机构充作宗教费用，或用于学校费用外，大部分收入都归私人占有者支配；最后一类是用于公益事业的瓦哈甫地。这种地的数量最少。

20世纪50年代的调查资料提供了一个农村大麻扎和一个城市大清真寺的材料，有助于我们分析与瓦哈甫地相关的生产关系。

和田县库沙村的依麻木斯卡孜木麻扎，占有瓦哈甫第3000亩，一年有3000余秤粮食的收入，依照很早以前用文字记载下来的规定是作为60份按以下比例进行支配：

麻扎修理费	
2个麻扎的主管（闲赫）	10份
1个管理经文的（撒以甫泰保）	8份
1个主麻日（星期五）领着念经的（哈梯甫）	2份
2个管平日礼拜的依麻木与买曾	3份
2个管财务的（木特宛）	3份
1个管舍饭的（闭扣宛）	2份
1个绅耆（阿克萨卡尔）	2份
1个经文教员（穆德里斯）	2份
28个念经的（帕尔洪）	22份
16个扫地打杂的（加力甫盖西）	4份
共计55人	60份

疏附县城的祫祥巴扎清真寺占有瓦哈甫地5000多亩，收入为七八十万斤小麦，分配的比例如下。

总负责人（总买曾）	分收入的1/10
管理寺产的（木特宛）	分收入的1/10
传教与研究经典的（司帕尔汗）	分收入的4/10
主麻日领导礼拜的（哈梯甫）	分收入的3/10
看守清真寺的人	分收入的1/10

根据调查材料，邓力群和谷苞指出，该清真寺的看守人有的多至五六个，他们全属于杂役性质，实际上是不能分到1/10的收入的。其他四种宗教职业者一共分得收入的9/10以上，即70余万斤小麦。他们依靠这笔庞大的收入，过着地主一般的生活。这种情况在南疆各地是比较普遍的，也同样存在于各地宗教学校瓦哈甫地之中。因此，清真寺、麻扎和宗教学校瓦哈甫地与地主阶级有着非常密切的关系。同时，也应注意到瓦哈甫地与各阶层都有关系，

第四章　天山南路的绿洲农耕文化

并非仅局限于地主阶级。阿克苏县二区三乡全部耕地是31097.5亩,其中瓦哈甫地13167亩,约为全乡耕地的42%。在这些瓦哈甫地中,地主占42.2%,富农占7.5%,中农占33.5%,贫农占13.3%,其他的占3.5%。一些中农正是因为占有了一部分瓦哈甫地才免于沦为贫农。邓力群和谷苞就此说:"把瓦哈甫地看作是抽象的公地,看作是超阶级的宗教田地,看作是封建社会里不受地主阶级控制和操纵的土地是不合实际的。但是如因地主阶级是各种瓦哈甫地的第一个占有者或使用者,就认为农民中各阶层都与瓦哈甫地没有关系,就认为农民中各阶层没有占有或占用瓦哈甫地,也是不合实际的。"总之,瓦哈甫地是南疆绿洲社会中非常重要和独特的一部分,也是理解和认识南疆绿洲生产关系不可或缺的内容。

第六节　天山南路绿洲的社会文化生活

南疆绿洲的居民在适应绿洲自然生态环境的过程中,南疆绿洲形成与农耕相适应的社会文化生活体系。这在当地居民的衣食住行和自然禁忌等方面都有所体现。在此,我们主要以南疆维吾尔族的社会文化生活为例对绿洲社会文化生活体系做一番描述。资料来自不同时期的社会、历史与文化调查。

一、民居、村落与集市

维吾尔族的民居是适应绿洲农耕定居生产生活环境而形成的,多自成院落,包括庭院和住房两个部分。喀什地区的传统住房比较简单,平房多用土块砌成,平屋顶。一般有卧室、厨房、驴圈、水房等四个房间和一个凉院。卧室多在北边,内设睡炕、火炉、墙台。睡炕用土筑成,不烧火,一尺多高、五六尺宽,长短不一,视房子的大小而定。火炉类似壁炉,烧木柴。墙台与窗台相似,四壁皆有,上置棉被及其他杂物。厨房亦有土炕,常作为客房。客房与卧室陈设相同,杂物较少,多设在厨房旁边。水房做洗澡用。凉院靠大门,半阴半阳;阴处似走廊,上有盖顶,下有地炕。一般人家无桌凳,在炕上铺羊毛毡,吃饭、休息均席地盘腿而坐。每家都备有布褥,宽1—2尺、长4—5尺,作为坐垫。屋的平顶可以缘梯而上,做晒台使用。房屋可以随地而建,主要沿水渠分布,奠基时以礼拜日为吉日,大门忌朝西。维吾尔族的民居,由于自然条件的影响,各地在建筑风格上不尽相同。比如,和田由于自然地理条件和传统习惯的影响,住宅庭院之上多做顶盖,顶盖四面设木棂花，以通风采光。吐鲁番夏季炎热少雨，冬季寒冷，当地住宅根据气候干燥、土质良好的特点，发展出地下室或半地下室的土拱平顶式样。

谚语"建宅需要选好地，住房一定要住吉屋"，维吾尔族在选择建房之所时要考虑以下一些因素：其一，应是水源充足之处。喀喇汗朝时期成书的《福乐智慧》中说"若置办地产，先得把水源追溯"，说明水是建房需要考虑的重要因素。南疆的河流年际和年内流量分布非常不均，常常是春旱、夏洪、秋缺和冬枯。为避免丰水期可能对住房形成的威胁，民居选址非常忌讳在靠近河边的地段或者常发洪水的峡谷地带。其二，应是有绿之地。对生活在绿洲的维吾尔族来说，"绿"是生命的象征，有绿才可能发展生产和过上富裕的生活。其三，有开垦或扩垦潜力之地，建房必须为果园、花圃和庭院留出足够的空间。其四，应是向阳处，且要顺路、顺眼和顺心。其五，要因地制宜，以自然力抵御自然灾害。在风沙多、风沙袭击可能性高的地方，以地势较高的坡地作为天然屏障盖房，地势低的地方设置庭院和果园。在建筑用材上也与自然生态环境相适应，以木材和泥土作为主要的建材。塔里木盆地昼夜温差大，属于典型的沙漠气候，干热、降水稀少，为此人们选择了土木结构平顶屋的民居样式。

另外，维吾尔族喜欢用各种植物装饰建筑物。装饰手段有数十种之多，但主要是石膏花式、木雕、彩绘和拼砖。石膏花饰的题材多以习惯培育的各种花卉果木及藤蔓植物为主，形成了富有地域特色的表现植物茎、叶、花、果等程序化的艺术手法。建筑中木雕的部位很多，一般主要应用于柱子、梁、枋和门窗，题材多为桃、杏子、葡萄、石榴、荷花等。

庭院布局浓缩了与自然和谐共生的朴素自然观。民居大致可以分为"外间—客室"、"客室—餐室"与"前室—后室"三种基本的平面组合形式。民居包括庭院和住宅部分，住宅部分我们已经在上文做了介绍。面向庭院的居室往往设有外廊，有两种：一种是部分敞开的房屋建筑，另一种是一面墙的敞开式建筑。外廊是房屋与院落的过渡空间，被称为"皮夏以万"。外廊下多设被称为"苏甫"的炕台或宽大的室外木床，是居民平日聚集闲聊的场所。连接外廊的是葡萄架棚与架下种植的其他藤蔓植物或点缀花卉盆景。庭院通常由果园、花圃、葡萄架棚、家畜栅、厕所和杂物间组成。庭院环绕住房，前院设院门、葡萄架、花圃、农具间，后院设果园、菜地、家畜圈栅和厕所。庭院多是前窄后宽的格局，前院格局中门相当重要。院门多用双扇，门面采

第四章　天山南路的绿洲农耕文化

用镶边、贴花、雕刻等手法组成各种图案。现在，院门的宽度可容纳车辆出入。院门部分还附带着挨门的树木、木凳、木栏杆、小渠、跨渠小桥等等。人们时常在院门前的树荫下交谈、干活（比如刺绣）。这构成了绿洲乡村的一道独特景观。

维吾尔族地区的院落置于树林的包围之中，一座座院落以道路为中心，绵延数里，形成了绿洲村落的基本格局。一片绿洲可能包括几个、十几个或更多的村落，这些村落又以集市为中心相互连接起来。因此，行走在南疆，你会远远地看到一片树林环绕之地，穿过树林便又进入戈壁荒漠。

沿吐鲁番盆地、塔里木河流域和塔克拉玛干沙漠边缘的绿洲，有着大大小小的城镇和村落。魏源在《圣武记》第四卷中记载，到17世纪中后期，南疆城镇有几十个，村庄1000多个。每城管辖若干个小村镇。《西域图志》卷三三称，维吾尔族"城村络绎，星罗棋布，几于烟火相望"。每村有百户长（玉子伯克）一名，负责征收百户内赋税和差派徭役之事。另有一名管水者，负责管理耕地。清统一新疆时，喀什噶尔有村镇16处，叶尔羌有村镇31处，和田有大村镇6处（每一大村镇下辖多个小村庄），英吉沙尔有村庄9处，阿克苏有村镇22处，乌什有村庄11处，拜城拥有村庄18处，赛喇木有村庄9处，库车有村庄97处，沙雅尔有村庄32处，哈密和吐鲁番亦有较多村落分布①。

各个村落并不是封闭的单位，而是通过集市（巴扎）连接起来。每个县都有几个到十几个不等的集市分布在不同地区，过去，城市集市在赶集日能够吸引上万人，乡村集市可以容纳三五千人。乡村集市的基本格局是以十几棵或几十棵茂密的大树为中心，一条或几条街道与临街店铺组成，坐落在主要街道的十字中心。一般呈圆形，圆心区即乡村集市。圈外延伸出去的几条道路则通往各个村落。巴扎的店铺类型众多，一般有馕房、肉摊、瓜铺、铁匠铺、帽坊、首饰店和百货店等等。这些店铺也以树为中心分布，形成了大圈中有几个小圈式的富有绿洲乡村特色的结构布局。每个集市的赶集日都是定期的，通常每七天一次，相邻集市开市的时间错开以吸引更多人参加。逢集这天，散居在附近各村庄的农民、手工业者、商贩都云集过来。他们挟着土布，背着靴子，抱着鸡，牵着羊，提着线，赶着毛驴，牛车驮着粮食、瓜

---

① 吴福环等主编《中国地域文化通览·新疆卷》，中华书局2014年版。

果、蔬菜、棉花、杂货、干果等等。赶集的目的不外乎出售自己的农产品和手工制品，再换回自己需要的生产生活资料。据统计，参加集市的80%是附近的农民，15%是各种工匠（为农民服务的，如铁匠、木匠、靴匠等），其余5%是商贩。

二、绿洲乡村的社会结构

绿洲乡村因集市和城镇而在经济上具有了开放性，并与丝绸之路这条古道产生了联系。然而，与经济上的开放性相比，绿洲乡村的社会结构更多与绿洲农业相适应，具有相对的封闭性。宗法制度是绿洲乡村社会特别是维吾尔村庄主要的管理形式，这是由父系氏族社会的家长制演变而来的。村社的世系以父系计算，宗族主支配着家族成员，但到清末时血缘关系已让位于地缘关系。

在村落社会中，家庭是最基本的社会细胞。维吾尔族的家庭主要是以夫妻关系为主轴的小家庭，包括祖孙三代以内的直系亲属。多子女家庭中的多数子女一般在成年结婚后与父母分家，另立门户，仅留幼子与父母同住。多奉行幼子继承制，而幼子承担了赡养父母之责。独子就不分家，父母对子女有命名、抚养、教育和婚嫁之责，子女则对父母有养老、送终的义务。大体来讲，绿洲乡村社会结构原则与其他农耕社会并无明显差异。

维吾尔族家庭是以"父亲—丈夫"为核心的家长制家庭，父亲和丈夫在家庭事务中占支配地位。历史上，性别不平等曾是维吾尔族家庭的一个典型特征，男人被视为女人的第二个"胡大"，男性一言一行具有很大的权威性，而女人一般无权过问和处理家产。传统时代，妇女极少有机会参加社会性的生产劳动，多从事家务，在家做饭、纺线和喂养牲畜等。在家庭中，婆婆享有较高权威，儿媳妇过门后操持一切家务。

维吾尔族的亲属关系主要分直系亲属、近亲和远亲，同样以父系为主。在亲属称谓中，最常见的基本都是父方亲属的称谓。姓氏是家族传承的见证，这在姓名上有所体现。父子连名制是维吾尔族姓名文化的一大特征，由本名加父名构成，本名在前、父名在后，简称时多只呼本名。

三、服饰与饮食习俗

从不同时期新疆出土的服装、饰品或其残片中的植物纹样来看，维吾尔族先民在信仰伊斯兰教之前的植物类纹样大多是莲花纹、葡萄纹、石榴纹、卷草纹、忍冬纹、宝相花纹、生命树纹等等。信仰伊斯兰教后，"莲花纹"和

第四章 天山南路的绿洲农耕文化

"宝相花纹"等纹样逐渐被排斥在外。当前,维吾尔族常用的植物类服饰图案有巴旦木纹、四瓣花纹、六瓣花纹、八瓣花纹、大丽菊纹、麦穗纹、棉花纹、豆荚纹以及藤、蔓、芽、蕾等植物类纹样。这些纹样反映了维吾尔族先民与南疆绿洲植物及自然生态环境的亲密关系。

纹样与自然生态的关系在地毯、艾德莱斯绸和印花布中都有所反映。维吾尔族地毯色泽鲜艳,质地细密,有二十多种纹样。其特点是多层边框,几何图形内填充着丰富多变的动物、花卉、果实、叶蔓、浪花等纹式,充分表达了维吾尔族对自然的认知和审美。地毯以和田的最为古老,除了挂于墙壁外,床炕及内室地面上也要铺设地毯。艾德莱斯绸是维吾尔族采用古老的扎经染色法工艺制作而成的。艾德莱斯绸的回纹图案多是抽象变形的花卉图案,用纯正生丝织成,最常见的图案是巴旦木花、木纹花和梳子花等。艾德莱斯绸多色相间或单色独用,虚实变化多样,表现出自然的特点和维吾尔族热情奔放的审美情趣。

南疆绿洲居民主要从事农业,擅长园艺,历史上曾经长期从事游牧业,至今仍未放弃畜牧业。因此,饮食就表现出了多元杂糅的特性,形成了独具特色的饮食文化。主食为面食,肉食以羊肉、牛肉、鸡肉等为主,尤喜羊肉。乳类以酸奶为主,夏季常常以酸奶就馕吃。蔬菜吃得较少,品种不多,主要有黄萝卜、卡玛古、洋葱、大蒜、南瓜、西红柿、茄子、辣椒、香菜、藿香、青豆、土豆等。夏季多拌食瓜果。餐具主要是木制和陶制的碗、匙、盘等等。吃饭时一家大小共席而坐,吃完饭,在拿走餐具之前,由长者做"都瓦"(祷告),然后离席。馕和抓饭在维吾尔社交和礼仪活动中占有重要地位,在待客和婚丧礼仪、日常礼尚往来中,功能已远远超出了口腹之需。馕是维吾尔族最主要的食品,餐餐不离,甚至还是红白喜事相互赠送的礼品和重要食物。抓饭则是用大米、羊肉、胡萝卜、洋葱、食用油等原料做成,同样是婚丧嫁娶和日常招待亲朋必不可少的食品。另外,烤包子也很有特色,维吾尔语称之为"撒木萨",以面做皮,用羊肉丁、羊油拌少许洋葱做馅,皮薄肉多、油大味香。其他有名的食物还有各种拉面、拌面、炒面、汤面等等。

维吾尔族好喝茶,既吸收了汉人饮茶的习俗,又融进了本民族的传统饮食习俗。三餐皆不离茶,通常是一边喝茶,一边吃馕或一边吃饭。他们不仅仅是把茶当作一种解渴的饮料,也当成佐食的汤料。他们有一种"以茶代汤,用茶做菜"的习俗。茶也是接待客人所必需的饮料,无论何时到维吾尔族家里做客，主人家总是先敬上一壶热茶和一盘香酥的馕。桌上，往往还放有各色干果，瓜果飘香的季节自然少不了瓜果的身影。维吾尔族沏茶、倒茶和敬茶皆有讲究。斟茶时，用右手提着茶壶，让茶水沿着茶碗的边沿徐徐注入，不能溅起水珠或起沫。不能倒得太满，半碗最佳，客人喝完再续，为的是让客人一直能够喝热茶。茶要双手敬给客人，客人亦须以双手接茶。

在饮食方面，禁食猪肉、驴肉、狗肉、骡肉和骆驼肉等。在南疆部分地区还禁食马肉，禽类禁食鸽肉。在一些地方，人们把鸽子视为"神禽"。凡是自死的牲畜，一律不食，一般诵非真主之名而宰的牲畜和家禽亦禁食。待客和做客也有一套讲究。吃饭时，客人不可随便拨弄盘中食物，不可随便到锅灶前去，一般不把食物剩在碗里，还要注意不让饭落地。共盘吃抓饭时，不将已经抓起的饭粒再放入盘中。吃饭或与人聚谈时，不揩鼻涕、吐痰、放屁，否则会被认为失礼。吃完饭后，如果长辈领着做"都瓦"，不能东张西望或起身离开。总的来讲，维吾尔族的饮食文化以绿洲农耕为基础，传承了游牧生活诸多特性，在禁忌上又更多受到了伊斯兰教禁忌的影响。

四、农业禁忌

南疆是绿洲农业的繁盛之地，由此也衍生出了相当多的与农业生产相关的禁忌和习俗。

农业禁忌的第一个方面与农具相关，维吾尔族视农具为灵物，非常尊重它们。维吾尔族忌讳踩踏农具或坐在农具上，认为踩坎土曼就如踩馕，坐坎土曼就如坐在馕上面；忌讳烧农具，据说烧木犁会生畸形的孩子、烧耙会生腿瘸的孩子、烧篮子会生缺手的孩子。人们还认为农具具有某种灵性，如用牛轭作吊床，躺在里面的孩子会健康成长而不会夭折。农民在翻地时要用两头牛，认为用一头牛翻地是可憎的。一些人还忌讳翻地时旁边有女人，据说翻地时女人在场，庄家发芽不匀。女人被视为"不洁"，诸多重要农耕环节皆不让其参与。犁耙上沾的土被视为有灵性，可以治疗婴儿疾病。

播种环节的禁忌颇多。禁止妇女，特别是经期妇女播种，否则认为会发芽不匀。无丈夫的妇女，需要请其他男子帮忙播种。严禁行房事后未全身洗浴或梦遗后未全身洗浴的男子播种。忌讳周三播种，认为周四和周五播种较好。播种时，用右手将种子撒在远处，据说这样可以积德，且庄稼长得好。种子发芽后，忌讳他人的"毒眼""毒舌"，忌讳行为不轨的女子从庄稼边走过，忌讳经期妇女和"不洁之人"间苗。

第四章　天山南路的绿洲农耕文化

收割也是农耕中最重要的环节之一，与之相关的禁忌相当普遍。忌讳挥舞镰刀，忌讳在休息时将镰刀乱扔，而应该插在地上，否则认为收割将不见成效。人们也重视麦场，麦场中间的木桩是财富的标志。"不立木桩打麦，赫孜尔不会去麦场，财富也不会降临。"在麦场里吐唾沫、大小便，先迈左脚进麦场、骑着牲畜或用傲慢的姿势进入麦场、在麦场里吹口哨或互骂都是被禁止的行为。过去甚至忌讳把水和铁具带入麦场，在麦场喝水也被禁止。进入麦场的人应该是身体洁净之人，否则认为粮食会被玷污。还有一些地方忌讳从麦堆西侧绕行，因为赫孜尔被认为一般在麦场或麦堆西侧。人们过去，他就会离开，于是粮食产量将会减少。打麦时要唱《麦场歌》，人们右肩搭上叉子，边唱边赶牲畜，据说这样会收获更多。还有人认为，唱《麦场歌》的目的是驱赶鬼魔，召集灵魂。扬麦时，忌讳妇女从麦草飘落的方向绕行，据说这样会让风骤停。在语言上，忌讳说"装完了没有""怎么还装不完"一类的话。

粮食磨成面粉之前，要先用它们做一次粥，但忌讳给别人吃。

园艺业也是绿洲农业的重要组成部分。维吾尔族民间有"没有果园就没有生命"的谚语，但与果园相关的禁忌习俗不多。人们非常忌讳自己的果园遭人"毒眼""毒舌"的伤害。所以，一般要在果树上挂一些祛邪避害的灵物。保护果树、珍惜果实是人的美德。

五、自然禁忌及习俗

在南疆，树与水都为居民所崇拜，两者都是生命的象征，事实上这些崇拜和禁忌是绿洲农耕文化非常重要的组成部分。

树的崇拜在人生礼仪中有所体现，特别是在"生、婚、死"的人生三部曲中更是明显。在诞生仪礼中，树崇拜主要在求嗣中出现。在求嗣习俗中人们敬仰、膜拜的神树、圣树都是绿洲中历经岁月沧桑但依然生长旺盛的高龄古树、巨树。求嗣妇女的求子仪式通常由摸树祈祷、绕树转圈、在树枝上系布条和饮用树根部泉水这几个环节组成。另外，树在求吉的婚俗中也扮演了文化象征符号的角色。《一棵石榴树的国王》是在维吾尔民间广为流传的故事，讲的是一位贫苦年轻人因为拥有一棵石榴树而娶了公主为妻，最后美满地生活，白头偕老。故事中的石榴树象征着吉祥。婚礼中，新郎、新娘会从父母那里得到地毯作为婚礼的贺礼，而石榴花地毯最受人们的喜爱。新婚之夜，人们会在新房放置象征多子多福的石榴，甚至婚宴上的吉利话也与石榴相关。人们生前与树木为伍，死后也离不开树木的庇护。在墓地上生长的树木也是神圣的，人们不得惊扰树木的幽静，不得砍伐树木或折断树枝。人们不仅敬树，而且还保留着在墓地上栽树的习惯。不同地区的差别仅在于栽树的时间，有的地区植树是在葬礼之后，有的地区植树是在葬礼之中。在葬礼之中，可以看到手持树苗的人在出殡队伍的前列，等死者入殓后，将树苗栽植在墓旁。日后上坟的亲属会尽心栽培。因此，维吾尔族的墓地至少都会有一棵树。在一些过于干旱、少雨和"植树比养孩子还难"的地方，以一"竿"替代树木。

在维吾尔民间还普遍存在着向树祈愿痊愈、长寿和健康的风俗。每个绿洲都有人们所敬仰的、认为能够祛病赐福的神树和圣树。人们也喜欢将树与神灵、鬼、精灵相联系，区分出吉树和凶树。属于吉树的主要是果园中的树和分布在村落周边的树。属于凶树的有垂柳、槐树、榆树、老桃树、柽柳、沙拐枣与独树等等，而凶树主要生长在绿洲的边缘和荒漠地区。

维吾尔族非常崇敬果树，禁止任何亵渎行为，如在果树旁边大小便便被禁止。在果树中，人们尤其崇敬桑树。人们一般不砍桑树，若桑树挡住了门户则在别处开门。树木突然枯死也被人们视为不祥的预示。如果院内或果园内的树（特别是桑树）突然枯死，人们便认为这意味着某种不幸将会来临或是户主将会遇难。人们可以砍伐不结果的小树，但从不轻易砍伐开始结果的小树。柴也是神圣的，严禁在柴上大小便。这种关于树的禁忌和习俗是普遍存在的，原因可能在于南疆树木生长的不易和人们在生产生活环境中对树的珍视。

在塔里木盆地，水是最宝贵的自然资源，自然成为自然崇拜和自然禁忌的重要对象。绿洲的居民常年遵循着一系列关于水的不成文的习惯法则。比如：不往水里吐唾沫、揩鼻涕或大小便，不往水里倒垃圾、动物血和污秽之物，不得在水渠边梳头发或洗衣服，不得在水边盖厕所和牲畜的圈棚，不得在水边做污秽之事，取水时忌讳脚跨水渠两头舀水，取桶打水时先用公用桶打水再倒入自家水桶。水如此重要，绿洲居民也形成了与之相关的祭祀仪式。祈水麻扎就是其中一种，这种在圣地麻扎中祈水求雨的习俗相当普遍。每逢缺水季节，一些地区因靠近沙漠、戈壁遭遇更为严重的干旱。这时，古老的集体祈水仪式便是必需的了。邻近的村落居民便赶往祈水麻扎，向父辈一样，祈求上苍赐水。

第四章 天山南路的绿洲农耕文化

在此，要避免陷入"绿色尚古主义"①（Green Primitivism）的窠臼，警惕生态上的"高贵野蛮人"想象。它们认为与自然的平衡是人群有意识追求的理想和目标，被文明剥夺的"原始社会"通过地方性方式与自然保持和谐，只是现代社会的愚昧和无知才对之视而不见②。新的研究表明，这些社会可持续利用与资源、栖息地的管理是普遍的，但生物多样性之保护或提高、栖息地拼图之创造更多是一种间接结果③。换言之，既要意识到与自然相关禁忌的重要性，也要意识到禁忌只是维系人群与自然平衡关系的一个重要因子。不能理想化绿洲居民与环境的关系，武断地将他们尊崇为"自然卫士"。玛丽·道格拉斯认为：道德秩序——人们认为什么是对的，什么是错的，什么是合适的，什么是不合适的——维系着社会秩序，即现有的社会组织形式。同时，对危险和威胁的惧怕约束着道德秩序，人们确信若是违反道德秩序必有灾难降临④。因此，禁忌之功能主要是将人与环境的关系转换为一种"道德秩序"，以规范人们的行为，从而维系与绿洲生态环境的平衡关系。

---

① 尚古主义（尚古论）与进化论都建立在将世界划分成"文明"与"野蛮"、"我们"与"他们"这样一种识别世界的等级观念上。它们之间的差异在于各自对时间关系——想象的连续统——所给予的消极或者是积极的评价。这个等级制度是进化论的核心，这是将全球不同地区放置在朝向欧洲工业文明的进步标尺上的一种排列。尚古论和最近的相对论都倾向于强调原始的高贵性，这同以往完全相反的观点看待世界的进步性的进化论相对立。参见［美］乔纳森·弗里德曼著，郭建如译《文化认同与全球性过程》，商务印书馆2003年版。绿色尚古主义是指民族生态学中长期存在的一个神话：已被文明所剥夺的原始社会，通过地方性方式与自然保持着和谐的关系，只是现代社会的愚昧和无知对之视而不见。我们都被劝相信，与人自我创造的城市环境相比，越是亲近自然的生活方式就越贞洁和真实。参见 Roy F. Ellen, "What Black Elk Left Unsaid: On the Illusory Images of Green Primitivism," *Anthropology Today*, Vol. 2, No. 6, Dec. 1986.

② Roy F. Ellen, "What Black Left Unsaid: On the Illusory Images of Green Primitivism," *Anthropology Today*, Vol. 2, No. 6, Dec. 1986.

③ Eric Alden Smith and Mark Wishnie, "Conservation and Subsistence in Small-Scale Societies," *Annual Review of Anthropology*, Vol. 29, 2000.

④ 转引自［英］凯·米尔顿著，袁同凯等译《环境决定论与文化理论：对环境话语中的人类学角色的探讨》，民族出版社2007年版。

第五章　西部高原藏族的混牧农耕文化

在很多人的观念里，藏族是一个居住于甘青高原，以游牧为主要生计方式的民族。事实上，在藏民族的经济文化结构中，农业为藏族文化的滥觞提供了温床和种子。在此基础上诞生的农业生产管理技术和农耕文化构成互动互融的民间知识系统，对藏族社会经济和文化的整体建构与发展产生了巨大的影响[①]。藏族对雪山草原、高山峡谷生态环境的适应以及对农业生物多样性管理与安排的知识和技术，可以与其他任何一个以农业经营著称的民族相媲美。与此同时，由于只有藏族更善于和更熟练地掌握高原上的生产生活的知识和经验，因此，虽然从古至今不断受到外来文化的影响和冲击，但高原藏族至今仍然能保持其传统农业生产方式，在农业现代化的潮流中独树一帜。

数千年来，生活在高原的藏族在长期的生产实践中形成了适应当地生态环境与地理气候的"以牧补农，以农养牧"的半农半牧生计方式，并在此基础上孕育了独特的混牧农耕文化。多样性的农耕文化技术体系使得生存于高原脆弱生态环境中的藏族在能力可达范围内最大限度降低了各种自然和社会风险所带来的影响，实现了对当地自然资源的高效、综合利用，保证了生计的存续和发展。对这一类传统知识的挖掘、整理和评价有利于今天高原藏族聚居地区社会、经济和文化的综合可持续发展。本章以我国五大藏族聚居地区之一的云南藏族聚居地区为主要研究对象，从民族生态学视角对云南藏族混牧农耕技术知识体系进行整体考察，着力探讨在社会转型期和变革期基于传统农耕文化基础之上的高原藏族聚居地区生态、文化和生计协调发展的可持续途径。

---

① 史云峰《略论藏族农耕民俗的生态文化学意蕴》，《西藏研究》2010年第4期。

第五章 西部高原藏族的混牧农耕文化

第一节 云南藏族聚居地区土地利用多样性及其管理

云南藏族聚居地区地处青藏高原向云贵高原和四川盆地的过渡地带，这里高山耸立，河谷深切，地形复杂，澜沧江、金沙江和怒江三江并行穿流于崇山峻岭之间，集中了多种气候类型和生物群落。行政区划上主要指迪庆藏族自治州所辖香格里拉、德钦、维西三个县市。云南藏族聚居地区的江边河谷低地、台地及部分半山区域历来就是重要的农耕区。在长期的生产实践中，当地藏族通过对土地分类的认知、利用，以及对外界各种自然风险和经济机会进行动态响应与调整，形成了独特的土地分类体系和利用阶段。对土地性质的精准认知和分类决定了云南藏族在农作物种类、品种以及相关农业活动投入方面的行为选择，保证了农业传统知识和生产行为的多样化，成为藏族聚居地区农业生产持续发展和社会经济稳定重要的物质基础。

一、云南藏族聚居地区农地利用及多样性管理

（一）云南藏族聚居地区农地分布的生态特征

农地是所有土地利用类型的基础。受立体性气候和地理环境影响，云南藏族聚居地区适合于农业耕作的土地分布于海拔1500—3900米地带，其中80%以上的耕地集中于海拔1900—3300米的垂直区域；水平分布上主要集中于金沙江、澜沧江沿岸，永春河、腊普河流域以及南部、中部的高原坝区，具体可以分为南部河谷农业区、西北部河谷农业区以及东北部高山盆地农业区。

南部河谷农业区包括迪庆州境内金沙江、澜沧江南部流域的耕作区域，农地主要分布于土壤肥沃、耕作状况良好的河谷台地之上，部分耕地分布于山间缓坡地上。南部河谷农业区水热资源优越，气候条件好，农耕比较发达，历史以来是云南藏族聚居地区最重要的农业生产区域。西北部河谷农牧区地势起伏较大，山地、坡地和山间谷地分布较广，森林和草地资源丰富，是农业和畜牧业并重的产区。东北部高山盆地农业区主要指以香格里拉市大小中甸为核心区域的高原坝区，这一区域的耕地集中连片，肥力较好，土壤有机质含量很高。但是因海拔较高，气候寒冷，冬长夏短，粮食作物只能一年一熟。

以自然地理条件和各类生态因子为评价指标，云南藏族聚居地区的农地可以分为四种类型[①]：

[①] 云南省迪庆藏族自治州农牧局编《迪庆藏族自治州农业志（1978—2007）》，内部资料，2013年。

一级地：土地平缓辽阔，水、肥、温度、热量合适，肥力足，土壤层深厚，主要分布于海拔2000米以下，农作物可一年两熟。一级地约占云南藏族聚居地区耕地面积的10%。

二级地：缓坡地，坡度大于10°，水利资源中等，热量资源充足，肥力较好，农作物一年两熟或两年三熟。二级地约占总耕地面积的24%。

三级地：坡地，热量资源充足，水利条件不足，农作物一年两熟或两年三熟，大约占云南藏族聚居地区总耕地面积的40%。

四级地：高山坡地，海拔高，气温低，水利条件中等或不足，肥力较差，这部分土地占总耕地面积的26%左右。

1978—1997年，以迪庆州为主的云南藏族聚居地区耕地总面积约57万亩，其中，东部的香格里拉市大于25°的坡耕地占总耕地面积的2.38%，西南部的维西县大于25°的坡耕地占总耕地面积的47.55%，西北部的德钦县大于25°的坡耕地占总耕地面积的38.27%，所有的农耕地以旱地为主，约占农地总面积的90%；水田比例较小，约占10%。1998年以后，云南藏族聚居地区开始实施25°以上坡耕地退耕还林还牧工作，耕地面积逐渐减少。表5-1显示了近30年来云南藏族聚居地区耕地变化的趋势。

表5-1 1978—2007年间云南藏族聚居地区耕地面积的几次变化表 （单位：亩）

年度	总面积	水田面积	旱地面积	香格里拉市	德钦县	维西县
1978	57 9581	64 284	515 297	242 439	85 001	25 2141
1980	600 436	62 844	537 592	243 944	87 290	269 202
1990	571 304	60 636	510 668	226 615	80 970	263 719
1995	568 770	69 360	499 410	222 090	81 915	264 765
2000	548 535	65 175	483 360	215 160	71 085	261 480
2006	477 930	56 250	421 680	204 645	59 370	213 915
2007	496 650	70 200	426 450	211 080	58 770	226 800

（数据来源：《迪庆藏族自治州农业志》）

（二）基于资源利用的农地分类类型

在云南藏族聚居地区农地资源的整体条件下，各地藏族为了适应不同区域的环境条件，在长期的生产实践中形成了对农地认知利用的不同评价标准和分类体系，并在分类体系的框架中来安排不同的种植制度和经营类型。总

第五章 西部高原藏族的混牧农耕文化

结来说,当地藏族对农地的分类认知主要基于三类依据:

第一类,按照土地质量的优劣和肥沃程度将农地划分为不同级别。这是云南藏族聚居地区最基础也是最普遍的农地分类方式。位于高原坝区小中甸镇的向卡村①藏族将耕地划分为三类,即一等地、二等地和三等地(表5-2)。一等地是最好的农地,特点为土壤肥力足,土质好,地势平缓,石子少②,易耕种,村民主要用来种植青稞、土豆等对社区生计作用最大的农作物。向卡村的一等地所占比例较大,占全村耕地的60%—70%左右。二等地略次,土壤质量虽好但石子多,或是有坡度,主要用来种植蔓菁、油菜等对日常生活起补充作用的作物。二等地占全村耕地20%—30%。三等地土质较差,多属田边地角的开荒地或丢荒地,藏族主要种植燕麦、荞麦或饲草等饲料作物。

表5-2 向卡村土地分类及农作物种植情况表

品种名	一等地	二等地	三等地	备注
青稞	*			最好的地种青稞
土豆	*	*		土豆也可以种在二等地里
蔓菁	*	*		主要种在二等地,部分种在一等地
菜籽	*	*	*	主要种在二等地,一等地和三等地少
荞麦		*	*	根据需求,主要种在三等地
燕麦			*	种在三等地或开荒的生地上

在藏族的观念里,农地级别与这块农地上种植何种农作物有直接的联系,他们在不同级别的农地上严格安排种植不同的农作物。笔者在对向卡村的调查中,使用30%的农户抽样的方法对19户农户2012—2015年的土地种植信息进行调查验证。2012—2014年向卡村一等地中青稞的种植率分别为

---

① 向卡村隶属于迪庆州香格里拉市小中甸镇团结村民委员会,是云南藏族聚居地区东北部农业区藏寨的典型代表。村寨平均海拔3200米,年均气温5.5℃。至2015年底,全村共64户302人,均为藏族。向卡全村土地平缓,牧场辽阔,农户生计以农业和畜牧业为主。全村约有耕地900亩,人均耕地接近3亩,主要种植青稞、土豆、蔓菁、油菜、燕麦等耐寒旱地作物。

② 向卡村是位于河滩上的村落,土地大都分布在河流的冲积扇上,土壤混有大小不一的鹅卵石,影响了农业耕作。

42.5%、38.3%和34%，土豆的种植率分别为42%、40%和39%，青稞和土豆的联合种植率占了所有一等地的3/4左右。2012—2014年，向卡村二等地中蔓菁的种植率分别为56%、40%和35%，油菜的种植率分别为36%、48%和33%。二等地中2012年没有种植青稞，2013—2014年只有不到6%的土地种植了青稞。2012—2014年，向卡村三等地中荞麦的种植率分别为47%、64%和62.5%，燕麦种植率分别为53%、35%和37.5%。在三等地中，荞麦的种植率达60%以上。除了荞麦和燕麦，三等地很少种植其他作物。2015年向卡村有65%的土地承包给了外地商人种植药材玛卡，余下35%的土地被计划种植了不同作物，按种植率的高低排序分别为青稞、土豆、蔓菁、荞麦、油菜和燕麦。所以，即便是打破土地利用传统重新进行规划安排，向卡藏族各种作物的种植比例也并没有太大改变。

第二类，根据农地的利用效率进行分类。因自然地理条件和资源可利用性的制约，滇西北不同地区的农地利用率并不相同。东北部高寒坝区农地一年一熟，冬春季节休耕闲置；部分高山山地还要实行轮作休耕，即种植两年或三年之后休耕一年，让地力得到恢复；江边河谷台地因具备良好的水热条件能实现一年两熟或两年三熟，讲究"地不落空"。基于对农地利用率的认知，藏族对农地进行了不同的分类。

位于西北部河谷农业区的德钦县古达村①藏族将土地分为水浇地、矮山旱地和高山雷响田。水浇地位于村寨附近的河谷区域，水源丰富，土质较好，主要种植青稞、小麦、玉米、土豆、蔓菁等作物，可一年两熟。矮山旱地位于村寨附近地势稍高的坡地上，可种植小麦、玉米、土豆、蔓菁、油菜等农作物，一年一熟；远离村寨的高山旱地为雷响田，没有水源，庄稼长势只能依赖当年的天气条件。适应不同的土地资源，古达藏族总结出了一套种植的传统知识。小麦和玉米只能种在村寨附近低海拔的旱地里，高山旱地不能种植；在河谷水浇地里，每年11月份要种植暖温带青稞品种和小麦，次年6月可以收获；之后种上早熟玉米，10月份收获。早熟玉米种下之后，如果有不

---

① 古达村隶属于德钦县升平镇阿东村民委员会，位于澜沧江流域阿东河谷，是云南藏族聚居地区西北部河谷农业区的典型代表。村寨海拔2600米，全村共27户150余人，均为藏族。村寨距离交通干线较远，是一个传统文化保留较好的山区藏寨。古达的民居与农田间错交织，分散于阿东河东岸的坡地上。生计模式上具有高海拔区域农牧并重的生产特点。

第五章 西部高原藏族的混牧农耕文化

出苗或死苗的情况，藏族要补种蔓菁和苦荞。矮山旱地主要农作物为小麦和玉米，小麦收获季为6月份，小麦收获以后必须尽快脱粒收仓。6月同时也正是高山上虫草生长的时节，虫草是古达藏族重要的经济收入来源，为了不错过采集虫草的时间，劳动力少的人家便不种小麦，转而选择在5月种上老品种晚熟玉米。晚熟玉米10月份收获，之后便让土地闲置休养，到来年再种玉米。高山旱地只能种植青稞，一般4月下旬—5月初种植，9月底收获，主要种植耐寒品种。

维西县塔城镇柯功村①藏族将农地分为一发地和二发地，种在一发地和二发地上的作物分别称为一发作物和二发作物，如一发玉米和二发玉米。一发地指一年只种一季的农地，二发地是一年中"地不落空"的农地。在同样的资源环境里，一发地和二发地的区别与自然条件或土地质量优劣关系不大，而在于这块农地能否被村民充分经营利用。柯功村的水田分为上坝和下坝，上坝位于村寨上方，水源充足，水田常年被水浸泡，不容易排干水分，因此水稻收获以后无法再种植其他作物，所以上坝的水田基本都为一发地；下坝位于村寨的下方，水田容易排干水分，每年10月水稻收割以后藏族将田中水分控干种植青稞、小麦、大麦等二发旱地作物，次年5月收割之后再蓄水插秧。

柯功村旱地一发、二发分类的传统知识和利用特征更为复杂，不同农地分类对农作物种植时间和品种选择产生着较大影响。以玉米为例，一发玉米在4月下旬谷雨前后播种，8月底收获。因为一发玉米有充足的时间生长，所以藏族主要选择生长期在120—140天左右的传统晚熟品种。二发玉米晚一个月播种，一般5月下旬种植、9—10月份收获，由于生长时间受到限制，主要种植生长期90—100天左右的早熟品种。在柯功，二发玉米容易受温度、雨水、自然灾害等气候条件的影响，需要不断补种，有效补种时间约40天，所以其收获期往往也会后延。待二发玉米收获入仓，在短时间促肥翻耕整地之

---

① 柯功村隶属于迪庆州维西县塔城镇柯那村民委员会，是云南藏族聚居地区南部农业区的典型代表。村寨坐落于峡谷之内平缓的台地上，平均海拔2200米左右，属中温带低纬季风气候，全年气候温和，雨水充沛，年均气温15℃左右。境内生态植被良好，原始森林茂密，为滇西北白马雪山自然保护区的周边社区。全村70户330余人，97%以上为藏族，3%为通过婚嫁关系定居于村内的傈僳族、纳西族、汉族等。柯功村水热条件好，土壤肥沃，农业传统技术知识丰富多样；主要种植水稻、青稞、玉米、蔓菁、豆类、各种药材、经济果木等。畜牧业相较于其他高海拔地区藏寨已经出现衰退趋势。

后，藏族要及时种上青稞、小麦等小春作物，于次年5月收获。一年两熟的土地对作物品种要求很高，藏族必须精准把握每一种作物的生长时间和特性，来配合种植早熟或者晚熟品种，以保证所有作物的产量。一发旱地主要种植一季大春作物，其余时间翻地晒垄、轮歇休耕。此外，有的旱地因为距离村寨较远，不易管理，或者海拔较高限制了农作物生长，因此也被划为一发地。一发地和二发地的种植特性相对固定，不易转换。表5-3为柯功村村民扎西家的农地利用状况，能够进一步阐释柯功藏族的农地分类和利用的关系。

表5-3 柯功村村民扎西家2014—2015年农地分类及利用表

类别	面积（亩）	主要作物	种植期	品种选择
一发水田	2	水稻	5—10月为生长期，11月—次年5月休耕	多种植传统晚熟品种
二发水田	4	水稻	5—10月	选择性种植早熟品种
		青稞、小麦、大麦	11月—次年5月	种植早熟品种
一发旱地	1.5	玉米（间种豆子+向日葵+荞麦）	4月下旬—9月	种植传统晚熟品种
二发旱地	3	玉米（间种豆子+向日葵+荞麦+蔓菁）	5月底种植，因干旱不出苗补种了两次，10月收获	种植早熟品种
		青稞、小麦、土豆、燕麦	10月—次年5月	

第三类，按照农地的功能特性和利用特性进行划分。在滇西北中山和高山旱作农业区，藏族将农地分为生地和熟地。熟地位于村寨附近，是无轮歇长期精耕细作的土地，具有肥力好、易耕种、产量高的特点，用来种植青稞、小麦、蔓菁等主要的粮食作物和饲料作物；生地包括轮耕地、新荒地和二荒地等。云南藏族聚居地区山高地广，在固定耕作的土地之外，还有很多山地、林间空地、沟谷荒地可以开垦。因此，有劳动力的人家也会开垦新的耕地。开荒地一般耕作时间不长，肥力低，容易滋生杂草，需要长期经营才能转变为熟地，主要种植荞麦、燕麦等饲料作物。澜沧江、金沙江河谷水稻种植区域的藏族将农地分为水田、旱地和开荒地。水田种植水稻、青稞和小麦等重要的粮食作物，旱地种植青稞、小麦、玉米和土豆等粮食作物和饲料作物，开荒地种植经济林果、药材及饲料作物等。

第五章 西部高原藏族的混牧农耕文化

(三) 云南藏族聚居地区的农地管理多样性

1. 耕作制度

根据不同的地理环境和海拔高度，云南藏族聚居地区形成了多样性的耕作制度。休耕管理是高海拔山区村落至今还在使用的耕作制度，即对旱地和轮歇地实行耕三年休一年或耕两年休一年的耕作方式，以使土壤肥力得以恢复。河谷或矮山地带已经不使用休耕管理，而是采用精耕细作、加强肥力、因土种植的方式来提高土地资源的利用率。大部分藏族社区都在使用轮作管理，即同一地块在不同年份或不同季节种植不同作物。轮作技术不仅能使土壤保持活性，不至于退化板结，也能使不同作物在理化性质上相互影响，吸收对方的优势资源以利于自身生长。此外，水肥管理、栽培管理在云南藏族聚居地区各地都呈现出多种多样的特点。

2. 种植制度

农作物种植制度是组织一个地区或生产单位农业生产作物构成、配置、熟制与种植形式的综合技术体系[①]。与当地的农业资源条件和生产条件相适应，作物生产以多样、多熟、多利性为发展的方向。滇西北藏族根据当地社会、资源、技术、环境等方面的条件对种植制度进行综合安排和调控，有效地利用了本地自然资源。

滇西北海拔 2700 米以上的高寒地区耕地基本为旱地，过去粮食作物主要栽培青稞、洋芋、蔓菁等耐寒作物，一年一熟，轮作方式有洋芋（蔓菁/荞麦/油菜）—青稞—青稞三年轮作制，小麦—（蔓菁/荞麦/油菜）—青稞—青稞—洋芋五年轮作制等。随着现代农业技术的发展，地膜覆盖、蔬菜大棚等现代技术被引入并推广使用。例如，玉米、土豆、蔬菜等地膜覆盖的面积逐渐加大。这些变化导致了传统轮作格局和熟制的改变。部分区域变一年一熟为一年两熟，海拔 3000 米及以下地区，一年四季均可种植玉米、土豆、小麦等作物。海拔 2400—2700 米为一年两熟或两年三熟制的农业区域。这些地区作物种类丰富，除了藏族聚居地区传统作物之外，还种植豆类、薯类和经济作物，轮作方式更为多样。取决于降雨情况和耕地灌溉条件，一般均可大小春间种和套种，条件好的水浇地基本一年两熟，其他农地一年两熟或两年三熟，部分条件较差的农

---

① 武兰芳、陈阜、欧阳竹《种植制度演变与研究进展》，《耕作与栽培》2002 年第 3 期。

地冬季空闲，一年一熟。海拔2400米以下的区域水热条件较好，基本保持一年两熟，作物种类丰富多样，轮作、混作方式交错使用，机理复杂。

3. 生态围篱

在20世纪80年代以前，藏族要使用木板做栅栏或者投入大量精力建筑土夯墙以防止牲口进入农地或禁牧草地。制作栅栏需要砍伐大量的木材，这给藏族聚居地区的森林保护带来了较大的影响。20世纪90年代以后，很多藏寨开始种植绿色生态围篱。和不同的区域环境相适应，各地藏寨选择了最适合本地区的种植方式。比如，向卡藏族群众喜欢将一些乔木和带刺灌木混种，常见树种有丽江山荆子（*Malus rockii*）、滇杨（*Populus yunnanensis*）、乌柳（*Salicaceae cheilophila*）、丑柳（*Salix inamoena*）、中甸山楂（*Crataegus chungtienensis*）、金花小檗（*Berberis wilsoniae*）、长刺茶藨子（*Ribes alpestre*）、小卫矛（*Euonymus nanoides*）等。在柯功藏寨，村民主要种植一些经济果木如木瓜（*Chaenomeles sinensis*）、花椒（*Zanthoxylum bungeanum*）等适应性强、枝叶繁杂交错且枝干带刺的植物做围篱。生态围篱取代木板围栏，不但保护了耕地，减少了森林砍伐，美化了村寨环境，还形成了混农林系统，让村民收获了饲料、果实、薪柴、木材等多种产品，获得了多重效益。

二、牧场利用及多样性管理

（一）云南藏族聚居地区牧场的生态特征

高山耸峙、河谷纵横、林间草甸星罗棋布的环境以及立体型气候条件孕育了云南藏族聚居地区的丰富的草场资源。根据迪庆州自然草场普查资料，1980—1988年云南藏族聚居地区自然草场总面积913.85万亩。1998年迪庆州实行退耕还林还草政策以后，天然草场面积逐渐增加。2007年，迪庆州农区、牧区及半牧区合计草原总面积为1238.42万亩，其中利用草原面积为885.3万亩，累计退耕还草面积为12.9万亩。根据草原植被特征进行划分，云南藏族聚居地区的自然草场可以划分为高寒草甸、灌丛草甸、林间草甸、疏林草场、山地灌丛草丛和沼泽草甸等6种类型[1]。

高寒草甸是云南藏族聚居地区面积最大、分布最广的草场类型，主要分布于海拔3800米以上的高山垂直地带和高原坝区，具有明显的地带性和季节

---

[1] 云南省迪庆藏族自治州农牧局编《迪庆藏族自治州畜牧志（1978—2007）》，内部资料，2013年。

第五章 西部高原藏族的混牧农耕文化

性。草场植被以耐寒的禾本科、莎草科、蓼科、毛茛科、唇形科以及杜鹃灌丛等为主，牧草的质量和适口性都很高。因为海拔高、气温低，青草萌发晚、枯萎早，生长期较短，所以一般被藏族作为夏季牧场进行利用。

灌丛草甸草场主要分布于香格里拉市海拔3800—4700米的高原面、高山缓坡地带和垂直地带，德钦县和维西县仅有少量分布。灌丛以杜鹃、侧柏、旱柳等为主，由于海拔高、气候寒冷，再加上灌丛覆盖面大，所以牧草生长量不高，牲畜也不易采食。

林间草甸草场分布于海拔2500—3600米的森林林缘或林地中间，由于滇西北山林广袤，所以此类草场在整个云南藏族聚居地区均有分布。草场四周为乔木、灌木、灌丛，中间为草甸。林间草甸虽然分布广，但是面积有限，分布较为零星，主要为牲畜向高山牧场转场时的过渡性牧场；分布于村寨附近的则为四季牧场，一年到头均可放牧。

疏林草场主要分布于德钦和维西两县海拔2500—3600米的山地或者坡地，林木稀疏，由乔木和灌木组成，林木的郁闭度为10%—15%。木本植物主要由针叶树种如云杉（*Picea asperata*）、冷杉（*Abies fabri*）、红杉（*Larix potaninii*）、华山松（*Pinus armandii*）、云南松（*Pinus yunnanensis*）、高山松（*Pinus densata*）及中山阔叶树种组成；草地植被由中生、湿中生多年生草本植物组成。该类用地在土地性质上属于宜牧宜林地，受人为干扰较大，可利用的面积和利用率都不稳定，而且疏林草场的分布较为分散、零星，不具备季节性放牧特征，因而主要被藏族作为四季牧场。

山地灌丛草丛草场主要分布于海拔1900—3200米的山地区域，分布范围较广，面积较大。山地灌丛多为受人为活动影响较大的火烧迹地、砍伐迹地、次生灌木灌丛、疏林地、林间草地、撂荒地、处于休闲期的轮歇地等构成，上层为针叶类乔木（杉木类、松类等）和灌木（栎类、杜鹃类、桦类等），中间层为矮灌木（矮杜鹃类、柏类等），下层为中生、多年生的禾草、杂草类草本植物，灌丛的覆盖度在10%—30%间。受地带性和海拔的影响，植被也呈现出明显的地带性特征。沿江及河谷地带以耐旱热的植被类型为主；气候暖凉的半山区植物种类丰富，灌丛多为针阔混交的次生中幼龄林，与草本植物交错分布。这一类牧场野生饲草返青早、生长期长、产草量高、牲畜适口性好，且放牧方便，藏族对其的利用率很高，一般被当作过渡性草场使用。

沼泽草甸草场主要分布于香格里拉市的湖泊、河谷流域湿地地带，土壤

353

多为沼泽草甸土，雨季多积水，土壤潮湿松软。沼泽草甸植被由湿生、湿中生、多年生草本植物组成，多禾草、莎草和杂草类。沼泽草甸青草萌发早、密度大、产草量高，但牧草品质和适口性略差。当地藏族多在夏末收割青草晒干储备作为冬春饲料，既能改良适口性，又保证了过冬的饲草。

(二) 藏族基于资源利用的牧场分类类型

滇西北藏族对牧场的分类认知基于对草地资源的利用。因为环境异质性和畜牧需求的差异，不同区域藏族对牧场子系统的认知和利用也有所不同。总体来说，滇西北藏族将牧场划分为天然牧场、晒青草场和人工草场三类。

1. 天然牧场

天然牧场指用于饲用的植物资源不受人为干扰，以自然状态生长于林下、林缘或林间空地、高山草甸、灌丛、沼泽、湖川边，被藏族利用于放牧的区域。云南藏族聚居地区的天然牧场资源丰富，是藏族最主要的放牧场所。根据资源状况和利用特点的差异，天然牧场又分成不同的类型：根据放牧时间长短和季节延续性可分为单季牧场、四季牧场；根据轮牧迁徙特点可分为夏季牧场、春秋牧场和冬季牧场；根据牧场所处位置可分为高山牧场、半山牧场、村寨边牧场；根据植被类型的差异可以分为高山草甸、亚高山（林间）草甸灌丛、中山山地草甸灌丛、沼泽草甸灌丛等多种类型。

上述多种牧场类型在功能和空间分布上有交叉重合之处。单季牧场是只能放牧一季的牧场，主要指夏季牧场。一般来讲，夏季牧场大致分布范围为海拔3800—4600米的高山区域，植被类型以高山草甸为主，也包括部分流石滩疏生草甸，青草萌发晚、枯萎早、生长期短，可放牧的时间为每年的6—8月；四季牧场放牧时间较为灵活，可按照轮牧制度安排不定时放牧，在功能上为过渡性或补足性牧场。春秋牧场和冬季牧场都可纳入四季牧场范畴。春秋牧场多分布于海拔3500—3800米的林缘、林间空地，或者直接放牧于林下，植被类型以亚高山（林间）草甸灌丛、中山山地灌丛为主，草类植被多为中生、多年生草本植物。放牧时间为每年的4—5月以及9—10月；冬季牧场又称冷季牧场，海拔在3000—3500米，植被类型多样，主要包括中山山地灌丛、疏林草地和沼泽草甸等。冬季牧场放牧时间为11月至次年的3月，是牲口过冬最重要的基地。秋收以后空闲的农田也被藏族作为临时性的冬季牧场。

2. 割青草场

割青草场是东北部高原坝区特有的牧草培育和利用方式。香格里拉大小

第五章 西部高原藏族的混牧农耕文化

中甸地区地势平缓辽阔，很多农村社区有大量土地可以使用。当地藏族一般会在村寨或家屋附近用土春墙或者使用木栅栏圈出一片空地，藏语为"yi la"，意为"麦场"。围栏内的"yi la"为天然草地，主要生长着禾草、莎草和羊茅草类饲草。饲草在没有任何干扰的条件下长势迅速。每年7—9月份，藏族要收割"麦场"里的饲草晒干储备做牲畜的过冬饲料。"麦场"里立有晒粮架，秋收之后，藏族将作物置于晒粮架上晾干脱粒收仓，之后继续围栏蓄草，待来年再次收割。除此之外，藏族会在村寨附近的园边地脚、田头埂旁的空闲地上有意蓄草，藏语称这类草地为"zua la"，意为草场。每年7—9月，各家都要在这类草地上不断割草晾晒，备足过冬饲草。割青草场是藏族聚居地区轮牧生计得以有效实施的重要保障，多样的放牧方式和饲草来源在一定程度上降低了畜牧业潜在的风险。

3. 人工草场

人工草场指的是在当地政府和外来部门支持下，藏族在社区土地上人工引种优良牧草而形成的草场。云南藏族聚居地区草地家畜养殖主要集中在高寒坝区，在牲畜下场之后11月到次年3月间漫长的冬季里，除了冬季牧场能提供有限草料之外，牲畜主要依靠夏秋时节贮存下来的干草、蔓菁、作物秸秆以及粮食等喂养。然而，高寒气候、有限的耕地，以及作物品种少、产量低等原因使很多地区的牧户出现季节性饲草供应不足问题，牲畜秋肥、冬瘦、春死的情况较为常见，由此限制了当地的畜牧生产规模，也制约了社区生计的发展。为此，当地政府开始引入人工草场种植计划，希望能通过人工种草的方式来解决云南藏族聚居地区天然草场退化和饲草资源不足的问题。

早在20世纪70年代末期，云南省畜牧局就开始在云南藏族聚居地区选点进行围栏种草试验示范。1983—1995年间，云南藏族聚居地区围栏种植草场5万余亩。人工种草采用禾本科、豆科的多个牧草品种按比例混播，多种于村寨附近的空地或者草甸草场等。20世纪80年代"中澳牲畜—草场改良项目"在滇西北开展，项目期间，迪庆州先后引入了101种（禾本科49种、豆科52种）牧草种质资源在香格里拉进行栽培试验，并筛选出多种适应高海拔实验区及同类区域生长的豆科、禾本科牧草，如豆科植物红三叶（*Trifolium pratense*）、杂三叶（*Trifolium hybridum*），紫花苜蓿（*Medicago sativa*），禾本科的鸭茅（*Dactylis glomerata*）、黑麦草（*Lolium perenne*）、猫尾草（*Phleum* pretense)、苇状羊茅（Festuca arundinacea）等优质、高产牧草进行推广种植[①][②]。1998年以后，云南藏族聚居地区按照国家发改委、农业部以及云南省相关部门的要求，实施了"退耕还草""种草养畜综合发展示范""牧区开发示范工程""天然草场植被恢复和建设"等项目工程，在广大滇西北牧区进行人工草场建设，使人工草场的面积大幅增长。

人工种植草场建有围栏，围栏有铁丝围栏、木栅栏、砖土墙、生态围栏、深沟等。人工草场平常严禁牲畜进入，每年秋季收割一次牧草。各村寨一般都制定了与人工草场管理相关的村规民约，由村集体统一管理、统一收获、统一分配。

（三）云南藏族聚居地区牧场的多样性管理

1. 天然牧场的管理

为了促进天然草场的饲草萌发，提高产量，保证畜牧业的正常运转，放牧的藏族非常重视天然牧场的管理。除了传统的轮牧制度之外，过去在秋季畜群离开高山牧场时，高寒坝区的藏族要砍、割牧场中的灌木、杂草晾晒，在采取一定防火措施的情况下定期放火焚烧枯萎的草场。人们使用这种管理方法可以防虫、防鼠，增加土壤可利用养分，控制高山矮生杜鹃及杂灌丛的蔓延，从而达到改良草场质量的目的。但是，随着越来越严格的林区用火限制，传统的定期焚烧灌木和杂草的天然牧场管理方式因为存在森林火灾隐患已经被禁止使用。

2. 禁牧、休牧

禁牧和休牧主要是来自外力驱动而产生的畜牧管理制度。20世纪八九十年代以后，建立自然保护区、天然草原退牧还草、生态公益林建设等一系列生态保护项目的实施，促成了云南藏族聚居地区部分区域禁牧和休牧管理方式的出现。从2003年开始，迪庆州3个县都被列为实施天然草原退牧还草工程试点区，藏族很多传统的天然牧场都被划入项目区范围内。按照项目的要求，凡退化严重、植被覆盖率低于30%的项目区禁牧封育期为10年；凡过度放牧区和植被覆盖度低于50%的草原则实行季节性围栏休牧，即春季牧草返

---

① 云南省草地科学研究院《中甸1983—1986年牧草品种试验技术报告》，选自《云南牲畜和牧草改良项目1986年试验研究资料汇编》，1987年。

② 云南省迪庆藏族自治州农牧局编《迪庆藏族自治州畜牧志（1978—2007）》，内部资料，2013年。

第五章 西部高原藏族的混牧农耕文化

青期和秋季牧草结实期禁止放牧,禁牧期各为两个月左右。在禁牧和休牧期间,政府给予藏族以一定的补助。禁牧和休牧的方式使退化了的草地得到有效恢复,根据云南省迪庆藏族自治州农牧局2013年的检测结果,实施天然草原恢复项目而建设草场围栏以后,围栏内外的植物盖度比例分别为84.6%和69.3%,围栏内比围栏外高出了15.3%;平均产草量为围栏内2340.8千克/公顷,围栏外1119千克/公顷,围栏内高出1221.8千克/公顷;牧草的平均高度为围栏内6.96厘米,围栏外4.36厘米,高出了2.60厘米。禁牧和休牧不但提高了天然牧场的产草量,同时也保护了草场植被,改善了牧场的生态环境。

3. 迁徙游牧

从资源管理的角度来看,藏族的传统的迁徙游牧方式具有较强的科学性。首先,它充分适应了不同海拔草场资源四季生长变化的特点,保证了畜群能够得到充足的饲料,维持了藏族群众基本的生计需求。其次,畜群分时节在不同地方放牧,可以保证其他地方的牧场能够休养生息,保证草场资源的可持续利用。如前述,藏族群众的轮牧时间有严格限制,一定是在该草场的牧草资源已经充分生长的时节。这样的选择既能有效利用草场资源,避免了因过早上山而对草场造成破坏,同时也能够保证畜群有充足的饲料可以食用。在放牧过程中,当地藏族将畜群分类放牧于不同牧场。一般将猪、马和羊等牲畜放在村寨边的牧场或者圈养,将黄牛、牦牛放在高山牧场。分群放牧方式也在一定程度上降低了在同一牧场过度放牧的风险。

鉴于牧场对于藏族生计的重要性,所以很多藏族社区从古至今都制定了草场管理的村规民约。比如前述的向卡村即规定除了高山夏季牧场为公共利用资源之外,相邻村寨不能越界到其他村寨的春秋牧场放牧,村民不能有任何毁坏草场的行为等。柯功村的村规民约明确规定,村民的牲畜只能放在村寨边牧场,如果偶有牲口进入农地破坏庄稼,必须接受处罚。

三、林地利用及多样性管理

(一)社区森林及林地类型

云南藏族聚居地区是云南省重点林区,森林资源非常丰富。根据迪庆州森林资源二类调查资料,全州共有林业用地161.5万公顷,占土地面积的71.5%;其中有林地82.1万公顷,占土地面积的36.4%,人均林地面积达

5.2公顷，人均占有林木蓄积量770立方米，是云南省人均占有林量的20倍[①]。云南藏族聚居地区立体型地理环境中，海拔在2400—2800米的中山区域气候暖凉，降水量适中，土层厚，林木生长条件较好。但是因为人口集中，对该区域内原始森林开发较早，天然林破坏率较大，目前大都为残缺的疏林、灌木林，或者更迭为次生用材林、经济林等。海拔2800米以上到雪线以下林地是云南藏族聚居地区的主要林区，连片的原始天然林大都被划为国有林或自然保护区。海拔2400米以下的澜沧江、金沙江河谷地带，尤其是流域北部大都气候干热少雨，峡谷陡峭，土层稀薄，岩石嶙峋，林木生长较少，以耐干旱的小叶灌丛为主。

通常意义上，藏族日常生计所涉及的森林均可称为社区森林。从森林的分类系统来看，云南藏族聚居地区的社区森林利用和构成比较复杂：根据国家对林业分类经营的标准可以分为商品林区、公益林区；按森林生长状态可以分成天然林区、人工林区；从森林权属上可以分为国有林、集体林和农户个人承包的山林；等等。在这些常规分类标准之外，还有一些特殊的森林类型。比如，因为滇西北地处三江并流核心区，气候和地理环境复杂、生物多样性丰富，生态保护价值和意义十分突出，因此是国家各类林业生态工程的重点实施区域，有很多森林被划为了天然林保护工程区、退耕还林工程区以及各类自然保护地（如自然保护区、国家公园等）。大多数藏族社区日常生计所涉及的森林类型往往兼有上述几种类型。

新一轮集体林权制度改革之后，除划为生态公益林的那部分集体林之外，其余的都已经划分到各户，颁发了山林权证，从而使农户拥有了对这部分集体林的合法经营权。在云南藏族聚居地区，除了国有林以及被划为自然保护区、天然林保护区域、重点生态公益林区的森林明令禁止开发利用或限制利用以外，其他的森林区域大都有藏族生计活动的痕迹。在实际的利用过程中，因为农牧生计的特殊性以及资源可利用方式的多样性，藏族聚居地区农户对森林资源的实际利用和管理范围并不能完全从权属划分上体现出来。比如，藏族自古以来一直使用的许多天然牧场位于国有林或自然保护区内。一些地区藏族经济来源的主要途径如采集虫草、贝母、松茸等非木材林产品的区域

[①] 迪庆藏族自治州地方志编纂委员会编纂《迪庆藏族自治州志》，云南民族出版社2003版。

第五章 西部高原藏族的混牧农耕文化

也位于国有林或自然保护区范围内。而一些被藏族奉为神林的森林类型也属于国有林或自然保护区范畴。所以，严格来说，云南藏族聚居地区的社区森林是指社区参与经营管理并能够产生经济效益、生态效益和社会效益的一切森林类型。

（二）集体林管理

森林资源是与滇西北藏族生产生活最为密切的自然资源，不同的藏族社区对周边森林具有不同程度的依赖性。20世纪五六十年代，当地人对森林资源处于一种原始依赖、粗放管理的状态；20世纪70年代国有森工单位的采伐行为在一定程度上促动了当地社区的森林砍伐；20世纪80年代以后到1998年以前，位于重要林区的藏族社区生计主要来源为林木的商品性采伐。1998年天然林禁伐之后，在国家生态保护政策的促动和地方林业部门的投入、引导下，原有的采伐区开始进行林木恢复和生态重建。目前，社区对林木资源的消耗主要是为了满足日常生产生活中的基本需求，如薪柴、建材、木栅栏的采伐。在消耗结构上，薪柴所占比例最大，建材次之。迪庆州林业局编制的"十二五编限森林资源消耗量调查"的统计资料显示，迪庆州年薪柴消耗量约为89.1万立方米，占森林资源总消耗量的74.9%，农户自用材消耗29.7万立方米，占总消耗量的25%；剩余的0.1%为灾害性消耗和其他消耗。

高原地区气候寒冷，薪柴需求量很大。在环境、森林资源构成、采集的难易程度、运输方式、替代能源可得性等因素的影响下，社区村民对薪柴的消耗量有所差别。干热河谷区域因距离森林较远，不方便采集和运输，但是河谷地区交通方便，社会经济相对发达，很多藏族农户可使用电力、沼气、太阳能等替代能源，因此薪柴消耗量相对较少；森林资源丰富的中山及湿润河谷藏寨薪柴消耗量则较大，薪柴采伐之后大都使用人背马驮搬运回家。在山崖陡峭的地区，因薪柴砍伐和运输都不方便，当地人还创造出了溜索运输柴火的方式。村民在山顶和靠近村寨的合适的地方选支点架设钢索，在山上采集薪柴以后捆扎放上溜索将薪柴从山顶直接滑向山脚，方便且省力。建材的使用在不同区域需求量也有差别。香格里拉高寒坝区传统藏式房屋对木材的需求量很大，从柱、梁、椽等房屋主要建筑材料到屋顶的房头板，以及房屋精美的内部装饰都需要耗费大量木材；北部山地的传统房屋大都是以土、石、木为主要建筑材料的碉楼，木材使用量比香格里拉高寒坝区房屋少。

各地藏寨因资源的可获得性、生活习惯、环境等差异，对森林资源的利用和管理也有所不同。比如,前述古达村的社区森林距离村寨较远,薪柴采伐比较困难;传统的房屋为碉楼式建筑,建材消耗量相对不大;因为地处偏远,20世纪80年代遍及滇西北主要林区的森林商业性砍伐并没有在此地发生,因此古达的社区森林保存比较完好。表5-4为古达村集体林样地的基本情况,从表中可以看出,村民划定专门森林范围用于薪柴砍伐和建材砍伐,但是由于需求量总体不大,森林的生长情况良好,森林蓄积量较高。

表5-4 古达村集体林样地情况表（20米×30米）

样地	森林类型	海拔	主要树种	蓄积量（立方米/公顷）	用途和管理
No.1	次生混交林	3100米	华山松 云杉 沙松 五角枫 椴木	210.86	水源附近,较少利用
No.2	次生混交林	3200米	滇南山杨 华山松 川滇冷杉 沙松 云南松 木姜子 梾木 皂柳	110.60	四季牧场,薪柴砍伐,小建材砍伐
No.3	天然林	3300米	云南松 黄背栎 华山松	155.63	高山栎树林为主,生态防护,较少利用
No.4	次生混交林	3350米	云南松 华山松 五角枫	170.06	针叶林为主,小建材砍伐

向卡村位于云南藏族聚居地区的主要林区范围内,其社区森林在20世纪80年代和90年代曾经进行大规模商业性采伐。天然林禁伐之后,村集体在砍伐迹地上重新种植了杉木林。表5-5为向卡村不同集体林类型的样地情况。因为海拔高、气候寒冷,树木生长速度缓慢,恢复种植的云杉林仍然处于幼龄林。有

第五章 西部高原藏族的混牧农耕文化

些难以恢复的砍伐迹地不再进行专门恢复管理，而是作为村寨的四季牧场和砍伐薪柴所用。过去择伐的天然林现在大都纳入国家生态公益林范围，进行封山管理，不再利用。靠近夏季牧场的社区森林有牧人砍伐薪柴和积肥原料。总体来看，向卡村所在的高原坝区因为过去砍伐严重，天然林所剩无几，森林蓄积量不高。但目前已经进行了严格管护，森林资源恢复状态良好。

表5-5 向卡村社区集体林样地情况表（20米×30米）

样地	森林类型	海拔	主要树种	蓄积量（立方米/公顷）	用途和管理
No.1	次生云杉林	3400米	丽江云杉 红桦 白桦	58	天然林被砍伐以后恢复种植的云杉林，为幼龄林，种植年限约20年，严格保护
No.2	采伐迹地	3550米	红桦 细齿樱桃 紫玉盘杜鹃	3.58	为采伐迹地，主要用于放牧、薪柴采伐
No.3	次生混交林	3650米	丽江云杉 亮叶杜鹃 镰果杜鹃	138.27	夏季牧场附近，有过去择伐剩余的天然立木。放牧的人砍伐薪柴和采集非木材林产品
No.4	次生混交林	3700米	丽江云杉 大果红杉 红棕杜鹃	150.86	夏季牧场附近，有过去择伐剩余的天然立木。放牧的人砍伐薪柴和采集非木材林产品
No.5	次生云杉林	3750米	丽江云杉 大果红杉 镰果杜鹃 红棕杜鹃 川滇高山栎	128.70	夏季牧场附近，有过去择伐剩余的天然立木。放牧的人砍伐薪柴和采集非木材林产品

柯功村的社区集体林以针叶林和针阔叶混交林为主，面积广阔，历史上没有进行过大规模商业性采伐，森林利用主要满足藏族日常生产生活所需，消耗量不大。由于柯功村位于滇西北白马雪山国家级自然保护区周边，生态保护区位十分重要，所以大部分社区集体林被划为生态公益林进行严格保护。村集体为此专门制定了村规民约对森林资源进行管理。表5-6为柯功村集体林的样地情况，可以看出，柯功社区森林蓄积量相对较高，生长状态良好。

表 5-6 柯功村社区集体林样地情况表（20 米 × 30 米）

样地	森林类型	海拔	主要树种	蓄积量（立方米/公顷）	用途和管理
No.1	经济林	2300 米	核桃 板栗	132.34	核桃树龄很大，按株分到各户，林下可放牧
No.2	次生林	2400 米	云南松 华山松 尼泊尔桤木	98.34	四季牧场附近，多生长云南松，有择伐，村民放牧，采集松茸和松毛
No.3	天然林	2550 米	云南松 华山松 栎树	165.99	多生长云南松，村民采集薪柴、松茸，收集松毛积肥

此外，很多地区的藏族因为生计需要和传统信仰的要求等有流传下来的封山育林传统。金沙江和澜沧江流域沿岸的部分地区，因为山高坡陡，地质灾害频繁。为了防止灾害发生，藏族将村寨附近 1000—2000 米范围内的森林和林地进行封山管理，除了放牧和采集积肥材料之外，严禁一切形式的林木采伐行为，并以村规民约的形式将这种制度固定下来。很多村寨的神山也属于集体林范围，受到村民的严格保护。

（三）经济林管理

经济林是云南藏族聚居地区重要的林地利用类型。因为能给社区村民带来经济效益和生态效益而备受当地人的重视，在海拔 3000 米以下的地区分布较广。核桃、板栗、苹果、梨、花椒、木瓜、柑橘、漆树、油桐、油橄榄、红豆杉等品种是云南藏族聚居地区重要的经济林经营类型。根据不同海拔、气候、地理条件和生产生活需求，当地藏族要么将经济林果以零散方式栽种于房前屋后，要么连片种植于林地当中，采用了不同的方式和手段进行经营管理。

云南藏族聚居地区是云南核桃的原产地之一，整个金沙江、澜沧江河谷及山区和半山区都适合核桃生长，既有栽培林，也有野生和半野生状态的分布。很多藏族村寨里可看到巨大的核桃树零散分布于寨边地头，成为典型的混农林系统。核桃品种主要有铁核桃和泡核桃两种，铁核桃是当地村民食用油的主要来源，泡核桃主要用于出售。因为与日常生计紧密相关，所以人们非常珍视核桃树。以柯功村为例，柯功村的核桃树遍布整个村寨及附近区域，很多古老的大树是祖辈流传下来的财产。在 20 世纪 70 年代末土地承包到户

第五章　西部高原藏族的混牧农耕文化

时，原有的核桃树被作为特有资产以株为单位分到了各家各户。有的核桃树因为生长在地头埂边，巨大的冠幅遮盖了别人家的农地，影响了庄稼的生长。但是农地所有者并不能因此责怪核桃树所有者，也不能做出毁损树木的行为，只能自行选择种植荞麦、燕麦等耐瘠薄、对生长环境要求不高的作物以弥补不足。在核桃成熟的季节，村里成立的森林管护小队还要严密监视核桃林里的人为活动，以防止发生偷盗。

云南藏族聚居地区水果种类也比较丰富。早在100多年前，法籍传教士就将适宜河谷栽培的苹果引入德钦的茨姑等地，目前云南藏族聚居地区海拔3200米以下均有种植。梨主要栽培于海拔2300米以下的河谷、山区和半山区；柑橘类主要分布于海拔2100米以下的河谷地区。除了一些农户以果园经营方式对这些经济林果进行规模化栽培以外，大多数区域的农户均零散栽种于房前屋后或庭园里，果实部分自食，部分出售。

花椒是云南藏族聚居地区的传统经济果木，主要分布于中部、南部海拔2300米以下地区。高原藏族聚居地区的花椒质量优良，市场上供不应求，在当地口碑较好。20世纪七八十年代以后，一些经济林木如酸木瓜、果梅、油橄榄、红豆杉等被引入云南藏族聚居地区，并在一些村寨得到规模性发展。酸木瓜、花椒等在一些藏寨被当成生态围篱使用，发挥了经济和生态防护等多重功能。

（四）神山管理

神山管理是藏族聚居地区的农业生态系统的重要组成部分，神山信仰与藏传佛教相结合，成为藏民族精神生活乃至物质生活的核心。在藏民族的信仰中，神山是神灵的居所，也是各种生物灵魂的依托地，每一个藏族人都被神灵赋予了崇拜并保护神山的责任和义务。在云南藏族聚居地区，大大小小的神山遍布各地。几乎每一个藏寨都拥有村寨专属的一个或多个小神山；相邻的几个村寨也会拥有共同的区域性神山；也有影响范围较大，为整个藏族聚居地区所崇拜的大神山，比如名列藏族聚居地区八大神山之一的卡瓦格博（梅里雪山）。此外，村寨内还设置有各个家族专属安放灵魂、寄托精神的小神山或者神林。据不完全统计，到1950年，迪庆州境内藏族聚居地区遵循历史传统进行保护的神山面积不少于20 000公顷[①]。由于神山的界定并不具备严格的专属性和独有性，

---

① 迪庆藏族自治州地方志编纂委员会编纂《迪庆藏族自治州志》，云南民族出版社2003年版。

在特殊的情况下，只要具备了某些必要条件也可以认定新的神山，因此，在藏文化所属的地理范围之内，神山还在不断增加。

在藏族的传统观念里，神山是神灵的化身，神山上的一草一木、一鸟一兽均不得破坏和猎取。他们认为神山上的草木和鸟兽是与人一样平等的生命，不能随意杀生，否则会受到神灵的惩罚。当地藏族在每座神山的山脚或山腰设置烧香台，每年要举行大大小小数量众多的煨桑祭祀仪式，以此传达对神山神灵的敬仰，祈求神灵佑护村寨平安、人畜兴旺。藏族的神山信仰对生物多样性的保护作用不言而喻，由信仰观念所引发出的敬畏和保护行为不仅使许多高原珍稀、濒危动植物得以保存，同时也保护了高原特有的自然景观和人文景观。保护良好的神山生态为生存于斯的藏族提供了如涵养干净而充足的水源、调节小气候、保持水土、维持农作物的生长环境等生计发展所必需的一切条件，在云南藏族聚居地区的农业生态系统的良性运行中发挥着重要作用。

土地是一个综合的构成，它是能量流经一个由植物、动物、微生物、土壤等元素所组成的通路①。云南藏族对农地、牧场、森林等主要土地资源的多样性利用与管理构成了云南藏族聚居地区农业生态系统运行和农牧生计体系持续发展的资源基础。对土地性质的精准认知和多样性利用保证了云南藏族聚居地区农业资源利用的最大化和农业生产的最优水平，各类传统技术知识也在此过程中得以积累并被广泛应用于农业生产的各个环节。

第二节　云南藏族的混牧农耕文化——以德钦县果念村为例

云南藏族聚居地区地处东喜马拉雅—横断山脉的农牧交错带上，自古以来从事牧业和农业的各民族在此杂居相处，不断地往来和交融。生活在这一地区的云南藏族在长期的生产实践中形成了适应当地生态环境与地理气候的半农半牧生计方式，并在此基础上孕育出了独具特色的混牧农耕文化。当前，随着云南藏族聚居地区经济和社会的迅速发展，旅游业等第三产业、基础建设、运输业和矿业开发等为当地藏族群众带来了新的生计方式，特别是以虫草和松茸为主的采集业，成为家庭现金收入的主要来源。但是，混牧农耕目前依旧是云南藏族聚居地区的主要生计方式，是当地藏族群众生活的根本保障。

---

① ［美］奥尔多·利奥波德著，侯文蕙译《沙乡年鉴》，吉林人民出版社1997年版。

第五章　西部高原藏族的混牧农耕文化

一、云南藏族混牧农耕的概况

云南藏族聚居地区地形复杂，境内有江河纵横、雪山峡谷、森林草场，同时海拔高低悬殊，气候条件迥异，生态环境多样，土壤和水资源充沛，适宜亚热带、温带以至高寒地带的各种动植物的生存和繁衍，生物多样性资源丰富。在低海拔的河谷地带，适宜种植小麦等粮食和经济林木；在中海拔的山区和半山区，适合种植青稞等作物并饲养山羊与绵羊；在高海拔的高山牧场，适宜于放牧牦牛和犏牛。上述特殊的地形、气候、海拔和生态环境等客观条件，为混牧农耕生计方式的形成奠定了基础。

半农半牧的混牧农耕是云南藏族聚居地区传统的生计方式，具有悠久的历史。藏族先民自青藏高原南下进入云南横断山脉后，生活环境由高原草原转变成为高山峡谷，气候条件也逐渐从寒冷变为温暖。由于居住环境和气候条件的原因，加之受到周围其他农耕民族的影响，云南藏族逐步定居形成村落，其生计方式也开始由游牧转变为农牧。在开始发展农业的同时又保留有牧业的传统，云南藏族从游牧民转变为农牧民，在这一过程中，云南藏族不仅在新的生态环境下继续发展畜牧业，而且积累了丰富的农作物栽培知识和经验，逐步形成了农牧并重、农牧互养的半农半牧的混牧农耕生计方式。

混牧农耕是农业和畜牧业的复合体。在混牧农耕生计中，农业和畜牧业之间形成了相互依赖和补充的关系：首先，农业和畜牧业都是当地藏族赖以生存的重要生计方式，提供了生活必需的饮食、用品；其次，牲畜饲养为农作物种植提供了必需的圈肥，而农作物的秸秆则是牲畜的饲料，收割后的农田也成为冬季放牧牲畜的牧场。

（一）农业

农业是云南藏族的生活支柱，粮食自给自足。历史上，云南藏族聚居地区高原坝区海拔高、气候寒冷，每年只种一季，传统粮食作物以青稞为主，兼种大麦、小麦、玉米、蔓菁等。传统生产工具除畜力外，多为小型农具，以薅锄、砍刀、镰刀、砍草刀为主，同时还使用木质农具。传统栽种方式以撒播为主，广种薄收为传统农业的主要生产特点[①]。

近代以来，云南藏族聚居地区的农业得到了发展。境内除了高原上的平

[①] 和寿仙《浅谈解放前迪庆藏族聚居地区的生产力状况》，载《云南藏学研究论文集》（第二集），云南民族出版社1997年版。

坝以及金沙江、澜沧江沿岸的台地田野外，大部分是高山陡坡，仅在山林之间有一些缓坡平台、小平地和湖泊，上述这些地方成为当地农业的主要耕作地区。云南藏族聚居地区农业环境十分复杂，"立体农业"特征突出，农作物种类非常丰富。粮食作物以谷类为主，薯类、豆类为辅。以海拔2800米为界，海拔2800米以下地区一年两熟，海拔2800米以上地区一年一熟。大春粮食作物，高寒山区以青稞、马铃薯为主，还有少量的小麦、荞麦、大麦、燕麦；山区和半山区以玉米为主，还种植燕麦、芸豆、大麦、水稻、大豆、高粱；河谷地区以玉米、水稻为主，还种植大豆、高粱、杂豆。小春粮食作物，南部、中部河谷地区以小麦为主，还种蚕豆、豌豆、大麦、青稞；北部河谷地区以青稞、小麦为主，还种燕麦、大麦、蚕豆[1]。

（二）畜牧业

长期以来，畜牧业一直是当地藏族赖以生存的重要生计方式，不仅提供了藏族生活必需的饮食、用品，而且还为农作物提供了必需的圈肥，是农业发展的基础。同时，牲畜还可以贩卖给邻近其他农耕民族，也成为家庭收入来源的一部分。

畜牧业在云南藏族聚居地区人民生活中的重要性仅次于农业，农业所需的优质肥料90%来源于畜牧业。历史上，农业生产中的耕田耙地和交通运输主要靠牲畜，藏族生活中的油类、肉类等也多来自畜牧业。畜牧业历史在云南藏族聚居地区比农业历史更为悠久，云南藏族聚居地区自然环境为畜牧业发展提供了十分有利的条件：草场资源十分丰富、牧草种类繁多[2]。

云南藏族聚居地区天然草场广沃，植被类型丰富、优质牧草繁多，有发展畜牧业的得天独厚的优势，畜牧业在当地藏族人民生产、生活中历来占着比较重要的地位。农业生产中的耕田、耙地和交通运输主要靠牲畜，藏族人民食物的主要成分酥油、牛奶、奶渣、肉类，穿的毛布、披毡、皮衣服，用的毛绳、皮绳、皮囊都来自畜牧业，向来就有"视牛如金，视茶如命"之说。长期的实践，使藏族人民积累了发展畜牧业的丰富经验，培育了多种适应当地条件的优良畜禽品种。迪庆藏族自治州的畜禽品种有牛（牦牛、犏牛、黄

---

[1] 《迪庆藏族自治州概况》编写组编写《迪庆藏族自治州概况》，民族出版社2007年版。

[2] 和寿仙《浅谈解放前迪庆藏族聚居地区的生产力状况》，载《云南藏学研究论文集》（第二集），云南民族出版社1997年版。

第五章 西部高原藏族的混牧农耕文化

牛、水牛)、马、驴、骡、羊（山羊、绵羊）、猪、鸡、鸭等品种。其中地方优良品种有中甸牦牛、犏牛、迪庆高原黄牛、维西黄牛、德钦山羊、施坝山羊、迪庆绵羊、迪庆藏猪、尼西鸡、维西鸡、迪庆藏狗等①。

二、果念村混牧农耕文化的基础

果念村位于云南省迪庆藏族自治州德钦县云岭乡，地处澜沧江干热河谷地带。在当地藏语中，"果"是山梁的意思，"念"是低洼之意，"果念"的汉语含义为山梁低洼处。果念村下辖果念、佳碧、八里达、日仔、玖农顶、斯永贡上、斯永贡下、君达8个自然村，其中5个自然村分布在澜沧江东岸，平均海拔约为2300米，为农作物一年两熟的地带；另外3个自然村分布在澜沧江西岸，平均海拔约为2800米，为农作物一年两熟和一年一熟的分隔地带。果念村共有人口1146人，总户数为215户，人均拥有耕地约1.2亩，亩产量约750斤，人均年收入2100元。果念村目前有退耕还林地1000多亩，退牧还草地10 000多亩。果念村藏族村民除了传统的混牧农耕生计方式以外，以松茸、羊肚菌等菌类和虫草、赤胆皮、胡黄连等药材的采集为增收的主要副业。

（一）混牧农耕的生态环境

果念村所处的生态环境孕育了传统的混牧农耕生计方式。在今天的喜马拉雅山东部、青藏高原南缘地带，由于始新世至中新世期间欧亚和印度两大板块的强烈碰撞，形成了一系列近南北走向的紧密褶皱和断层，后又经地壳的不断运动最终发展成一系列深切大峡谷，澜沧江大峡谷就是其中之一。果念村就位于白马雪山与梅里雪山之间的澜沧江大峡谷地带，地势北高南低，全村最高处为缅茨姆峰，海拔有6054.6米，全村最低处在澜沧江南部江边，海拔为1945.1米，海拔高差达4109.5米。复杂的地理环境使得果念村具有立体的气候类型和丰富的生态类型。根据海拔高度的不同，当地生态体系分为六种类型：高山复合体生态系统、山地森林生态系统、亚高山湿地生态系统、河流生态系统、干旱河谷灌丛生态系统、农田—村落生态系统。

果念村的高山草场类型丰富多样，根据地域、气候、植被可分为高寒草甸类、灌丛草甸类、林间草甸类、疏林草甸类、山地灌丛草场类和沼泽草甸

---

① 《迪庆藏族自治州概况》编写组编写《迪庆藏族自治州概况》，民族出版社2007年版。

类等六大类型，其中高寒草甸类和山地灌丛草场类是草场组合类型中分布最广、面积最大的草场。高山牧场是重要的自然资源，既是当地农牧民发展畜牧业生产的物质基础，又是陆地生态系统的重要组成部分，还是生物物种的"基因库"，特定的地理位置和特殊的自然环境形成了丰富的生物及遗传资源。

（二）对混牧农耕生态环境的认知和分类

果念村所位于的澜沧江大峡谷区域内，由于受到地理环境和立体气候的影响，混牧农耕的生态环境显得非常多样和丰富，当地藏族村民对这一生态环境也有自己的认知及其资源利用分类。

由于当地村落大多地处梅里雪山与白马雪山之间的澜沧江大峡谷中，峡谷生境对于当地藏族村民对生态环境的认知有重大影响。他们以围绕村子的峡谷为界，将生态环境分为"内部"和"外部"两部分：

"内部"生境空间。藏语为"*Zhuma*"，意思是"人住的地方"，指峡谷内方圆一公里的盆地，它包括由人家和庙宇、白塔、墓地、公共活动场地等组成的村落，村落周边的园圃和农地，以及盆地周边的山坡和树林。

"外部"生境空间。藏语为"*Riwuqubu*"，意思是"外面的地方"，指峡谷外部的江边地带、山脉、原始森林、高山牧场。

"内部"和"外部"生境的分界是围绕村落盆地的峡谷所形成的崖口，村民在那里筑有玛尼堆，竖挂着经幡，作为标识。

除了上述用"内外"概念外，由于当地特殊的地理构造和多样的生计方式，当地人还按照高度和生计资源来划分生境空间，通常分为以下三类：

一是农地生境空间。当地藏语为"*Kuaba*"，意为"耕种的地方"。这一地带海拔 2600 米左右，在上述"内部"生境空间范围。包括农地和冬季牧场，大部分分布在峡谷内盆地中村落南部地势较低的地方，通过修建水沟把雪山积雪融化形成的河流流水引入农地灌溉。农作物收割以后，再把牲畜放到农地中放牧。

二是森林生境空间。藏语称之为"*Lure*"，意为"有森林的地方"。这一地带海拔 3300 米左右，它包括春秋两季的半山交替牧场和可以从事松茸等菌类及虫草等药材采集的高山森林地带。

三是牧场生境空间。藏语叫作"*Bare*"，意为"放牧的地方"。这一地带海拔 4500 米左右，主要包括每年 5 月至 9 月进行放牧的夏季高山牧场地带。

果念村民对混牧农耕生态环境的认知和划分，除了"内外""海拔高度"

第五章　西部高原藏族的混牧农耕文化

和"生计资源"三个标准之外，还存在着以"性别"为标准的划分体系。虽然在藏语中并没有专门的名词来形容性别生境空间，但仍可以从当地藏族的一句俗语中看出其划分："丈夫在外面，妻子在家里。"根据观察所得的事实可知：所谓"外面"，主要是指部分农业、畜牧业、渔猎、采集、林业和副业；而所谓"家里"，则主要是农业和庭园种植。也就是说，男性的生计既包括峡谷"内部"的农业，也包括峡谷"外部"的畜牧业，而女性生计则基本上是峡谷"内部"的农业。

三、果念村混牧农耕文化的内容

对果念村的藏族村民而言，混牧农耕已经不仅仅是一种简单的生计方式，或者利用自然和生物资源的方式，而且也是一种传统知识和技术的综合体。混牧农耕不仅维系着当地藏族的生存，维系着作物和牲畜的遗传资源多样性，而且更加重要的作用是承载着藏族的文化。

（一）信仰与仪式

神山信仰是包括果念村村民在内的当地藏族重要的传统信仰，在此基础上产生和形成了混牧农耕的相关信仰与仪式。

与其他藏族地区一样，果念村村民崇拜和信仰着村落周围的神山。神山崇拜是藏族地区普遍流行的一种带有浓厚民间氛围的传统信仰模式，果念村所处的德钦县境内有300多座神山，并形成了由大中小型神山组成的信仰体系：大型神山如卡瓦格博神山，具有全藏族聚居地区性的影响，其信徒范围极为广泛；中型神山在一个地区或若干村镇或村落内有着很强的影响力；小型神山是指每个自然村甚至每户人家供奉的专门性的神山。

在果念村村民的神山崇拜中，位于顶端的依然是以卡瓦格博神山为首的、包括缅慈姆峰和布琼松阶吾学峰等在内的13座雪山山峰，它们影响着包括果念村在内的整个藏族聚居地区。果念村及其包括的8个自然村落有着自己的中小型神山，果念村信奉的中型神山是朱拉雀尼、贡嘎苯登和玛安诺姆3座山峰，影响着果念村、红坡村及其周围的村庄。小型神山是格勒宗、次拉宗、扎那等6座神山，分别影响着果念村内的8个自然村。在自然村中还有一个更小类型的神山，影响着村子的不同区域。上述4种不同级别的神山，共同构成了当地村民的神山信仰体系。

在当地村民的传统世界观中，这些神山共同控制和影响着当地的自然环境和社会，只是按照不同的级别，不同的神山有着不同的管辖范围。神山管辖着人们的生命、健康、生计和财产等各个方面，因此当村民们要从事混牧农耕的生计活动时，就必须获得神山的允许与护佑，通过举行相关祭祀和仪式，当地村民与神山实现交流。

农业与畜牧业遇到困难时，当地村民会向神山祈求保佑。人们认为：冒犯神山后也会遭到农业减产、牲畜病死等的惩罚；神山也具有人性的一面，高兴的时候会风调雨顺、降福于村民，生气时则会给人们带来洪水、泥石流、庄稼病虫害、牲畜瘟疫等灾祸。神山信仰基于一个人类社会和自然环境互动的特定知识和文化体系。因此，神山信仰作为当地村民的传统信仰，有着强烈的地方和文化特色，构成了混牧农耕文化的精神和思想意识内容。

混牧农耕的信仰与仪式被当地村民认为是人类生计行为与神山精神力量相互影响和交流的方式，研究这些信仰和仪式，可以更好地理解混牧农耕的文化。

1. 生计过程的仪式

混牧农耕生计的开始和结束的过程，有着特定的仪式。就农业而言，每年农历三月和九月播种麦子时，村里第一户决定播种的人家要到当地的红坡寺举行给佛祖和神山烧香煨桑的仪式，并请活佛或者高僧占卜出确切的播种日期，当地藏语叫"*Tucuo Gamada*"，意为"预测种地的日子"。其他村民依据这一家人的日期依次开始春耕，不再需要到寺庙举行仪式。对畜牧业而言，牧民们在开始春季转场的那一天要举行转场祭祀仪式，当地藏语叫"*Song la deng*"，意为"请求神山允许（放牧）的仪式"；在到达高山牧场的那一天要举行开始放牧仪式，藏语叫"*Song zhe la*"，意为"请求神山保佑（放牧）的仪式"；在冬季转场的那一天又要举行离开的仪式，还是叫"*Song la deng*"，意为"感谢神山允许（放牧）的仪式"。

值得注意的是，通过占卜和祭祀仪式得出的农业春季播种的时间和畜牧业春季转场的时间基本固定在农历三月初九至三月十九之间，而农业秋季播种的时间和畜牧业冬季转场的时间也都基本在农历九月初九至九月十九之间。为什么会特定选择两个带有数字九的日期之间呢？这是由于当地村民认为存在着一种会给农业和畜牧业带来厄运的魔鬼，这一魔鬼叫"*Jilin*"；只有通过占卜和仪式算出魔鬼不在的时间或地点，才能进行农作物播种、牲畜转场，否则魔鬼就会给村民带来收成的减产、牲畜的死亡。当地有一句谚语："初九时，地下的'*Jilin*'也没有。"意思是逢九的日子，魔鬼就不在。因此，播种

第五章 西部高原藏族的混牧农耕文化

和转场的时间便安排在农历三月初九至十九之间。

2. 防治灾害的仪式

当地村民认为混牧农耕生计与神山之间有着密切的互动因果联系：无论是农业减产、畜牧业瘟疫还是灾害等，都是由于人们的行为不当而触怒了神山，从而导致神山对村庄和村民进行惩罚。在这样的情况下，人们需要举行仪式祈求神山宽恕和对生计的护佑并结束灾害。人们也可以通过活佛和僧侣举行的祭祀仪式，对神山进行供奉、诵经和祈祷，以取得神山的恩惠，从而得到适宜进行混牧农耕生计的环境。

由于神山信仰所具有的约束性，当地村民相信任何对神山的冒犯行为都可能引起威胁混牧农耕的灾害，并以此作为对当地人们不当行为的警告和惩罚。为了消除灾害，村民们要请活佛或者僧侣举行仪式，祈求神山的宽恕和原谅，不要再用灾害惩罚和降怒于人们。特别是在经历一个较长时间的旱灾或雪灾时，活佛和僧侣要向神山诵经并举行仪式，村民们则要定期到白塔和烧香台念经，以求恶劣的环境尽快得到改善，祈求和供奉的对象往往是位于神山信仰体系顶端的卡瓦格博神山和朱拉雀尼等中型神山。

同时，果念村地处澜沧江大峡谷东侧的白马雪山山谷中，海拔高差较大，形成了立体型的山地气候，天气变化明显且不稳定，洪水与泥石流等灾害多发，因此当地村民希望神山能够给予一个相对平稳而且风调雨顺的生计环境。村民围绕着农业和畜牧业来祈求神山，例如当发生干旱或者洪涝时，村民们就要请活佛和僧侣向神山举行求雨或避水的仪式，以求神山制止灾害，祈求和供奉的对象一般是神山信仰体系中的中小型神山。

3. 牧场祭祀的仪式

放牧人迁徙到达牧场，特别是夏季高山牧场后，要举行祭祀众神的仪式。在仪式上，牧民们要点燃酥油灯和洒牛奶，向众神祈福，并承诺适度地取用牧场和森林的资源，绝不破坏或者过度滥用，以求得众神对放牧的允许和护佑。

牧民在牧场的生产和生活过程中，无论是制作木桶、碗等生活用具，还是砍伐烧火做饭的薪柴，都不会滥砍林木，而只是适量取用。由于对众神特别是神山的敬畏，牧民们认为神山下的牧场和森林、牧场和森林中的一草一木都是神山的肌肤与毛发，由于神山的恩赐，人们可以适度地使用这些牧草和林木，但是如果因为贪婪而无节制地滥用，神山最终会震怒，并会通过各种灾祸的方式来惩罚牧民与牲畜。例如，八里达自然村的牧民金安说："去年我曾经在牧场因为修建木楞房而多砍伐了一些林木，过后一直感觉忐忑不安，结果第二天晚上放牛的时候，一头最好的奶牛竟然莫名其妙地在平坦的牧场上折断了腿，这就是神山对我的惩罚。所以今年再来牧场放牧的时候，我就用铁皮代替木材来做木楞房的房顶，这样减少对林木的砍伐，以求神山宽恕。在我们村子，由于过多地砍伐森林和破坏牧场而激怒神山，神山因此惩罚牲畜和牧民的例子很多，只有不滥用神山的恩赐，才能在牧场上安居乐业。"

(二) 知识与技术

混牧农耕生计方式是农业和畜牧业的复合体，在长期从事混牧农耕生计的过程中，当地藏族村民积累了大量的知识与技术。特别是混牧农耕中的畜牧业，它和草原地区的游牧业既有相似之处同时也产生了巨大的区别，也不同于农耕的养殖业，而有着自己独特的放牧和饲养方式，对于放牧地点、季节性和劳动力的安排都有着特殊的要求。当地藏族村民同时积累了畜牧业中大量关于生物多样性的传统知识，包括牲畜品种、兽医技术和关于牧草的知识与技术等。

1. 农地分类知识

当地村民按照是否能够被河流灌溉的标准将农业用地分为三大类："Ganren"（旱地）、"Reren"（轮歇地）和"Qinwang"（水浇地）。

"Ganren"（旱地），藏语意为山上的农地。这类农地地势较高，为海拔2500米以上的坡地或者高山森林中的空地，是不能直接从河流引水而需要修渠进行灌溉的土地，也依赖于雨水，具有广种薄收的特点。种植一年一熟的农作物，主要包括青稞、玉米、土豆、荨麻等抗寒耐旱的农作物，其播种时间为农历三月中旬，收割时间为次年农历八至九月份。当地村民认为旱地种植的农作物品种多，由于海拔较高并且与森林在一起，因此谷物有着独特的口感、味道与营养价值。

"Reren"（轮歇地），藏语意为轮歇的农地。这类农地位于海拔2300米至2500米之间，位于远离河流的山坡，完全不能从河流引水进行灌溉，完全依赖于雨水。这类农地的耕种方式来源于传统的刀耕火种生计方式，具有轮歇耕作的特点，种植一年一熟的农作物，如小麦、荞麦、蔓菁等，其播种时间为农历九月中旬，收割时间为次年农历四月份，然后放荒一年再种。

"Qinwang"（水浇地），藏语意为可以用水浇灌的农地。这类农地位于村

第五章　西部高原藏族的混牧农耕文化

落周围，可以直接从河流引水进行灌溉，一般在海拔2000—2300米之间，地势较为平坦，具有精耕细作、亩产量高的特点。种植一年两熟的农作物，主要有小麦、玉米、青稞、各种豆类和蔬菜。水浇地里的农事活动，除了犁地、播种、收割等由男性完成或参与以外，大部分由女性负责，所以本地流传着这样的谚语："水浇地啊，像一位久病的老人；年轻的姑娘，是他永远的侍奉者。"

直至20多年以前，旱地和轮歇地的耕种在果念村的农业中仍占据了很重要的位置。旱地和轮歇地种植的农作物主要有：玉米、青稞、甜荞麦、苦荞麦、土豆、荨麻、蔓菁等。那时的生态环境很好，森林覆盖率很高，调节小环境气候的功能显著，雨量充足。旱地和轮歇地的土地肥沃，农作物长势良好，几乎达到了水浇地的亩产量（水浇地一般亩产量为750斤）。旱地的海拔落差很大，其适种农作物品种不尽相同，播种期和收获期时间顺序不一样。轮歇地由于可以轮歇使用，所以村民在生产生活中可以合理安排时间顺序与劳作方式。当轮歇地闲置时，灌木类植物和青草疯狂生长，又变成最理想的放牧之处。旱地和轮歇地一般分布在山势较平缓，阳光充足的洼地和山岭。这一地区可种植多种作物。如荨麻，荨麻不仅可以食用，其枝茎的皮又可作为编织绳索的材料。又如蔓菁主要作为牲畜的饲料，也可以用来制成腌菜食用。旱地和轮歇地在鼎盛时期于夏季成了花的海洋，利于蜜蜂的养殖。当时在悬崖缝隙、山洞里普遍有野蜜蜂筑巢。旱地和轮歇地农作物的枝秆和地里混合生长的蔓茎类植物，是猪、牛、羊的主要饲料。现在由于处于半山区的旱地和轮歇地受交通不便及国家退耕还林政策的影响，当地村民逐渐放弃种植。

水浇地的主要农作物有小麦、玉米、青稞、各种豆类农作物等。目前小部分地引进种植了法国葡萄。水浇地一年可以种两季农作物，农历六月至十月种植玉米，农历十一月至第二年六月种植小麦或青稞，这样循环耕作。水浇地一般精耕细作，固定时间浇水、施肥、松土、间苗。在传统农业种植技术中，玉米地一般间种黑小米和少量白菜。黑小米既可作粮食，又可以喂猪。豆类则种植于田边地角。佳碧村的农作物种植生产方式与畜牧业的迁徙有重要关联。例如，秋天收获玉米之后，一般空置一个月，以放牧从高山牧场返回的牛羊，直到牲畜把玉米叶、杂草吃得干干净净，田地里出现沙滩状干旱、尘土飞扬起来后才把牲畜撤出水浇地，然后又迁徙到山里牧场。除尽了田地里的杂草，因而有利于下季农作物小麦和青稞的生长。为了保证水浇地的粮食生产，核桃、水果等经济林木的种植要稍远离田地，这样果树就不会遮挡住田地的阳光，影响粮食的收成，因而形成了对土地最大限度的利用。

2. 耕种技术

在水浇地种植一年两熟的农作物，分为大春种植与小春种植：大春种植以小麦和青稞为主，小春种植以玉米为主。

大春种植技术。由于海拔高度各不相同，果念村各自然村大春种植的时间也不同，但一般都在农历四月底至五月初期间开始播种。村民在小麦收割前几天或者收割后要浇水灌溉土地，然后犁地一遍撒播玉米种子，每亩密植3000株以上，在整个生长期间要锄地一次、浇水灌溉两次。

小春种植技术。果念村各自然村在农历九月底至十月初开始小春播种，玉米收割前要锄地，在玉米收割完后，要把牲畜放牧在地里一个月左右的时间，然后施厩肥，每亩约施100筐，每筐约40公斤。犁地一至两次后开始撒播小麦或青稞种子。海拔高的村子普遍种植青稞，海拔低的村子则较多种植小麦。在小麦和青稞的整个生长期间，需要浇水灌溉五次、追厩肥一至两次、锄地一至两次。

近十多年来，无论是大春还是小春种植，都发生了巨大的变化。例如青稞以前曾经是主要的小春种植作物，现在逐渐被小麦所取代，特别是在海拔较低的村落。荞麦曾经在旱地大量种植，现在也基本没有种植。就小麦和玉米这两种主要的作物而言，也发生了种植上的变化，主要体现在当地老品种被种子公司销售的外来新品种大量取代，当地村民认为老品种的作物虽然成长周期慢，但是口感要比新品种的好。

3. 农作物病虫害知识

果念村最为常见的农作物病害为"*Sani*"（麦锈病）和"*Gena*"（麦穗无籽病）等。近年来，果念村麦锈病发生的次数越来越频繁，受灾农地面积也越来越广。尤其是2008年至2010年的三年期间，果念村的8个自然村全部受灾，其中君达自然村最为严重，几乎颗粒无收。通过对这次灾害的观察，当地村民总结出一些经验：种植了引进的新品种谷物的农地极易发生麦锈病；第二，经常使用尿素、复合肥等化学肥料的农地极易发生麦锈病；第三，因气候原因而未按传统播种时间提前播种的农地极易发生麦锈病；第四，除了麦子以外，麦锈病也容易在辣椒、西红柿等蔬菜中蔓延传播。针对麦锈病，

第五章 西部高原藏族的混牧农耕文化

除了使用农药以外，果念村村民也运用传统的防治方法，即在受灾农地周围插下一种名为"Yewang"的树桩，并对农地喷洒石灰、灶灰以防止麦锈病的进一步加重或传染。另外，果念村村民还通过物候知识来预防麦锈病：当地一种叫"sara"的鸟（一种全身金黄，比鸽子还大的鸟）往往与麦锈病同时出现在农地里，因此如果在小麦、青稞的半成熟期出现了"sara"鸟，村民就奔走相告："sara来了，麦锈病要出现了。"然后村民就会互相帮助，共同防病防害。麦穗无籽病的症状为麦穗或玉米穗变为黑色并不结籽粒，果念村村民认为这种病的防治要从种子开始，例如谷种要晒至干燥，并要经常和附近村落的村民交换谷种。

针对农作物虫害，果念村村民会请寺院的活佛或者僧人主持名为"Duduo"的祭祀仪式，意为安抚离世之人的欲望。当地村民认为农作物之所以会发生虫害，是因为离世的人的欲望没有得到满足，因此转变为害虫，来祸害农作物。因此，要请活佛或者僧人举行祭祀仪式。在仪式上，人们要汇集一百多种草和各种类型的土壤，混合酥油或者核桃油，然后烧成焦土。经过活佛或者僧人诵经加持后，村民再把焦土撒于有虫害的农地，就可以驱散害虫。

4. 牧场分类知识

果念村境内因地形、海拔、气温、土壤等不同因素的影响，草场可划分为高寒草甸类草场、灌丛草甸类草场、林间草地类草场、疏林类草场、山地灌丛草丛类草场等五大类：

高寒草甸类草场。该类草场分布在海拔3800米以上的高山带，气候严寒、无霜期短，牧草生长期短，植被低矮，形成伏状，以多年生的血竭、苔草、蒿草、禾草为主，是夏秋牛、马、羊的放牧地。

灌丛草甸类草场。该类草场的海拔分布与高寒草甸草场相同，以高山杜鹃为主的阔叶林覆盖面积较大，不利牲畜采食，因此利用率较低，这里也是秋夏的放牲地。

林间草地类草场。该类草场分布在海拔2500—3800米地带，其主要特征是森林茂密，草场形状多样；海拔2800米以下的草场作为四季放牧地，海拔2800米以上的草场作为夏秋放牧地。

疏林类草场。该类草场分布在海拔2500—3800米地带，其特点是灌木稀疏，为过去砍伐木材时留下的迹地，部分地方可以四季放牧。

山地灌丛草丛类草场。该类草场具有山地地貌特征，分布在海拔1800—3200米地带。森林覆盖率10%—30%，是各种牲畜四季放牧地，也是果念村较大的草场。

在上述不同类型草场的基础上，果念村村民根据所处地理位置和高度以及放牧季节的不同将牧场分为三类①：夏季雪山牧场、春秋高山牧场和冬季河谷牧场。夏季雪山牧场藏语名叫"*Rura*"，意为"有雪的草场"，位于海拔4000米左右的高山草甸地带；春秋高山牧场藏语名叫"*Rumei*"，意为"中间的草场"，位于海拔3000米左右的草甸和坡地，是牲畜转场过程中的过渡牧场；河谷冬季牧场藏语名叫"*Rubo*"，意为"家附近的草场"，位于海拔2000米左右、村落周围的山坡地带。

从夏季雪山牧场到春秋高山牧场再到冬季河谷牧场，牧草从种类上来说越来越丰富，数量上也越来越多，但营养价值方面却呈下降趋势，也就是说夏季雪山牧场的牧草营养价值要普遍高于春秋高山牧场和冬季河谷牧场，但冬季河谷牧场牧草种类和数量都要比夏季雪山牧场和春秋高山牧场丰富。

以佳碧自然村为例，该村的夏季雪山牧场有一块位于澜沧江河谷东岸、海拔4000米左右的云岭山脉白马雪山高山草甸，藏语名叫"*Jiabazhura*"，意为"强盗出没的地方"，据说在中华人民共和国成立以前，由于交通不便和地形险要，经常有土匪在这一带居住，面积有600—700亩。根据当地牧民的乡土认知，这里的牧草营养价值极高②，牧民们深为喜爱。佳碧村的春秋高山牧场都位于澜沧江河谷东岸、海拔3000米左右的草甸和坡地，共有四块：第一块藏语名叫"*Diere*"，意为"四家的地"，据说是佳碧村历史上四家奴隶主的牧场，面积有400亩左右；第二块藏语名叫"*Muqugunian*"，意为"斜坡上的地"，面积有900亩左右；第三块藏语名叫"*Bazhonggu*"，意思不详，面积有50多亩；第四块藏语名叫"*Gedaomu*"，意思不详，面积有70亩左右。根据当地牧民的乡土认知，这里牧草的营养价值相对较高。佳碧村的冬季河谷牧场也都位于澜沧江河谷东岸、海拔2000米左右村落周围的山坡地带和澜沧江边的台地上，共有三块：第一块藏语名叫"*Gamudon*"，意思不详，面积有10亩左右；第二块藏语名叫"*Chishapo*"，意为"有核桃树的地方"，面积有100

---

① 果念村村民对牧场的传统分类方式。
② 当地对牧草营养价值的评判标准主要依据食完草后牛的肥瘦和母牛产奶的数量、质量。

第五章　西部高原藏族的混牧农耕文化

多亩；第三块藏语名叫"*Tongduibura*"，意为"江边的地"，位于澜沧江边台地上，面积有60多亩。根据当地牧民的乡土认知，这里部分牧草的营养价值高。

5. 畜牧技术

牛是当地牧民放牧的主要牲畜，当地村民以5—6户组成一个放牧小组，有50—60头牛，藏话叫"*Zaka*"，一个"*Zaka*"有1—2个牧人，藏话叫"*Nongza*"。"*Nongza*"内部又有分工：年长者一般被称为"*Zaben*"，负责畜牧所有的生产安排；年少者被称为"*Zaru*"，主要做协助的工作，通常专门放牧牛群、做砍柴等需要体力的重活。放牧人到达自己村落的传统牧场，特别是高山牧场后，各个"*Zaka*"之间没有明确规定的区域划分而且共用整个牧场，各个"*Zaka*"在牧场中的森林、湖泊、河流等地自由选择放牧地点，同时不侵犯其他村落的传统牧场。

当地畜牧业的产品主要是酥油和奶渣，另外还有两种叫"*Sishite*"和"*Tejue*"的奶制品。

酥油是畜牧业稳定的第一产品，母黄牛一年约产50斤酥油、60斤奶渣，母犏牛一年约产80斤酥油、100斤奶渣。酥油是当地藏族主要食物酥油茶的重要原料，一日三餐不可缺少。

奶渣也是畜牧业的主要产品。酥油茶在饮用时将奶渣浸泡在其中，可以保持茶的酸度和鲜味，待酥油热茶喝完后，奶渣已经被泡得松软，即可食用。

"*Sishite*"的制作方法独特：牧人在挤奶的时候，在木桶入口处放置一些呈筛子状的木条，牛奶挤入木桶时，木条上就会附上一种黏性的物质，随着挤奶次数增多，附着在木条上的物质越粘越厚，这时牧民就刮下这些物质，制成一个个坨状的"*Sishite*"。它在火上烤后即可食用。当地牧民认为其营养价值高，适合在较寒冷的高山牧场食用。

"*Tejue*"是奶制品中最后一道工序产出的产品。把酿出酥油、奶渣、"*Sishite*"后剩下的青绿色液体再提炼出来，即为"*Tejue*"。"*Tejue*"味道酸，牧民最爱用其制作酸菜。

除了制作奶制品以外，牧民还用闲暇时间制作毛绳、皮具等产品。牧民一周的生产生活还包括捡野菜、挖药材和砍薪柴等，表5-7可以更为直观地说明牧民在高山牧场的畜牧技术和生产活动。

表 5-7　牧民一周的劳作安排表

	星期一	星期二	星期三	星期四	星期五	星期六	星期日
上午	挤牛奶、放牛	挤牛奶、放牛	挤牛奶、放牛	挤牛奶、放牛	挤牛奶、放牛	挤牛奶、放牛	挤牛奶、放牛
中午	制作皮具	打酥油、酿奶渣	砍薪柴	打酥油、酿奶渣	捡野菜	打酥油、酿奶渣	挖药材
下午	收牛、挤牛奶	收牛、挤牛奶	收牛、挤牛奶	收牛、挤牛奶	收牛、挤牛奶	收牛、挤牛奶	收牛、挤牛奶

牧民上午挤完奶以后就把牛群放到牧场中，让其自行啃食牧草，下午再把牛群从牧场中收回到木楞房周围过夜，以防狼、熊等野兽的侵害。为了保证奶制品的质量和牛的健康，每一个月牧民还要给牛喂 1—2 次的肉或者食用油。

藏獒是当地牧民在高山牧场上养的牧羊犬，传统上每个"Zaka"会养 1—2 头藏獒，藏獒以其凶悍的外形和强壮的力量可以有效地抵御狼、熊、豺等野生食肉动物对牛群的攻击。同时，藏獒有规律性的吠叫，是牧民在牧场上估计时间的传统报时钟。

6. 与牲畜交流的语言

当地村民在驾驭牲畜时有着特殊的语言，这些语言是为了控制牲畜的行为，但更是村民与牲畜交流的方式。由于是一种交流的方式，所以针对牛、马、羊等不同的牲畜，放牧的语言也不相同。特别是对牛而言，由于牛在农业和畜牧业中都有重要的地位和作用，因此村民对牛的语言是最丰富的。

在农业和畜牧业中村民与牛交流的语言相互通用。当要让牛前进时，当地村民会连续吹一种由急促的单音组成的"Qiu Qiu Qiu"的吆喝，或者吹出音调上扬的口哨。要让牛走慢一些的时候，村民要大声发出"Wa"的吆喝。让牛停止不动，村民则要吹一种声调下落的口哨，由一个单音拖长直至无声无息。要让牛向右转或者向上走时，村民会大声发出"Ra Ra"的吆喝。让牛向左转或者向下走时，村民会发出"Mua Mua"的吆喝。由于除了放牧外，牛还要犁地，因此相比较其他牲畜而言，与牛交流的语言中多了一个后退的吆喝："Shineng Shineng"。

对羊而言，前进的命令是由急促的单音组成的"Qiu Qiu Qiu"的连续吆

第五章 西部高原藏族的混牧农耕文化

喝，只是多了一个快走的吆喝"*Shu Qiu*"。向右转或者向上走时，村民会大声发出"*Ra Ra*"的吆喝。向左转或者向下走时，村民会发出"*Mua Mua*"的吆喝。走慢一些的时候，村民要大声发出"*Wa*"的吆喝。与牛不同的是，由于不需要羊犁地，所以村民与羊交流的语言中没有后退的吆喝和停止的口哨。

对骡马而言，前进的命令与牛一样，依然是一种由急促的单音组成的"*Qiu Qiu Qiu*"的连续吆喝，或者吹出音调上扬的口哨。要让马向右转或者向上走时，村民会大声发出"*Ra Si*"的吆喝。向左转或者向下走时，村民会发出"*Mua Si*"的吆喝，与牛略有差异。由于骡马行进速度快，经常要促使其减慢速度或者停止，所以让骡马速度减慢时要发出"*Wa*"的大声吆喝，而要让骡马停止，则要发出连续和急促的"*Duo Duo Duo*"声音。

由于村民都会给每头牛和每匹骡马取不同的名字，所以平时呼唤牛马直呼它们的名字就可以。对羊而言，只有领头羊、颜色特别的羊、羊角特别的羊会有自己的名字，其他普通的羊则没有名字，呼唤羊下山则统一发出"*Wo Wo*"的吆喝，呼唤羊吃食发出"*Shu Shu Wa*"的吆喝。

7. 牧草资源知识

在长期的放牧过程中，通过不断实践，果念村当地的牧民积累了丰富的牧草知识。通过对红坡村和果念村牧民和乡土专家的调查，统计了当地牧场的牧草种类，记录了51个种，共有29个科39个属。并对其进行统计编目，如表5-8所示。

以A、B、C、D四个等级依次表示牧草品质的优质、良好、中等、低等。

以a、b、c三个等级依次表示牧草趋势的减少、不变、增多。

表5-8 牧民和乡土专家对牧草种类的调查表

序号	科	属	学名	拉丁名	藏名	生长地点	牧草等级	趋势
1	紫萁科	紫萁属	纸被紫萁	Osmunda claytonianum	Jia hu la	潮湿山谷	B	a
2	毛茛科	银莲花属	草玉梅	Anemone rivularis	Za dan gu song	山坡草地或路边	C	b
3	十字花科	芸苔属	芸苔	Brassica.campestris	Huo hua	田地里	B	c
4	虎耳草科	鬼灯檠属	羽叶鬼灯檠	Rodgersia pinata	Rong men rong gong	海拔2500—3500米的树林下	B	b
5	石竹科	繁缕属	繁缕	Stellaria media	Gai mu gai xia	田间路旁或溪边草地	D	b
6		荞麦属	荞麦	Fagopyrum esculentum	Xie ye ma	荒地或路旁	A	b
7			小野荞麦	F. leptopodum	Gong me	田间	D	c
8		蓼属	尼泊尔蓼	Polygonumnepalense	Dong me	田间,水边,山谷潮湿地	B	a
9	蓼科		圆穗蓼	P. macrophyllum	Rong qu	田间,水边,山谷潮湿地	C	a
10			翅柄蓼	P. sinomontanum	Gai dou gu duo	田间,水边,山谷潮湿地	C	a
11			冰川蓼	P.glaciale	Dong me	田间,水边,山谷潮湿地	B	a
12		酸模属	齿果酸模	Rumex dentatus	A beng ke le	水边,湿地	B	c
13	藜科	藜属	藜	Chenopodium album	Hui	田间	A	a
14	馆儿苗科	老鹳草属	云南老鹳草	Geranium yunnanensis	Dong zhua	田边,草地,林缘	D	b
15	凤仙花科	凤仙花属	华凤仙	Impatiens chinensis	Dong ri yue	田边,水沟旁和沼泽地	C	b
16	花楸科	花楸属	西南花楸	Sorbus rehderiana	Meng lou	海拔2500—4000米的杂木林中	B	a
17			大叶翻白草	Potentilla macrophylla	Da gai	海拔3000—4000米的草场	B	b
18	蔷薇科	委陵菜属	云南委陵菜	P.fulgens	Da gai	海拔3000—4000米的草场	B	b
19			三叶委陵菜	P.freyninna	Si ren	海拔3000—4000米的草场	B	b
20			蕨麻委陵菜	P.anserina	Rong mo ya sha	海拔3000—4000米的草场	B	b
21	蝶形花科	黄芪属	邹黄芪	Astragalus tataricus	Sai long mu	山坡草地和田地边	D	c
22	壳斗科	栎属	刺叶高山栎	Quercus spinosa	Shu bu	海拔2400—3900米的草场	B	a
23	槭树科	槭属	青榨槭	Acer davidii	La ba	海拔2000—3500米的杂木林	B	a
24	伞形花科	葛缕属	葛缕子	Carum carvi	Dong xia mu	山坡,地边	C	b
25			矮棱子芹	P. nanum	Mu xia	海拔3000—4500米的草场,高山流石滩	B	a
26	忍冬科	接骨草属	血满草	Sambucus adnata	Shuo shu	林下或沟边灌丛中	B	b

第五章 西部高原藏族的混牧农耕文化

续表 5-8

序号	科	属	学名	拉丁名	藏名	生长地点	牧草等级	趋势
27	川续断科	川续断属	川续断	Dipsacus asperoides	Ca xia mu	草坝、林缘、地边	C	c
28		蓟属	贡山蓟	Cirsium eriophoroides	Da si mu	山坡、草地、灌丛	D	c
29		橐吾属	宽叶橐吾	Ligularia latihastata	Na guo	草坝、林缘、山坡	B	c
30	菊科		垂头橐吾	L.cremanthodioides	Mu tong	山坡、草场	C	b
31		蒲公英属	蒲公英	Taraxacum mongolicum	Wang bao mu	草坝、田间	A	b
32		牛蒡属	牛蒡	Arctium lappa	A zong xi za	草坝、地边	C	c
33		千里光属	田野千里光	Senecio oryzetoru	Wang qu mu	山坡、荒地、田边	A	c
34	桔梗科	蓝钟花属	黄钟花	Cyananthus flavus	Yi zi	海拔2800—4500米的草场和流石滩	A	a
35	紫草科	微孔草属	微孔草	Microula sikkimensis	Ye ge mu	高山草场或村边草地	B	b
36	玄参科	马先蒿属	管花马先蒿	Pedicularis siphonantha	Di di zhua zhua	高山湿润草地	D	a
37	车前科	车前属	平车前	Plantago depressa	Gai jia mu	草地、沟边、路旁	A	b
38	茜草科	拉拉藤属	西南拉拉藤	Galium elegans	Qiong jia	田边、地边、路旁	C	b
39	锦葵科	锦葵属	野葵	Malva verticillata	Zhong ba	草场、村落附近	B	b
40		鼠尾草属	甘西鼠尾草	Salvia prezewalskii	Rong zui ma	海拔2800—4000米的草场	B	a
41	唇形科	糙苏属	深紫糙苏	Phlomis atropurpurea	Pa na zhua	海拔2800—3900米的草场	A	a
42			原本糙苏	P.pratensis SP	Shua gai	海拔2800—3900米的山坡草地	B	b
43	鸢尾科	鸢尾属	西南鸢尾	Iris bulleyana	Bie bi	丘陵地、草甸及山坡草地	B	c
44	灯心草科	灯心草属	葱状灯心草	Juncus allioides	Gong zhua	高山潮湿草场	A	a
45		嵩草属	小嵩草	Kobresia parva	Ba zhua	高山潮湿草场	B	a
46	莎草科	苔草属	湿生苔草	Carex limosa	Zhua sha	高山潮湿草场	C	a
47			块茎苔草	C.thomsonii	Zhua jia	高山草场	C	a
48		剪股颖属	川滇剪股颖	Agrostis limprichtii	Zhua chu	海拔2500—3500米的草场	B	b
49	禾本科	披碱草属	麦宾草	Elymus tangutorum	Rang ba	海拔2500—3500米的草场	B	a
50			垂穗披碱草	E.nutans	Rang gu	海拔2500—3700米的草场	C	b
51	禾本科	箭竹属	尖鞘箭竹	Fargesia cuticontracta	He ya	海拔2000—3500米的林下	B	b

8. 牲畜品种分类知识

牛是果念村畜牧业放牧的主要大牲畜品种，主要有牦牛、犏牛和黄牛三种；但是按照当地牧民的分类体系，牛则分为7种：1. 牦牛（藏语名公牦牛叫ra，母牦牛叫nega）；2. 黄牛（公黄牛叫yong，母黄牛叫ba）；3. 公牦牛与母黄牛杂交出来的犏牛（公犏牛叫zong，母犏牛叫gele）；4. 公黄牛和母牦牛杂交出来的犏牛（公犏牛叫nezu，母犏牛叫le）；5. 母犏牛与公黄牛杂交出来的ai；6. 母犏牛与公牦牛杂交出来的dele；7. ai与公黄牛杂交出来的jimo。

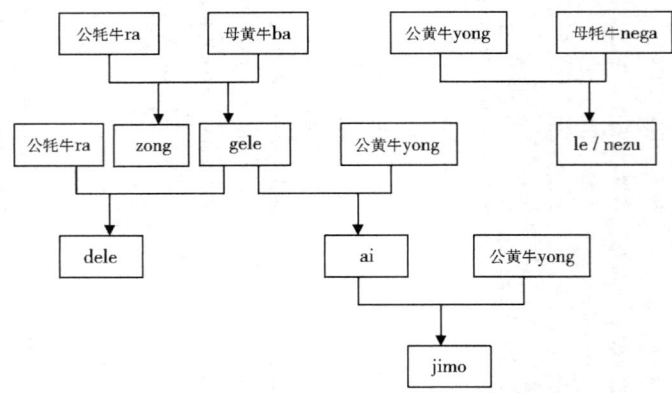

图5-1 果念村牧民对牛的认知和分类体系

按照生活环境气候和温度的不同，当地牧民把这7类牛分别放牧在不同海拔高度的牧场。

表5-9 牛的分类与生活环境的关系表

	牛的种类		生活环境		
序号	藏语	汉语	气温	特性	海拔
1	ra、nega	牦牛	喜低温	耐寒	高海拔
2	yong、ba	黄牛	喜温暖	耐旱	低海拔
3	zong、gele	犏牛	低温、温暖	耐寒、耐旱	高、中、低海拔
4	nezu、le	犏牛	喜低温	耐寒	高海拔
5	ai	犏牛	低温、温暖	耐寒、耐旱	高、中、低海拔
6	dele	犏牛	喜低温	耐寒	高海拔
7	jimo	犏牛	喜温暖	耐旱	低海拔

从表5-9可以看到，牦牛、nezu、le属于喜欢寒冷气候的耐寒品种，一

第五章　西部高原藏族的混牧农耕文化

年四季都放牧在高海拔高山牧场；而黄牛和 jimo 属于喜欢温暖气候的耐寒品种，一年四季都放牧在低海拔河谷牧场；而 zong、gele 和 ai 属于同时适应寒冷和温暖气候的品种，在三类牧场之间轮牧和转场。

9. 传统兽医药知识与技术

传统兽医药，也称为民族兽医药，是一个古老的关于动物卫生管理的科学术语，包含了一个社区里众多成员在动物卫生管理过程中的知识、技能、方法、实践和信念。在农村地区，民族兽医药的研究者通常采用以社区为基础的方法来改善畜禽卫生健康和提供基础的兽医服务[①]。传统兽医药技术往往具有明显的地方性和创新性，这一丰富的知识体系对于降低气候变化给畜牧业牲畜疾病所带来的负面影响，具备着潜在和积极的作用。

果念村的传统兽医药知识和技术对当地畜牧业生计尤为重要，有着成本低、药材来源丰富和方便的优势，可以帮助当地村民应对牲畜疾病。通过对当地乡土兽医专家的调查，发现了下表所列的传统兽医药的植物。

表 5-10　传统民族兽医药植物一览表

中文名	科	拉丁名	使用部位	针对疾病
草乌	毛茛科	*Aconitum carmichaeli*	根	食欲不振/拒绝进食
菖蒲	天南星科	*Acorus calamus*	根	腹泻,痉挛,颤抖,呼吸困难
黄龙尾	蔷薇科	*Agrimonia pilosa*	根	腹泻,胎衣不下
大蒜	百合科	*Allium sativum*	鳞茎	痉挛,颤抖,呼吸困难,寄生虫病,中毒,发烧,感冒,腹泻
水棉花	毛茛科	*Anemone hupehensis*	根茎	腹泻,久卧不起
草玉梅	毛茛科	*Anemone rivularis*	根	寄生虫病,久卧不起
文竹	百合科	*Asparagus setaceus*	块根	发热,发烧,感冒
金花小檗	小檗科	*Berberis wilsonae*	全株	腹泻
云南柴胡	伞形科	*Bupleurum yunnanense*	根和果实	发热,发烧,感冒

① McCorkle, "An Introduction to Ethnoveterinary Research and Development," *Journal of Ethnobiology*, Vol. 6, 1986.

续表 5-10

中文名	科	拉丁名	使用部位	针对疾病
驴蹄草	毛茛科	*Caltha palustris*	全株	皮肤问题
碎米荠	十字花科	*Cardamine hirsuta*	全株	腹泻,胃胀气
云南铁线莲	毛茛科	*Clematis yunnanensis*	全株	发热,发烧,感冒
臭牡丹	马鞭草科	*Clerodendrum bungei*	根茎	疡疮
黄连	毛茛科	*Coptis chinensis*	根茎	腹泻,中毒
珙桐	珙桐科	*Davidia involucrata*	果实	腹泻,发热,发烧,感冒
柳叶菜	柳叶菜科	*Epilobium brevifolium*	根	胎衣不下,疡疮
飞扬草	大戟科	*Euphorbia hirta*	全株	皮肤问题,腹泻
茴香	伞形科	*Foeniculum vulgare*	全株	便秘
红花龙胆	龙胆科	*Gentiana rhodantha*	全株	发热,发烧,感冒
鞭打绣球	玄参科	*Hemiphragma heterophyllum*	全株	胎衣不下
滇白芷	伞形科	*Heracleum scabridum*	根	发热,发烧,感冒
凤仙花	凤仙花科	*Impatiens lecomtei*	全株	疡疮,胎衣不下
五味子	木兰科	*Kadsura interior*	根和茎	胎衣不下
益母草	唇形科	*Leonurus artemisia*	全株	胎衣不下
长喙厚朴	木兰科	*Magnolia rostrata*	茎	痉挛,颤抖,呼吸困难
十大功劳	小檗科	*Mahonia microphylla*	茎和皮	中毒,腹泻
掌叶梁王茶	五加科	*Nothopanax delavayi*	根、茎、皮	食欲不振/拒绝进食,痉挛,颤抖,呼吸困难
胡黄连	玄参科	*Picrorhiza scrophulariiflora*	根茎	发热,发烧,感冒,寄生虫病,疡疮
车前草	车前科	*Plantago depressa*	全株	胃胀气,中毒,便秘
滇黄精	百合科	*Polygonatum kingianum*	根茎	胃胀气
草血竭	蓼科	*Polygonum paleaceum*	根茎	发热,发烧,感冒,胎衣不下,中毒

第五章 西部高原藏族的混牧农耕文化

续表 5-10

中文名	科	拉丁名	使用部位	针对疾病
西南委陵菜	蔷薇科	*Potentilla fulgens*	根	腹泻,胃胀气,便秘
茴茴蒜	毛茛科	*Ranunculus chinensis*	全株	腹泻,寄生虫病
悬钩子	蔷薇科	*Rubus corchorifolius*	全株	腹泻,胎衣不下
土大黄	蓼科	*Rumex nepalensis*	根和叶	腹泻,便秘,寄生虫病
接骨木	忍冬科	*Sambucus williamsii*	根和叶	骨折,久卧不起
广木香	菊科	*Saussurea costus*	全株	发热,发烧,感冒
白花球蕊五味子	木兰科	*Schisandra sphaerandra*	果实	腹泻,发热,发烧,感冒,疡疮
千里光	菊科	*Senecio scandens*	全株	便秘,中毒,腹泻,皮肤问题
滇芹	伞形科	*Sinodielsia yunnanensis*	根	胎衣不下
菠菜	藜科	*Spinacia oleracea*	全株	胎衣不下,疡疮
乌鸦果	杜鹃花科	*Vaccinium fragile*	根	久卧不起,寄生虫病
马鞭草	马鞭草科	*Verbena officinalis*	全株	骨折,胎衣不下
堇菜	堇菜科	*Viola yezoensis*	全株	疡疮,中毒
小籽玉米	禾本科	*Zea mays*	种子	疡疮

果念村的乡土兽医专家同时有大量传统兽医药治疗方法,具有治疗和预防功能的主要是木香、土黄连等。

表 5-11 传统民族兽医药疗法及疗效表

畜禽疾病(症状)		正在使用的传统方法	效果
猪	发热、感冒、发烧	木香和饲料混拌一起煮后喂猪,连喂 2 次	一般
	疥螨病(身子、皮肤痒)	1. 机油、柴油擦洗痒的部位 2. 核桃油泡蜈蚣,擦 2—3 次/天	一般 很好
	拉肚子	1. 土黄连或者是一种树根(根比较苦),切碎了,用水混合着来喂猪 2. 喂菖蒲:切碎了煮,混拌着饲料喂 3. 喂少量花椒	比较好 比较好 差
	肚子胀	酒药(酿酒时发酵用的药)混拌猪食喂猪	比较好
	卧睡不起	把头发、火药、蜂壳一起烧后,混拌饲料里喂猪	一般
	便秘	1. 喂香油,用小勺灌进去 2. 土大黄	比较好 很好
	生疮	1. 苞谷用灶灰炒炸后喂猪 2. 用酒擦洗生疮部位	一般 比较好
	抽搐、发抖、喘气	1. 耳朵上剪一小口 2. 核桃和野蘑菇泡在水里喂猪 3. 野生的大蒜,切碎了用水喂猪 4. 菖蒲切碎了用汁喂猪	比较好 很好 一般 一般
	不吃食	菖蒲叶子和根、菖兰、川芎,煮后混拌猪食喂	比较好
鸡	没有精神、头晕	野花椒 2 粒和头痛片半片混合喂鸡	一般
	拉肚子	1. 大蒜、野花椒混拌饲料喂鸡 2. 苦树藤根切碎后用水泡,混拌在饲料里喂鸡 3. 花椒、大蒜搓碎后,混拌饲料喂鸡	一般 比较好 很好
	不吃食	菖蒲切碎后拌在饲料里,用水灌喂	一般
	肝脏与胆囊肿大	花椒、大蒜一起搓碎后,放在饲料里喂	差
	流口水	安乃近、索米痛片、花椒一起喂鸡	一般
	便秘	土大黄打碎后与饲料一起灌喂	很好

第五章 西部高原藏族的混牧农耕文化

续表 5-11

畜禽疾病（症状）		正在使用的传统方法	效果
牛	中毒（吃了小虫）	用肥皂/洗衣粉/香皂洗过的旧帽子的水、洗澡水和洗头水来灌喂给牛	很好
	咳嗽	黄连，用水泡后喂牛	一般
	牛瘦	喂猪油	很好
	不吃食	菖蒲、菖术叶和根、菖兰、川芎，煮后拌着饲料喂	比较好
	拉肚子	黄连/木香，拌盐巴直接喂	一般
	流行病	牛胆拌盐巴直接喂	差
	跌打、损伤、内伤	陈年猪油煮米酒，2次/日，1小碗/次，连喂3次	一般
	便秘	土大黄捣碎后与饲料一起灌喂	很好
羊	中毒（吃到小虫）	用肥皂/洗衣粉/香皂洗过的旧帽子的水、洗澡水和洗头水来灌喂给牛	很好
	拉肚子	黄连/木香，拌盐巴直接喂	一般
	口发炎、生疮	用火药拌水擦洗	一般

（三）制度与习惯法

1. 土地资源轮种制度

佳碧村农业种植分为大春和小春两季：大春主要种植玉米，藏语叫"Dama"，从每年农历五月底开始播种，直到当年农历九月收割；小春主要种植小麦，藏语叫"Nian"，还有一部分青稞，藏语叫"Gere"，从每年农历十月份开始播种，直到第二年农历五月收割。大春种植时，在玉米播种前先引水灌溉农地一次，然后再犁地播撒种子，每亩密植3000株以上，整个生长期间要引水灌溉2次；小春种植时，在小麦播种前先犁地2次并施圈肥，然后撒播，整个生长期要引水灌溉5次。

2. 水资源使用制度

在果念村的各个自然村，河流从村中流过，不仅为当地村民提供了饮用水源，也为农业灌溉提供了水资源。村民在长期的生产生活过程中，形成了一套传统的水资源利用制度、知识和技术。

在管理制度方面,村民为了合理和公平地利用水资源,把水资源分为饮用水和灌溉水两部分。针对饮用水,村民按照村落地形结构,把村子分为左、中、右三个部分,并分别修建了三个主引水渠把河水引向村落的三个部分,同时每户又在主引水渠上接通分引水渠把水引到家里,每个月村民们都要按照每三户人家一组轮流定期清理水渠。针对灌溉水,村民按照村落文化习惯,把村子分为上村和下村两个部分,在旱季缺水时规定上村农户在上午灌溉农田,下村农户则在下午至傍晚灌溉农田。

按村落地形结构,饮用水和灌溉水既是单独使用的,又是混合使用的。如,离河较近的农户直接架木槽或水管到河里,把水引到房屋外,再引入水缸或倒入水缸。按照当地传统,每家每户都有水缸,放置在大厅里,由于这个位置比较阴暗,较好地保持了水的清凉。距离河较远的农户一般都用水渠引水。饮用水和灌溉水都是混合使用的,且要根据各种情况调节使用。如饮用水的量是很少的,但必须要做到细水长流。而需要灌溉的时候,处于水渠上游的农户可以暂时堵住下游家的饮用水,以保证水量充足,下游农户不得有怨言。在灌溉中,碰上两三家要同时浇水的情况,一定要让最早引水过来的农户先浇完,然后根据时间先后顺序决定浇水顺序。如水渠容量可供两三家同时使用时,一定要保证首个浇水的农户的用水量,而在后面需浇水的农户,必须从河流处引来要额外使用的水。但是在沟渠分水处一定要保证首个浇水农户的用水量不受影响。这些传统道德、用水细节在干旱缺水的时候极好地调节了饮用水和灌溉水的功能,维护了村民之间的和睦相处。当地藏族有一句话:"在下游喝脏水的人,没有疾病与堕落。而在上游弄脏水的人一定会有报应。"传统的水资源使用制度可以根据缓急调节水资源的使用,这一制度是建立在村民们互相谦让、遵守公德、保持水源不受污染的道德原则上的。

3. 牧场资源转场制度

由于果念村地处澜沧江大峡谷中,属于干热河谷气候,因此形成了和当地山体环境紧密相关的畜牧业生计方式,主要体现在牧场的乡土分类,以及牛群[①]和牧民每年从河谷草坝到雪山草甸的牧场之间的循环迁徙等方面。

为了最大程度地利用当地牧场和牧草资源立体分布的优势,当地牧民形

---

① 主要包括牦牛、犏牛和黄牛。

第五章　西部高原藏族的混牧农耕文化

成了在不同海拔的牧场之间进行转场以适应季节、温度和牧草变化的传统制度。一般而言，春季转场开始于每年公历的 5 月中旬，当天气逐渐趋暖、过渡牧场的牧草开始返青时，牧民们赶着牛群从冬季河谷牧场出发，先在海拔 2500 米左右的春季过渡牧场放牧 1 个月左右，在感觉到天气进一步温暖、高山牧场的牧草开始返青时，再转场到海拔 3000 米以上的夏季高山牧场，一直放牧至 8 月份。8 月下旬，随着气温的降低、高山牧场的牧草黄枯，牧民们和牛群开始向秋季过渡牧场迁移，放牧 1 个月左右。在气温进一步降低、过渡牧场的牧草黄枯后，于 10 月份开始冬季转场，回到河谷牧场，待来年的 5 月再一次春季转场。如此周而复始地循环。通过转场迁徙，畜牧业极好地适应了当地气候和植物生长的季节性变化，有效地维持了牧草资源。

每年农历四月底，村民们便开始为牧场的迁徙做准备，村民们首先派代表到寺院请活佛或僧侣算好出发的日期，日期定好之后村民就开始商量和组织放牧的方式①。出发当日的凌晨五点左右牧民们便醒来，喝过酥油茶吃过藏粑后便把牛群集中起来，七点钟左右牧民们便正式离开河谷冬季牧场向高山春秋牧场进发。经过大约十二个小时的路程，在晚上七点左右，牛群和牧民到达半山秋季牧场。牧民在这里修建有木楞房，藏语叫"Gui"，他们和牛群将在这里休息一夜。第二天早晨，牧民们仍然五点左右醒来，重新召集牛群后七点左右出发，在穿越过森林地带、经过三天的路程后，最终到达雪山夏季牧场。牧民们在高山牧场搭建木楞房或者帐篷，藏语叫"Ra"，他们和牛群将一直在这里生活和放牧到农历七月份。

农历七月底，住在雪山夏季牧场的佳碧村牧民便又开始为即将到来的迁徙做准备了。在出发的前一天先把牛群集中起来，出发当日的凌晨五点左右牧民们醒来，七点钟左右出发，离开生活了三个月的雪山夏季牧场，经过三天的路程到达高山秋季牧场。牧民们和牛群要在这里生活和放牧两个月左右的时间。农历九月底，牧民们和牛群又要准备离开高山秋季牧场，仍然是早晨七点左右出发，经过半天的路程于傍晚七点左右到达河谷冬季牧场，公牛放牧在草场上，牧民们和母牛、小牛则回到位于村庄的家中。

到农历十月份，一次从河谷草场到雪山草甸的畜牧迁徙历程便完成了，牧民们和牛群将在佳碧村附近的河谷冬季牧场居住七个月左右的时间，于第

---

① 放牧方式有两种：一种是每家单独放牧，另外一种是由一家放牧村里所有的牛群。

二年的农历四月再次迁徙。

4. 农牧资源互养制度

农牧并重的半农半牧业构成了果念村的传统生计系统，在这一系统中畜牧业占有重要的地位，农业则是这一生计系统的基础。混牧农耕生计体系的特色在于农牧并重、农牧互养。

就农牧并重而言，农业和畜牧业都是当地藏族赖以生存的重要生计方式，提供了生活必需的饮食、用品。畜牧业是当地村民食用的酥油、奶渣等主要奶制品食物的来源，农业为当地村民提供了麦子、玉米和青稞等主要的粮食。

就农牧互养而言，一方面，畜牧业为农业提供了犁地与运输所需的畜力，牲畜饲养为农作物种植提供了必需的圈肥；另一方面，农业为畜牧业提供了饲料来源，农作物的秸秆是牲畜的主要食物，收割后的农田也成为冬季放牧牲畜的牧场。

当地村民认为黑山羊的粪便是农家肥中最好的肥料，近年来随着黑山羊养殖的急剧减少以及畜牧业的萎缩，在一定程度上对农牧资源互养制度产生了负面影响。由于牲畜粪便的减少，许多村民只能到山上砍伐大量树枝和叶子放到牲畜圈中储存肥料。

（四）工具、器物和设施

果念村的藏族村民在混农牧生计方式中创造出了各类生产工具，包括农业生产工具和畜牧业生产工具两大类。

1. 农业生产工具

① 犁

按照土地类型和海拔高度区分，农业生产工具又分为低海拔水浇地和田园使用的、高海拔旱地使用的等；按照生产工序区分，农业生产工具又分为犁地使用的、收获使用的、田园管理使用的等。当地藏族村民有一句谚语："人们看到初七的月儿，所以把犁地的锄变得像月亮一样钩向上。又根据河上桥的样子，做成了跨在两头牛之间的梁杠。最初人们让梅花鹿来犁地，可惜鹿的力量太小；于是人们又让驴子来犁地，但是驴子太倔不配合；最后，威武高大、穿着银色雪花的犏牛来帮人们犁地，终于成功了，于是农作物成倍收获。"这句谚语是希望夫妻结婚后要在以后的生产劳动中相互默契配合，同时反映出在漫长的历史变迁过程中，当地藏族村民适应自然、利用自然和改善自然的智慧。

第五章　西部高原藏族的混牧农耕文化

果念村藏族村民主要使用二牛一人犁地法，犁地所使用的包括犁在内的一套工具当地藏语叫作"Tongba"。"Tongba"主要由以下几部分组成，藏语分别叫"Jiaxin""Xuda""Minjia""Tongla"。

"Jiaxin"是由山上木质比较轻的桦木加工而成，能使两头牛并排走的梁担。"Jiaxin"由四部分组成："Jiaxin""Gaozi""Gaozhu""Xula"。"Gaozi"是指左右方能套住两头牛的小木桩，"Gaozhu"是牛皮绳，"Xula"是指能跟"Xuda"相连接的绳子（以前用特定的树皮或竹子编制而成，到了20世纪70年代就用机器皮带代替）。

"Xuda"也是由既轻而柔韧性又比较好的特定木材加工而成，位置在中间部分，形状自下而向前弯曲，长五尺左右，起到连接"Jiaxin"和"Tongba"的作用。

"Tongba"主要有起土、翻土和开沟等功能。"Tongba"由梨木加工制成，因梨木木质硬且重翻土时挖得深。"Tongba"靠近地下尖处要套个铁尖，藏语叫"Minjia"。"Tongba"的上尖处要安个横把便于提上、翻土和打方向，柄的木质只从江边灌木中获取，不易开裂。"Tongba"的手柄藏语叫"Tongla"。

在耕种时，果念村民采用"二牛一人犁地法"：首先将两头牛牵至田边，让其并排站好，然后将"Jiaxin"套在两头牛的脖子上，再将"Gaozhu"从牛的喉咙处绕上与"Gaozi"拴紧，以防止牛挣脱。"Jiaxin"与"Xuda"利用"Xula"相连接，"Tongba"也和"Xuda"连接，最后扶住"Tongba"的柄，然后使"Minjia"朝地慢慢地向前赶牛。转弯时，村民抓住扶手柄向上提，使"Tongba"离地同时身体往后仰轻轻抖动下；如果要左转弯，村民就喊口令使左边的牛身子往回退，赶上右边的牛让其绕到左转方向，同时扶手向下压，犁头的铁尖没入土里，再一起赶两头牛使其走直线。这时村民会唱起民歌："慢慢转身哟我的两个心肝，第一沟直如石脚、第二沟直如码经书、第三沟细如鞋带，再遇上风调雨顺哟，粮食收成装满仓。"

② 木耙

粮食收获后，需要放在院子里的平台或者房屋顶上晾晒，这时要使用木耙，藏语叫"Wayou"。"Wayou"全部由木头制作，头呈半圆形，底宽1尺左右，高5寸，把长2.5尺左右，在晾晒时来回拨粮食。

③ 木铲

木铲，藏语叫"Kin"，全部由木材制作。木铲跟现在的铲子功能一样，形状也跟铲子一样，只是铲头是木头，而现在市场上卖的铲子是金属铲头。木铲现在已经绝迹不用。

④ 镐

镐分为三种：十字镐、宽镐（藏语叫"Niu"）、尖镐（藏语叫"Ridamedei"），当地藏族认为宽镐和尖镐是本地原有的，而十字镐是外面传进来的，所以没有藏语名字。尖镐主要用来挖植物根茎，但又是一种多用途的工具，其两头有不同的功能，一端像斧子用来砍粗根，一端像十字镐的用来挖土。像斧头的一端宽一般五寸，全长七至八寸。宽镐用于挖沟和挖地，以及挖开荒山时挖较硬的土。以前没有"十字镐"时，宽镐是主要的生产工具，大小都有。十字镐是用来开垦荒山或房屋建设等等。十字镐尖的一头，挖硬的土质时用，扁的一头挖软土质时用，大中小均有。

⑤ 锄

锄分为三类：宽锄（藏语叫 Jiasha）、小尖锄（藏语叫 Youre）和大尖锄（藏语叫 Mijia）。宽锄用于平地基，挖田边的引水沟、土质松软的田地和菜地等。尖锄主要用于当小麦或青稞长至2寸高时田间松土时用。然后才浇第一道水。尖锄现已被铁犁耙代替。

⑥ 镰刀

镰刀分为三类：直镰刀（藏语叫 Shongyong）、砍刀（藏语叫 Zhibie）和弯镰刀（藏语叫 Sua）。镰刀主要用于收割小麦和青稞，同时还用于锄草。把长四寸左右，像半圆形往下弯，以前当地藏族人自己制造的镰刀刀刃较宽一点，现在用的刀刃较窄一点。

⑦ 灌溉工具

在果念村，村民采用修建水渠和挖水沟的方法直接将河水引进农地，无论哪家农地需要浇水，只需在某个地方刨开沟渠，或者采用堵塞的方法来改变和引导流水的方向，然后用尖头锄在地上一路刨沟将水引进农地灌溉。

传统的引水渠简单，从河流适当处挖沟引水即可；在遇到深壑地带的山体时，则把一根圆木树干劈成两半，在大半的树干上挖槽，然后横架在深壑两端，水流由木槽流过。近年来，当地政府在原有水渠的基础上修建了俗称"三面光"的水泥引水渠，传统的引水渠已经很难再见到。

木锄（藏语叫"riga"）是用来浇水的田间生产工具，头呈菱形，长七寸左右，两端很尖。木锄便于浇水或松土，主要用于小麦浇水，中间有方孔，

第五章　西部高原藏族的混牧农耕文化

梨木加工而成，柄长六尺左右，手柄长就不用弯腰，也可减少踩农作物造成的伤害，至今依然使用。

2. 畜牧业生产工具

① 酥油桶

畜牧业的生产工具中最典型的是各类木桶。首先是用来打酥油的酥油桶。酥油桶由木桶和木把构成。木桶藏语叫"Nong"，一般高二至七尺不等，直径一尺，外围用藤条拴住防止开裂。木把藏语叫"Zuxin"，用来在木桶里来回上下打牛奶，长三尺左右。木把的头部由圆形木板连接构成，圆木板上有三角形的小口子，使得打酥油时更容易克服阻力。

② 挤奶桶

挤牛奶时用的木桶，藏语叫"Ruzu"，形状和酥油桶一样，只不过直径稍微大一点，有一尺半左右，高度稍微矮一些，有一尺左右。木桶两边有用牛尾巴做的绳子，以方便人们挤完牛奶后提起木桶。

③ 存奶桶

存储牛奶的木桶，藏语叫"Ziguai"，做法与酥油桶一样，只不过直径更大，现在牧民一般用塑料桶来储存牛奶。

④ 木勺

木勺，藏语叫"Zale"，打完酥油后，酥油会与酸奶分离而漂浮在上层，这时村民就用木勺把酥油舀出来。木勺由木材制作，勺子部分深七厘米左右，勺口部直径在十二厘米左右，底部直径六厘米左右。

⑤ 过滤器

打完酥油以后，牧民用一种藏语叫"Wengza"的工具来过滤牛奶。过滤器有两种：一种由竹子编制而成，另外一种由叫"Jiceng"的树的树皮编制而成。

⑥ 斧子

在牧场上修建木楞房或者砍伐薪柴都需要使用斧子，斧子有两类：直刃斧（藏语叫"Dele"）和横刃斧（藏语叫"Du"）。直刃斧在砍粗木料时使用，品种多，大小都有。除了畜牧业以外，斧子的用处非常广，修建房屋、农业生产以及日常生活中都要使用。当地藏族有句谚语："只要有手艺，一把斧子找尽天下钱。"横刃斧主要用于制作其他木制生产工具，修建木楞房等房屋时也大量使用。横刃斧一般高五寸左右，宽三寸左右，把长在七至八寸。

中国西部民族文化通志　农耕卷

　　云南藏族在长期的农牧生计实践中形成了独具特色的混牧农耕文化。今天，随着当地经济社会的不断发展以及生计方式的多样化，云南藏族传统的混牧农耕文化也在不断地变迁和发展。研究云南藏族的混牧农耕文化，有以下的价值和意义：

　　首先，混牧农耕文化是当地藏族生计实现可持续发展的基础。随着云南藏族聚居地区经济社会的迅速发展，当地藏族村民的生计方式也出现了多样化的趋势，除了传统的半农半牧生计方式以外，旅游业、运输业、采集业、矿业、外出打工也逐渐成为当地藏族生计方式中的重要组成部分，并为家庭带来了现金收入。同时，当地政府为了帮助村民脱贫致富，开始支持和鼓励村民与外来企业合作，进行葡萄、橄榄、药材等经济作物的规模化种植，使得当地藏族的生计方式在不断变革与创新。但是，就目前而言，除了个别村落出现了完全依赖旅游业或者经济作物种植以外，大部分村落的基本生计方式依然是半农半牧。这是当地藏族生产和生活的保障。因此，基于半农半牧生计方式的混牧农耕文化在当地藏族社会中依旧有着强大的生命力，虽然部分发生了改变甚至被放弃，但混牧农耕文化是动态的，整个文化形态在不断地发展，尤其是混牧农耕文化中的实践与创新机制，成为生计方式创新和可持续发展的基础。

　　其次，混牧农耕文化增强了当地藏族社会应对灾害和气候变化的适应能力。由于云南藏族聚居地区位于东喜马拉雅山与横断山脉的纵深裂谷地带，地理环境复杂，生态系统脆弱，历史上就是灾害频发的地方。同时，20世纪50年代以来，由于受到诸如砍伐森林、毁林开荒、修建公路等重大的生产、生计政策和基础设施工程的影响，客观上对当地的生态环境造成了巨大的冲击和破坏，一些地区泥石流、山洪和山体滑坡等灾害经常发生。近十多年来，随着全球气候变化的加剧，因为极端气候导致的干旱、雪灾、水灾也日益明显。灾害和气候变化威胁着当地藏族社会的安全与发展，是村民生产与生活的巨大挑战。在这一背景下，混牧农耕文化中的传统知识与机制，在一定程度上可以帮助当地藏族村民应对灾害与气候变化，客观上增强了藏族社会的适应能力。

　　最后，混牧农耕文化是当地藏族文化中的宝贵组成部分。云南藏族在长期的生存与发展过程中，在当地生态环境和社会发展的背景下，逐步形成和产生了丰富而且独具特色的民族文化，混牧农耕文化是这一民族文化的重要

第五章 西部高原藏族的混牧农耕文化

组成部分。云南藏族的混牧农耕文化是藏民族文化的一部分,具有藏文化的共同性,与西藏、青海、四川等藏族聚居地区的混牧农耕文化有着极大的相似性。同时,云南藏族聚居地区复杂的生态系统、特殊的地理位置和地貌、立体的气候环境、丰富的生物多样性资源形成了云南藏族混牧农耕文化的独特性,形成了与其他藏族聚居地区不同的生计知识和生计方式,因此云南藏族生态文化又表现出了强烈的独特性。

未来,要进一步加强云南藏族农耕文化的跨学科创新研究,采取自然科学与社会科学相结合的方式,结合民族生态学、畜牧学、生态人类学、农学等多学科的理论与方法,在社会经济发展与气候变化的背景下,开展混牧农耕文化与经济社会发展、社会适应力、弹性、灾害、气候变化等多领域的研究,为云南藏族聚居地区社会的可持续综合发展提供智力支持。

第六章 西部现代特色农业

农业是西部社会经济可持续发展的基础和重要组成部分，而发展现代特色农业则是西部社会主义新农村建设的产业基础要求。进入21世纪，国家实施了西部大开发战略，为进一步加强西部大开发中的农业基础地位、大力推进西部地区农业结构战略性调整、充分发挥西部地区资源优势、增加农民收入、保护和建设西部生态环境，2002年农业部提出了《关于加快西部地区特色农业发展的意见》[①]。经过10多年的发展，西部的特色农业初具规模，进一步加强了农业基础地位，加快了西部地区农业和农村经济发展步伐，为发展西部经济和缩小东西部差距创造了条件。

关于特色农业的概念和内涵，国内外学者有不同的理解，本书使用农业部《关于加快西部地区特色农业发展的意见》中对特色农业的界定："特色农业是指具有独特的资源条件、明显的区域特征、特殊的产品品质和特定的消费市场的农业产业。"依照此定义，本书的现代特色农业以"现代生态农业"、"现代集约农业"和"现代观光农业"为代表；另外，作为一种新出现的农业类型——"农业文化遗产"在西部也颇具特色，因而也将其归入到"特色农业"之中。然而，这种划分仅仅是为了论述的方便，并不一定严谨或科学，因为其中会有大量的交叉，例如，有的农业类型既是生态农业，也可以是观光农业，还可能是集约农业，再如将"农业文化遗产"归入之。

第一节 生态农业

众所周知，中国以世界7%的耕地养活了占世界约20%的人口。在当今

[①] 农业部《关于加快西部地区特色农业发展的意见》，中华人民共和国农业农村部网站，2003年1月2日。

第六章 西部现代特色农业

世界面临人口膨胀、粮食短缺、资源衰竭、能源紧张和环境污染的压力面前，如何协调发展农业与合理利用自然资源和保护农业生态环境之间的关系，使农业持续、稳定地向前发展，是世界各国政府面临的一项重要而艰巨的任务。

20世纪50年代以来，化学工业的飞速发展及农业新技术与大型农业机械的应用，极大地提高了西方发达国家的土地生产力、农业劳动生产率和农产品的商品率。然而，由于大量地使用化石燃料、化肥和农药，极大消耗能源和自然资源。作为一个发展中的人口大国，中国不可能走西方发达国家高投入高产出的石油农业的老路，因而走一条具有中国特色的生态农业之路是实现我国农业可持续发展的必然选择。

一、生态农业的概念

20世纪60年代末期，西方一些科学家针对日益发展的石油农业对资源的大量消耗以及对生态环境带来的一系列不良影响，提出了要发展生态农业。其目的在于建立一个能自身维持土壤肥力、减少对环境的污染和控制病虫害的可持续发展的农业系统。

在中国，现代意义上的生态农业始于20世纪70年代后期。当时，以马世骏院士为代表的学者提出了要以生态平衡、生态系统的概念来指导农业的研究与实践的观点。1981年，马世骏先生在农业生态工程学术讨论会上提出了"整体、协调、循环、再生"的生态工程建设原理。1982年，叶谦吉教授在银川农业生态经济学术讨论会上发表《生态农业——我国农业的一次绿色革命》一文，正式提出了中国的"生态农业"（ecological agriculture）这一术语。随后，1982年至1986年的5个"中央一号"文件都强调农业要"在充分发挥我国传统农业技术优点的同时，广泛借助现代科学技术成果，走投资省、耗能低、效益高和有利于保护生态环境的道路"。在这些思想的指导下，一部分高等农业院校和科研单位以及一些地方，开始了生态农业的探索。在近10年的试点后，1993年由农业部等七部委局组成了"全国生态农业县建设领导小组"，重点部署51个县开展县域生态农业建设，从其分布的区域和生态类型的代表性看，也是具有推广意义的。这一时期，中国学者在广泛的生态农业实践中，总结出带有普遍性的经验，并把它上升到理性认识，初步形成了中国的生态农业理论。1991年5月，马世骏和边疆共同拟订了中国生态农业的基本概念：（现代）生态农业是因地制宜应用生物共生和物质再循环原理及现代科学技术，结合系统工程方法而设计的综合农业生产体系。这一概念的核心部分被写进农业部颁布的生态农业建设区建设技术规范，成为全国开展生态农业建设的行为规范。2000年3月，国家七部委局在北京召开第二次全国生态农业县建设工作会议，对第二批50个示范县进行了工作部署，同时提出在全国大力推广和发展生态农业的任务。2004至2010年中国在新世纪连续出台了7个指导"三农"工作的中央"一号文件"，关注农村、关心农民、支持农业，其中4份"一号文件"均明确提出"要鼓励发展循环农业、生态农业"，"提高农业可持续发展能力"。这标志着中国生态农业发展进入了一个新阶段[①]。

二、西部生态农业举例

西部由于地域辽阔、资源丰富、气候多变、地理条件复杂，生态农业类型多种多样，因而对其的划分方法也不一致。例如，按照生态农业的规模大小来分，可分为生态县、生态乡、生态村及生态户；按自然地理条件来分，可分为山区丘陵型、平原型、湖区型及水域型；按农业经营的部门来分，可分为生态农业、生态林业、生态牧业、生态渔业，进而衍生出生态农场、生态林场、生态牧场及生态渔场；等等。有的则根据生态农业系统的结构特征和功能特征，将生态农业分为"立体生态农业系统"、"物质循环利用生态农业系统"、"生物相克避害生态农业系统"、"主要因子调控的生态农业系统"和"区域整体规划的生态农业系统"五种类型[②]。本章围绕着立体生态农业和循环农业系统，以西藏高原核心农区立体生态农业、黄土高原旱作立体循环生态农业、新疆的灌溉绿洲生态农业、广西的喀斯特山区生态农业、内蒙古的粮草轮作生态农业以及云南、贵州的山区生态农业等典型案例，说明现代生态农业的特点。

（一）西藏高原核心农区立体生态农业

作为生态农业的一种类型，立体生态农业系统是指在单位面积上或一定区域梯度范围内，根据土、光、水、气、热等自然资源和不同农业生物特征、特性，通过种植业、养殖业、加工业的结合，进行立体种养，建立多物种共栖、多层次配置、多级质能循环利用的立体模式及其综合性技术；从而合理地、持续地利用自然资源、生物资源和人类生产技能、科技成果，以获取较

[①] 李文华、刘某承、闵庆文《中国生态农业的发展与展望》，《资源科学》2010年第6期。

[②] 国家环境保护局编《中国的生态农业》，中国环境科学出版社1991年版。

第六章 西部现代特色农业

高的物质产量和经济效益。同时要求能增进土壤肥力,减少环境污染,维护生态平衡,使农业生产处于长周期良性循环之中[①]。立体农业既可以指宏观层面的山区、丘陵的立体农业,也可以指小尺度局部的梯度所形成的立体农业。

西藏高原是世界上非常独特的一个农业区域。西藏高原素有"世界屋脊"之称,平均海拔高度在4000米以上。从宏观层面上看,西藏的农牧业具有按照海拔高度立体分布与沿山脉走向的地带性布局特征。这一特征在西藏东南部地区表现明显。但是客观地讲,就西藏的核心农业地区,即"一江两河"(雅鲁藏布江和拉萨河、年楚河)地区的种植业空间布局而言,其按海拔高度立体分布的特征并不明显。与此同时,由于受农作物生长期和温度的限制,在西藏高原核心农区实行农作物间套种方式的微观立体农业栽培模式的条件也不具备,在当地的传统露地栽培的环境下往往难以实施。因此,西藏高原核心农区在20世纪90年代后期走了一条发展设施立体农业的道路。在西藏,地膜覆盖、塑料大棚与温室作为保护地设施是设施农业的基本物质基础。较为典型的案例如米林农场的设施立体农业模式。米林农场为西藏自治区重点国有农垦企业,位于雅鲁藏布江与尼洋河交汇处的林芝地区米林县,农场所在地的海拔高度为2860米。农场拥有耕地5600亩、果园3640亩,为西藏最大的水果生产基地,其主导产品为苹果。近年来利用农场的部分园地发展设施农业生产,先后投资建设温房,用来种植由内地引进的油桃、葡萄、西瓜等16种喜温的亚热带水果品种,同时在温房中套种蔬菜等作物,实行多年生水果+蔬菜的立体栽培模式。该农场还利用养殖场的鸡粪等沼气肥料副产品,作为设施农业的肥料,开展种养结合的有机农业经营模式。同时,该农场利用设施培育水果的种苗来扶持周边农村发展水果种植业,取得了明显的社会效益和经济效益[②]。

(二)黄土高原旱作立体循环生态农业

黄土高原地区是我国乃至世界上水土流失最严重、生态环境最脆弱的地区,地处黄土高原东北边缘的大同市区,其所在区域属于黄土高原冷凉地区。在黄土高原冷凉地区发展起来的旱作立体循环农业模式,对于改善当地生态

[①] 叶培稳《立体农业与生态农业的概念及发展现状》,《福建农业科技》1990年第6期。

[②] 郭正模《设施农业:西藏高原核心农区发展——"立体农业"的基本模式选择》,《决策咨询》2014年第6期。

环境、促进现代农业发展、增加农民收入、加快当地的可持续发展进程有着重要意义。该区域的旱作立体循环农业模式主要有以下类型[①]：

一是林草间作、林药间作、林粮间作模式。这一模式又可以细分为以下亚模式："杏—牧草间作型生态畜牧业"亚模式。黄土高原地区旱地虽水分不足制约了粮食产量，但是光、热、水、土条件比较适宜发展杏—牧草种植与畜牧业生产。以绿色植物体为收获目标，产量对水分的敏感性低，能共生固氮，具有适应性广、抗逆性强的特点，在干旱瘠薄土地上稳产高产，更符合自然生态环境特征，有利于实现农业生产的高效持续发展。杏—牧草间作型生态畜牧业模式的应用，可以实现以草改土、以草养畜、以草养林（杏树）、以草促农的立体循环。"杏—药材（甘草、麻黄）间作"亚模式。药用植物作为植物界重要的组成部分，对维护生态环境和可持续发展有重要作用。甘草、麻黄不仅是黄土高原冷凉区冬春理想天然牧草和主要的名贵中草药植物，而且还是重要的蓄水保土、防风固沙植物。有关资料表明，间作甘草、麻黄可抑制杂草滋生，增加土壤透气性，调节地温，改善杏树生长环境，增加杏的产量。"杏—粮（豆类）间作"亚模式。杏—粮（豆类）间作为当地传统的耕作方式，有很好的生态效益和经济效益。杏树除了经济价值外，还可以防风减灾，改善田间小气候，有利于作物生长。豆类作物根部有根瘤菌，通过固氮作用，把土壤中的氮转化变成可溶性氨，植物从根部吸收氨用来制造蛋白质、维生素和其他碳水化合物。豆类作物利用固氮根瘤菌而能满足自身对氮的需要，可以不施氮肥，改良土壤，培肥地力，对杏树生长有利，获得杏粮双丰收。

二是农牧一体化养羊模式。该模式是在山地丘陵区构建农牧复合型循环农业，以种草为连接点，将种植业与养羊业有机地结合在一起，形成农牧一体化的发展模式。夏秋用青饲料喂羊，冬春用青贮料喂羊，种植粮食和经济作物秸秆则可调制混（配）合饲料。施用羊粪，不仅可以明显提高农作物单位面积产量，而且可以改善土壤团粒结构，提高土壤蓄水量。这一模式形成了种粮、种草、养羊的良性循环。

三是"猪—沼—果（菜）"生态模式。这一模式是清洁生产的主要环节，

---

① 郭忠、闫永康、罗建军《黄土高原立体旱作循环农业模式研究》，《中国农业资源与区划》2007年第6期。

第六章　西部现代特色农业

采用"四位一体"生态模式。其模式内容是以农户田园和庭院为基础,以太阳能为动力,以沼气建设为纽带,把沼气技术、种植技术和养殖技术有机结合起来,形成了沼气、猪舍、厕所、日光温室的四位一体模式。沼液和沼渣主要用于果园、蔬菜施肥,沼气供农户日常烧饭、照明,构建农业废弃物资源化利用、能流和物流良性循环、资源高效利用、综合效益明显的立体农业模式。

（三）新疆的灌溉绿洲生态农业

新疆虽然地域辽阔,但灌溉绿洲只占全疆面积的3.57%,却容纳了全疆95%的人口。因灌溉绿洲被干旱荒漠所包围,农业生态上最大问题是缺水,因此,水成为新疆农业发展的限制性因子。尽管光、热、土地资源丰富,但由于降水量太少,起不到优化生态的作用,却成为荒漠化的主导因素。如果采取传统的平面外延型扩大再生产的办法开发灌溉绿洲,势必造成单位面积水的占有量减少,不仅效益低,还会破坏绿洲农业生态平衡。因此,发展绿洲农业应以内涵为主,从单一的、平面的开发向综合的立体农业发展,即在单位面积土地上（包括水域）,借助现代化技术进行立体种植、立体养殖,并与加工业巧妙结合,建立多物种共栖、多层次配置和多级质能循环转化的立体农业模式及配套技术,使有限的水资源有丰富的光、热资源相配合,获取多功长利,实现经济、社会、生态三大效益统一的新疆灌溉绿洲立体农业。新疆的灌溉绿洲立体农业的主要类型有三类[①]：

一是林、农、牧结合型。绿洲农业是在林业保护下进行生产的,但随着人口的增长,对农、林、牧产品的需求急剧增加,农林争地、争水的矛盾日趋严重,这就导致农用林发展缓慢,生态平衡失调,特别在绿洲边缘和绿洲内部夹荒地,经常遭受风沙侵袭,是导致绿洲衰退的隐患。单一发展林业,防风固沙周期长,经济效益滞后,不易坚持。采取林、农、牧间作,前几年树冠小,在林间种粮、棉、油料作物,待树冠长大后再种耐荫作物,如苜楷、草木樨等,生产优质牧草,发展畜牧业。这样可以使一水多用,既浇了农作物,又渗湿了林带；一地多用,既种树也种各种农作物,地上分层利用光、热、气自然资源,地下分层利用肥水,特别是间种豆科牧草,培肥地力作用显著。据测定,种植两年苜蓿后,耕层土壤有机质和氮素含量分别增4.32%

---

① 赵丰《新疆灌溉绿洲立体农业的发展前景》,《生态经济》1991年第2期。

和18.39%。三年后林带防护效益明显，风速降低34.4%，空气相对湿度增加9.5%。林草间作、农田载畜量增加一倍，加上必要的投入，形成草多、畜多、粮多的良性循环。

二是农作物复合种植型。这种类型主要分布在绿洲腹地水肥条件较好的地区，特别是南疆和东疆作物生长期在200天以上、日平均气温高于10℃且总积温超过4000℃的灌溉农业区，从光、热、水等条件看，推广间套复种、发展立体农业的前景十分广阔。主要形式有春秋套种，如小麦套玉米、豆类、棉花、甜菜等。小麦玉米双早配套近年来发展较快。在北疆主要农区生长期虽不如南疆长，但一年一熟有余，可发展间作套种，建立高功能、高效益立体种植模式。目前推广面积较大的麦地套种草木樨，当年收一季小麦亩产300多公斤，割一茬鲜草1500公斤；玉米间作大豆，获得粮豆双丰收。这种类型不仅充分利用生长季节来提高土地和光、热、水的利用率，还培肥了土壤，增产了大量饲草，促进了农牧结合，达到农牧互惠互利。据调查，这种类型综合增产效益均在20%以上。

三是庭院立体种养型。绿洲村镇房前屋后庭院面积较大，有些乡村和农场发展庭院经济，通过间、套、混、辅挂架等立体种养形式，多层次、多途径充分利用房前屋后闲散地，集约经营瓜果菜和养殖业以及农副产品加工业，既增加收入又美化环境，深受农民欢迎。有的农户家建立了园艺—养殖立体结构：上层果树、中层葡萄、下层为半地下式鸡舍。葡萄架在夏季有效地降低了鸡舍的温度，使母鸡在高温季节也能正常产蛋。有的农户家则以园艺为主形成了立体庭院：葡萄架与房檐相连，将房前遮掩；葡萄架下一侧有猪舍，架前建土温室，温室前边是菜地。有的农户用后院养牛、羊，形成了庭院种植养殖的立体结构。

（四）广西的喀斯特山区生态农业

广西壮族自治区是西部地区喀斯特地貌区的典型代表，面积达9.7万平方公里，其中平果县峰丛山区石漠化面积达1087.23平方公里，占全县总面积的43.75%。本案例来自平果县的果化镇龙何屯。龙何屯属于典型的喀斯特峰丛洼地地貌，从洼地到峰顶依次是耕地—稀疏林地—荒地。根据龙何屯的地貌、立地条件和脆弱的生态环境等客观因素，利用生态学及经济学的相关原理对农业生产经营模式做出规划如下：耕地主要在洼地底部，以旱作粮食作物为主；山麓、平缓的山坡重点发展优质果树、经济林和用材林，间种药

第六章　西部现代特色农业

材；峰丛垭口和较陡的山坡主要发展金银花等藤本植物，有土地段适当发展竹林；陡峭山峰地段则长期封山育林，重点发展水源林，涵养表层岩溶泉。最终，从洼地到峰丛顶部形成"果—经—林"的立体复合农林经营体系，从而构建成"山顶戴帽，中间缠带，脚穿鞋"的喀斯特峰丛山地立体生态农业模式。结果表明：与传统农业相比，峰丛洼地立体生态农业不仅改善了示范区的生态环境，而且增加了当地农民的经济收入，提升了示范区的社会效益。通过封山育林和植树造林，该区的植被覆盖率由2000年的10%提高到2005年的50%—70%，植被覆盖度为50%以上的面积达到总面积的77.02%。在提高生态效益的基础上，通过调整产业结构，大力发展药材和特优水果，增加了当地农民的收入。经过多年的建设，龙何屯成为喀斯特地区生态恢复重建及其立体生态农业的示范区[①]。

（五）内蒙古的粮草轮作生态农业

内蒙古的杭锦后旗位于河套平原，这里水土资源好，热量丰富，劳力充足，素有精耕细作的习惯，农田单位面积产量较高，是当地的商品粮基地之一。但长期以来，由于农民重农轻牧，大量的农副产品没有很好地被转化利用；由于种植业结构的不合理，当地的自然资源利用不充分，农田的综合生产力不高，农民收入受到影响。加之盐碱化程度不断加重，农田肥力有下降趋势。巴彦淖尔盟杭锦后旗光荣乡的农民在农业科技人员的指导下，进行了"粮草轮作，农牧结合"的尝试，取得了令人鼓舞的成果，开辟了一条农区建设高效人工生态系统的新路。本案例的资料引自任俊山《"粮草轮作、农牧结合"是发展农区畜牧业的有效途径》一文[②]。

他们以养畜业为中心环节，充分利用当地光、热、水等资源，在不减少粮食和经济作物播种面积的前提下，利用河套地区间、套、复种的习惯，把豆科牧草引进农田，建立"粮、经、草"的三元结构。这样不仅增加了优质饲草、提供了发展畜牧业的物质基础，而且延长绿色植物覆盖地面的时间；有利于减少农田土壤的水分蒸发，抑制土地盐渍化。由于豆科作物的增加，改善了土壤氮素营养的供应状况。畜多、肥多、粮多，土壤肥力得到恢复，

---

① 吴孔运、蒋忠诚、罗为群《喀斯特峰丛山地立体生态农业模式实施效果研究——以广西壮族自治区平果县果化示范区为例》，《中国生态农业学报》2008年第5期。

② 任俊山《"粮草轮作、农牧结合"是发展农区畜牧业的有效途径》，《内蒙古农业科技》1987年第1期。

农业生态系统功能得到提高，物质和能量得到较好的循环和转化。从而提高了土地单位面积的综合生产力，打破了以往生产单一的传统格局，增加了农民收入。具体来讲，由于种植豆科牧草，增加了农村严重缺乏的蛋白质饲料，生猪的出栏时间由过去的12个月缩短到7个月；羊毛产量由过去的每年每只4.35公斤提高到5.1公斤。另外，这一"粮草轮作，农牧结合"的做法还产生了较好的生态效益，例如苜蓿等豆科植物的栽种，提高了土壤肥力，这些植物每亩年固氮量可达7公斤左右。同时，豆科牧草种植后可增加土壤的水稳性团粒结构，具有改良土壤作用。

（六）云南的山区生态农业

云南是一个多山的省份，地势西北高、东南低，明显的垂直气候带也导致了农业生产垂直方向上的差异较大，具有显著的立体农业特点。这里介绍"立体生态循环农业模式"和"花椒—粮食作物—蔬菜模式"，前者产生于低山地区，后者出自高寒山区。"立体生态循环农业模式"是云南建水县的立体生态农业，其模式为"稻—鱼—禽（鹅鸭）共生兼种植"：当地居民挖塘抬梗，加宽田埂至两米，浅水田种植水稻、深水池塘养鱼，放养鹅鸭，并且充分利用塘与地之间的田埂空间，种植石榴树，种植养殖合二为一，相辅相成。同时根据当地的土壤状况大力种植优质稻、酸甜石榴等名特产，将种植产生的饲料整理加工直接用于养殖业使用，减少了稻田化肥施用量，同时养殖产生的肥料又可直接用于种植业，增加土壤有机质含量、降低成本，循环利用率较高，有利于环境保护和提高食用的安全性。"花椒—粮食作物—蔬菜模式"来自剑川县。剑川县海拔在2300—3200米，利用荒地、荒坡和荒山在15度的荒坡上种植花椒（166棵/亩），并套种马铃薯等低秆粮食经济作物。云南高寒山区耕地大多是山地，坡度一般都在15度以上，有的甚至在25度以上，水土流失非常严重，而花椒则适应于坡地上生长，花椒的种植不仅可增加当地农民的经济收入，而且还增加山区的植被覆盖率、减轻水土流失、改善农村的生态环境，可实现经济效益、生态效益和社会效益的统一[①]。

（七）贵州的山区生态农业

贵州的山区生态农业案例选自毕节市黔西县林泉镇的一个村寨的循环农

---

① 付伟、赵俊权、杜国祯《云南山区立体生态农业的发展模式》，载《第十五届中国科协年会第24分会场：贵州发展战略性新兴产业中的生态环境保护研讨会论文集》，中国学术期刊（光盘版）电子杂志社2013年版。

第六章 西部现代特色农业

业和黔南州的茶园养鸡。

黔西县的 W 村位于林泉镇东南侧,西距镇政府驻地 13 公里,东距县城 3.5 公里,全村面积 4.9 平方公里,辖 10 个村民组,总户数 548 户,总人口 1963 人,现有耕地 2490 亩(其中田 930 亩)。目前主要支柱产业仍为种养业,是典型的传统农业村。2010 年农民人均纯收入为 5300 余元,生猪年出栏近 4000 头,产值达 900 余万元,肉鸡年出栏约 6000 只。现有经果林 700 亩,平均每年蔬菜种植面积 400 余亩。在农科院等科研部门的帮助下,村民张某发展大棚草莓实现年增加收入 3 万余元,带动农家乐增收 7 万余元。从 2003 年以来,沼气国债项目开展了大规模的沼气建设,该村累计建设沼气池 341 口,配套安装了沼气灯、灶等设施,村民安装太阳能热水器 58 个,推动了该村以沼气利用为核心的循环农业建设,初步建立了"粮—猪—沼—菜(果)""粮—禽—沼—菜""猪—菜(果)"等循环农业生产方式。在当地政府、科研部门等的支持下,畜禽粪便和生活垃圾入池经过沼气池充分发酵,生产沼气用于生活用能,沼液、沼渣开始用于蔬菜、果树、草莓、食用菌等农业生产。采用该模式生产的蔬菜和水果,口感好、病虫害少、产品质量高,受到市场的大力欢迎,增产节省成本的效果明显,经济效益大大提高,并带动了当地农家乐和乡村旅游业的发展①。

黔南布依族苗族自治州位于贵州的南部,以山地高原为主,海拔高度在 242—1961 米,年平均降水量大约 1250 毫米。冬不冷,夏不热。这种生态环境适合发展种植以及养殖业。黔南州有我国十大名茶之一的都匀毛尖茶,现有的茶园面积大约 94 万亩,年产值达 14.82 亿元。人们为了探究生态茶园的建设,在茶园养鸡。茶园养鸡可以借助鸡来减少茶园的病虫,减少农药的过度使用,达到防治病虫害的效果,并且通过鸡的觅食和活动来减少茶园里面的杂草,也可以使得茶园土壤的肥力得到加强,进而使得茶园能够降低生产茶的成本以及优化茶的质量;与此同时,也可以得到优质鲜美的鸡,达到双赢的效果。做好茶园养鸡有着一套特殊的技术和管理手段,主要包括选择适宜的养殖环境、选择适宜放养的鸡种类、注意分区轮流养殖、保持合理的放养密度、做好鸡病的防治。只有这样才能做到种植与养殖的有机结合,在保

---

① 董景奎、何成文《西部山区循环农业发展影响因素研究——以贵州省黔西县 W 村为例》,《中国农村科技》2011 年第 1 期。

护环境的同时也得到了一定的经济效益。当地的居民在专业人员的指导下，经过5个多月饲养的茶园鸡，获得了丰盛的经济收益。其中有5户群众养殖的荔波瑶山鸡全部出栏，养殖的成活率竟然达到96.6%。这使得当地居民在保护好生态环境的同时也提高了他们的生活水平，经济收入有了一定的保障①。

第二节 集约农业

集约农业和粗放农业是两种农业类型，集约农业的优越性在于，其单位面积的农作物产量大大高于粗放农业。在西部，由于可有效利用的土地面积十分有限，因此，发展集约农业是西部实现农业可持续发展的重要途径之一。

一、集约农业的概念

集约农业是指在同一面积的土地上投入较多的生产资料和劳动力进行精耕细作，用提高单位面积产量的方法来增加产品总量的一种农业生产方式。而粗放农业则是指依靠扩大耕地面积，在较大面积的土地上，投入少量的劳动和资金而达到增产增量的一种农业生产方式。

集约农业有传统和现代的概念之分。传统的集约农业主要是指农业的精耕细作，就是在有限的土地面积上投入较多的劳动力和一定量的生产资料，以提高单位面积产量的农业经营方式。现代意义的集约农业的内涵，则是从苏联"引进"的。1958年苏联经济学家第一次引用"集约"一词，解释为：指在社会经济活动中，在同一经济范围内，通过经营要素质量的提高、要素含量的增加、要素投入的集中以及要素组合方式的调整来增进效益的生产方式。因此，现代意义上的集约农业是指在同一块土地上增加劳动与资金投入，提高单位面积产量。现代集约农业主要表现在资金的集约化方面，即农业实行机械化、电力化、水利化，增投化肥、推广良种、改良土壤并采用先进的农业技术，以期获得较高的产量。这种集约化农业模式是20世纪世界农业之所以迅速发展的主导模式，目前仍然是发达国家或大多数发展中国家农业的主体。因此，在1961年到1996年的30多年间，世界谷物产量增加了107%，

---

① 张丽芬《茶园养鸡综合效益简析》，《世界热带农业信息》2016年第2期。

第六章 西部现代特色农业

而收获面积却只增加了10%①。

二、西部集约农业举例

在西部,由于生态环境的多样性,尤其是高原(山)、峡谷、荒漠以及森林的分布使得农业生态环境出现了零碎化,可以集中使用的耕地面积极为有限,这在一定程度上限制了耕作机械化的实施。因此,本章所介绍的西部集约农业案例是在实行土地流转后形成的较大规模的集约农业类型,即它们具有了现代集约农业的特征。现以一些有代表性的土地流转所进行的集约农业为例,说明西部集约农业的特点。

(一)广西崇左市江州区新和镇的甘蔗集约化种植

这一案例来自刘银妹对"中国第一甜都"广西崇左市江州区新和镇的甘蔗集约化种植的研究②。

新和镇位于崇左市江州区西北面,东北面与大新县接壤,西南与龙州县交界。全镇总面积265平方公里,总人口1.98万人,90%以上是壮族。从20世纪80年代以来,全镇大面积开荒种蔗。近年来,随着劳动力成本上升和劳动力短缺,土地流转进行规模化甘蔗种植的新经营模式已然出现。新和镇有耕地面积12万多亩,从2010年探索土地流转实行规模化甘蔗种植至今,共流转土地17 028亩,主要采取了"企业+农户"和"政府+企业"的流转方式。前者如新和镇企业"湘桂糖厂"流转农民土地,聘请土地被流转的农民到企业工作;后者如江州区政府主导下的"土地流转",推动甘蔗生产规模化、集约化、机械化、设施化,破解项目区长期面临的干旱缺水、单产低、劳动力缺乏等瓶颈问题。

"企业+农户"的土地流转始于2010年,截至2013年8月,湘桂糖厂共承包了7000多亩土地。流转土地后,湘桂糖厂聘请土地被流转的蔗农到糖厂工作,协助管理甘蔗,"企业+农户"模式形成。据统计,到糖厂工作的农民约占全部工人的近三分之一,形成了较为松散的"企业+农户"模式。两年多来该模式取得了较为明显的成效:第一,"企业+农户"模式使农民与企业成了利益共同体,激励了农民的工作积极性。在传统的农民小规模经营中,

---

① 吴大付、朱统泉、崔苗青等著《中国农业集约化与持续化》,西安地图出版社2009年版。

② 刘银妹《土地流转与农业规模经营:以甘蔗种植为例》,《广西民族大学学报》(哲学社会科学版)2014年第3期。

甘蔗一般都实行三年一种，甘蔗产量约为平均每亩4.8吨，湘桂糖厂实行"企业＋农户"模式种植甘蔗后，甘蔗平均产量约为每亩6.5吨，产量有了大幅提高。第二，湘桂糖厂虽然聘请甘蔗种植的专业技术人员，但由于他们缺乏实践经验，短期内在甘蔗种植中起的指导作用不强，而聘请当地农民种植管理甘蔗，这些农民都有着多年甘蔗种植经验，正好可以弥补这一不足，有效提高了甘蔗的科学化种植和管理水平。第三，由于湘桂糖厂离家近，受聘到该糖厂的农民在工作之余还能照顾到家庭，解决了很多后顾之忧，减少了因土地流转而带来的留守儿童问题及老人照顾问题，增进了社会和谐与稳定。第四，当地农民种植甘蔗已有几十年的时间，对甘蔗种植有着极为深厚的感情，流转土地后，糖厂聘他们在自家土地上种植甘蔗，调查中发现这些农民及其家人都对企业有较强的归属感，在谈及糖厂情况时几乎都是称呼为"我们厂"。

"政府＋企业"模式始于2011年10月江州区与新疆天业集团签订的江州区30万亩甘蔗高效节水灌溉技术推广协议书，该项目被列为广西壮族自治区层面推进的重大项目。在江州区政府的带领下，开始了"土地流转、机械化耕种收、水肥一体化高效节水灌溉"三位一体的创新发展模式探索，试图推动甘蔗生产规模化、集约化、机械化、设施化，破解项目区长期面临的干旱缺水、单产低、劳动力缺乏等瓶颈问题。该项目土地流转合同由广西高良科技农业开发有限公司与农户签订。参与该项目土地流转的土地由政府本着连片、地势较平坦的原则圈定。新和镇被圈定地总面积10 028亩，涉及新和镇的共394户1543人。高良公司在种植甘蔗过程中，将滴灌技术、甘蔗的日常维护管理进行分块管理，工人主要是聘请一些技术人员，通常只有在集中施肥、拔草、收割时才临时聘请当地农民，公司直接与农户接触非常少。新和镇"政府主导、企业投资"的模式，在雄厚资金的保障下，形成了由江州区政府、新疆天业集团、新疆生产建设兵团农八师一九四团以及广西高良公司、广西金惠公司、广西甘蔗研究所等组成的天业联盟，实现了强强联手局面；在探索甘蔗的滴灌技术、甘蔗种植机械化以及优良蔗种等方面都有较大投入并取得较为明显的效果：第一，示范区滴灌管道已经全部安装完成并投入使用，滴灌技术实现节水灌溉，将肥料和农药混入滴灌中，既提高了利用效率又节约了资源，第一年种植甘蔗平均亩产达6.5吨，比农户自己种植的4.8吨多出1.7吨。同时，滴灌技术能将宿根年限3年延长到4—6年以上，大大

第六章 西部现代特色农业

减少成本。第二，采用深耕深松、机械种植、地膜覆盖、机耕培土、测土配方、节水灌溉、病虫害综合防治等先进的甘蔗生产管理技术，探索由农用无人直升机给甘蔗喷洒药物，机械开沟、切种、摆种、施肥、覆土、盖膜、铺设滴灌带一步到位，在运用大型甘蔗收割机械收割甘蔗等方面都取得了积极的效果。第三，积极探索蔗种新品种，现对示范区内主要种植的品种进行比对，以寻找出更适合当地种植的高产量、高含糖量的品种。新和镇土地流转实现规模化甘蔗种植，增加了农民收入，提高了土地利用率，采用了先进的农业技术，是典型的现代集约农业案例。

（二）云南保山市瓦马乡烟叶的集约化种植

烟叶的集约化种植是提高烟叶质量的重要举措，而土地的流转则是影响烟叶集约化种植的因素。以下案例选自杨姣《云南省烟叶规模种植中的土地流转问题研究》一文[①]。

瓦马乡隶属于云南保山市隆阳区，为彝族白族乡，位于保山市城西北部，地处保山、大理、怒江三州市交界处，全乡共辖21个行政村128个村民小组，计9000余户，约25 000人；居住着10个民族，是一个多民族杂居的乡。全乡共有耕地面积30 962亩，烟田种植地16 768亩，为该乡的第一大农业产业。根据统计分析，全乡种植烟叶土地流转面积共计3422亩，占总种植烟叶土地面积的20.4%。土地流转方式有入股、转包、互换和出租四种，以入股和转包方式为主。土地流向主要是种烟大户和烟农合作社。

通过土地流转而形成的烟叶集约化种植，优化了种植水平，提高了烟叶质量，使得瓦马乡烟叶品牌进入国内卷烟品牌配方，提升了烟草农业的市场竞争力。同时，瓦马乡通过烟叶种植承包权流转等多种方式，不仅保护了农民土地承包权益，还将农民从土地的束缚中解放出来，去从事效益更高和更适合的工作，既解决了农民背井离乡的后顾之忧，又有效地遏制了土地撂荒现象，提高了土地利用率和产出率，提高了烟叶质量和农业效益，增加了农民收入，为解决"三农"问题和提高农业效益开辟了一条有效途径。随着烟叶种植土地的流转，种植烟叶的集约化程度越来越高，对专业化种植的要求也越来越高，在瓦马乡21个行政村中，现有烟草专业技术人员150人，形成

---

① 杨姣《云南省烟叶规模种植中的土地流转问题研究》，湖南农业大学硕士学位论文，2014年。

了烟叶种植的专业技术队伍。

（三）新疆堆依齐牛录乡万亩蔬菜基地

堆依齐牛录乡隶属于新疆维吾尔自治区伊犁哈萨克自治州察布查尔锡伯自治县，察布查尔锡伯自治县位于天山西段，伊犁河南岸，是全国唯一的以锡伯族为主体的多民族聚居的自治县。该乡位于县城以西24公里处，东邻察布查尔托布中心，西接爱新舍里镇，南临乌孙山，北接伊犁河流域，属于大河灌区。全乡土地面积220平方公里，耕地面积3.75万亩，草场28.8万亩。全乡总人口约9000人，由锡伯族、汉族、哈萨克族、回族等7个民族组成。堆齐牛录乡地处伊犁河谷平原，海拔高度在530—600米之间，地形南高北低，自东向西倾斜，地势比较平坦。属北温带大陆性季风气候，夏季炎热多雨，冬季寒冷干燥。

堆依齐牛录乡人口多，耕土地面积少，以前靠天吃饭，农业产值收入偏低。堆依齐牛录乡在遵循农民"依法、自愿、有偿"的前提下，动员农民将自有耕地以每亩400—500元不等的价格承包流转，统一由乡合作社种植特色经济作物。这样既促进了耕地面积最大化，又调整了产业化结构，加快了农业产业化发展步伐，促进了规模经营。2010年以来，堆依齐牛录乡通过调整农业产业结构、流转土地，建成了万亩露地蔬菜标准园区。其具体做法有"公司+农户""合作社+农户"等形式，积极推进土地向种植能手、经营大户、专业合作社和经营性公司集中，发展适度规模经营，使大量农村劳动力从土地中解放出来，为农牧民的持续增收提供了可靠保障。同时，堆依齐牛录乡政府积极加强与公司的合作，确保有机肥、农林废弃物加工、基质项目落地。围绕蔬菜产业产前、产中、产后研究确定招商项目，做好项目宣传介工作，吸引更多企业投资兴业，进一步推进蔬菜的集约化种植[①]。

（四）青海湟源县集约畜牧业

青海省湟源县位于青藏高原东端的日月山下，地处青海省东部农业区与西部牧业区的接合部，深居内陆，属大陆性气候，光照时间长，太阳辐射强，气温日差大，春季多风，夏季凉爽，冬季干燥，无霜期短，冰雹、干旱频繁。全县耕地面积22.425万亩，但大部分耕地不适应粮油作物种植，而适合于发

[①] 刘青《依托土地流转、种植经济作物——察布查尔为农牧民持续增收提供保障》，《伊犁日报》2016年6月24日第2版。

第六章　西部现代特色农业

展畜牧业。以下关于湟源县土地流转规模化种植牧草的资料引自肖羌雄的《生态畜牧业发展中的土地流转问题与对策研究——以青海省湟源县为例》一文①。

湟源县已建设成为青海省草业发展和草种繁育的示范基地，立足"草业建设—绿色养殖—畜产品深加工—有机肥加工—市场销售"为一体的现代农牧业大循环经济模式。仅2013年湟源县农村土地经营权流转用于种植饲草面积就达10.86万亩，占耕地总面积的48.44%；这不仅为县域内的养殖业提供了充足的饲料，也为周边海晏、刚察、共和、湟中等县的草食畜生产提供了饲草储备。其饲草种植土地流转的主要方式有以下几种：

合作社带头人进行流转。养殖专业合作社通过签订黑麦的收购合同把农户全部联系起来，集中连片种植黑麦。合作社对签订合同的农户种植的饲草开展全方位服务，从种子和农药等生产资料的统一购入到各类田间管理和饲草的收获、收购提供全程服务。

合作社内部的土地流转。养殖专业合作社通过土地流转，种植青饲料满足本合作社的正常生产，既能降低生产成本，提供无公害、优质的饲草，又能保证生产出安全农产品。

家庭农场土地流转。家庭农场包括种植家庭农场和养殖家庭农场，家庭农场通过出租和转包流转方法，进行土地经营权流转，扩大土地的经营面积，通过签订饲草购销合同，将饲草出售给养殖场、养殖专业合作社、公司等。养殖家庭农场通过流转土地种植饲草，部分解决本农场饲养过程中的饲料问题，降低生产成本，多余的饲草可以通过签订销售合同提供给其他养殖户使用。家庭农场通过自己购置的各种大中型农机具进行规模化生产，种植饲草的面积都在20公顷以上，大部分采取机械化作业。

种植大户土地流转。种植大户种植的土地往往是条件差、农户撂荒、弃耕的土地。转出土地的农户迁移到条件较好的其他地方生活，迁移出去的农户，土地的流转费用极低，只要有人进行种植，许多农户就能提供土地，转出户只是象征性地向种植大户收取极低的土地流转费用。这些土地大部分被转包，少部分进行出租。种植大户通过以上方式得到土地，进行规模化生产，

---

① 肖羌雄《生态畜牧业发展中的土地流转问题与对策研究——以青海省湟源县为例》，《安徽农业科学》2014年第21期。

并与其他销售部门签订销售合同，保证自己能够有较好的收益，也为那些土地撂荒的农户解决了难题。

农业公司土地流转。农业公司依靠其经济实力、生产技术优势、资金投入优势，进行土地的直接租入，大规模地用来种植燕麦、黑麦、青玉米等饲草作物。

村干部带头进行流转。当前有个别农户对自己的承包地经营热情不高，有撂荒的现象，村干部为群众着想，因地制宜，利用当地的地理环境优势，统一种植饲草增加收入，对其他农户起到示范带动作用。

通过土地流转大规模地种植牧草，实现了农牧业的集约化生产，不仅增加了农牧民的收入，也有效地保护了当地的生态环境，促进了生态畜牧业的稳定、可持续发展。

（五）陕西榆林横山区土地流转规模化种植

横山区隶属于陕西省榆林市，地处陕西省北部、鄂尔多斯草原向黄土高原过渡地带。地势大致从西向东、从西北向东南倾斜，其地势西南及中部高、东北及南部低。土地面积650万亩，农耕地100万亩，林业用地270万亩，牧业用地250万亩。2013年以来，横山区政府出台政策，积极引导农户流转土地，涌现出众多种粮大户，超大的田埂整齐地布满河滩，规模化种植初见端倪。其主要做法如下[①]：

建立三级联动服务体系，调动农户流转土地积极性。为了调动各方流转土地的积极性，该区建立了区、乡、村三级联动的土地流转服务体系，县财政对耕地流转出的农户、组织协调流转土地的村"两委"和乡镇，按照流转规模给予金额不等的扶持奖补，调动了农户流转土地的积极性，并出现转包、互换、土地使用权转让、出租、股份合作等多种形式。2013年，该区以无定河、芦河沿岸8万亩撂荒稻田为土地流转突破口，有组织流转土地3.9万亩，涉及7个乡镇、1个农场、23个行政村、36个村民小组的2533户1.1万农民。土地流转后，农户既能获得稳定的租金收入，又能避免抛荒和无偿转包的现象。

资金项目科技多方扶持，培养种植大户。区政府依据实际情况，对土地

[①] 吴杰《横山县土地流转促进规模化种植》，《榆林日报》2014年7月14日第2版。（2015年12月25日撤销横山县，设立榆林市横山区。）

第六章 西部现代特色农业

规模化经营提出新要求:家庭农场集中连片种植农作物500亩以上,专业大户1000亩以上,农业合作社2000亩以上,龙头企业3000亩以上。在资金扶持方面,区财政对规模以上川水地水稻、蔬菜、养鱼,南、北部家庭农场等种养业,每亩补助50—100元不等,连续奖补三年。水稻生长期间,自然灾害造成损失,政府给受灾户每亩补助300—500元。在政策扶持方面,规模种植的专业大户优先享受良种、化肥、地膜补贴和农机部门的农机具补贴,种养大户在种养、草籽和鱼苗建塘等方面得到扶持。在项目扶持方面,达到一定规模的大户,畜牧局等涉农部门优先安排涉农项目,优先安排土地整理项目。在金融信贷扶持方面,把规模经营户作为信贷支农重点。在科技扶持方面,涉农部门为规模经营主体提供技术咨询、服务和市场信息,有关部门、乡镇与规模经营主体建立科技人员与规模经营主体定点联系制度。

土地流转后,一家一户分散经营土地的局面消失了,取而代之的是成方连片、统一规划、统一经营、统一管理的高效农业、规模农业,实现了农业效益、农民收入双提升。2013年,全区培植大户25个,规模种植生产稻谷9000多吨、玉米2000多吨、蔬菜3000多吨。2014年,横山区土地流转范围扩大到全区,土地流转完成3.5万亩,财政预算奖补资金580万元。

(六)重庆市合川区隆兴镇峨眉村土地流转撂荒地规模化种植油橄榄

隆兴镇峨眉村位于重庆市合川区北部,距隆兴场镇约10公里,地处永隆台地。全村共辖15个农业合作社,可耕地5852亩,农户1045户,总人口约3900人。这里气候温和,水资源丰富,土地肥沃,适于发展农业。

近年来,峨眉村的年轻人大多外出打工,留守在家的多为老人和儿童。由于劳动力缺乏,全村约80%的土地处于撂荒状态,总共近5000亩。2013年,经过论证,发现该村适合种植油橄榄。2014年初,峨眉村就成立了合川区黄金农油橄榄专业合作社,村民们可以把撂荒地流转给合作社,合作社有了收益后,每年的纯利润将按村民土地流转亩数进行分红。到2015年,合作社已发展了5000亩油橄榄基地,这些土地都曾经是撂荒地。该村合作社与公司合作,合作社占49%的股份。前期开垦、苗木、肥料等投入以及产出后收益都是按这个比例分配。此外,合作公司以每公斤油橄榄6元的保底价收购,5000亩撂荒地产出的油橄榄一年至少能卖出7000多万元。此外,该镇还引进了油橄榄深加工生产线,以增加油橄榄的附加值[①]。

第三节 观光农业

　　观光农业是农业和旅游业相结合的一种新型的交叉产业。西部地区地形地貌复杂多样,既有高耸的山脉,也有辽阔的海疆,既有丘陵盆地,也有荒漠戈壁,加上丰富多彩的民族文化,使得西部成为生态旅游和民族文化旅游新的旅游目的地。同时,多样性的地形地貌加上辽阔的区域以及差异的气候条件和类型繁多的土壤,使得西部成为我国农业多样性最为丰富的区域,这也为该区域发展观光农业提供了条件。

一、观光农业的概念

　　作为一种交叉的农业类型,观光农业最早出现于欧洲,兴起于19世纪中期,在20世纪30年代得到较大发展,至今已较为完善。中国的观光农业是改革开放的产物,最初以城市周边的采摘园的形式出现,其发展主要集中在大都市,如北京、上海等经济发展较快的城市周边。这一时期,观光农业逐渐拓展了旅游观光、绿色生产、生态休闲、农科普及等多种功能,活动内容更加丰富。之后,因为观光农业的生态环保、资源可持续的优点以及符合国家对于农业发展与建设的政策导向,有利于解决"三农"问题、民生问题等,被国家纳入了旅游业的发展规划中。2001年,国家旅游局把推进农业旅游发展工作列为当年旅游工作要点,制定了《农业旅游发展指导规范》,于2001年底公布了首批农业旅游示范点候选名单,进一步推动了观光农业在全国范围内的发展。2004年,为了推动全国观光农业的发展,国家旅游局对全国农业旅游示范点进行了评选,选出203个农业旅游示范点。2005年,又进行了第二次评选,选出农业旅游示范点156处。2007年,总共评选出农业旅游示范点359处,遍布全国31个省区市,在农、林、牧、副、渔各业中树立起了发展观光农业旅游的样板[②]。

　　由于观光农业的交叉性,使得人们对它的理解出现了差异,主要表现为

　　[①] 周立、李薇帆《流转撂荒地种植油橄榄 "下岗"土地复耕助民增收》,《重庆日报》2015年1月28日第1版。
　　[②] 孙艺惠、杨存栋、陈田等《我国观光农业发展现状及发展趋势》,《经济地理》2007年第5期。

第六章 西部现代特色农业

农学意义上的观光农业和旅游学意义上的观光农业。农学意义上的观光农业主要从农学的视角出发理解此概念,认为观光农业,或称休闲农业、旅游农业,是以农业活动为基础,将农业和旅游业相结合的一种新型的交叉型产业,其基本属性是:以充分开发具有观光、旅游价值的农业资源和农业产品为前提,把农业生产、科技应用、艺术加工和游客参加农事活动等融为一体,供游客领略在其他风景名胜地欣赏不到的大自然浓厚意趣和现代化的新兴农业艺术的一种农业旅游活动。作为一种新型的"农业+旅游业"性质的农业生产经营形态,观光农业既可发展农业生产、维护生态环境、拓展乡村游乐功能,又可达到提高农业效益与繁荣农村经济的目的[1]。旅游学意义上的观光农业则是从旅游学的角度出发,把农业看成一种旅游资源,是以旅游者为主体、满足旅游者对农业景观和农业产品需求的旅游活动形式[2]。观光农业(旅游)是在充分利用现有农业资源的基础上,通过以旅游内涵为主题的规划、设计与施工,把农业建设、科学管理、农艺展示、农产品加工及旅游者的广泛参与融为一体,使旅游者充分领略现代新型农业艺术及生态农业的大自然情趣的一种新型旅游形式[3]。

无论何种意义上的概念,观光农业的出现都反映了人们追求自然、回归自然的旅游主题,是生态学内涵在农业与旅游上的充分应用,体现了人与自然和谐相处的美好愿望。

二、西部观光农业举例

在中国,观光农业仍是一种新兴的农业类型,对于其类型的划分也不统一,有的按发展类型将其划分为农业观光园、主题农业园、农业科技示范园、生态农业度假村和民俗文化博览园[4];有的根据开发模式将观光农业划分为公园经营型、景点游览型、商业服务型和教育实践型[5];有的则从中国观光农业建设实践出发,将观光农业划分为观光采摘园、教育农园(场)、高科技农业

---

[1] 郭焕成、刘军萍、王云才《观光农业发展研究》,《经济地理》2000年第2期。
[2] 田逢军《近年来我国观光农业研究综述》,《地域研究与开发》2007年第1期。
[3] 舒伯阳《中国观光农业旅游的现状分析与前景展望》,《旅游学刊》1997年第5期。
[4] 孙艺惠、杨存栋、陈田等《我国观光农业发展现状及发展趋势》,《经济地理》2007年第5期。
[5] 吴雁华、傅桦《关于观光农业发展的若干问题之探讨》,《首都师范大学学报》(自然科学版)2002年第2期。

示范园、农家乐、生态农业园、市民农园、森林公园、休闲农庄和民俗文化村[①]。本书结合西部观光农业的具体情况，以观光农业的一些具体实例为代表，概括性地介绍西部观光农业的类型。之所以如此，一方面考虑到论述的方便；另一方面也是为了避免和其他部分，如"生态农业"，尤其是"农业文化遗产"的重复，因为许多的"生态农业"以及"农业文化遗产"地同时又是观光农业资源或已经开放成为"观光农业"地。具体的类型如下：

（一）以西双版纳原始森林公园为代表的自然保护区观光林业

西部地区由于独特的地理环境条件，其观光农业中以自然保护区和风景名胜区为基础的观光林业最具特色，并拥有众多的国家级自然保护区和风景名胜区，例如新疆天山山脉东段著名高峰博格达峰、云南西双版纳国家级自然保护区原始森林公园、贵州省黔南布依族苗族自治州荔波县境内的茂兰国家级自然保护区、四川省阿坝藏族羌族自治州九寨沟国家级自然保护区等被联合国教科文组织列入"世界生物圈保护区网络"，成为西部最具特色的观光农业旅游资源。

西双版纳原始森林公园位于昆洛 213 国道距离景洪市区 8 公里的菜秧河畔，南跨南板河，北面以菜秧河为界。自 1999 年 5 月 29 日建成以来，便以它的神奇、美丽吸引着众多海内外游客和科学工作者。公园占地面积 26 310 亩，园内森林覆盖率为 98.6%，是目前北回归线以南保存最完好的一片原始森林。它以无法替代和复制的自然优势融汇了原始森林神奇的自然风光和浓郁的民俗风情，集中突出体现了"热带沟谷雨林""以孔雀文化为主的野生动物展示""以哈尼族僾尼人为主的民俗风情展示"三大主题特色，同时配备有客房、餐饮、会务、娱乐为一体的孔雀山庄度假村。2001 年 5 月，该森林公园被国家旅游局景区（点）评定委员会评定为国家 AAAA 级景区。2005 年 12 月，该森林公园被国家林业局评定为国家级森林公园。2009 年 8 月，该森林公园被美景中国网评为"中国最美的十大森林公园"之一，排名第二[②]。

西双版纳原始森林公园的旅游特色主要表现在以下三个方面：一是原始热

[①] 陈彪《对观光农业类型的探究》，《现代农业科学》2009 年第 5 期。
[②] 国家林业局森林旅游管理办公室《西双版纳原始森林公园》，中国森林旅游网 http://xsbnysslgy.ftour.org/。

第六章 西部现代特色农业

带季雨林,二是野生动物,三是民族风情①。

西双版纳原始森林公园地处北回归线以南,属澜沧江水系。由于气候和地形影响,兼有大陆性气候和海洋性气候特点,水、热资源极为丰富。植物学家称西双版纳是"植物王国",是"植物皇冠上的绿宝石",西双版纳原始森林公园便是绿宝石中的一个亮点。公园内有3种森林植被类型(热带季雨林、季风常绿阔叶林和黄竹林)。从野象区的沟口进入海拔800米的原始森林区,便是原始热带季雨林。最上层树种以千果榄仁和番龙眼为优势,林木高大通直,树高在40米以上,平均胸径50厘米以上;次层组成树种较多,有大果青冈、重阳木、红梗润楠等,林木树干圆满通直,平均高25米左右、胸径40厘米左右;下层组成树种有山蕉、金钩花、木奶果、四棱蒲桃等,在这一层中,藤本植物和蔓生植物发育,绞杀现象随处可见,构成了热带森林一大景观。竹林是森林公园中的另一种森林类型,也是一处天然景观。

西双版纳原始森林公园内有兽类68种、鸟类33种、爬行类38种、昆虫550余种。兽类中,有国家Ⅰ级野生保护动物7种,如蜂猴、亚洲象、印度野牛等;有国家Ⅱ级野生保护动物10种,如猕猴、熊猴、穿山甲、黑熊、水鹿等。鸟类中,有国家Ⅰ级重点保护鸟类1种,即绿孔雀;有Ⅱ级重点保护鸟类14种,如双角犀鸟、白鹇等。

公园内的民族风情演艺场、"天南第一鼓"大型标志雕塑、孔雀舞、佛塔、"孔雀公主"百米浮雕、傣家竹楼等无不投射出独特的民族文化,具有极高的民族文化旅游价值。

(二)以呼伦贝尔大草原为代表的草原观光牧业

中国的草原牧业主要分布于西部,从草原的类型来讲,既有草甸草原、典型草原和荒漠草原,也有高寒草原,并依此发展出不同的畜牧业,再加上丰富多彩的草原文化,使得西部的草原成为独具特色的观光农业,在此仅以内蒙古的呼伦贝尔大草原为例说明西部的观光牧业的特点。

草原观光牧业旅游注重草原风光和民族文化的有机结合,这在呼伦贝尔大草原上能得到最好的体现。呼伦贝尔草原是内蒙古东部草原的重要组成部分,天然草场的总面积约8万平方公里,地跨森林草原、草甸草原和干旱草

---

① 邓永红《西双版纳原始森林公园风景资源特色及发展对策》,《中南林业调查规划》2007年第1期。

原。呼伦贝尔草原面积广阔、类型多样，水源补给充足，生态环境好，植物种类丰富，被称为中国最美草原牧场。另外，呼伦贝尔草原还是蒙古族的发祥地，大量的蒙古族发祥地遗址遗迹留存在大兴安岭及额尔古纳河流域。生活在呼伦贝尔草原上的蒙古族，主要包括：巴尔虎蒙古族（由分布在克鲁伦河、呼伦湖、贝尔湖流域的巴尔虎右部落和分布在乌尔逊河、哈拉哈河，贝尔湖流域的巴尔虎左部落组成）；布里亚特蒙古族（分布在锡尼河、伊敏河）；厄鲁特蒙古族（分布在伊敏河流域伊敏苏木）[①]。广阔的草原与蒙古族传统牧民文化相结合形成了一种天然的观光牧业，"天苍苍，野茫茫，风吹草低见牛羊"就是这种观光牧业的典型写照。

呼伦贝尔草原观光牧业随着西部草原旅游的迅速发展而发展，截至2014年，呼伦贝尔有3家AAAA级草原景区，即呼和诺尔草原景区、金帐汗蒙古部落景区和巴尔虎蒙古部落景区。人们在观光的过程中，不仅领略到呼伦贝尔广阔无边、一望无际的草原特殊风光，更能体验到蒙古族千百年来积累沉淀之下的牧民的多姿多彩风俗，如服饰、饮食、骑马等民族文化。

近年来，当地政府借草原风光与蒙古族民俗旅游资源等优势资源，大力塑造中国草原牧业观光旅游第一品牌的形象；通过挖掘蒙古族民俗文化旅游资源，利用蒙古族的重大节日，例如那达慕大会、冬季那达慕、巴彦呼硕敖包会、宝格德乌拉山祭祀盛会、呼伦湖国际观鸟节等节日，力求把呼伦贝尔大草原建造成为突出蒙古族民俗文化的观光草原牧业旅游目的地。

（三）以罗平油菜花节为代表的观光种植业

与中国的其他地区一样，西部的观光农业仍以种植业为主，所不同的是西部的观光种植业更具特色。现以云南罗平县的油菜花观光农业为例简要介绍。

云南罗平位于滇、桂、黔三地接合部，有"鸡鸣三省"的美誉。这里不仅山川湖泊景色优美，还是观光农业的胜地，以开展油菜花观光旅游而著称。

罗平县是全国31个油菜籽生产基地县之一，油菜种植面积已经发展到80万亩。每年二、三月间，油菜花盛开季节，80万亩油菜花竞相怒放、金浪翻滚、清香沁人，蔚为壮观。依托80万亩油菜花走"以花为媒、以节促旅"的

[①] 张芸《呼伦贝尔草原旅游的发展对当地蒙古族民俗旅游资源开发的现状分析及对策研究》，《赤峰学院学报》（自然科学版）2015年第9期（下）。

第六章 西部现代特色农业

农业观光、自然风景览胜、民族风情展演和商贸洽谈一体的节日大会发展路子。从1999年到2015年,罗平已成功举办17届国际油菜花文化旅游节,共接待游客1772.94万人次,实现旅游综合收入110余亿元。

近年来,罗平县以油菜花观光为抓手,紧扣民族文化和喀斯特地貌及自然景观特色,以"提升红色、开发特色、融合绿色"为理念,重点打响生态大县、旅游大县、文化大县品牌,先后获得了"中国优秀旅游名县""中国文化旅游大县""中国县域旅游品牌百强县"等一张张"国字号"名片。形成了国内国际有影响力的国家AAAA级九龙瀑布、世界最大天成花园、国家AAA级多依河等旅游知名品牌;形成了具有鲜明地方特点、民族特色、文化特色的布依民俗风情文化品牌;形成了见证三叠纪海洋生物全面复苏的罗平国家地质公园科考文化品牌;形成了集温泉疗养、休闲度假、旅游观光、餐饮住宿、民俗风情体验等为一体的大型综合性温泉地热文化品牌。同时,也形成了"罗平油菜籽""罗平小黄姜""罗平黄山羊"国家地理商标和"高原尚品""醇自然""滇王老窖""罗平蜂蜜"等以高原特色生态农业绿色食品为代表的饮食文化品牌,品牌效应推动了罗平旅游产品向多元化、精品化、特色化、国际化方向发展[①]。

罗平油菜花观光农业成效显著,为当地农民带来了可喜的收获,是通过发展观光农业解决民生问题的典型例子。

(四) 以吐鲁番坎儿井为代表的灌溉观光农业

西部地区人民在源远流长的农耕文化发展过程中不仅形成了各具特色的农业类型,还充分利用自己的智慧创造出了令人叹为观止的农业灌溉技术,如四川都江堰、新疆坎儿井、哈尼梯田等。这些观光农业具有极高的旅游价值,是人与自然和谐相处的典范,有的还成功申遗,如四川都江堰和云南的哈尼梯田。现以新疆吐鲁番的坎儿井为例,说明灌溉观光农业的旅游价值。

新疆深处亚欧板块内陆,降水极少,气候干燥,而且地区内气候差异大、日照较长。新疆坎儿井就是为了适应这种干旱气候环境而诞生的。

坎儿井是吐鲁番绿洲特有的文化景观,至少已有2000多年历史,是古代吐鲁番劳动人民改造自然和利用自然的杰出成就。坎儿井总长度约5000公里,

---

① 卢永《罗平旅游业呈现良好发展态势,旅游经济实现可持续增长》,《中国信息报》2015年8月6日第3版。

几乎赶上了黄河、长江的长度。它是世界上最大的地下水利灌溉系统，被誉为"地下万里长城"，被称为"中国古代三大工程之一"，也是中国古代"水文化"的象征之一。坎儿井是利用地面坡度引用地下水的一种独具特色的地下水利工程，主要由竖井、暗渠、明渠、涝坝四部分组成。坎儿井所具有的自流灌溉功能，不仅克服了缺乏动力提水设备的问题，而且也节省了动力提水设备的投资。它优良的水质可供农田灌溉和人畜饮用。吐鲁番气温高，蒸发量大，而坎儿井的输水渠道深埋于地下，减少了水分的蒸发。如今，坎儿井每年仍不断向绿洲提供近3亿立方米的地下水，灌溉着大面积的土地（灌溉约25.05万亩农田、果园），在当地农牧业生产、生活中，尤其在农业抗旱减灾中发挥着重要作用。

坎儿井作为一种水利灌溉工程，它奠定了吐鲁番作为丝绸之路重镇的物质基础，成为今日丝绸之路旅游线路上的明珠，引得国内外游客慕名前来。坎儿井是吐鲁番农耕文化的支撑，吐鲁番古代居民开挖坎儿井引流地下水奠定了绿洲经济和文化资源的基础，从此吐鲁番居民繁衍生息，交河和高昌两座城池拔地而起，进而演变出吐鲁番独特的民俗风情和厚重的历史文化。这种与内地有差异的旅游资源是吐鲁番旅游业得以生存的根本。可以说，坎儿井是吐鲁番历史文化演变的见证，自然而然成为旅游文化的重要支撑。现代游客参观坎儿井的目的不仅是重新领略古人智慧，更是对吐鲁番古代居民顽强生存能力的致敬。所以说，坎儿井文化是吐鲁番旅游魅力所在，也是吐鲁番以历史文化见长而区别于新疆其他景点的根本。在对坎儿井的旅游开放过程中，还要注意保护好坎儿井本身。从水利工程的角度来看，要把坎儿井开挖技术传承下去，利用现代先进技术修复坎儿井；从旅游资源的角度来看，要弘扬坎儿井文化，用这种勤劳智慧的精神感召和吸引外地游客到访吐鲁番[1]。

坎儿井在西部干旱缺水地区的农耕文化中占有极其重要的地位，它利用地下水系对农作物进行灌溉从而解决当地干旱缺水的问题。2013年5月21日，中国农业部将19个传统农业系统列为第一批"中国重要农业文化遗产"，吐鲁番的坎儿井名列其中。如今，随着坎儿井灌溉观光旅游的开展，坎儿井

---

[1] 马英珍《挖掘坎儿井文化展现旅游魅力——访地区旅游局局长王泉成》，《吐鲁番日报》2011年12月13日"跨越吐鲁番"版。

第六章 西部现代特色农业

再次具有了不同寻常的意义。

(五) 以北部湾的休闲渔业为代表的海洋观光渔业

休闲渔业作为传统渔业与现代服务业交互融合的复合型产业,在缓解渔业资源短缺约束,促进渔业可持续开发利用方面具有重要作用。早在 2000 年,农业部在渔业发展目标中就提出在有条件的地方积极发展休闲渔业。2011 年颁布的《全国渔业第十二个五年规划》将休闲渔业列为五大现代产业之一。2012 年底农业部专门出台意见加快促进休闲渔业持续健康发展。在中国,台湾的休闲渔业起步较早,通过鼓励发展海洋休闲休憩渔业,辅导沿海港口渔区兴办休闲渔业,发展海陆休闲中心,打造形成了集生产、销售、休闲、观光于一体的休闲渔业体系①。现以广西北部湾的休闲渔业为代表,说明西部的海洋观光渔业之特点。以下资料来自陈军的《广西北部湾经济区海洋休闲渔业发展战略探析》一文②。

广西北部湾休闲渔业是指以广西北部湾海域渔业资源为依托,根据社会经济发展的综合需求,通过渔业与休闲、娱乐、旅游、餐饮等行业的结合,实现广西北部湾地区资源开发和环境保护协调发展的一种新型的观光渔业产业。

广西北部湾滨海地区、海域地处亚热带及热带地区,沿海地区为北海、防城港、钦州三市。北部湾有着中国最为广泛的红树林海岸,加上沿海沙地与泥土的营养非常丰富,孕育了大片的优质渔业资源。海洋生物品种繁多,适于各种鱼类繁殖生产,以红石斑、马鲛、鲳鱼、立鱼、金线鱼等品种最为著名,为中国高生物量的海区之一。出产的鱼贝类有 100 多种,其中具有捕捞经济价值的有 60 多种。

广西北部湾经济区海洋休闲渔业可分为以下几种类型:

生产经营型。钦州的茅尾海、犀牛角,北海的海村、防城港的白浪滩附近村落等,都是以生产经营为主,附带垂钓、观光、饮食、文化等功能。北部湾渔场或养殖场、蚝排、鱼排等以渔业生产为主,但在特殊时段开展以垂钓、观光为主的休闲旅游活动,以提高渔业资源利用效率,增加渔民收入。

休闲垂钓型。钦州港渔港码头、三墩、茅尾海码头,北海的渔港码头、

---

① 樊敏《中国台湾休闲渔业发展经验研究》,《世界农业》2013 年第 9 期。
② 陈军《广西北部湾经济区海洋休闲渔业发展战略探析》,《科技展望》2016 年第 5 期。

渔村码头，防城港的白浪滩、金滩村落码头都有专门的垂钓船供垂钓者出行，已经形成一定规模和模式。主要经营内容包含集聚会、游乐、观光、健身于一体的渔业休闲活动。

观光疗养型。北海、防城、钦州各地沿海地区普遍开展的渔家游、渔村度假等。结合海域资源，开发休闲度假、水域观光、疗养、渔业垂钓、餐饮等旅游活动。

广西北部湾滨海的休闲渔业还注入了当地的文化特点，如北海珍珠文化、钦北防客家文化以及渔民尊重自然的渔文化，如合浦珍珠、东兴芒街、三娘湾赶潮节等。利用鲜明的地域文化特色，以海洋文化促进广西海洋休闲渔业产业的发展。

第四节 重要农业文化遗产及其在中国的发展概况

作为一种遗产类型，农业文化遗产是一种较新的世界遗产类型，目前人们对它的认识度还比较低。中国科学院地理科学与资源研究所的李文华院士和闵庆文研究员的团队在推动人们对中国的农业文化遗产的认知与保护方面做出了许多基础性的工作，本章第一节的资料主要引自闵庆文等的文章[①]。

众所周知，1972年的《保护世界文化和自然遗产公约》确定了文化遗产、自然遗产、文化与自然双重遗产共三种类型。随着世界遗产名录的不断扩大，以及世界遗产保护事业的发展，一些世界遗产原有的内容难以涵盖的项目越来越引起人们的关注。于是在公约实行20年之后，世界遗产委员会在1992年提出了世界遗产保护的一个新的遗产类型——文化景观遗产。作为一个单独的遗产类型，文化景观独特的视角和选区的范围，既不同于文化遗产对文化的倾情关注，也与自然遗产对自然的关爱有所区别。它主要体现的是人类长期的生产、生活与大自然所达成的一种和谐与平衡。与以往的单纯层面的遗产相比，它更强调人与环境共荣共存、可持续发展。具有重要生态意义的传统农业生产模式正是这样一类。从已经被列入世界遗产名录中的项目来看，它们并不属于原来我们所熟悉的历史建筑、历史城市或者传统村落的

---

① 闵庆文《全球重要农业文化遗产——一种新的世界遗产类型》，《资源科学》2006年第2期；闵庆文、史媛媛、何露等《全球重要农业文化遗产——一种新的世界遗产类型》，《世界农业》2014年第4期。

第六章　西部现代特色农业

遗产类型，但却具有明显的、突出的文化价值，反映了人类文明发展的重要方面。长期以来，人们高度关注农业生产能力、专业化水平和全球市场，而忽视了相关的农业外部性与可适应性管理策略，忽视了对多种多样、独具特色的传统农业系统的研究、保护与发展。如果不采取有效措施帮助这些传统农业生产系统应对威胁，将难以避免其消失于工业化、现代化和全球化浪潮中。正是在这样的背景下，2002年8月，联合国粮农组织等10余家国际组织开始全球重要农业文化遗产保护项目的准备工作，其目的是建立全球重要农业文化遗产及其相关的景观、生物多样性、知识和文化保护体系，并在世界范围内得到认可与保护，使之成为可持续管理的基础。按照世界粮农组织的定义，全球重要农业文化遗产是"农村与其所处环境长期协同进化和动态适应下所形成的独特的土地利用系统和农业景观，这种系统与景观具有丰富的生物多样性，而且可以满足当地社会经济与文化发展的需要，有利于促进区域可持续发展"。农业文化遗产具有活态性、动态性、适应性、复合性、系统性、战略性、多功能性及可持续性等特点，对于应对人类发展中的一些重大问题，如食物安全与贫困缓解、生物多样性、气候变化、生态补偿、文化多样性等具有重要意义，是一种关乎人类未来的新的遗产类型。该项目更加强调对于全球重要农业文化遗产地的动态保护，即重视保护、适应与社会经济发展之间的平衡，其目的是使小型农户、传统社区、少数民族和当地居民能够动态地保护传统农业系统，并从保护中获得经济效益、社会效益和生态效益，从而促进人与自然的和谐发展。

该项目将努力促进地区和全球范围内对当地农民及少数民族关于自然与环境的传统知识和管理经验的更好认识，并运用这些知识和经验来应对当代发展所面临的挑战，特别是促进可持续农业的振兴和农村发展目标的实现。该项目的发展经历了3个阶段：2002—2004年，为项目的准备阶段，确定了项目的基本框架与项目试点选择标准；2005—2008年，为项目的申请阶段，得到了联合国开发计划署、联合国教科文组织等国际组织及荷兰政府等的支持；2009—2013年，为全球重要农业文化遗产保护项目的实施阶段，建立了项目指导委员会和科学委员会，完善了遴选标准和程序，开展了农业文化遗产的多功能评估、保护与管理机制等方面研究，在首批试点地区开展了动态保护与可持续管理途径探索，通过各种方式进行了能力建设活动，将试点经验进行推广。截至2013年，全球重要农业文化遗产的概念和保护理念已经得到了国际社会和越来越多的国家的关注。联合国粮农组织已经将其写入理事会会议报告等重要文件中。2014年联合国粮农组织章程及法律事务委员会第97届会议报告赋予了全球重要农业文化遗产保护项目在该组织框架内的正式地位，这标志着全球重要农业文化遗产保护项目将变成联合国粮农组织的一项常规性工作。申请加入全球重要农业文化遗产保护项目的国家越来越多。联合国粮农组织认定全球重要农业文化遗产保护项目点已经从2005年的6个扩大到31个，涉及国家从6个扩大到13个。

中国是最早响应并积极参与全球重要农业文化遗产保护项目的国家之一，在全球重要农业文化遗产保护项目秘书处、联合国粮农组织北京代表处，有关地方政府的积极配合、相关学科专家和遗产地民众的积极参与下，农业部国际合作司和中国科学院地理科学与资源研究所积极参与了项目准备、申请与实施工作。全球重要农业文化遗产保护项目在中国的实施也可以分为以下3个阶段：2004—2005年，为项目的准备阶段。通过实地调查、组织研讨、培训等活动，完成了试点（中国浙江青田稻鱼共生系统）的基线调查、申报材料准备等工作，调动了遗产地干部和群众参与项目的积极性。2006—2008年，为项目申请和初步探索阶段。根据全球重要农业文化遗产保护项目秘书处的要求，进一步完善中国试点的材料准备工作，明确了打造1个具有国际示范作用的全球重要农业文化遗产保护项目点、申报成功10个全球重要农业文化遗产保护项目试点、认定20个左右中国重要农业文化遗产保护项目、开展农业文化遗产的系统研究促进农业文化遗产学科发展等的项目目标，并以青田稻鱼共生系统为基础初步探索了农业文化遗产保护与区域经济社会协调发展的途径。2009—2013年，为项目实施阶段。2009年2月在北京召开了全球重要农业文化遗产保护中国项目启动会，标志着全球重要农业文化遗产保护项目在中国的正式启动。随后按照项目计划，成立了项目专家委员会，重点在保护途径探索与试点经验推广、全球重要农业文化遗产保护项目的选择与推荐、管理机制建设、科学研究与科学普及、公众宣传与能力建设、国际合作等方面全面开展了工作，顺利完成了项目设定的目标，取得了极好的成效。截至2018年4月，我国已有15个传统农业项目被正式列入全球重要农业文化遗产名录。它们分别是浙江青田稻鱼共生系统、江西万年稻作文化系统、云南哈尼稻作梯田系统、贵州从江侗乡稻鱼鸭系统、云南普洱古茶园与茶文化、内蒙古敖汉旱作农业系统、浙江绍兴会稽山古香榧群、河北宣化城市传统葡

第六章 西部现代特色农业

萄园、福州茉莉花种植与茶文化系统、江苏兴化垛田传统农业系统、陕西佳县古枣园、甘肃迭部扎尕那农林牧复合系统、浙江湖州桑基鱼塘系统、山东夏津黄河故道古桑树群、中国南方山地稻作梯田系统（由江西崇义客家梯田、福建尤溪联合梯田、湖南新化紫鹊界梯田、广西龙胜龙脊梯田组成）。

第五节 西部的重要农业文化遗产类型

西部生态环境多样，具有丰富的农业类型，因而也是中国重要农业文化遗产的出产地。就目前而言，西部的重要农业文化遗产可以划分为两个类型，即"全球重要农业文化遗产"和"中国重要农业文化遗产"。但"全球重要农业文化遗产"和"中国重要农业文化遗产"有重叠，即入选了"全球重要农业文化遗产"的，同时又是"中国重要农业文化遗产"，因而论述时只将其作为"全球重要农业文化遗产"来加以介绍。

一、西部的"全球重要农业文化遗产"

截至 2018 年 4 月，中国被列入"全球重要农业文化遗产名录"的共有 15 个，现从中选择西部地区的几个项目简要介绍如下：

（一）大面积山区稻作农业生产体系——云南红河哈尼稻作梯田系统

2010 年 6 月，哈尼稻作梯田系统被联合国粮农组织列为全球重要农业文化遗产保护试点。哀牢梯田是世界上最为壮观的山地农业景观之一。由于哀牢山地处亚热带，山体高耸，因而气候、土壤和植被分异明显。生活在哀牢山上的哈尼族顺山势而造的梯田近乎完美地体现了人与大自然的和谐。哈尼梯田不仅充分体现了农业文化遗产所强调的对生物多样性保护具有重要意义的农业系统或景观，还包括具有历史悠久、结构合理，至今仍在使用以及更有现实意义的传统农业景观和农业生产系统的特点。显然，哈尼梯田是一类"活态的"特殊遗产类型，完全符合农业文化遗产具有的三个方面的明显特征：因为从某种意义上体现了自然遗产、文化遗产、文化景观遗产和非物质文化遗产的综合特点，即具有"复合性"特点；是一个有人参与的、不断发展变化的系统，而且至今仍然是许多地方居民的生计来源，即具有"活态性"；因其中包含着千百年来人民适应自然的智慧、包含着对于人类未来具有重要意义的文化多样性和生物多样性，即具有"战略性"特点①。

　　作为人工生态系统的哀牢梯田是镶嵌在哀牢山腰上的一片彩带，完全融入了山地自然生态系统之中，成为哀牢山的组成部分，构成了"高山森林—中山村寨—低山梯田—谷底河流"四位一体的生态系统。哈尼族的这种"四位一体"的景观是一个自然生态系统和人工生态系统的复合体，具有"天人合一"的属性，形成了具有生态学意义的生存空间格局：森林所处位置最高，位于高山地段；村寨建在半山腰的向阳坡地上；梯田位于村寨的下面；最下面的则是干热河谷和川流不息的元江。哈尼族的谚语"要种田在山下，要生娃娃在山腰"是对这种"高山森林—村寨—梯田—河谷"格局的生态学阐释：低山气候炎热潮湿，适应稻作生长，故而辟为层层梯田。半山腰冬暖夏凉，湿度适宜，生活环境远远优于炎热潮湿的低海拔河谷地带和阴雨连绵、寒冷潮湿的高山地带，适宜人类的生存繁衍②。从生态学的角度讲，村寨和梯田属于人工生态系统，森林和河流属于自然生态系统。这种人工与自然生态系统的有机结合，较好地反映了各生态系统之间物质循环和能量流动功能的协调性。位于山顶的森林生态系统所涵养的水源为村寨生态系统和梯田生态系统提供了充足的水资源保障；村寨使用过的生活污水流入梯田起到肥田的作用；被梯田所利用后多余水流入河谷进入河流。在这一过程中，水通过梯田、地表等蒸发作用，以及通过水稻等植物的蒸腾作用回到大气中，并以雨的形式又回到森林、地表或梯田，从而完成其循环。在梯田农业生态系统中，其能量流动是沿食物链进行的。系统的能量最初来源是太阳能，森林生态系统和梯田生态系统内的绿色植物将太阳能转化固定为化学能，形成可供人、家畜及野生动物利用的能量和有机物质，并输入村寨生态系统，从而维持了村寨生态系统的稳定。同时，村寨生态系统通过向梯田生态系统输入人力、畜力等能量和各种技术及其物质，使梯田生态系统保持稳定，并不断地向村寨生态系统提供其所需物质和能量。作为初级生产者的高山森林，既是梯田稻作的水源地，也是村民的狩猎采集地。高山森林中的植物资源为动物的生存提供了食物，丰富的动植物资源又为哈尼族提供了丰富的食物来源。研究资料表明，直到20世纪50年代初期，狩猎仍是哈尼族一项定期举行的集体性的

---

① 闵庆文《哈尼梯田的农业文化遗产特征及其保护》，《学术探索》2009年第3期。
② 王清华《哀牢山自然生态与哈尼族生存空间格局》，《云南社会科学》1998年第2期。

第六章 西部现代特色农业

重要活动。另外,历史上哈尼族很少种植蔬菜,直到今天也只在宅旁地角种植青菜、白菜、瓜、豆等少数蔬菜,基本没有专门的菜地和菜园。食用的蔬菜以野菜为主。食用的种类包括蘑菇、块根、块茎、叶、花、果等上百种之多。今天,梯田生产的粮食仍是哈尼族的主要能量来源。

在以村寨生态系统为核心所形成的复合生态系统中,人在维持四个系统间的平衡中起着关键性的作用。哈尼族通过他们的文化,有效地调节着四个系统间的物质循环和能量流动的稳定。哈尼族在开凿梯田的过程中,形成了以山神、树神、水神为主要祭祀对象的自然生态观。哈尼族认为山中有山神、森林有树神、水里有水神,它们既是梯田的守护者,也是山间一切生灵的主宰者,因此人们要敬奉神灵。通过祭祀,祈求神灵保佑梯田和稻谷丰收、牲畜兴旺、寨民安康。这种对自然的崇拜,有效地保护了森林、水源和梯田,从而维持了系统之间的平衡[1]。哀牢梯田这种"高山森林—中山村庄—低山梯田—谷底河流"四位一体的垂直复合生态系统,是哈尼族顺应自然、将人工生态系统融于自然生态系统的杰作,是天人合一的典范,因而成功入选"世界重要农业文化遗产",随后又被列入"世界遗产名录",成为中国第31处"世界文化遗产"。

(二)世界茶树原产地和茶马古道起点——普洱古茶园与茶文化系统

2012年9月,普洱古茶园与茶文化系统被联合国粮农组织正式列入全球重要农业文化遗产保护试点,成为世界上第一个茶农业文化遗产。作为世界上的茶树原产地和茶马古道起点的古茶园与茶文化系统入选"全球重要文化遗产"的主要原因,正如闵庆文在《普洱古茶园:世界上第一个茶农业文化遗产》中所阐述的那样[2]:

茶是世界三大饮料之一,中国是茶树的故乡和茶文化的发祥地。在云南省普洱市境内,包含着完整的古木兰和茶树的垂直演化过程,证明了这里是世界茶树的起源地之一。从野生型古茶树居群、过渡型和栽培型古茶园以及应用与借鉴传统森林茶园栽培管理方式进行改造的生态茶园的各个种类的茶树居群类型,形成了茶树利用的发展体系,具有多样的农业物种栽培,农业

---

[1] 王清华《哀牢山自然生态与哈尼族生存空间格局》,《云南社会科学》1998年第2期。

[2] 闵庆文、何露《普洱古茶园:世界上第一个茶农业文化遗产》,《农民日报》2013年5月31日第4版。

生物多样性及相关生物多样性丰富的特点，涵盖了布朗族、傣族、哈尼族等少数民族茶树栽培利用方式与传统文化体系，具有良好的文化多样性与传承性，是茶马古道的起点，也是茶文化传播的中心节点。该系统不但为我国作为茶树原产地、茶树驯化和规模化种植发源地提供了有力证据，也是未来茶叶产业发展的重要种植资源库，还保存了与当地生态环境相适应的丰富的民族茶文化，具有重要的保护价值。

世界茶树之源。普洱市境内不仅有茶树始祖化石——第三纪景谷宽叶木兰（新种）、中华木兰化石及目前世界上发现的最古老野生茶树千家寨野生古茶树，还有全世界唯一树龄千年以上的邦崴过渡型古茶树、最大规模的野生茶自然群落和世界上最大最古老的人工栽培千年万亩古茶园。

茶树种质资源博物馆。古茶区茶树资源丰富，几乎包括了原始和进化的各种类型，是研究茶树起源、演化等不可或缺的材料，其中野生大茶树是遗传多样性最丰富、最具有保存和研究价值的初级茶树种质资源。与普通无性系茶园不同的是，野生状态的古茶树对各种病虫害、冷害、冻害等抗性更强。普洱市有大叶茶16个种、中叶茶5个种、小叶茶2个种，是茶树变异最多、最集中、茶资源最丰富的地方。

充满生态智慧的古茶园。古茶园是当地居民在逐渐摸索茶树生长习性的基础上，长期利用林窗内的合适光照、水湿条件，形成的一种特殊而古老的茶叶栽培方式。种植于林窗之中的茶叶受天然森林的遮阴，凋落物量大，有机质丰富，不需要喷洒农药和施用化肥，因而古茶园生态系统植物多样性丰富，保存了大量的野生植物资源。在茶树的栽培中，一些少数民族为防治病虫害、提升茶叶的口感等多种目的，在茶园中有意识地栽种树木、花果或蔬菜，不但提高了土地利用效率，同时获得了更好的茶叶品质。古茶树上有较多的寄生和附生植物，仅发现少量的茶籽盾蝽、蚜虫和茶毛虫等病虫害。这种源自传统经验的耕作方式使农民获得了与自然和谐相处的自然生存方式，实现了真正意义上的天、地、人和谐共处。

丰富多彩的茶文化。澜沧江中下游世居少数民族悠久的种茶、制茶历史孕育了风格独异的民族茶道、茶艺、茶礼、茶俗、茶医、茶歌、茶舞、茶膳等内涵丰富的茶文化和饮茶习俗。云南及其邻近地区各民族（主要是布朗族、佤族等）的先民可能是最早引种、驯化野生茶树和食用茶叶的先民。不同的少数民族皆有其祖先利用茶作为药品的传说，不同民族对茶的加工和饮用方式更是各具特色。如傣族的"竹筒茶"、哈尼族的"土锅茶"、布朗族的"青竹茶"和"酸茶"、基诺族的"凉拌茶"、佤族的"烧茶"、拉祜族的"烤茶"、彝族的"土罐茶"等，已作为传统的饮茶习俗代代相传。在各民族的婚丧、节庆、祭祀等重大节日和礼仪习俗中，茶叶常常作为必需的饮品、礼品和祭品。茶对当地各民族的影响已经浸透到生活、精神和宗教各个方面。

茶马古道的起点。茶马古道是亚洲大陆上以茶叶为纽带的古代交通贸易网络，是世界上地势最高、形态最复杂的古商道，具有重要的历史文化价值。它兴于唐宋，盛于明清，是茶马互市的结果。据史学家考证，普洱市（古称普洱府）在东汉时期已有人工栽培茶树，距今有1800多年；唐朝时普洱茶已作为商品销往西藏等地，明清时已大批运往海内外，并形成了"普洱昆明官马大道""普洱大理西藏茶马大道"等6条茶马古道。这些茶马古道至今仍保存完好，被称为"世界上地势最高的文明文化传播古道"。普洱也因此成为普洱茶生产和贸易的集散地，它既是茶马古道的起点，也是普洱茶文化的中心地带。

（三）世界旱作农业源头——内蒙古敖汉旱作农业系统

2012年，内蒙古"敖汉旱作农业系统"被联合国粮农组织列为全球重要农业文化遗产保护试点，成为世界上第一个旱作农业文化遗产。谈到作为世界上第一个旱作农业文化遗产入选"全球重要文化遗产"的主要原因时，闵庆文在《敖汉旱作农业系统：世界上第一个旱作农业文化遗产》一文中是这样描述的[①]：

敖汉旱作农业系统是旱作农业的起源地。敖汉旗位于内蒙古赤峰市，是中国古代农业文明与草原文明的交汇处，境内分布着被誉为"华夏第一村"的兴隆洼遗址和"旱作农业发源地"的兴隆沟遗址。2001年至2003年在兴隆沟发掘的炭化粟（谷子）和黍粒距今已有8000年的历史，专家们由此推断，西辽河上游地区是这两种谷物的起源地和中国古代北方旱作农业的起源地，从而证明敖汉旗是横跨欧亚大陆旱作农业的发源地。

此外，在敖汉旗境内发掘出的"小河西文化"（距今8200年以前）、"兴隆洼文化"（距今约8200—7400年）、"赵宝沟文化"（距今约7200—6400

[①] 闵庆文、白艳莹《敖汉旱作农业系统：世界上第一个旱作农业文化遗产》，《农民日报》2013年6月7日第4版。

年)、"红山文化"(距今约 6700—5000 年)、"小河沿文化"(距今约 5000—4500 年)遗址地,都发现了与旱作农业相关的生产工具,有锄形器、铲形器、刀、磨盘、磨棒、斧形器等,见证了敖汉旗的农业起源和农业发展历程。

敖汉旱作农业系统有着丰富的旱作品种资源。敖汉旗的农作物品种丰富多样,最有名的粟分为黑、白、黄、绿四种颜色。黍的品种也很多,有大粒黄、大支黄、大白黍、小白黍、疙瘩黍、高粱黍和庄河黍等。除了粟和黍,敖汉旗旱作农业系统中还有其他很多粮食作物、经济作物、蔬菜、瓜果和畜禽等。

作为典型的旱作农业区,敖汉旗杂粮生产是其优势产业,盛产谷子、糜黍、荞麦、高粱、杂豆等绿色杂粮,其中谷子是第一大杂粮作物。该地杂粮绝大部分种植在山地或沙地,自然条件较好,极少使用化肥农药,保证了杂粮生产的天然特性,赢得了"中国杂粮出赤峰,优质杂粮在敖汉"、"敖汉杂粮,悉出天然"的美誉。敖汉旗现已注册的杂粮、豆类品牌有"牛力皋"牌荞面、"天然"牌小米、"老河"牌大米、"北国香"牌葵花、"新洲"牌黑豆等。

我国是世界第一大粟主产国,产量占世界的 80% 左右,出口占世界粟贸易量的 90%,常年种植面积居世界第二位。粟和黍具有抗旱、早熟、耐瘠、耐盐碱、耐储藏、适应性广等适应干旱、半干旱地区气候的特点,是干旱、半干旱地区发展可持续农业的支柱作物。同时,由于粟和黍的营养平衡、丰富,富含蛋白质、氨基酸、维生素以及硒、钙、铜、铁、锌、碘、镁等微量元素,近几年随着人们膳食结构的改变,以小粟和黍为代表的杂粮作为理想的健康食物受到了市场热捧。

敖汉旱作农业系统有着浓郁的旱作农耕文化氛围。在长期的杂粮耕作实践中,原始的民间文化经过数千年的沉淀,逐步形成了歌谣、节令、习俗、耕技等丰富多彩的具有地方特色的文化表现形式,并世代传承。正月初八祭星是敖汉旗蒙古族所独有的祭祀风尚,此习俗至今在四家子镇牛汐河屯仍保留、延续。位于敖汉旗境内的国家级重点文物保护单位城子山遗址,被专家称为"中国北方最大的祭祀中心",还有诸多不同时期的出土文物,均与祭祀有关。流传在敖汉旗境内的庙会、祭星、祈雨、撒灯等民俗以及民间的扭秧歌、踩高跷、唱大戏等等,也大都是为了祈求一年风调雨顺、五谷丰登和庆祝丰收。

第六章 西部现代特色农业

（四）传统稻鱼鸭共生农业生产模式——贵州从江侗乡稻鱼鸭复合系统

2011年6月，贵州从江侗乡稻鱼鸭复合系统获得联合国粮农组织颁发的"全球重要农业文化遗产"保护地证书，成为我国继浙江青田稻鱼共生系统、云南红河哈尼稻作梯田系统、江西万年稻作文化系统之后第四个保护点。

从江侗乡稻鱼鸭系统位于贵州省东南部，已有上千年历史。每年谷雨前后，侗乡人劳作的身影就出现在层层的梯田里。当温室里培育的秧苗高约3厘米的时候，他们将苗移栽在稻田里，一个月之后把秧苗分到其他的稻田种植。秧苗插进了稻田，鱼苗也就跟着放了进去，等鱼苗长到两三寸长时，再放入雏鸭，于是形成了典型的传统生态农业系统——稻鱼鸭系统。这一模式对现代农业提供了的宝贵启示。其农业文化遗产特点主要体现在如下几点①：

从空间上看，系统中的各种生物具有不同的生活习性，占有不同的生态位。水上层的水稻、长瓣慈姑、矮慈姑等挺水植物为生活在其间的鱼、鸭提供了遮阴、栖息的场所；表水层的眼子菜、苹、槐叶萍、满江红等漂浮植物、浮叶植物靠挺水植物间的太阳辐射及水体的营养生长繁殖，从稻株中落下的昆虫是鱼和鸭的重要饵料来源；鱼主要在中水层活动；底水层聚集着河蚌、螺等底栖动物、细菌以及挺水植物的根茎和黑藻等沉水植物，一些螺、河蚌等可为鸭所捕食。

从时间上看，侗乡人根据稻、鱼和鸭的生长特点和规律，选择适宜的时段使它们和谐共生。在雏鸭孵出3天后放到田里，一直到农历三月初为止；之后播种水稻，在下谷种的半个月左右放鱼苗；四月中旬插秧，鱼的个体很小，可以与水稻共生；稻秧插秧返青后，田中放养的鱼花体长超过5厘米时放养雏鸭；水稻郁闭、鱼体长超过8厘米左右时放养成鸭；水稻收割前稻田再次禁鸭，当水稻收割、田鱼收获完毕，稻田再次向鸭开放。

稻鱼鸭系统在同一块土地面积上既产出稻米又有鱼鸭，为侗乡人提供了丰富的植物蛋白和动物蛋白，但其生态效益更为显著：

一是可以有效控制病虫草害。稻瘟病是水稻的重要病害之一，但是在稻鱼鸭系统中其发病率和病情指数明显低于水稻单作田；系统中鱼、鸭通过捕食稻纵卷叶螟和落水的稻飞虱，减轻了害虫的危害；鱼和鸭的干扰与摄食使

---

① 闵庆文、张丹《从江侗乡稻鱼鸭系统，传统生态农业的样板》，《农民日报》2013年5月10日第4版。

得杂草密度明显低于水稻单作田。

二是可以增加土壤肥力。在稻鱼鸭系统中，鱼和鸭的存在可以改善土壤的养分、结构和通气条件。鱼、鸭吃掉的杂草可以转化为粪便还田，增加土壤有机质的含量；鱼、鸭的翻土增大了土壤孔隙度，有利于肥料和氧气渗入土壤深层，有深施肥料、提高肥效的作用；鱼、鸭扰动水层，还增加了水中的空气含量。

三是可以减少甲烷排放。在稻鱼鸭系统中，鱼、鸭能够消灭杂草和水稻下脚叶，从而影响了甲烷菌的生存环境，减少了甲烷的产生；最重要的是鱼、鸭的活动增加了稻田水体和土层的溶解氧，改善了土壤的氧化还原状况，加快了甲烷的再氧化，从而降低了甲烷的排放通量和排放总量，尤其是在稻田甲烷排放高峰期最为明显。

四是可以储蓄水资源。侗乡人用养鱼来保证田间随时都有足够的水，如此鱼才不死，稻才不枯，鸭才不渴。为了保证田块水源不断，雨季时尽可能多储水，侗乡的稻田水位一般都会在30厘米以上。这种深水稻田具有巨大的水资源储备潜力，具有蓄洪和储养水源的双重功效，俨然一座座"隐形水库"。

五是可以保护生物多样性。侗乡人保留了多样性的水稻品种。而且，良好的稻田生态环境保持了丰富的生物多样性。螺、蚌、虾、泥鳅、黄鳝等野生动物和种类繁多的野生植物共同生息，数十种生物围绕稻鱼鸭形成一个更大的食物链网络，呈现出繁盛的生物多样性景象。

随着农业生产水平的提高，粮食数量安全问题已经得到了很大程度上的缓解，而农产品质量安全越来越引起人们的关注。稻鱼鸭系统可以大幅度减少农药和化肥的使用，所生产出的产品安全、健康，符合现代人对食品安全的要求。"侗乡稻鱼鸭系统"这一典型的生态农业模式将凭借其自身的优势，展现出其无穷的生态与文化魅力，并为当地经济社会可持续发展和美丽乡村建设提供重要支撑。

二、西部的"中国重要农业文化遗产"

到目前为止，中国公布了三批"中国重要农业文化遗产名录"，总数达62个。除了上述入选"全球重要农业文化遗产名录"的外，西部还有共计21个入选"中国重要农业文化遗产名录"。现按批次分别介绍西部的"中国重要农业文化遗产"。

第六章 西部现代特色农业

（一）西部第一批"中国重要农业文化遗产"

2013年5月21日中国农业部公布了19个传统农业系统为第一批"中国重要农业文化遗产"，西部除了上述已经介绍的入选"全球重要农业文化遗产名录"的4个外，还有5个传统农业系统进入第一批"中国重要农业文化遗产名录"，它们分别是：

1. 新疆吐鲁番坎儿井农业系统

坎儿井是维吾尔语"karez"的音译，意思为"井穴"。坎儿井作为新疆特有的文化景观，是新疆各族劳动人民根据本地自然条件、水文地质特点，在第四纪地层中自流引取地下水而创造出来的一种特殊的地下水利工程设施。它由人工开挖的竖井、具有一定纵坡的暗渠、地面输水的明渠和储水用的涝坝等四部分组成。坎儿井在新疆主要分布在吐鲁番等地区，总长度超过5000公里，主要以居民饮用和农业灌溉为主。坎儿井被誉为与万里长城和京杭大运河齐名的"中国古代三大工程"之一，也是中国古代"水文化"的象征之一。

根据联合国粮农组织对全球重要农业文化遗产项目价值标准的解释，吐鲁番的坎儿井的农业文化遗产价值主要体现在如下三个方面[①]：

第一，坎儿井具有丰富的生物多样性和文化多样性。

坎儿井作为一种人工灌溉系统，改变了地面和地下的原有的生态环境，为动植物提供了新的生存空间。坎儿井灌溉的农田和哺育的一片片绿洲，形成了一个完整的生态系统，特别是对吐鲁番这样一个降水稀少、植被稀疏的地域而言，坎儿井具有非常典型的、无可比拟的生物多样性。

吐鲁番的维吾尔族把坎儿井称为"江布拉克"，意思是"生命之源"。从古代以来，围绕坎儿井灌溉系统，吐鲁番盆地的人们形成了独特的适应极端干旱环境的生态环境文化。坎儿井水曾先后滋养过54个民族，因而这里也是多种文化的交汇之地，既有清真寺，也有佛教圣殿，还有基督教堂。生活在这里的民族有维吾尔族、汉族、哈萨克族、回族等，他们在这里和谐共处、互相尊重，形成了丰富多彩的民族文化。可以说，坎儿井造就了新疆独特的文化形态和新疆人独特的文化心理特征，孕育了新疆独具特色的绿洲文化。

---

① 崔峰、王思明、赵英《新疆坎儿井的农业文化遗产价值及其保护利用》，《干旱区资源与环境》2012年第2期。

第二，坎儿井体现了自然与社会环境的协同和适应性。

坎儿井作为传承近2000年的古老灌溉技术，蕴涵着宝贵的生态智慧。首先，坎儿井具有减少蒸发、防止风沙的作用。众所周知，干旱区蒸发量年均一般可达2000毫米，而降水量平均每年大多在200毫米以下。坎儿井作为一种地下输水工程，在减少水量蒸发方面有着重大的意义。干旱区每年春季的风沙常常淹没农田、道路和河渠，而坎儿井井口如果盖得严实，则几乎不受什么影响。其次，坎儿井具有节约能源、降低污染的功能。坎儿井是人工开掘的纯粹利用自然地势（从高处到低处）进行灌溉的一种用水方式，不用复杂的动力设备就可以引水灌溉和满足生活用水需求。这种水资源利用方式既节省了动力能源，又避免了因此而造成的环境污染，体现了人与自然和社会关系的协同进化。

第三，坎儿井对区域可持续发展的促进作用。

目前，吐鲁番坎儿井仍在当地人们的生产、生活、生态等方面发挥着重要作用。首先，吐鲁番坎儿井不仅是继承下来的作为人类共同财富的文化形态，而且是一种经济社会生产方式。直到今天，坎儿井每年仍不断向绿洲提供近3亿立方米的地下水，灌溉着大面积的土地（灌溉约25.05万亩农田果园），在当地农牧业生产、生活中尤其在农业抗旱减灾中发挥着重要作用：雨季，它可有效地储存多余的降水，防止水灾和水土流失；而到旱季，储存的雨水既可灌溉农田又使人畜饮用水得到保障，充分体现了系统要素之间、人与自然之间和谐的可持续发展理念，堪称维吾尔族等民族和谐利用自然资源的典范和农业史上的一大发明。坎儿井在吐鲁番聚落发展中起到了举足轻重的作用，它已成为吐鲁番盆地绿洲农业社会的重要组成部分。另外，坎儿井对维护和改善区域绿洲生态环境有着很高的战略意义。坎儿井水行地下，减少了大量的无效蒸发，这一点对于降水极少、蒸发量极大的吐鲁番盆地有极大的节水意义。另外，坎儿井采取浅层采水，对该地区地下水影响较少，而坎儿井的冬闲水表面上看是被浪费了，实际却是吐鲁番盆地很多植被获得水源的主要途径。尤其是吐鲁番坎儿井有三分之一的冬闲水最终都流向了下游的艾丁湖，对维护艾丁湖自然生态平衡起着相当大的作用，对盆地的气候乃至生态都具有积极的意义。

吐鲁番坎儿井最多时有1237条，年流量5.6亿立方米，灌溉面积达约35万亩。近几年，由于肆意使用坎儿井资源，使坎儿井流域系统遭受到严重破

第六章 西部现代特色农业

坏,吐鲁番有水的坎儿井已减少到400余条,灌溉面积减少到13万亩左右。目前,当地政府按照农业部中国重要农业文化遗产保护工作要求,采取有效措施保护坎儿井。

2. 陕西佳县古枣园

佳县地处陕西省东北部黄河中游西岸,榆林市东南部,陕北黄土梁峁丘陵区北端。佳县是传统农业县,农业在地方经济中占重要地位。近10年以来,红枣产业逐渐发展成为佳县优势特色产业。2011年全县枣林面积已达72.3万亩,年产量达22.5万吨,种植面积和产量均居陕西省第一位,占全省产量的30%。

佳县古枣园位于"中国红枣名乡"朱家坬镇泥河沟村,是世界上保存最完好、面积最大的千年枣树群,总面积36亩,现存活各龄古枣树1100余株。其中干周在3米以上的古枣树有3株,干周在2米以上的有30株,最大一株干周为3.41米,树龄在1400年以上。佳县古枣园农业文化遗产价值主要体现在如下几个方面[①]:

第一,悠久的栽培历史与丰富的种质资源。

枣树是原产中国的特有果树种,佳县地处黄河中段晋陕峡谷西岸,一般被认为是中国枣树的最早栽培中心;同时,佳县还普遍生长着数百年甚至上千年的酸枣和枣树,栽植分散、树高低不齐、野生类型较多,多为原生的栽培类型。就种质资源而言,佳县古枣园的枣属植物有两种,即枣($Zizaphus\ jujube$)和酸枣($Z.\ spinosa$),其中包括3个酸枣品种共16个地方品种以及13个枣的品种共35个地方品种。表现了完整的从野生型酸枣、半栽培型酸枣、栽培型酸枣到栽培枣的驯化过程,不仅为中国作为枣树原产地、驯化和规模化种植发源地提供了有力证据,也为未来枣产业发展保留了重要的种质资源库。

第二,独特的枣文化与传统技艺。

佳县十年九旱,而枣树却是耐旱作物,年年挂果、岁岁丰产,历史上一直是百姓的"救命粮"。枣树是"铁杆庄稼"、"保命树","只要树上有枣就饿不死"……都是佳县人民对红枣的诠释。老百姓对红枣有特殊的情结,不

---

① 梁勇、胡远男、刘某承等《陕西佳县古枣园农业文化遗产保护与发展策略研究》,《农村经济与科技》2014年第1期。

仅形成了许多有关红枣的风情、习俗、食俗和礼俗，而且佳县民间对枣更多的寄予一种希望，并把它和喜庆联系在一起，祝福、祝寿、贺年、贺喜、相送相敬的食品中必有红枣。同时，佳县人民群众在长期的生产实践中，在枣树的繁殖与栽植、枣粮间作、枣园管理、枣的采收与晾晒以及加工和贮藏等方面积累了丰富的经验和技术。在这些传统技艺中，具有代表性的是枣粮间作。枣粮间作是当地居民因地制宜创造的一种立体农作制度，是利用枣树和农作物之间生长时间及生理学特征上的差异，把农作物与枣树按照一定的排列方式种植于同一土地单元，从而形成长期共生互助的枣粮复合生态系统。

第三，重要的生态功能。

枣树树干高大，树冠盖度较大，尤其是古枣园中的枣树高大密郁，枣树的长势明显强于其他树种，可以起到良好的防风效果。枣树水平根向四面八方伸展的能力很强，匍匐根系较多，侧根发达，固持表层土壤的能力非常强。同时，树龄较长的天然林和人工古树林，其土壤持水能力较强，在植被稀疏的黄土高原区、在黄河沿岸的坡地上，枣树的这些生理特性在防风固沙、水土保持、涵养水源方面的功能突显、意义重大。

随着时间的流逝，佳县古枣园正遭受着岁月的侵袭和人为的破坏，传统的枣文化、民俗也面临着失传的危险。为此，佳县人民政府按照农业部中国重要农业文化遗产保护工作要求，制定了佳县古枣园系统保护与发展规划和合理措施，通过动态保护、适应性管理和可持续利用，保护古枣园、传承枣文化。

3. 甘肃皋兰什川古梨园

什川古梨园位于甘肃省兰州近郊的皋兰县什川镇，该镇距离皋兰县和兰州市均为20公里。该镇位于黄河谷盆地，海拔1450—1950米，其腹地开阔、两岸地势平坦，总面积405平方公里。该镇气候温和、四季分明。年均气温8.40摄氏度，降水330毫米。地下水位较高。耕地上层深厚。盆地为湿淤土，四周梨岽为灰钙土类、土质疏松、耕性良好、土壤肥沃、灌溉方便。自明、清以来，什川古梨园都是以梨为主的果树集中栽培区。什川古梨园的农业文化遗产价值主要体现在如下几个方面：

第一，悠久的栽培历史与优良的种质资源。

什川镇古梨园主要集中于靠近镇政府的上车、长坡、北庄、南庄四个村，占地4000余亩，植株2.7万余棵。其树龄大多为200—300年的古老梨树。其

第六章 西部现代特色农业

中,明代保留下来的约1.3万株,清代保留下来的约1.4万株。树龄最大的"树王"和"树后"推断为452年和450年。主要品种是"冬果梨"和"软儿梨",均为甘肃地方著名品种,数量约各占一半。古梨树树体高大,生长健壮,一般树高8—14米,树干胸径3.4米,冠幅15米,树势生长旺盛,每年花果满树,株产可达1000公斤。什川古梨树结成的软儿梨和冬果梨,分属秋子梨和白梨品种系。古梨树具有树势强健、树体高大的特征。每当阳春三月,梨花如雪纷飞;每逢霜落九月,梨树果实累累。软儿梨和冬果梨具有优质味浓、丰产耐贮等特性,是传统的著名地方佳果,有润肺止咳、清热解毒、健胃润肤多种保健功效,久为群众所喜好。1993年皋兰软儿梨被国家贸易部评为"中华老字号",历史上名人学士有许多赞美的评著。"兰州瓜果城"之果即始称于此①。除了软儿梨和冬果梨外,还有酥木梨、长把梨、吊蛋子等乡土品种,以及引进的巴梨、鸭梨、苹果梨、莱阳梨等20多个品种。

第二,独特的梨园文化。

明朝弘治八年(1495年),甘肃巡抚在今什川镇修筑"什字川堡",因而留下"什川"之美名。滔滔黄河东流出小峡后在这儿呈"S"形流向,造就了酷似太极图状的万亩梨园。依山傍水的地理优势、历经沧桑的百年梨树、巧夺天工的自然景观,使什川成为游客踏青赏景的一处旅游休闲胜地。特别在每年清明至谷雨期间,万亩梨园一派花海闹春的景象。日本早稻田大学一名著名植物学家早年游览梨园后叹为观止,称这儿是植物界的奇迹、全球罕见的"活植物标本"和难得的"梨园博物馆"。2013年皋兰县什川万亩古梨园正式被录入《吉尼斯世界纪录大全》。当地人将种植梨树称为种"高田",果农不仅要为梨树松土、施肥、防虫,而且要通过"天把式"(利用10米高的云梯穿梭于半空的梨树间)给果树修枝整形、疏花疏果、竖杆吊枝、采摘果实,形成了独特的栽培方式与农耕文化②。

当地政府依托古梨树资源,自2003年以来,什川镇每年4月举办"兰

---

① 甘肃省老科学技术工作者协会《着力打造兰州什川古梨园文化》,《2012年甘肃省"食品安全与健康生活"学术年会论文集粹》,2012年。

② 《甘肃林业》记者《皋兰什川古梨园》,《甘肃林业》2016年第3期。《中国国家地理》关于"非著名山峰"的定义:海拔1000—5000米,具备该种地貌的典型特征,或具有独特的生物资源,或具有多样的民族风情及深厚的文化底蕴以及拥有良好的生态环境和较好的可进入性。

州·什川之春"梨花节,百年梨园翠盖参天、生机盎然,把旅游观光、文体娱乐等融为一体,形成以梨园美景观赏、黄河风光游览、农家休闲娱乐等为主的新型生态乡村休闲旅游区。

近年来,随着生产发展和人口增多,梨园面临被蚕食、挤占的危险,气势浩大、梨韵幽深的古梨园景观面临严峻的挑战。当地政府按照农业部中国重要农业文化遗产保护工作要求,制定古梨园保护发展规划和管理办法,科学合理利用古梨树资源、传承弘扬古梨园农耕文化,使独特珍贵的世界第一果梨园焕发青春、再造辉煌。

4. 甘肃迭部扎尕那农林牧复合系统

中国重要农业文化遗产地"甘肃迭部扎尕那农林牧复合系统"位于甘肃省迭部县益哇乡。迭部县位于甘南藏族自治州南部甘川交界处,白龙江上游的高山峡谷地带。迭部县东邻舟曲县、宕昌县,北接卓尼县、岷县,西南与四川省若尔盖县、九寨沟相接。益哇乡位于迭部县城西北部,东连电尕镇,西南与四川若尔盖县相接,北与卓尼县隔山相邻,平均海拔2600米,气候高寒阴湿,无霜期短。全乡总面积365平方公里,其中林地58 725亩,森林覆盖率43%,草场面积612.75万亩,耕地8325亩,农作物主要为蚕豆、青稞、小麦、马铃薯等。

"扎尕那"是藏语,意为"石匣子",是包含四村一寺的藏族村寨,位于迭部县西北28公里处。扎尕那农林牧复合系统位于高寒草原、温带草原和暖温带落叶林三大植被气候类型的交汇处,其农业文化遗产价值主要体现在以下几个方面:

第一,悠久的农业文明——农耕文明与草原文明的结合。

早在3000年以前,这里就已经出现了畜牧文明的萌芽;蜀汉时期,名将姜维把汉族农耕文明引进到此;吐谷浑时期,汉地农耕文化和藏族聚居地区游牧文化相互融合;明清"杨土司"时期,农林牧复合系统逐渐发展起来。农田、河流、民居、寺庙与周围的山林和草地互相映衬,滩地耕种、林草相间,呈现出农、林、牧相互依存、优势互补的复合生产方式。

第二,高效率的农业复合系统与独特的农业文化景观。

在干旱缺水地区,农林牧复合系统可发挥其生态优势:林木系统的林冠可以截留降水,枯枝落叶层及地被层可使降水渗入土层,减少表面径流和土壤冲刷,增加土壤湿度。一般认为,农林牧复合系统有利于保护生态环境,

第六章 西部现代特色农业

而不是破坏性掠夺自然资源。在扎尕那农林牧复合系统中,农、林、牧之间的循环复合使其生产能力和生态功能得以充分发挥,游牧、农耕、狩猎和樵采等多种生产活动的合理搭配使劳动力资源得到充分利用,农耕文化与草原文化的相互交融形成了特殊的农业文化景观。

第三,生物多样性与农业多样性的有机结合。

扎尕那地处高寒山区,藏于石头深处。扎尕那山 2009 年被《中国国家地理》杂志评选为十大"非著名山峰"之一。八十多年前,美籍奥地利裔植物学家、人类学家约瑟夫·洛克在扎尕那留下了他考察的足迹,他在迭部至少发现了 10 种云杉。他曾经在美国《国家地理》杂志发表有关照片和文章,为希尔顿创作《消失的地平线》提供了难得的素材。洛克对迭部的评价:"这里的峡谷由千百条重重叠叠的山谷组成,这些横向的山谷像旺藏寺沟、麻牙沟、阿夏沟、多儿沟以及几条需要几天路程的山谷孕育着无人知晓的广袤森林,就像伊甸园一样,我平生从未见过如此绚丽的美丽景色。"①

同时,扎尕那又属生态脆弱地区,是生物多样性保护优先区域,还是长江与黄河分水岭的上游地带,是重要的水源涵养区,对维护生态平衡和保障生态安全具有重要作用。可以说,独特的生态区位促进了游牧文化、农耕文化与藏传佛教文化的融合与发展,造就了独特的扎尕那农林牧复合系统,既表现了自然界的多样性又为农业生产方式的多样性奠定了基础,并赋予农业更为广阔和丰富的内涵②。

5. 云南漾濞核桃作物复合系统

漾濞彝族自治县位于云南省大理州中部,地处南方陆上古丝绸之路与茶马古道和滇缅公路要冲。远在新石器时代,就有先民在此繁衍生息。古代典籍中记漾濞为"样备",为唐南诏文化发祥地之一。1912 年设县,1985 年国务院批准设立漾濞彝族自治县。漾濞地处亚热带和温带高原季风气候交汇处,立体气候明显,有"一山分四季、隔里不同山"之说。漾濞有彝族、汉族、白族、回族等 13 个民族。

云南漾濞核桃作物复合系统遗产地——光明万亩核桃生态园,属漾濞彝

---

① 刘小雷《迭部扎尕那:藏在石头深处的遗世美景》,每日甘肃网,http://www.gscn.com.cn/pub/gansu/sszh/2011/10/28/1319763213454.html,2011 年 10 月 28 日。

② 杨娜《甘肃迭部扎尕那农林牧复合系统》,《中国妇女报》2013 年 11 月 24 日第 2 版。

族自治县苍山西镇,涵盖整个光明村,地处苍山腹地,总面积15.73平方公里。云南漾濞核桃作物复合系统的农业文化遗产价值主要体现在以下几个方面:

第一,悠久的核桃种植历史与丰富的种质资源。

漾濞核桃种植历史源远流长,可追溯到3500多年前。根据碳-14对1980年发现于漾濞县平坡(镇)高发村的一段核桃古木的树龄测定,证实了早在3500多年前,漾濞县区域就已经有了核桃。对于漾濞核桃种植的文献记载也很多,例如宋代段思平"获商人遗以核桃一笼"之事①,"核桃以漾濞江为上,壳薄可抬而破之"②,"漾民所之宜造者,唯胡桃一种,盖以胡桃之子可为食品又可榨以为清油,每年漾地出产清油约数十万斤,而核桃之输出他境者,亦不下数百驮"③ 等。根据这些文献记载我们可以看出,云南省大理州漾濞县境内的核桃在宋元时期就已经作为一种商品被买卖,到民国时期,漾濞地区的泡核桃种植和生产已经粗具规模④。目前,漾濞核桃种植面积达92万亩,年产量2.7万吨,年产值突破5亿元,农民人均核桃纯收入近3000元。

核桃属胡桃科植物,胡桃科全世界共有19属,中国有7属,漾濞目前已发现4属5种。漾濞核桃5个种中有大泡核桃、小泡核桃等32个品种,《中国果树志·核桃卷》记载其中21个品种。漾濞大泡核桃果呈扁圆球形,果基略尖,果顶圆,出仁率53.2%—76.56%,核仁含脂肪67.3%—75.3%(不饱和脂肪酸占89.9%),蛋白质含量13.43%—17.32%。漾濞大泡核桃品种抗逆性强、寿命长、丰产性状好,坚果质量最佳,以果大、壳薄、仁白、味香、营养丰富而驰名中外,是果油兼优的优良品种,也是目前云南等地商品核桃生产最主要的栽培品种⑤。

第二,独特而古老的林农复合系统。

光明核桃是漾濞核桃的典型代表,现在全村树龄在200年以上的核桃有6000多株,树龄在100年以上的比较普遍。核桃与各种农作物间套作形成的

---

① 〔明〕杨鼎《南诏通记》。
② 〔清〕檀萃《滇海虞衡志》。
③ 《漾濞县实业调查表》,民国九年(1920年)三月。
④ 焦琳《从云南漾濞"核桃节"看新兴节庆发展的差异化路径选择》,云南大学硕士论文,2013年。
⑤ 吕文锦、王珏《漾濞核桃三千年 遍植滇境惠民生》,《中国西部》2016年第9期。

第六章 西部现代特色农业

独特农耕模式彰显魅力,是云南漾濞核桃作物复合系统的集中体现。核桃与各种农作物间套作复合栽培,在耕种农作物的同时,又起到了为核桃施肥、中耕松土、除草、浇灌的作用,核桃生长快、结果早、结果多,而且还多收了粮食。核桃与各种农作物间套作复合栽培的多种生产模式,实现了农业生产良性循环、可持续发展[①]。

第三,丰富多彩的核桃文化与民族文化。

漾濞县的核桃文化源远流长,至今还保存着核桃开竿仪式和相关的祭祀活动。每年到了核桃成熟之时,即在核桃采收开竿之前,许多核桃村寨或核桃大户都请当地有地位、有身份的贵人来帮忙开打第一竿核桃,借贵气、喜气、财气,图个金果满树、钱袋鼓鼓、兴旺发达。对核桃神进行民间公祭活动是漾濞县古老文化的一个重要组成部分。这些古老的地方传统文化,通过今天核桃节的形式深深地烙印在了当地人们的心中。自 2002 年以来,漾濞县每年 9 月 1 日至 30 日都会举办"漾濞核桃节"。届时,来自全县各个民族的人们身着各自的民族服饰共同庆贺、共同祈祷。通过核桃节,人们有了欢聚一堂的机会,也有了展现本民族文化和了解其他兄弟民族文化的契机,一个节庆为民族团结和增加人们的凝聚力做出了不可磨灭的贡献[②]。

(二)西部第二批"中国重要农业文化遗产"

2014 年 6 月 12 日,中国农业部在北京发布第二批 20 个中国重要农业文化遗产,西部就有 8 个入选。以下西部 8 个"中国重要农业文化遗产"的简介资料均来自《中国第二批 20 个重要农业文化遗产》一文[③]。

1. 新疆哈密市哈密瓜栽培与贡瓜文化系统

新疆哈密市哈密瓜栽培与贡瓜文化系统位于新疆维吾尔自治区哈密市,地处新疆最东端,是新疆的东大门,自古就是丝绸之路上的重镇,有着悠久的历史和灿烂的文化。哈密是哈密瓜的故乡,以盛产哈密瓜闻名于世,瓜以地名,地以瓜闻。哈密瓜是在哈密特定的气候条件和自然环境中孕育出来的

[①] 栏目专题报道《权威公布:中国首批 19 个重要农业文化遗产》,《休闲农业与美丽乡村》2014 年第 7 期。

[②] 焦琳《从云南漾濞"核桃节"看新兴节庆发展的差异化路径选择》,云南大学硕士论文,2013 年。

[③] 栏目专题报道《中国第二批 20 个重要农业文化遗产》,《休闲农业与美丽乡村》2014 年第 8 期。

名优产品，已有 2000 多年的栽培历史。哈密瓜栽培品种繁多，仅地方品种就有 124 个，其中栽培较广的有 40 多种。其主要种植区域集中在哈密市花园乡、南湖乡、回城乡等地。这里曾是哈密回王贡瓜种植地，第 13 代贡瓜传人尼亚孜·哈斯木老人依然在这里运用传统方式种植着传统的哈密瓜。加格达瓜是哈密回王的进贡之瓜，只产在哈密。为保证贡瓜风味品质，哈密回王划出了专门的贡瓜种植基地，指派专人种植，在品种选择、施肥浇水、栽种管理、收获贮运等方面都做了精心安排，努力保证贡瓜的独特品质。

为了保护和传承哈密瓜栽培与贡瓜文化系统，哈密市制定了相关的保护规划、管理办法和地方标准，修葺了哈密王府，打造了全国唯一的哈密瓜主题公园——哈密瓜园，并自 1993 年起举办"中国·哈密甜蜜之旅"哈密瓜节。

位于"丝绸之路经济带"上的哈密瓜栽培与贡瓜文化系统作为弥足珍贵的农业文化遗产仍在为世界增添一抹绿色，为生活增添一缕瓜香。

2. 内蒙古阿鲁科尔沁草原游牧系统

内蒙古阿鲁科尔沁草原游牧系统位于大兴安岭西南余脉，是科尔沁草原和锡林郭勒草原的交接带，是片历史悠久的天然牧场。核心区位于阿鲁科尔沁旗巴彦温都尔苏木，自古以来就是游牧民族狩猎和游牧活动的栖息地。蒙古族牧民熟知当地山川河流、草场分布和季节变化，根据雨水丰歉和草场长势决定一年四季的游牧线路，以及春、夏、秋、冬四季牧场的放牧时间。牧民—牲畜—草原（河流）之间形成了天然的依存关系。这种"三角关系"延续至今，不断孕育和发展着蒙古族人民所独有的生产方式、生活习俗、文化特质和宗教信仰，时刻体现着深藏在蒙古族人民血脉之中的崇尚天意、敬畏自然、天人合一的生活理念。

阿鲁科尔沁草原游牧系统长期演化的历史过程和现实存在，向人们阐释了一个取物有时的道理。在农耕化浪潮和现代农牧业技术出现之前，对于生活在科尔沁草原上的历代游牧民来说，"逐水草而居"是唯一可行的生产生活方式。它充分利用大自然恩赐的资源和环境来延续游牧人的生存技能。人和牲畜不断地迁徙和流动，既能够保证畜群不断获得充足的饲草，又能够避免长期滞留带来的草地资源退化。

当前，由于矿产资源开发、草场过载和天然草场被大量占用，阿鲁科尔沁草原面临着生态系统恶化、生物多样性减少的威胁。同时，现代生产技术

第六章 西部现代特色农业

的应用和生活方式的改变，也给当地牧民传统的生产生活方式带来了巨大冲击。阿鲁科尔沁旗按照农业部中国重要农业文化遗产保护工作的要求，制定了内蒙古阿鲁科尔沁草原游牧系统的保护和发展规划，严格保护游牧系统栖息地和珍贵的草原文化遗产，深入挖掘传统游牧业的精髓，与现代畜牧业生产技术相结合，促进当地游牧民生活水平全面提高，使得内蒙古阿鲁科尔沁草原游牧系统不断散发出独特的魅力。

3. 甘肃岷县当归种植系统

甘肃岷县当归种植系统地处黄河上游生态脆弱区，为当地提供了生态屏障。系统位于甘肃定西市西南部，正处于陇中黄土高原、甘南草原和陇南山地接壤区，位居定西、甘南、陇南、天水四区（州、市）几何中心，享有陇原"旱码头"美称，是"茶马古道"重镇和甘肃南部重要的商品集散地。

特殊的区位造就了岷县独特的自然人文景观、农耕文化、民俗文化。岷县人的习俗、节庆、商贸、饮食、建筑、服饰、耕作习惯等无不与当归息息相关。千百年来，当归在岷县这块土地上传承发展，成为岷县农民的主要经济来源和富民强县的支柱产业。独特的栽培条件和传统栽培技术以及加工炮制技术造就了"岷归"品牌，"岷归"已成为我国中医药文化遗产的重要组成部分。独特的当归农耕文化形成了独特复合的农业文化传承。这种独特复合的农业文化传承是当地传统文化的宝贵财富，构成了传统文化的基础，同时也是当地居民适应独特的地理区位和生态环境的必然选择，是促进当地经济社会发展的基础。

甘肃岷县当归种植系统正在面临现代生产与生活方式转变的冲击和威胁，传统的栽培、加工炮制技术濒临失传，金属残留和土壤污染日益严重，对千百年来积淀的"岷归"传统农耕文化提出了严峻挑战，挖掘、保护、传承工作迫在眉睫。目前，岷县人民政府按照农业部中国重要农业文化遗产保护工作要求，制定了"岷归"种植系统保护与发展规划和管理办法，通过生物多样性的恢复、传统农耕文化的传承与休闲农业的结合，从根本上解决农民增收、农业可持续发展和文化遗产保护、传承问题，让"岷归"这朵祖国中医药花园的奇葩散发出迷人的芳香，让这一具有重要价值的农业文化遗产更加熠熠生辉。

4. 宁夏灵武长枣种植系统

灵武市位于银川平原河东灌区，素有"塞上江南"之美誉。灵武历史悠久,早在三万多年前的旧石器时代晚期,人类就在灵武这片神奇的土地繁衍生息,是中华民族远古文明的发祥地之一。

灵武还有"水果之乡"的美称,灵武长枣就是其典型代表。灵武长枣从唐朝开始就被列为皇室贡品,被誉为"果中珍品",距今已有1300年的栽培历史。2003年以来,灵武长枣这一古老的优良品种得到大规模发展,种植面积达到14.2万亩。目前,"灵武长枣"品牌逐步向绿色食品、有机食品行列发展,灵武枣成为地理标志产品、中国名牌农产品,取得了宁夏著名商标、中国驰名商标的认证,灵武也获得"中国灵武长枣之乡""全国枣产业十强县"等荣誉称号。

灵武长枣是经过长期自然筛选出来的具有地方特色的鲜食珍品,抗逆性强,果实营养丰富,药用价值高,发展潜力大。果实呈长椭圆形,平均干重18.1克,最大单果重达40克,汁液多、酸甜适口、营养丰富、品质极佳。截至2013年,灵武长枣种植系统挂果面积5万余亩,长枣年产量最高达920万公斤,实现产值过亿元。灵武长枣产品市场广阔,形成了较好的品牌效应。随着长枣产业的发展,灵武长枣品种选优技术创新遭遇瓶颈、龙头企业规模小、枣的深加工发展缓慢、发展后劲不足等问题凸显。为了传承和保护好这一农业文化遗产,灵武市按照农业部重要农业文化遗产保护要求,先后制定和出台了一系列的保护措施,建成了"世界枣树博览园",全力保护这一令人瞩目的农业文化遗产品牌。

5. 四川江油辛夷花传统栽培体系

四川江油辛夷花传统农业系统位于江油市大康镇旱丰村吴家后山,海拔1200—2179米,核心区面积25平方公里。系统内植被和生态环境良好,动植物资源和旅游资源极为丰富,素有"江油神农架"之称。自古以来,栽种辛夷树、采摘辛夷花,林下种植天麻、百合、乌药,林间养蜂、放养山鸡及牛羊等传统耕作方式一直延续至今。

吴家后山独特的地理位置和自然条件,造就了辛夷花独特的品质。山顶原始森林植被涵养、截留、储存天然水分,是江油市区居民生活和江彰平原农业生产的水源地之一。辛夷的花、树皮入罐为药、上桌为膳,有养生治病之功效。吴家后山现存古辛夷树6万余株,有颜色各异的花海60余处,树龄最长的近400年,垂直分布在吴家后山腹地。其栽培历史久远、花色品种齐全、规模大,已成为全国最大的辛夷花基地。如今,山腰绵延数十里的辛夷

第六章　西部现代特色农业

花和林下产品已成为山下人们喜爱的生态食品，也是人们休闲、避暑、赏花、观景、养生的最佳选择地。

随着景观价值的提高和观光人数的增加，以及辛夷花海景观、采摘方式、幼树栽播、林下种养等的开展，传统的农耕方式面临严峻挑战，保护性开发势在必行。当地政府按照农业部中国重要农业文化遗产保护的要求，积极做好各项保护工作，并将该地纳入休闲农业与乡村旅游示范县项目建设内容。通过对辛夷花的保护性开发利用，这一具有重要价值的川西北重要农业文化遗产将绽放新的光芒。

6. 云南剑川稻麦复种系统

云南剑川稻麦复种系统位于云南省大理白族自治州剑川县，涵盖全县7万亩水稻面积，核心区为金华镇、甸南镇和沙溪镇，核心区面积3万亩。剑川素有"文献名邦""木雕之乡""白族文化聚宝盆"和"云南文明发源地"之美誉。每年5—6月份栽种水稻，10—11月份水稻收获后，翻耕播种大麦或者小麦；来年5—6月收获，麦茬翻耕后再栽水稻。水旱轮作，提高复种指数，减轻病虫草害，改善土壤结构，促进养分循环。

自3000多年前新石器时代晚期开始，剑川稻麦复种水旱轮作的耕作方式一直沿用至今。绵亘不断的横断山脉阻隔不了稻麦复种农业文化的传播发展，一年两熟的稻麦复种仍然是当今剑川县主要耕作制度，是传统农业生产发展的历史见证和缩影，是农业文化、生物多样性、人与自然和谐发展的典型代表，具有文化、生态、经济等多重价值。春耕夏耘、秋收冬藏，亘古不衰的稻麦复种系统蕴含的生态价值理念、自然农法思想以及古老农具、农耕技术，处处或隐或显地展现了白族先民的智慧。厚重的稻麦复种系统农业文化对当今国民修身养性、构建和谐社会、协调人地关系、走生态文明之路、实现可持续发展依然具有重要的积极意义。

受到气候变化、自然灾害、城市化、工业化、科技发展、外来文化等因素的影响，云南剑川稻麦复种系统生物多样性减少，农业生态环境退化，传统农业生产工具面临消失，农村劳动力特别是年轻劳动力有向城市流动的趋势。传统农耕的方式正在面临被破坏、抛弃的危险，挖掘、保护和传承工作势在必行。按照农业部中国重要农业文化遗产保护要求，剑川县政府制定了稻麦复种系统农业文化保护与发展规划和措施，做好稻麦复种系统及相关的生物多样性、传统农耕方式、农业文化和景观等的保护、开发及利用，并与现代农业、生态农业、休闲农业结合，提高农业收益，促进地方经济和社会的发展。

7. 云南广南八宝稻作生态系统

广南八宝稻作生态系统位于云南省东南部，文山壮族苗族自治州东北部，地处滇、桂、黔三省区交界，适宜八宝稻种植总面积15万亩。

八宝稻作生态系统最早可追溯到公元前1200年前。列为明清贡米的八宝米因产于广南县八宝镇而得名。有"塞上小桂林"之称的八宝，素为上善之地，坐拥稀缺珍贵资源，仰自然恩赐。八宝稻作不仅天赋秉然，更能够精确地把控种植生产体系：精选土地，人畜耕种，顺时而为，培植有道。八宝米色泽晶莹透亮，成饭后，饭粒软和、富于黏性、柔软而不烂、饭冷而不散、清香可口。八宝镇无可比拟的日照条件，恰到好处的雨露滋润，滋养了自然天成的八宝稻米。1981年，广南八宝米被国家列为名贵稻种之一。

在漫长的历史长河中，八宝壮民们创造了绚丽多姿的优秀文化，这些都是不可复制的活态文化，她就像一块活化石，记录了整个壮族社会、经济、文化的历史发展概貌。

如今，八宝稻作生态系统正面临着气候变化与社会变迁的双重威胁，且稻作系统本身存在效益较低、企业带动力度不足、科技支撑薄弱等问题，亟须得到保护与发展。为使这一珍贵的农业文化遗产持续焕发生机，广南县按照农业部关于中国重要农业文化遗产保护的要求，对八宝稻作生态系统的保护工作投入专项经费，在资金上、政策上给以保障，并通过宣传、教育以及休闲农业的开展等，系统保护、打造品牌，从根本上解决农民增收、农业可持续发展和文化遗产保护问题。

8. 广西龙胜龙脊梯田系统

广西龙胜龙脊梯田系统地处广西桂北龙胜山区，分为平安壮寨梯田、龙脊梯田和金坑红瑶梯田三个部分。其悠久的历史、良好的生态、丰富的种质资源及蔚为壮观的梯田景观和独特的壮族、瑶族民俗风情使龙脊梯田的自然生态与民族文化得到了高度的融合，声名享誉中外。

龙脊梯田始建于宋代，完工于清初，距今已800多年的历史。居住在这里的少数民族先民用"刀耕火种"开山造地，把坡地整为梯地，待田块逐渐定型后，再灌水犁田种植水稻，从山脚盘绕到山顶形成"小山如螺，大山成塔"的壮丽梯田景观。

第六章　西部现代特色农业

龙脊梯田地处亚热带，四季分明。梯田所在山脉山高谷深，落差巨大，海拔最高为1850米，最低只有300米。山顶是大面积的原始森林和次生林，森林下方是规模宏大的梯田，壮寨和瑶寨散布在山腰。独特的地理和生态条件使得龙脊梯田周边远有高山云、近有河谷急流，风景极其秀美。当地壮族、瑶族居民根据海拔差异因地制宜地种植水稻、辣椒、红薯、芋头等普通作物和茶叶、罗汉果，养殖凤鸡、翠鸭等地理标志性农副产品，保存和培育了丰富的作物种质资源。

近年来，当地人民利用梯田积极从事特色农副产品生产、加工和休闲农业产业。目前，当地政府按照农业部关于中国重要农业文化遗产保护的要求，专门制定了保护规划和管理办法，加大挖掘、保护、传承的力度，让龙脊梯田系统为桂北少数民族山区在保持优良生态的基础上促进农民增收、推进农业现代化发挥更大的作用。

（三）西部第三批"中国重要农业文化遗产"

2015年10月，中国农业部公布第三批"中国重要农业文化遗产名录"，西部有8个入选。以下简介资料均引自《中国第三批23个重要农业文化遗产》一文①。

1. 新疆奇台旱作农业系统

奇台县位于新疆维吾尔自治区东北部，地处天山北麓、准噶尔盆地东南缘，总面积1.93万平方公里，总人口30余万。作为古丝绸之路新北道上的重要坐标，这里历史悠久、地域辽阔、土地肥沃，汉朝郑吉曾分兵300在此屯田。之后，历代军屯、民屯、官屯、商屯和农垦得以延续发展，在山梁沟壑间创造了万亩旱田，至今仍保留着稳定的产量，成为新疆农耕文化的重要发祥地。

奇台旱作农业系统是天山北麓"靠天收"的农业生产典型，主要以旱作种植为主，并涉及林业、畜牧业和副业等农业类型。历代先民依靠独特的光热资源和水土资源，利用当地复杂地形和垂直地带气候，在不同海拔高度播种适宜的作物，探索出作物种植—留茬地放牧种植模式、"二牛抬杠"畜力耕作方式、"水打滚"和"浪苗子"撒播生产方式、轮流休耕土壤保持肥力方

---

① 农业部农产品加工局《中国第三批23个重要农业文化遗产》，《休闲农业与美丽乡村》2016年第1期。

式、堆草火烧和深耕条播防治虫草灾害方式等传统农业生产方式。旱作农业不浇水、不施肥，实行轮作、休耕制度，确保农业生产可持续，有效保护了当地生态系统的完整性。旱地景观随季节更替而变化，彰显着农耕文化的原生态魅力。春季种子撒播在连绵的群山之上的旱地里，出苗后绿色绵延起伏，夏季麦子成熟金色满山，秋野残茬中牛羊成群，冬季冰封山峦白雪皑皑，一年四季有着不同的令人震撼的美景，被誉为"天山麦海"、"空中麦田"、"中国最美的麦田"和"摄影家的天堂"。

随着全球气候变化和周边城市工业污染加剧，旱作农业系统面临严峻的挑战。目前，当地政府按照农业部中国重要农业文化遗产保护要求，制定了旱作农业系统保护规划和管理办法，通过围栏禁牧加强生态保护，举办"开犁节"传承农耕文化，大力发展休闲观光农业，保障农民增收和重要农业文化遗产价值永续传承。

2. 甘肃永登苦水玫瑰农作系统

永登县位于甘肃省中部，是闻名遐迩的"中国玫瑰之乡"，玫瑰栽植历史久远，距今已有200多年，所栽植的苦水玫瑰是我国四大玫瑰品系之一，为半重瓣小花玫瑰，属亚洲香型，世界上稀有的高原富硒玫瑰品种，具有生长茂盛、花色鲜艳、香气浓郁、肉厚味纯、产量及出油率高、抗逆性强等特点。苦水玫瑰花朵中含有100多种有效成分，其中玫瑰精油含量0.0004%、总黄酮（以芦丁计）含量0.48克/100克、硒含量3.88毫克/克、香茅醇含量50%以上，含有的营养成分和药物成分对人体心脑血管、消化系统、新陈代谢以及免疫功能系统具有明显的药理作用，并具有抗氧化、抗衰老、抗肿瘤等功能。经过200年的提纯扶壮和不断选育，苦水玫瑰已发展成为既可食用、药用，又可用于轻工加工的特色玫瑰，品种和品质优势逐渐显现，市场竞争力显著增强。目前，已注册了苦水玫瑰证明商标，制订了《苦水玫瑰生产技术标准》《玫瑰精油国家标准和国际标准》《玫瑰干花蕾地方标准》，完成了苦水玫瑰农产品地理标志登记。

在文化产业发展方面，与苦水玫瑰相生相伴发展起来的民间文化历史悠久、丰富多彩，主要有以西峰寺、渗金佛祖、母子宫为主的佛教文化，以苦水高高跷（国家级非物质文化遗产）、太平鼓、木偶戏、下二调（市级非物质文化遗产）为主的民俗文化和以玫海观光、梨园风情、丹霞地貌为主的旅游文化等，形成了一条极具特色的文化产业发展道路。

第六章 西部现代特色农业

3. 宁夏中宁枸杞种植系统

中宁枸杞种植系统位于宁夏回族自治区中部,宁夏平原南端的中宁县。中宁县地处黄河两岸,为内蒙古高原和黄土高原过渡带,属北温带大陆性季风气候区。中宁县还是世界枸杞的发源地,1961年被农业部命名为中国枸杞生产基地县,1995年被国务院命名为"中国枸杞之乡"。

中宁枸杞种植系统始于唐、兴于宋、扬于明、盛于今,抒写了1000多年长盛不衰的壮丽史诗和辉煌篇章,探索出了一整套技术完备的栽培管理系统和生物共生系统。唐代孙思邈的《千金翼方》、郭橐驼的《种树书》均系统记载了中宁枸杞栽培方法。明弘治年间,朱元璋第十六子朱㫒将中宁枸杞推为贡果,进献朝廷。《中华人民共和国药典》六易其版,始终确定中宁枸杞为唯一可入药的枸杞品种,中宁枸杞传承人遍布城乡村落,分六大派别,共有传承代表27名。正是他们无怨无悔的传承守护,才留下了中宁枸杞的根和魂。改革开放以来,在中宁枸杞种植面积迅速扩展而耕地供给严重不足的情势下,成千上万的中宁人结合中宁枸杞苗木、技术和栽培管理方法,将中宁枸杞引种至甘肃、青海、新疆、内蒙古等地培植,派生出了甘肃产地中宁枸杞、青海产地中宁枸杞、新疆产地中宁枸杞、内蒙古产地中宁枸杞和宁夏境内各县区产地中宁枸杞。中宁枸杞如同星火燎原,产生了巨大的裂变效应。据估算,目前世界枸杞市场70%以上的干果都与中宁枸杞同族同宗。经历1000多年的栽培、上百个品种的演变选育,中宁人民不仅开创了传统枸杞种植与现代枸杞种植高度融合的栽培模式,而且创造性地继承了枸杞粑粑茶、枸杞糕、枸杞宴等传统养生保健食品制作方法,成功研制生产了上百种现代养生保健产品,开辟了枸杞养生与国内外对接的先河,更是建成了全世界最大的枸杞交易中心,成为中国乃至世界枸杞价格的晴雨表。

每年五月初五,中宁枸杞传统种植核心区的茨农(种植枸杞的农民)都要举行盛大的祭拜枸杞仪式,祈望风调雨顺、枸杞丰收。茨农们一直传承着枸杞婚礼民俗仪式,祈望日子红红火火、爱情甜甜蜜蜜、福寿吉祥、白头偕老。每逢节日,中宁人总要品枸杞粑粑茶、吃枸杞宴,思绪顺着茶中涟漪轻轻散开,细细品出独属于中宁枸杞的一份古韵情怀。

4. 四川苍溪雪梨栽培系统

苍溪县地处四川盆地北缘,位于大巴山南麓,全县森林覆盖率46.5%,气候适宜,交通便利,独特的地理环境和气候孕育出了苍溪雪梨。苍溪雪梨又名施家梨、苍溪梨，民国《苍溪县志》引《元和郡县志》："梨类有施家梨、水梨、香梨各种。"说明唐代元和（806—820年）时已有此梨栽培。苍溪雪梨具有"外形美观、果肉洁白、味甜如蜜、清香无渣、入口即化"的特点，果实多呈倒卵形，特大，平均单果重472克，大者可达1900克，被誉为"沙梨之王"。苍溪县利用苍溪雪梨这一独特优势资源，在每年梨花盛开的时候举办梨花节，大力发展以"赏梨花、品雪梨、住农家"为主的生态乡村旅游，建有中国·苍溪梨文化博览园，博览园现有百年老树202棵，虽历经沧桑，仍枝繁叶茂、果实累累，单株产量高达350公斤，实属罕见。苍溪雪梨于1989年被农业部评为优质农产品。1998年苍溪被授予"中国雪梨之乡"称号。苍溪雪梨先后获得"梨王"牌注册商标、证明商标、中国驰名商标等并成为地理标志产品。苍溪县也成为全国绿色食品苍溪雪梨原料生产标准化基地县。

5. 四川美姑苦荞栽培系统

美姑苦荞栽培系统位于四川西南部的凉山州美姑县。在美姑县海拔2800—3400米的范围之间，是苦荞的发源地，苦荞长势最好。在有文字记载的人类历史中，凉山彝族是最早种植、开发苦荞的民族，至少在公元前14世纪中叶甚至更久远的年代，凉山彝族先民就已经驯化、栽培、种植和食用苦荞。举凡彝人出生、满月、成人礼仪、婚丧嫁娶、祭祖大典都离不开苦荞食品。苦荞栽培系统是彝族人民祖祖辈辈传承的重要农业文化遗产。苦荞销售是美姑县农民收入的重要来源。

美姑苦荞栽培系统具有重要的生态价值，使种植区自然生态形成良性循环。美姑苦荞与玉米、大豆、燕麦等其他作物有良好的间作套种模式，有生物多样性方面的利用价值，其点播、犁沟条播等集约化栽培方式，有利于保持水土。大规模连片种植，有利于调解农田气候，控制病虫草鼠危害。秸秆与荞壳通过牲畜过腹还田，实现养分循环，维护资源永续利用和农业生态平衡。苦荞栽培系统涵养水源，减少烟尘、二氧化硫等有害气体排放，减轻大气污染和水污染，改良土壤，提高土壤有机质含量，种养互助，遏制环境恶化。美姑县高度重视苦荞栽培系统的挖掘与保护，全面开展苦荞品种资源利用、高产栽培与标准化技术推广，制定苦荞栽培与食用习俗文化保护计划等一系列举措，促进美姑苦荞这一传统优势产业可持续发展。

6. 贵州花溪古茶树与茶文化系统

花溪古茶树与茶文化系统位于贵州省贵阳市花溪区久安乡。

第六章　西部现代特色农业

以古茶树为原材料,推出了久安千年绿、久安千年红两款佳茗,久安千年红,外形条索紧细卷曲,匀整,显金毫,色泽乌润,古韵深远,香味浓郁高长;久安千年绿,外形条索紧细卷曲,匀整,色泽翠绿、显毫,香味高扬,古韵深远。久安乡古茶树的平均树龄在600年左右。

7. 云南双江勐库古茶园与茶文化系统

云南双江勐库古茶园与茶文化系统位于双江拉祜族佤族布朗族傣族自治县,涉及6个乡(镇)和2个农场,总面积16万亩。系统内1.27万亩野生古茶树群落,是目前国内外已发现海拔最高、密度最大、分布最广、原生植被保存最为完整的野生古茶树群落,是茶树种质资源和生物多样性的基因库,是中国首个以古茶山命名的国家级森林公园。

据史料记载,明成化二十年(公元1484年),双江开始在勐库冰岛一带人工驯化种植茶树。500余年的种植驯化铸就了当今勐库大叶种茶内含物质丰富、茶汤明亮、醇香悠长的优良品质。该茶曾两次被全国茶树良种审定委员会评为国家级茶树良种,被中国茶叶界权威赞为"云南大叶茶正宗""云南大叶茶的英豪"。

近年来,双江县人民政府出台了《古茶树保护管理条例》,制定了《勐库古茶园与茶文化系统保护与发展规划》,成功申报勐库大叶种茶农产品地理标志认证,对保护、传承和利用好这一珍贵的农业文化遗产及推动经济社会跨越发展奠定了坚实的基础。

8. 广西隆安壮族"那文化"稻作文化系统

隆安壮族"那文化"稻作文化系统位于北回归线以南的广西右江下游谷地,壮族人口占94%。区域内河道纵横,湿地密布,水、土、热资源丰富,发展稻作农业的自然条件优越。壮族人民把水稻田叫作"那",隆安壮族稻作文化历史悠久,以大石铲祭祀遗址、"雒田"遗址景观、稻神祭习俗遗存最具特色,被学术界誉为"那文化"之都。

隆安以稻神山为中心的罗兴江、渌水江、右江三角洲区域,旧石器时代和新石器时代的稻作生产、生活和文化的遗址众多,形成了独特的稻作历史文化遗址景观,被学术界认定为我国栽培稻的重要起源地之一。远古时,壮族先民古骆越人在这一片区域因地制宜创造了"依潮水上下"而耕作的"雒田"生产方式,开辟了我国最早的有相当耕作规模和完备灌溉系统的水稻田,创造了石器时代稻作生产的专门工具大石铲,形成了许多流传至今的具有独特风情的稻神祭祀习俗和生产生活民俗,成为壮族标志性的稻作农业历史文化景观。2014年,隆安的布泉河稻田景观被评为"中国美丽田园"。

隆安县政府努力打造壮族"那文化"品牌,编制了保护与发展规划,落实各项保护措施,壮族"那文化"品牌成为隆安县文化的亮点。

参考文献

专著：

闵庆文著《农业文化遗产及其动态保护探索》，中国环境科学出版社2008年版。

闵庆文著《农业遗产及其动态保护前沿话题》，中国环境科学出版社2012年版。

尹绍亭著《云南物质文化·农耕卷》，云南教育出版社1996年版。

彭世奖著《中国作物栽培简史》，中国农业出版社2012年版。

中国农业博物馆农史研究室编《中国农业科技史图说》，农业出版社1989年版。

游修龄著《中华农耕文化漫谈》，浙江大学出版社2014年版。

曾雄生、陈沐、杜新豪著《中国农业与世界的对话》，贵州民族出版社2013年版。

王建林、陈崇凯著《西藏农牧史》，社会科学文献出版社2014年版。

《中国农业百科全书》编辑委员会编《中国农业百科全书·农业历史卷》，农业出版社1995年版。

《泾阳县志》编纂委员会编纂《泾阳县志》，陕西人民出版社2001年版。

坎儿井灌溉国际学术讨论会编《干旱地区坎儿井灌溉国际学术讨论会文集》，新疆人民出版社、香港文化教育出版社1993年版。

钟兴麒、储怀贞合著《吐鲁番坎儿井》，新疆大学出版社1991年版。

吴金鼎等《云南苍洱境考古报告》（甲编），重庆李庄，1942年印。

郭家骥著《西双版纳傣族的稻作文化研究》，云南大学出版社1998年版。

崔海洋、李峰著《侗族传统农耕文化与珠江流域水资源安全》，知识产权出版社2015年版。

高立士著《傣族竜林文化研究》，云南民族出版社 2010 年版。

咸金山《玉米栽培史》，载《中国农业百科全书》编辑委员会编《中国农业百科全书·农业历史卷》，农业出版社 1995 年版。

尹绍亭著《一个充满争议的文化生态体系——云南刀耕火种研究》，云南人民出版社 1991 年版。

尹绍亭著《森林孕育的农耕文化——云南刀耕火种志》，云南人民出版社 1994 年版。

隆滟、韩建民著《陇东农耕文化研究》，中国农业出版社 2015 年版。

罗钰著《云南物质文化·采集渔猎卷》，云南教育出版社 1996 年版。

《中国少数民族社会历史调查丛刊》云南省编辑组编《独龙族社会历史调查》（一），云南民族出版社 1981 年版。

《中国少数民族社会历史调查丛刊》云南省编辑组编《独龙族社会历史调查》（二），云南民族出版社 1985 年版。

《中国少数民族社会历史调查丛刊》云南省编辑组编《佤族社会历史调查》（三），云南民族出版社 1985 年版。

《中国少数民族社会历史调查丛刊》云南省编辑组编《德昂族社会历史调查》，云南民族出版社 1985 年版。

《中国少数民族社会历史调查丛刊》云南省编辑组编《景颇族社会历史调查》（三），云南人民出版社 1986 年版。

怒江州民族事务委员会怒江州州志编纂委员会编纂《怒江傈僳族自治州民族志》，云南民族出版社 1993 年版。

洪俊等著《独龙族简史》，云南人民出版社 1985 年版。

《侗族简史》编写组编纂《侗族简史》，贵州民族出版社 1985 年版。

崔海洋著《人与稻田——贵州黎平黄岗侗族传统生计研究》，云南人民出版社 2009 年版。

云南省农牧渔业厅编《云南省种植业区划》，云南科技出版社 1992 年版。

李泽然、白居舟《从梯田农耕词汇看哈尼族农业生产状况》，载李期博主编《哈尼族梯田文化论集》，云南民族出版社 2000 年版。

云南省少数民族古籍整理出版办公室编《哈尼阿培聪坡坡》，云南民族出版社 1986 年版。

王清华著《梯田文化论——哈尼族生态农业》，云南大学出版社 1999 年版。

参考文献

邹辉著《植物的记忆与象征：一种理解哈尼族文化的视角》，知识产权出版社 2013 年版。

云南省《元阳县志》编纂委员会编纂《元阳县志》，贵州民族出版社 1990 年版。

赵官禄等搜集整理《十二奴局》，云南人民出版社 1989 年版。

西双版纳傣族自治州民族事务委员会编《哈尼族古歌》，云南民族出版社 1992 年版。

〔明〕包汝楫撰《南中纪闻》，中华书局 1985 年版。

〔宋〕范成大著，胡起望、覃光广校注《桂海虞衡志辑佚校注》，四川民族出版社 1986 年版。

〔宋〕洪兴祖补注《楚辞补注》，中华书局 1983 年版。

〔清〕阮元校刻《十三经注疏》（影印本），中华书局 1980 年版。

〔汉〕刘安著，许匡一译注《淮南子全译》，贵州人民出版社 1993 年版。

〔唐〕刘恂撰《岭表录异》，中华书局 1985 年版。

〔宋〕陆游撰《老学庵笔记》，远东出版社 1996 年版。

李汉林著《百苗图校释》，贵州民族出版社 2001 年版。

〔明〕李时珍撰《本草纲目》，人民卫生出版社 2007 年版。

上海古籍出版社，上海书店《二十五史·汉书》（影印本），上海古籍出版社 1986 年版。

〔宋〕朱辅撰《溪蛮丛笑》，贵州省图书馆藏（清顺治四年刻本）。

符太浩著《溪蛮丛笑研究》，贵州民族出版社 2003 年版。

罗康隆等著《发展与代价：中国少数民族发展问题研究》，民族出版社 2006 年版。

韦明耀、郑光松《多标》，载杨通山等编《侗乡风情录》，四川民族出版社 1983 年版。

杨庭硕等著《人类的根基——生态人类学视野中的水土资源》，云南大学出版社 2004 年版。

刘甲金、黄俊、王宁著《绿洲经济论》，新疆人民出版社 1995 年版。

钱云、金海龙著《丝绸之路：绿洲研究》，新疆人民出版社 2010 年版。

〔唐〕玄奘、辨机原著，季羡林等校注《大唐西域记校注》，中华书局 1995 年版。

殷晴著《丝绸之路与西域经济——十二世纪前新疆开发史稿》，中华书局2007年版。

吴福环编《中国地域文化通览·新疆卷》，中华书局2014年版。

柳洪亮著《新出吐鲁番文书及其研究》，新疆人民出版社1997年版。

黄文弼著《塔里木盆地考古记》，科学出版社1958年版。

钟兴麒、储怀贞编《吐鲁番坎儿井》，新疆大学出版社1993年版。

中国科学院新疆综合考察队、新疆八一农学院、新疆农业科学院编《新疆农业》，科学出版社1964年版。

《温宿县志》编纂委员会编纂《温宿县志》，新疆大学出版社1993年版。

《新疆通志·农业志》编纂委员会编纂《新疆通志·农业志》，新疆人民出版社1994年版。

中国科学院新疆综合考察队编《新疆综合考察报告：农业生产部分》，内部资料，1958年。

中国科学院民族研究所新疆调查组编《维吾尔族社会历史调查》，民族出版社2009年版。

《中国少数民族社会历史调查资料丛刊》修订编辑委员会编《南疆农村社会》，民族出版社2009年版。

新疆维吾尔自治区农业厅农业志编辑室编《新疆通志·农业志·资料汇编》（第六辑），内部资料，1989年。

云南省迪庆藏族自治州农牧局编《迪庆藏族自治州农业志（1978—2007）》，内部资料，2013年。

云南省迪庆藏族自治州农牧局编《迪庆藏族自治州畜牧志（1978—2007）》，内部资料，2013年。

迪庆藏族自治州地方志编纂委员会编纂《迪庆藏族自治州志》，云南民族出版社2003年版。

《云南藏学研究论文集》（第二集），云南民族出版社1997年版。

《云南迪庆藏族自治州概况》编写组编《云南迪庆藏族自治州概况》，民族出版社2007年版。

尹绍亭著《文化生态与物质文化·杂文篇》，云南大学出版社2007年版。

李期博主编《哈尼族梯田文化论集》，云南民族出版社2000年版。

参考文献

文章：

赵炳清《历史时期灵渠水利工程功能变迁考》，《三峡论坛》2012 年第 2 期。

呈文《东汉水田模型》，《云南文物》1977 年第 7 期。

张增祺《古代云南边疆和祖国内地政治、经济、文化上的密切关系》，《云南文物》1979 年第 8 期。

大理文物管理所《云南大理大展屯二号汉墓》，《考古》1988 年第 5 期。

王国辉、白子麒、吴建伟《通海镇海东汉水田池塘模型》，《云南文物》1992 年总第 31 期。

田红、杨成《"糯改籼"真是因为人口压力吗?》，《人与生物圈》2008 年第 5 期。

何超群《祥云明代的水利工程——地龙》，《云南文物》1983 年总第 14 期。

裴盛基《自然圣境与生物多样性保护》，载中国科学院昆明植物研究所论文选集《自然圣境与生物多样性保护》，2014 年。

牟永抗、宋兆麟《江浙的石犁和破土器——试论我国犁耕的起源》，《农业考古》1981 年第 2 期。

王星光《中国传统耕犁的发生、发展及演变》，《农业考古》1989 年第 1 期。

王星光《试论中国耕犁的本土起源》，《郑州大学学报》（哲学社会科学版）1987 年第 1 期。

孔令平《犁耕起源问题的再研究》，《农业考古》1989 年第 2 期。

陆懋德《中国发现之上古铜犁考》，《燕京社会科学》1949 年第 2 卷。

夏之乾《由母权制氏族向父权制氏族过渡是否是由锄耕农业向犁耕农业过渡》，《史学月刊》1980 年第 1 期。

卫斯《关于牛耕起源的探讨》，《农业考古》1982 年第 2 期。

季曙行《"石犁"辨析》，《农业考古》1987 年第 2 期。

王静如《论中国古代耕犁和田亩的发展》，《农业考古》1983 年第 1 期。

曹毓英《中国牛耕的起源和发展》，《农业考古》1982 年第 2 期。

尹绍亭《说瘴》，《云南方志通讯》1986 年第 4 期。

尹绍亭《基诺族的刀耕火种——兼与云南其他刀耕火种民族的比较》，

《日本国立民族学博物馆调查报告》1992年17卷2号。

尹绍亭《基诺族刀耕火种的民族生态学研究》,《农业考古》1988年第2期。

尹绍亭《云南农耕低湿地水稻起源考》,《中国农史》1987年第2期。

严文明《中国稻作农业的起源（续）》,《农业考古》1982年第2期。

严文明《再论中国稻作农业的起源》,《农业考古》1989年第2期。

王炳华《新疆农业考古概述》,《农业考古》1983年第1期。

张玉忠《新疆出土的古代农作物简介》,《农业考古》1983年第1期。

陈文华《漫谈出土文物中的古代农作物》,《农业考古》1990年第2期。

章楷、李根蟠《玉米在我国粮食作物中地位的变化》,《农业考古》1983年第2期。

何双全《甘肃先秦农业考古概述》,《农业考古》1987年第1期。

尚民杰《青海原始农业考古概述》,《农业考古》1987年第1期。

马菁、宋维峰《元阳梯田水源区土壤水分动态变化规律研究》,《生态科学》2016年第2期。

李子贤《红河流域哈尼族神话与梯田稻作文化》,《思想战线》1996年第3期。

李期博《简论哈尼族梯田稻作民俗》,《云南民俗》1996年第7期。

罗康隆《论侗族的族源与文化渊源的关系》,《黔东南民族师专学报》1995年第3、4合期。

崔海洋《论侗族制度文化对传统生计的维护——以黄岗侗族的糯稻保种、育种、传种机制为例》,《广西民族大学学报》（哲学社会科学版）2009年第5期。

崔海洋《重新认识侗族传统生计方式的生态价值》,《思想战线》2007年第6期。

罗康隆、王秀《论侗族民间生态智慧对维护区域生态安全的价值》,《广西民族研究》2008年第4期。

罗康隆《侗族传统生计方式与生态安全的文化阐释》,《思想战线》2009年第2期。

罗康隆、麻春霞《侗族空间聚落与资源配置的田野调查》,《怀化学院学报》2008年第3期。

罗康隆《清水江流域人工营林业的人类学研究》，云南大学博士学位论文，2003年。

罗康隆、杨庭硕《传统稻作农业在稳定中国南方淡水资源的价值》，《农业考古》2008年第1期。

罗康智《掩藏在大山深处的农艺瑰宝——以侗族传统稻作农艺为例》，《原生态民族文化学刊》2009年第2期。

罗康智《论侗族传统生计与所处生态系统的能动适应》，吉首大学硕士学位论文，2008年。

罗康智《侗族美丽生存中的稻鱼鸭共生模式——以贵州黎平黄岗侗族为例》，《湖北民族学院学报》2011年第1期。

闵庆文《侗族地区"稻鱼鸭"复合系统是具有重要意义的农业文化遗产》，《人与生物圈》2008年第5期。

潘盛之《论侗族传统文化与侗族人工林业的形成》，《贵州民族学院学报》2001年第1期。

石佳能《侗族节日文化简论》，《中南民族学院学报》1992年第3期。

杨庭硕《侗族生态智慧与技能漫谈》，《大自然》2004年第1期。

杨曾辉、李银艳、彭书佳《论鱼塘建构对文化生态的支撑功能——基于对贵州黄岗侗族社区的思考》，《原生态民族文化学刊》2012年第1期。

张天明《雾水灌溉》，《人与生物圈》2008年第5期。

陈家其《南疆农业区的形成历史与启迪》，《中国农史》1995年第1期。

陈跃《南疆历史农牧业地理研究》，西北大学硕士学位论文，2009年。

张波、张纶《中国绿洲——东西亚古代农事交流的纽带》，《中国农史》1993年第4期。

张平《新疆坎土镘农具的产生及其发展》，《新疆文物》1989年第1期。

钮仲勋《两汉时期新疆的水利开发》，《西域研究》1998年第2期。

袁丁《回鹘文社会经济文书选注（一）续补》，《喀什师范学院学报》1990年第2期。

廖兆俊《新疆之农村经济》，《西北论衡》1938年第11期。

李洁《民国时期新疆南疆地区的绿洲农业变迁研究——以温宿、库车两县为例》，兰州大学硕士学位论文，2004年。

连登岗《我国西瓜种植史探源》，《文史杂志》2000年第4期。

卢向前《麹氏高昌和唐代西州的葡萄、葡萄酒及葡萄税》,《中国经济史研究》2002 年第 4 期。

史云峰《略论藏族农耕民俗的生态文化学意蕴》,《西藏研究》2010 年第 4 期。

武兰芳、陈阜、欧阳竹《种植制度演变与研究进展》,《耕作与栽培》2002 年第 3 期。

云南省草地科学研究院《中甸 1983—1986 年牧草品种试验技术报告》,《云南牲畜和牧草改良项目 1986 年试验研究资料汇编》,1987 年。

陈彪《对观光农业类型的探究》,《现代农业科学》2009 年第 5 期。

陈军《广西北部湾经济区海洋休闲渔业发展战略探析》,《科技展望》2016 年第 5 期。

崔峰、王思明、赵英《新疆坎儿井的农业文化遗产价值及其保护利用》,《干旱区资源与环境》2012 年第 2 期。

邓永红《西双版纳原始森林公园风景资源特色及发展对策》,《中南林业调查规划》2007 年第 1 期。

董景奎、何成文《西部山区循环农业发展影响因素研究——以贵州省黔西县 W 村为例》,《中国农村科技》2011 年第 1 期。

樊敏《中国台湾休闲渔业发展经验研究》,《世界农业》2013 年第 9 期。

《甘肃林业》记者《皋兰什川古梨园》,《甘肃林业》2016 年第 3 期。

甘肃省老科技工作者协会《着力打造兰州什川古梨园文化》,《2012 年甘肃省"食品安全与健康生活"学术年会论文集粹》,2012 年。

郭焕成、刘军萍、王云才《观光农业发展研究》,《经济地理》2000 年第 2 期。

郭正模《设施农业:西藏高原核心农区发展——"立体农业"的基本模式选择》,《决策咨询》2014 年第 6 期。

郭忠、闫永康、罗建军《黄土高原立体旱作循环农业模式研究》,《中国农业资源与区划》2007 年第 6 期。

焦琳《从云南漾濞"核桃节"看新兴节庆发展的差异化路径选择》,云南大学硕士论文,2013 年。

栏目专题报道《权威公布:中国首批 19 个重要农业文化遗产》,《休闲农业与美丽乡村》2014 年第 7 期。

参考文献

栏目专题报道《中国第二批 20 个重要农业文化遗产》,《休闲农业与美丽乡村》2014 年第 8 期。

李文华、刘某承、闵庆文《中国生态农业的发展与展望》,《资源科学》2010 年第 6 期。

梁勇、胡远男、刘某承等《陕西佳县古枣园农业文化遗产保护与发展策略研究》,《农村经济与科技》2014 年第 1 期。

刘银妹《土地流转与农业规模经营：以甘蔗种植为例》,《广西民族大学学报》(哲学社会科学版)2014 年第 3 期。

闵庆文《哈尼梯田的农业文化遗产特征及其保护》,《学术探索》2009 年第 3 期。

闵庆文《全球重要农业文化遗产——一种新的世界遗产类型》,《资源科学》2006 年第 2 期。

闵庆文、史媛媛、何露等《全球重要农业文化遗产——一种新的世界遗产类型》,《世界农业》2014 年第 4 期。

任俊山《"粮草轮作、农牧结合"是发展农区畜牧业的有效途径》,《内蒙古农业科技》1987 年第 1 期。

舒伯阳《中国观光农业旅游的现状分析与前景展望》,《旅游学刊》1997 年第 5 期。

孙艺惠、杨存栋、陈田等《我国观光农业发展现状及发展趋势》,《经济地理》2007 年第 5 期。

田逢军《近年来我国观光农业研究综述》,《地域研究与开发》2007 年第 1 期。

王清华《哀牢山自然生态与哈尼族生存空间格局》,《云南社会科学》1998 年第 2 期。

吴孔运、蒋忠诚、罗为群《喀斯特峰丛山地立体生态农业模式实施效果研究——以广西壮族自治区平果县果化示范区为例》,《中国生态农业学报》2008 年第 5 期。

吴雁华、傅桦《关于观光农业发展的若干问题之探讨》,《首都师范大学学报》(自然科学版)2002 年第 2 期。

肖羌雄《生态畜牧业发展中的土地流转问题与对策研究——以青海省湟源县为例》,《安徽农业科学》2014 年第 21 期。

杨姣《云南省烟叶规模种植中的土地流转问题研究》，湖南农业大学硕士学位论文，2014年。

叶培稳《立体农业与生态农业的概念及发展现状》，《福建农业科技》1990年第6期。

张丽芬《茶园养鸡综合效益简析》，《世界热带农业信息》2016年第2期。

张芸《呼伦贝尔草原旅游的发展对当地蒙古族民俗旅游资源开发的现状分析及对策研究》，《赤峰学院学报》（自然科学版）2015年第9期（下）。

赵丰《新疆灌溉绿洲立体农业的发展前景》，《生态经济》1991年第2期。

外文文献、译著：

［英］布瑞著，李学勇译、熊先举校阅《中国农业史》，台湾"商务印书馆"1994年版。

［日］池桥宏著《稻作的起源——从稻学到考古学的挑战》（日文版），讲谈社2005年版。

［日］中尾佐助著《栽培植物与农耕的起源》（日文版），岩波新书1971年版。

［日］佐佐木高明编著《日本农耕文化的源流》（日文版），日本放送出版协会1983年版。

日本农机具协会、华北产业科学研究所、华北农事试验场编辑，渡部武解说《华北的外来农具》，庆友社1955年版。

［日］应地利民《亚洲犁的比较形态学》，载《稻的亚洲史》，小学馆昭和六十二年版。

［日］家永泰光《犁和农耕的文化》，古今书院1980年版。

［日］佐佐木高明著《热带的烧畑》，古今书院1970年版。

［日］佐佐木高明著《日本的烧畑》，古今书院1972年版。

［日］渡部忠世著，尹绍亭等译《稻米之路》，云南人民出版社1981年版。

［美］拉铁摩尔著，唐晓峰译《中国的亚洲内陆边疆》，江苏人民出版社2010年版。

参考文献

［美］乔纳森·弗里德曼著,郭建如译《文化认同与全球性过程》,商务印书馆2003年版。

［英］凯·米尔顿著,袁同凯等译《环境决定论与文化理论:对环境话语中的人类学角色的探讨》,民族出版社2007年版。

［俄］尼·维·鲍戈亚夫连斯基著,新疆大学外语系俄语教研室译《长城外的中国西部地区》,商务印书馆1980年版。

［美］奥尔多·利奥波德著,侯文蕙译《沙乡年鉴》,吉林人民出版社1997年版。

UNESCD/UNED, "Swidden Cultivation in Asia," Vohume Two, the UNESCO Regional Office for Education in Asia and Pacific, 1983, i ~ xix.

Roy F. Ellen, "What Black Elk Left Unsaid: On the Illusory Images of Green Primitivism," *Anthropology Today*, Vol. 2, No. 6, Dec. 1986.

Eric Alden Smith and Mark Wishnie, "Conservation and Subsistence in Small-Scale Societies," Annual Review of Anthropology, Vol. 29, 2000.

McCorkle, "An Introduction to Ethnoveterinary Research and Development," *Journal of Ethnobiology*, Vol. 6, 1986.

后 记

《中国西部民族文化通志·农耕卷》以全面、系统编写我国西部的农耕文化为主旨，然而西部地域十分广阔，民族众多、历史悠久，其农耕文化内涵之丰富、积淀之深厚、多样性之突出均超乎寻常，写作要做到"全面、系统"殊为不易。为此，本书采取突出重点和特点的编写方法，着眼于西部最独特的几大生态环境及其孕育的最具典型性和代表性的农耕文化进行调查研究，并观照现代特色农业的发展和农业文化遗产保护，借以表现西部农耕文化的精华和概貌。

本书是集体学识和智慧的结晶。作者共七人，均为长期致力于西部地域文化和民族文化研究的学者。

写作分工如下：

尹绍亭（云南大学教授、博导）：导论、第一章　西部的刀耕火种农耕文化

邹辉（云南警官学院教员）：第二章　西部山地的梯田农耕文化

罗康智（博士，凯里学院教授）：第三章　西部低地的水田灌溉农耕文化

罗意（博士，新疆师范大学副教授）：第四章　天山南路的绿洲农耕文化

李建钦（博士，云南林业大学副教授）：第五章　西部高原藏族的混牧农耕文化　第一节　云南藏族聚居地区土地利用多样性及其管理

尹仑（博士，云南省社会科学院研究员）：第五章　西部高原藏族的混牧农耕文化　第二节　云南藏族的混牧农耕文化——以德钦县果念村为例

崔明昆（博士，云南师范大学教授）：第六章　西部现代特色农业

作为本书的主编，在书稿杀青之际，特向几位合作者杰出的贡献表示感谢！此外还要特别感谢本通志的主编瞿明安教授，《农耕卷》从选题、提纲拟定到初稿完成修改，都有他的辛勤付出，其细致、热忱、严谨的治学态度令人感动！

尹绍亭

2018年4月1日写于昆明

图书在版编目（CIP）数据

中国西部民族文化通志. 农耕卷 / 尹绍亭主编. ——昆明：云南人民出版社，2019.8
ISBN 978-7-222-17961-5

Ⅰ.①中… Ⅱ.①尹… Ⅲ.①民族文化—文化史—西北地区②民族文化—文化史—西南地区③农业史—西北地区④农业史—西南地区 Ⅳ.①K28②F329

中国版本图书馆CIP数据核字(2019)第019139号

出品人：李 维 赵石定
策划编辑：尹 杰
责任编辑：李 萍
装帧设计：王曦云 邓小杰
责任校对：董郎文清 温德辉 周 彦
责任印制：窦雪松

中国西部民族文化通志 农耕卷

作 者	尹绍亭 主编
出 版	云南出版集团 云南人民出版社
发 行	云南人民出版社
社 址	昆明市环城西路609号
邮 编	650034
网 址	http://ynpress.yunshow.com
E-mail	ynrms@sina.com
开 本	787mm×1092mm 1/16
印 张	30.25
字 数	500千
版 次	2019年8月第1版第1次印刷
印 刷	云南出版印刷集团有限责任公司 云南国方印刷有限公司
书 号	ISBN 978-7-222-17961-5
定 价	150.00元

如有图书质量与相关问题请与我社联系
审校部电话0871-64164626 印制科电话0871-64191534